四川省社会科学重点研究基地
西华师范大学区域文化研究中心 主办

区域文化研究

A STUDY OF REGIONAL CULTURE

（第二、三辑）

（ISSUE2.3）

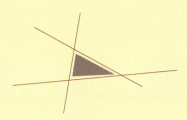

蔡东洲　金生杨／主编

社会科学文献出版社
SOCIAL SCIENCES ACADEMIC PRESS (CHINA)

序

　　区域文化研究中心在西华师范大学原有的古籍整理研究所、三国文化研究所、巴蜀文化研究所的基础上于 2007 年秋组建而成，原名西部区域文化研究中心。2014 年 4 月，经专家组论证和四川省社会科学界联合会批准，改为今名。中心经过不断整合，形成了区域文献整理与研究、三国文化研究、嘉陵江流域文化研究和川陕革命根据地研究等稳定持久的特色和优势研究方向。

　　区域文献整理与研究是中心传统的研究方向。20 世纪 80 年代，李耀仙教授、赵吕甫教授创建了"古籍整理研究室"，集聚了赵吕甫、李耀仙、舒大刚、李纯蛟、张力等学者，率先对重要的区域历史文献进行整理研究，推出了《史通新校注》《廖平选集》和《云南志校注》等。90 年代初，诸如《巴蜀艺文五种》《苏舜钦集编年校注》《文同全集编年校注》《司马相如集校注》《缙云集校注》《扬雄集校注》《眉庵集》《巴蜀道教碑文集成》《巴蜀佛教碑文集成》等陆续出版。中心自成立以来，一直重视这方面的研究，出版了《川陕革命根据地历史文献资料集成》《梅堂述学》《同治增续南部县志》《蜀鉴校注》《巴蜀方志艺文篇目索引》等，初步完成了《周洪谟著述辑校》《任瀚集辑校》的纂集，正在进行中的有《蜀中广记》《补续全蜀艺文志》《伍非百集》等的整理与研究。近年来，中心抓住"清代南部县衙档案""川陕地区红色档案文献""区域稀缺文献"等的整理与研究，取得了丰硕的成果，特别是获得国家社科重大项目和入选"国家哲学社会科学成果文库"，引起了海内外学者的高度关注。

　　三国文化研究是中心的传统优势。中心前身"三国文化研究所"，出版了《三国文化历史走向》《关羽崇拜研究》《三国伦理研究》《三国志研究》等专著。现在，以李纯蛟教授为首，以蔡东洲、杨小平、文廷海、胡宁、熊梅、陈倩等为重要成员，持续对三国历史文化进行研究，涉及三国文献、三国遗迹、三国文化传承等多个方面，取得了显著成就。在中心的建设过程中，我们强化了蜀汉三国文化的研究、《三国志》《三国演义》接受史、三国文化遗迹、海外三国文化的研究，使本研究领域转向纵深发展。

嘉陵江流域研究是中心整合后的新研究方向。我们积极引导传统文化研究向地方经济文化建设靠拢，关注文化遗存的调查与研究，包括有实物遗迹的物质文化和以民间民风民俗、口耳相传等方式流传的非物质文化的调查研究。目前，中心在嘉陵江流域研究上形成了以嘉陵江流域古城堡调查与研究、嘉陵江流域宗教文化研究、嘉陵江流域民俗文化研究、丝绸文化研究为特色的较稳定的研究方向和研究团队。在实地考察、文献纂辑的基础上，逐渐与地方结合，初步形成了一批有影响力的成果。

2015年9月26日至27日，中心倡导并承办了"巴蜀历史文化学术研讨会"，收到海内外有关巴蜀文化资源、巴蜀档案文献、巴蜀社会治理、巴蜀历史遗存等研究论文近60篇，对会通南北、横贯东西而独具特色的巴蜀地域文化进行了深入研究。在大会上，学者们进行了热情而深入的交流与讨论。会议后，部分学者还对论文做了进一步细致的修改与完善。在会议论文集的基础上，我们向省内外学者征集了部分有关论文，在中心青年才俊罗洪彬、办公室范双双的大力协助下，经过精选编辑，汇编成集。相信本集的出版，能为学人进一步学习、研究区域文化提供更多更新更深入的信息，也必将进一步促进中心工作更好地开展下去。

四川省社会科学重点研究基地

区域文化研究中心

2016年3月

目 录
CONTENTS

◎ 历史文献

◎ 巴蜀城寨

◎ 地方档案

◎ 学者风范

◎区域历史

儒释道的根柢与巴蜀文化

谭继和

（四川省社会科学院巴蜀文化研究中心）

一　为什么要讨论这个问题？

在当前国学热中出现了一种声音，一种否定传统文化价值、否定孔子精神价值的论调，认为孔子代表的中国文化失败。"在孔子那里，'上帝'死了。在孔子以后，'中华民族'的'生命共同体'死了。在我们的文化中，再没有力量可以制约专制君主的权力。我们的文化失败了。我们仍生存在这种失败的痛楚之中。"① 更有人认为，"向孔子要精神资源，注定是徒劳无功的，是虚幻的自我安慰"（王元涛）。

针对这种否定意见，我不在这里做全面的剖析，只想从文化根源上说明一个问题：只要是中国人，从生下来就离不开孔子的影响，离不开传统，离不开儒释道传统文化的源头。不管主观上如何想抛弃，如何信誓旦旦地宣示与传统"彻底决裂"，但他的语言文字，他的思考方式、思维定式，他的心灵与智慧的源头、经验与知识的获取方式，他的价值观，他的归宿，他的生命价值的描述，无一可以脱离传统文化，脱离儒释道的影响。因为它的根，植在中国人的心灵里；它的源，流在中国人的血脉里。他的文化性格与心理，他的行为方式，浸润着中国文化，成为抹不去的生命痕迹。

举例来说，我们平时交谈，何时离开过佛教术语？如：平等、觉悟、进步、利他、自觉性、世界、实际、如实、实事求是、相对、绝对、现象、解脱、众生、六道、净土、彼岸、知识、唯心、妙悟、灵性、开悟、比量、大智慧、大慈

---

① 薛涌：《从中国文化的失败看孔子的价值》，《南方周末》2008 年 1 月 10 日 D24 版。

大悲、生老病死、菩萨心肠、心猿意马、大千世界、天龙八部、当头棒喝、现身说法、借花献佛、僧多粥少、苦中作乐、痴人说梦、泥牛入海、功德无量、五体投地、六根清净、拖泥带水、苦海无边、回头是岸、种瓜得瓜、种豆得豆、呵佛骂祖、井中捞月、放下屠刀、立地成佛、庄严国土、利乐有情、象外之象、景外之景、韵外之致、味外之旨、有情无情……这些佛教的术语，已成为我们今天的俗语，谁离开过？至于儒、道术语，更是我们生活的组成部分。因此从根源上说，否定孔子学说，摆脱传统文化，只能是一种幻想，才真正"注定是行不通的"。说"中国文化的失败"，西方文化的"胜利"，也讲不通。世界上只有中华文明5000年从未中断过，而西方无论哪种文化，不是中断，就是晚起。由此观之，哪种文化韧性更强，哪种文化根深源长苗正，哪种文化最终挺立于世界民族文化之林，是一目了然的。其实，每个民族的文化都有它的优越性，也有它的弱势，关键在自强、自立、自觉，与时俱进、与时俱化。

本文从巴蜀文化的角度，提出儒释道的根柢来源问题，以示历史财富，万万不可抛弃，尤需加强国学根基的培植，不忘本，不忘根柢。

二　儒释道的根柢与巴蜀文化

中华传统文化以儒、释、道为主干，三学各有根柢。其根柢皆与巴蜀有关。谢无量先生主张："蜀有学，先于中国（按：中土之意）。""国人数千年崇戴为教宗者，惟儒，惟道，其实皆蜀人所创。"至于"释家者"，虽为"异邦之学"，而"蜀所传者二宗：一禅宗，二华严宗"。此诚为卓见。

在传统文化的儒、释、道三大主干之学中，巴蜀皆占有特殊地位，或是开源性贡献，或是奠基性贡献，可归纳为"仙源（道源）在蜀""儒学源蜀""菩萨在蜀"三大特点。

（一）"仙源在蜀"——"道"的根柢在仙学，仙学起源于巴蜀

道教经典分为仙学、道学、神学三部分，仙学是统率神学和道学的。而仙学，即神仙说，最早即起源于巴蜀（神仙说最早源于昆仑，昆仑古指岷山，岷山在蜀）。

首先，从文献看，蜀王仙化的传说很早，蚕丛、柏灌、鱼凫三代蜀王"皆得仙道"，望帝春心化为啼血杜鹃，开明王上天成为天门奇兽，如仙如幻的故事显示出巴蜀是蜀人最早羽化成仙的文化想象力的起源处。

其次，从考古发现看，"羽化飞仙"的想象力最早源于3000多年前的"三星堆"和"金沙"遗址。三星堆与金沙遗址出土大量鸟形、羽翅形、人鸟形青

铜器物、玉器、金箔，细加分析，可看出道经所说"人鸟"观念的诞生与"教人学仙"的"上古之法"的思维来源。

从这些器物可看出古蜀人仙化思维的发展历程，现试解读如下：①崇拜飞鸟，崇拜飞翅；②特别是对鹰头杜鹃的崇拜；③对飞鸟神树的崇拜；④人乘飞鸟（青铜鸟爪人身像）；⑤人长羽翅（《羽化飞天经》："肉身能飞，其翔似鸟"）；⑥人鸟合一（人面鸟身青铜像，即道经《元览人鸟山形图》所说的"总号人鸟"）；⑦灵魂出窍（三星堆 A 型、B 型青铜面具额头正中生出一高高竖起的勾云翼，显示出幻想从"天灵盖"飞升，魂魄欲化出人体而幻为翼鸟乘云的形象）；⑧生成羽人，飞仙上天（金沙出土玉琮有线刻"羽人"形象，这是最早的羽人）；⑨奔日之仙，追求光明（"日者天之魂"，太阳神鸟金箔）；⑩奔月之仙，追求纯洁（"月者地之魄"，三星堆出土石蟾蜍，金沙出土金箔蟾蜍）；⑪三星堆出土的青铜神坛，可解析为"飞翔异兽托起蜀人的天府"；⑫仙的崇拜，仙源的形成、仙化思维的结晶形象，青铜立人像，顶尊跪坐女神像；⑬秦汉时期羽化成仙说的兴起，汉代画像砖上的伏羲女娲，皆变成了"羽人"。

3000 年前的青铜、金箔器物形象，与古蜀五祖仙化故事相印证，确是古蜀人仙化想象力的真实记载，是古蜀仙道流传的真实记录。

再次，从文字学角度考察，仙字古写为"僊"，"僊"与"遷"（迁）二字同源。仙化就是迁化，迁来迁去，引起羽化飞仙的浪漫想象，就成了仙。迁徙活动被称为"遷"，到处迁徙的人，特别是向山上迁徙的人，则称为"僊"，也可写成"仙"字，人在山上曰仙。蜀人的仙化思维就是这么来的，后来道教采用这个"仙"字，就构成了"神仙"一词。用今天的术语讲，就叫作蜀人多浪漫，好迷离梦幻，想象力和联想性丰富。从司马相如、扬雄到陈子昂、李白、杜甫、苏轼、陆游，到杨升庵、张问陶、李调元，再到郭沫若、巴金，形成"文宗自古出西蜀"，以浪漫主义为主调的文学传统。

从次，古蜀文化的内涵是重仙重神器的文化，与中原重礼制重礼器的文化不同。中原文化重礼，楚文化重巫，巴文化重鬼，蜀文化重仙，这是不同地域的文化想象力、文化创造力，以不同思维方式的体现。由此看来，巴蜀作为仙道起源地，距今至少 3000 年以上。巴蜀作为道教创始地，它是在古蜀仙道基础上形成的。巴蜀是仙源故乡，三星堆和金沙人的仙化想象力是蜀人精神家园最早的来源和核心，其精神历代传承，浸润在巴蜀人的生活方式和思维方式中，其影响可谓彬乎大矣哉。

最后，对于人类命运的终极思考，是自古以来世界各地区各民族的人们共同关注的问题。因地域文化的多样性和民族性格特色的差异，对这个问题的回答也就各不相同。中国人的独特话语解释是"道"，是"仙"——"天地之间人为贵，人曰仙也"（《道经》）。"道""仙"的文本阐释权集中在道教里，所以，"中国的根柢全在道教"（鲁迅）。巴蜀为道的根柢，做出了开源性的贡献。

（二）"儒学源蜀"——"兴于西羌"的大禹为儒学之祖，儒之学为蜀人所创

儒家学派是孔子于齐鲁创立的，但儒家思想的渊源很古。其源头为原始儒学，是蜀人大禹创立的。谢无量先生主张："儒之学，蜀人所创，其最古经典，蜀人所传。"现据其说，试从儒学与儒行两方面加以论证。

首先，从儒学源头角度考察，"五行"说是儒学思想的根源。以"五行"为首的"洪范九畴"（即郑康成注所说的"天道大法九类"），是古人顺应天时地利，重农事、重水利的经验上升为天地阴阳宇宙观的理论结晶，是儒学的源头。大禹兴于西羌，是蜀人。他依据"岷山导江，东别为沱"的治水经验，提出顺水之性，做"洪范九畴"；提出"五行"以水为首，以水、火、木、金、土为序，也就是"天一生水"，这是儒家观念的来源。大禹的"洛书"有 65 个字，至今还保存在《尚书·洪范篇》里。

原始儒学的五行顺序是水、火、木、金、土，以水为首，体现重在疏导、涵养万物、上善若水的理念。水是文明之母，文明伴水而生，这是大禹治水实践给我们的启示，是后世儒家五行的先驱。秦汉以后讲五行顺序变了，成为金、木、水、火、土，"金之为言禁也"，这是失水之性，重在防堵禁止的理念引起的变化。

其次，从儒行角度考察，大禹是最早的儒家德行的实践者。儒字最早见于甲骨文，本义为"濡"，是沐浴澡身、斋戒浴德、戴着大冠、穿着大袍的形象。"儒"源于掌握斋戒沐浴祭祀礼节的巫师，在殷商时代已是一个特殊阶层，甲骨文中有"丘儒"（丘社祭司）、"师儒"（儒中为师者）、"儒人"（一般儒人）的称呼，这类称呼源于夏代大禹治水时的一套礼仪行为规范。貌、言、视、听、思都要中规中矩，睿智聪明，这就是儒者的形象。只有这样良好的形象，才能从事神圣的祭祀活动。所以，儒是从夏代这个特殊阶层开始的，到商周更发展成为一个特殊集团。儒在殷周时已普遍存在，但"孔子绝不是儒的开山祖师"（徐中舒），儒的开山祖师应该是大禹，大禹是儒行的创立者。

原始儒学源于蜀，禹是最早的儒者，为儒学之祖，原始儒经——《洪范九畴》为蜀人所传。蜀之学是先于中原的有本土特色的原始儒学。结合"天数在蜀""易学在蜀"等特点，蜀人为儒学和儒家做出了开源性的贡献。

(三)"菩萨在蜀"——蜀人对禅宗的光大，做出了奠基性的贡献

"菩萨在蜀"是唐代剑南道梓州通泉县的故事。一群巴蜀商人到山西五台山去拜菩萨，有个和尚告诉他们："菩萨在蜀，你们何必舍近求远?"要他们回蜀中到灵鹫寺去找一位老和尚，他就是活菩萨。这些商人来到梓州灵鹫山（今射洪）灵鹫寺，只见山岩石壁上菩萨的影子。这个故事说明巴蜀禅学的独到特色：独拜利益众生的菩萨，玄秘神妙，佛在心中，心性合一。

巴蜀是佛教南传和北传的交汇地。玄奘曾在成都空慧寺求学五年，受具足戒，传观音菩萨经，为其西行求法、创法相唯识宗奠定了基础，是巴蜀的佛学环境造就了玄奘成为"佛门千里驹"的基础①。从唐以来，与六祖慧能同师弘忍的智诜在蜀中创净众——保唐禅系，"别开一宗"。后无相禅师创禅茶一味，主"无念无妄无住"。马祖道一倡导"平常心是道"，建立丛林和农禅制度，使禅学进一步人间化、生活化、社会化，为禅宗变为人间佛教做出了奠基性的贡献，形成兼容南北二宗、是南非南、是北非北、自成一系的巴蜀禅系。禅宗虽由六祖慧能所创，但马祖道一为其光大奠基，使禅宗变为最大的佛教教派。其他如圭峰宗密传华严宗、禅月贯休、园悟克勤、楚山绍琦、破山海明、丈雪通醉等禅学大师对禅宗发展历有贡献，使四川成为中国禅学中心之一，故有"言蜀者不可不言禅，言禅者犹不可不言蜀"之说。巴蜀为中国化禅宗做出了奠基性贡献，也是禅游的理想胜地。

三 结语

儒释道的根柢皆与巴蜀文化有关，与蜀地渊源颇深。儒学之源最早在蜀，道教源于仙道，最早也产生在蜀。佛学禅宗，巴蜀人奠其基。总而言之，儒道二学，巴蜀做出了开源性的贡献。儒道二学的共同源头是伏羲结绳而治时代产生的原始象数易（见于甲骨数字易），由易而至于道德经，则产生道家之说。由易而至于儒，则产生原始儒学。"天数在蜀""易学在蜀""重玄在蜀"，正说明仙道之学与原始五行儒学之渊远而流长。至于禅学，巴蜀则为其中国化做出了奠基性的贡献。总之，在以儒释道为主干的传统文化体系里，巴蜀占有特殊重要的地位。

更重要的是，儒释道源头虽多在蜀，但究其根源和传承则在我们每个人的心灵和性格里。儒道是本土产生、土生土长的。禅学禅宗，虽是外来，但它是通过

---

① 玄者玄门也，奘者千里之驹也。

与儒道兼容而融进我们传统文化并成为主干的。这一历史经验启示我们，建设社会主义先进文化，最好的方式就是把马克思"请"进文庙，让马克思与孔子"对话"，进行思想"交流"，如同唐宋时期孔子与达摩祖师的"对话"而产生了中国化的禅宗一样，把马克思主义的中国化，落实到儒释道的根柢中去，构建新型的现代化的儒释道文化。

东汉后期巴蜀汉中"五斗米道"的几个问题

孙启祥

（汉中市档案局、档案馆）

东汉后期，沛国丰（今江苏丰县）人张陵学道蜀鹤鸣山（古称鹄鸣山）中，布教传道。张陵死，子张衡行其道。衡死，子张鲁复行其道，以"五斗米道"割据汉中，政教合一，雄踞巴汉。汉末，丞相曹操征讨汉中，张鲁投降，受曹操之封而迁至邺（今河北临漳县西南）。随着曹操及其部属迁汉中之民于关中、洛邺，五斗米道遂传至北方。晋永嘉年间，张陵后裔于江西龙虎山建上清宫，尊张陵为"掌教"和"正一天师"，形成"天师道"教派。南北朝时，嵩山道士寇谦之变革早期道教而成"北天师道"，庐山道士陆修静变革道教、吸纳佛教而成"南天师道"。隋唐后南北天师道合流。明大德年间，张氏后裔张与材为"正一教主"，总领天师道各派，统称"正一道"，至元明时成为南方道教的主流，流传后世。这是史书的基本记载，也是道教的传统说法。但是，关于五斗米道的起源及其在巴蜀汉中阶段的发展演进，从学术角度来看还有疑问和争论，本文试做探讨、考述。

一 "五斗米道" 是张陵创立的吗？

关于"五斗米道"的形成和发展，西晋陈寿《三国志·魏书·张鲁传》载：

> 张鲁字公祺，沛国丰人也。祖父陵，客蜀，学道鹄鸣山中，造作道书以惑百姓，从受道者出五斗米，故世号米贼。陵死，子衡行其道。衡死，鲁复行之。益州牧刘焉以鲁为督义司马，与别部司马张修将兵击汉中太守苏固，鲁遂袭修杀之，夺其众。……鲁遂据汉中，以鬼道教民，自号"师君"。其

来学道者，初皆名"鬼卒"。其受道已信，号"祭酒"。①

这里的记述和尔后东晋常璩《华阳国志·汉中志》、葛洪《神仙传·张道陵》（张道陵即张陵，晋时多于道徒之名中加"道"字）、刘宋范晔《后汉书·刘焉传》、北魏郦道元《水经注·沔水》中的记述大同小异，奠定了张陵创立、其子孙发展五斗米道的文献基础，张陵子孙三代因而被道教合称"三张"，陵为天师，衡为系师，鲁为嗣师；后世的历史、道教研究著述，也往往以张陵为五斗米道创始人。如范文澜《中国通史简编》："（张陵）在蜀郡山中造道书，创所谓五斗米道"，② 卿希泰《中国道教思想史纲》："五斗米道是东汉时期早期民间道教的一个派别，其创始人为张陵"，③ 楼宇烈《原始道教——五斗米道和太平道》："'五斗米道'的创始人张陵为东汉顺帝时人"，④ 郭树森《天师道》专著其中一节题目干脆就叫《张道陵初创天师道》，⑤ 等等。"张陵创立五斗米道"这个乍看没有疑义的结论，其实还值得研究，一则这个问题史籍记载不一致，二则五斗米道的起源还有不同观点。

《三国志》《华阳国志》《后汉书》《水经注》都是东汉三国以后的文献，《三国志》成书最早，但其时距五斗米道最初在巴蜀汉中活动也已百年以上，《华阳国志》《后汉书》《水经注》则更晚。而当时人的著述与"张陵创立五斗米道"之说大相径庭。

《后汉书》卷八《孝灵帝纪》李贤注"（中平元）秋七月，巴郡妖巫张修反，寇郡县"时，引刘艾《灵帝纪》载：

时巴郡巫人张修疗病，愈者雇以米五斗，号为"五斗米师"。⑥

《三国志·张鲁传》裴松之注引鱼豢《典略》，对五斗米道的起源及教规教义记述更详：

光和中，东方有张角，汉中有张修。骆曜教民缅匿法，角为太平道，修

① 陈寿：《三国志·魏书·张鲁传》，中华书局点校本，1982，第263页。
② 范文澜：《中国通史简编》（修订本第二编），人民出版社，1964，第198页。
③ 卿希泰：《中国道教思想史纲》第一卷《汉魏两晋南北朝时期》，四川人民出版社，1980，第134页。
④ 《文史知识》编辑部编《道教与传统文化》，中华书局，1992，第67页。
⑤ 郭树森主编《天师道》，上海社会科学院出版社，1990，第17页。
⑥ 范晔：《后汉书·孝灵帝纪》李注引，中华书局点校本，1965，第349页。

为五斗米道。太平道者，师持九节杖为符祝，教病人叩头思过，因以符水饮之，得病或日浅而愈者，则云此人信道，其或不愈，则为不信道。修法略与角同，加施静室，使病者处其中思过。又使人为奸令祭酒，祭酒主以《老子》五千文，使都习，号为奸令。为鬼吏，主为病者请祷。请祷之法，书病人姓名，说服罪之意。作三通，其一上之天，著山上，其一埋之地，其一沉之水，谓之三官手书。使病者家出米五斗以为常，故号曰五斗米师。……后角被诛，修亦亡。及鲁在汉中，因其民信行修业，遂增饰之。教使作义舍，以米肉置其中以止行人；又教使自隐，有小过者，当治道百步，则罪除；又依月令，春夏禁杀；又禁酒。流移寄在其地者，不敢不奉。[①]

上引两部史籍的作者刘艾为汉末魏初人，曾在献帝朝为官，他的《灵帝纪》《献帝纪》均系当时人记当时事，可靠性很强。《典略》作者鱼豢，为三国时期魏国郎中、著名史学家，生活于魏末晋初。据考证，鱼豢入晋后至少活了16年以上，但并未仕晋。因此，他对五斗米道的记述也可视为当代人书当代事。《灵帝纪》和《魏略》，都将五斗米道最初活动系于张修；《魏略》对张鲁所作所为记载也很明确，这就是对教规教义的具体"增饰"。这些可称"原始"的记录都表明五斗米道始创于张修而非张陵。裴松之在援引《典略》之后说："臣松之谓张修应是张衡，非《典略》之失，则传写之误。"[②] 他大概因为张鲁本传中张修为刘焉的别部司马，非五斗米道徒，故做如斯判断。但这个判断不确，因为张修具军事首领和教徒双重身份（详见后文）；且纵然《典略》有失，总不至于刘艾《灵帝纪》也同时误记，故史家论曰："刘《纪》出《典略》之前，不应有误。"[③] 也就是说，张鲁的五斗米道教主，系承继张修而非他人。

《资治通鉴》对五斗米道的记述也值得琢磨。在《资治通鉴》中，有关五斗米道的活动最早记于中平元年（184年）："巴郡张修以妖术为人疗病，其法略与张角同，令病家出五斗米，号'五斗米师'。秋，七月，修聚众反，寇郡县；时人谓之'米贼'。"[④] 而张陵、张鲁之名则出现于初平二年（191年）："沛人张鲁，自祖父陵以来世为五斗米道，客居于蜀。"[⑤] 显然，司马光采信了刘艾《灵帝纪》和范晔《后汉书》的记载，将五斗米道起初活动主要归之于张修。

① 陈寿：《三国志·魏书·张鲁传》裴注引《典略》，中华书局点校本，1982，第264页。
② 陈寿：《三国志·魏书·张鲁传》裴注，中华书局点校本，1982，第264页。
③ 卢弼：《三国志集解》引陈景云语，中华书局，1982，第268页。
④ 司马光撰，胡三省音注《资治通鉴》卷五八，中华书局点校本，1956，第1872页。
⑤ 司马光撰，胡三省音注《资治通鉴》卷五八，中华书局点校本，1956，第1928页。

稽考于历史和道教典籍，三国以后关于张陵的生平越来越复杂，其可信度也越来越低。在《三国志》《华阳国志》和《后汉书》中，张陵仅是一个从沛辗转至蜀的学道传道之人，而在葛洪《神仙传》中，却有了"本太学书生""修炼于繁阳山""能坐在立亡"、得秘籍神术"于萬（嵩）山石室中"、老君遣清和玉女"教以吐纳清和之法"、改二十四治为福庭、降魔鬼于蜀①等经历；《太平广记》所引《神仙传》中，则有"著作道书二十四篇"、老子亲授"新出正一明威之道""弟子户至数万"等业绩和分身为二、未卜先知、七试赵升、白日升天诸异术。② 在《上元宝经》中，张陵又由"太学书生"成为"大儒"；③《集仙录》中，张陵的经历进一步丰富："隐龙虎山""自鄱阳入嵩高山"。④ 到了张陵42 代孙、明初道士张正常《汉天师世家》和宋濂《汉天师世家序》中，张陵有了显赫门第（汉留侯张良九世孙）、功名（中直言极谏科，拜巴郡江州令）、高位（汉和帝召为太傅，封冀侯），经历也更清晰（入鄱阳前曾隐洛阳北邙山，入蜀后初居阳平山后徙鹤鸣山复迁渠亭山），功业也更辉煌（复立二十四治，增以四治，以应二十八宿）。⑤ 张陵的归宿，南朝梁李膺《益州记》云："汉熹平末，为蟒蛇所噏。子衡奔走寻尸无所，乃假说权方，以表灵化，生縻鹤迹，置石崖顶。光和二年，遣信告曰：正月七日天师升元都"；⑥ 后世也有人在鹤鸣山刻石，说张陵"为蝮蛇所吞"。⑦ 其寿命，结合《神仙传》年六十入蜀，《后汉书》"顺帝时客于蜀"，在百岁左右，⑧ 还有可信性。后来，却有了生于汉建武十年（《汉天师世家》），寿一百二十三、一百五十七等不同说法，实则难以令人信服。由于《益州记》张陵"为蟒蛇所噏"之结局不能为教内接受，于是，《太平广记》引《神仙传》作"白日升天而去"。从这些记载中，不难看出张陵由一个普通传教者被神化、仙化的过程。

任继愈主编的《中国道教史》发现了《三国志·张鲁传》中张陵、张衡、张鲁"三张"传播五斗米道和张鲁杀张修"夺其众""以鬼道教民"两说的矛盾，任继愈指出："五斗米道究竟是张陵在蜀地创建，经由张衡传子张鲁的呢？

① 葛洪撰，胡守为校释《神仙传校释》，中华书局，2010，第 190～191 页。
② 李昉：《太平广记》卷八引，上海古籍出版社，1990，第 1043～47 页上至第 1043～48 页下。
③ 李昉等：《太平御览》卷六七一《服饵下》引，中华书局，1960，第 899～100 页上。
④ 李昉等：《太平御览》卷六六四《尸解》引，中华书局，1960，第 899～70 页上。
⑤ 卢弼：《三国志集解》引，中华书局，1982，第 267 页上。
⑥ 卢弼：《三国志集解》引，中华书局，1982，第 267 页上。
⑦ 参见任乃强《华阳国志校补图注》，上海古籍出版社，1987，第 74 页。
⑧ 葛洪：《神仙传·张道陵》："陵年五十，方退身修道，十年之间，已成道矣……乃将弟子入蜀于鹤鸣山。"汉顺帝公元 126～144 年在位，取其中数，假设张陵于公元 135 年入蜀，至熹平末（177 年），还有 42 年。张陵寿约 102 岁。

还是张修在汉中创建，而后张鲁袭杀张修，取得教权的呢？看来后者比较确实"，① 又从 5 个方面论述后得出结论："五斗米道有前期和后期之分：它的创始人和前期领袖是张修……后期是张鲁"，传统的"三张"说法，"这实际上是强加给历史的虚构"。② 郭树森《天师道》分析归纳了张修对五斗米道的贡献，也得出"他也可以说是天师道的创始人之一"的结论。但囿于作者持张陵开创五斗米道观点，遂又接着说："承认这一点，并不意味着要否定张道陵的首创地位，因为张修毕竟是张道陵的弟子。"③

综上所述，根据《灵帝纪》《典略》《资治通鉴》所载，《中国道教史》论述和张陵的生平，结合道教多将教主、教义大跨度往前追溯，且"子贵父祖荣"又是中国文化的普遍现象等诸多因素考查，可以初步认定：张陵创立道教之说源于其孙张鲁掌握权力、发展教义以后张鲁的宣传和人们的附会迎合。而五斗米道的组织机构和教规教义，实由张修在中平元年（184 年）之前创立于汉中。于此，吕思勉的论述堪称入理入情："据《后汉书》说：陵客蜀，学道于鹄鸣山中。受其道者，辄出米五斗，故谓之米贼。陵传子衡，衡传于鲁。然其事并无证据。据《三国志》《注》引《典略》，则为五斗米道者，实系张修。修乃与鲁并受命于刘焉，侵据汉中，后来鲁又袭杀修而并其众的。鲁行五斗米道于汉中，一时颇收小效。疑其本出于修，鲁因其有治效而沿袭之，却又讳其所自出，而自托之于父祖。历史，照例所传的，是成功一方面的人的话，张陵，就此成为道教的始祖了。"④

二 五斗米道的地域文化渊源

五斗米道由张修创立于汉中，有其深厚的地缘因素和文化背景。巴蜀汉中具有深厚的道教积淀，特别是汉中地区，两汉期间，就有成固杨王孙、褒中郑子真、汉中王仲都、蜀人李八百、成固唐公房、山东青牛先生、京兆扈累、安定石德林（寒贫）等黄老道"仙人"、道士活动记录，而五斗米道又与黄老道有一定渊源，甚至史家认为五斗米道"直接源于黄老道"。⑤ 这些因素，是五斗米道产生的基础。

---

① 任继愈：《中国道教史》，上海人民出版社，1990，第 35 页。
② 任继愈：《中国道教史》，上海人民出版社，1990，第 34 页。
③ 郭树森主编《天师道》，上海社会科学院出版社，1990，第 33 页。笔者按："张修是张陵弟子"无史料依据。
④ 吕思勉：《中国通史》，上海古籍出版社，2009，第 292～293 页。
⑤ 樊光春：《西北道教史》，商务印书馆，2010，第 162 页。

五斗米道的起源，还与西南少数民族和东方滨海之域文化的渗透影响有关。蒙文通以五斗米道原为西南少数民族林邑、扶南之教。其《道教史琐议》指出："天师道盖原为西南少数民族之宗教，汉末西南民族向北迁徙，賨人、氐人北入汉中及汉水上游，五斗米道亦于此时入汉中。"① 陈寅恪谓五斗米道源于东方滨海之域。其《天师道与滨海地域之关系》认为：秦汉之前的方士怪迂之论，皆出于滨海的燕、齐之域，张陵本为沛国丰人，"丰沛又距东海不远，其道术渊源来自东，而不自西"。② 何兹全在《三国史》中据此而论："张鲁一家，虽在益州、汉中传教，但五斗米道实起于东方滨海之域。……所谓'学道鹄鸣山中'，是在鹄鸣山中修道传教，不是五斗米道起源于蜀。"③

尽管五斗米道的形成有西南和东方文化的影响，但作为一个教派，巴汉地区固有的宗教气氛也是不容忽视的，张修对组织机构设置、教规教义确立所做的工作是其能够树立并被人接受的关键。至于张修创立五斗米道的思想渊源，也不必追溯到张陵，没有史料表明张修师承张陵。而五斗米道中源于东方的"道术"（如果确如此），也不必受业于张陵，因为当时从中原流入巴汉的人很多，他们完全有可能扮演"二传手"角色，其中稍后"自号黄巾"的"益州逆贼马相、赵祗"④ 就是具备资格的人，因为五斗米道与黄巾军尊奉的太平道之教义都源于《太平经》，且本来"（张）修法略与（张）角同"。

三 张修其人及其死因

张修尽管创立了五斗米道，且其事迹在史籍中反复出现，但因开创之功被移植，在道教中的影响被张鲁掩盖，故其身份、死因都扑朔迷离。

首先提出问题的是裴松之。前面引文中裴松之关于"张修应是张衡"之说，似乎从根本上否定了五斗米道内有张修其人。大概裴氏因为《张鲁传》中别部司马张修与《典略》中张修"同名"而事迹不同，故做出错误判断。后人发现了裴氏的误判，知《典略》中的张修不可能是张衡。但受这个判断的影响，认为：别部司马张修"与五斗米道张修是不相干的"，⑤ "张修是刘焉的别部司马，是和张鲁同受刘焉之命去讨伐汉中太守苏固的，传五斗米道的不是张修，而是张

① 蒙文通：《佛道散论》，商务印书馆，2011，第119页。
② 陈寅恪：《金明馆丛稿初编》，生活·读书·新知三联书店，2001，第3页。
③ 何兹全：《三国史》，《何兹全文集》第五卷，中华书局，2006，第2415页。
④ 陈寿：《三国志·蜀书·刘焉传》，中华书局点校本，1982，第866页。
⑤ 郭树森主编《天师道》，上海社会科学院出版社，1990，第32页。

鲁一家。"[1] 其实,《张鲁传》和《典略》中的张修同为一人,这从《华阳国志》卷二曰:"(张)鲁遣其党张修攻(汉中太守苏)固……遂得杀固",[2] 卷一〇下曰:"(苏)固为米贼张修所疾杀"[3] 即可证实;《资治通鉴》胡三省注,《三国志集解》引陈景云、惠栋之说等都有辨析。诚如钱大昭所论:"《典略》所云汉中张修即刘焉之别部司马,亦习五斗米道,《后汉书·灵帝纪》所谓巴郡妖巫是也。"[4]

张修为巴郡人,自汉灵帝光和年间即在巴郡、汉中传教,受汉中道风和《太平经》影响,创立五斗米道。中平元年(184 年),张角在东方领导黄巾起义,张修也在巴郡发动起义。献帝初平二年(191 年),益州牧刘焉任其为别部司马,与张鲁共收汉中。此时,张修的地位高于张鲁。因为一则汉中乃张修多年传教之地,有一定的基础,而张鲁只是一匹"黑马";二则按照宋人洪适和元人胡三省的论述,张鲁的官职督义司马只是当时"诸侯擅命,率意各置官属"[5] 背景下刘焉创置的一个散官,而别部司马却是常设官职,刘焉之子瑁亦任此职。[6] 故《三国志·张鲁传》表述为,张鲁"与别部司马张修将兵击汉中太守苏固",这里的"与"应有配合、帮助之义;樊光春《西北道教史》表述为"益州牧刘焉为了割据一方,命张陵之孙张鲁为督义司马协同张修进攻汉中",[7] 可谓精准。相比之下,《华阳国志》记载"(张)鲁遣其党张修攻(苏)固"则欠准确。至此,张修的军事统帅和宗教头领的双重身份应毋庸置疑。此外,汉中市曾出土"張脩"篆文引,王景元考证,印之主人是五斗米教主张修的"可能性最大",[8] 也印证了张修的生平。

张修的死因,《三国志》《华阳国志》《后汉书》均记为被张鲁所杀,应当可信。因《魏略》中有"后(张)角被诛,(张)修亦亡,及鲁在汉中"语,有人认为张鲁统治汉中在张修"正常死亡"之后,因而无张鲁杀张修之事,这种观点与诸史料不符。"张修亡,及鲁在汉中"云云,只是为将张修、张鲁光大五斗米道的措施分阶段表述,不可做张修死后张鲁到汉中解。至于相杀的原因,

① 何兹全:《三国史》,《何兹全文集》第五卷,中华书局,2006,第 2415 页。
② 刘琳:《华阳国志校注》,巴蜀书社,1984,第 117 页。
③ 刘琳:《华阳国志校注》,巴蜀书社,1984,第 809 页。
④ 卢弼:《三国志集解》引,中华书局,1982,第 268 页上。
⑤ 司马光撰,胡三省音注《资治通鉴》卷六〇,中华书局点校本,1956,第 1828 页。
⑥ 范晔:《后汉书·刘焉传》,中华书局点校本,1965,第 2432 页。
⑦ 樊光春:《西北道教史》,商务印书馆,2010,第 9 页。
⑧ 王景元:《馆藏东汉"张修"印试析》,汉中市博物馆编《石门——汉中文化遗产研究 2007》,三秦出版社,2008,第 109 页。

樊光春认为很可能是二人在对待刘璋的关系上"'统'、'独'意见不合",① 即张修主张从属于刘璋,而张鲁主张割据,应是接近事实的观点。

"张鲁一家"传五斗米道之说,是张鲁成为五斗米道教主,声望日隆之后的夸大说法。张陵从事过传教活动,但只是普通教士,其传教时没有教派名称,也没有明确的教规教义,这从《典略》中创制于张修的"鬼吏"(鬼卒)、"祭酒"被《三国志》记在张鲁名下可见端倪。至于张衡,史籍中只有寥寥数字,"见于正史的记载是少之又少,这至少表明张衡在传播五斗米教的过程中所起作用不大",② 就是在道教典籍内,他的事迹也不多。张陵、张衡传教之地,未出蜀郡,道教二十四化的设置,是张修、张鲁乃至以后之事。有人说张衡将传教活动从蜀郡扩大到了巴郡、汉中,那是误以为张衡白日升天的阳平化在汉中所致。《太平寰宇记》卷一三三引《张衡家传》释白马山:"衡于浕口升仙时乘白马,后人遥望山上往往有白马,因以为名。"③ 按白马山南朝庾仲雍称之"白马塞",④ 白马塞又称白马戍,"皆因其地原为白马氏所居而得名",⑤ 与张衡无关。白马山有二十四化中的浕口化,又有汉代阳平关,非张衡"白日上升"⑥ 的阳平化。故张陵创立五斗米道、"三张"之说不可信。如张衡子承父业,张鲁就没有必要杀张修"夺其众"以立足于汉中,也就没有《典略》中张鲁的教规教义是对张修的"增饰"之说了。

四 "五斗米道"名称的来源

"五斗米道"之得名,传统理论源于其教规。刘艾《灵帝纪》载:"(疗病)愈者雇以米五斗,号为'五斗米师'";鱼豢《典略》载:"使病者家出米五斗以为常,故号曰五斗米师";《三国志·张鲁传》载:"从受道者出五斗米,故世号'米贼'";《华阳国志》卷二载:"其供道限出五斗米,故世谓之'米道'";⑦《后汉书·刘焉传》载:"受其道者辄出米五斗,故谓之'米贼'";⑧《水经注》

---

① 樊光春:《西北道教史》,商务印书馆,2010,第9、165页。

② 卿希泰、唐大潮:《道教史》,凤凰出版社,2006,第36页。

③ 乐史:《太平寰宇记》卷一三三《山南西道一·兴元府·西县》,王文楚等校点,中华书局,2007,第2618页。

④ 杨守敬、熊会贞疏《水经注疏》卷二七,段熙仲点校,江苏古籍出版社,1989,第2298页。

⑤ 孙启祥:《氐羌民族与汉中》,《陕西理工学院学报》2013年第4期,第51~57页。

⑥ 杜光庭:《洞天福地岳渎名山记》,罗争鸣辑《杜光庭记传十种辑校》,中华书局,2013,第393页。

⑦ 刘琳:《华阳国志校注》,巴蜀书社,1984,第114页。

⑧ 范晔:《后汉书·刘焉传》,中华书局点校本,1955,第2435页。

卷二七曰："供道之费，米限五斗，故世号五斗米道"。① 《资治通鉴》卷五八曰："令病家出五斗米，号'五斗米师'。""米贼""米道"者，是对群体称谓；"米师""五斗米师"者，是对教主个人称谓。诸家皆以因有"出米五斗"之教规，故称为"五斗米道"。

卿希泰在《中国道教思想史纲》中提出"五斗米道"名称源于其教义说。该书第一卷第二章中论曰："《道藏·洞神部》伤字号中有《太上玄灵北斗本命延生真经》《太上玄灵北斗本命长生妙经》《太上说南斗六司延寿度人妙经》《太上说东斗主算记名护命妙经》《太上说西斗记名护身妙经》《太上说中斗大魁保命妙经》。其内容彼此相关，可合称为《五斗经》。这《五斗经》的来源，照其经文本身的记载，都说是太上老君于汉桓帝永寿初年亲降于蜀授说与张陵的。"② 故从思想内容考察，"五斗米道的命名，或许与崇拜五方星斗有关"，③"米"与"姆"乃音转，故"斗米"即"斗姆"。④ 在卿希泰、唐大潮合著的《道教史》中，也有类似论述："也有人认为它（即五斗米道）的得名，与其崇拜五方星斗和斗姆有关，五斗米即'五斗姆'，亦即五方星斗中的北斗姆，为众星之首。"⑤

"五斗米道"名称源于教义说，是一种新颖的可供研究的说法，提出者本身也用了很慎重的"或许"态度，但它要成为一种观点，仍需要进一步论证，因为无论是历史记载，还是教众内部，都没有这种说法；且五斗米道创始期有无如此系统的观念和理论，以及所举各经成书时间都还存疑问，起码在晋人葛洪《抱朴子内篇》"遐览"中没有《五斗经》中任何一种。目前还是以因"出米五斗"而名五斗米道可信。

那么，"出米五斗"的对象是谁呢？《灵帝纪》《典略》《资治通鉴》的表述是治病者（或治愈者），《三国志》《华阳国志》《后汉书》的表述是受道者、供道者，二者有区别吗？回答是否定的。按照《典略》所记太平道治病的办法是："教病人叩头思过，因以符水饮之，得病或日浅而愈者，则云此人信道，其或不愈，则为不信道。"因五斗米道于此与太平道基本相同，所以它

---

① 杨守敬、熊会贞疏《水经注疏》卷二七，段熙仲点校，江苏古籍出版社，1989，第2298页。

② 卿希泰：《中国道教思想史纲》第一卷《汉魏两晋南北朝时期》，四川人民出版社，1980，第137～138页。

③ 卿希泰：《中国道教思想史纲》第一卷《汉魏两晋南北朝时期》，四川人民出版社，1980，第137页。

④ 卿希泰：《中国道教思想史纲》第一卷《汉魏两晋南北朝时期》，四川人民出版社，1980，第138页。

⑤ 卿希泰、唐大潮：《道教史》，凤凰出版社，2006，第37页。

的措施是：治病如果有效果，则视为"信道"，为"受道者"，需要"供道"，出米五斗，否则为非受道者，不需要供道。也就是说，其以是否治病或治愈为收取供米的依据。"受道""供道"的原义与今义有差别。对比之下，今人著作中"信教的人要缴纳五斗米作为入教费用"、① "奉教者须缴纳五斗米"② 等表述，把"出米五斗"作为入教的条件，有违史籍原义，还是张传玺《中国通史讲稿》中"因使受治的病人出米五斗"③ 的表述准确明了。从数量和可行性考查，"五斗米"相当于现今一斗米，约25千克，虽不是很多，但在饥荒严重的东汉末年也不算少，试想当时情形，要让入教者皆出米五斗，许多人会因此被拒之门外，特别像"韩遂、马超之乱，关西民从子午谷奔之（指张鲁）者数万家"④ 时，人人缴纳五斗米，从收缴到管理几乎都不可能。而从《隋书·地理志》曰汉中"崇重道教，犹有张鲁之风焉"⑤ 看，汉末汉中一带信奉五斗米道十分普遍，所以遗风久远。故当时教规应是治病者出米五斗，至于"治病"和"治愈"，因施之于符水、妖术，系精神疗法，除特殊情况（如遇不治之症），其间很难有明确界限。卿希泰、唐大潮《道教史》中有"要求奉道者和求治病者交纳五斗米为信米"⑥ 之说，无论是将奉道者和求治病者截然分开，还是指奉道交五斗米，治病再交五斗米，都不会是史实。

有人说，"由于张道陵自称天师，故其所创立的道教从一开始就叫天师道"，⑦ "'五斗米道'是教外鄙视张陵所创道派的说法，道门中则称之为'正一道'、'正一教'、'正一盟威之教'等"，⑧ 这不是事实。"米贼"系污称，"米道""五斗米师""五斗米道"和"鬼道"，是正常称谓，不含鄙视意。张陵称天师，不能说就有"天师道"；至于被一些史家引以为据的汉熹平二年（173年）张普"祭酒约施天师道法无极耳"⑨ 文中的"天师道法"，非"天师道之法"而是"天师之道法"，恰恰说明当时没有"天师道"之名，否则不会如此表述。潘雨廷《〈天师道〉序》亦曰："然创此教

---

① 任继愈主编《中国哲学史》（第2册），人民出版社，1996，第246页。
② 王卞：《汉魏六朝时期的道教》，文史知识编辑部编：《道教与传统文化》，中华书局，1992，第73页。
③ 张传玺：《中国通史讲稿》（上），北京大学出版社，1982，第211页。
④ 陈寿：《三国志·魏书·张鲁传》，中华书局点校本，1982，第264页。
⑤ 魏征等：《隋书·地理志》，中华书局点校本，1973，第829页。
⑥ 卿希泰、唐大潮：《道教史》，凤凰出版社，2006，第36页。
⑦ 郭树森主编《天师道》，上海社会科学院出版社，1990，第27页。
⑧ 陈莲笙：《道教常识答问》，上海古籍出版社，2012，第1页。
⑨ 洪迈：《隶续》卷三《米巫祭酒张普题字》，中华书局影印本，1986，第309页上。

派（指天师道）时，其名仅为'五斗米道'，并未用'天师道'。"① 它如"授
（张）陵以新出正一明威之道""祖天师倡正一教于汉"、② "天师自云，我受于
太上老君，教以正一新出道法"③ 等，都是后世的追溯附会之说，非史实和当时
之称谓。揆之道教初创现状，传教者并未给自己所传之教正式命名，人们根据其
教规或组织形式，或称之"鬼道""鬼教"，或称之"五斗米道"，随之习以为
常。后世教徒以其不雅，方有"天师道""正一教"等名称。"五斗米教"之称
如有鄙视，就不会有晋代豪门"王氏世事张氏五斗米道"④ 之说。

五　鹄鸣山和两座鹤鸣山

史籍中记载的张陵早期传教之地，《三国志·张鲁传》、李膺《益州记》、
《魏书·释老志》作"鹄鸣山"，《华阳国志》卷二、《后汉书·刘焉传》《水经
注》卷二七作"鹤鸣山"，《太平御览》卷六六二引《贞诰》、卷六七一引《上
元宝经》作"鸣鹄山"。名称虽异，实为一山，由《神仙传》"张道陵"条作
"鹤鸣"，而《太平广记》卷八引《神仙传》却作"鹄鸣"可证。"鹤"是仙鹤，
"鹄"为天鹅，皆不凡之鸟。大概最初称鹄鸣山，后来取《诗》"鹤鸣于九皋，
声闻于野"之义而改称鹤鸣山。人们常用"鹤鸣之士"指隐士，称"鹤鸣"更
符合道教之义，《抱朴子内篇》卷一九《遐览》中就有道教著作《鹤鸣记》。

鹤鸣山之位置，《后汉书》唐人注曰"在今益州晋原县西"，⑤《通典》卷一
七六也以鹤鸣山在晋原县，《元和郡县志》曰"鹤鸣山，在（晋原）县西北七十
九里"。⑥ 唐代的晋原县治所即今四川崇州市。崇州市西北七十九里，已入今大
邑县境。《舆地广记》卷二九《成都府路上·邛州·大邑县》曰："唐咸亨二年
析益州之晋原置，属邛州。有鹤鸣山，后汉张道陵隐居于此，制作符书。"鹤鸣
山位于今大邑县西北 12 公里，为邛崃山脉之支峰，有"正一盟威之道"残碑、
宫观山洞等道教遗迹。

今剑阁县南普安镇（故剑州、剑阁县治所）东一公里，也有山名"鹤鸣"，
山上有被称为"三绝"的摩崖道教造像、唐《剑州重阳亭铭并序》碑刻和南宋
绍熙年间翻刻的《大唐中兴颂》摩崖，曾出土汉代针币、陶俑等文物。清雍正

① 郭树森主编《天师道》，上海社会科学院出版社，1990，第 1 页。
② 张钺：《汉天师世家》卷二，万历续道藏本。
③ 张君房编《云笈七笺》卷六《三洞经教部》，张永晟点校，中华书局，2013，第 103 页。
④ 房玄龄等：《晋书·王羲之传》，中华书局点校本，1974，第 2103 页。
⑤ 范晔：《后汉书·刘焉传》，中华书局点校本，1965，第 2436 页。
⑥ 李吉甫撰《元和郡县图志》卷二二，贺次君点校，中华书局，1983，第 775 页。

年间《剑州志》卷四曰：鹤鸣山，"世传张道陵跨鹤仙去，鹤尝鸣于此"。

剑阁县鹤鸣山最迟在宋代已得名，但它不单有异名，且名称多变。《太平寰宇记》卷八四《剑南东道三·剑州·普安县》曰："卧龙山，在县东二里。其山盘围州，号卧龙山，高一百丈"，其方位和形势与后来的鹤鸣山吻合。而在《舆地纪胜》卷一八六《利州路·隆庆府·景物下》中，"卧龙山"和"鹤鸣山"同时存在，前者在普安县东二里，后者在普安县南二里。但同卷中又有"重阳亭，在东山之阳"之谓，显示鹤鸣山又名东山（重阳亭在鹤鸣山上）。所以在明人曹学佺《蜀中名胜记》卷一二《剑州》中，既谓"东山一名鹤鸣山"，又曰"东山即卧龙山"。《读史方舆纪要》卷六八《保宁府·剑州》曰："治东二里曰卧龙山，亦曰九龙山。又有鹤鸣山，俱谓之南山，环绕州治。"关于鹤鸣山的这些名称和方位变化，反映了两种情况，其一是古剑州周围山势毗连环绕，且州、县治所曾有变动，故对山体、方位的辨识容易出现差异；其二是鹤鸣山名称的出现有附会张陵传道之嫌，这种附会缘于张陵、张衡传道传说的向北过渡。

《三国志》《华阳国志》《后汉书》和《神仙传》等记录的张陵、张衡早期传教之地，未出蜀郡，阳平山、鹤鸣山、青城山都在成都附近。后来，《太平广记》卷八引《神仙传》所记张陵升天的云台山（又名灵台山、灵山）被认为在阆中，张衡升天的阳平化也从彭州九陇县"北迁"到汉中阳平关，张陵、张衡传教地从蜀郡扩大到了巴郡、汉中。于是巴地的剑州也有了张陵传道的鹤鸣山的传说，何况蜀地鹤鸣山原名"鹄鸣"。今剑阁当地有人仍强调鹤鸣山在本地，大邑之山名"鹄鸣"，透露了传说的缘由。

六　张鲁父子皆被封侯是否恰当？

张鲁"雄踞巴汉垂三十年"后的建安二十年（215年），[①] 丞相曹操率兵进攻汉中，张鲁在抵抗不支的情况下，封藏宝货，南转巴中，后应曹操之召而出降。曹操以张鲁"本有善意"，遂拜其镇南将军，"封阆中侯，邑万户，将还中国，待以客礼。封鲁五子及阎圃等皆为列侯"。[②] 对于这次封赏，为《三国志》作注的裴松之认为有失公允："张鲁虽有善心，要为败而后降，今乃宠以万户，五子皆封侯，过矣！"[③] 而习凿齿的论述，未涉张鲁父子之封，却对阎圃受封高度评价："鲁欲称王，而阎圃谏止之，今封圃为列侯。夫赏罚者，所以惩恶劝善

① 陈寿：《三国志·魏书·张鲁传》，中华书局点校本，1982，第263页。
② 范晔：《后汉书·刘焉传》，中华书局点校本，1965，第2437页。
③ 陈寿：《三国志·魏书·张鲁传》，中华书局点校本，1982，第265页。

也。苟其可以明轨训于物，无远近幽深矣。今阎圃谏鲁勿王，而太祖追封之，将来之人，孰不思顺！塞其本源而末流自止，其此之谓与！若乃不明于此，而重燋烂之功，丰爵厚赏止于死战之士，则民利于有乱，俗竞于杀伐，阻兵仗力，干戈不戢矣。太祖之此封，可谓知赏罚之本，虽汤武居之，无以加也！"① 这其实间接肯定了曹操的封赏行动。那么，张鲁父子获显爵高位究竟是否恰当？

应该承认，在"天下户口减耗，十裁一在，诸侯封未有满千户者"② 的汉末，对张鲁"宠以万户"，确属特别礼遇。不过，综观汉末的封赏，在奖赏军功、"惩恶劝善"这个总的前提下，受封人的势力和影响力至关重要。张鲁投降前，其官衔只是以中郎将身份兼任汉宁太守，远不抵当时许多割据的州牧、逐鹿的将军地位显赫。但是，他的号召力和影响力确实是巨大的，不光百姓归依，"关西民从子午谷奔之者数万家"，巴地"賨人……多往奉之"，③ 士人如青牛先生、寒贫（石德林）、李休李胜父子等也投靠，就连许多失势的豪绅武将如陇西马超、庞德，河东程银、侯选，关中刘雄鸣等也纷纷往从，遂利用"财富土沃，四面险固"的地理优势，形成了朝廷"力不能征"，而"民夷便乐之"④ "百姓亲附"⑤ 的汉中一方乐土。纵然如此，张鲁采纳功曹阎圃之言，不称汉宁王，始终以汉宁太守、五斗米道教主身份任事，对朝廷仍然"通贡献"，⑥ 这大概也是曹操认为他"本有善意"之一端。比起那时动辄称王称帝的，如涿郡张丰、扶风裴优、勃海盖登、益州马相、陇西宋建等造反者和一些军阀割据者，张鲁的态度显然平和；与同时代黄巾军头目泰山臧霸、黑山寇张燕和致使曹操丧子侄的张绣投降后，曹操仍封官拜爵等相比，封张鲁万户侯，宠以高位显爵，而调虎离山，既消减其部属怨恨，又降低其群体影响，曹操的封赏，可谓一举三得。故任乃强分析曹操的行为曰："将所有教徒家口，不分夷汉，强迫徙入关陇，分编户籍，以解散之"，将张鲁等"封侯以为羁縻"，⑦ 可谓中的之论。至于裴松之所谓"败而后降"的疑问，阎圃的谋划已经说得很清楚："以迫往，功必轻；……相拒，然后委质，功必多"，⑧ 且张鲁最后是在拒绝了刘备的接迎之后而投降曹操的，⑨ 筹码更重，更显诚意。

---

① 陈寿：《三国志·魏书·张鲁传》，中华书局点校本，1982，第265~266页。
② 陈寿：《三国志·魏书·张绣传》，中华书局点校本，1982，第262~263页。
③ 房玄龄等：《晋书·李特载记》，中华书局点校本，1974，第3022页。
④ 陈寿：《三国志·魏书·张鲁传》，中华书局点校本，1982，第263~264页。
⑤ 杨守敬、熊会贞疏《水经注疏》卷二七，段熙仲点校，江苏古籍出版社，1989，第2298页。
⑥ 陈寿：《三国志·魏书·张鲁传》，中华书局点校本，1982，第263~264页。
⑦ 任乃强：《华阳国志校补图注》，上海古籍出版社，1987，第78页。
⑧ 陈寿：《三国志·魏书·张鲁传》，中华书局点校本，1982，第264页。
⑨ 《华阳国志》卷二，刘琳《华阳国志校注》，巴蜀书社，1984，第119页。

七 张鲁政权属于农民起义性质吗？

张鲁的五斗米道政权，是在杀害地方官吏又消灭竞争对手后建立的，对于其政权的性质，马植杰《三国史》在分析了其政教合一，提倡诚信、务行宽惠，修筑义舍、提供义米肉，禁止造酒、平抑物价等"特殊之处"后说："我们认为张鲁在汉中的政权乃是农民起义胜利的结果，不能视之为一般封建割据政权。"[①]这个论断值得商榷。

史家认为，"考察一个政权的性质主要应看它是代表哪个阶级的利益"，"最根本的要看它实行的是什么政策，就是看它实行的是保护谁和打击谁的政策"。[②]如果说张修从传教到夺取汉中地方政权，具有农民起义性质的话，张鲁"篡夺"农民起义果实后割据汉中，则失去了这种特性。张鲁"出场"时就是一个官吏，尽管其一些措施代表了农民愿望，但他没有制定打击地主阶级、保护农民利益的政策，其政权不具有农民起义性质。张传玺论曰："张鲁在汉中、巴郡镇压了一批豪强地主，建立了以小农经济为基础的农民政权……在张鲁统治的二十多年中，阶级分化、土地兼并在发展，张鲁及其统治集团也越来越贵族化了，曾一度反映农民利益的政权逐渐变质为封建地主政权。"[③]任乃强的论述更直接：张鲁"乃乘天下方乱，建立农民自治之国，数遣使汉朝。然曹操兵至即降，封府库以待之，故不得称为农民革命政权也"。[④]

张鲁政权虽不具农民政权性质，但它是一个农民获得安定幸福生活的政权。张鲁从摆脱刘璋，到建立政教合一政权，又在名义上尊崇朝廷，走的是一条保境安民、教化百姓、在乱世中求得生存空间的道路。包括其最后抵抗后出降，也是一种理智的，兼顾"公""私"的选择。这种选择，既保全了自己，保护了下属、百姓，也使五斗米道得以继续传播。从这种意义上说，刘备骂张鲁为"自守之贼"[⑤]深得其旨。一个政权，不在于它是什么性质，不在于它有多么高深的理论和响亮的口号，关键在于它给民众带来的是安定、平和还是争斗、灾难。陈寿就给张鲁以很高评价，谓其"舍群盗，列功臣，去危亡，保宗祀"[⑥]，优于公孙瓒、公孙度、陶谦、张杨等辈。

---

① 马植杰：《三国史》，人民出版社，1993，第 82 页。
② 奚介凡：《略论农民战争所建政权性质问题》，《学习与探索》1979 年第 6 期。
③ 张传玺：《中国通史讲稿》（上），北京大学出版社，1982，第 212 页。
④ 任乃强：《华阳国志校补图注》，上海古籍出版社，1987，第 73～74 页。
⑤ 陈寿：《三国志•蜀书•先主传》，中华书局点校本，1982，第 881 页。
⑥ 陈寿：《三国志•魏书•二公孙陶四张传》评语，中华书局点校本，1982，第 266 页。

蜀汉经学考述[*]

吴龙灿

(宜宾学院四川思想家研究中心、四川大学历史文化学院)

汉魏之际，经学以郑学、荆州学派和王学为主流。"先是郑玄结束了今古文相争的时代，随之以宋衷为代表的荆州学派出现，又打破了郑学的一统天下；王肃受荆州之学学术倾向的影响，正面攻讦郑学，于是经学进入了王学与郑学相抗争的时期。"[①] 三国兴学崇儒举措则在战乱之后造成儒学和经学的小复兴局面，其中荆州学派可谓汉魏之际战乱时期存续经学的功臣，而蜀汉经学主要受到两汉巴蜀经学和荆州学派的影响。

一 三国经学主流：三国割据与郑、王之争

明晰"郑、王之争"这一三国时代经学发展的主流，是蜀汉经学历史定位和价值认识的重要参照。

郑玄（127～200年），字康成，北海高密（今山东高密）人，曾入太学师事第五元先，通《京氏易》《公羊春秋》《三统历》《九章算术》，又从张恭祖学《周官》《礼记》《左氏春秋》《韩诗》《古文尚书》等，最后师从马融学习古文经，兼通今古文经学。游学归里，耕读东莱，聚徒授课，弟子达数千人。党锢之祸起，遭禁锢，杜门注疏，潜心著述。"凡玄所注《周易》《尚书》《毛诗》《周

---

* 本文系以下基金项目部分成果：国家社科基金重大项目"《巴蜀全书》编纂"（10@ ZH005）；2014 年度四川大学中央高校基本科研业务费项目"中国儒学文献发展通史"（SKQY201424）；四川省哲学社会科学重点研究基地项目"《扬雄全集》集释编纂"（RX14Y04）、"扬雄著述整理与研究考述"（SXJZ2014 – 003）。

① 张岂之主编《中国思想学说史·魏晋南北朝卷》，广西师范大学出版社，2008，第 666 页。

礼》《仪礼》《礼记》《论语》《孝经》《尚书大传》《中侯》《干象历》，有着
《天文七政论》《鲁礼禘祫义》《毛诗谱》《驳许慎五经异义》《答临孝存周礼
难》，凡百余万言"（《后汉书·郑玄传》）。郑玄摒弃门户之见，兼采今古文，
遍注群经，世称"郑学"，为汉代经学的集大成者。"注《易》用费氏古文，爻
辰出费氏分野，今既亡佚，而施、孟、梁丘《易》又亡，无以考其同异。注
《尚书》用古文，而多异马融；或马从今而郑从古，或马从古而郑从今。"① 笺
《诗》、注《仪礼》《论语》亦兼采今古文。

> 郑君博学多师，今古文道通为一，见当时两家相攻击，意欲参合其学，
> 自成一家之言，虽以古学为宗，亦兼采今学以附益其义，学者苦其时家法繁
> 杂，见郑君阂通博大，无所不包，众论翕然归之，不复舍此趋彼。于是郑
> 《易注》行而施、孟、梁丘、京之《易》不行矣；郑《书注》行而欧阳、大
> 小夏侯之《书》不行矣；郑《诗笺》行而鲁、齐、韩之《诗》不行矣；郑
> 《礼注》行而大小戴之《礼》不行矣；郑《论语注》行而齐、鲁《论语》
> 不行矣。重以鼎足纷争，经籍道息。②

皮锡瑞认为郑玄有使经学进入"小统一时代"之功，然而，但凡郑玄注释
所采用经传文本都流传下来，未采用的皆不行于后世，故虽有三国纷争的原因而
"不能尽咎郑君"，然而郑玄也难脱"郑学盛而汉学衰""使两汉家法亡不可考"
之过。

王肃（195～256 年），字子雍，东海郡郯县（今山东郯城西南）人，是上承
荆州之学、下开晋代官方经学的一代经学大师。其父王朗曾任会稽太守，建安三
年（198 年）曹操表征为谏议大夫，参司空军事，是知名经学家，"朗著《易》
《春秋》《孝经》《周官》传，奏议论记，皆传于世"（《三国志·王朗传》）。魏
立国后，王肃官散骑黄门侍郎、散骑常侍、领秘书监、兼崇文观祭酒、太常等
职，封兰陵侯，嘉平间（249～253 年）曾为大将军司马师的幕僚，嫁女司马昭。
王肃"年十八，从宋衷读《太玄》，而更为之解"（《三国志·王肃传》）。宋衷
继承扬雄不事章句、直承圣学、自出机杼的经学风格，不拘守汉学旧注，迥异郑
学，对王肃影响很大。王肃曾习今文经学，曾师从传欧阳《尚书》的经学家杨
赐，又习贾逵、马融的古文经学，而贾、马之学专习古文，与郑学立异。由是王
肃"不好郑氏，采会同异"，虽与郑玄同样兼采古今、遍注群经，但王肃在经注

---

① 皮锡瑞著《经学历史》，周予同注释，中华书局，2004，第 96 页。
② 皮锡瑞著《经学历史》，周予同注释，中华书局，2004，第 101 页。

中从字义训诂方面驳郑学之失，"或以今文说驳郑之古文，或以古文说驳郑之今文"（《经学历史》），又"集《圣证论》以讥短玄"，多取《孔子家语》新证。王肃著述达33种，又有"所论驳朝廷典制、郊祀、宗庙、丧纪、轻重，凡百余篇"，[①] 意在打破家法，阐发义理，著述以汉魏之际政治实践为依据，通经致用，开一代学术新风气。三国魏立经学十九博士，王学略胜郑学：《易》郑氏、王氏，《毛诗》郑氏、王氏，《周官》郑氏、王氏，《仪礼》郑氏、王氏，《礼记》郑氏、王氏，《左传》服氏、王氏，《公羊》颜氏、何氏，《穀梁》尹氏，《论语》王氏，《孝经》郑氏（《汉晋学术编年》）。"初，肃善贾、马之学，而不好郑氏，采会同异，为《尚书》《诗》《论语》《三礼》《左氏》解，及撰定父朗所作《易传》，皆列于学官。"（《三国志·王肃传》）王学合于时宜，又借助司马氏集团权势，在魏晋之际郑学衰而王学盛，故有"王肃出而郑学亦衰"（《经学历史》）之说。

郑、王之争除了立于官学、王肃驳郑学外，还表现在郑学阵容、王学阵容的学者们互相对垒上。郑学立场的学者有郑玄门人王基、再传山东弟子孙炎，还有马昭、张融等。王基"常与抗衡"："散骑常侍王肃着诸经传解及论定朝仪，改易郑玄旧说，而王基据持玄义，常与抗衡"（《三国志·王基传》）；"郑玄作《毛诗笺》，申明毛义，难三家，于是三家遂废矣。魏太常更述毛非郑，荆州刺史王基驳王肃，申郑义"（《经典释文序录》）；"子雍规玄数十百件。守郑学者，诗有中朗马昭，上书以为肃谬，上遂诏尊王之辈，占答以闻"（《旧唐书·王元冲传》）。针对《圣证论》引《尸子》及《孔子家语》难郑之处，马昭釜底抽薪："《家语》王肃所增加，非郑所见。又《尸子》杂说，不可取证正经，故言'未闻'也。"（《礼记正义·乐记》孔颖达疏）张融驳王肃重义理不重字义辞训："遣博士张融案经论诘，融登召集，分别推处，理之是非，具圣证论。王肃酬对，疲于岁时。"（《旧唐书·王元冲传》）而王学阵容，除了王肃本人"酬对"外，还有孔晁、孙毓等"王学之辈"攻诘郑学。孔晁针对马昭辩难申王而驳郑，孙毓著《毛诗异同评》："晋豫州刺史孙毓，为《诗评》，评毛、郑、王肃三家同异，朋于王。"（《经典释文序录》）

曹髦关注郑、王之争，反映了经学作为意识形态在政权集团之间的斗争。《三国志·高贵乡公纪》记载了曹髦曾与崇王学的博士庾峻和崇郑学的博士淳于俊、马昭之间就郑、王学之别的精彩问答。王国维分析："以高贵乡公幸太学问答考之，所问之《易》则郑《注》也，所讲之《书》，则贾逵、马融、郑元、王肃之《注》也，所问之《礼》，则小戴《礼》，盖亦郑玄、王肃《注》也。"

---

① 刘汝霖：《汉晋学术编年》，华东师范大学出版社，2010，第539～541页。

（《观堂集林·汉魏博士考》）曹氏集团的代表曹髦，通过玄学对郑学、郑学对王学的问难，来对抗司马氏集团所推崇的王肃之学。

蜀地经学则自立风格。"益部多贵今文而不崇章句，默知其不博，乃远游荆州，从司马德操、宋仲子等受古学。"（《三国志·尹默传》）可见蜀汉经学不同于郑学，蜀地经学传统以今文为主，受郑学与荆州学派影响，亦传古文，多图谶之学，通经用世，别开生面。

二 学术渊源：两汉蜀学与荆州学派

汉代巴蜀经学兴起于文景之世，文翁化蜀，领先全国以"七经"造士，于是七经之学盛行巴蜀，比于齐鲁，经学人才辈出。蜀地反思章句之儒"碎义逃难""违背孔真"的经学流风，自严遵始融《易》《老》于一炉，扬雄创拟经新篇，从而构成汉代巴蜀经学独辟蹊径、自成体系之特色。据缪荃孙《蜀两汉经师考》统计，汉代巴蜀经学人物文献可考者 65 人。两汉巴蜀经学以《易》学、"小学"最盛，《诗》《书》之学渊源有自，而《礼》《春秋》《孝经》《论语》之学胜义迭出，时有可观。《后汉书·儒林传》列巴蜀经学人物 6 人：任安习《孟氏易》，任末、景鸾习《齐诗》，杜抚、杨仁习《韩诗》，董钧习《庆氏礼》。汉末巴蜀经学与巴蜀地域政治经济命运密切关联，今古兼治，扬马击郑，于是以杨门之学和谯氏之学为代表的通经致用之学和谶纬学大兴。[1]

自东汉晚期郑玄兼采今古、遍注群经，儒生多从郑学，形成经学"小统一"时代。"王粲称伊洛以东，淮汉以北，（郑玄）一人而已，莫不宗焉。咸云先儒多阙而郑氏道备。"（《旧唐书·王元冲传》）于是，"郑学盛而汉学衰"，官方十四博士今文经学多不行。

然而汉魏之际，发生了反郑学运动。郑学面临经学内部的挑战，除了王肃，还有其他学者对之进行了强有力的抵制，尤其是荆州学派。

郑学兴起后不久，首先受到汉末三国时期经学大师的抵制和批评。荀爽、虞翻等注《易》，或用费氏《易》，或用孟氏《易》，独不用郑注，并批评郑玄《易》注"未得其门，难以示世"（《三国志·虞翻传》裴注引《翻别传》）。虞翻上奏《郑玄解〈尚书〉违失事》，认为"玄所注五经，违义尤甚者百六十七事，不可不正。行乎学校，传乎将来，臣窃耻之"（《三国志·虞翻传》）。王粲、徐干也批评郑玄"专务名物"，"矜于训诂，摘其章句"，指摘郑玄注经有义理阙

---

[1] 参阅舒大刚、吴龙灿《汉代巴蜀经学述论》，《四川师范大学学报》（社会科学版）2013 年第 6 期。

弱等弊端。

荆州学派是汉魏之际异于郑学、别开风气的地方经学流派。东汉末年刘表主政荆州19年（190～208年）（治湖北襄阳），其间政通人和，力倡儒学，荆州一时成为全国的文化学术中心。刘表（142～208年），山阳郡高平（今山东微山）人，字景升，汉景帝之子鲁恭王刘余后裔，早年师从南阳太守王畅，后遭"党锢之祸"逃亡，黄巾起义后受任北军中候。汉献帝初平元年（190年），时任荆州刺史王睿被长沙太守孙坚所杀，朝廷委派刘表出任刺史一职。时荆州寇贼纵横，刘表单马入宜城，借助南郡望族蒯氏兄弟蒯良、蒯越及襄阳豪强蔡瑁支持，且采纳蒯越之策，诱杀"宗贼帅"，平定江南，并将州治由武陵郡索县（今湖南汉寿县）迁至襄阳，"南据江陵，北守襄阳，荆州八郡（即长沙郡、零陵郡、桂阳郡、江夏郡、南阳郡、武陵郡、南郡、章陵郡）可传檄而定"（《后汉书·刘表传》），初平三年（192年），被入主长安挟持汉献帝的李催任命为"镇南将军、荆州牧，封成武侯"。北方百姓和士人为躲避战乱，大量涌入荆州，"关西、兖、豫学士归者千数，表安慰赈赡，皆得资全"（《后汉书·刘表传》）。刘表精心组织荆州本土名士和外来儒生，开展一系列大规模的学术文化活动，如建学校、设学官、充实官府藏书、开展学术研究等，使荆州之学辉煌一时，促成荆州学派的形成。"州界群寇既尽，表乃开立学官，博求儒士，使綦毋闿、宋忠等撰《五经章句》，谓之《后定》。"（《三国志·刘表传》裴松之注引王粲《英雄记》）荆州遂代替洛阳成为当时的文化中心。刘表本人在学术上也深有造诣，著《周易章句》9卷，《丧服后定》1卷，《荆州占》2卷，集1卷，藏书家卢文弨还认为刘表曾撰《新定礼》1卷。其学术宗旨："君深愍末学，远本离真，乃会诸儒，改定五经章句。"（《三国志·刘表传》）刘表著述和学术活动，引领和示范荆州学派形成简化经说、摆脱传统经注束缚、直寻圣人本心的自由学风。①

荆州学派代表人物是荆州教育长官宋忠。宋忠（亦作宋衷，？～219年），章陵（今湖北枣阳）人，他深受汉代蜀经学代表人物扬雄影响，在荆州筹办州学，组织綦毋闿等儒生编写《五经章句后定》作为教材，"删划浮辞，芟除烦重"（《全三国文·刘镇南碑》），促成"守旧之习薄，创新之意厚"的荆州学风。《五经章句后定》中的《周易章句》首次将古文经学列入官方教材，对经学史乃至学术史影响深远。宋忠著有《周易注》10卷、《世本》4卷、《法言注》13卷、《太玄经注》9卷。

宋忠之外，重要的荆州学派学者还有州学教授颍川人司马徽、颍容等人。司马徽（？～208年），字德操，颍川阳翟（今河南禹州）人，因口不臧否人物而

---

① 参阅汪惠敏《三国时代之经学研究》，汉京文化事业有限公司，1981，第231页。

称"好好先生"。徐州琅琊阳都（今山东临沂市沂南县）人诸葛亮、荆州南阳人刘廙、襄阳人庞统、向朗都是司马徽的学生，益州涪人尹默、李仁因为益州只流行今文经学，特意来荆州从司马徽、宋忠学习古文经学。颍容，字子严，章陵（今湖北枣阳）人，"博学多通，善《春秋左氏》，师傅太尉杨赐。郡举孝廉，州辟，公车征，皆不就。初平中，避乱荆州，聚徒千余人。刘表以为武陵太守，不肯起。著《春秋左氏条例》五万余言，建安中卒"（《后汉书·儒林传》），颍容左传学上承两汉，下启杜宽、杜预叔侄之学。荆州州学课目齐全，除讲授儒家经典六经外，还有音乐、天文、历法、刑法、兵法等方面课程，学生主要是官员子弟、年轻下级官员和外来求学青年，最盛时有学生三百多人。当时在荆州从事学术活动的儒士还有王粲、王肃、尹默等著名人物，据杨世文统计，荆州学案系统中，刘表有交游"八顾""八及"，幕僚 37 人。① 荆州学校的规模和制度远远超出郡国学校规模，是仿效洛阳太学而设置的官学，这在当时的湖南、湖北乃至全国都是前所未有的，可谓开一代风气之先。建安十三年（208 年），刘表死后，战乱纷至，"荆州荒残，人物殚尽"，荆州学术文化自此一蹶不振。

荆州学派存在时间虽短，但在三国时期，起着承前启后、留存文化于后世的重要作用，也因此孕育了大批与郑学异趣的经学家，给郑学一统天下的文化生态增添了学术活力和多元可能。经汉末董卓之乱，东汉首都洛阳官府的藏书全部毁于战火，而刘表在任荆州牧期间，致力于图书的搜集，荆州官府藏书一时成为全国之冠，曹操平定荆州后，这些典籍被运回北方，成为国家藏书。荆州学派的主要人物又将荆州学术传播到了曹魏、蜀汉和东吴。

蜀汉经学直承荆州学派和巴蜀经学。建安六年，刘备在汝南败于曹操，奔荆州依附刘表，表以上宾善待之，使屯兵新野，荆州豪杰多归刘备，因此时司马徽推荐弟子庞统和诸葛亮，定策三分，对此后蜀汉经学影响颇为深远。蜀汉经学家向朗、尹默、李仁皆为宋忠、司马徽弟子，经学家李撰为李仁之子，受学于李仁、尹默并从学于宋忠、司马徽，刘后主禅则受学尹默，颇得荆州学派真传。受巴蜀经学的拟经传统和谶纬学流风影响，王长文著述多为拟经之作，谯周则集谶纬学大成。

三　蜀汉经学传承与主要成就

蜀汉偏安一隅，然而统治者以汉正统自居，有光复汉室之志，很重视兴学与经学的研习。蜀汉昭烈帝刘备（161～223 年）为汉景帝子中山靖王刘胜后裔，

---

① 参阅杨世文《魏晋学案·荆州学案》，人民出版社，2013，第 2~41 页。

曾师事卢植，依附刘表，曾言："吾周旋陈元方、郑康成间，每见启告治乱之道备矣"（《华阳国志·刘后主志》），刘备入蜀后下令兴学，"先主定蜀，承丧乱历纪，学业衰废，乃鸠合典籍，沙汰众学，慈、潜并为学士，与孟光、来敏等典掌旧闻"（《三国志·许慈传》）。蜀汉政权自刘备称帝到后主降魏仅存续42年（昭烈帝刘备章武元年至后主刘禅炎兴元年，221~263年），但就学术源流而言，蜀汉经学前可追溯到东汉末期建安年间，后可延续到晋武帝太康年间，约80年，据程元敏统计有史可考的经学家53人。① 据夏增民统计有蜀汉儒士55人，② 程书未载者有谭承、裴俊、裴越、陈术（字申伯，汉中人，著有《释问》七篇、《益部耆旧传》和《益部耆旧志》）、阎义、费立、陈实、祝龟（南郑人，撰《汉中耆旧传》）、杨充（梓潼人，受学于扶风马季长、吕叔公、南阳朱明叔、颍川白仲职，精研七经，广交名士，还以教授州李，常言图纬空说）、闵子忌、段宗仲、费辑、周巨（周群子）13人，即蜀汉儒士至少66人，而经学家数量当近此数。

程元敏形象地将三国蜀经学者授受关系排列如下：③

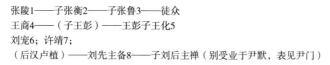

张陵1——子张衡2——子张鲁3——徒众
王商4——（子王彭）——王彭子王化5
刘宠6；许靖7；
（后汉卢植）——刘先主备8——子刘后主禅（别受业于尹默，表见尹门）

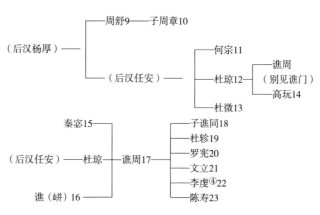

---

① 参阅程元敏《三国蜀经学》，学生书局，1997，第1~2页。
② 夏增民：《儒学传播与汉魏六朝文化变迁》，复旦大学2007年博士论文，第202~205页。
③ 参阅程元敏《三国蜀经学》，学生书局，1997，第2~8页。
④ 李虔，一名李密（224~287年），字令伯，犍为武阳（今四川彭山）人，博通五经，精研《春秋左氏传》，著有《述理论》10篇，"述中和仁义、儒学道化之事"，《华阳国志》《晋书》有传。

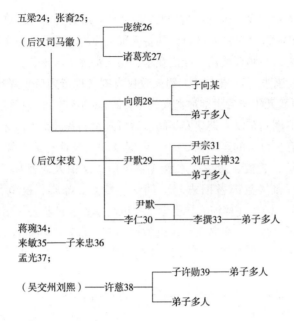

五梁24；张裔25；
（后汉司马徽）——庞统26
诸葛亮27

向朗28——子向某
弟子多人

（后汉宋衷）——尹默29——尹宗31
刘后主禅32
弟子多人

尹默
李仁30——李撰33——子弟子多人

蒋琬34；
来敏35——子来忠36
孟光37；

（吴交州刘熙）——许慈38——子许勋39——弟子多人
弟子多人

胡潜40；常勖41；司马胜之42；姜维43；
王长文44——弟子多人
何随45；任熙46；寿良47；张征48；常骞49；常宽50；黄容51；杜龚52；蜀才（即范长生）53

据姚振宗《三国艺文志》①和《华阳国志》等史籍记载，蜀汉有如下可考的经学文献：

> 李撰《古文易注解》
> 范长生《蜀才周易注》10 卷
> 李撰《太玄指归》
> 王长文《通玄经》4 篇
> 李撰《尚书注》
> 杜琼《韩诗章句》
> 李撰《毛诗注》
> 李撰《毛诗指归》
> 蒋琬《丧服要记》1 卷
> 谯周《丧服图》

---

① 姚振宗：《三国艺文志》，《二十五史艺文志经籍志考补萃编》（第七卷），清华大学出版社，2012。

谯周《礼祭集志》

谯周《集图》

陈寿《驳虞溥议王昌前母服》

李撰《三礼注》

李撰《春秋左氏传指归》

王长文《约礼记》

王长文《春秋三传》13 篇

黄容《左传抄》数十篇

谯周《论语注》10 卷

王长文《无名子》12 篇

谯周《五经然否论》5 卷

谯周《法训》8 卷

谯周《五教志》5 卷

谯周《雠国论》

何随《谭言》

常宽《典言》

谯周《谶记》

陈寿《释讳》

陈寿《益部耆旧传》2 卷

张陵、张衡、张鲁《老子想尔注》

蜀汉经学风气变迁，经历了一个由闭塞走向开放、由守今学走向今古兼顾的过程。汪惠敏据《三国志》所载任安"究极图谶"，张裔"治公羊春秋，博涉史汉"，周群"专心候业"，张裕"亦晓占候""又好相术"，谯周"治尚书，兼通图谶""颇晓天文"等，认为蜀郡本土人士所治经学，多偏阴阳、占候、谶纬之术，上承两汉学风，贵今文，精研通经致用之术。刘焉入蜀至刘备定蜀，外来移民渐众，其中不乏饱学之士，多从东汉民间古文经学及汉末郑玄之学，如许慈"师事刘熙，善郑氏学，治《易》《尚书》、三礼、《毛诗》《论语》"，来敏"涉猎书籍，善左氏春秋，尤精于仓、雅训诂，好是正文字"，姜维"好郑氏学"。又因蜀地偏僻，民性保守，新旧学风常有论争。

光好公羊，而讥呵左氏，每与来敏争此二义，光常谡谡欢咤。（《三国志·孟光传》）

慈、潜并为学士，与孟光、来敏等典掌旧文，值庶事草创，动多疑问，慈、潜更相科伐，谤讟忿争，形于声色；书籍有无，不相通借，时寻楚挞，以相震撼，其矜已妒彼，乃至于此。（《三国志·许慈传》）

因地域限制和政治形势，蜀汉经学风气大致承续两汉今古之争遗风，始以本土今文经学略胜，后兼尚今古，反郑学为主的荆州学派在蜀地影响最大，但郑学亦有流传，而通经致用的谶纬之学依然盛行。①

与其继承两汉学风相谐，蜀汉经学讲究师承。究其经学师承渊源，除了上述荆州学派古文经传人外，周群师承扬厚，杜微、何彦英、杜琼师承任安，属今文经学；许慈师承交州学派的刘熙，姜维好郑氏学，属兼采古今的综合学派。其经学传承途径，据程元敏概括有四：一是著述；二是学官传授，尹宗、许慈、许勋、胡潜、周巨为太学博士，尹默为太学博士，劝学从事，谯周为劝学从事，典学从事；三是私家授徒，如张陆、张衡、张鲁（又称三张天师）以儒经义理授人道德经，杜琼授谯周、高玩，王长文讲学；四是下逮异朝，张鲁、刘禅归魏，周群奔吴，王化、谯周谯同父子、杜轸、罗宪、文立、陈寿、王长文、何随、任熙、寿良、常骞、常宽、黄容、杜龚、蜀才16人入晋，影响三朝学术发展。②

三国蜀汉经学家沿习东汉广涉群经风尚，淹贯诸经者比比皆是。通知三经者，刘备、蒋琬2家；通知四经者，司马胜之，常骞、蜀才3家；贯博五经或五经以上者，三张天师、王化、秦宓、谯（山并）、谯周、文立、陈寿、诸葛亮、尹默、李撰、许慈、王长文、任熙、寿良、常宽17家。治《易》者15家，治《尚书》者16家，治《诗》者22家，治《周礼》者12家，治《礼记》者14家，治《大戴礼》者1家（秦宓），治《春秋》三传者，治《左传》17家，治《公羊传》10家，治《论语》者10家，治《孝经》者2家（秦宓、谯周），治谶纬者13家。其中三张天师《老子想尔注》，以儒经义理和图谶解老，抑儒扬道，又有许靖、庞统治老，任熙治易，何随讲讽，乃魏王弼、何晏援道入儒、尊孔杨老之玄学清谈风气先导。③下面列举蜀汉经学代表人物谯周、李撰、王长文经学宗旨和著述，管窥蜀汉经学风采。

谯周（201～270年），字允南，巴西西充国（今四川西充槐树镇）人，"庶慕孔子遗风"，曾师事"蜀之仲尼"秦宓，善治《尚书》，兼通诸经及图谶，撰《法训》《五经论》《五经然否论》《五教志》《古史考》等。文立"少游属太学，

---

① 参阅汪惠敏《三国时代之经学研究》，汉京文化事业有限公司，1981，第36页。
② 参阅程元敏《三国蜀经学》，学生书局，1997，第126页。本文相关部分另参阅焦桂美《论蜀汉经学之嬗变——与两汉蜀地本土经学传统相比较》，《孔子研究》2006年第3期；《蜀汉经学家及经学著作考论》，《管子学刊》2006年第2期。
③ 参阅程元敏《三国蜀经学》，学生书局，1997，第118～126页。

治《毛诗》《三礼》，兼通群书"（《华阳国志·后贤志》）。东汉以来，巴蜀谶纬学盛行，翟酺、杨由、段翳、赵典等巴蜀大儒多通晓谶纬，好言灾异，而且形成广汉杨门之学和巴西谯氏之学两大谶纬学派。东汉杨厚尤擅谶纬学，厚弟子任安精通经学而又穷极杨门谶纬学，杨厚曾预言"汉三百五十年之厄"；其另一弟子董扶则劝太常刘焉入蜀："京师将乱，益州分野有天子气。"任安弟子何宗用杨统"九世之运"谶纬说，劝进刘备称帝。此为杨门之谶纬学。西汉末年，以善说《易》《春秋》的谯玄喜言图谶。《一统记》载，东汉末年，其后人谯（山并）"治《尚书》，兼通诸经及图纬"，谯（山并）子谯周"有董、扬之规"，为杜琼唯一真传弟子，而杜琼是得任安真传的杨门谶纬学者，故谯周兼得谶纬学两学派精髓，其谶纬学著作有《谶记》《丧服图》《法训》等；汉末，杨厚弟子周舒解释《春秋谶》中"代汉者，当涂高"为"当涂高者，魏也"，谯周则以谶纬劝后主降魏："先主讳备，其训具也；后主讳禅，其训授也。如言刘已具矣，当授与人也。"（《三国志·谯周传》）谯周是东汉以来巴蜀谶纬学的集大成者，[1]广收弟子，高徒如云，有比拟孔子授徒之佳话："文立，字广休，巴郡临江人也。蜀时游太学，专《毛诗》《三礼》，师事谯周，门人以立为颜回，陈寿、李虔为游夏，罗宪为子贡。"（《晋书·儒林列传》）陈寿（233～297年），字承祚，巴西郡安汉县（今四川南充）人，师事谯周，研习《尚书》《三传》，曾撰写内容翔实的古代巴蜀学术史《益部耆旧传》2卷10篇、《古国志》50篇、《官司论》7篇，又有《释讳》《广国论》《表上诸葛氏集目录》《驳虞溥议王昌前母服》等文，入晋后十年间作前四史之《三国志》。

李撰（一作李譔，生卒年不详）通经博识，特立独行，是荆州学派的主要传承人之一，也是蜀汉古文经学先导。"李撰字钦仲，梓潼涪人也。父仁，字德贤，与同县尹默俱游荆州，从司马徽、宋忠等学。撰具传其业，又从默讲论义理，五经、诸子，无不该览，加博好技艺，算术、卜数、医药、弓弩、机械之巧，皆致思焉。"（《三国志·李撰传》）《三国志·尹默传》载："尹默……梓潼涪人也，益部多贵今文而不崇章句。默知其不博，乃远游荆州，从司马德操、宋仲子等受古学，皆通经史，又专心精于《左氏春秋》。"李撰跟随其父李仁、其师尹默游学荆州，"具传其业"，深得荆州学派精髓。"著古文《易》《尚书》《毛诗》《三礼》《左氏传》《太玄指归》，皆依贾、马，异于郑玄，与王氏殊隔，初不见其所述，而意归多同。"（《三国志·李撰传》）李撰的经学著述也是蜀汉首批古文经学著作。

---

① 参阅舒大刚、吴龙灿《汉代巴蜀经学述论》，《四川师范大学学报》（社会科学版）2013年第6期。

王长文（约238~302年），蜀汉犍为太守王颙的儿子，由蜀汉而入晋的经学家，并在西晋咸宁年间（275~280年）出任蜀郡太守。

> 王长文，字德睿，广汉郪人也。少以才学知名，而荡不羁，州府辟命皆不就。州辟别驾，乃微服窃出，举州莫知所之。后于成都市中蹲踞啮胡饼。刺史知其不屈，礼遣之。闭门自守，不交人事。著书四卷，拟《易》，名曰《通玄经》，有《文言》、《卦象》，可用卜筮，时人比之扬雄《太玄》。同郡马秀曰："扬雄作《太玄》，惟桓谭以为必传后世。晚遭陆绩，玄道遂明。长文《通玄经》未遭陆绩、君山耳。"（《晋书•王长文传》）

王长文继承了扬雄开创的巴蜀经学拟经传统，不仅拟《易》《太玄》作《通玄经》，还拟《论语》《法言》作《无名子》12篇，另外还有《春秋三传》13篇、《约礼记》等传于后世。李撰《太玄指归》拟《周易》和扬雄《太玄》，谯周《法训》8卷、何随《谭言》、常宽《典言》拟孔子《论语》和扬雄《法言》，均可谓巴蜀经学拟经传统在三国蜀汉时期的表现。

概而言之，蜀汉经学主要受到两汉巴蜀经学和荆州学派的影响，异于郑学而义合王学，兼顾今古经文，又多图谶之学，通经用世。蜀汉经学是三国时期经学发展的重要组成部分，虽规模稍逊曹魏，然成就斐然，独具特色，对蜀学与曹魏、东吴、西晋三朝经学影响深远。

文昌信仰形成考论

胡　宁

（西华师范大学历史文化学院）

　　文昌帝君是掌管士人功名利禄的神祇，对其崇祀在宋、元、明、清施行科举制的 1000 年里持续不断，既受到历代统治者和士大夫的推崇，又深受广大下层民众的信奉，其影响渗透于社会生活的各个层面。文昌信仰形成的关键是文昌星崇拜与梓潼神信仰的结合，而学界对二者结合的原因并未深入探讨。是否由于他们均有职掌士子功名桂籍之能而结合呢？实际上，宋时除梓潼神以外，京师二相公、袁州宜春（今江西省宜春市）仰山二神、邵武军（今福建省邵武市）大乾广祐王等均拥有预测科举考试结果、庇佑士子金榜题名等神力。[①] 文昌星崇拜为何偏偏与梓潼神信仰相结合呢？本文拟对文昌星崇拜与梓潼神信仰的结合加以讨论，以期揭示文昌信仰形成的过程。

一　文昌星崇拜

　　文昌星崇拜出现较早，对后世影响较大。屈原《楚辞·远游》曰："时暧暧其曭莽兮，召玄武而奔属。后文昌使掌行兮，选署众神以并毂。路漫漫其修远兮，徐珥节而高厉。"[②] 这表明至迟屈原时代，文昌星已被援入古代神话系统，

---

① 京师二相公，见洪迈《夷坚志》乙志卷一九引石月老人说《二相公庙》，中华书局，2006，第349页。袁州宜春仰山二神，见洪迈《夷坚志》支甲卷五《龚舆梦》，中华书局，2006，第746页；支甲卷五《汤省元》，中华书局，2006，第748页；支甲卷七《钟世若》，中华书局，2006，第768页。邵武军大乾广祐王，见洪迈《夷坚志》支乙卷一〇《一明主簿》，中华书局，2006，第871页；《夷坚志》支戊卷七《邵武秋试》，中华书局，2006，第1103～1104页；《夷坚志补》卷二〇《大乾庙》，中华书局，2006，第1739～1740页。

② 朱熹撰《楚辞集注》卷五《远游》，蒋立甫点校，上海古籍出版社、安徽教育出版社，2001，第107～108页。

且被演绎成具有相当权力的星神。不过元代以前文昌星崇拜不仅与士子功名桂籍无关，甚至与文事无涉。

（一）文昌星与文事无涉

文昌实为一星宫，属于紫微垣，在北斗魁前，包括六颗星。① 《史记·天官书》云："斗魁戴匡六星曰文昌宫：一曰上将，二曰次将，三曰贵相，四曰司命，五曰司中，六曰司禄。"司马贞《索隐》引《文耀钩》云："文昌宫为天府。"《孝经·援神契》云："文者精所聚，昌者扬天纪，辅拂并居，以成天象，故曰文昌宫。"《索隐》引东汉纬书《春秋元命包》云："上将建威武，次将正左右，贵相理文绪，司禄赏功进士，司命主灾咎，司中主左理也。"② 可见文昌宫被视为天府，宫中六星犹如人间的公卿将相，各司其职。以后历代官修史书，基本承袭《史记》而略有补充，且以《晋书》为例，其云："文昌六星，在北斗魁前，天之六府也，主集计天道。一曰上将，大将军建威武。二曰次将，尚书正左右。三曰贵相，太常理文绪。四曰司禄、司中，司隶赏功进。五曰司命、司怪，太史主灭咎。六曰司寇，大理佐理宝。"③ 官修史书中不仅有文昌星象征的笼统论述，又有具体事例。西汉成帝建始元年（公元前32年），流星出文昌宫，大将军王凤与丞相王商皆亡。④ 晋太元十五年（390年），有星孛于北河戍，经太微、三台、文昌，入北斗，《晋书》以此为"将相三公有灾"的征兆，其后果然应验。⑤《新唐书》亦曰："中台、文昌，将相位。"⑥ 可见，官修史书中文昌星宫的变化与贵臣将相的命运息息相关，而与士子桂籍文运无涉。

古代占星术盛行，现存主要古代占星著作《乙巳占》《唐开元占经》《灵台秘苑》及《虎钤经》等书对文昌星均有记载，⑦ 其中以《唐开元占经》最为翔实，其搜罗了唐以前各家对文昌六星的论述，对"荧惑犯文昌宫""填星犯文昌""太白犯文昌宫""流星犯文昌""客星犯文昌""彗孛犯文昌"等预兆均有

① 亦有文昌七星之说，见瞿昙悉达《唐开元占经》卷六七引陆绩《浑天图》曰："文昌中有一星，在司禄内，名为主禄，统名为七星。"
② 司马迁：《史记》卷二七《天官书》，中华书局，1977，第1293页。班固《汉书》卷二六《天文志》所载与之略有不同，云："五曰司禄，六曰司灾。"
③ 房玄龄等：《晋书》卷一一《天文志上》，中华书局，1977，第291页。
④ 班固：《汉书》卷二六《天文志》，中华书局，1977，第1309页。
⑤ 房玄龄等：《晋书》卷一三《天文志》，中华书局，1977，第394页。
⑥ 欧阳修：《新唐书》卷三二《天文志》，中华书局，1977，第837页。
⑦ 参见李淳风《乙巳占》卷七《流星犯中外官占》，文渊阁四库全书本；庾季才原撰，王安礼等重修《灵台秘苑》卷一〇，文渊阁四库全书本；许洞：《虎钤经》卷一四，文渊阁四库全书本。

详细论述，但所有这些文昌星宫星象变化的象征均无涉士子桂籍、文运。① 宋明术数家认为，"天上一星应在朝一官，前星为太子，三台为三公，文昌六星为尚书六部，北斗为天喉舌，尚书亦为王喉舌"。② 文昌星仍与士人文运桂籍无关。

较早的道教经典中，已经出现"文昌宫"一词，寇谦之《老君音诵戒经》："当简择种民，录名文昌宫中。"③ 文昌宫是道教信徒的登记簿。张君房《玄门宝海经》又将文昌星神化为星神，言"文昌星神君，字先常，天子司命之符也"，④ 认为文昌是掌管人生命之神。其后道书多沿张氏之说。

东汉士庶也注意到文昌星，并对文昌星宫中的第四星司命倍加崇祀。东汉应劭《风俗通义》载："周礼：'以橘燎祀司中司命'，司命，文昌也。司中，文昌下六星也。……今民间独祀司命耳，刻木长尺二寸为人像，行者檐箧中，居者别作小屋，齐地大尊重之，汝南余郡亦多有，皆祠以（月者），率以春秋之月。"⑤ 应劭直称司命为文昌，民间又独祀司命。不过司命之职仅是司察小过，正如郑玄所云："此非大神所祈报大事者也。小神居人之间，司察小过，作谴告者尔。"⑥ 在东汉士人民众心目中，相对于文昌星崇拜而言，司命之神崇祀更为突出，不过无论是文昌星，还是司命，皆无涉文运桂籍。

文昌星虽自屈原时代就已受到注意，逐渐进入官修史书、占星术数、道教经诰及士人民众的视野，不过其象征在元代以前皆与士人文运桂籍无关。这里需要特别说明的是文昌星宫中的"司禄"星，其名为"司禄"，其职为"赏功进士"，据文义解之，司禄星之职是奖励功劳与进荐士人，应与文人桂籍功名相关。但此星之职仅见于文本，遍查文献，无见司禄星履行这一神职，亦无见民众因此而奉祀司禄，因而"司禄"徒有其名，未获得大众认可接受。

（二）文昌星与文昌醮无关

随士子科举得中而来的是种种荣耀与优待，不仅自己的前途不可限量，还能光耀门楣，甚至其家乡亦一体俱荣。然科举考试每年录取人数有限，因而士子们为金榜题名，仕途亨通，还将希望寄托于超自然的力量上，甚至通过开坛设醮来

---

① 分见瞿昙悉达《唐开元占经》卷三六、卷四三、卷五一、卷七四、卷八三及卷九〇，文渊阁四库全书本。
② 鲍云龙撰《天原发微》卷三上，鲍宁辨正，文渊阁四库全书本。
③ 寇谦之：《老君音诵戒经》，《正统道藏》第19册，第211页。
④ 张君房编《云笈七签》卷二四《日月星辰部》引《玄门宝海经》，文渊阁四库全书本。
⑤ 应劭撰，王利器校注《风俗通义校注》卷八《祀典》，中华书局，1981，第384页。
⑥ 郑玄注，孔颖达疏《礼记正义》卷四六《祭法》，北京大学出版社，1999，第1305页。

向神灵祈求，① 文昌醮便是其中较为流行的一种。

　　文昌醮至迟在宋宁宗时已较为流行。② 士人一般在三年大比之时，积极组织参与文昌醮，并为文昌醮撰文赋诗。蜀人魏了翁《文昌醮启坛词》即云："今复际三年之比，兹惟多士，各迪乃心，思皇盛旦之逢，期就季春之聘"，并先后三次为文昌醮撰文，至今存留两次完整的文昌醮：《启坛词》《青词》及《散坛》。③ 江西人姚勉在《文昌醮宿建词语》中亦云："大比兴贤，又值设科之岁，前期卜日，用严事帝之忱。"姚氏亦有《文昌醮宿建词语》《早朝词语》《午朝词语》《晚朝词语》《正醮词语》等文昌醮青词传世。④ 江西人陈杰有诗《陪蜀士文昌醮》。⑤ 蜀人阳枋有《文昌醮灯牌》。⑥ 文昌醮名为"文昌"，其与文昌星是否有关联呢？为方便分析，现录《文昌章》部分内容于下：

　　　　臣谨为拜意上天曹，伏丐太上老君、太上丈人、天师女师、三师君门下五气君等，留神平省小臣所上章书，通行上御，俾兹儒术兴行，才能并进，诗书发迹，文武允修，庶可使厚人伦，成孝敬，美教化，移风俗，仰副化贷之恩。臣谨依旧典千二百官章，上请夫子君、官将百二十人，治紫盖宫。又请东井清明君，决（原缺）一合来下，以温润清和英灵善爽之气，附入进士某身中百二十节，布散肝膈之内，回心更意，洗濯五脏，安定神灵，卫其真气。祛三尸，灭九虫，除伪定真，去浊就清，背死向生，却祸来福，令使进士某等心志开通，晓达圣理，便利文笔，学业有成。次请五经孔气君一人、官将百二十人，治九奇宫，主为进士某等开通心志，受言不忘，智慧圆

---

① 南宋宁全真传授、宋末元初林灵真编辑的《灵宝领教济度金书》中不仅有祈禄斋仪《祈禄斋》的相关记载（卷三〇二《祈禄斋》，第8册，第639~640页），而且录有祈禄道场所用的"求官符""进爵符""进禄加爵符"（卷二七四，第8册，第411~412页）。词人秦观登第后，就建醮并亲书《登第后青词》，谢恩祈禳神灵保佑。秦观撰，徐培均笺注《淮海集笺注》卷三二《登第后青词》，上海古籍出版社，2000，第1054~1055页。

② 《道门定制》卷一保存了文昌醮的"上章文范"《文昌章》，见吕元素集成，胡湘龙编校《道门定制》，《正统道藏》第31册，第667~668页。《四库全书总目》认为《道门定制》前5卷为南宋道士吕元素撰，元素作于南宋孝宗（1195~1224年）时；后6卷为元素门人吕太换所补，太换作书于南宋宁宗（1195~1224年）时，见永瑢等《四库全书总目》卷一四七《道门定制提要》，中华书局，1965，第1260页。据此基本可以断定文昌醮至迟在宋宁宗朝已较为流行。

③ 魏了翁：《重校鹤山先生大全文集》卷九九《文昌醮启坛词》《青词》《散坛》《代乡人设文昌醮启坛词》《青词》《散坛》，四部丛刊本。

④ 姚勉：《雪坡集》卷四七，文渊阁四库全书本。

⑤ 陈杰：《自堂存稿》卷三《陪蜀士文昌醮》，文渊阁四库全书本。

⑥ 阳枋：《字溪集》卷一一，文渊阁四库全书本。

明，与众有异。次请天王玉女，千二百人，衣青衣，主为进士某等部领万官，赐以印绶，运为举动，能通神明。又请玉历素女千二百人，衣赤衣，主为进士某等收录魂魄，来附身影，纪姓名于玉历玄中，注寿算于丹书之上。若进士某等干望科名，图谋成遂者，则上系列宿主之，乞告下南斗文昌宫，东壁图书府，贤良之宿，爵禄之司，并为垂象宣精，舒光绚彩，善瑞临照，宠锡科名。若进士某等愿捧乡书，利佑贡举者，则阴有神灵主之，乞命职贡举灵应神祇，所在土地，聪明正直，并为临视文闱，覆考行艺，选抡高下，示以公平。使进士某等学行日新，休祥萃集，进取有准，场屋无虞，金榜有名，玉堂纪善，万愿成遂，百禄攸宜，清白传家，公忠许国，书种不绝，儒风来振，以为效人。①

据上，文昌醮所拜求祀奉的神灵有夫子君、东井清明君、五经孔气君、天王玉女、玉历素女、南斗文昌宫及东壁图书府等。其中出现的"南斗文昌宫"值得注意，这里的"文昌宫"是否指文昌六星呢？据南斗六星的职掌及前后文意来看，"南斗文昌宫"实际是南斗六星的另一称呼，并非南斗六星与文昌六星的合称。

南斗有褒贤进士及职掌爵禄之职，《晋书·天文志》载："南斗六星，天庙也，丞相太宰之位，主褒贤进士，禀授爵禄。……将有天子之事，占于斗。斗星盛明，王道平和，爵禄行。"② 唐宋时期南斗主爵禄的观念流行。唐人杨炯《赋浑天赋》："南斗主爵禄，东壁主文章。"③ 宋人范镇云："臣伏见前月六日，月入南斗，月属阴，南斗主爵禄。天意若告陛下，将有阴邪小人干冒爵禄者，而欲陛下谨爵禄也。"④ 南宋人黄震亦云："斗为吴分，为天广，为爵禄之柄，犯之皆不可，犯其魁又独别有其占，何欤？魁之言首也，南斗乃以南二星为魁，魁之义果安在，而犯之尤不可欤？"⑤ 道教亦持"南斗典司爵禄"的观点，《灵宝领教济度金书》卷三〇二《祈禄斋进爵禄升官职表》载："臣伏以东壁号图书之府，主领词华，南斗称贤良之星，典司爵禄。赫赫储精于天上，荧荧禀粹于人间。欲遂荣途，须陈德恫。"⑥

① 吕元素集成《道门定制》卷一《文昌章》，胡湘龙编校，《正统道藏》第 31 册，第 667 ~ 668 页。
② 房玄龄等：《晋书》卷一一《天文志》，中华书局，1977，第 301 页。
③ 杨炯：《盈川集》卷一《赋浑天赋》，文渊阁四库全书本。
④ 范镇：《上仁宗论温成皇后护葬官妄改迁》，赵汝愚编《宋朝诸臣奏议》卷九四，上海古籍出版社，1999，第 1019 页。
⑤ 黄震：《黄氏日抄》卷八三《浙漕宗子场策问一道》，文渊阁四库全书本。
⑥ 宁全真授，林灵真编《灵宝领教济度金书》卷三〇二《祈禄斋进爵禄升官职表》，《正统道藏》第 8 册，第 639 ~ 640 页。

正因南斗有职掌爵禄之职，便与文治昌盛之意的"文昌"一词相连。杜光庭《皇帝设南斗醮词》："伏以三光丽天，照临万有；众星垂象，统御群形。南斗文昌，实掌生篆，为正阳煦物之本，乃帝王寿命之司。"① 民间又有"南斗主生，北斗主死"的说法，因而这里的"南斗文昌"显然是指南斗六星。杜光庭《本命醮南斗词》亦云："伏闻南（上）［斗］六宫，文昌众圣，寿涯所系，生篆是司。动植幽微，咸资主统，祈生请福，益露明诚。"② 其《司封毛绚员外解灾醮词》又曰："伏闻南府文昌，主生铨善；北宫斗极，举过惩非。吉凶无爽于锱铢，报应有同于镜像，真教开忏陈之格。"③ 以上两段引文，"南斗"与"文昌"两词虽不是连用，但两者互相借代，指南斗六星。

上文"南斗文昌宫"与"东璧图书府"相并而列，"东璧图书府"并非"东璧"与"图书府"的合称，而是指壁宿。《晋书·天文志》载："东壁二星，主文章，天下图书之秘府也。星明，王者兴，道术行，国多君子。星失色，大小不同，王者好武，经士不用，图书隐。星动，则有土功。"④ 按此，南斗即文昌之宫，指代南斗六星。

从上文分析可知，南宋中后期流行的祈祷功名的文昌醮，虽名为"文昌"，但意为文运昌盛，与文昌六星无任何关系。

（三）文昌星与文星不同

今有学者依据《东观奏记》，以"文昌星"为"文星"，认为文昌星自唐以来就是吉星，主文运，或文章之事，⑤ 实际上这是选择《东观奏记》版本不精之误。

《东观奏记》以辽宁大学图书馆藏缪荃孙《藕香零拾》本为佳，此本据清人戈小莲半树斋旧抄本，并以《唐语林》做过校勘。中华书局《唐宋史料笔记丛刊》本《东观奏记》，即以此为底本，参校他本而成。中华书局本上句作："初，日官奏文星暗，科场当有事。沈询为礼部侍郎，闻而忧焉。至是，三科尽覆，日官之言方验。"⑥ 可见，唐人将观测"文星"的明暗作为预测科举考试是否顺利

---

① 杜光庭：《广成集》（正统道藏本）卷一一《皇帝设南斗醮词》，《正统道藏》第 11 册，第 284 页。
② 杜光庭：《广成集》卷七《本命醮南斗词》，《正统道藏》第 11 册，第 264 页。
③ 杜光庭：《广成集》卷一二《司封毛绚员外解灾醮词》，《正统道藏》第 11 册，第 288 页。
④ 房玄龄等：《晋书》卷一一《天文志》，中华书局，1977，第 301 页。
⑤ 参见鲁子健《中国历史上的占星术》，《社会科学研究》1998 年第 2 期，第 113～118 页；孔繁敏：《包公传说研究》，《北京联合大学学报》1999 年第 4 期，第 12～21 页。
⑥ 裴庭裕：《东观奏记》卷下，中华书局，1994，第 126 页。

的手段。然上海进步书局版《东观奏记》将"日官奏文星暗"误为"日官奏文昌星暗",衍一"昌"字,① 以致有学者误将"文星"之职赋予"文昌星"。

那"文星"是否是"文昌星"的简称呢?唐诗中已常有"文星"出现,② 南宋人孙应时将"文星"与"文昌"相并而论,云:"文星旧与文昌亚,今贯三台更炳然。"③ 据此可以确定二者是不同的两星,宋人赵彦材注解杜甫《衡州送李大夫赴广州》则认为文星为东壁,"晋《天文志》东壁二星主文章,明则国多君子,是谓文星也。……北风之下,故言爽气。南斗之下,故言文星,乃诗人之巧矣"。④ 不过此仅为赵氏一家之说,但可以明确与科举考试相关的"文星"绝非"文昌星"。

综上所述,元代以前,文昌星虽受到关注,但无论是整个文昌星宫,还是星宫中的各星与士人之功名、文运及科举均并无关系。

二 文昌星崇拜与梓潼神信仰的结合

文昌信仰形成的关键是文昌星崇拜与梓潼神信仰的结合,两者的结合是长时间自然渐进的结果,至元末明初才基本完成。南宋中晚期梓潼神信仰已与"文昌"一词紧密相连,虽此时"文昌"非指文昌星,却为文昌星崇拜与梓潼神的结合提供了契机。至元,文昌星开始职掌文运、科举考试的恢复及元王朝加封梓潼神等因素促成了文昌星崇拜与梓潼神信仰的结合。

(一) 梓潼神信仰与"文昌"

学界普遍认为元祐三年(1316年)后,文昌星崇拜与梓潼神信仰结合,才使梓潼神信仰与"文昌"一词相连。然事实并非如此,南宋中晚期已有用"文昌"代称梓潼神、文昌祠指称梓潼神之祠的情况。南宋文人阳枋(1187~1267年)《祭文昌祝文》云:"坤文炳灵,神生西蜀。济济多士,居焉司禄。有儒衣

---

① 裴庭裕:《东观奏记》卷下,中华书局,1994。
② 刘禹锡:《刘禹锡集》卷三一《白舍人自杭州寄新诗有柳色春藏苏小家之句,因而戏酬兼寄浙东元相公》:"莫道骚人在三楚,文星今向斗牛明。"中华书局,1990,第418页。杜甫著,仇兆鳌注:《杜诗详注》卷二二《衡州送李大夫赴广州》云:"斧钺下青冥,楼船过洞庭。北风随爽气,南斗避文星。"中华书局,1979,第1941~1942页。郑谷《题太白集诗》云:"何事文星与酒星,一时分付李先生,高吟大醉三千首,留著人间伴月明。"庄绰:《鸡肋编》卷上,中华书局,1983,第1页。
③ 孙应时:《烛湖集》卷一八《送明守黄子由尚书赴召》,文渊阁四库全书本。
④ 郭知达编《九家集注杜诗》卷三六,文渊阁四库全书本。

冠，莫不恭肃。时维仲春，典祀不黜。"① 这篇祭文名为《祭文昌祝文》，崇祀的神灵是"生西蜀"的司禄之神——梓潼神。元初赵文《文昌阁记》亦云："文昌阁者，故丞相义公所书梓潼元皇帝君之阁也。"② 元初人蒲道源撰《祈雨群望祝文·文昌》向梓潼神求雨，撰《祀文昌文》祭祀梓潼神，又撰《祀文昌圣父文》祀奉梓潼神之父。③

南宋时的道教经诰也将"文昌"与梓潼神视为同一，如梓潼神的道教经书《太上无极总真文昌大洞仙经》云："忏赎众生诸罪垢，皈依元皇大慈光。求嗣求禄求生方，不求诸人求诸己。惟我文昌七曲师，历劫待人存恕法。"且其"元皇全号"中亦有"辅元开化文昌度人"之称。④

梓潼神信仰中的"文昌"并非指文昌六星，而是士人颂扬梓潼神有益斯文。孙炳文称梓潼祠为文昌宫时，解释道："时重科举，命名文昌。"⑤ 宋末元初人牟巘祭祀梓潼神之父云："一堂奕叶，其尚鉴之，益昌斯文，用惠我多士，其永无斁。"⑥ 宋理宗时人姚勉在《天庆观建梓潼殿疏》一文中表达更为明确："居梓潼七曲之山，素昭灵响，司桂禄九天之籍，实主荣通。在他邦皆有于行宫，宜此郡欲兴于盛观。……用哀众力，共建真祠，就天庆观寮，取自天有庆之义，号文昌道院，为斯文大昌之符。"⑦ 可见，士人认为"文昌"是"斯文大昌"之意，而兴修之梓潼神殿是"斯文大昌之符"。

梓潼神渗入文昌醮，使"文昌"一词与梓潼神信仰结合更为紧密。文昌醮在蜀地颇为盛行，前文提及为文昌醮撰文的魏了翁与阳枋均为蜀人。同时，巴蜀地区又是声名日益显赫，主管科名桂籍之梓潼神的发源地。南宋中后期，蜀人已在梓潼神祠举行文昌醮。魏了翁《四川文昌醮疏文》："成都进士宋一鹗、黄仲

---

① 阳枋：《字溪集》卷九《祭文昌祝文》。
② 赵文：《青山集》卷四《文昌阁记》，文渊阁四库全书本。据《赵仪可墓志铭》，赵文卒于延祐二年（1315 年），程文海《雪楼集》卷二二，文渊阁四库全书本；《文昌阁记》文末又有"世既不复贡举"之语，可知此文作于元代取消科举考试之后，延祐二年之前。
③ 蒲道源：《闲居丛稿》卷二二《祈雨群望祝文·文昌》《祀文昌文》《祀文昌圣父文》，文渊阁四库全书本。
④ 《太上无极总真文昌大洞仙经》卷二，《正统道藏》第 1 册，第 506 页。学界认为此书出现于南宋，可参见陈国符先生《道藏源流考》，中华书局，1963，第 18 页；黄海德：《〈大洞仙经〉考述之一》，《文昌文化报》1997 年 10 月 25 日；王兴平：《刘安胜与文昌经》，《中国道教》2003 年第 5 期，第 31 ~ 34 页。
⑤ 孙炳文：《文昌宫记》，乾隆《当涂县志》卷二九。李修生主编《全元文》称孙炳文于元世祖、元成宗、元武宗时在世，此文当作于延祐三年之前，江苏古籍出版社，1999，第 22 册，第 368 页。
⑥ 牟巘：《牟氏陵阳集》卷二二《二月十一日祭文曲圣父祝文》，文渊阁四库全书本。
⑦ 姚勉：《雪坡集》卷四六《天庆观建梓潼殿疏》，文渊阁四库全书本。

振等过前进士魏某，言明年当科举之前一年，其日秋分，循旧比同四蜀之士以道家者流有事于府北五里梓潼大神之别祠，愿得一言以励众志。"① 其中"循旧"一词，反映出蜀士在梓潼神祠举行文昌醮已成为一种惯例。在道教徒与蜀地文人的作用下，梓潼神与文昌醮很自然地结合在一起，记载文昌醮的道教经书中梓潼神频频出现。《道门科范大全集》卷一九至卷二四载有《文昌注禄拜章道场仪》，此科仪最为突出的是奉祀祈拜梓潼神君，此科仪五个环节的"请称法位"尊神皆提到"英显武烈忠祐广济王"。② 最为典型的是卷二三"祝神行道"中"请称法位"的内容。

> 具位臣某与合坛官众等谨同诚上启，七曲山司禄主者、职贡举真君、英显武烈忠祐广济王、英惠皇后、贻庆善惠公、柔应赞祐助顺静正夫人、济美公、善助夫人、承裕公、顺助夫人、咸烈公、主掌桂籍侍从官属一切威灵。臣闻神不可测扩，睿智以无方，民莫能明，运威灵而接物。仰惟水府之真宰宅，乃七曲之秀峰，紫烟高照于潼江，行宫普遍于列郡。云行雨施，雷厉风飞。③

以上六卷《道门科范大全集》署名为杜光庭删定，而众所周知，梓潼神有"英显武烈忠祐广济王"之号是在南宋前期抗击金军时封赠的，杜光庭是不可能预知梓潼神南宋封号的。细察杜光庭所定科仪，亦未有"祝神行道"这一环节。可见，这几卷虽署名杜光庭删定，实际上已被后人修改，而修改的目的是为梓潼神与文昌醮的融合制造理论依据。这一修改在元初已获得较为普遍的接受，以致道术中出现"文昌之法"的说法，南平、綦江等处军民长官卫琪于顺庆路蓬州相如县（今四川南充蓬安县）修筑祀奉梓潼帝君的文昌宫。虞集为其作记云："琪之作此，非偶然哉！琪幼好道术，能嗣行文昌之法，事神君者多师之。"④

宋末元初，梓潼神信仰中有了"文昌"一词，虽此时此词与"文昌星"无涉，但正是因为有了此词，梓潼神迈出了与"文昌六星"结合的步伐。

（二）文昌信仰的形成

元代是文昌信仰形成的关键时期。文昌星职掌文运的新职、科举考试的恢复

---

① 魏了翁：《鹤山先生大全集》卷九九《四川文昌醮疏文》，四部丛刊本。
② 《道门科范大全集》卷一九至卷二三《文昌注禄拜章道场仪》，《正统道藏》第 31 册，第 799～810 页。
③ 《道门科范大全集》卷二三《文昌注禄拜章道场仪》，《正统道藏》第 31 册，第 809 页。
④ 虞集：《道园学古录》卷四六《四川顺庆路蓬州相如县大文昌万寿宫记》，文渊阁四库全书本。

及元王朝对梓潼神的加封均是文昌信仰形成的动力。

元代，文昌星始有职掌文运之职，并逐步获得士人与官方的认可。虞集认为占于文昌星可以预测文运，"昔者，君子尚论斯文，必推本于天焉。神明著察，信夫主宰者哉！《天官书》以斗魁戴匡六星为文昌之宫，征文治者占焉"。① 元王朝将观测文昌星的明暗作为预测文运的手段，"至元乙酉三月乙亥，太史奏文昌星明，文运将兴。时世祖行幸上京。明日丙子，皇孙降生于儒州。是夜起岩亦生。其后皇孙践阼，是为仁宗，始诏设科取士。及廷试，起岩遂为第一人"。② 又有文昌星降生为人之说，元御史中丞的吕思诚诞生时，"母冯氏梦一丈夫，乌巾白襕衫，红鞓束带，趋而揖曰：'我文昌星也。'及寤思诚生。目有神光，见者异之"。③ 文昌星主文，其降生之人自然为贤才，这使文昌星声名大噪。

皇庆二年（1313年），仁宗以科举诏颁天下，重开科举。延祐三年（1316年），仁宗下诏加封梓潼神为"辅元开化文昌司禄宏仁帝君"，梓潼神的"文昌"之名得到官方认可，成为全国普祀之科举大神。仁宗加封敕文云："维明有礼乐，幽有鬼神，妙显微之一贯，在天为星辰，在地为河岳，形功用于两间，矧能阴骘于大猷，必有对扬之懋典。"④ 这段充斥着气化论的敕文容易使人将梓潼神与天上的星宿联系起来。

梓潼神本有"文昌"之称，加上此时文昌星又主文运，梓潼神的原型是文昌六星的说法流行起来。尧岳云："（延祐）六年冬（1319年），教授成都朱天珍来典教是邦，于是新作文昌祠于学宫之东偏。褒衣峨冠，像设俨如。至治二年（1322年）夏四月告成。按太史司马氏《天官书》：'斗魁戴匡六星'，文昌宫有贵相、司中、司禄诸神，天之六府也。《汉·地理志》：'梓潼水出广汉，南入垫江，蜀大川也'。岂列宿之精，岷峨之气，扶舆清淑，凒蒿凄怆，有若是耶！"⑤ 尧氏先提及文昌星宫有贵相、司中、司禄诸神，接着说梓潼有"列宿之精，岷峨之气"，暗示了文昌星宫与梓潼神有关系。元时甚至有将梓潼神视作文昌六星的降化，"《天官书》以斗魁戴匡六星为文昌之宫，征文治者占焉。或曰：'降灵吾蜀之梓潼者，则其神也'"。⑥

不过此时梓潼神信仰结合的星宿并非只有文昌星崇拜。元时还有梓潼神原型是张宿之说流行。李源道云："按帝君生禀张宿，栖真参宫。其言历世七十二，

① 虞集：《雍虞先生道园类稿》卷二三《广州路右文成化庙记》，元人文集珍本丛刊本。
② 宋濂等：《元史》卷一八二《张起岩传》，中华书局，1977，第4195页。
③ 宋濂等：《元史》卷一八五《吕思诚传》，中华书局，1977，第4247页。
④ 《至顺镇江志》卷八，中华书局，1990，第2724页。
⑤ 尧岳：《文昌祠记》，《至顺镇江志》卷八，中华书局，1990，第2724页。
⑥ 虞集：《雍虞先生道园类稿》卷二三《广州路右文成化庙记》，元人文集珍本丛刊本。

为化九十七，虽未能征其所据，岂亦神道设教之意耶？"① 张宿是二十八宿之一，南方朱鸟七宿的第五宿，有星六颗。《史记·天官书》："张素为厨，主觞客。"②《晋书·天文志》记载更为详细："张六星，主珍宝、宗庙所用及衣服，又主天厨饮食赏赉之事。"③ 张宿崇拜与梓潼神信仰并没有什么关联，不过在道教的作用下，二者结合起来。《梓潼帝君化书》就宣扬梓潼帝君的原型为张宿，"予方游人间，忽至会稽之阴。见一隐者，年五十许，具香灯，仰天而祈。时中春丙夜，天文焕烂，张翼二宿昭然在上。俯而听之，隐者姓张，适符列宿，予于是生焉"。④

元时，梓潼神的原型有二说，或谓文昌星降化，或谓张宿之精。贡师泰认为："或谓斗魁为文昌六府，主赏功晋爵，故掇科之士尤谨事之。或谓神为张宿之精，《诗》所谓'张仲孝友'者是也。"⑤ 梓潼神原型二说在元代并行，不过至迟在明代文昌星崇拜与梓潼神信仰结合的文昌信仰终成为主流，为什么这么说呢？明弘治年间整顿祀典，礼部尚书周洪谟即上书谓："文昌六星为天之六府，殊与梓潼无干。乃合而为一，是诚附会不经。乞并与大小青龙神之祭，俱勅罢免，其梓潼在天下学校者，俱令拆毁，庶足以解人心之惑。"⑥ 周氏的奏书虽明确文昌星崇拜与梓潼神信仰无关，但这从侧面说明，流行于明代的文昌信仰最终是以文昌星崇拜与梓潼神信仰结合而成的。

综上考述，文昌信仰的形成自宋绵延至明，经历了较长的时间，其形成并无强有力的推动力，是社会自然选择的结果。至元末明初，文昌星崇拜与梓潼神信仰的结合最终成为主流，并以文昌帝君掌桂籍嗣禄之形象，稳坐神台，接受士人的虔诚膜拜。

---

① 李源道：《创修文昌祠碑记》，《新纂云南通志》卷九三，1949。
② 司马迁：《史记》卷二七《天官书》，中华书局，1977，第1303页。
③ 房玄龄等：《晋书》卷一一《天文志》，中华书局，1977，第303页。
④ 《梓潼帝君化书》"流行第二"，《正统道藏》第3册，第294页。
⑤ 贡师泰：《玩斋集》卷七，文渊阁四库全书本。
⑥ 俞汝楫：《礼部志稿》卷八四《会议厘正神祀》，文渊阁四库全书本。

宋代巴蜀临济禅僧初探

戴莹莹

（四川大学古籍整理研究所）

　　隋唐五代之时，禅宗一花开五叶，临济宗、沩仰宗、曹洞宗、云门宗、法眼宗五宗各自取得了不同程度的发展，产生了名震一时的高僧大德。五代末年至北宋初年，沩仰宗几乎失传。第三代祖师永明延寿（904～975年）之后，法眼宗逐渐衰微，云门宗与临济宗并盛一时。至"中兴之祖"雪窦重显（980～1052年）之时，云门宗盛极一时，至南宋而衰。南宋之时，云门宗法脉隐而不显，曹洞宗异军突起。三宗之中，唯临济宗法脉不断。纵观两宋临济宗的发展过程，其中有两个关节点，即石霜楚圆下开杨岐、黄龙二派，密庵咸杰下开松源、破庵两派。本文据此将两宋临济宗演变过程分为三段，初步勾勒宋代巴蜀临济禅僧的概貌。

一　北宋初年的巴蜀临济禅僧

　　六祖惠能下的南岳怀让一脉，经蜀僧马祖道一发扬光大，世称"洪州禅"。马祖道一法嗣百丈怀海传黄檗希运，黄檗希运传临济义玄，创立临济宗。此后，临济义玄（？～766年）传兴化存奖（830～888年），再传南院慧颙（860～930年）。南院慧颙法嗣风穴延昭（896～973年），浙东人，游讲肆，善《法华玄义》，修止观定慧，机辩无方，有临济义玄之风，发扬临济禅风，独步一时。[①]弟子首山省念（926～993年），莱州人，提倡苦行，密诵《法华经》，后开首山、

---

① 道原著《景德传灯录译注》卷一三，顾宏义译注，上海书店出版社，2009，第907页。

广教、宝应三处法席，对禅林影响深远。① 入宋以后的临济大德当属延昭法嗣汾阳善昭（946～1023年），太原人，先后参谒七十余位高僧，后投首山省念之门。善昭禅师禅风峻烈，应契聪禅师之请住持汾州大中寺，享誉禅林，又称"西河狮子"②。付法弟子石霜楚圆（987～1040年），广西全州人，弟子杨岐方会（992～1049年）和黄龙慧南（1002～1069年）开"杨岐""黄龙"二派，对禅林影响深远，如图1所示。

图1 临济宗的传承（部分）

一般而言，石霜楚圆之前的临济禅史，如上文所述。然而，在这个主干之外，还有很多值得注意的巴蜀临济禅僧，比如风穴延昭法嗣西蜀欧阳侍郎等。慈云重谧，首山省念法嗣，住剑门慈云山，《嘉泰普灯录》卷一、《续传灯录》卷一有载。永福延照，首山省念法孙、谷隐蕴聪禅师法嗣，住彭州永福院，《天圣广灯录》卷一八、《五灯会元》卷一二有载。永庆光普，首山省念法孙、谷隐蕴聪禅师法嗣，住果州永庆院，《天圣广灯录》卷一八、《五灯会元》卷一二有载。什邡方水，首山省念法孙、叶县广教院归省禅师法嗣，住什邡，《续传灯录》卷三有载。长芦赞禅师，南康军罗汉祖印林禅师法嗣，住真州长芦寺，《建中靖国续灯录》卷二六有载。富乐智静，南康军罗汉祖印林禅师法嗣，住绵州富乐山，《建中靖国续灯录》卷二六有载。归宗可宣，汉州人，汾阳善昭法孙、琅琊山慧觉广照禅师法嗣，住江州归宗寺，《嘉泰普灯录》卷三、《五灯会元》卷一二有载。玉泉谓芳，蜀人，浮山法远法嗣，住荆门军玉泉山景德寺，《建中靖国续灯录》卷八、《五灯会元》卷一二有载。光国文赞，石霜楚圆法孙、南岳双峰寺省回禅师法嗣，住阆州光国院，《建中靖国续灯录》卷一四、《五灯会元》卷一二有载。延福智兴，西川人，玉泉谓芳法嗣，先后住浙源、龙华、延福。"逝后应报有征，缋素追仰，遗体塑饰，祈祷尤盛"，③ 如图2所示。

① 道原著《景德传灯录译注》卷一三，顾宏义译注，上海书店出版社，2009，第927页。
② 道原著《景德传灯录译注》卷一三，顾宏义译注，上海书店出版社，2009，第938页。
③ 惟白：《建中靖国续灯录》卷一四，蓝吉富主编《禅宗全书》史传部四，文殊出版社，1988，第220页。

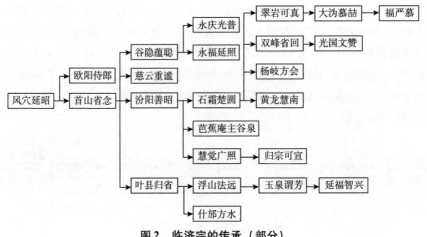

图 2　临济宗的传承（部分）

二　黄龙派

黄龙派，临济禅的支系，创始人为黄龙慧南。黄龙慧南（1002～1069 年），信州玉山人，为临济宗第七祖石霜楚圆法嗣。宋仁宗景祐年间，他在江西黄龙山弘法，禅法大兴，开创"黄龙派"，享誉禅林。黄龙派高僧大德以江西为基地弘法传教，黄龙禅法盛行于北宋前中期。嗣法弟子晦堂祖心、宝峰克文、东林常总、泐潭洪英、仰山行伟、云盖守智、大沩怀秀、百丈元肃、黄檗惟胜、隆庆庆闲、上蓝顺等皆名重一时。① 支系之中，唯有晦堂祖心一支、灵源惟清法嗣绵长，六传至明庵荣西而绝。

晦堂祖心（1025～1100 年），号宝觉大师，又号晦堂，南雄州人。曾为慧南分座训徒，后继任黄龙住持。法嗣众多，黄龙悟新、灵源惟清等驰誉当时。② 其中，汉州三圣继昌禅师，彭州人，《五灯会元》卷一七有载。海云法琮禅师，成都人，《嘉泰普灯录》卷六有载。兴元府吴德夫居士，曾在元丰元年（1078 年）于豫章郡大梵院扣祖心禅师。③ 灵源惟清传长灵守卓和上封本才等。长灵守卓一脉最为兴盛，将黄龙派发扬光大。守卓传无示介谌，介谌传心闻昙贲，昙贲传雪庵从瑾，从瑾传虚庵怀敞，怀敞传明庵荣西。黄龙八代法孙，日本人明庵荣西将临济黄龙禅法带回日本，大振禅风。

---

① 正受撰《嘉泰普灯录》卷三，秦瑜点校，上海古籍出版社，2014，第 59 页。
② 正受撰《嘉泰普灯录》卷三，秦瑜点校，上海古籍出版社，2014，第 99 页。
③ 释晓莹：《罗湖野录》卷三，商务印书馆，1936，第 41 页。

东林常总（1025～1091年），号照觉，延平人，一作剑州人，临济宗黄龙慧南法嗣。他先随宝云寺文兆法师出家，后诣建州大中寺契恩律师受戒，又至吉州禾山依禅智材公，至归宗、石门南塔依南禅师。① 常总禅师住持江州东林寺，意欲振兴临济之风，"天下学者从风而靡，丛席之盛，近世所未有也"。法嗣众多，泐潭应干、开先行瑛为佛门大德。苏轼曾参谒其门，《五灯会元》将苏轼列为常总法嗣。② 弟苏辙（1039～1112年），《五灯会元》将其列为上蓝景福法嗣。③

宝峰克文（1025～1102年），字云庵，陕西人，在江西弘法五十余年。法嗣之中，兜率从悦（1044～1091年）、泐潭文准（1061～1115年）、清凉德洪（1071～1128年）为禅林所重。④ 泐潭文准号湛堂，兴元府人。八岁得金山寺沙门虚普口授《法华经》，又随陕西经略范公出家，在唐安律师处受具足戒。此后，他"遍游成都讲肆，唱诸部纲目"，离蜀后投真净克文之门并嗣其法。⑤ 法嗣筠阳九峰洞山广道，梓州人，丛林号广无心。宝峰克文法孙、兜率从悦法嗣张商英（1043～1122年），字天觉，号无尽居士，四川新津人，宋徽宗时期重臣。曾著《宗禅辩》，以佛门释子自居。他与圆悟克勤等蜀中大德多有交往，是驰誉禅门的"护法"。⑥

此外，黄龙慧南法嗣瑞州真觉惟胜、南岳福严慈感、吉州禾山德普、舒州德兹山主、洪州上蓝顺等皆为蜀人。真觉惟胜，又称黄檗惟胜，梓州中江人，出家后居讲肆，学习经纶，后投黄龙慧南门下。瑞州太守曾委托黄龙慧南举荐住持人选，黄龙慧南推荐了弟子惟胜禅师。他入主黄檗山以后，将黄龙禅风发扬光大。后因诉讼纠纷，被放归四川，在云顶山传法。⑦ 宋神宗元丰年间（1078～1085年），成都府帅奏请朝廷改昭觉寺为十方丛林获准。从此，昭觉寺兼容各派，海纳众僧，成为佛教寺院中著名的"大千世界"。此时，成都府帅礼请这位著名的黄龙法嗣任改制后昭觉寺的第一任方丈，被惟胜拒绝了，但他举荐了弟子纯白禅师。南岳福严慈感，梓州潼川人，在南岳福岩传法，影响一方。吉州禾山德普（1025～1091年），绵州人，投富乐山静禅师，受具足戒。"秀出讲席，解惟识、起信论，两川无敢难诘者，号义虎"，出蜀后投黄龙慧南之门并嗣其法，后住慧

① 普济著《五灯会元》卷一七，苏渊雷点校，中华书局，1984，第1111页。
② 普济著《五灯会元》卷一七，苏渊雷点校，中华书局，1984，第1146页。
③ 普济著《五灯会元》卷一八，苏渊雷点校，中华书局，1984，第1176页。
④ 正受撰《嘉泰普灯录》卷四，秦瑜点校，上海古籍出版社，2014，第107页。
⑤ 普济著《五灯会元》卷一七，苏渊雷点校，中华书局，1984，第1150页。
⑥ 普济著《五灯会元》卷一八，苏渊雷点校，中华书局，1984，第1198页。
⑦ 正受撰《嘉泰普灯录》卷四，秦瑜点校，上海古籍出版社，2014，第102页。

云禅院、禾山等。① 洪州上蓝顺，又称景福顺禅师、香城顺和尚，他与圆通居讷、大觉怀琏关系密切，和苏洵交往甚多，以苏辙为法嗣。他勤渠纯至，远见卓识，先后住景福、香城、双峰，受丛林爱戴。

黄龙慧南法孙之中，也有不少蜀人。惟胜法嗣纯白禅师（1037～1096 年），四川梓州飞乌人。其父支谦，修行佛法，自称白衣居士。纯白禅师在峨眉山华严寺受具足戒后，与父遍访成都寺院，精通佛典经纶，后投黄檗惟胜之门并嗣其法。惟胜因事回川，唯有纯白相随。纯白禅师受师命住持昭觉寺法席，弘法蜀中，对成都佛教产生了深远的影响。纯白禅师法嗣剑州元封常照、邛州铁像子嵩、正觉宗显等闻名蜀中。② 正觉宗显（1091～1157 年），号正觉，潼川人，先考中进士，后在昭觉寺出家，投纯白禅师之门。曾在海会寺依止杨岐方会法孙五祖法演，并和五祖法演弟子、后来的昭觉寺住持圆悟克勤有渊源。五祖法演对其大加赞赏，并以"离乡四十余年，一时忘却蜀语。禅人回到成都，切须记取鲁语"一偈相送。此后，正觉还驻足长松寺和成都福保寺、信相寺（今文殊院），门下学者、龙象众多。③ 正觉宗显禅师法嗣金绳文禅师，北宋末南宋初年在成都府传化。④

此外，据《嘉泰普灯录》卷七记载，仰山行伟法嗣襄州谷隐静显禅师，西蜀人。黄龙元肃法嗣嘉定府月珠祖鉴，洪雅人；隆兴府九仙齐辅（？～1120 年），蜀之阆苑人。石霜琳禅师法嗣夔州府卧龙思顺禅师，绵州人。据《嘉泰普灯录》卷一〇记载，黄龙慧南下三代之中，黄龙悟新法嗣嘉定府寂惺慧泉（1079～1145 年），成都灵泉人；嘉定府性空妙普庵主（1072～1142 年），汉州人；西蜀泉法涌禅师，在蜀中传化。青原惟信法嗣成都府正法希明禅师，汉州绵竹人。湛堂文准禅师法嗣隆兴府云岩典牛天游禅师，成都人。大沩祖璪法嗣眉州中岩慧目蕴能禅师，眉州人；祖璪法嗣怀安军云顶宝觉宗印禅师，住怀安军云顶说法。法云佛照杲禅师法嗣西蜀銮禅师，归蜀居讲会，两川讲者争依之。马祖怀俨法嗣潼川天宁则，在蜀中传化。此外，据《光绪重修昭觉寺志》卷二记载，黄龙祖心法孙，青原惟信法嗣昭觉符禅师，在成都昭觉寺传法。据《嘉泰普灯录》卷一三记载，黄龙慧南下四代，东林常总一支，庐山圆通可仙禅师法孙，浮山法真禅师法嗣徽禅师，北宋末南宋初年在峨眉灵岩传化（见图 3）。

---

① 惠洪著《禅林僧宝传》卷二九，吕有祥点校，中州古籍出版社，2014，第 201 页。
② 正受撰《嘉泰普灯录》卷六，秦瑜点校，上海古籍出版社，2014，第 175 页。
③ 正受撰《嘉泰普灯录》卷一〇，秦瑜点校，上海古籍出版社，2014，第 295 页。
④ 正受撰《嘉泰普灯录》卷一三，秦瑜点校，上海古籍出版社，2014，第 381 页。

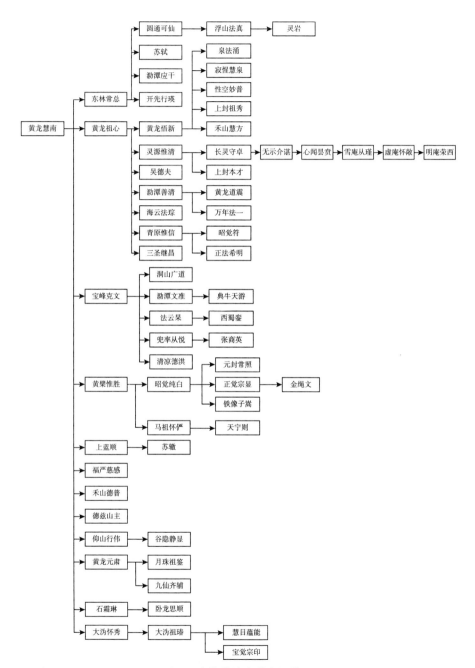

图 3　宋代临济宗黄龙派传承

三 杨岐派

北宋末年，杨岐派逐渐兴盛，成为临济宗的正统（见图4、图5）。杨岐方会（992～1049 年），袁州宜春人，先赴潭州参石霜楚圆，后至杨岐山普通禅院，弘扬禅法。他的禅法，勘验锋机，提纲振领，兼融临济宗与云门宗的特色。他擅长启悟学人，推崇机锋棒喝，"天纵神悟，善入游戏三昧，喜勘验衲子，有古尊宿之风"。[①] 此外，他的禅法既集百丈怀海、黄檗希运之长，又得马祖道一的大机大用，故后世赞其"宗风如龙"。[②] 法嗣之中，白云守端、保宁仁勇为代表。

白云守端（1025～1072 年），衡阳人，先参杨岐方会，后游庐山，先后住持江州承天寺，以及法华、龙门、兴化、海会（白云山）等寺，影响一方。法嗣之中，五祖法演、云盖智本、琅琊永起皆为有名。[③] 其中，五祖法演与临邛复首座在蜀中传法，得丛林推敬。[④] 保宁仁勇，初学天台，后参遂州僧人雪窦重显，再参杨岐方会，后住金陵保宁寺，弟子寿圣智渊、寿圣楚文、宝积宗映、景福日余等皆有名气。[⑤]

五祖法演（？～1104 年），绵州巴西人，出家后在成都学习《百法》《唯识》两论。相继参谒圆照本禅师、浮山法远禅师、白云守端禅师，后嗣守端禅师之法。弘法四十年，极一时之盛。[⑥] 法嗣之中，佛果克勤、佛鉴慧懃、佛眼清远、开福道宁、大随元静、无为宗泰、五祖表自、龙华道初等为代表。其中，佛果克勤、佛鉴慧懃、佛眼清远禅法远播，并称"三佛"，又称"丛林三杰"。三佛之中，圆悟克勤，崇宁县人，名声最盛，道风尤振。龙门清远，临邛人。此外，大随元静禅师，阆中人。汉州无为宗泰禅师，涪城人。蕲州五祖表自禅师，怀安人。蕲州龙华道初禅师，梓州人。

圆悟克勤（1063～1135 年），号佛果，彭州崇宁县人，在四川、湖北等地弘化，后住持成都昭觉寺。他曾参谒黄檗惟胜、文照法师、敏行、玉泉承皓、金銮信、大沩慕喆、晦堂祖心、东林常总等大德，融合各家奥义，享誉禅林。黄龙祖心赞誉"他日临济一派属子矣"，五祖法演禅师说"吾宗有汝，自兹高枕矣"。

---

① 惠洪著《禅林僧宝传》卷二八，吕有祥点校，中州古籍出版社，2014，第 193 页。

② 释文政：《潭州云盖山会和尚语录序》，赜藏主编《古尊宿语录》卷一九，萧萐父、吕有祥点校，中华书局，1994，第 367 页。

③ 正受撰《嘉泰普灯录》卷四，秦瑜点校，上海古籍出版社，2014，第 115 页。

④ 释晓莹：《罗湖野录》卷一，商务印书馆，1936，第 13 页。

⑤ 正受撰《嘉泰普灯录》卷四，秦瑜点校，上海古籍出版社，2014，第 118 页。

⑥ 张景修：《黄梅东山演和尚语录序》，赜藏主编《古尊宿语录》卷二二，萧萐父、吕有祥点校，中华书局，1994，第 427 页。

宋徽宗政和年间，赐紫衣和"佛果禅师"之号。高宗之时，赐号"圆悟"。著述颇丰，尤以《碧岩录》声誉最高，素有"禅门第一书"之称。崇宁年间，圆悟克勤回乡省亲，为成都府帅郭知章礼遇，入主昭觉法席。圆悟克勤将被更名为"六祖寺"的昭觉寺恢复旧名，弘扬临济禅风，全国僧人纷纷来投，确立了昭觉寺临济祖庭的地位。他在昭觉寺八年后，辞去法席，出三峡，止湖南沣州夹山灵泉院，作《碧岩录》。后入京师，与康王赵构交好。南宋之时，宰相李纲上书朝廷，请圆悟克勤住镇江金山寺。晚年，圆悟克勤应成都太师王伯超之请，再次回到昭觉寺。圆悟克勤先后住持成都昭觉寺、湘西道林寺、金陵蒋山寺、东京天宁寺、镇江金山寺、江西云居寺等禅林圣地，对南宋佛教影响深远。法嗣七十五人，大慧宗杲（1089～1163 年）、虎丘绍隆（1078～1136 年）、大沩法泰、护国景元、育王端裕（1085～1150 年）、灵隐慧远等名重一时。[①] 此外，建康府华藏密印安民禅师，嘉定府人；成都府昭觉彻庵道元禅师，绵州人；眉州象耳山象耳袁觉禅师，眉州人；眉州中岩华严祖觉禅师（1087～1150 年），嘉州人；潭州福严文演禅师（1092～1157 年），成都府人，《嘉泰普灯录》卷一四皆有传。成都府正法建禅师、昭觉道祖首座、范县君者，皆在蜀中传化，《嘉泰普灯录》卷一五皆有传。南宋著名学者、抗金名将，汉州绵竹人张浚（1097～1164 年）也是圆悟克勤的付法弟子。

佛眼清远（1067～1120 年），号佛眼，临邛人，居龙门 12 年，道风大振。[②] 清远法嗣龙翔士珪（1083～1146 年），成都人；南康军云居善悟（1074～1132 年），洋州人；西禅文琏（1073～1144 年），遂宁府人；抚州白杨法顺（1076～1139 年），绵州人；南康军归宗正贤，潼川人；世奇首座，成都人，《嘉泰普灯录》卷一六皆有传。清远法嗣冯楫居士（？～1153 年），遂宁人，《嘉泰普灯录》卷二三有传。清远法孙、龙翔士珪法嗣顽庵德升（1096～1169 年），汉州人；云居善悟法嗣普云自圆，绵州人；黄龙法忠法嗣信相戒修，住成都府信相寺；西禅文琏法嗣西禅希秀，遂宁府西禅第二代，《嘉泰普灯录》卷二〇皆有传。清远下四代、雪堂道行一支、龟峰慧光法孙、蒙庵元聪法嗣雪峰自牧行谦（？～1226 年），潼川郪县人。

佛鉴慧懃（1059～1117 年），字佛鉴，舒州人，《嘉泰普灯录》卷一一有传。法嗣常德府文殊心道（1058～1129 年），眉州人；韶州南华知昺，蜀之永康人；《嘉泰普灯录》卷一六皆有传。慧懃法孙、渤潭择明法嗣随庵守缘，汉州人，《嘉泰普灯录》卷二〇有传。

---

① 普济著《五灯会元》卷一九，苏渊雷点校，中华书局，1984，第 1253 页。
② 正受撰《嘉泰普灯录》卷一一，秦瑜点校，上海古籍出版社，2014，第 318 页。

大随元静（1065～1135 年），阆之玉山人，随成都大慈寺宝生院宗裔出家，又投五祖法演之门。嗣法后自创南堂居住，享誉禅林。后相继迁昭觉寺、能仁、彭州大随山，《嘉泰普灯录》卷一一有传。法嗣南岩胜禅师，简州人；常德府梁山廓庵师远禅师，合川人；能仁默堂绍悟禅师，嘉州人；石头自回，曾在合州传化；彭州土溪智陀子言庵主，绵州人；剑门南修造者，《嘉泰普灯录》卷一七皆有传。法嗣潼川府愚丘居静，成都人；龙图王萧居士，蜀人。① 元静法孙、石头自回法嗣蓬庵德会，重庆府人。② 此外，开福道宁法孙、月庵善果法嗣玉泉宗琏，合州人；大沩行法嗣德山子涓，潼川人，《嘉泰普灯绿》卷二一皆有传。

大慧宗杲（1089～1163 年），圆悟克勤法嗣，南宋禅林第一宗师。先随东山慧云寺慧齐禅师出家，后与大阳元首座、洞山微和尚、坚侍者相游，得曹洞宗旨。大观三年，参谒渤潭湛堂文准，学黄龙之禅。后经文准禅师指点、张商英推荐，参学圆悟克勤，42 日而悟道，克勤"著《临济正宗记》以付之，俾掌记室，分座训徒"。大慧宗杲融会各宗，参学内外，融儒入佛，交游广泛，自称"老僧生平久历丛席，遍参知识，好穷究诸宗派，虽不十成洞贯，然十得八九"。他曾在东南江苏、浙江、广州、福建等地传法，影响甚大，号称临济再兴，文人士大夫纷纷奔走其门。绍兴三十二年，孝宗赐"大慧禅师"之号。③ 法嗣八十四人，以佛照德光（1121～1203 年）、教忠弥光、东林道颜（1094～1164 年）、懒庵鼎需、开善道谦等声望最高。此外，成都府昭觉子文和昭觉祖明、剑州万寿自护、汉州人处州连云道能、嘉定府人少云振昙（？～1196 年）、汉州人景庵道印、秦国夫人计氏法真、成都人东都妙慧尼寺住持净智慧光皆有禅名，《嘉泰普灯录》卷一八有传。江州东林万庵道颜法嗣汀州报恩法演，果州人；万庵法嗣婺州智者元庵真慈，潼川人；万庵法嗣荆州公安逼庵祖珠，南平人；万庵法嗣南轩先生张栻居士（1133～1180 年），绵竹人，《五灯会元》卷二〇皆有传。万庵法嗣成都府昭觉绍渊，住成都府昭觉寺，《续传灯录》卷三四有传。

佛照德光（1121～1203 年），号拙庵，临江军人，先随东山光化寺吉禅师落发，后相继参谒月庵果、应庵华、百丈震等，最后投大慧宗杲之门。④ 法嗣众多，以妙峰之善和北磵居简（1164～1264 年）两支流播最久。杭州府净慈北磵

① 普济著《五灯会元》卷二〇，苏渊雷点校，中华书局，1984，第 1323 页。
② 普济著《五灯会元》卷二〇，苏渊雷点校，中华书局，1984，第 1385 页。
③ 正受撰《嘉泰普灯录》卷一五，秦瑜点校，上海古籍出版社，2014，第 409 页。
④ 普济著《五灯会元》卷二〇，苏渊雷点校，中华书局，1984，第 1337 页。

居简（1164~1246年），潼川人。此外，宁波府育王空叟宗印，西蜀人。南岳方广照禅师，西蜀人。① 西山亮禅师（1153~1242年），梓州人。②

虎丘绍隆（1077~1136年），和州人，先于佛慧院精研律藏，又参访净照崇信、湛堂文准、死心悟新等禅师，最后投圆悟克勤门下。③ 法嗣应庵昙华，传密庵咸杰（1118~1186年），再传松源崇岳（1132~1202年）、荐福道生、破庵祖先，形成三支两派，即"松源派"和"破庵派"。道生禅师法嗣之中，临安府径山痴绝道冲（1169~1250年），自号痴绝，蜀武信长江人。④ 痴绝道冲法嗣平江府开元别翁甄，南宋西蜀人。⑤

灵隐慧远（1108~1176年），号瞎堂，又称瞎堂慧远，眉山金流镇人，圆悟克勤晚年弟子。他先从药师院宗辩禅师出家，后往成都大慈寺听习经纶，再投峨眉灵岩寺黄龙法系绍徽禅师参禅。圆悟克勤晚年回昭觉寺后，他前往参礼，受到圆悟克勤赏识，并予印可。大慧宗杲得知灵隐慧远的慧根后，感叹"老师暮年有子如是耶"，并将圆悟克勤法衣寄给他。圆悟克勤圆寂之后，慧远禅师曾住持杭州灵隐寺、扬州龙蟠寺、婺州普济寺、衢州定业寺等禅林名刹，大弘禅道。乾道七年（1171年）正月三十日，宋孝宗在选德殿召见慧远禅师，"必延坐进茶，称师而不名，礼数视诸师有加"。⑥ 前后九次奏见宋孝宗并得赐"佛海禅师"法号，"声光炬赫，震动一时"。此后，日本僧人觉阿来华，跟随慧远学习，后归叡山寺，尊为日本"禅祖"。

大沩法泰，赐号佛性，汉州人，精通儒释，遍访丛林，于五家宗派皆有所得，独于圆悟得髓。圆悟在道林、蒋山，皆命为首座，出世说法于德山。⑦ 法嗣昭觉辩、子文、祖明，皆于昭觉寺弘法传化。法嗣大沩清旦，蓬州人；成都正法灏禅师，成都府昭觉禅院辩禅师，《嘉泰普灯录》卷一九皆有传。

华藏安民，嘉定府人。他曾专攻经纶，在成都宣讲《首楞严经》。圆悟克勤第一次住持昭觉寺时，他与克勤弟子胜禅师交好，时常拜谒克勤禅师。后圆悟克勤至夹山灵泉院，他随侍在侧，得圆悟克勤说偈付法。⑧ 安民法嗣径山别峰宝印（1109~1191年），嘉州人；临安径山可宣禅师，嘉州人，《嘉泰普灯录》卷一九

---

① 释圆悟录《枯崖和尚漫录》卷上，第 76 页下。
② 释圆悟录《枯崖和尚漫录》卷中，第 82 页下。
③ 正受撰《嘉泰普灯录》卷一四，秦瑜点校，上海古籍出版社，2014，第 392 页。
④ 释圆悟录《枯崖和尚漫录》卷下，第 88 页下。
⑤ 释圆悟录《枯崖和尚漫录》卷下，第 93 页下。
⑥ 普济著《五灯会元》卷一九，苏渊雷点校，中华书局，1984，第 1286 页。
⑦ 正受撰《嘉泰普灯录》卷一四，秦瑜点校，上海古籍出版社，2014，第 383 页。
⑧ 正受撰《嘉泰普灯录》卷一四，秦瑜点校，上海古籍出版社，2014，第 388 页。

皆有传。别峰宝印法孙、退庵道奇法嗣灵隐祖泉，蜀人。①

道元禅师，字彻庵，绵州人，前后参谒大别祖道，以及圆悟克勤的同门佛鉴、佛眼禅师。圆悟克勤在金山寺、云居山时，他都前往参谒。圆悟克勤回成都后，付法于他并命其为昭觉寺首座，令道祖首座分座领众。②

华严祖觉（1087～1150 年），号觉华严、痴庵，嘉州人，博通内外，投慧目能禅师座下，精通《华严经》。当地府帅曾请他到千部堂开讲《华严经》，词辩宏放。南堂元静禅师称他"独步西南"，建议他效仿德山宣鉴，外出求法。祖觉禅师于是出蜀游方，投圆悟克勤门下，后住眉州中岩，禅林僧侣纷纷相从。③

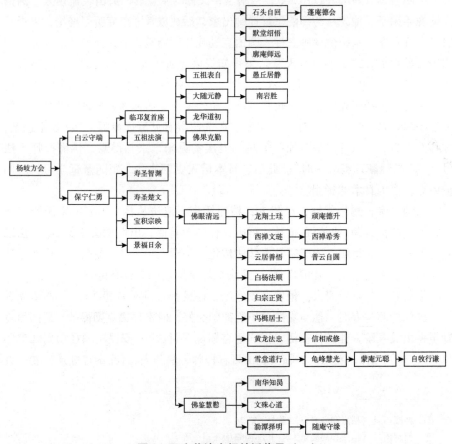

图 4　两宋临济宗杨岐派传承（一）

---

① 释圆悟录《枯崖和尚漫录》卷上，第 78～79 页。
② 正受撰《嘉泰普灯录》卷一四，秦瑜点校，上海古籍出版社，2014，第 391 页。
③ 正受撰《嘉泰普灯录》卷一四，秦瑜点校，上海古籍出版社，2014，第 395 页。

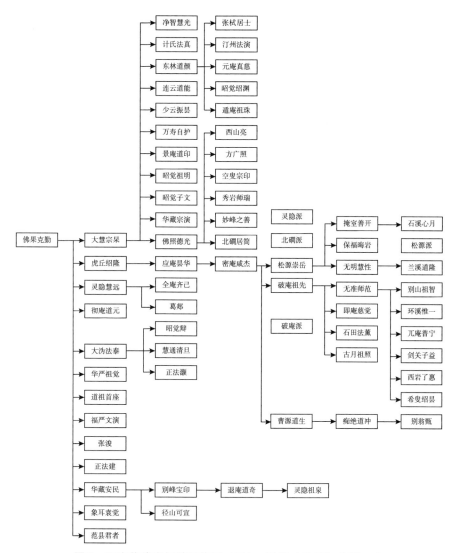

图5　两宋临济宗杨岐派传承（二）：圆悟（佛果）克勤一支

四　松源派与破庵派

南宋末年，杨岐派虎丘绍隆门下分为松源、破庵二派，各自行世。

破庵祖先（1136～1211年），虎丘绍隆禅师下三代、应庵昙华法孙、密庵咸杰法嗣，广安人。先从罗汉院德祥出家，后去昭觉寺参禅。出蜀后，投密庵咸杰之门并嗣其法，在夔州卧龙山传法。① 法嗣之中，即庵慈觉，南宋蜀人；② 杭州灵隐石田法熏（1171～1245 年），眉山人；③ 汉阳军凤栖古月祖照，东川广安人。④ 最为出名的当属无准师范（1178～1249 年），号无准，绵州梓潼人。无准师范，出家后长游成都，先后参谒保宁全、金山奇等禅师。庆元元年（1196 年），师范于成都正法寺坐夏，后投育王山秀岩师瑞，师瑞禅师乃是圆悟克勤下三代，大慧宗杲法孙，佛照德光弟子。无准师范投师瑞禅师时，圆悟克勤法孙佛照德光还在育王山传法，德光弟子空叟宗印分坐，当时育王山法席正盛，为东南第一，无准师范禅师在此参悟禅法。此后，他先至杭州灵隐寺参谒松原崇岳禅师，崇岳禅师乃是虎丘绍隆下三代，应庵昙华法孙，天童咸杰弟子，松源禅派创始人。他参谒崇岳禅师六年，获益匪浅。又至苏州，参崇岳禅师同门破庵祖先。不久，他又去常州参大慧宗杲法嗣常州华藏寺遁庵宗演。三年过后，又回到灵隐寺崇岳禅师处。后破庵祖先禅师住持广惠寺，师范随侍三年。破庵祖先禅师圆寂之时，将天童咸杰的法衣交给了无准师范。绍定六年（1233 年），奉诏为宋理宗说法，得赐"佛鉴禅师"之号，被誉为"南宋佛教界泰斗"，临济宗再次呈现大慧宗杲时代的辉煌。⑤ 法嗣之中，别山祖智（1200～1260 年），蜀之顺庆人；环溪惟一（1202～1281 年），资州墨池人；兀庵普宁（1199～1276 年），蜀人；⑥ 剑关子益（？～1267 年），蜀之剑州人；⑦ 西岩了惠（1198～1262 年），蓬州人；希叟绍昙（？～1297 年），西蜀人。⑧

松源崇岳（1132～1202 年），号松源，处州人，密庵咸杰法嗣。咸杰禅师迁灵隐之后，崇岳为第一座，法道甚隆。⑨ 法嗣之中，蕲州资福慧性（1162～1237 年），达之巴渠人；⑩ 西蜀保福晦岩，通泉人；镇江府金山掩室善开，成都人。⑪ 松源崇岳法孙之中，掩室善开法嗣石溪心月禅师（？～1254 年），西蜀眉州青神人。⑫ 无明慧性法嗣日本国相州巨福山建长寺兰溪道隆（1218～1278 年），蜀之

---

① 释圆悟录《枯崖和尚漫录》卷上，第 75 页。
② 释圆悟录《枯崖和尚漫录》卷中，第 83 页。
③ 释圆悟录《枯崖和尚漫录》卷中，第 84 页。
④ 释圆悟录《枯崖和尚漫录》卷下，第 89 页。
⑤ 释圆悟录《枯崖和尚漫录》卷中，第 83 页。
⑥ 冯学成等编《巴蜀禅灯录》，成都出版社，1992，第 295 页。
⑦ 冯学成等编《巴蜀禅灯录》，成都出版社，1992，第 298 页。
⑧ 释净柱辑《五灯会元续略》卷五，《续藏经》，第 475 页下。
⑨ 释圆悟录《枯崖和尚漫录》卷上，第 74 页下。
⑩ 释圆悟录《枯崖和尚漫录》卷中，第 83 页下。
⑪ 释圆悟录《枯崖和尚漫录》卷下，第 90 页。
⑫ 释净柱辑《五灯会元续略》卷五，第 476 页下

涪州人。① 兰溪道隆，先在成都出家，圆具后出蜀游方。后至苏台双塔无明慧性禅师处，得师点化开悟。宋理宗淳祐六年（1246 年），道隆禅师东渡日本，先后住涌泉寺、常乐寺、建长寺、福寿寺、建宁寺等，大振禅风，为道俗饮重。祥兴元年（1278 年），在日本建长寺圆寂，敕赠"大觉禅师"，这是日本禅师第一次获赐谥号。弟子苇航、桃溪、无及、约翁等 24 人，将禅法发扬光大。

杨岐禅法盛行于南宋，直到元代初年。因此南宋时期的禅宗，宣扬的主要是临济宗杨岐派的禅学。此后，杨岐禅法传入日本，影响深远。据日本学者村上专精《日本佛教史纲》来看，日本镰仓时代的禅宗派别多出于杨岐法系。

此外，临济宗尚有一些禅宗大德值得关注。浮山法远（991～1067 年），赐号圆鉴，郑州人，从承天院三交智嵩受具足戒，后参叶县归省和汾阳善昭。应汾阳善昭之命又参大阳警玄，再参洞山晓聪。年轻时，曾和达观颖公、薛大头七八辈游蜀。② 昭觉师范，潭州大沩山真如院慕喆禅师法嗣，住持昭觉寺。他和黄龙慧南法孙苏轼、黄龙悟新、灵源惟清、清凉德洪、昭觉纯白、苏辙，杨岐方会法孙五祖法演是同辈，是圆悟克勤的法叔。

---

① 冯学成等编《巴蜀禅灯录》，成都出版社，1992，第 304 页。
② 正受撰《嘉泰普灯录》卷二，秦瑜点校，上海古籍出版社，2014，第 32 页。

聚云吹万禅系研究

段玉明

（四川大学佛教与社会研究所）

伴随佛教的整体性滑落，明清巴蜀佛教呈现出一种式微的趋势，其可标榜称道者寥寥无几。虽然如此，或许因为其他地方的滑落尤烈，以及明末清初部分高僧避乱入蜀与本籍高僧的返回，巴蜀禅僧如明悟、绍琦、吹万、破山、通醉、德玉等人反而能够脱颖而出，形成巴蜀自己的禅系。其中，聚云吹万禅系与双桂破山禅系当是明末清初最有影响的两支。①

双桂破山禅系论者已多，而聚云吹万禅系至今不为治禅宗史者重视，除少数论著略微提及外，② 专门的研究成果尚不多见，这影响了我们关于明清禅宗的认识与评价。鉴于此，笔者撰成是文以求补白，不足之处亟盼指正。

一

聚云吹万禅系肇始于月明联池而溯脉于大慧宗杲。联池（1574～1639 年），俗姓范，叙州府朝阳（今属四川屏山）人，幼居林下，受过路僧"阿弥陀佛，闲也念，忙也念，念得佛也无，念也无，无也无，扭落鼻孔；最上乘禅，朝亦参，暮亦参，参到禅亦寂，参亦寂，寂亦寂，劈开面门"之联启示，慨然祝发。杖笠南游，日日以过路僧念佛参禅联提撕，后受道逢之僧点拨，豁然开朗。勘验于少林宗师，语默深契，然以佛祖道脉荷担非易，终不自肯。转依秦岭铁牛德远门下，得其心

---

① 参见冯学成《双桂禅派和聚云禅派——明清之际四川的两大禅宗法派》，《文史杂志》1989年第 5 期。

② 道坚法师所著《重庆忠州佛教研究》之《忠州聚云法系高僧》，是迄今为止最为系统的梳理，但其贡献主要还是在资料的搜罗排比上，宗教文化出版社，2012。

印,受嘱中兴径山祖道(即大慧宗杲禅法)。还参峨眉,归住叙州朱提山朝阳洞传法,二十余年,道法大振。崇祯十一年(1639年)十二月示寂,世寿六十有六,嗣法弟子有吹万广真、无心广应等。① 开聚云吹万禅系者为吹万广真。

吹万广真(1582~1639年),俗姓李,叙州宜宾(今四川宜宾)人,"父无后,祷佛生焉"。生时有异人临门,语其父曰:"此八宝应真,出兴于世。"十五岁时,与同学读书窗下,偶见菊花,油然生出"生死事大,无常迅速,读书宁免生死?"的感慨,于是弃绝读书,外出访道。至少峨,参访皓翁,建议其出家之后再来了却大事。然因父母在堂,出家不得,仍返里中。偶得大慧宗杲语录及《正法眼藏》,"如临旧物,朝暮参礼,如有所失"。后遇一僧见访,问其"如何是佛",屡对不得要领。至午,值僧磨刀,遂反问其"如何是佛",僧对:"我今日磨剃刀。"由是言下有省。继入朱提,参月明联池和尚,"深蒙敲击"。闻祖母病归,及其逝后服阕、胞弟长成,方谋出家。万历四十一年(1613年),依月明联池受具足戒。因忖"此事不可草草,是中必有玄要",弃师遁入别山苦修,"汲水伐薪,自炊自力,经行危坐,胁不至席"。如此苦参三年,复回朱提,亲得月明联池提撕,获其心印,以临济正宗源流付之。复阅《华严》,以事事无碍法界融通五宗,"如临济玄要、主宾、料拣,曹洞五位王子、三渗漏、三堕,仰山圆相、云门高古、法眼简明句、岩头识句、香岩独脚、南泉异类、汾阳十智、浮山九带、德山末后等句,迥出微妙",顿脱无宗,豁然开朗,"信长风之游于太虚,若千日之洞于广漠"。初住叙州翠屏寺传法,继而杖策东下,"入吴过闽,蹂粤旋楚",渐有声名。万历四十六年(1618年),开法于潇湘之湖东禅院,"丛林识者,惊为大慧再来"。后还巴蜀,先后驻锡于忠州聚云、巴台与夔州云来、兴龙等寺阐扬宗风,"法席既敞,道俗往来如织","宗风由是而兴"。其开示学人,"每以慈悲、真实、忍辱为训,不稽之言不出诸口,随俗之事不行诸身";其作则立规,"皆准先正之典型,而不以师心自用遄哉"。崇祯十二年(1639年)示寂,世寿五十有八,僧腊三十,塔于本寺三目山之阳。除生平所记《语录》之外,另有训世群集总计三十余种、近百卷"流布宇内","荐绅士夫靡不颔之",旧时广为流传的《佛教三字经》即出自广真之手。②

---

① 性统:《续灯正统》卷一六《叙州府朝阳月明联池禅师》,《卍续藏经》第144册,第682页上/下。

② 性统:《续灯正统》卷一六《忠州聚云吹万广真禅师》,《卍续藏经》第144册,第682页下~684页上;自融撰,性磊补辑《南宋元明禅林僧宝传》卷一五《忠州聚云吹万大师传》,《卍续藏经》第137册,第765页下~第767页下;《吹万禅师语录》卷二〇田华国《吹万禅师塔铭》、至善《行状》,《嘉兴藏》第29册,第553页下~555页上;《竺峰敏禅师语录》卷一至善《竺峰敏禅师语录序》,《嘉兴藏》第40册,第221页上/中。

吹万广真禅法以大慧宗杲语录与《正法眼藏》为其根基，而以华严宗事事无碍法界融通心物，要求"外息诸缘，内心无喘"，①"人情道情，一时放却，作一个没巴鼻底懒匠，得失无关于心，是非不出于口，行住坐卧，随缘过日，好看那青山绿水、翠竹黄花，欲取之而不禁，任运之而无差"，② 但能息心净虑，一切自然现成，"平息了，万事丢，一颗明珠衣下收"。③ 而欲达此目的，一要直下承当，二需时时提撕。广真曾以拂子代表"者（这）个"（大道真体）言于弟子：

> 从上古人只为者个东留，瞒顸了许多英雄豪杰，赚陷了许多高人达士，抛撒了许多油盐酱醋。今日老僧不徇人情，向汝诸人道破，只要汝等于日用二六时中行住坐卧处、穿衣吃饭处、运水搬柴处承当。若承当得来，英雄豪杰也瞒顸他不得，高人达士也赚陷他不得，油盐酱醋也抛撒他不得。④

站在当相即道、遍满各处的立场，广真以挂杖为喻向弟子解释"者个"："向东也是者个，向西也是者个，向南也是者个，向北也是者个。若离者个，上无三界诸天之乐，下无五趣三途之苦，四圣六凡全仗着他撑门挂户。"⑤ 大道真体只在目前，"欲识大道真体，不离声色言语。如何是声色？黄莺啼柳树，白鹭立沙滩。如何是言语？佛印遭墨刑，面面都是字"。⑥ 参究之法，要做到不执着、不刻意。凡有刻意执着，"出众者三十棒，不出众者三十棒，出众不出众者三十棒"。⑦ 广真禅法非常重视问答的功用："问在答处，答在问处，瞒顸一生。不以问求，不以答得，优侗三世。不问而问，不答而答；正恁么问，正恁么答。"⑧ 以前代祖师问答为例，广真进一步给予解释：

> 昔僧问赵州"万法归一，一归何处"，生死无常、银山铁壁尽在此问处。"我在青州作领布衫重七斤"，神出鬼没、瞎棒盲枷尽在此答处。会得问处，则银山铁壁面面通穿，生死无常尘尘透脱。会得答处，则神出鬼没当

---

① 《吹万禅师语录》卷二〇《示隐首座》，《嘉兴藏》第 29 册，第 550 页下。
② 《吹万禅师语录》卷二〇《示学人法言》，《嘉兴藏》第 29 册，第 549 页下。
③ 《吹万禅师语录》卷一，《嘉兴藏》第 29 册，第 475 页上。
④ 《吹万禅师语录》卷一，《嘉兴藏》第 29 册，第 475 页上／中。
⑤ 《吹万禅师语录》卷一，《嘉兴藏》第 29 册，第 475 页中。
⑥ 《吹万禅师语录》卷一，《嘉兴藏》第 29 册，第 476 页上。
⑦ 《吹万禅师语录》卷二，《嘉兴藏》第 29 册，第 478 页上。
⑧ 《吹万禅师语录》卷二，《嘉兴藏》第 29 册，第 478 页中。

体无痕，瞎棒盲枷全机杀活。若也不会，便见问在答处、答在问处，问答交驰，无你入处。既无入处，且只向入不得处猛加精神，抖擞眉毛，立定脚跟。参来参去，参到能所两忘，不觉踢倒灯笼、掀翻露柱，目前万象自森罗，现在活计全丰裕。正眼看来，业识茫茫，无本可据。①

达此境界，自然净智妙圆、体自空寂，"如一灯然，百千灯明明无尽"。② 广真曾经自己总结其禅法要点，一是顺性起用，二是见性弃师："从上古人有五种禅，老僧者里只用二种，顿明自性与佛同。俦然有无始染习，须假渐修对治，令顺性起用，如人吃饭，不一口便饱，此是一。见性不留佛，悟道不存师，目睹瞿昙犹如黄叶，一大藏教是老僧坐具，祖师玄旨是破草鞋，宁可赤脚，不穿最好，此是一。"顺性起用，求渐修对治；见性弃师，必得大自在。广真又称："真修者，亦非勤亦非忘。勤则近执着，忘则落无明，是为心要。果能得到者个田地，始见处处尽成冷灰。渐修对治底亦是冷灰，穿破草鞋底亦是冷灰，非勤非忘底亦是冷灰，要在冷灰里爆出一粒豆，才唤作衲僧鼻孔。"③ 顺应三教合一的时代趋势，广真禅法还融进了儒道的思想内容，其解释"者个"："释迦得之唤作涅槃妙心，老氏得之唤作清净无为，孔子得之唤作虚灵不昧。"④ 在《示灯道善人》中又称："盖道由心也，是心静而为德、受而为仁、行而为义、用而为智。在家善人舍此别悟，即非道矣，非其道亦失其心矣。"⑤ 由此看到，广真禅法虽然远承大慧宗杲，但无论在禅学主张上还是在参究方法上，都已带上了很多时代的印记，教宗融合之迹、诸宗接引之法、三教合一之旨尽见其中。

吹万广真为大慧宗杲十四世法孙，⑥ 然大慧一系在其示寂后影响不畅，十世以后更见衰微，机缘语录不复流传。"大师崛起而中兴之，匪第光显径山、鼎新临济，而且扶宗拯弊、身体力行，师盖千古法门之功臣也。"就此起复大慧宗杲门庭之功，当时并及后人多予肯定。其次，中明之时禅风滥伪，宗门互诤，吹万广真以个人之力奔走呼号，规正救弊，也被当时并及后人给予了很高评价。田华国为其撰写的《吹万禅师塔铭》详言此端。

---

① 《吹万禅师语录》卷二，《嘉兴藏》第 29 册，第 479 页下 ~480 页上。

② 《吹万禅师语录》卷三，《嘉兴藏》第 29 册，第 481 页下。

③ 《吹万禅师语录》卷二，《嘉兴藏》第 29 册，第 480 页下 ~481 页上。

④ 《吹万禅师语录》卷一，《嘉兴藏》第 29 册，第 476 页上。

⑤ 《吹万禅师语录》卷二○《示灯道善人》，《嘉兴藏》第 29 册，第 551 页中。

⑥ 按：吹万门下弟子叙其法脉相承：大慧杲传懒庵需，需传鼓山永，永传净慈明，明传苦口益，益传筏渡慈，慈传一言显，显传小庵密，密传二仰钦，钦传无念有，有传荆山宝，宝传铁牛远，远传月明池，池传吹万真。

当师之时，禅风衰晚。师则慨然有从先之志，套板时腔窃耻而不为。是以涉海入吴，穿闽过粤，一带烟霞物色，尽在目中；大都墨浪笔花，竞浮场社，无有可其意者。……呜呼！宗门割裂，斗诤成风，家创一言，人标一解，硬节担板之病中于膏肓。师体医王之慈，痛为针灸。故有病在一棒一喝以为直捷者，师则救之以宗旨；有病在习见习闻以为沿流者，师则救之以悟明；有病在承虚接响以为解会者，师则救之以参证。至于冒名祖位，卖弄虚声，鄙弃律仪，肆行诳诞，种种疚患，师无不看病，用方谛观，普说小参，总皆对症药石。①

很明显，在挽救中明以降禅道衰滥方面，吹万广真亦有不可埋没的功绩。

二

吹万广真为人和气春温，仁慈廓落，其出世传法二十余年，严冷孤峻，柔易雍和，接引学人"必以彻证彻悟、行解相应者而后可居"，"断不可务一概之机、偏行之门、石火电光举了便会，草草忽忽作者般去"，"室中验人，不擅许可，故其椎拂之下，所得之士，类皆铜头铁额、能世其家者"。② 著名弟子有三目慧芝、铁眉慧丽、铁壁慧机等。

三目慧芝（？～1654年），俗姓刘，忠州（今重庆忠县）人，自幼出家于本郡东明寺，"博通教典"。转依吹万广真，"示以本色钳锤，力究数年，方明心要"。初总院事，后充西堂。出住聚云、万松、巴台等寺，"六坐道场"。顺治十一年（1654年）九月示寂，铁壁慧机为之上供、扫塔。有《语录》8卷刊行于世（现已亡佚），嗣法弟子有云岩灯古、觉树灯世、岫岩灯燎等。③

铁眉慧丽（1586～1650年），俗姓李，北直隶真定府赵州（今河北赵县）人，"其人修长，蚕眉河目，广额丰颐，须如螺结"。从天台无尽杨禅师出家，修头陀行，"炼魔游山一十六载"。崇祯六年（1633年），率众往峨眉山饭僧。转至夔州，值兵乱，徒众悉被加害，慧丽仅以身免。返回忠州，郡牧马公少游荐往聚云寺依吹万广真。广真见之，惊为"家人"。初时自领洒扫，"暗行玄学，夜则面佛，危坐伏月，裸身露日"。后就吹万广真抚掌意旨苦参，以死相拼，时

---

① 《吹万禅师语录》卷二〇《吹万禅师塔铭》，《嘉兴藏》第29册，第553页中～554页上。
② 性统：《续灯正统》卷一六《忠州聚云吹万广真禅师》，《卍续藏经》第144册，第682页下～684页下；《吹万禅师语录》卷20至善《行状》，《嘉兴藏》第29册，第554页中～555页上。
③ 性统：《续灯正统》卷一七《忠州万松三目慧芝禅师》，《卍续藏经》第144册，第689页上～690页下；《三山来禅师语录》卷八，《嘉兴藏》第29册，第723页中。

刻无间，终获大悟，从此机锋俊逸，了无滞碍。破山海明过访，曾与相斗禅机。出住石柱牛南山华严寺，次迁万县宝峰山云来寺、万县大佛寺，再回南宾（今重庆丰都）瑞光洞，所至"云衲市集，至无所容"，"一举一措，暗应先德"，当时名宿"皆尊师为赵州后身"。顺治七年（1650年）十月示寂，世寿六十有五，僧腊三十有二，塔于都会观音山熊耳庵后。有《铁眉三巴掌禅师语录》一卷传世，嗣法弟子有天宁灯嵩、陈世凯居士等。①

铁壁慧机（1603～1668年），俗姓罗，营山（今四川营山）人，"生而貌伟，骨气不凡"。家世业儒，多出科甲之士。八岁亡父，随母持斋，相师见之，称许不已。就童塾业，日做笔记万言，文义不假师训而自然通晓，里中名俊称之为"罗氏龙文"。时有元白道者，隐居于本邑太蓬山，慧机往来叩问，有倾慕意。天启二年（1622年），为避母兄逼婚，慧机辞家出走。入大竹松间掩关，昼夜危坐，"日食米二握，沸汤淡饮，五味俱断"。闭关三年，心形益畅，"目中屡瞩异相种种，疑情顿起"。出关后，欲访元白以释其惑，元白已走终南，不得已乃投魏安（今重庆垫江）某寺出家。未几东下，舟次平都地藏院，拜谒灼然禅师，禅师大奇之，认定慧机是"法门柱石"，建议转投忠州吹万广真。② 既遇广真，广真喜其丰仪迥异，神光陆离，乃依门下为弟子。欲求开示，屡屡受阻，自叹"遇至人而不得一授"，竟"欲捐躯赴水以俟将来"。值同门僧携以过江听讲《楞严》《圆觉》诸经，悟得"但有言说，俱非实义"奥旨，由是息心从师参学。闻朝阳老人驻锡酆陵（今重庆丰都），伴师往访，深为器重。随众参礼，久之不得，转增迷闷。随师东下金陵，欲参天童密云，师以"负汝数年辛苦"不许。从师还蜀，命总院事，时时得师提撕，"痛札深锥，会尽三顿之棒"，力究三年始获大悟，"一踢禅床，顿使百千粉碎；三声爆竹，放出四喝机权"，自后开堂，皆为首座。崇祯十二年（1639年），继师住持聚云寺，"自八岁持斋，十九行脚，二十五祝发，三十三大悟，万师寂，师三十六岁矣，其间阅历辛苦不可殚述"。诸方闻其开坛，"来往聚云（寺）如织"。后迁酆都地藏、涪州吟翁、石柱三教、长溪云集、万县云来、梁山庆忠、忠州云岩、南宾宝圣等寺，"师望日隆，学侣臻萃，荐绅士庶，远迩钦之，以得睹师颜为快"，"老幼听法者，盈阶塞户"，时人"方之聚云犹盛"。晚年罢宝圣寺席，将谋退隐，忠州人士依恋不忘，复请住持龙昌院（即治平寺），唐代旧寺因以再度兴盛。慧机主法三十二年，十坐道

① 性统：《续灯正统》卷一七《宝峰三巴掌铁眉慧丽禅师》，《卍续藏经》第144册，第690页下～692页上；《铁眉三巴掌禅师语录》卷一谭正乾《三巴掌和尚行状》，《嘉兴藏》第29册，第682页中/下；《高峰乔松亿禅师语录》卷二，《嘉兴藏》第39册，第283页上/中。

② 按：性统《续灯正统》言慧机遇吹万广真在终南山，后世以此为据遂成定论。然广真一生未于终南开法，且慧机《行状》《年谱》并言其遇吹万广真在忠州聚云寺，性统之说当误。

场，"自亲炙嗣法外，公侯籓郡文武士夫登其门者，不啻百十余人"；凡演化之地，屡有异迹，"四方之供者倾仓倒廪，似非人力所能至"；于匡扶祖道、荷负大法、提挈正宗"酷类洞山"，当时名德咸以为天亲、丰干重生，"从其游者诜诜辈出，棋布名山，虽古积翠、云庵莫能过之"。慧机于康熙七年（1668 年）九月示寂，世寿六十有六，僧腊五十。有《庆忠铁壁机禅师语录》《药病随宜》《庆忠集》等传于丛林，嗣法弟子百余人，著名者有石楼灯昱、眉山灯甫、衡山灯炳、三山灯来、三空灯杲、觉天灯启、乔松灯亿、般若灯普、云岩灯映、童真至善、竺峰幻敏、普门灯显、体如灯慧等。①

吹万广真禅法至铁壁慧机声名大振，因其以忠州聚云寺为传法中心，史称聚云禅系，也称吹万禅系。

三

铁壁慧机而下，衡山灯炳（1611～1680 年）"硕德行业，冰清玉润"，"其机锋似金刀破竹，其才辩若珠子走盘"，② 门下弟子卓峰性珖（1625～1685 年）被时人誉为"法窟头角，宗门爪牙"，"德行信于丛林，声价重于西蜀"，嗣法弟子有宗位、冰弦等。③ 竺峰幻敏（1638～1707 年）"宗风偕仁风以并扇"，"承其造就而入室者不可胜计"，④ 门下弟子鉴堂一被时人喻为"中流砥柱，末代津梁"，嗣法弟子有明训、明福、明满、明觉、明慧、明微、明灿等，法孙有真庆、真慧、真相、真贤、真宣、真祥、真明、真性、真乾等，法玄孙有如琳、如玉、如明等，"聚云一脉因而兴盛一时"。⑤ 但在铁壁慧机众多弟子中，当数三山灯来一支最盛，四世而有别庵性统，于清代前期极负盛名。

① 性统：《续灯正统》卷一六《忠州治平庆忠铁壁慧机禅师》，《卍续藏经》第 144 册，第 684 页下～688 页下；《庆忠铁壁机禅师语录》卷二〇文可茹《行状》、沈廷劢《庆忠铁老和尚塔铭》，《嘉兴藏》第 29 册，第 661 页中～664 页下；《竺峰敏禅师语录》卷一至善《竺峰敏禅师语录序》，《嘉兴藏》第 40 册，第 221 页上/中。

② 性统：《续灯正统》卷一七《忠州福城山庆云衡山灯炳禅师》，《卍续藏经》第 144 册，第 694 页上～695 页上；《衡山禅师语录》卷一超原澹崖《衡山和尚录序》、左蓝理《庆云炳禅师语录序》、性统《塔铭》，《嘉兴藏》第 39 册，第 247 页上/中、第 252 页～253 页上。

③ 《卓峰珖禅师语录》卷一超原澹崖《卓峰和尚语录序》、性统《塔铭》，《嘉兴藏》第 39 册，第 339 页上/中、第 343 页上。

④ 性统：《续灯正统》卷一八《忠州治平竺峰幻敏禅师》，《卍续藏经》第 144 册，第 703 页下～705 页下；《竺峰敏禅师语录》卷六杜臻遇《竺峰敏禅师语录序》、仇兆鳌《竺峰敏禅师塔铭》、性济《竺峰禅师行状》，《嘉兴藏》第 40 册，第 254 页中/下、第 270 页下～272 页中。

⑤ 《鉴堂一禅师语录》卷一杜允贞《鉴堂和尚语录序》，《嘉兴藏》第 40 册，第 287 页上、第 290 页下。

三山灯来（1614～1685 年），俗姓曾，垫江（今重庆垫江）人，"自幼业儒，少列黉序，长食饩堂，数次棘闱，咸推名匠"。平时喜读佛书及先德语录，遇无意味话辄欣好不已，"乐与缁辈往来"。有僧传《古音王传》《平山录》《巴掌和尚录》，读之心醉，自誓"异日必为聚云儿孙"。数年后，从本邑吊岩山南、浙二师祝发。避兵江南，止东明寺。闻铁壁慧机住石峰，遂奉书入山参礼。半月，被南师强之而入夜郎，经伯兄宪副公宦旋，接之返蜀。顺治五年（1648 年），再谒慧机于青山。时笑亭维那梦人持黄缎一端以供慧机，慧机以为"必有继佛真乘者来"，次日灯来果至。三日后命参堂，慧机示以没得话头，又戒不许看一文字。时铁眉慧丽亦在山中，得以朝暮请益。青山严冷枯淡，坡事繁重，灯来不以为难，"苦参两月，了无入处"。后值笑亭维那阅《大慧录》，至严阳问赵州"一物不将来"而州答"放下着"，灯来伸首见之，不觉肢节俱解。一日，侍慧机、慧丽山行，二师再就浮云飞度示以一"看"一"掌"，由是"贴然"。六年（1649 年）十月，慧丽应施州凤卫侯请住寺，以灯来充记室。及到施州，慧丽先期化去，留偈示其驻锡。滞留近年，始归谒慧机于灵峰，获其心印，命为首座。十一年（1654 年）应请出住忠州崇圣寺，次迁梁山兴龙寺、五云寺，再移云阳县华寺，"缁衲奔骤"，"道望弥著"。康熙五年（1666 年），居士袁宝善、江应爵等请住忠州高峰山开禧寺。七年（1668 年）入浙朝礼径山，领嘉禾（今浙江嘉兴）天宁寺两载，"缁素景从，晨夕参请"。灯来与之唱酬无倦，"一时达者，称为大慧再来"。还巴，为师慧机建塔于高峰。二十四年（1685 年）七月示寂，世寿七十有二，开堂四十有三，附葬于慧机塔右，与灯炳塔并。有《三山来禅师语录》16 卷、《正灯集拈颂》3 卷、《祝延增补》1 卷、《五家宗旨纂要》3 卷、《六会语录》《宗统颂》《松林闲评》1 卷传世，嗣法弟子有性一、性养、性豫、照见、性贵、性定、性现、性崇、性证、性统以及居士袁宝善、沈克斋、朱茂时、李青眉、张双承等。① 时人言灯来禅法"莫能窥其涯际"，"不执公案，而终不悖公案；不废言诠，而究不堕言诠者"，"条分缕晰而不离其宗，横见侧出而悉轨于正"，"一棒一喝不放空，横说竖说不放松"，故能于指点棒喝之下，"顿使黠者泣、慧者骇，惘然丧其怀"。其所以如此，则与其早年役志于儒有关，"六经之旨无所不穷，百氏之书无所不读，旁搜博采，研精殚思，而后洞见本源"。因此，谭诣对灯来评价很高："余惟幸聚云之派得师而益昌，大慧之传得

---

① 性统：《续灯正统》卷一七《忠州高峰开禧三山灯来禅师》，《卍续藏经》第 144 册，第 695 页上～698 页上；性统：《高峰三山来禅师年谱》卷一，《嘉兴藏》第 29 册，第 759 页上～775 页中；《别庵禅师同门录》卷一，《嘉兴藏》第 39 册，第 345 页中/下。

师而不谬也。"①

性统，生卒不详，俗姓龙，原籍潼川安岳，其父被命迁居高梁，生于梁山（今重庆梁平）。六岁就乡塾，十一岁父殁，因随三山灯来出家，随从又山证公学习经纶。受具足戒后，参谒衡山灯炳。返归，嗣灯来之法。康熙二十四年（1685 年）灯来示寂，受命领高峰法席。翌年，东游江浙、嘉禾、径山，扫大慧祖塔，后寄锡于宁波天童寺，再受请住普陀镇海禅寺，"名山借此以益彰，临济由斯而更盛，宗风丕振，道誉遍闻"。康熙南巡时，对性统宠爱有加，赐紫衣帑金，荣耀一时。二十八年（1689 年），兼住武林（今浙江杭州）东园永寿寺。三十一年（1692 年）秋著成《续灯正统》42 卷，所收起自曹溪大鉴下十六世，迄于三十七世，填补了其他灯录疏于大慧宗枝的空白。继集《普陀别庵禅师同门录》3 卷，吹万禅系诸师语句"各各从胸襟流出，盖天盖地"，居士机缘"各各从实悟吐来，不让老庞"，"是所传之人皆贤，则祖道因之而盛也"。由于性统的努力，吹万禅法得以弘化于江浙，"由是南方之人，始知径山一派犹盛于西蜀"。② 嗣法弟子三十余人，而以翠崖必为佼佼者，得心印后，主要弘法于江南及北京等地，有《翠崖必禅师语录》3 卷传世。③

此外，于夫性一（1618 ~ 1676 年）、无言性养（？ ~ 1670 年）、大衍性豫、立雪照见、紫垣性贵、惺若性定、云林性现、大笑性崇（1633 ~？ 年）、冷眼性证以及居士袁宝善、沈克斋、朱茂时、李青眉、张双承等，④ 都在推动、扩大聚云吹万禅系的影响上功不可没。

四

南宋而下，圆悟克勤法脉影响较著者二：一为虎丘绍隆系，二为大慧宗杲系。虎丘绍隆在世时，其影响远不如大慧宗杲，嗣法弟子仅应庵昙华一人，但三传之后的破庵祖先、松源崇岳、曹源道生，把虎丘一系的影响推向极致，一跃而成禅宗主流。与此相反，大慧宗杲在世时影响极大，著名弟子多达九十余人，但三传之后逐渐式微，嗣法传承少见于僧传灯录。游丝余绪至明代中后期，伴随吹

---

① 《三山来禅师语录》卷一谭诣《三山禅师语录叙》，《嘉兴藏》第 29 册，第 691 页上/中。
② 性统：《别庵禅师同门录》卷一超原澹崖《别庵和尚同门录序》，《嘉兴藏》第 39 册，第 345 页上、第 355 页山 ~ 357 页上。
③ 《翠崖必禅师语录》卷一屠粹忠《翠崖禅师语录序》、广端玉渊《翠崖禅师语录叙》，《嘉兴藏》第 40 册，第 291 页上 ~ 292 页中。
④ 性统：《别庵禅师同门录》卷一、卷二、卷三，《嘉兴藏》第 39 册，第 346 页上 ~ 354 页下、第 357 页上 ~ 359 页下。

万禅系的建立，大慧宗杲一系始又门庭大盛。故超原澹崖在《衡山和尚语录序》中甚称此功：

> 夫聚云（吹万）、治平（慧机）诸大老，重振大慧之道于西蜀，而衡山（灯炳）、三山（灯来）诸和尚又能继志述事，俾双径禅灯旦复旦兮，则凡我济北后裔，皆当共庆同宗之盛也。①

李道济《高峰乔松和尚语录序》则言：

> 大慧之道，岂置百世之师哉！……聚云（吹万）中兴其道者也，庆忠（慧机）又能扩充其道者也。嗣庆忠者，眉山（灯甫）、三山（灯来）、童真（至善）诸老约十余人，而高峰乔（灯亿）和尚亦其一焉。自是以往，愈昌愈炽，愈众愈违，其道宁可量欤！②

吹万禅系的建立，不仅重振了大慧宗杲一系的影响，而且打破了南宋以降虎丘绍隆一系独步禅林的局面，并在虎丘一系正当式微之际为禅林注射了一针起死回生的强心剂。如李道济在《万峰和尚语录题辞》中所称：

> 今天下绍临济者，虎丘一枝独步震旦而已。即断桥而下，犹且若存若灭，浑无稽考。矧慧祖之后，久而鲜征，其能免于悠悠之疑论乎？然则童真（至善）和尚，当绝续之关，履方新之会，振千载已坠之绪，乘一丝九鼎之势，危同投子，微等风穴，挽颓纲而振新猷，剪稠林以扶落晖。予安能不重望之（至善）和尚哉。③

这当然不只是至善一人之力，吹万禅系弟子尽有此功。除至善主领潭州万峰寺外，灯甫、灯亿驻锡湖北、鄂东，灯启出住楚之华严寺，性征住持湖广忠司善述寺，灯来主领嘉禾天宁寺，幻敏出住普陀山、住持嘉兴楞严寺，性统驻锡宁波天童寺，主领普陀山镇海寺、杭州永寿寺，以及灯昱在成都龙泉一代的开法，照见十五年间奔走于云贵两地，这对于吹万禅法的推开都有不可磨灭的功绩。因其

---

① 《衡山禅师语录》卷一超原澹崖《衡山和尚录序》，《嘉兴藏》第 39 册，第 247 页上。
② 《高峰乔松亿禅师语录》卷一李道济《高峰乔松和尚语录序》，《嘉兴藏》第 39 册，第 269 页上。
③ 《万峰童真禅师语录》卷一李道济《万峰和尚语录题辞》，《嘉兴藏》第 39 册，第 285 页下。

努力，吹万禅系得以渝东为中心，东下浸及湖湘、江浙，西南播散云贵、西蜀，卓然而成明清之际禅林的一大潮流。沈克斋受请为《大笑禅师语录》写序，称：

> 大慧老人以金翅鸟王劈海直取龙吞手脚勘验学者，临济之道炟赫一时。直下儿孙，虽隔处巴蜀，其余韵闻之，殊异众鸣。如吹万真、铁壁机、三山来，其道自微而著，化流江浙，人始知有大慧之裔，皆林林硕大之士也。①

这当然不是吹万门人的自吹自擂，聂先《续指月录》卷一凡例亦言：

> 西蜀有大慧果一支，自鼓山永、净慈明以后，其法嗣灯灯相续。汉月藏公闻之，曾通书问。且近代有吹万、铁壁、巴掌、耳庵诸公语录，现入《嘉兴藏》中流通。所谓承当有人，继绝为重，极深瞻仰。②

江南禅林极负盛名的汉月法藏"曾通书问"，聂先本人则是"极深瞻仰"，足见吹万禅系的影响绝不只是吹万门下的自我感觉，确乎已从江南禅林主流的密云圆悟禅系分领其誉，"其视密云（圆悟），骎骎乎如大理南诏，与唐宋分疆而治矣"。③

站在巴蜀禅宗的立场，吹万禅系的建立则被置于了宋元而下的崇高地位。刘如汉《童真和尚语录序》称：

> 迦文之道，自菩提达磨来我东华，至临济为大振，径山为再振。（径）山十四传及明启祯间，而有聚云吹万老人，宗风丕显，声藉一时，吾蜀自宋元以来未有能或之先也。老人高弟有三，首曰庆忠铁壁禅师，如圣门之颜子，……锦江玉垒，上至王侯卿士，下及黎庶编氓，无不钦承折服。④

于此评价之中，中国禅宗史上值得彪炳的人物首先是临济义玄，其次是大慧宗果，再次是吹万广真，而在巴蜀禅宗史上，广真更是宋元以来"未有能或之先"的杰出人物。不止广真本人受此嘉誉，铁壁慧机也很受追捧，被誉为孔门颜回，"锦江玉垒，上至王侯卿士，下及黎庶编氓，无不钦承折服"。显然，此

---

① 《大笑崇禅师语录》卷一沈克斋《大笑禅师语录序》，《嘉兴藏》第 39 册，第 321 页上。
② 《卍续藏经》第 143 册，第 766 页下 ~767 页上。
③ 陈垣：《明季滇黔佛教考》，中华书局，1962，第 52 页。
④ 《万峰童真禅师语录》卷一刘如汉《童真和尚语录序》，《嘉兴藏》第 39 册，第 285 页上。

一评价带有溢美的成分，中国禅宗史上值得彪炳的人物绝不仅有义玄、宗杲、广真诸人——乃至他们还应是次一级的人物，而在巴蜀禅宗史上广真更不是空前绝后的人物，前有圆悟克勤，后有破山海明。故至善在为《竺峰敏禅师语录》写序时，就此采取了更为客观的表述：

> 西蜀自大随（法真）、南堂（元静）、昭觉（克勤）、楚山（绍琦）之后，山川寥落，殆将百年。俄有亚圣大人薪然出于巴西汶水间，即吹万师翁。……聚云起佛日（宗杲）之道于凋零之秋，庆忠又大振于天下。诸先辈播而光烈之，师能抚而守之，可谓集诸老之大成者，安得不为法门之厚望哉？①

上承法真、克勤、绍琦诸先辈之光烈，广真与其弟子"抚而守之"，"集诸老之大成"，起宗杲之道"于凋零之秋"，巴蜀禅宗的影响由是重振于天下。巴蜀地区是否有自己一以贯之的禅系——所谓"巴蜀禅系"，是近年学术界争议较大的问题。② 无论怎样，剑南禅派、圆悟禅系、楚山禅系、吹万禅系、破山禅系的存在是确凿的事实，它们共同书写了巴蜀禅宗史的辉煌篇章。

较巴蜀禅宗的立场更高，吹万禅系建立的意义则不仅仅限于巴蜀一地，而且被置于了起复临济之道的位置。左蓝理在《庆云炳禅师语录序》中称：

> 临济之道，腾越而起，类皆岷蜀之人，五祖（法演）、昭觉（克勤）其最著者。逮有明神宗朝，聚云老人以间世英伟，承径山（宗杲）之后，大乃父乃祖之庭，于桐山王（玉）垒，光焰赫奕，诸方倾向，以为临济再兴。故出其门者，广大精微，凌轹前古，直与南匾头、宝峰文辈并驱中原猗欤。③

以巴蜀禅僧的身份将广真与法演、克勤并置，临济之道虽出义玄，而使其一振再振的是巴蜀禅僧，于此而论吹万禅系建立的意义，已不囿于巴蜀一地了。仇兆鳌《竺峰敏禅师塔铭》又称：

---

① 《竺峰敏禅师语录》卷一至善《竺峰敏禅师语录序》，《嘉兴藏》第 40 册，第 221 页上/中。
② 争议双方的代表性论文，可参看祁和晖《巴蜀禅系论略》[《西南民族大学学报》（人文社会科学版）2011 年第 6 期] 与向世山《"巴蜀禅系"是个伪命题——就巴蜀禅宗流播及特点与诸时贤商榷》（《社会科学研究》2011 年第 6 期）。
③ 《衡山禅师语录》卷一左蓝理《庆云炳禅师语录序》，《嘉兴藏》第 39 册，第 247 页上/中。

粤自西旨东流，宗分五派。于中权实兼用，棒喝齐施，轰晴空之霹雳，舞当场之太阿，临济一宗称独盛焉。迨十二传得径山果，开悬河之口，施掣电之机，说尽人间禅病，断除末世疑网，临济宗风为之一振。又十四传得聚云真，博搜群集，提挈五宗，绍将坠之绪，衍不尽之灯，临济宗风为之再振。①

以义玄、宗杲、广真为临济最杰出的三位大师，是吹万门下一贯的看法。但比左氏的评价更甚，在仇氏看来，吹万禅系的建立不仅重振了临济之道，而且是"博搜群集，提挈五宗"的重振，由是将其意义扩展到了整个禅宗，其所谓"绍将坠之绪，衍不尽之灯"当然也就是"绍衍"整个禅宗了。

径山之道源于临济，吹万禅系起复径山之道亦即起复临济之道，本来没有大错。然此话语之下，潜藏了同出临济的虎丘绍隆禅系衰微的暗指，遭到绍隆禅系的反弹是势所必然的事。先是破山海明著书质疑吹万禅系的合法性——疑其法统作伪，继有山晖行浣对燕居德申肯定吹万禅系的猛烈攻击，再有丈雪通醉《锦江禅灯》对吹万禅系众僧的拒纳。② 陈垣先生认为这是正常的门户派系之争，熊少华先生、道坚法师则认为"多半是冲着汉月法藏而来的"，用以配合其师天童密云对汉月法藏的讨伐。③ 但龙显昭先生认为当有更复杂的政治因素纠结其中，破山开始政治转向、靠拢清朝时，吹万弟子仍与南明永历政权时相往来，由是让正常的门户派系之争带上了政治的色彩。④ 最直接的原因，其实是在同一区域互争影响的问题，破山门下无非要借对吹万禅系法统的质疑证实自己的正统性，从而取代吹万禅系在川东的影响。就破山及其弟子的非议，吹万禅系门人一方面竭力证实其嗣法的渊源，"大慧之嫡嗣隐于梁岷之间，累代不绝，元元本本，灼有定据"，自西禅需而至铁壁慧机十五代确然有证，"阅其祖先之录，畅而有文，广而不杂，宏而不肆"，其开法之语与赠答之偈也"酷肖若祖"，"豁然而旷达，秀外而惠中，波澜大，见识宽"；⑤ 另一方面则倡议径山、虎丘并出临济而不必相互诋毁，应该同舟共济，如超原澹崖序《别庵和尚同门录》所言：

　　昔密祖扬临济之道于天童，其儿孙今将遍于天下，天下之人孰不叹虎丘

---

① 《竺峰敏禅师语录》卷六仇兆鳌《竺峰敏禅师塔铭》，《嘉兴藏》第 40 册，第 271 页上/中。
② 参见陈垣《明季滇黔佛教考》，第 50~64 页。
③ 参见熊少华《破山禅师评传》，宗教文化出版社，2003，第 112 页；道坚：《破山禅学研究》，宗教文化出版社，2008，第 120 页。
④ 参见龙显昭主编《巴蜀佛教碑文集成》，巴蜀书社，2004，第 15 页。
⑤ 《万峰童真禅师语录》卷一李道济《万峰和尚语录题辞》，《嘉兴藏》第 39 册，第 285 页中/下。

一派为盛乎！万祖重扬临济之道于聚云，其儿孙今将遍于西蜀，西蜀之人孰
不叹径山一派为盛乎！……夫径山、虎丘，同门兄弟也，共扬临济之道于
前。而两派之儿孙，共扬临济之道于后。则凡睹兹同门录者，必为高峰庆
也，必为庆忠庆也，必为聚云庆也，必为径山庆也，必为临济庆也。①

但这只是吹万禅系门人的一厢情愿，双方的争执最后是在破山禅系的政治优
势中获得了终结。得到清朝政府的认可后，破山禅系蚕食吹万禅系的寺院信众，
最终成了巴蜀并西南禅宗的主流。

在明末清初的巴蜀禅系中，吹万禅法"深幽奇诡"，破山禅法"雄浑壮阔"，
两大禅系的异军突起，虽未必可以取代江南禅宗的中心地位，但其以非凡的气势
"为后期禅宗，写下了深幽壮阔的一章"，故吹万禅系的建立，"在明清禅宗史上
有着独特的地位，也是当时禅宗内的另一风光"。② 遗憾的是，由于资料缺乏，
四代而后已经不得其详了。

---

① 《别庵禅师同门录》卷一超原澹崖《别庵和尚同门录序》，《嘉兴藏》第 39 册，第 345 页上。
② 参见冯学成《四川禅宗史概述》，《巴蜀禅灯录》，成都出版社，1992，"导言"，第 34、37
页。

◎遗存文化

古代巴蜀与近东文明关系之二证

段 渝

（四川省社会科学院、四川师范大学）

关于四川地区出土文物所显示的古代巴蜀文化与欧亚古文明关系的问题，笔者曾经在多篇论文中进行过分析讨论。在本文中，笔者将从艺术形式的视角对两个问题进行讨论。

一　巴蜀文化中的　"英雄擒兽"　母题

巴蜀文字中有一种符号，字形的基本结构相同，都是中间一个物体，两边分别一个相同的物体。这一类文字见于新都马家战国墓出土的青铜戈内部、青铜钺、青铜钲，以及涪陵小田溪出土的青铜钲等，在其他地点出土的青铜器上亦较常见，可以说是巴蜀文字中一种常见的、使用较为普遍的文字符号（见图1~图4）。

a）　　　　　　　　　b）

图1　巴蜀印章　　　　　图2　四川新都马家战国墓出土印章

图 3　四川新都马家战国墓出土青铜戈　　　　图 4　重庆涪陵小田溪出土
　　　　　援上的文字　　　　　　　　　　　　青铜钲上的文字（符号）

　　这一类文字符号，在商文化的青铜器铭文中并不鲜见。[①] 李济先生在其《中国文明的开始》一文里，把这类符号称作"英雄擒兽"，并引之为中国文明与美索不达米亚文明关系的重要证据。李济先生认为："这种英雄擒兽主题在中国铜器上的表现已有若干重要的改变。英雄可能画成一个'王'字。两旁的狮子，先是变成老虎，后来则是一对公猪或竟是一对狗。有时这位英雄是真正的人形，可是时常在他下方添上一只野兽。有时中间不是'王'字，代之以一个无法辨识的字。所有这些刻在铜器上的不同花样，我认为是美索不达米亚的原母题的变形。"[②] 李济先生所说的"英雄擒兽"母题，是指近东文明中常见的一种图案，即中间一人，两旁各有一兽。H. 法兰克福曾指出，这种图形最早源于美索不达米亚，后来流传到埃及和古希腊米诺斯文明。[③] 李济先生认为商代铜器上的这种母题源于近东文明的看法，近年来得到更多材料的支持，国内一些学者将这类图形称为"一人双兽"母题。

　　仔细观察巴蜀文字中的这类图案，它的基本结构与"英雄擒兽"母题即今所谓"一人双兽"母题完全一致，都是中间一个人形，两旁各有一兽。只不过巴蜀文字中的这类图形，中间的人形已经简化或变化，两旁的兽形也已同时发生了简化或变化，图形发生了演变。

　　至于这类图形的含义，在美索不达米亚表现的是英雄擒兽，在中国商代则演变为家族的族徽，在巴蜀文字中也有可能是家族的族徽。基本结构相同，意味着来源于一个共同的祖先，而图形的变化，则可能意味着家族的裂变，表明是共同祖先的不同分支。

――――――――――

① 见容庚《金文编》增订第 2 版，长沙，1933。
② 李济：《中国文明的开始》，江苏教育出版社，2005，第 25 页。
③ H. Francford, *The Dong of Civilizaton in the Near East*, 1954.

如果此说成立，那么在巴蜀文化研究中，会出现一些新的看法。在同属于商代的古蜀文明三星堆金杖上的图案，人形（王）的上方分别有两只鸟和两条鱼，一支羽箭将鱼和鸟连在一起，这个图形与"英雄擒兽"或"一人双兽"母题在基本结构上相似。新都马家战国墓属于战国时代中期，而涪陵小田溪则属于战国晚期秦昭王时期，前者的年代早于后者。这是否说明涪陵小田溪墓主与蜀人有关，或意味着巴文化受到蜀文化的影响？这是一个很大而且很重要的问题，不能仅根据这类"英雄擒兽"母题匆忙做出结论，必须搜集更多的材料进行深入研究后才能做出论断。

在中国西南地区，除在巴蜀文字或符号中发现大量"英雄擒兽"母题以外，在一些地方出土的青铜器造型或纹饰上也发现这类母题，而且有一些青铜器直接被制作成"英雄擒兽"的形制。

在古蜀文明辐射范围内的今四川盐源，发现大量以"英雄擒兽"或"一人双兽"为母题的青铜器，如学者称为"枝形器"（见图5）的青铜杖首和青铜插件。在今云南保山也发现这类图形，如青铜钟上的双龙图案等。在这些地区所发现的青铜器造型和刻铸有此类图案的青铜器，年代多属于战国至西汉。对于这类艺术形式的来源，有的学者认为是从中国西北地区传入的斯基泰文化的因素。但若联系到商代三星堆、战国新都、战国末小田溪的同类母题来看，问题恐怕没有这样简单。斯基泰文化是公元前7世纪中亚兴起的一种文化，主要特征是动物尤其是猛兽或猛禽的造型和纹样，以及立雕和圆雕手法等，大多体现在青铜兵器和小件青铜器的装饰上，没有重器。但在中国西南地区（西南夷）发现的具有"一人双兽"母题的青铜器，如盐源青铜器，多属平雕，而其图案缺乏斯基泰文化最常见的母题"格里芬"或猛兽形象。如此看来，如果要把西南夷地区发现的"一人双兽"母题青铜器简单地与斯基泰文化联系起来，还缺乏必要的证据。考虑到古蜀文明这类图形的来源，特别是古蜀文明在青铜文化方面对西南夷的影响，认为西南夷地区的这类图案受到蜀文化的影响，这种看法也许更加符合实际情况。

四川盐源发现的一种青铜杖首（见图5），下方为一个腰带短杖的人，两旁侧上方分别为一匹马，马上坐一人。这个图形中间的人物，形象与商代金文族徽图形极其相似，其间关系值得深入探讨。根据李济先生的意见，商文化青铜器上的这类图形来源于美索不达米亚，[①]那时斯基泰文化还没有兴起。四川盐源这类图形如与商文化有关，则可能受到蜀文化同类图形的影响，而不是来源于从西北高原传入的斯基泰文化因素。盐源青铜器如果是笮人的文化，那么更与斯基泰无关。笮人属于古羌人的一支，原居岷江上游，为牦牛羌之白狗羌，秦汉时期主要

---

① 李济：《中国文明的开始》，江苏教育出版社，2005，第25页。

图5 四川盐源发现的青铜枝形器

聚居在大渡河今雅安市汉源一带，是古蜀文明与外域交流的通道南方丝绸之路的重要枢纽之一，所受古蜀文明的影响无疑较大，所以笮文化的这类图形很有可能与古蜀文明有关，还难以与斯基泰文化搭上关系。

根据《华阳国志·蜀志》的记载，秦汉时蜀郡治成都少城西南两江有七桥："直西门郫江中曰冲治桥；西南石牛门曰市桥，下，石犀所潜渊也；城南曰江桥；南渡流曰万里桥；西上曰夷里桥，亦曰笮桥；从冲治桥西北折曰长升桥；郫江上西有永平桥。"[①] 成都少城是先秦时期古蜀王国都城的中心位置所在地，也是秦汉时期蜀郡郡治的官署所在地。这说明了三个史实：第一，"夷里桥"的名称来源于夷人居住的区域名称"夷里"。第二，"夷里"的"里"，是地方低层行政单位的名称。"十里一亭"，里有里正，是标准的汉制，而汉制本源于秦制，"汉承秦制"。由此可见，在先秦时期，成都城市西南居住着不少夷人，建有专门的街区"夷里"。第三，"夷里桥"亦曰"笮桥"，说明居住在"夷里"的夷人是西南夷中的笮人。既然成都少城西南有夷里桥，又称笮桥，直到秦之蜀郡守李冰治蜀时仍然还居住着西南夷笮人并保留着笮人的街区和名称，那么先秦时期的蜀国与笮人相同，都属于西南夷的组成部分，应该是没有什么疑问的。[②] 既然笮人与蜀不论是在族系上还是在文化上都有着如此深厚密切的关系，那么如果说笮人此类"一人双兽"形青铜枝片的文化渊源于蜀，是不是较之它的斯基泰文化来源说更加合理呢？

---

① 常璩：《华阳国志》，刘琳校注，巴蜀书社，1984，第227页。
② 段渝：《先秦汉晋西南夷内涵及其时空演变》，《思想战线》2013年第6期。

有意思的是，在巴蜀和西南夷地区，不但发现这一类所谓"一人双兽"母题的文字字形（巴蜀文字）或符号，而且发现了大量同样类型的青铜器造型或图案。这种情况，恐怕仅仅用"巧合"是难以解释的，二者的这种关联性意味着其中必然有着深刻的内在联系。

此外，三星堆青铜神树上的龙颈上生翼，这是中国最早出现的带翼兽。中国古代没有带翼兽的艺术形象，不论红山文化出土的玉龙还是河南濮阳出土的蚌龙，龙身均无翼。带翼兽的艺术形象，是古代美索不达米亚巴比伦文化的艺术特征，后来为中亚草原游牧族群所接受，并随其迁徙和流动而传向东亚和南亚。有学者认为，中国境内带翼兽的出现是在春秋晚期到战国时期，[1] 这其实是指黄河流域中原地区而言，事实上应是商代中晚期的古蜀三星堆文化时期。到了汉代，双兽图案多分布在西南的四川地区，如四川绵阳的平阳府君阙上的带翼狮，就是最为典型的代表。带翼兽和双兽母题图案在古蜀地区如此之早出现，表明从很早的古代起，古蜀与欧亚古代文明之间就已存在文化交流与传播关系。

二 巴蜀"卐"形纹饰的来源

迄今所发现的"卐"形纹饰，最早出现在公元前3000年古埃及十二王朝时期的塞浦路斯和卡里亚陶器上，在属于公元前3000年到前2000年中期的印度河文明摩亨佐·达罗遗址出土的印章上，也发现"卐"形纹饰。在中国青海乐都柳湾出土的新石器时代彩陶上，也发现了大量"卐"形纹饰。一般认为，青海乐都柳湾陶器上的"卐"形纹饰，是从西亚、中亚、南亚传播而来的。[2]

在四川广汉三星堆祭祀坑出土的一尊青铜神坛（K2③：296）上的人物雕像的衣襟上，铸有十字形纹饰，这种纹饰被认为是"卐"形纹饰的一种。三星堆出现的"卐"形纹饰不多，可以肯定是从外传播而来的，但究竟是通过青海地区南传还是经由印缅通道传播而来的，这个问题还须深入探讨。若是通过青海南传，那么必然与藏彝走廊有关。若是经由印缅而来，那么必然与南方丝绸之路有关。

"卐"形纹饰在三星堆出现，而三星堆文化是以氐羌民族为主体的古蜀人的文化遗存。这一点，与卡诺文化有相似之处。卡诺文化中即有西方文化的因素，但其主体是当地文化与甘青古羌人文化因素相融合的文化。看来，不排除三星堆的"卐"形纹饰是通过藏彝走廊传播而来的可能性。

---

① 李零：《论中国的有翼神兽》《再论中国的有翼神兽》，《入山与出塞》，文物出版社，2004。
② 详见饶宗颐《梵学集》。

巴蜀"人兽形"镇墓俑的成立与展开

张 成

（西华师范大学历史文化学院）

根据目前考古资料可知，镇墓神像萌芽于春秋中晚期，[①] 战国中期达到鼎盛，至战国晚期突然消失。终秦一代，不见镇墓神像之踪影。西汉时期，原南方楚地长沙、淮阳等地出现了一种头插鹿角、作跪坐状的人形镇墓神像。至迟在王莽时期，巴蜀地区出现了一种以"吐舌"或"操蛇"为特征的镇墓神像。这类镇墓神像仅见于巴蜀地区，且造型上具有半人半兽的特征，可称之为巴蜀"人兽形"镇墓俑。巴蜀"人兽形"镇墓俑作为承上启下的独具个性、富有时代及地域特征的一类镇墓神像，是解开中国古代镇墓神像发展史上诸多谜团，以及解读南方地区埋葬风俗、生死观和民俗信仰的宝贵资料。

笔者多年致力于中国古代镇墓神像的研究，对这类器物从产生至终结各时代、各地域的出土资料进行全面收集与整理，提出一套全新的命名、用语与分类系统（见表1），对各类镇墓神像进行精细化编年，以期建立起中国古代镇墓神像的编年体系。[②] 本文将在此基础上，针对学界少有关注的巴蜀"人兽形"镇墓俑做初步的讨论，望借此引起学界对巴蜀"人兽形"镇墓俑更多的关注。

表 1　镇墓神像的命名及分类

器　名	类　型	分类标准（身躯）	认定标准
镇墓神	方柱形（Ⅰ）	非人非兽	位置：头箱或墓室或甬道的入口处 体量：较其他明器大 功能：镇墓辟邪，护佑亡灵
	圆柱形（Ⅱ）		
镇墓俑	四足行走形（Ⅰ）	兽　形	
	蹲踞形（Ⅱ）		
	伏卧形（Ⅲ）		

---

① "镇墓神像"是笔者对"镇墓类"雕像的统称，包括"镇墓神""镇墓兽"和"镇墓俑"。
② 张成：《中国古代金真墓像研究》，科学出版社东京株式会社，2016。

器　名	类　型	分类标准（身躯）	认定标准
镇墓俑	人兽形（Ⅰ） 人形（Ⅱ） 神人形（Ⅲ）	人　形	位置：头箱或墓室或甬道的入口处 体量：较其他明器大 功能：镇墓辟邪，护佑亡灵

一　命名、认定与分类

目前，学界对巴蜀"人兽形"镇墓俑这类器物的命名、认定、分类存在诸多分歧，有"偶人""魌头""镇墓兽""镇墓俑""辟邪""吐舌陶塑造像"等诸多称谓。由此可以看出，不论是发掘报告者还是研究者，对此类器物的命名与分类皆存在误区。如淮阳、长沙一带的西汉墓出土一种成对配置、头插角的跪坐人像（见图1），报告称作"偶人"。① 笔者认为，首先从其置于墓道两侧，两臂伸开做阻止入侵之势来看，当属镇墓之物。又因其头身及跪坐之态皆为人形（虽头插鹿角有了兽形的特征，但整体上为人形），应为"镇墓俑"。再如东汉墓流行的头上生角、牛耳獠牙、吐舌操蛇的镇墓神像，由于出土时仅存头部，报告称"魌头"或"镇墓兽"。② 从其他保存完整的出土资料来看，这类器物整个身躯为人形，两足分立，着右衽衣，一手持武器，另一手操蛇，无疑是人形的"镇墓俑"而非"镇墓兽"。其面部虽与打鬼驱疫时扮神者所戴的面具"魌头"有所相似，但现在所见此类仅存头部的器物，原本是插合在俑身之上的，而非单独的"魌头"（见图2）。此外，东汉、三国墓葬中常见一种头上有角（或角状突起）、口吐长舌做跪坐状的镇墓神像，报告者因其造型上具有兽形特征，常认定为"镇墓兽"（见图3）。③ 此类器物虽局部造型有一些"兽形"特征，但整体上仍属"人形"，即属于"镇墓俑"之范畴，而非"镇墓兽"。巴蜀地区汉晋时期流行的这类镇墓神像，因其造型上兼具"兽形"特征，笔者称其为"人兽形"镇墓俑。"人兽形"镇墓俑是镇墓俑造型发展史上的早期形态，不同于西晋以降造型上渐趋成熟的完全意义上的"人形"镇墓俑。

---

① 湖南省博物馆等：《长沙马王堆二、三号汉墓·第一卷·田野考古发掘报告》，文物出版社，2004。

② 刘志远：《成都天回山崖墓清理记》，《考古学报》1958年第1期。

③ 襄樊市博物馆：《湖北襄樊市区东汉墓发掘简报》，《考古与文物》1993年第4期。

图1　长沙马王堆 M2 出土　　图2　巫山麦沱古墓群 M47　　图3　襄樊区东汉墓出土
　（文献3　S＝1/25）　　　　出土（文献15　S＝1/25）　　　（文献4　S＝1/5）

以上考古报告中对"镇墓兽"和"镇墓俑"认定的错误，给一些研究者带来了误导。如韦正在对六朝早期俑进行讨论时指出："长江中游地区的镇墓兽情况比较复杂，可以分为四类：第一类人面人身吐长舌。第二类为一角者，既有兽面，也有人面，既有兽身，也有人身。第三类为双角怪兽形。第四类为栖息于江河滩涂或丘山地的鳄鱼或穿山甲。"（见图4）此分类中的第一类"人面人身

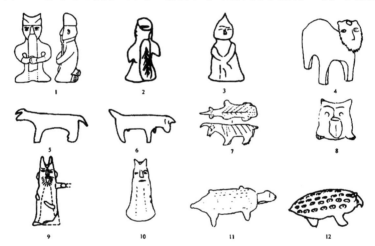

图4　韦正：六朝早期俑的分类（文献6）

注：第一类　人面人身吐长舌者：1. 鄂城孙将军墓（《考古》1978 年第 3 期，第 167 页，图九，3）；2. 鄂城 M2209：8（《鄂城六朝墓》，图版 70，4）。

第二类　一角者：3. 鄂城西铁 M105：83（人面人身）（《考古》1982 年第 3 期，图版柒，1）；4. 武昌莲溪寺墓（虎面兽身）（《考古》1959 年第 4 期，图版五，1）；5. 鄂城西铁 M105（牛马形者）（《考古》1982 年第 3 期，第 262 页，图七，右中）；6. 鄂城 M2140：4：（牛马形者）（《鄂城六朝墓》，图版 71，3）；7. 鄂城塘角头 M4：23（《考古》1996 年第 11 期，第 16 页，图十六，10）。

第三类　怪兽形镇墓兽：8. 鄂城 M1002：68（长有双角）（《鄂城六朝墓》，图版 70，5）；9. 鄂城郭家细湾 M2：4（双耳直立）（《文物》2005 年第 10 期，图九，2）；10. 鄂城 M2208：（长有双角）（《鄂城六朝墓》，图版 70，6）。

第四类　穿山甲：11. 鄂城 M2062：10（《鄂城六朝墓》，图版 71，5）；12. 鄂城 M2184：22（《鄂城六朝墓》，图版 71，8）。

吐舌"者，即本论的"人兽形"镇墓俑。这种把兽和俑两种不同器类混到一起进行的分类，其结果可想而知，连研究者本人都感到"情况比较复杂"。① 还有学者干脆模糊了兽和俑的界限，把"人形"和"兽形"者统称为"吐舌陶塑造像"②、"吐舌状镇墓兽"③。至于具体的分类及讨论，依然照搬了考古报告中人兽不分的错误，这导致类型学研究及相关考察在资料认定与选取之际便出了问题。这种基于资料认定错误之上的类型学分析，其结果又被运用于这类器物的时代变迁、文化内涵等讨论，使研究者在认识上陷入一个更大的误区。那么，造成考古报告和研究者在认定、分类上出现分歧与混乱的原因何在呢？笔者认为，主要有以下两方面。

首先，"人兽形"镇墓俑资料本身兼具人形、兽形的特征，是问题产生的直接原因。魏晋以降的镇墓神像（镇墓兽和镇墓武士俑）处于造型上人兽完全分化且兽俑形成固定组合，镇墓兽、镇墓俑很好区分。然而，西汉至魏晋之际的镇墓神像，即本文讨论的"人兽形"镇墓俑，处于人兽未完全分化、人形虽然出现但仍具某些兽的特征的阶段，兽、俑的界限较为暧昧，容易使人将二者混淆。撇开某一时期某一类镇墓神像，从镇墓神像整个造型发展的宏观角度观察可以发现，镇墓神像的造型发展经历从①"人兽未分化"（楚镇墓神）→②"人形的出现"，依存于兽的力量（"人兽形"镇墓俑）→③"人兽完全分化"，兽、俑并重（"兽面兽身"镇墓兽、"人面人身"镇墓俑）→④"兽人同体""人神同体"（"人面兽身"镇墓兽、"天王神将"镇墓俑）这四个阶段。而"人兽形"镇墓俑正处于"人兽未分化"与"人兽完全分化"的过渡阶段，其时人的力量仍不够强大，需要借助动物的角、长舌等强化其神性力量。这与北魏时期从兽面兽身的镇墓兽，变为人面兽身的镇墓兽，借助人面来强化兽的神性有着异曲同工之妙。这种造型上的同构与借用现象，是镇墓神造型的主要手段，但不论如何打乱与重组，只要把握镇墓神像在体躯上的"人形""兽形""人兽不分"的最大特征，即可明确区分出"镇墓俑""镇墓兽"和"镇墓神"。"人兽形"镇墓俑虽有生角、吐舌等兽形特征，但并不能因此就将其认定为"镇墓兽"。这与不能因人面镇墓兽的头部为人形而将其认定为"镇墓俑"是同一个道理。

其次，部分研究者"兽""俑"不分，将二者混用是问题产生的间接原因。大量古文献表明，"俑"本指古代随葬用的偶人，显著特点是"像人"，即只有

---

① 韦正：《六朝早期俑的地域特征和相关问题》，《南方民族考古》，2011 年第 7 辑。

② 傅娟：《川渝东汉墓出土吐舌陶塑造像初探》，《四川文物》2006 年第 4 期。

③ 宾娟：《吐舌状镇墓兽及其文化意义的探讨》，《四川文物》2013 年第 6 期。

具备"人形",方能称之为"俑"。然今部分研究者使"俑"这一概念的外延不断扩大,将某些动物形象的器物亦称为"俑"。如牛俑、马俑、骆驼俑、动物俑等,对俑的命名带有很大的随意性,已然背离了"俑"之本意。而这种"兽""俑"概念的混用,使"镇墓兽""镇墓俑"的概念也产生了混乱,导致对二者的认定、分类等出现了许多不该有的错误。①

二 "人兽形" 镇墓俑的成立与展开

如上所述,由于命名与分类的混乱,某些讨论在起点上即发生了偏离。而在具体研究时,学者们都注意到"人兽形"镇墓俑"吐舌""操蛇"的特点,并习惯性地与楚墓出土的具有"吐舌"或"操蛇"特征的资料进行比对。如日本学者林巳奈夫通过对长沙出土的楚帛书中十二神的考察,认为战国时期"吐舌"的观念在东汉时期得到了继承和发展。② 然镇墓神像的情形恰与此相反,楚镇墓神流行的"吐舌"造型,在楚镇墓神还未消失前夕的战国末期,"吐舌"的造型已经不见了。而西汉时期新出现的"人兽形"镇墓俑,继承了楚镇墓神晚期形态无"吐舌"的造型。这种无"吐舌"的镇墓神像,仅发现于原楚之旧地的淮阳、长沙,且仅存于西汉时期。到了东汉时期,"人兽形"镇墓俑却在前代从未出现过镇墓神像的巴蜀地区突然出现,又出现了"吐舌"的造型,这成为其区别于其他地区镇墓神像的一大特点。正如吴荣曾所言:"四川汉墓出土的吐舌、操蛇形镇墓俑,其基本特征与两湖地区战国墓中发现者大致相同,但也有较大差异,这是后人加工或改造的结果。而操蛇这一特征,则东汉时的形象反较战国时表现得更为明确。"③

继林巳奈夫、吴荣曾之后,傅娟把川渝地区出土的吐舌形的"镇墓俑"或"镇墓兽",统称为"吐舌陶塑造像",认为川渝地区的"吐舌陶塑造像"与楚地流行的吐舌"镇墓兽"之间没有明显的传承关系,其出现或与巴蜀地方流行的某种巫术形式有关。④ 之后,谢洪波援用文献史料的相关记载,对傅娟的"川渝地区起源说"展开进一步论证,指出巴蜀地区的镇墓俑是当地特有的巫鬼信仰下的产物,"受到楚的观念影响,在造型方面,借用了楚和中原的各种镇墓符号,如执斧、操蛇等,又结合了巴蜀原有的瞠目、大耳的奇异因素来表现其超常

---

① 张成:《中国古代墓葬出土的镇墓神像——以命名、分类及其体系问题为中心》,《考古与文物》2014 年第 1 期。

② 〔日〕林巳奈夫:《長沙出土楚帛書の十二神の由來》,《東方学報》1971 年第 42 卷。

③ 吴荣曾:《战国、汉代的"操蛇神怪"及有关神话迷信的变异》,《文物》1989 年第 10 期。

④ 傅娟:《川渝东汉墓出土吐舌陶塑造像初探》,《四川文物》2006 年第 4 期。

能力，具有浓厚地方特色"。① 宾娟在此基础之上，将对象资料的地域范围进一步扩大至川渝以外的长江中下游地区，把具有吐舌特征的镇墓兽、镇墓俑统称为"吐舌状镇墓兽"，将不同器类不同地域的具有"吐舌"特征的资料进行类型学分析，认为"吐舌状镇墓兽"由川渝地区独立发展起来，并顺江而下在长江中下游地区得到了进一步发展。② 在国内学者一致推行"川渝地区起源说"的同时，日本学者吉村苣子则倡导"楚地起源说"，认为"吐舌"之楚风，为秦、西汉、东汉所继承，甚至往后延续至三国吴，影响到东吴墓的镇墓兽。③

从以上学者们的研究来看，对于"人兽形"镇墓俑的形成与发展可以概括为两种观点，即"川渝地区起源说"和"楚地起源说"。然而，这两种观点所援引的材料，均直接沿用了考古报告的认定、命名与分类，将"镇墓俑"认定为"镇墓兽"，或兽俑不分，混为一谈。这种基于材料认定错误的讨论，其结果难以令人信服。笔者在对巴蜀地区镇墓神像资料全面收集、整理并重新考证与认定的基础上，运用考古学、类型学方法进行分类、分期与分区研究，基本明晰了此类器物时代的、地域的变迁轨迹。

根据目前的考古资料，"人兽形"镇墓俑在西汉时期便已出现。仅见于原属楚国领地的河南淮阳、湖南长沙两地（见图 5）。④ 其头插鹿角的造型明显承自楚镇墓神，而人面、赤裸上身的形态与战国晚期长沙墓出土的镇墓神如出一辙。但不同的是，"人兽形"镇墓俑有了四肢。其两臂左右伸开做阻挡的姿势，以及双膝跪坐的形态确为人形无疑。这类仅出现于南方楚地的"人兽形"镇墓神像，目前仅发现 10 件，分别出土于 5 座墓葬，每墓 2 件。不论是流行时代还是地域都非常有限，可以认为是楚镇墓神之残余，"人兽形"镇墓俑的早期形态。至王莽时期，淮阳、长沙的"人兽形"镇墓神像消失不见。而在前代不见镇墓神像的巴蜀地区，出现了以"吐舌"为特征的新形式的"人兽形"镇墓俑（见图6）。⑤ 这一形式的镇墓俑，依据身躯、姿势的不同，可分为"正坐形"和"直立形"两大类。"正坐形"分布于川东和湖北地区，包括重庆境内的巫山、奉节、云阳、万州、丰都、武隆，湖北境内的巴东、宜都、当阳、武汉、鄂州；"直立形"分布于川西和黔西地区，包括成都、宜宾、雅安和贵州。"正坐形""直立形"之分布区域分别与巴文化区、蜀文化区相对应。"人兽形"镇墓俑是巴蜀地

① 谢洪波：《巫鬼信仰视域下东汉巴蜀镇墓俑的功用分析》，《求索》2013 年第 4 期。
② 宾娟：《吐舌状镇墓兽及其文化意义的探讨》，《四川文物》2013 年第 6 期。
③ 〔日〕吉村苣子：《中国墓葬における人面・獣面鎮墓獣と鎮墓武士俑の成立》，《东京国立博物馆》第 638 号，2012 年 6 月。
④ 郑州市文物考古研究所：《中国古代镇墓神物》，文物出版社，2004。
⑤ 成都文物考古研究所等：《成都市新都区东汉崖墓的发掘》，《考古》2007 年 9 月。

区独有的一种镇墓神像。需要指出的是，不论是"直立形"还是"正坐形"，都是沿着长江流域干支流进行传播和扩散。特别是巴地"正坐形"镇墓俑，几乎全部发现于长江干流的各大港口城镇（见图7）。

图5　淮阳平粮台 M118
（文献 16　S = 1/25）

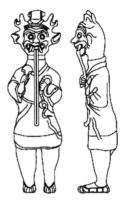

图6　巫山麦沱古墓群 M47 出土
（文献 15　S = 1/25）

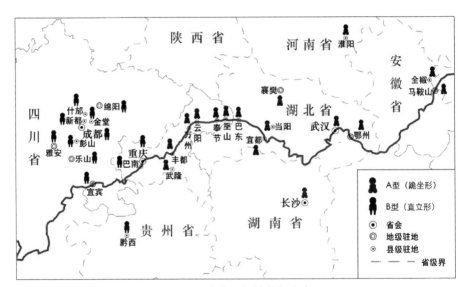

图7　"人兽形"镇墓俑分布

　　巴、蜀地区的"人兽形"镇墓俑，为楚文化影响下产生的两个不同分支的"人兽形"镇墓俑。巴地的"正坐形"不论分布地域还是造型特征，都与楚、西汉的镇墓神像一脉相承，是楚为秦亡之后楚文化延续与复燃下的产物。巴地的"正坐形"镇墓俑从巴东沿着长江干流向上游传至巫山，在当地造型上发生变化，头部趋于兽面，身躯则由"正坐"变为"蹲坐"。从人面人身的"镇墓俑"

变为兽面兽身的"镇墓兽"（见图8）。与此同时，蜀地在吸收巴地镇墓习俗创出本土"蹲坐形""镇墓兽"的同时，或是以巫师为原型创出蜀地特有的吐舌、操蛇状的"直立形"镇墓俑。巫山麦沱 M47①"直立形"镇墓俑与"蹲坐形"镇墓兽同出的情形，反映出巫山作为巴蜀地区的交界地带，在文化上的不断碰撞与交融。

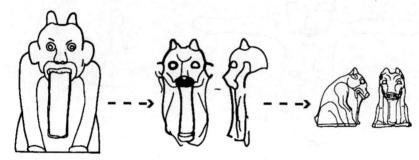

图8 "人兽形"镇墓俑到"镇墓兽"之变迁

从传播扩散的方式来看，蜀地"直立形"镇墓俑以成都为中心向周边扩散传播，远及云南和贵州。而巴地"正坐形"镇墓俑则顺江而下，远传至安徽、广州等地。从流行时代上来看，巴蜀两地的"人兽形"镇墓俑皆盛行于东汉时期，蜀地"直立形"镇墓俑至迟在东汉晚期就已出现，且一出现，其造型与工艺就相当成熟。与之相比，巴地"正坐形"镇墓俑，虽然出现时间早且流行时代长，但各时期的造型与工艺都十分随意和粗糙，体量很小，仅塑造出大致轮廓，远不及蜀地"直立形"镇墓俑高大与精美。

虽说如此，巴地"正坐形"镇墓俑的影响力却远大于蜀地"直立形"镇墓俑。前文已经提到，蜀地"蹲坐形"镇墓兽是在巴地"正坐形"镇墓俑基础上发展而来的，且"直立形"镇墓俑也是在其影响下出现的。然而，这种影响十分有限，蜀地模仿巴地"正坐形"镇墓俑并改造成"蹲坐形"镇墓兽之后，以及在原有陶俑造型的基础上略加改造加入吐舌、操蛇元素创出"直立形"镇墓俑之后，在造型和技术上再无大的创新与发展。这反映出蜀人故步自封的一面。虽然蜀地镇墓兽、镇墓俑都已出现，但并未出现后世常见的镇墓兽与镇墓俑成对配置的情形。镇墓俑或镇墓兽单独随葬，并未形成固定的组合。巫山麦沱 M47虽然同时出土了镇墓兽和镇墓俑，但从未经扰乱的器物位置来看，镇墓俑位于墓室西北角，而镇墓兽则大致位于墓室的中央。该墓为夫妇合葬墓，很有可能镇墓

① 重庆市文化局等：《重庆巫山麦沱古墓群第二次发掘报告》，《考古学报》2005 年第 2 期。

俑和镇墓兽并非同时埋葬。镇墓兽或镇墓俑是为男女主人分别配置的,分两次葬入的。

与之相反,巴地的"正坐形"镇墓俑在传播与发展中,体现出吸纳不同文化、勇于创新的一面。一方面,巴地"正坐形"镇墓俑从西汉至三国两晋,在自身形态不断发展和变化的同时,不仅接收了北方"四足行走形"镇墓兽这一新生事物,而且创造性地将二者成对配置。而这一配置形式,又为西晋所接收并形成定式。另一方面,南方巴地的"正坐形"镇墓俑,又北传至洛阳地区,由"正坐形"变为"单膝跪地形",从借助兽的角、舌来强化其神性与威慑力的"人兽形"镇墓俑,蜕变为手执兵器和盾牌,以武力护佑墓主、威慑入侵者的"人形"镇墓俑。自此,在南方巴蜀地区存续了近 5 个世纪的"人兽形"镇墓俑彻底消失,中国古代镇墓神像的发展史翻开了新的篇章。

南方"巴渝舞"的流变
——兼论巴文化与中原文化之关系

何易展

（四川文理学院巴文化研究院）

巴渝舞是南方民族特有的一种舞乐，其与中原舞乐系统的相融，可以追溯至武王伐纣之时。关于西南巴人建国的历史情况，《华阳国志·巴志》称在唐尧虞舜之时"因古九囿以置九州"，[①] 又引《洛书》所谓人皇之世，"'兄弟九人，分理九州，为九囿。人皇居中州，制八辅。'华阳之壤，梁岷之域，是其一囿；囿中之国，则巴蜀矣。其分野，舆鬼、东井。其君，上世未闻。五帝以来，黄帝、高阳之支庶，世为侯伯。及禹治水命州，巴、蜀以属梁州"。[②] 然对夏、商之世巴蜀之状未有明言，仅称"历夏、殷、周，九州牧伯率职。周文为伯，西有九国。及武王克商，并徐合青，省梁合雍，而职方氏犹掌其地，辨其土壤，甄其宝利，迄于秦帝"。[③]

而后世"巴渝舞"虽被视为源于武王伐纣之歌，但其是否具有巴地先民的原始地域性特征，或者说与夏、商之舞乐有何关系，似乎都不得而知。但其舞乐系统还是可以做一些简单梳理，从而进一步证明巴文化与中原文化源承久远的关系。

一　巴人助周与"前歌后舞"

在历代《经》《传》中虽然我们还不能完全厘清夏、商与南方及周边诸少数

---

① 常璩撰《华阳国志校补图注》卷一，任乃强校注，上海古籍出版社，1987，第1页。
② 常璩撰《华阳国志校补图注》卷一，任乃强校注，上海古籍出版社，1987，第4页。
③ 常璩撰《华阳国志校补图注》卷一，任乃强校注，上海古籍出版社，1987，第1页。

民族之关系，但我们在这些《经》注中已可了然当时包括西蜀、巴、楚等诸夷与周之关系。对于"巴渝舞"的历史源流及其演变追溯，不但有助于揭示"前歌后舞"的真实旨义，了解巴人助周伐纣的历史，还有助于进一步了解巴賨之民与中原民族之文化承传关系。

《华阳国志》载："阆中有渝水。賨民多居水左右，天性劲勇；初为汉前锋，陷阵，锐气喜舞。帝善之，曰：'此武王伐纣之歌也。'乃令乐人习学之。今所谓《巴渝舞》也。"① 南北朝范晔《后汉书》亦载："至高祖为汉王，发夷人还伐三秦。秦地既定，乃遣还巴中，复其渠帅罗、朴、督、鄂、度、夕、龚七姓，不输租赋，余户乃岁入賨钱，口四十。世号为板楯蛮夷。阆中有渝水，其人多居水左右。天性劲勇，初为汉前锋，数陷陈。俗喜歌舞，高祖观之，曰：'此武王伐纣之歌也。'乃命乐人习之，所谓《巴渝舞》也。遂世世服从。"② 由此可见，高祖认为当时賨民所陈之舞乐为周代賨人先民助武伐纣时所唱乐歌和乐舞。无疑南方巴人舞乐在周初即已与周民族之舞乐同竞于军阵了。但巴人在武王伐纣时所陈舞乐与汉高祖所见之"巴渝舞"有何关系呢？

《华阳国志·巴志》载："周武王伐纣，实得巴蜀之师，著乎《尚书》。巴师勇锐，歌舞以凌殷人，殷人倒戈。故世称之曰，'武王伐纣，前歌后舞'也。"③《华阳国志》所记"前歌后舞"的情形是否专指巴师善舞之情状呢？此在后面进一步讨论。先看常璩《华阳国志》所记"前歌后舞"之情形实当从于《尚书》及《史》《汉》诸书所记。据《尚书大传》及《毛诗正义》引，其"前歌后舞"当言周军气胜之状，而非定指巴师之善舞。《尚书大传》云："惟丙午王还师，师乃鼓噪，师乃慆，前歌后舞。"④《诗·大明》孔疏引《太誓》曰："'师乃鼓鼗噪，前歌后舞，格于上天下地。咸曰：孜孜无怠。'是乐劝武王之事。"⑤

---

① 常璩撰《华阳国志校补图注》卷一，任乃强校注，上海古籍出版社，1987，第14页。
② 范晔：《后汉书》卷八六《南蛮西南夷列传》，中华书局，1965，第2842页。
③ 常璩撰《华阳国志校补图注》卷一，任乃强校注，上海古籍出版社，1987，第4页。然疑此句标点有误，任乃强注："旧各本不重殷人字，即无法句读。王本以'殷人倒戈'为句。则上句无宾词。廖本用《武成》文，补'前徒'二字。亦句无主语。必作'殷前徒'乃可。兹重'殷人'二字。意乃是矣。"刘琳校注《华阳国志校注》作"歌舞以凌殷人，前徒倒戈"，然其注"别本皆作'歌舞以凌，殷人倒戈'，无'前徒'二字，疑顾氏所增。"按：当以"歌舞以凌，殷人倒戈"为是。
④ 李昉等编《太平御览》卷四六七"人事部"，中华书局，1960，第2146页。此条下引郑玄注："慆，喜也。众大喜，前歌后舞也。"又见卷五七四"乐部十二"，作"惟丙午王建师及鼓噪，前歌后舞。"第2590页。
⑤ 毛亨传，郑玄笺，孔颖达疏《毛诗正义》卷一六，北京大学出版社，2000，第1144页。又见《毛诗注疏》，清嘉庆二十年南昌府学重刊宋本十三经注疏本；陈启源撰《毛诗稽古编》卷三○引此文，亦认为"此纪武王入商事，深得六师欣戴之情，定非诳语"。

　　至汉代基本上将"前歌后舞"与当时武王伐纣的人心向聚意义相关联。《盐铁论·取下》谓："武王行师，士乐为之死，民乐为之用。"① 《白虎通义·礼乐》云："故《尚书》曰：'前歌后舞，假于上下。'"② 《论衡·感虚》谓："武王渡孟津时，士众喜乐，前歌后舞，天人同应。"③ 《礼记·文王世子》谓："下管《象》，舞《大武》"，郑注谓"《象》，周武王伐纣之乐也。……达有神，明天授命周家之有神也。兴有德，美文王武王有德，师乐为用，前歌后舞"，④ 孔疏"'师乐为用，前歌后舞'者，是今文《泰誓》之文也"。⑤ 孔颖达同时认为："《象》谓象武王伐纣之乐，堂下管中，奏此《象》《武》之曲，庭中舞此《大武》之舞，《大武》即《象》也，变文耳。"⑥ "师乐为用"为形容武王伐纣时军阵之情形，为说明"前歌后舞"之貌。故或"前歌后舞"出于《太誓》之诰，而"师乐为用"乃非出于彼也。"舞《大武》"与"师乐为用"在今古文《太誓》本经中亦未见。无论是后世诠释的舞《大武》，还是"师乐为用，前歌后舞"，或"凫噪""无怠"的情形，都不过是对武王伐纣乃天命所归、人心所向的诠释。《乐纬·稽耀嘉》："武王承命兴师诛于商，万国咸喜，军渡孟津，前歌后舞。"⑦ 《周礼·大司马》郑注云："《书》曰：'前师乃鼓鼗噪'，亦谓喜也。"⑧ "鼗噪"或作"凫藻""凫噪""拊噪"。《后汉书·刘陶传》云："武旅有凫藻之士。"⑨ 《隶释》："士有拊噪之欢"（魏大飨碑文）。⑩ 王逸《楚辞章句》谓："武王三军，人人乐战，并驰驱赴敌争先，前歌后舞，凫噪欢呼。"⑪ 《毛诗注疏》诗谱序正义曰："《泰誓》说武王伐纣，众咸曰'孜孜无怠'，天将有立父母，民之有政有居。言民得圣人为父母，必将有明政，有安居。文武道同，故并言之。"⑫

　　由此可见，常璩《华阳国志》所记"巴师勇锐，歌舞以凌"的情形实当出于史传"前歌后舞"之据，其虽假以猜想，却合其史实与情理，这与后来汉高

---

① 桓宽撰《盐铁论校注》卷七，王利器校注，中华书局，1992，第463页。
② 班固撰《白虎通疏证》卷三，陈立疏证，吴则虞点校，中华书局，1994，第96页。
③ 王充撰《论衡校释》卷五，黄晖校释，中华书局，1990，第229页。
④ 郑玄注《礼记正义》卷二〇，孔颖达疏，北京大学出版社，2000，第759页。
⑤ 郑玄注《礼记正义》卷二〇，孔颖达疏，北京大学出版社，2000，第763页。
⑥ 郑玄注《礼记正义》卷二〇，孔颖达疏，北京大学出版社，2000，第760~761页。
⑦ 参安居香山、中村璋八：《纬书集成》，河北人民出版社，1994。
⑧ 郑玄注《周礼注疏》卷二九，贾公彦疏，北京大学出版社，2000，第918页。
⑨ 范晔撰《后汉书》卷五七，李贤注，中华书局，1965，第1845页。李贤注："武旅，周武王之旅。凫得水藻，言喜悦也。"
⑩ 洪适撰《隶释》卷一九《魏大飨碑》，中华书局，1985，第185页。
⑪ 王逸：《楚辞章句》，文渊阁四库全书本。
⑫ 郑氏撰《毛诗注疏》卷首《诗谱序》，唐孔颖达疏，同治十三年重刊本。

祖观乐于巴、绍传《巴渝舞》相印证，则知巴人确实参与了此次战争，并在战争中可能有独特的武舞和舞容庆誓。

当时参与此次战阵之民，可以从《尚书·牧誓》篇略见其概。《牧誓》载："时甲子昧爽，王朝至于商郊牧野，乃誓。王左杖黄钺，右秉白旄以麾，曰：'逖矣，西土之人！'王曰：'嗟，我友邦冢君，御事司徒、司马、司空、亚旅、师氏、千夫长、百夫长，及庸、蜀、羌、髳、微、卢、彭、濮人，称尔戈，比尔干，立尔矛，予其誓。'"① 按孔传谓庸、蜀、羌、髳、微、卢、彭、濮"八国皆蛮夷戎狄属"，又认为"羌在西蜀叟，髳、微在巴蜀，卢、彭在西北，庸、濮在江汉之南"。② 巴、楚之民明显都参与了此次战斗，而在战斗中展示的舞乐既有可能是各自地域特色的俗舞乐，也有可能是当时武王军队中的一种"武乐武舞"。《尚书大传》卷三引《礼记·祭统》正义云："武王伐纣至于商郊，停止宿夜，士卒皆欢乐歌舞以待旦。"③ 清陈寿祺引孔颖达正义云："舞莫重于《武宿夜》者，皇氏云：师说《书传》云云，《武宿夜》，其乐名也。此据《书传》释《武宿夜》最确。"④ 据《牧誓》所谓"称尔戈，比尔干，立尔矛，予其誓"观之，武王伐纣之临阵歌舞确为周时之"武乐武舞"。这种武舞与干、戈之具和祭祀之乐极相关系。因此，《尚书》传谓"称，举也。戈，戟；干，楯也。"⑤《春秋考》卷一四云："舞有武舞，有文舞。干舞，武舞也。干，楯也。戚，斧也。左手执楯，右手执斧，以象武事者也。羽舞，文舞也。《诗·硕人》所谓'左手执籥，右手秉翟'者也。籥者，吹之以节舞，而翟则羽也。《舜典》言'舞干羽于两阶者，以征有苗'言之，故用武也。古者为此二舞，各随其乐之所作，乐象武功，则舞以武舞。《明堂位》言'朱干玉戚，冕而舞'，《大武》是也。乐象文德，则舞以文舞，皮弁素积裼而武，《大夏》是也。"⑥ 又谓："盖周乐以《大武》为最盛，故独列于六代之乐，而不及象、勺。所谓舞莫重于《武宿夜》者

---

① 孔安国传《尚书正义》卷一一，孔颖达疏，北京大学出版社，1999，第282~284页；孙星衍：《尚书今古文注疏》卷一一，中华书局，1986年，第282~286页。

② 孔安国传《尚书正义》卷一一，孔颖达疏，北京大学出版社，1999，第284页。

③ 伏胜撰《尚书大传》卷三，郑玄注，陈寿祺辑校，四部丛刊景清刻左海文集本；《竹书纪年集证》卷二三，清嘉庆襄露轩刻本；《今文尚书经说考》卷一三《周书·牧誓》；《今文尚书考证》卷一〇《牧誓第十》引。

④ 伏胜撰《尚书大传》卷三，郑玄注，陈寿祺辑校，四部丛书刊景清刻左海文集本；《今文尚书考证》卷一〇，文字略有繁简。"(《正义》)曰：舞莫重于《武宿夜》者，皇氏云：师说《书传》：武王伐纣至于商郊，停止宿夜云云。《武宿夜》，其乐名也。此据《书传》释《武宿夜》最塙，盖此舞乐即象当时士卒之欢乐歌舞也。"

⑤ 孔安国传《尚书注疏》卷一一，唐孔颖达疏，清嘉庆二十年南昌府学重刊宋本十三经注疏本；魏了翁：《尚书要义》卷一〇，清嘉庆宛委别藏补配文渊阁四库全书本。

⑥ 叶梦得：《春秋考》卷一四，清武英殿聚珍版丛书本。

也，祭祀之礼入舞，君执干戚就舞位，冕而总干，率其群臣以乐，皇尸而大司乐以享先祖者，亦舞《大武》，此《鲁颂》所以举'万舞洋洋'也。"①

那么西周初年的这种将戟、楯之舞与祭祀之乐相配的舞乐可能就是当时"八百诸侯"会于孟津、激情奋志所陈之武舞，故至周定典立制以《武宿夜》为大舞，即周乐之《大武》。其中或许既有可能有周本民族之舞容舞技，也有巴賨之人的原始地域性舞蹈动作，更多的恐怕是诸侯之军发率臆气的拊胸击戈舞楯的武容雄姿。其中干楯舞或许就与后来巴地之"板楯舞"相关系。故《华阳国志》所谓"巴师勇锐，歌舞以凌殷人"，②或有晋代常璩对《尚书》的附会新义，但其所执非毫无理据。其次，就《华阳国志》所述上下文义来看，其实后人诠解多有对其误解之处。③"前歌后舞"在此除有形容"殷人倒戈"之后，战阵双方（故谓"前""后"）互举干戈蹈舞祭乐相庆的史实情形描写外，其亦在承明文武之德的旨义，可谓德化诸夷。《尚书大传》卷三载武王伐纣，"惟丙午，王建师，前师乃鼓譟噪，师乃慆，前歌后舞"。郑玄注："慆，喜也。众大喜，前歌后舞也。"④ 显然此句意在形容前后军阵欢然相庆的情形，而将"前歌后舞"作为快哉相庆之义者，亦有明典，如《汉书》卷九九下《王莽传》载："百万之师，所过当灭。今屠此城，喋血而进，前歌后舞，顾不快邪。遂围城数十重。"⑤ 可见在汉代"前歌后舞"除了经学家对《尚书》武王伐纣的义解外，已然衍生出了"快意相庆"的含义。但常璩所引明显出于《尚书》本经义旨，因谓"故世称之曰'武王伐纣，前歌后舞'也"，⑥ 而非强调巴师之"前歌后舞"，而是

---

① 叶梦得：《春秋考》卷一四，清武英殿聚珍版丛书本。

② 常璩撰《华阳国志校补图注》卷一，任乃强校注，上海古籍出版社，1987，第4页。

③ 王建纬：《〈牧誓〉之"彭"与賨人歌舞》云："在伐纣的战斗中，賨人断无一反常态，'罢舞'不跳之理，因此，'歌舞以凌殷人'的歌舞，当是賨人所跳的《巴渝舞》。"《四川文物》1998年第5期，第62页。

④ 伏胜撰《尚书大传》卷三，郑玄注，陈寿祺辑校，四部丛书刊景清左海文集本。《说文》卷一二："慆，捄也。……《周书》曰：'师乃慆'。慆者，摺兵刃以习击剌也。《诗》曰：'左旋右摺'。"清段玉裁注"师乃慆"为："《尚书·大誓》文，汉《大誓》有今文古文之别，合于伏生二十八篇者，后得之《大誓》，今文也。马、郑所注者，孔壁之《大誓》，古文也。《尚书大传》：'师乃慆'，郑云：慆，喜也。此今文《大誓》也。许所称作'师乃摺'，此古文《大誓》也。如古文'流为雕'，今文作'流为乌'之比。详《古文尚书撰异》。"又注"摺兵刃"为"拔兵刃"，"左旋右摺"为"左旋右摺"。《说文解字注》卷一二上，第595～596页。但《说文解字》卷一〇，许慎谓："慆，说也。"段玉裁注："说，今之悦字。《尚书大传》：'师乃慆'。注曰：'慆，喜也。'可证许说。《悉蟀》传曰：'慆，过也。'《东山》传曰：'慆慆，言久也。'皆引申之义也，古与滔互假借。"《说文解字注》卷一〇下，第507页上。按：《说文解字注》"师乃摺"乃可谓拊心叩胸、拔刃击剑之舞容的描写。

⑤ 班固：《汉书》卷九九，中华书局，1962，第4183页。

⑥ 常璩撰《华阳国志校补图注》卷一，任乃强校，上海古籍出版社，1987，第4页。

在明何以巴师助周？何以巴师勇锐？何以歌舞以凌（殷人）？

　　结合经传及其注疏，《华阳国志》所述之义理与逻辑便自然清晰。如《管子》卷一三谓："故子而代其父曰义也，臣而代其君曰篡也。篡何能歌？武王是也。"唐房玄龄注曰："而武王以臣代君则非篡也。谓之篡之，岂能使纣之众'前歌后舞'乎？则武王以臣代君，于理是也。"① 又《白虎通德论》卷二《礼乐》篇谓："夫礼者，阴阳之际也，百事之会也，所以尊天地，傧鬼神，序上下，正人道也。乐所以必歌者何？夫歌者，口言之也，中心喜乐，口欲歌之，手欲舞之，足欲蹈之，故《尚书》曰'前歌后舞'，假于上下。"② 唐孔颖达《礼记疏》谓："文王、武王之有德，使众前歌后舞也。"③ 显然"前歌后舞"在此有形容上下齐心合德之意，在晋以后的唐人经注中不但秉承此义，实际上在晋代常璩《华阳国志·巴志》中所称巴师勇锐，相助武王伐纣亦在于阐其上下及诸方合德之义，而且此意与其文意相顺连贯，合乎语言逻辑的承进法则。常璩《华阳国志·巴志》述"巴师勇锐，歌舞以凌，殷人倒戈，故世称之曰'武王伐纣，前歌后舞'也"。④ 此数句逻辑极其微妙，其中实际表达两层极具逻辑关系的意义：其一讲"巴师勇锐"，乃在于讲从气势上已威压殷军；其二"歌舞以凌"，乃在于称巴师歌舞之象，或有《武宿夜》之仪，但其中深喻和谐齐德之义，已备舆论攻势之策。由此两端，故叙"殷人倒戈"，然后总陈其旨"故世称之曰'武王伐纣，前歌后舞'也"，由此文从而意顺，其末之"故"字昭然揭示所蕴逻辑之义。

　　武王伐纣之时巴賨之师所舞或非其地域性舞蹈，但其歌舞极有可能亦同此《武宿夜》所表现之干戚相配之祭祀武舞。《华阳国志·巴志》称："王既克殷，以其宗姬于巴，爵之以子。"⑤ 这种舞乐因为周初封其姬姓之民于巴，从而也被带到了巴地，因而至汉初高祖用巴人伐秦，观巴人舞乐，始惊其为"此武王伐纣之歌也"，并使乐人习之。从西周至汉初，实已数百余年，巴地之民早与周室封建之裔相融并生，其原地域性舞蹈也有可能早与周裔之民迁传而来的武舞相融，汉高祖之惊叹为"武王伐纣之歌"，或出于当时之文献传载，或为汉高祖之推测。一是可能因为此歌舞乐为武舞，有干戚相配之象；二是周民后裔封建于此，其歌有颂咏其德之义。因此就有必要进一步探讨巴渝舞的形态与内容，以及《大武》在周世及之后的流传情况。

---

① 管仲撰《管子》卷一三，房玄龄注，四部丛刊景宋本；黎翔凤撰《管子校注》卷一三，梁运华整理，中华书局，2004，第807页。

② 班固：《白虎通德论》卷二，四部丛刊景元大德覆宋监本。

③ 郑玄注《礼记疏》卷二〇，孔颖达疏，清嘉庆二十年南昌府学重刊宋本十三经注疏本。

④ 常璩：《华阳国志》卷一，第4页。

⑤ 常璩：《华阳国志》卷一，第4页。

二 巴渝舞的形态与内容

巴渝舞的内容与形态到底如何呢？是否保留了武王伐纣所陈的舞容舞态呢？这可以从舞乐道具等加以考察。

唐杜佑《通典》录《巴渝舞杂武舞议》谓："魏改《巴渝》为《昭武》，《五行》曰《大武》。今《凯容舞》则执籥翟，此即魏《文始舞》也。《宣烈舞》有牟弩，有干戚。牟弩，汉《巴渝舞》也；干戚，周《武舞》也。"① 《乐府诗集》卷五二《齐前后舞歌》亦载："《宣烈舞》有矛弩，有干戚。矛弩，汉《巴渝舞》也，干戚，周《武舞》也。"② 显然巴渝舞有用"矛弩"等武器为舞具的特点。唐杜佑《通典》卷一四七"乐七"、宋陈旸《乐书》卷一七六及卷一七七"乐图论"、宋王应麟《玉海》卷一〇七"音乐"、元马端临《文献通考》卷一四五"乐考十八"、明王圻《续文献通考》卷一六〇"乐考"、明徐一夔《明集礼》卷五三上"乐"、清阎镇珩《六典通考》卷一三二"乐制考"等皆作"牟弩"。如《续文献通考》卷一六〇《乐考》谓："古者乐以象功，……有黄门鼓吹舞，宴乐用之；有短箫铙歌舞，军中用之。其始因高祖用賨人定三秦，其俗喜舞，使乐人习之，有巴渝舞，用牟弩舞之。"③ "牟弩"或即"矛弩"之音误。

虽《乐书》《玉海》《文献通考》等称"牟弩"为汉"巴渝舞"所执，但宋陈旸《乐书》卷一七七《隋乐舞》谓："魏晋以来，有矛俞、弩俞，及朱儒导引之类。"④ 元马端临《文献通考》卷一四五《乐舞》、清阎镇珩《六典通考》卷一三二《历代乐舞》亦有相同记载。按唐初魏征《隋书》卷一五《音乐下》："又魏晋故事，有矛俞、弩俞，及朱儒导引。今据《尚书》直云'干羽礼文'，称羽籥、干戚。今文舞执羽籥，武舞执干戚。其矛俞、弩俞等，盖汉高祖自汉中归巴俞之兵执仗而舞也。"⑤

宋王应麟《玉海》卷一〇七《乐舞》录《汉巴俞舞》（见夷乐）篇："《相如传》注师古曰：'巴俞之人，明通好舞，初高祖用之克平三秦，美其功力。后使乐府习之，因名巴俞舞，《宋志》：魏俞儿舞歌四篇，王粲造。晋宣武舞歌四篇，傅玄造，惟《圣皇篇》《短兵篇》《军镇篇》《穷武篇》，又宣文舞歌二

---

① 杜佑：《通典》卷一四七《乐七》，清武英殿刻本。
② 郭茂倩编《乐府诗集》卷五二《齐前后舞歌》，四部丛刊景汲古阁本。
③ 王圻：《续文献通考》卷一六〇《乐考》，明万历三十年松江府刻本。
④ 陈旸：《乐书》卷一七七《乐图论》，文渊阁四库全书本。
⑤ 魏征撰《隋书》卷一五《志第十》，清乾隆武英殿刻本。

篇。"① 在"王粲造"后小字注："《矛俞》《弩俞》《安台行辞》《新福歌》"。在"圣皇篇"后注"《矛俞》第一"；在"短兵篇"后注"《剑俞》第二"；在"军镇篇"后注"《弩俞》第三"；在"穷武篇"后注"《安台行县》第四"，此疑"县"或为"辞"之形误。在"又宣文舞歌二篇"后注"《羽菕》《羽铎》"。《玉海》卷一〇八《四夷乐》载《汉巴俞乐舞》："《隋志》：魏晋故事，有矛俞、弩俞等，盖汉高祖自汉中归巴俞之兵，执仗而舞也。开皇九年以非正典罢不用。《唐志》：《巴渝》，汉高帝命工人作也，清商，伎舞者四人并习《巴俞舞》。《蜀都赋》：'奋之则宾旅，玩之则渝舞。锐气剽于中华，踤容世于乐府。'"②

宋郭茂倩《乐府诗集》卷五二、明梅鼎祚《古乐苑》卷二七等皆作"矛弩"，其余南北朝范晔《后汉书》、唐杜佑《通典》、宋王应麟《玉海》等多有论"戈矛弩箙"法驾舆服之状。如《后汉书》谓："古者诸侯贰车九乘。秦灭九国，兼其车服，故大驾属车八十一乘，法驾半之。属车皆皁盖赤里，朱轓，戈矛弩箙，尚书、御史所载。"③《通典》卷六六《卤簿》："秦制，大驾属车八十一乘，法驾半之。左右分行其车，皆皁盖赤里，朱轓，辒戈矛弩箙，尚书、御史所载。"④ "箙"为用竹、木或兽皮做成的盛箭的器具或用具的外套。《东京赋》曰："立戈迤戛，农舆路木。"⑤ 唐李贤《后汉书》注引薛综注："戈，句孑戟。戛，长矛。置车上者邪柱之。迤，邪也。是谓戈路。农舆三盖，所谓耕根车也。东耕于藉，乘马无饰，故称木也。"⑥

除上引诸书用"牟弩"外，余罕见"牟弩"之说，从义项推之，"矛弩"之义亦为理顺成词，如宋曾公亮《武经总要》谓："凡于山峡卒遇敌，即急鼓噪，先使其惊乱，然后合变以击之。凡发兵深入，遇大林木，与敌分林相拒，谓之林战。以我军分为冲阵，使兵所处，矛弩为表，戟楯为里，斩除草木，极广吾道，以便战所。高置旌旗，谨于军众，无使敌人知吾情实，然后率吾矛弩相与为伍，若遇林树少，则以骑为辅，见利则战，未利则止。若遇林木多又有险隘阻以冲阵，谨备前后，更息更战，敌人必走。又林战之道，昼广旗旌，夜多火鼓，利用短兵，巧在奇伏，或发于前，或起于后，左之右之，中以强弩，利且守险而止。"⑦ 显然，矛、弩、戟、楯各为其战具，而"牟"则无此义。明代张四维撰

---

① 王应麟：《玉海》卷一〇七《乐舞》，文渊阁四库全书本。
② 王应麟：《玉海》卷一〇八《四夷乐》，文渊阁四库全书本。
③ 范晔：《后汉书》卷一一九《舆服志》，中华书局，1965，第3649页。
④ 杜佑：《通典》卷六六《礼·嘉》，清武英殿刻本。
⑤ 萧统编《文选》卷三，李善注，上海古籍出版社，1986，第113页。
⑥ 范晔：《后汉书》卷一一九《舆服志》，中华书局，1965，第3646页。
⑦ 曾公亮：《武经总要》前集卷九，文渊阁四库全书本。

《条麓堂集》卷二《送马乾菴使蜀藩便道归省》诗云："矛弩巴童舞，竹枝汉女讴。王孙开雁沼，才子忆龙楼。"①《明书》卷七二《戎马志三》云："楚九溪有苗兵，有钩、镰、矛、弩诸技。"②

由此推之，杜佑《通典》所谓："《宣烈舞》有牟弩，有干戚。牟弩，汉《巴渝舞》也；干戚，周《武舞》也。"③ 其中"牟弩"应为"矛弩"之误，可能代指《矛渝》《弩渝》，故宋郭茂倩编《乐府诗集》卷五二所记"矛弩，汉《巴渝舞》也"④ 是。

此外，从上面的论述亦可看出，巴渝舞的舞具应当有矛、弩等形器，其虽称与周《武舞》不同，《武舞》乃用干、戚。但二者用器恐怕至周以后并未有严格的区别，此处仅各为代指并陈一二为例。因为在唐杜佑《通典》及宋郭茂倩《乐府诗集》所引《宣烈舞》已融用矛、弩、干、戚之具，称有"《宣烈舞》有牟弩，有干戚"⑤。而《宣烈舞》与周之《大武》及《巴渝舞》都有密切关系，其递变之迹具见下述，而且矛、弩、干、戚之具在南方巴地也多有出土器物相证，虽可能在周初二者用器各别，但随着巴渝舞被汉代宫廷采纳，逐渐进入宗庙舞乐系统，巴渝舞的用器可能与中原传统舞乐已有互融的现象。《韩非子》卷一八云："摺笋干戚，不适有方铁铦。"注称："言国军异器，方楯也。言摺笋之议干戚之舞与夫方楯、铁铦不相称适也。"⑥ 由此可见，实从战国晚期南方舞乐或中原舞乐已有混用舞器的情况。这就是何以汉高祖观南方賨民之舞为"武王伐纣之歌"，其中恐怕已有干、戚之舞等动作和形态了。

矛为一种长柄有刃的兵器，而弩是一种用于射箭的武器。如三国时蜀国诸葛亮就发明有"连弩"，《汉书·艺文志·兵书略》载《望远连弩射法具》15 篇。汉代已有用双臂拉开的"擘张弩"和用脚踏的"蹶张弩"两种。《战国策·韩策一》云："天下强弓劲弩，皆自韩出，溪子、少府、时力、距来，皆射六百步外。"⑦ 许慎注《淮南子·俶真训》云："南方溪子蛮夷柘弩，皆善材也。"⑧《史记》卷六九《苏秦列传第九》裴骃《集解》注："许慎云'南方谿子蛮夷柘弩，

① 张四维：《条麓堂集》卷二，明万历二十三年张泰征刻本。

② 傅维鳞：《明书》卷七二《戎马志三》，清康熙三十四年本诚堂刻本。

③ 杜佑：《通典》卷一四七《乐七》，清武英殿刻本。

④ 郭茂倩编《乐府诗集》卷五二《齐前后舞歌》，四部丛刊景汲古阁本。

⑤ 杜佑：《通典》卷一四七《乐七》，清武英殿刻本。

⑥ 韩非：《韩非子》卷一八，四部丛刊清景宋抄校本；王先慎：《韩非子集解》卷一八，清光绪二十二年刻本。

⑦ 刘向集录《战国策》卷二六《苏秦为楚合纵说韩王》，上海古籍出版社，1985，第 930 页。

⑧ 许慎：《淮南鸿烈间诂》卷上，清郋园先生全书本。

皆善材。'《索隐》按:'许慎注《淮南子》,以为南方谿子蛮出柘弩及竹弩。'"①
南方溪子蛮夷,实可能指包括武陵溪一带五溪蛮夷类的南方诸蛮,《宋文鉴》卷
三八谓:"湖湘之南溪蛮,剽悍而易扰。"② 在荆门战国楚墓中出土的一件带有铭
文"大武阅兵"的铜戚,被认为是演出大武之乐所用的道具。此戚略如巴式戈,
正反两面铸有相同的图案,即一位头冠长羽、身布重鳞的神人,双耳珥蛇,左手
操一龙,右手操一双头怪兽,左足踏月,右足蹬日,胯下乘一龙。同墓还出土有
巴式剑,加之此类图案不见于楚器,因此学者认为该墓主为巴人,此期楚、巴之
民亦相共而处,楚人乐章也大量吸收了巴文化的因素。③ 这从宋玉《对楚王问》
描写的"客有歌于郢中者,其始曰《下里巴人》,国中属而和者数千人"④ 情形
中亦可知巴渝歌舞在楚地备受欢迎。这其中所蕴含的巴、楚关系不论,但至少说
明巴文化在楚地亦有广泛的传播和受众基础,从文化地域的角度看,湖湘之地同
属于巴文化地域范畴。⑤ 在巴地出土有大量矛、戈及各种箭镞类兵器,在宣汉
罗家坝战国遗址及渠县城坝遗址也出土了大量此类的器物。这可以作为巴渝舞
蹈中可能使用此类器物为舞的明证。至于干、戚之具,古代或以干指盾,用以
作为抵御刀枪的兵器,而戚则指斧钺之器。这些器物在巴地出土器物中也能找
到,而且今天巴地还保存了一种特殊的舞蹈"板楯舞",可能就与最早的干戚
之舞相关。

　　巴渝舞由于特殊的舞具,及其在传播中受特殊的地域文化的影响,其舞乐动
作或形式也可能呈现其独特性。巴渝舞应具有几个主要特征:其一是歌舞结合;
其二是具有武舞和杂技性动作;其三是舞蹈阵容较宏丽,有群舞性质。

　　《汉书》卷六注就认为"角抵戏"与巴渝舞大致同类,称角抵戏"盖杂技乐也,
巴俞戏鱼龙蔓延之属也。汉后更名'平乐观'"。⑥ 司马相如《上林赋》:"于是乎游
戏懈怠,置酒乎颢天之台,张乐乎胶葛之宇。撞千石之钟,立万石之虡。建翠华之
旗,树灵鼍之鼓。奏陶唐氏之舞,听葛天氏之歌。千人倡,万人和。山陵为之震
动,川谷为之荡波。巴俞宋蔡,淮南干遮,文成颠歌,族居递奏,金鼓迭起。"⑦

① 司马迁:《史记》卷六九,中华书局,1959,第2251页。
② 吕祖谦编《宋文鉴》第三八,四部丛刊景宋刊本。
③ 张雄:《巴文化与毗邻诸文化关系概说》,《中南民族学院学报》(哲学社会科学版)1993年
　　第4期,第27页。
④ 萧统编《文选》卷四五,李善注,上海古籍出版社,1986,第1999页。
⑤ 彭伊立:《从文化沉积破解巴文化和桃花源文化》说:"巴国全盛时期,巴人的踪迹,延伸至安徽
　　西南,在大别山、洞庭湖丘陵等地留下众多遗迹。巴文化对楚文化也有深远影响。"第35页。
⑥ 班固:《汉书》卷六"元封三年春作角抵戏"条注,中华书局,1962,第194页。
⑦ 班固:《汉书》卷五七上《司马相如列传》,中华书局,1962,第2569页;萧统编《文选》
　　卷八,李善注,上海古籍出版社,1986,第374~375页。

颜师古注巴俞为巴俞舞，宋、蔡为两国名，干遮为曲名。① 至于"巴俞"在此处所包含的其他意蕴，我们在下面进一步讨论。但从此段上下文的描述来看，巴渝舞已经具备舞乐相合（巴俞宋蔡、淮南干遮、文成颠歌）、矛弩或干戚相配（金鼓迭起）、阵容宏丽的群舞特征（千人倡，万人和）。

关于"巴俞宋蔡，淮南干遮，文成颠歌"数句历来注家颇持异论。今列各家注如下。

其一直接注"巴俞"为"巴渝舞"，如《玉海》卷一〇八《汉巴俞乐舞》注。

其二注"巴俞"为地名，但又转陈因地而代指舞名，如郭璞等注（见《史记集解》）。

其三或视"巴俞"为"嘹喻"，如清钱大昕《廿二史考异》等。《廿二史考异》史记卷五："'巴俞宋蔡，淮南于遮'，'巴俞'当作'嘹喻'。《说文》引司马相如说'淮南宋蔡，歌舞嘹喻'正据此赋。盖以'宋蔡嘹喻'与'淮南于遮'对文也。许叔重生于汉时，所见本当不误。'嘹''巴'声相近，故或作'巴俞'。郭景纯以巴渝舞当之，非是。"② 然清沈涛撰《铜熨斗斋随笔》卷四《巴俞》条又辩钱氏之非云："钱说非也。许书诸引司马相如说皆据《凡将篇》，非词赋中语。'巴俞'自是舞名（见郭璞注），与'嘹喻'无涉，若如钱说，则'于遮'又何说耶？又案：《文选》注《艺文类聚》诸书所引《凡将篇》皆以七字为句，此亦当作'淮南宋蔡舞嘹喻'七字句，'歌'字疑衍。"③

其四或视"巴俞"当为"巴謌""巴歌"或"巴歈"，如《说文解字》卷九上载："歈，歌也。从欠俞声。《切韵》云：'巴歈，歌也。'案《史记》：渝水之人善歌舞。汉高祖采其声，后人因此字。羊朱切。"④ 清桂馥撰《说文解字义证》中司马相如说"淮南宋蔡謌舞嘹喻"条注："謌，声者。謌当为诃。《玉篇》：嘹诃，声也。《广韵》：嘹喝，声。《集韵》：嘹，叱也。嘹，喻也者，后人所加。本书以謌声为正，义下引相如说别为一义，浅学乱之。司马相如说'淮南宋蔡謌舞嘹喻'也者，李焘本无'謌'字，本书初刻本亦无，后乃增入。馥案：宋本及王应麟《汉制考》所引并无'謌'字。钱君大昕曰：《史记·司马相

---

① 司马迁：《史记》卷一一七作："巴俞宋蔡，淮南于遮，文成颠歌。""干遮"作"于遮"。明清以来如《骈雅训纂》《雅伦》《说文解字义证》《廿二史考异》《铜熨斗斋随笔》等作"于遮"。而唐宋以来诸书如《艺文类聚》《玉海》《通志》《古赋辨体》《汉魏六朝百三家集》等又多作"干遮"。

② 钱大昕：《廿二史考异》卷五，清乾隆四十五年刻本。

③ 沈涛：《铜熨斗斋随笔》卷四，清光绪会稽章氏刻本。

④ 许慎：《说文解字》卷九上。

如传》'巴俞宋蔡，淮南于遮'，'巴俞'当作'嘡喻'。《说文》引司马相如说'淮南宋蔡，歌舞嘡喻'正据此赋。盖以'宋蔡嘡喻'与'淮南于遮'对文也。馥案：《招魂》'吴歈蔡讴，奏大吕些'。王注：吴、蔡，国名也。歈、讴，皆歌也。本书无'喻'字，新附'歈'下云：'歌也'。《切韵》云：巴歈，歌也。《广雅》：歈，歌也。杨慎曰：《说文》'嘡'字引相如说'嘡喻'与'吴歈''巴歈'同其字，或从口，或从欠，亦犹'嘆'之与'歎'，'啸'之与'歗'，'唉'之与'欸'也。"① 其中"吴歈蔡讴"《史记》三家注却引作"吴谣蔡讴"，② 清王先谦《汉书补注》辩云："《招魂》作'吴歈'，不作'谣'。案：巴俞、蔡、淮南，并见《礼乐志》。"③ 又据汉王逸章句、宋洪兴祖补注《楚辞》卷九作"吴歈蔡讴"，其本条下注："吴、蔡，国名也。歈、讴，皆歌也。《补》曰：'歈'音'俞'。古赋云'巴俞宋蔡'。《说文》云'歈，歌也。'徐铉曰：渝水之人善歌舞，汉高祖采其声，后人因加此字。按《楚词》已有此语，则'歈'盖歌之别称耳，徐说非是。"④ 由此可见，"巴俞"或指巴地歌舞，与前引《宋志》所谓舞歌"矛俞""弩俞""剑俞"之"俞"（渝）或正相应。

从历代对"巴俞宋蔡"之"巴俞"的注释来看，"巴俞"明显蕴含舞、乐结合的特点，乐可能带有地域性特征，如唐代《竹枝词》便是巴渝风情曲调。而舞则具有刚勇的武舞性质，这与舞蹈动作中的杂技性亦相关。如《史记集解》引郭璞注："巴西阆中有渝水，獠人居其上，皆刚勇好舞，汉高募此以定三秦，后使乐府习之，因名巴渝舞也。"⑤ 此獠人即《汉书》颜师古注巴俞人，或賨人。郭璞和颜师古皆称其"刚勇好舞"，⑥ 这都是从观舞得出的结论，而且颜师古谓其"趫捷善斗"，⑦ 这些都反映了巴賨民族巴渝舞的武舞特征。巴、俞、宋、蔡、淮南等实皆为南方巴楚之地，司马相如《上林赋》所表现的"巴俞宋蔡，淮南干遮，文成颠歌"正是喻天子之舞乐齐备，有南北之异音、东西之奇舞。⑧ 此赋

---

① 桂馥：《说文解字义证》卷五。
② 司马迁：《史记》卷一一七"巴俞宋蔡"条注："《楚辞》云：'吴谣蔡讴'，淮南鼓员四人，于遮曲是其意也。"中华书局，1962。
③ 王先谦：《汉书补注》卷二七上《司马相如传》。
④ 洪兴祖：《楚辞补注》卷九。
⑤ 司马迁：《史记》卷一一七，中华书局，1959。
⑥ 司马迁：《史记》卷一一七"巴俞宋蔡"条《史记集解》注，中华书局，1959；班固：《汉书》卷五七上"巴俞宋蔡"条颜师古注，中华书局，1962。
⑦ 班固：《汉书》卷二二，中华书局，1962。
⑧ 《史记索隐》释"文成颠歌"云："文颖曰：文成，辽西县名，其县人善歌。颠，益州颠县，其人能作西南夷歌。颠即'滇'字。"《汉书》卷五七上颜师古注："文颖曰：文成，辽西县名也，其县人善歌。颠，益州颠县，其民能作西南夷歌也。师古曰'颠'即'滇'字也，其音则同耳。"其义显然在于极写天子之乐的齐备，有东西南北之音。

当以巴、俞多善舞者，而宋、蔡多善歌者，故以地代指各善之乐舞，① 《子虚上林赋》所表现的正是这些地方的民歌俗舞表演。

关于巴渝舞的武舞和杂技性动作特征还可以从汉赋中得到证明。前引唐颜师古《汉书》注认为角抵戏就与巴渝舞同类，带有杂技性质，属于"巴俞戏鱼龙蔓延之属也"。② 在汉张衡《西京赋》中就大段写到京都角抵戏的情况：

> 临迥望之广场，程角觚之妙戏。乌获扛鼎，都卢寻橦。冲狭鹜濯，胸突铦锋。跳九剑之挥霍，走索上而相逢。华岳峨峨，冈峦参差。神木灵草，朱实离离。总会仙倡，戏豹舞罴。白虎鼓瑟，苍龙吹箎。女娥坐而长歌，声清畅而蜲蛇。洪涯立而指麾，被毛羽之襳襹。度曲未终，云起雪飞。初若飘飘，后遂霏霏。复陆重阁，转石成雷。礔砺激而增响，磅盖象乎天威。巨兽百寻，是为曼延。神山崔巍，欻从背见。熊虎升而挐攫，猿狖超而高援。怪兽陆梁，大雀踆踆。白象行孕，垂鼻磷囷。海鳞变而成龙，状婉婉以蝹蝹。舍利颬颬，化为仙车，骊驾四鹿，芝盖九葩。蟾蜍与龟，水人弄蛇。奇幻倏忽，易貌分形。吞刀吐火，云雾杳冥。画地成川，流渭通泾。东海黄公，赤刀粤祝。冀厌白虎，卒不能救。挟邪作蛊，于是不售。尔乃建戏车，树修旃。侲僮程材，上下翩翻。突倒投而跟絓，譬陨绝而复联。百马同辔，骋足并驰。橦末之技，态不可弥。弯弓射乎西羌，又顾发乎鲜卑。

其称"程角觚之妙戏，乌获扛鼎，都卢寻橦"等，这些明显具有杂技性质。李善注云："《史记》曰：秦武王有力士乌获、孟说，皆大官，王与孟说举鼎。《说文》曰：扛，横开，对举也。'扛'与'舡'同，古龙切。《汉书》曰：武帝享四夷之客，作'巴俞都卢'。《音义》曰'体轻善缘'，橦，直江切。"③ 显然这种"都卢寻橦"之技应是在汉初行于巴俞之地的杂艺，与巴渝舞有密切关系。在《汉书》卷九六下《西域传第六十六下》称武帝之世"图制匈奴患，其兼从西国，结党南羌"后，开上林，穿昆明池，然后"设酒池肉林以飨四夷之客，作巴俞都卢海中砀极漫衍鱼龙角抵之戏以观视之"④。其都将都卢之技、鱼龙角觚之舞与巴俞相关联。按《汉书》注引晋灼语认为"都卢，国名也"，⑤ 其

---

① 《文章辨体》卷三《古赋二》注，明天顺刻本。其谓宋、蔡"二国出歌者"，只是其巴俞为"舞曲名"非是。
② 班固：《汉书》卷六"元封三年春作角抵戏"条注，中华书局，1962，第194页。
③ 萧统编《文选》卷二，李善注，上海古籍出版社，1986。
④ 班固：《汉书》卷九六下，中华书局，1962。
⑤ 班固：《汉书》卷九六下《西域传第六十六下》注，中华书局，1962。

实未详。在汉张衡《西京赋》中有"非都卢之轻趫,孰能超而究升?"① 显然"都卢"有形容体态轻趫之意。颜师古注便引李奇语曰:"都卢,体轻善缘者也。砀极,乐名也。"并称"巴俞之人,所谓賨人也,劲锐善舞,……'漫衍'者,即张衡《西京赋》所云'巨兽百寻,是为漫延'者也。鱼龙者,为舍利之兽,先戏于庭极,毕乃入殿前激水化成比目鱼,跳跃漱水作雾障日,毕化成黄龙八丈,出水,敖戏于庭,炫燿日光。《西京赋》云:'海鳞变而成龙',即为此色也。"② 按《汉书·地理志》载"自合浦南,有都卢国。"③ 西汉武帝元鼎六年平南越置合浦郡,故都卢之国亦在古之巴、楚之地,有学者考证賨民就有南迁、西迁及东迁的,也有迁于广西、广东之地海居的情况,④ 汉时都卢国极有可能为古巴賨之人南迁所建。《文选·西京赋》李善注云:"《太康地志》:都卢国,其人善缘高。"⑤ 故张衡《西京赋》称"都卢之轻趫"。《说文》:"趫,善缘木之士也。"⑥《能改斋漫录》亦称:"都卢寻橦,缘竿之伎也。"⑦ 这些也印证了巴渝人"趫捷善斗"的特点和巴渝舞具有武舞性质的可能。⑧

　　从《西京赋》上下文和诸文献来看,"都卢"应是指南方巴賨之人的舞蹈杂技,巴俞舞不仅有缘竿等,还有穿刀圈、突锋铦、跳丸剑等奇舞。跳丸剑就是两手扔丸或剑于空中,交替接抛而使之不坠地。《隶释》卷一九《魏大飨碑》云:"乐六变既毕,乃陈秘戏。巴俞丸剑奇舞,丽倒冲夹,逾锋上□(似南字),蹿高舩鼎,缘橦舞轮,擿镜,骋狗逐兔,戏马立骑之妙,技白虎青鹿,辟非辟耶。鱼龙灵龟,国镇之怪兽瓖,变屈出异,巧神化自卿校,将守以下,下及陪台,隶

① 萧统编《文选》卷二,李善注,上海古籍出版社,1986。
② 班固:《汉书》卷九六下颜师古注,中华书局,1962。
③ 班固:《汉书·地理志》,中华书局,1962。
④ 常璩:《华阳国志·巴志》称巴"其属有濮、賨、苴、共、奴、獽、夷、蜑之蛮"。扬雄《蜀都赋》所谓"东有巴賨,绵亘百濮",今天南方诸多少数民族多为百濮之支裔。如属巴人一支的蜒(蜑)族,刘琳《华阳国志校注》就认为"魏晋南北朝时期,蜑人主要活动于今川东、鄂西及湖南、黔东北等地。唐宋以后逐渐南迁至两广、福建一带,韩愈《清河郡公房公墓碣铭》有'林蛮洞蜒'之说(《韩昌黎集》卷二七)。其中很大一部分居于海上以捕鱼为生。"范成大《桂海虞衡志》:"蜑,海上水居蛮也,以舟为家。"刘琳认为这些乃巴人支裔流迁至近现代闽粤沿海所谓的"蜑户"。刘琳:《华阳国志校注》卷一,第30页。
⑤ 萧统编《文选》卷二《西京赋》注,李善注,上海古籍出版社,1986。欧阳修:《新唐书》卷五八《艺文志二》载《晋太康土地记》10卷,疑即《太康地志》,第1503页。
⑥ 《说文解字注》卷二上,清嘉庆二十年经韵楼刻本;萧统编《文选》卷二、《文选旁证》卷二,李善注。
⑦ 吴曾:《能改斋漫录》卷六《都卢寻橦缘竿也》。
⑧ 班固:《汉书》卷二二颜师古注:"巴,巴人也。俞,俞人也。当高祖初为汉王,得巴俞人,并趫捷善斗,与之定三秦、灭楚,因存其武乐也,巴俞之乐因此始也。"中华书局,1962。

圄莫不歆，滭宴喜，咸怀醉饱，虽夏启均台之飨，周成岐阳之搜……"①

明代胡广论张衡《西京赋》关于巴俞杂舞及流传谓："赋之所云者，大略若此。今所□跳剑走索、冈峦木果、戏豹猨援、蟾蜍与龟，易貌分形，吞刀吐火，倒投跟罣而已，所谓'白象行孕'者，今易为狮子与牛，其余盖未之见。大抵此戏本出于巴俞都卢、寻橦、蔓延，其来远矣。所未之见者亦今之伎不能如古也。一戏尚然，而况于其他乎?"② 可见巴渝舞的舞容动作等历代或有变化，其中与武舞、杂艺、歌乐的关系却是十分明显的。巴渝舞作为群舞性质，很大程度上跟武舞性质有关。今天南方许多少数民族都保留了这种群舞的舞蹈种类或特征，如巴地土家族的摆手舞、賨人的板楯舞等。

如《明书》卷七二《戎马志三》："楚九溪有苗兵，有钩、镰、矛、弩诸技。其法每司立二十四旗，旗十六人，合之则三百八十四人。每旗一人前，次三人横列为重二，又次五人横列为重三，又次列七人重四，又列七人重五，余俱置后助欢呼为声。若前郄则二重居中者更进，两翼亦然，选法橛下，则宣慰吁天祭以白牛，置牛首及金于几。令曰谁为勇者，予此金啖之。以牛首已汇而收之，更盟而食之，树为长，即每旗十六人者是也。其选募精，其节制严，故战不可败。"③楚九溪苗民与巴人有密切的关系，④此虽似论战阵之容，但其"钩、镰、矛、弩诸技"以及每司立旗布阵应与武舞有密切关系，且参与人数皆有讲究。这从巴渝舞的鼓员配数亦可见巴渝舞的群舞和武舞性质，《汉书》卷二二引丞相孔光、大司空何武奏："郊祭乐人员六十二人，给祠南北郊。大乐鼓员六人，嘉至鼓员十人，邯郸鼓员二人，骑吹鼓员三人，江南鼓员二人，淮南鼓员四人，巴俞鼓员三十六人；歌鼓员二十四人，楚严鼓员一人，梁皇鼓员四人，临淮鼓员三十五人，兹邡鼓员三人，凡鼓十二员百二十八人，朝贺置酒陈殿下，应古兵法外，郊

---

① 《录释》卷一九《魏大飨碑》，四部丛刊三编景明万历刻本。

② 胡广：《胡文穆公文集》卷一九。

③ 傅维鳞：《明书》，清康熙三十四年本诚堂刻本。

④ 《华阳国志·巴志》称巴"其属有濮、賨、苴、共、奴、獽、夷、蜒之蛮。""阆中有渝水，賨民多居水左右，天性劲勇。"《史记·司马相如列传》裴骃《集解》引郭璞注曰："巴西阆中有俞水，獠人居其上，皆刚勇好舞。"故獠人或即賨人，或獠、賨杂居于此。王晓天、黎小龙《板楯蛮（賨人）源流考略》认为"川东之濮，有濮、賨、苴、獽、夷、蜒诸族，居于渝水两岸的賨、苴和长江干流两岸的獽、夷为土著，蜒则是从江汉之间南迁的濮人一支。"《后汉书》注引《世本》："廪君之先，故出巫诞也。"或有认为巫蜒为百濮之一。但巫蜒或蜑蛮为巴人族属无疑。《寰宇记》卷一二〇黔州彭水县下云："一说武溪蛮皆槃瓠子孙，古谓之蛮蜑聚落。"而《隋书·地理志》："长沙郡又杂有夷蜒，名曰莫徭。"刘琳《华阳国志校注》认为："莫徭即今瑶族先民，更可见蜑人与今苗瑶等族有密切关系。"《华阳国志校注》卷一，巴蜀书社，1984，第30页。

祭员十三人,诸族乐人兼云招给祠南郊用六十七人。……"① 其中巴渝鼓员人数较多,整个表演又需"应古兵法"。由此可见,巴渝舞至少在汉代时还保留了武舞、群舞和歌舞相合的舞容舞态。

三 《大武》的定典立制与《巴渝舞》的历代流变

《礼记·文王世子》谓:"下管《象》,舞《大武》",② 孔疏此文字"是今文《太誓》之文也"。《通典》卷一四一云:"凡音乐以舞为主,自黄帝《云门》以下,至于周《大武》,皆太庙舞名也。"③《春秋考》卷一四:"盖周乐以《大武》为最盛,故独列于六代之乐,而不及《象》《勺》。所谓舞莫重于《武宿夜》者也,祭祀之礼入舞,君执干戚就舞位,冕而总干,率其群臣以乐,皇尸而大司乐以享先祖者,亦舞《大武》,此《鲁颂》所以举'万舞洋洋'也。"④《大武》乃周代舞乐,正如前面所述,与巴渝舞有密切的关系,既有可能掺杂了当时巴蜀之师的军阵舞蹈动作,也可能是后来南方巴子国的姬周之民与本地土著沿袭了周舞的特点,而创承了巴赍流传的巴渝舞乐。

由此推溯,巴渝舞之产生流衍当与周之《大武》有关,然《大武》之定典立制虽在武王之世,却始自周公定礼。《吕氏春秋》卷六谓:"太室乃命周公为作《大武》。"⑤ 汉蔡邕《独断》卷上谓:"《武》,一章七句。奏《大武》,周武所定一代之乐所歌也。"⑥《白虎通德论》卷二引《礼记》:"黄帝乐曰《咸池》;颛顼乐曰《六茎》;帝喾乐曰《五英》;尧乐曰《大章》;舜乐曰《箫韶》;禹乐曰《大夏》;汤乐曰《大护》;周乐曰《大武》《象》;⑦ 周公之乐,曰《酌合》,曰《大武》。黄帝曰《咸池》者,言大施天下之道而行之,天之所生,地之所载,咸蒙德施也。颛顼曰《六茎》者,言和律历,以调阴阳。茎者,着万物也。帝喾曰《五英》者,言能调和五声,以养万物,调其英华也。尧曰《大章》,大明天地人之道也。舜曰《箫韶》者,舜能继尧之道也。禹曰《大夏》者,言禹能顺二圣之道而行之,故曰《大夏》也。汤曰《大护》者,言汤承衰能护民之

---

① 班固:《汉书》卷二二,中华书局,1962。
② 郑玄注《礼记正义》卷二〇,孔颖达疏,北京大学出版社,2000,第759页。
③ 杜佑:《通典》卷一四一,清武英殿刻本。
④ 《春秋考》卷一四。
⑤ 许维遹:《吕氏春秋集释》卷六,中国书店,1985。
⑥ 蔡邕:《独断》,四部丛刊三编景明弘治本。
⑦ 杨倞:《荀子》卷四注曰:"《武》《象》,周武王克殷之后乐名。《武》亦《周颂》篇名。《诗序》曰:'《武》,奏《大武》也。'《礼记》曰:'下管《象》,朱干玉戚,冕而舞《大武》。'"

急也。周公曰《酌合》者，言周公辅成王能斟酌文武之道而成之也。武王曰《象》者，象太平而作乐，示已太平也。合曰《大武》者，天下始乐周之征伐行武，故诗人歌之'王赫斯怒，爰整其旅'，当此之时，天下乐文王之怒，以定天下，故乐其武也。周室中制象汤乐何？殷纣为恶日久，其恶最甚，斮涉剕胎，残贼天下，武王起兵，前歌后舞，克殷之后，民人大喜，故中作所以节喜，盛天子八佾，诸侯四佾，所以别尊卑。乐者，阳也，故以阴数法八风六律四时也，八风六律者，天气也，助天地成万物者也，亦犹乐所以顺气变化，万民成其性。"①

由此可见，武王时乐《象》可能配《武宿夜》，至周公合《酌》（或作《勺》）、《象》而为《大武》。至于《大武》在周代的流传情况不是十分明晰，可能至周末，诸侯战乱纷起，乐官渐奔逃至各诸侯国，史载王子朝奉周之典籍以奔楚，其将有专门技艺和知识的乐官、百工等同携而往，此亦被视为使周之音乐文化下移，故周礼中的舞乐有流入地方，被保存于方国的可能。而且据《史记·蒙恬列传》《鲁周公世家》及《论衡·感类》等篇记载，有"周公奔楚"之说，② 从秦后的文献来看，周之《大武》与巴渝舞有密切的关系，基本上《大武》的特征被保存在了巴渝舞中。

至汉代，高祖观巴渝舞乐，认为其是武王伐纣之歌，并令乐人习之，从而巴渝舞被采入官府典乐。③《太平御览》卷五六六："汉乐曰《武德》《昭容》《巴渝》《四时》《昭德》《盛德》《大武》《云翘》《育命》。《武德》《昭容》《巴渝》，并高祖所造也。"④ 另据《通典》《太平御览》等载，至汉末巴渝舞改为《昭武》，至晋则改为《宣武舞》，⑤ 晋以后南北朝，由于变革辞名，其流衍不是十分清楚，但与《大武》或有分合。今考《通典》及《乐府诗集》等所载，或

---

① 班固：《白虎通德论》卷二，四部丛刊景元大德覆宋监本。

② 《史记·蒙恬列传》："及成王有病甚殆，……及王能治国，有贼臣言：'周公旦欲为乱久矣，王若不备，必有大事。'王乃大怒，周公旦走而奔于楚。"《史记·鲁周公世家》："初，成王少时，病，周公乃自揃其蚤，沈之河，……及成王用事，人或谮周公，周公奔楚。"《论衡·感类》："古文家以武王崩，周公居摄，管、蔡流言，王意狐疑，周公奔楚。天大雷雨，以悟成王。"其史事辨析又见周书灿《周公奔楚史事缕析》，《邢台师范高专学报》2001年第2期。

③ 《华阳国志》作武帝时采讨，其谓："阆中有渝水，贲民多居水左右，天性劲勇，初为汉前锋，陷阵锐气喜。武帝善之，曰：此武王伐纣之歌也，乃令乐人习学，今所谓巴渝舞也。"而《后汉书》作汉高祖时采讨，其谓："至高祖为汉王，发夷人还伐三秦。……阆中有渝水，其人多居水左右，天性劲勇，初为汉前锋，数陷陈，俗喜歌舞。高祖观之，曰：'此武王伐纣之歌也。'乃命乐人习之，所谓巴渝舞也。"

④ 李昉等编《太平御览》卷五六六《乐部四》，中华书局，1960。

⑤ 李昉等编《太平御览》卷五六六《乐部四》云："魏武改《武德》曰《武颂》，《昭容》曰《昭业》，《巴渝》曰《昭武》，《云翘》曰《凤翔》，《育命》曰《灵应》。晋改《昭武》曰《宣武》。遭晋乱，唯《巴渝》存隋□清乐部。"中华书局，1960。

稍可明晰。

《通典》录《巴渝舞杂武舞议》记:"魏文帝黄初二年,改《巴渝舞》曰《昭武》。至明帝景初元年,尚书奏:'考览三代礼乐遗曲,据功象德,奏作《武始》《咸熙》《章斌》三舞,皆执羽籥。'晋又改魏《昭武》曰《宣武舞》,《羽籥舞》曰《宣文舞》。武帝咸宁元年,诏定祖宗之号,而庙乐乃停。《宣武》《宣文》二舞而同用荀勖所使郭琼、宋识等所造《正德》《大豫》二舞。宋武帝永初元年,改《正德舞》为前舞,《大豫舞》为后舞。建武二年,有司奏:'宋承晋氏郊庙之乐,未有名称,直号前舞、后舞,有乖古制。'于是改前舞为'凯容',谓之《文舞》;后舞为'宣烈',谓之《武舞》。……魏改《巴渝》为《昭武》,《五行》曰《大武》。今《凯容舞》则执籥翟,此即魏《文始舞》也。《宣烈舞》有牟弩,有干戚。牟弩,汉《巴渝舞》也;干戚,周《武舞》也。宋代止革其辞与名,不变其舞。舞相传习,至今不改。琼、识所造,正是杂用二舞,以为《大豫》耳。"①

《乐府诗集》卷五二《齐前后舞歌》载:"何承天《三代乐序》云:'晋《正德》《大豫》舞,盖出于汉《昭容》《礼容》乐',然则其声节有古之遗音焉。晋使郭琼、宋识等造《正德》《大豫》舞,初不言因革,《昭业》等两舞,②承天空谓二《容》,竟自无据。按《正德》《大豫》二舞,即出《宣武》《宣文》、魏《大武》三舞也,《宣武》,魏《昭武舞》也;《宣文》,魏《武始舞》也。魏改《巴渝》为《昭武》,《五行》曰《大武》。今凯容舞执籥秉翟,即魏《武始舞》也。《宣烈舞》有矛弩,有干戚。矛弩,汉《巴渝舞》也,干戚,周《武舞》也。宋世止革其辞与名,不变其舞。舞相传习,至今不改。琼、识所造,正是杂用二舞,以为《大豫》尔。夷蛮之乐虽陈宗庙,不应杂以周舞也。"③

由此可见,汉高祖始制《巴渝舞》,并引《巴渝舞》入官方典乐,自魏改为《昭武》,由于"其辞既古,莫能晓其句度",④乃由军谋祭酒王粲改创其辞。晋又改《昭武》为《宣武》,至南朝宋《宣武》又杂《大豫》(后舞),后又改为《宣烈》,或称之《武舞》。但在南北朝时期,巴渝舞之名实多承之,故《华阳国

---

① 杜佑:《通典》卷一四七《乐七》,清武英殿刻本。
② 李昉等编《太平御览》卷五六六《乐部四》云:"魏武改《武德》曰《武颂》,《昭容》曰《昭业》,《巴渝》曰《昭武》,《云翘》曰《凤翔》,《育命》曰《灵应》。"中华书局,1960。
③ 《乐府诗集》卷五二。
④ 《玉海》卷一〇八《音乐·汉巴俞乐舞》。

志》卷一就称汉高武帝所善之巴渝賨民之舞为"今所谓巴渝舞也",① 南北朝崔鸿作《十六国春秋》卷七六《蜀录》亦如是称之,可见当时或有称《巴渝舞》之名。在《宋书》卷二〇所录成公绥作"雅乐正旦大会行礼诗十五章"就提及当时之"巴渝舞"。又见《晋书》卷二二所载。

但在汉世,《巴渝舞》与《大武》(或曰《五行》)、《昭容》、《武德》等并存。至西汉《巴渝舞》当已不同于汉时流传的《大武》,且与《武德》亦不相同,但《武德》为"舞人执干戚以象天下行武除乱也",② 故或为《通典》所说的"干戚,周《武舞》也"。③ 那么周《武舞》则可能为周初的《武宿夜》或《大武》。那么汉时流传的《大武》或许与周《大武》就不尽相同了。按《礼记》载:"朱干玉戚,冕而舞《大武》",④ 似乎《大武》也应有干戚之具的舞容表演,但汉初所列《武德》亦有之。正是汉代《武德》《大武》(或曰《五行》),⑤ 以及后来《巴渝舞》并杂干戚等舞蹈形态器具,故后人偏颇地认为"夷蛮之乐虽陈宗庙,不应杂以周舞也",⑥ 而也以执矛、弩为《巴渝舞》,执干、戚为周《武舞》之分界。甚而至于隋代,《巴渝舞》被黜出典乐。《文献通考》云:"《巴渝》,隋文帝以非正典罢之。"⑦ 在有些时期《大武》之舞乐往往是合众武舞性的舞乐,如《宋书》卷一九载:"至明帝初,东平宁王苍总定公卿之议曰:'宗庙宜各奏乐,不应相袭,所以明功德也,承《文始》《五行》《武德》为《大武》之舞,又制《舞哥》一章,荐之光武之庙。汉末大乱,众乐沦缺。"⑧ 自汉至隋唐,《巴渝舞》的名称变衍就大致如下:巴渝舞→昭武→宣武舞→(杂)大豫舞(后舞)→宣烈(武舞)。

实际上自南北朝之末,宫廷典礼祭祀舞乐渐有分为文、武二舞的倾向,《巴渝舞》的一些文化特征也被兼融于《大武》或《武舞》之中了。《大唐郊祀录》卷二:"历代乐舞之名各异,是不相沿也。黄帝乐曰《咸池》,一云《云门》,颛顼乐曰《六茎》,帝喾乐曰《五英》,尧曰《大章》,舜曰《箫韶》,夏曰《大夏》,殷曰《大濩》,周曰《武》曰《勺》,汉曰《武德》,魏曰《武始》《大钧》,晋曰《正德》《大豫》,宋曰《凯容》《宣烈》,梁曰《大壮》《大观》,隋

---

① 常璩:《华阳国志》卷一。
② 李昉等编《太平御览》卷五六六《乐部四》,中华书局,1960。
③ 杜佑:《通典》卷一四七《乐七》,清武英殿刻本。
④ 郑玄注《礼记疏》卷二〇,唐孔颖达疏,清嘉庆二十年南昌府学重刊宋本十三经注疏本。
⑤ 李昉等编《太平御览》卷五六六《乐部四》云:"始皇改《武》曰《五行》,《房中》曰《寿人》,衣服用五行之色。"此《武》当指《大武》。中华书局,1960。
⑥ 《乐府诗集》卷五二《齐前后舞歌》。
⑦ 马端临:《文献通考》卷一四一《乐考十四》。
⑧ 沈约:《宋书》卷一九《志第九》,清乾隆武英殿刻本。

曰《文》曰《武》，皇唐曰《文舞》《武舞》。盖韶乐，舜之义声也，太宗改其声调，亦分施于庭。凡祠祀武舞则曰《凯安》之舞，夫乐以正德，舞以象功。观其舞则悉其德，故《礼》云'事于时并名与功偕'，其此之谓也。"①

隋代虽一时废除《巴渝舞》为典乐，即不用于太庙舞乐，但在民间依旧保存有《巴渝舞》乐，《太平御览》卷五六六载："遭晋乱，唯《巴渝》存隋□清乐部。"② 唐代文人诗文中还经常提及巴渝舞的情况，只是此期由于宫廷典乐太庙乐主要分陈《文舞》《武舞》二类，《巴渝舞》的名称在典庙礼乐中已不复存在，但其舞容、舞技或歌乐或已被融入了其中的《武舞》舞乐中，但在南方巴賨及楚地民间依然保存了巴渝舞乐形态，这就是今天巴地流传的賨人板楯舞和土家族摆手舞等。唐代诗人刘禹锡等所改创《竹枝曲》就是在当时巴渝民歌和民间舞乐基础上的创造。如唐代白居易《白氏六帖事类集》卷一八就载马上舞、剑舞及賨俗巴渝之舞等事典，杜甫在《暮春题瀼西新赁草屋五首》其一云："万里巴渝曲，三年实饱闻。"③ 韩愈《征蜀联句》云："印文裁斐亹，巴艳收婠妠。"宋文谠注曰："巴人善舞，故曰巴艳。绾妠，体德好也。"并补注："婠妠，小貌。"④ 柳宗元《同刘二十八院长述旧言怀感时书事奉寄澧州张员外使君五十二韵之作因其韵增至八十通赠二君子》："吴歈工折柳，楚舞旧传芭。"此芭即指巴地之巴渝舞。⑤ 张祜《送杨秀才游蜀》："鄂渚逢游客，瞿塘上去舡。峡深明月夜，江静碧云天。旧俗巴渝舞，新声蜀国弦。不堪挥惨恨，一涕自潸然。"⑥ 这些诗文明显反映了唐代民间巴渝舞的传承。

从唐代《文舞》《武舞》的形制来看，《武舞》保留了古代《大武》以及《巴渝舞》的一些文化形态。《大唐郊祀录》卷二载："文舞之制，六十四人。左执籥，右执翟，又有二人执纛以引之，皆服委貌冠，玄丝布，大袖白练，领襈白纱，中单绛，领襈衫大口，袴革带乌皮，履白衫韈执。纛者衣冠亦同也。"⑦ 而"武舞之制，亦六十四人。左执干，右执戚。二人执旌居前，二人执鼗，二人执铎，四人执金镯，二人奏之，二人执铙以次之，二人执相在左，二人执雅在右，

① 王泾：《大唐郊祀录》卷二，民国适园丛书刊旧抄本。
② 李昉等编《太平御览》卷五六六，中华书局，1960。
③ 杜甫撰《钱注杜诗》卷一四，钱谦益注，清康熙刻本。
④ 韩愈撰《详注昌黎先生文集》卷八，文谠注，宋刻本。
⑤ 柳宗元撰《诂训柳先生文集》卷四二，韩醇注，文渊阁四库全书本。其注引《文选》"越艳楚舞"和后汉傅毅《舞赋》云："宋玉曰：'臣闻激楚结风，阳阿之舞，材人之穷观，天下之至艺。'"并认为"芭舞"当是巴舞。
⑥ 张祜：《张承吉文集》卷一，宋刻本。
⑦ 王经：《大唐郊祀录》卷二，民国话园丛书刊旧抄本。

皆服平冠冕，余同文舞也。"① 至清代依旧基本上保存了文舞、武舞的郊庙礼乐形制，清代官修《清文献通考》云："（臣等）谨按周礼，以六舞大合乐，自后历代因之制之。沿革不同，皆所以和神人而象功德也。我朝舞制亦仍前代之旧，而斟酌尽善，损益得中，盖列圣相承，文德武功度越前古。周礼六代之舞，于今复睹其盛矣。谨次乐舞、声容、仪节之美备，而于乐员人数服色之制亦附记焉。"② 清代"文舞生、武舞生各一百五十名"，天坛大祭时，"又有乐生、文舞生、武舞生执旌节"；祈谷大祭时，"武舞生服红緞销金花袍"；地坛大祭时，"武舞生服青屯绢销金花袍"。按清康熙年间定文德武功舞制，"祭日，典仪官唱乐，舞生就位，初献乐，作司乐执节引，武舞生执干戚进奏《武功》之舞，舞毕乐止，武舞生退。亚献乐作司乐执节引，文舞生执羽籥进奏《文德》之舞，终献乐，作文舞生奏《文德》之舞，舞毕乐止，文舞生退。"③ 不过清代依旧保存了民间俗乐。

从巴渝舞的历代衍变情况来看，巴文化与中原传统文化较早就产生了密切的交融。《巴渝舞》乐在流传中产生了两个系统，它们各自在朝廷舞乐和民间舞乐中和其他舞乐相融合，今天巴文化中的巴渝民俗舞乐保留了一些古形态，也有所创新，但其中群舞、武舞及杂艺性质基本上被保留下来。

---

① 王经：《大唐郊祀录》卷二，民国话园丛书刊旧抄本。
② 《清文献通考》卷一七三《乐考十九·乐舞》，文渊阁四库全书本。
③ 《清文献通考》卷一七三《乐考十九·乐舞》，文渊阁四库全书本。

四川仪陇县馆藏巴式剑所铸巴蜀符号初探

王兴堂 唐 冲

（四川省南充市顺庆区文物管理所、
四川省南充市嘉陵区文化广播影视体育局）

仪陇县文物管理所馆藏有一柄铜剑，平面呈柳叶形，剑身较宽且薄，剑茎无格。中脊隆起明显，横截面为菱形。双刃口线交锋处呈弧形向内微收，剑刃有若干小缺口，刃上部边沿有锉磨的痕迹。剑柄上有二圆形穿，一穿在柄首端正中，另一穿偏向柄前脊一侧，便于用木条接成很长的柄部。叶长 30 厘米，通长 39.3 厘米，基部最宽处 4.6 厘米。剑身一面刻"✋"（见图 1），一面铸有虎形纹（见图 2），其下部阴刻有"▢""Ⴑ""⧓""〰"四个元素符号组合（见图 3），其中"▢"为巴蜀地区首次发现。本文对仪陇巴式剑所铸巴蜀符号进行试探性解读，以期得出合于或近于历史实际的解释，敬请学界方家斧正。

一 "▢" "Ⴑ" "〰" "⧓" 释意

仪陇县文物管理所馆藏巴式剑上所铸"Ⴑ""〰""⧓"等图形符号在巴蜀地区考古中亦较多发现，不同之处在于这些符号彼此间的位置变换，以及数量的多寡。值得一提的是，在已公布的巴蜀符号青铜器资料中从未发现类似"▢"的图形符号，也未见与"Ⴑ""〰""⧓"组合共同使用者，正确解读"⬚"符号，对于"⬚""⬚""⬚"排列组合的整体理解，对巴蜀符号的破解乃至整个巴蜀文化的研究无疑是有益的。"⬚"符号为巴蜀地区首次发现，学术界尚未定名，因其形似鸟首嘴中含珠，暂且称为"鸟首含珠"纹。

《路史·后纪·太昊伏羲氏》记载："伏羲氏……风姓……伏羲生咸鸟……后炤生顾相，（降）处于巴，是生巴人。""风"即"凤"，故风姓当即以凤鸟为图腾的部落。而巴人的先祖名为咸鸟，《逸周书·王会》载："巴人以比翼鸟。"或因风姓，也说明巴人对其鸟图腾的认同，而"鸟首含珠"纹可能作为一种早期信仰符号被确定下来。"鸟首含珠"纹以下为"⬚"符号，在巴蜀战国时期出土的青铜器上出现频率较高，"⬚"仅从象形角度分析，其形状类似于一个通道。"⬚"其下为四条平行双弧纹，因"⬚"形状极似波浪，学术界多称之为波形纹或波浪纹。巴人作为近水民族，水便成为与他们生活需求密切相关的元素。考古发掘资料也证实，先秦时期巴族聚落的择址多在江边或江边开阔台地上，巴人长期在这样的环境下生产和生活，极易在潜意识中形成对水的崇拜心理，而水也最容易成为巴人崇拜的对象。"⬚"，据张文先生考证，是一个象征生殖的符号。① 以上巴蜀符号单独分析都有其合理性，但巴式剑上所铸四个符号明显是一个不可分割的整体，我们应从整体上考虑四个符号之间的共存性，寻求其相互关联的节点，而对"鸟首含珠"纹的正确释义成为我们推导整个复合式符号的关键切入点。

《山海经·海外东经》记载："汤谷上有扶桑，十日所浴，在黑齿北。居水中，有大木，九日居下枝，一日居上枝。"《山海经·大荒东经》："汤谷上有扶木，一日方至，一日方出，皆载于乌。"扶木生长于汤谷之上，显然是《海外东经》汤谷上的扶桑。"一日方至，一日方出"之日，即指《海外东经》中浴于扶桑之十日。"皆载于乌"表明乌为载日而行。郭璞注："（日）中的三足乌。"乌，即金乌，指太阳鸟或神鸟。由以上文献可知，每日神鸟载着太阳从汤谷的扶桑树顶端出行巡天。笔者推测，巴人将鸟首指代神鸟，嘴中含的宝珠就是太阳，则"⬚"图语可认为是神鸟载着太阳进入通道的入口，企图沉入波浪之水。

---

① 张文：《巴蜀符号琐谈》，《四川文物》1992 年第 2 期。

《山海经·大荒北经》："夸父不量力，欲追日景，逮之于禺谷。"郭璞注："禺渊，日所入处，今作虞。"《淮南子·天文训》："日……至于虞渊，是谓黄昏。"袁珂按："虞渊即禺谷，日所入之处。"古人认为日入于海中谓之虞渊。由此可推断，"〰〰"象征日落处的虞渊，而通道出口表示阴森恐怖的虞渊，而神鸟进入的通道可能是连接阳世和阴间的通道，即上宽区域代表"上抵天边"的入口，下窄的一面象征"下通阴间"的出口。张文先生认为"＞＜"象征生殖。上古文献《大荒东经》言："汤谷上有扶木，一日方至，一日方出。"方至、方出，郭璞注："言交会相代也。"这说明太阳将循环往复地升降，生死不已，由此推断，"＞＜"解释为新生和复活更为合适。

二 "手持镞"纹释意

根据考古材料可知，巴式剑或戈等兵器多见"✋"纹和"🌰"纹相连作图（见图1）。目前学术界对"✋"符号组合的阐释众说纷纭，莫衷一是，但在命名方面，巴蜀文化的研究者习惯称之为"手心纹"。最早提出"手心纹"说法的是卫聚贤先生，他将此符号解释为"得心应手"，[①] 但未具体说明这个"手心纹"的具体象征之意。邓少琴先生认为"心"纹即天文学二十八宿之一的心宿，蜀人称帝星为杜宇君。邓先生虽将"心"纹与杜宇君相联系，但对"手"纹未做解释。陈宗祥先生在四川西部民族地区经过调查研究，认为"手"纹为制刀者的标记，也是族徽，"心"纹应是白海螺，心手纹合在一起可会意为"白海螺族的制刀匠人"。[②] 以海螺命名的氏族部落出现在旧石器时代，至今仍未在四川旧石器时代遗址中发现白海螺，陈先生的论点另需新考古材料的支持。徐中舒先生考订"心"纹就像含苞未放的花蒂，当是"葩"的象形字，而"手"纹则像胑形，心和手合在一起表示统治者"心腹股肱"之意，并进一步推测使用刻有手纹图纹兵器的人应是掌权者或者骁勇善战的勇士。[③] 蒋孟先生采用学界推论，手纹代表举手致意礼，尾尖桃形纹代本族先祖或神灵，两者组合

---

① 《说文月刊·巴蜀文化专号》1942 年第 3 卷第 7 期。
② 陈宗祥：《巴蜀青铜器"手心纹"试解》，《贵州民族研究》1983 年第 1 期。
③ 徐中舒：《巴蜀文化初诊》，《四川大学学报》1959 年第 2 期；徐中舒：《巴蜀文化续论》，《四川大学学报》1960 年第 1 期。

出现可理解为向先祖或神灵举手致意，诚心祈求，期望得到庇护，福佑族人安康吉祥。①

图1 "手持镞"纹

笔者认为，合理推测巴人刻""的真实用意，应将此纹饰置于巴蜀文化和考古发现的特定环境下讨论。从巴蜀地区相关考古材料统计分析，""出现频率最高的是以矛、剑和戈等兵器为主的青铜器，兵器在战争中用于刺杀敌人和自我防卫，这样""的理解可能就应与征伐相关，但兵器上的""也会因与其他图纹组合的不同而改变意义。在考古出土文物中，我们发现""纹和""纹普遍刻画在一起，并且以一个整体的形式相携出现。例如""铸于青铜器物上，与其相对的另一面，则多数会与波形纹、虎形纹或蝉形纹等图案共出。仪陇巴式剑上"手"纹前臂与后臂呈曲肘状，四指并拢，拇指上翘，指向箭镞形符号，笔者认为，""符号其形更接近"箭镞"纹饰，其形可以理解为伸手握箭或抽箭欲射，而"手"纹和"箭镞"纹饰组合可能代表巴人英勇尚武之意，而这一现象正与史籍中相关巴人骁勇善射的记载相符合。

在古籍文献中亦有巴人善于弩射之术的描述。《后汉书》记载，廪君率领族人向南迁徙，与盐水女神交战，"伺其便"射杀盐水女神，建立夷城巴国，说明

---

① 蒋孟：《会说话的远古南封印——巴族青铜器上的"手心纹"》，《艺术与设计》2012年第5期。

巴人精于射术。秦昭襄王时，"白虎为害"，《华阳国志·巴志》记载"时有巴郡阆中夷人，能作白竹之弩，乃登楼射杀白虎"。《华阳国志板·巴志》言："（板楯巴）专以射白虎为事"，说明板楯巴极为擅长射箭之术。重庆合川发现东汉石室墓，[①] 墓室内其中一幅石刻画像描绘一人弯弓射虎的图案，这与巴人射杀白虎相契合。成都百东经潭中学十号墓出土一件水陆攻战铜壶，[②] 第一层左面一组为竞射图，图上方有一建筑物，其中有两人并射，一个引弓待发，另一个刚刚发弦，箭在候道空中飞过。图下方另有五人，有的执弓挟矢，有的徒手，作准备竞射的样子。四川省博物馆发掘工作者认为巴人两支系廪君蛮和板楯蛮均擅长射箭之术。为下文研究方便，这里暂将剑刻"手"纹与右侧"箭镞"合称为"手持镞"纹。

三 虎形纹释意

仪陇文物管理所馆藏巴式剑上的虎纹饰于剑身基部，虎作侧身侧面，头部朝向锋尖，张口鼓眼，前身下曲，臀部隆起，长尾上卷，尾尖呈钩状指向虎头，作奔跑唬啸之势。身饰卷云纹，线条流畅。整个虎形象生动，状极威猛（见图2）。在战国时期的巴式柳叶形铜剑上，虎形纹是数量最多也是最常见的纹饰。孙华先生认为，"铸于兵器上的'巴蜀符号'占现已发现的'巴蜀符号'的90％以上，在这之中，尤以地方特色显著的柳叶形剑上的'巴蜀符号'最多"。[③] 目前巴蜀地区考古发现见诸报道的战国时期虎形纹饰巴式剑据不完全统计大约有160件（按有具体数据做的统计，不详的还未计入，实际数据大于此）（见表1）。

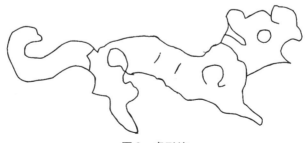

图2　虎形纹

---

① 重庆市博物馆、合川县文化馆：《东汉合川画像石墓》，《文物》1977 年第 2 期。

② 四川省博物馆：《成都百花潭中学发掘记》，《文物》1976 年第 3 期。

③ 孙华：《巴蜀符号初论》，《四川文物》1984 年第 2 期。

表1　巴蜀地区发现战国时期虎纹巴式剑统计表

单位：件

序号	出土地点	出土数量	遗存时代	序号	出土地点	出土数量	遗存时代
1	成都中医学院战国土坑墓①	3	战国	2	成都无线电机械工业学校②	5	战国
3	成都十二桥遗址③	2	战国	4	成都枣子巷④	11	战国
5	成都百花潭十号墓⑤	10	战国	6	成都西郊战国墓⑥	3	战国
7	成都金牛区战国墓⑦	2	战国	8	成都新都县马家公社⑧	5	战国
9	成都大邑五龙土坑墓⑨	10	战国	10	四川郫县战国船棺葬⑩	1	战国
11	成都三洞桥⑪	5	战国	12	成都京川饭店战国墓⑫	1	战国
13	四川芦山县出土⑬	4	战国	14	四川绵竹船棺葬⑭	17	战国
15	四川郫县红光公社⑮	2	战国	16	1977～1984年发掘的四川犍为巴蜀土坑墓⑯	9	战国
17	四川荥经同心村巴蜀墓出土⑰	5	战国	18	四川简阳⑱	2	战国
19	大渡河南岸⑲	7	战国	20	巴县冬笋坝和昭化宝轮院⑳	39	战国

---

① 成都市博物馆考古队：《成都中医学院战国土坑墓》，《文物》1992年第1期。
② 四川省文物管理委员会：《成都战国土坑墓发掘简报》，《文物》1982年第1期。
③ 江章华等：《成都十二桥遗址新一村发掘简报》，《成都考古发现》2011年第4期。
④ 四川省文物管理委员会：《成都市出土的一批战国铜兵器》，《文物》1982年第8期。
⑤ 四川省博物馆：《成都百花潭中学十号墓发掘记》，《文物》1976年第3期。
⑥ 四川省博物馆：《成都西郊战国墓》，《考古》1983年第7期。
⑦ 成都市文物管理处：《成都市金牛区发现两座战国墓》，《文物》1985年第5期。
⑧ 四川省博物馆、新都县文管所：《四川新都战国木椁墓》，《文物》1981年第6期。
⑨ 四川省文管会、大邑县文化馆：《四川大邑五龙战国巴蜀墓葬》，《文物》1985年第5期；四川省文管会、大邑县文化馆：《四川大邑县五龙乡土坑墓清理简报》，《考古》1987年第7期。
⑩ 郫县文化馆：《四川郫县发现战国船棺葬》，《考古》1980年第6期。
⑪ 成都市文物管理处：《成都三洞桥青羊小区战国墓》，《文物》1985年第5期。
⑫ 成都市博物馆考古队：《成都京川饭店战国墓》，《文物》1989年第2期。
⑬ 钟坚：《芦山出土青铜鞘短剑》，《四川文物》1990年第1期。
⑭ 四川省博物馆：《四川绵竹县船棺墓》，《文物》1987年第10期。
⑮ 李复华：《四川郫县红光公社出土战国铜器》，《文物》1976年第10期。
⑯ 四川省博物馆：《四川犍为县巴蜀土坑墓》，《考古》1980年第6期；四川省文物管理委员会：《四川犍为县巴蜀墓发掘简报》，《考古与文物》1984年第3期；四川省文物管理委员会：《四川犍为金井乡巴蜀土坑墓清理简报》，《文物》1985年第5期。
⑰ 四川省文物管理委员会：《四川荥经同心村巴蜀墓发掘简报》，《考古》1988年第1期。
⑱ 《四川简阳出土的战国青铜器》，《文物资料丛刊》第3辑。
⑲ 宋治民：《大渡河南岸发现蜀式青铜剑》，《考古与文物》1985年第6期。
⑳ 四川省博物馆：《四川船棺葬发掘报告》，文物出版社，1960。

续表

序号	出土地点	出土数量	遗存时代	序号	出土地点	出土数量	遗存时代
21	重庆开县余家坝墓地①	4	战国	22	重庆云阳李家坝遗址②	3	战国
23	重庆涪陵小田溪土坑墓③	10	战国				

由表 1 可知，在巴蜀地区考古出土的巴式剑等青铜兵器中，虎纹图案被频繁使用不是偶然出现的，这是一种文化现象，反映了古代巴人崇虎的文化心理。有人曾统计，在巴族青铜剑上虎纹占纹饰的 37.5 ％。④ 笔者推测巴式剑饰虎的图案有可能是族徽的象征，虎是勇猛和力量的象征，其声撼山川的气概是人们所敬慕的，巴人将威猛的虎形纹装饰在剑上，既体现了巴人希望自己得到白虎的力量和勇猛，克敌制胜，又反映了巴人强悍的民族性格和勇武的情操。

《后汉书·南蛮西南夷列传·巴郡南郡蛮》记载："巴郡南郡蛮，本有五姓……廪君于是君乎夷城，四姓皆臣之。廪君死，魂魄世为白虎。巴氏以虎饮人血，遂以人祠焉。"⑤ 由这段古文献可知，巴人首领廪君崇白虎，视白虎为祥瑞之物，且以其为族徽。廪君死后，他的魂魄会化为白虎，这说明巴族与白虎之间存在某种特殊关系。既然巴族的首领会化成白虎，白虎就成为巴姓氏族的祖先，在巴人社会中则可能存在对虎的崇拜。至今，廪君遗裔土家族仍保留崇拜虎的风俗，如跳傩舞和洗神节。⑥《晋书·载纪》有"巴氏虎于"之说。樊绰《蛮书校注》卷十亦云："巴氏祭其祖，击鼓而祭，白虎之后也。"直到汉代，川东地区民族的尊长还称为"白虎夷王"，其属下称为"虎民"。

这说明虎为巴人所崇拜，在巴人的心目中，虎的形象具有极为崇高和神圣的意义。

《华阳国志·巴志》记载"板楯蛮夷者，秦昭襄王时有一白虎，常从群虎数游秦、蜀、巴、汉之境，伤害千余人"。由此可知，先秦时期巴人遭受虎患的严重威胁，受限于当时生产力低下和巴人所处时代，他们只能借助巫术或其他"神秘力量"给予保护，故甲骨文和金文中指"巴方"为"虎方"，而巴人亦自

---

① 山东大学考古学系、重庆市文化局等：《重庆开县余家坝墓地 2000 年发掘简报》，《华夏考古》2003 年第 4 期。

② 罗二虎：《峡江巴文化寻踪》，《中华文化论坛》2003 年第 2 期。

③ 重庆市博物馆、涪陵县文化馆：《四川涪陵地区小田溪战国土坑墓清理简报》，《文物》1974 年第 5 期。

④ 李明斌：《巴蜀青铜器上的虎纹与巴族》，《四川文物》1992 年第 2 期。

⑤ 范晔：《后汉书》，中华书局，1965。

⑥ 易兰：《中国崇虎习俗初探》，湘潭大学硕士论文，2002。

称"虎人"。管维良先生指出："白虎巴人以白虎为图腾，巴式剑、巴式戈等大量铸有虎纹，其目的是用图腾符号作为保护使用者"。[1] 童恩正先生也认为："巴族在武器和乐器上铸虎纹，无疑具有族属和巫术的含义。"[2]

综上所述，在考古发掘出土关于巴族文物中，柳叶剑、青铜戈等典型青铜兵器上均铸有猛虎的形象，不仅能够护佑巴人，还可以赐予巴族战士如虎般的威武气势和勇猛无畏的战斗力，而这种兵器上的图案极有可能成为族徽的象征。巴人遗物与古籍史料皆已证实，巴人确有以虎为图腾崇拜的传统，其崇拜的等级和普及程度都很高。

四　剑身图案整体释意

仪陇巴式剑正反两面均阴刻相同组合符号，自上而下依次由"🖎""\\/""〰""⋈"等符号组合而成（见图3）。由上文推论可知，"🖎"象征载日而行的神鸟，"\\/"象征连接阳世和阴间的通道，"〰"代表日落处的虞渊，"⋈"表示新生和复活。据此笔者臆测"🖎"图语意义，即载着太阳的神鸟正在穿越象征死亡的入口，企图投入"昆仑山"下的虞渊之水，在神鸟沉沦于虞渊中死去后，犹如凤凰涅槃，翌日必将再次复活于扶桑之地。巴人

图3　巴蜀符号组合

① 管维良：《三峡巴文化考古》，北京言实出版社，2009。
② 童恩正：《我国西南地区青铜戈的研究》，《考古学报》1979年第4期。

将太阳永不休止的起落视为永恒生命的象征，太阳虽然每天都要沉于虞渊，次日照样会从汤谷的扶桑升起，它的死是暂时的，是以必然的复活为补偿的。联系到广汉三星堆二号祭祀坑曾出土青铜扶桑树①以及蒙文通先生考证古昆仑即今四川西北部的岷山，② 以上事实皆从侧面印证了笔者推测的合理性。

　　剑身一面巴蜀符号组合体下铸虎形纹饰，另一面刻"手持镞"纹，即在一个生死轮回的图语下出现一只猛虎和抽箭欲射的符号，其含义耐人寻味。笔者臆测，巴式剑两面图案应该相互关联，皆记载同一个仪式或活动。前文论述中提及巴人祖先廪君死后，他的魂魄会化为白虎，仪陇巴式剑所铸白虎可能指代廪君。由此，剑上所刻图语表述为，巴族新首领正在举行即位就职仪式，而新首领继承权力的合法性必须由祖先廪君赐予，而白虎被巴人认为是廪君转世，可见白虎在这个仪式中居于主导地位，所以笔者认为，在仪式的开始巴人可能举行隆重的祭祀祖先廪君的活动。在仪式进行中，巴人新首领为显示权威和地位，将继续进行誓师阅兵的场景，"手持镞"纹表示擅射的巴人提箭在手，其隐喻可能表明新首领即将带领骁勇擅射的巴族士兵以武力去征伐鄂西、川东地区，通过战争为巴族人民寻找到适合生存的土地，最终建立巴国。

---

① 四川省文物管理委员会等：《广汉三星堆遗址二号祭祀坑发掘简报》，《文物》1989 年第 5 期。
② 蒙文通：《巴蜀古史论述》，四川人民出版社，1983。

四川阆中石室观摩崖题刻的调查与初步研究[*]

（西华师范大学历史文化学院、阆中市文物管理局）

　　石室观摩崖石刻位于四川省阆中市城北约 5 公里的颉家山（见图 1）。颉家山属蟠龙山系，山势低矮，近于深丘。山腰有一巨大岩厦，当地人名之"风谷洞"。岩厦朝北，平面略成半圆形，横宽约 30 米，最高、最深处均约 10 米，岩石为灰白色砂岩。

图 1　石室观位置示意图

*　本文受国家社科基金项目"嘉陵江流域石窟寺研究"（11XKG003）和西华师范大学西部区域文化中心重点项目"嘉陵江流域道教石窟寺的调查与研究"（XBYJB201101）的资助。具体分工如下：调查：刘富立、郑勇德、蒋晓春、邵磊、张帆、李松、李寿旭、张文磊、王玉明、王滨；拍照：蒋晓春、刘富立；拓片：刘富立；执笔：蒋晓春、刘富立。

2010 年 1 月以来，西华师范大学历史文化学院和阆中市文物管理局联合对石室观摩崖石刻进行了多次调查，详细记录了摩崖造像和题刻的情况。摩崖造像及题刻中的《陶先生铭》已经公布，① 但后来我们发现此前的释读有一些疏误。加之其余题刻材料也具有重要学术价值，有待整理发表，遂撰成此文，将所有摩崖题刻的调查及初步研究情况报告如下。

一　题刻介绍

石室观摩崖题刻在岩厦内成带状分布，绕岩厦的右、后、左三面，多数距地面 2~4 米，个别位于岩厦顶部。调查共发现摩崖题刻 18 幅，编号为 T1~T18（见图 2）。由于石室观地处偏僻，又有岩厦保护，一定程度上减轻了人为和自然破坏，得以较好地保存至今。其中文字完全磨灭和仅能见个别笔画者有 T1、T4、T8、T9、T11、T16、T17，共 7 幅，其余 11 幅保存较好。完全磨灭或几近磨灭的 7 幅题刻中，T1、T4、T16 和 T17 紧靠龛窟，估计为造像题记，T8、T9 和 T11 孤悬岩壁，性质不详。保存下来的题刻大多可释读，纪年清楚，内容丰富，具有较高的历史和艺术价值。依其内容，这 11 幅题刻可分为造像记、妆修记、藏经记、高道记、游记和不详六类，下面分类介绍并略做考证。

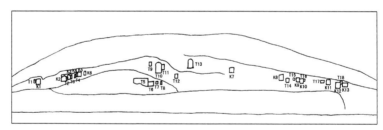

图 2　石室观石刻分布示意图

（一）造像题记

包括 T2、T3、T6、T15，共 4 幅。

磨灭或不认识的字用 □ 表示，框内的字为笔者所补，不能确认的字用 "?" 标识，标题、标点为笔者所加，释文字体与题刻本身尽量保持一致。下同。

---

① 石室观摩崖造像材料详见西华师范大学历史文化学院，阆中市文物管理局《四川阆中石室观隋唐摩崖造像》，《文物》2013 年第 7 期。题刻之一的 T5 情况可参见蒋晓春、郑勇德、刘富立等《论四川阆中南齐〈陶先生铭〉》，《国家博物馆馆刊》2013 年第 5 期。

T2：王鞮造像记①

大隋開皇十四年太歲甲寅十月十五日，｜弟子王鞮□為亡父貴德（？）及兄□□智罗瀏｜等造□□者□□□□□者長命富貴，兩｜廾□屬，並□□□□□□並（？）同此福，□□□｜刺史□明（？）

T2 紧靠 K2 左侧，宽 20 厘米，高 57 厘米。楷书，字径约 2.5 厘米。风化严重，个别字磨灭难识。从位置看，T2 应为 K2 的造像题记。K2 为一龛道教造像，造像内容为一天尊、二弟子、二真人、二侍童。从题刻看，该龛造像的开凿年代是隋开皇十四年（594 年），这在四川乃至全国都是十分难得的有确切纪年且年代较早的道教造像。

T3：赵法会等造像记

大隋開皇十五年十月十五日，三洞弟子趙法會、｜道民侯董子、羅浩、侯曠、侯文稱等五人同共發心，｜各抽身□之分，並捨臨用之財，鑿此巖石，敬造｜天尊形□並及左真右真仙男仙女，一心供養，以｜□德願亡者□天□苦，生者永保天年，富貴無極，｜六道四生，並同此福。｜殿中侍御史沈濤。

题刻紧靠 K3 左侧，宽 24 厘米，高 88 厘米。楷书，字径约 2.5 厘米。字迹大体清晰，题刻的时间为隋开皇十五年，即公元 595 年。题刻中"六道四生"本为佛教用语，此处为道教徒借用，是为佛教影响道教之一例。

值得注意的是，T2、T3 两幅题刻所记发心造像之事皆发生在十月十五日这天。唐释法琳《辩正论》云："十月五日为下元节，恰到此日，道士奏章上言天曹，冀得迁达，延年益算。"②

T6：侯竹亮造像记（见图 3）

大唐貞觀十年歲次丙申七月己｜未廿九日丁巳成此，是年月朔｜□。侯府君，本出燕州上谷人也，｜□良家之族，五陵節將之門，祖（？）｜□身任渠州司馬，後任東莞太｜□貫隆州閬中縣。稱以去大業｜□基堵，此石室邑，並立雙碑。後｜任官盤龍郡，丞侯辨、县平正侯｜慰、道士趙會、

---

① T2 和 T3 的拓片图已在拙文《四川阆中石室观隋唐摩崖造像》，《文物》2013 年第 7 期上发表，此略。

② 释法琳：《辩证论》卷八，大正新修大正藏本。

道士王道生、侯文、」侯文定、侯文憘、侯孝善、羅公溫、」王鞎、道士趙道和、侯道成、侯法」□平難、侯其文稱造此邑，未就，」□患身故。稱兒竹亮，今為父鑿」室南方巖石，就邑記，勒石表示。」來石室仙人之路，道民歸合，亦」足瑛儒。善工成立，何處復更無？」南陽白土人也，今貫隆州蒼溪。」字人姓李，字文藝，本出恒州岱」□□□□生羅方然（？）、何廣□□□」□□□□□□宝農□□，右二人以丙寅□□」□□□□生王公生□先生侯進□」□□□□□生（？）杨续宗□，右三人同學。

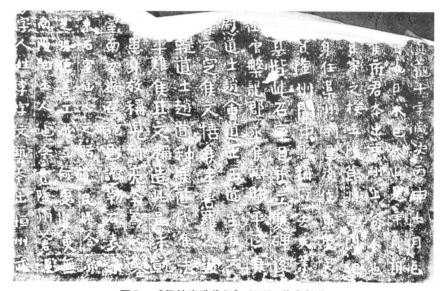

图3　《侯竹亮造像记》（T6）前半部分

该题刻位于 T5 左侧，题刻上部有不规则残缺，约缺失 2 字。整幅题刻宽 109 厘米，残高 69 厘米，镌字前预画了方格。楷书，字径约 4 厘米。题刻时间是唐贞观十年（636 年）。

该题刻后 4 行位于规划的碑刻范围之外，与 T5 相接。溢出的 4 行从字形及文字排列看，与 T6 相同而与 T5 有明显差距（见图 4）。盖上石时镌字人粗心未能设计周全所致。

T6 在方志中有简略记载。咸丰《阆中县志·古迹志》"石室观"条："石室观在县西北十里，唐建，今废。今名风谷洞，洞内唐碑三通，一为广明元年妆修天尊碑记，一为神龙二年藏经碑记，一记开凿之由，则贞观十年也，文俱不甚了了。"这段文字提到的三通碑是石室观保存较好的题刻，分别为 T13、T10 和 T6。县志作者大概未能实地调查或调查马虎，以致称今日尚历历可辨的题刻为"文俱不甚了了"。

题刻对开龛造像之事记载颇为简略，所造具体龛窟难以肯定，如以位置和规

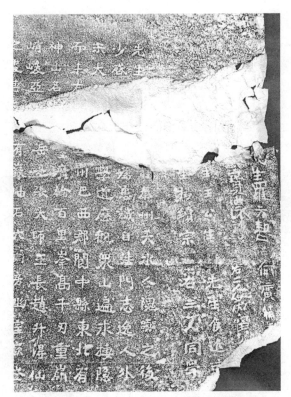

图4 《侯竹亮造像记》（T6）文尾与《隗先生铭》（T5）文首部分

模推断，K7 最有可能。该龛规模稍大，凿一老君、二真人、二供养人。

另，题刻中的王鞔和罗公荡两人很可能就是 T2 中的王鞔与罗荡。T6 提到侯其文称功德未就而死，其子为父凿岩之事。由于时间、地点皆合乎情理，故 T6 中的"侯其文称"或许就是 T3 中的侯文称，造像人侯竹亮为侯其文称之子。

T15 侯善寿造像记（见图5）

弟子侯善壽，三月」廿四日發心於石室觀」敬造龕，天尊一座及」左右真人，□為亡靈父」母及見在□□同供養。」開元七年歲在己未，」勒石表示。

此题刻位于 K9 右侧，应为该龛的造像记。K9 为双层龛，外龛方形，内龛桃形尖顶，弧形后壁。龛内造像 3 尊，为一天尊、二真人。

T15 为一则简略的造像题记，功德主为侯善寿，仍属阆中著姓侯氏。该题刻和所属龛像均保存完好，清晰可辨，时代明确（开元七年，即公元 719 年），具有重要的断代"标本"价值。

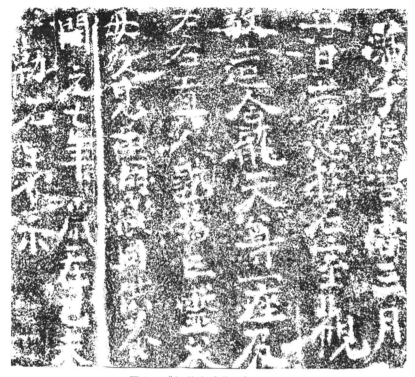

图5 《侯善寿造像记》（T15）

（二）妆修记

包括 T13、T14 两幅。

T13：何传裕、何传迪妆修记（见图6）

碑首岩石因起壳脱落，只残存最下一排字的局部，可看出有"窟""观""修"三字，另有一字残缺过多不识。碑身文字内容为：

　　勾當粧修功德主何傳裕、何傳迪，碣文孫士彪撰，鑴字張文琭。」逢（？）日月懸雲雷者，天之靈也；裂動徹激山河者，地之靈也。修仁義弘正教者，達士之謀也。」即我廬江盛族何公昆季之彙，然公志諒宏遠，胤族高門，出家者三藏博通，在俗者六親」和暑。為州縣之綱紀，作鄉閭之棟樑。花葉則玉潤金枝，氣宇則風云吐納。各懷孝悌之志，敦」以愛敬之心。此巖岫功德，乃是前世古老所興。年月逾遠，墻壁隳壞，蘸萼交階，尊像荒蕪，」虫絲網面。公昆季等乃喟然歎曰："蓋聞古老云：生我者父母，祐我者三寶。若不修建，當來」焉憑？又聞財屬五家，先用者得。"遂乃誘勸鄉

图 6 《何传裕、何传迪妆修记》（T13）

党，同志相求，各率文□助成功德。乃召丹青」之□伯晝夜，專誠用意，修粧尊像，俨然心願周圓，表讚工畢。福資□□皇帝州縣官寮爰」及助施之人，各願生々見道，世々聞經，花萼長茂於春枝，罪業自銷（?）。於故□先亡九祖離」苦生天，欲記明因，須存瀚墨，榮功茂實，勒碑刻銘以貽子孫，傳之今古。若天不敏（?），謬（?）以當」仁，聊課所懷其事云爾。廣明元年歲紀庚子十月辛巳朔十二日表慶畢。」三洞道士趙仙長、道士羅道全、道士何道新、道士羅真一、佩法李法慶、何君淮、」勾玄恭、李元慶、毛敬德、」閬州軍事押衙王忠、衙前字將康太瑜、軍事揔管樂素（?）、李敬全、」里正趙瑜，首望王易，鄉老侯本蕭、從義賈維、趙迪、侯臻、蔡文□、張□至、文通、蔡當、賈元方、」□□、李庭□、侯霓、蔡才文、賈傳、侯□、杜真、侯舒、蔡至、樂真、李□、侯□、張維、鄭□、母全、侯部、」羅□、牟志、何章、嚴敢、何□亮、蒲義、羅宇、侯嗣興、趙泰、張文遂、趙公□、張宣（?）、何全志、蔡道元、」仇師立、勾誼、鄭文彩、羅同志、樂恭、張余、竇知新、樂文紀、侯聰、蒲傳裕、何義經、王宗古、王緒、」李行常、賈琮、蔡涯、羅政、譚友、李文□、張雲、侯西、張永（?）新、勾全立、蔡行文、□文會、李行真、」□證、侯嗣果、嚴達、蒲獻、李厚、侯君操、蔡文博、勾宗、李□倫、李忠順、」女弟子羅十一娘、高二娘、趙二娘、侯二娘、王二娘、勾醜娘、羅六娘、譚三娘、」□□娘、何三娘、牟八娘、蒲六娘。

T13 为剔地浮雕碑，座为覆莲形。碑身宽 69 厘米，高 143 厘米，碑首梯形，高 31 厘米，两边各宽 6 厘米，底边宽 95 厘米、高 14 厘米。题刻左半部分因后代有人在此居住炊煮而熏黑。由题刻可知，主持妆彩的是何传裕、何传迪兄弟二人，系东晋南朝时庐江盛族何氏后裔，于广明元年（880 年）对年久失修的石室观造像进行了装修。装修题记多见于唐代以后，此为唐代末年，属一则难得的较早材料。

T14

保存较差，文字模糊。题刻分前后两部分，前部分 3 行，后部分 9 行，前 3 行每行 12 字以上，首句隐约可见"光□元（?）"，可能为"光绪元年"（1874 年）。其后隐见"重修""金身"字样，推测为光绪年间重修庙宇并塑金身之事。第三行有"刻刊于石以誌不朽"之语，其后 9 行位置较低，字体较小，每行六七字，隐约可见"一千文"字样。

（三）藏经记

仅 T10 一幅。

T10：石室神仙窟明真社碑（见图7）

碑额：

　　石室神仙窟明真社碑

碑文：

　　隆州閬中縣侯府君，諱方熊，漢王公子。書碑人侯定，鐫字人仙台觀道士何玉京。」夫石室觀者，元先之所然，非今之作也。不知何年而立，何代所成，實先聖之遺蹤，」神仙之軌轍。□升之字，壁上猶存，鳥跡虫書，岩邊見在。洞壑通于靈烏，飛流灑於」地維。王喬控鶴真朝，松子乘煙潛往。且（？）聖人理物，隱見多方，或潛姑射之山，或隱」文陽之水，可謂栖北之玄門，清虛之勝室。古老相傳，云是仙人窟矣。昔有玄圃法」師劉慶善居此，脩（？）身服□，尋真□□覓道途，得數年，從此移向瀘州安樂山中。以」開皇十六年太歲丁巳四月六日於彼山中得道。自爾已來，父祖開拓此室。更加」修理基階造像，又立雙碑，迄至於今，蟬聯後福。今有明真社老侯永仁，忝為後胤。」曉知三界，□化難停，□了三常，朝霜易滅，故能屬己。率他將諸識信，仙台觀主何，」至真社長侯行敦，錄事侯君定，洞神弟子黃法忻，洞神弟子侯德本，奉國府校尉」羅建厚，弟子侯孝敬、弟子張公悎、弟子侯文暉、弟子侯公護、弟子王君遼、弟子王普之、」弟子鮮于惠南等一十三人，心存碧樹，常慕正真，各知財屬五家，先用者得。故割」捨臨用，抽拔淨財，上為皇帝陛下，下及一切倉（蒼）生，敬造靈寶尊經卅卷，通（？）」前十齋社經一百卷藏此室，置墓石心。將示後賢，流傳千載。福同良井，報似恒沙。」因果相由，如經無盡。夫刊巖石，石勒高碑，紹隆三寶，萬代無□，流通供養。」洞神女弟子范智靖、羅六娘、何招娘、羅向娘、侯饒娘、何□娘、王醜娘、任菀娘、」羅玉勝、侯弘妙、侯守娘、鄧道娘、侯貞潔、陳婵（？）娘，高玄女弟子何慈娘、王足、母羅。」大唐神龍二年太歲景午正月十五日，社女男等勒碑題名，成就訖。」弟子侯子觀、弟子羅猛節（？）、弟子侯梁皎、弟子侯玄應、弟子侯細枝、弟子侯玄紀、」弟子侯玄勛、弟子何仲瓚、弟子黃客生、弟子、黃貴實，女弟子羅約娘、弟子侯隆生、」弟子侯善壽、弟子羅仁舉弟子侯靈震、女弟子羅守娘、女弟子張舍娘、何忍娘、」弟子侯永胤、弟子侯永德、弟子張行真、女弟子羅員娘、女弟子何□娘。

　　T10是标准的碑形，在石室观题刻中属于最正式、最豪华的一个。碑系在岩石剔地浮雕而成，由碑首、碑身和碑座构成。碑首为双龙雕刻，龙身缠绕，龙头衔

图7 《石室神仙窟明真社碑》（T10）

碑上方两角。碑首中间有一个方形平面，上书"石室神仙窟明真社碑"几个大字。碑身为长方形，有边框。碑座为覆莲形。通高176厘米，碑首高45厘米，碑身宽66厘米、高105厘米，碑座宽98厘米、高16厘米。碑文楷书，正文字径约2厘米。

题刻所记为唐神龙二年（706年），明真社联合至真社及众男女信徒在石室观藏经之事。题刻中提到的弟子侯善寿与T15中的功德主同名，时代亦相近，应为同一人。

题刻中的玄圃法师刘庆善在古籍中有记载。《舆地纪胜》称其为"隋时仙者"。① 按题刻所记，刘庆善曾在石室观居住数载，约于开皇年间移居泸州安乐山并在安乐山得道成仙。安乐山，今名笔架山，位于泸州合江县西，孤峰耸峙，犹如笔架，故名笔架山。该山风景绝佳，历代名士多有游览。宋代文人黄庭坚曾游，并作文以记。② 其地还曾建刘仙观以纪念刘庆善在此修行成仙。③

（四）高道记

仅T5一幅，是石室观石刻中文字最多的题刻，幅面宽约350厘米，高90厘米，楷书，字径约4厘米。共72行，每行4～17字，算上残缺和磨损的字共计900字左右，约600字可释读。题刻记述隗先生（《舆地纪胜》记其名为隗静）在石室观的道教活动情况。笔者曾发表《论四川阆中南齐〈隗先生铭〉》④ 一文，但文章有不少释读错误。孙华先生大作《阆中石室观〈隗先生石室记〉》⑤对拙文多有订正。孙先生文章发表后，笔者再次仔细核对了拓片、照片与孙先生释文，现重新释读并标点如下。

先生□□□□，秦州天水人，隗嚣之后。」少啟□□，□□为患。识自法门，志逸人外。」宋大□□□□学道，历观眾山，遍求楼隱」而未有□□。梁州巴西郡阆中县东北有」神山名云臺山，广逾百里，峰高千刃，重嶺」峭峻，亞□□嶽，是张天师、王长、赵升得仙」之處。其南□有巖岫石穴，洞房幽室，歓鉴」崩嶺，窮奇□妙。瀑布□□，灌溉堂前，仍沿」岩西，注入□澗。水味甘芳，蠲烦療疾。易陽」温泉，何以□此？爰有松

① 王象之著《舆地纪胜》卷一四五《简州·景物下》，李勇先点校，四川大学出版社，2005，第4304页。
② 黄庭坚：《游泸州合江县安乐山行记》，《山谷别集》卷一二，文渊阁四库全书本。
③ 范成大：《吴船录》卷下，清钞本。
④ 蒋晓春等：《论四川阆中南齐〈隗先生铭〉》，《中国国家博物馆馆刊》2013年第5期。
⑤ 孙华：《阆中石室观〈隗先生石室记〉》，《文物》2014年第8期。

柏茂林，菓實自然，」靈禽天獸，屬遊□宇。森疎隱曖，實棲真之」所也。
先生乃□□此山，故遊步（?）巴士寓（?）之。」同義巴西蒲□□好靜
（?）者於北津為立道」宮，巴西嚴道□□雲臺山為造精舍並諸」堂宇。先
生住□□□，遂不居於是。巴西」鮮祐之新巴□□□何進達、何弘進等
為」先生修理石□□□處所，鐫祐巖岫，製置」房廡，奉安三□，□□之
業（?）。齋中之施，以為」恒供。先生以齊永明元年□下京師，住崇」虛
館中，咨受經□，法（?）事（?）□悉。巴西譙靈超，」譙周之胤也，試守
巴郡。太守素懷式（?）信，供」瞻先生，還復石室，福事更興，漸就精
麗。虛」堂霞帳，列幌煙□，飛廊四布，洞門雙啟，道」俗歸化，莫不洗
悅。先生隱逸山水，彌有齡」載。味道忘湌，清□□□，□景獨棲，勵志
此」室。仰尋真人，抱信□□，於焉歎絕，乃讚云」爾。其辭曰：」道由人
弘，貴在虛心（?），喧途易遣，玄逕難尋。」惛惛隗生，超逸絕塵，修業□
方，高蹈名山，」樂山之性，靜嘿空□，逍遙物外，識遠量□，」日損唯務
（?），月澹清□，□□□□，峯嶺參天。」張氏肇創，遺跡在斯。□□□修，
仍習□□。」諸賢勸獎，啟祐松崖，蘭岫昔構，桂宇今□。」北帶重石，南
屬湖池。□□□宛（?），蕙氣芬□。」以虛受人，四輩來馳，永刊茲石，題
想無□。」齊永明七年己巳歲銘。」先生遊方勸化，濟度□□，□□梁漢，
東到」京華，旋憩巴蜀，迄於□□。□□弟子一千」許人，殊邦殳（?）
居，非可□□□□□福地□，」女弟子同志在山者□□□□名如左：」都講
侯末隆、□□□□□」道士任道念、道士□□□、」道士韓真寶、道士□法
宗」道士何扶興、□□□□子、」道士□□□□□□太和、」道士□□□□□□
紅（?）」道士□□□□□民（?）、」道士□□□□□□□、」道士侯
□□□□□□、」何□□、□□□□、□□□、」何佛護□□□、□□□」何
超□、□□□□□、」何□明□□□、□□□、」羅榮□、□□□、
□□□、」羅□□、□□□、□□□」張巴興、□□□、□□□、」勾益
德、□□□、□□□、□文□□、□□□、」蒲□□□、□□□、」
□□□、」蒲□□、□□□□□、」蒲仲□、蒲□□、□□□、」馬
□□□、」□□□□□宗、□□□、」蒲清□、□□□、
□□□、」羅□□、□□□、侯巴□、」蒲□□、□□□、何□□、」鮮（?）
□、何□□、李□□、」何□□、何□□、□□□、」何□□、
□□□、」何中□、蒲□□、何□□、」□□□、蒲愛珠、□道□、」□□□、
□玉香、□□□。」

关于 T5 的相关研究，可参看孙华先生和笔者的文章，此不赘述。

（五）游记

有 T7 和 T12 两幅。

T7：田辩之游记（见图 8）

……三月初四日｜……縣令田辯之｜……嘗來

图 8　《田辩之游记》（T7）

T7 位于岩厦后部靠顶的位置，需仰视方能得见。由于岩石崩落，仅余上述几字。宽 38 厘米，残高 52 厘米，楷书，字迹清晰。字径无法测量，七八厘米。

题刻缺失内容较多，无纪年，但从字体风格看约为宋代。与 T12 相比较，两者均为三月初四日，且县令均姓田，当为同一人，故此题刻的题写时间与 T12 相同，亦为北宋熙宁二年（1069 年）。

田辩之，生平爵里不详。与苏轼有交游，苏轼曾作《戏题田辩之琴姬》诗以赠。[①] 此题刻表明田辩之曾在熙宁年间任阆中县令，可补史载之阙。

T12：郑伸游记（见图 9）

---

① 苏轼：《东坡诗集注》卷四，四部丛刊景宋本。

皇宋熙寧二年歲次己酉三月」初四日，駕部郎中知州事鄭伸、」虞部員外郎知縣事田侍問、觀」察之使楊小儀、節度推官」王時中同遊。

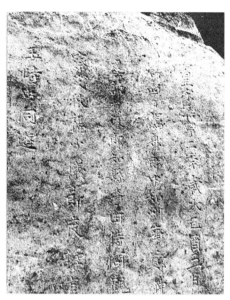

图 9　《郑伸游记》（T12）

T12 位于岩厦后部，系将岩石稍加打磨后镌刻的。题刻宽 46 厘米，高 58 厘米，楷书，字径 4～5 厘米，字迹清晰可辨。

郑伸，史籍有载。宋仁宗时人，曾任比部员外郎和驾部员外郎。光绪《海阳县志》收录了郑伸《文公祠记》和《筑城碑》两文，此两文亦被《全宋文》收录。①王安石《临川先生文集》收录郑伸制敕一篇（《比部员外郎郑伸可驾部员外郎制》），《全宋文》亦有收录。② T12 增添了郑伸的资料，亦可补《全宋文》之阙。

（六）不详

T18

大明景泰五（?）……」月初五日人四川（?）

T18 位于岩厦左侧唐代石窟 K12 左上角，紧靠 K12。系将岩石打磨平整后镌

---

① 曾枣庄、刘琳主编《全宋文》卷一〇二九，巴蜀书社，1992，第 24 册，第 363～364 页。
② 曾枣庄、刘琳主编《全宋文》卷一三六七，巴蜀书社，1992，第 32 册，第 78 页。

字其上。题刻宽 30 厘米，残高 50 厘米，上部风化严重，左下角残失。题刻性质不详，或为游记。题刻时代为明景泰年间（1450～1456 年）。

二　题刻价值

综观上述题刻，文字较多，类别众多，内容丰富，保存较好，具有重要的文献价值，突出表现在以下三方面。

（一）珍贵的道教活动史料

石室观摩崖题刻中的道教史信息十分丰富，是珍贵的道教文献。

1. 石室观道教活动史

根据题刻内容，我们可以勾勒出石室观一带的道教活动历史。

石室观所在颉家山和云台山同属蟠龙山系，相距仅 10 余公里。据《云笈七签》记载，云台山道教历史悠久，早在汉魏时期，五斗米道就在该地建立了二十四治之一的云台治。①南齐《隗先生铭》（T5）记载，五斗米道创始人张道陵就是在云台山得道成仙的，这里还发生了著名的"七试赵升"的事件，与《云笈七签》记载相同，但其时代远早于后者，说明张道陵率徒在此修行之事并非空穴来风，川北地区在天师道早期发展中的地位可见一斑。南齐时期，隗先生在此修行，其后"福事渐兴"（《隗先生铭》），修建了相应的宫观建筑。

隋代到盛唐时期，石室观一带道教十分兴盛。开皇年间，玄圃法师刘庆善居此，后移居泸州安乐山，并于开皇十六年（596 年）成仙。隋开皇十四年和十五年连续两年的十月十五日，这里都举行了盛大法会，一些信徒集资开凿了第 2 号和第 3 号龛。唐贞观十年（636 年），由侯氏家族和一些道士、信士共同为侯府君开龛造像并立双碑。此后石室观一直香火旺盛，当地还成立了信徒组织——明真社。侯府君后人侯永仁曾任明真社社老，神龙二年（706 年），在侯永仁的组织下，一大批善男信女参与了在石室观藏经活动。十余年后的开元七年（719 年），曾参与藏经的侯善寿又为父母在此开凿了一龛造像（K9）。从隗先生在此修行算起，石室观的道教活动兴盛了两百余年。

不知何故，盛唐以后石室观逐渐荒废，甚至为人遗忘。一百多年后的唐广明元年（880 年）《何传裕、何传迪妆修记》（T13）云"此岩岫功德乃是前世古老所兴，年月逾远"，显然已不明其具体历史。目睹石室观"墙壁隳坏，藜莠交阶，尊像荒芜，虫丝网面"，何传裕、何传迪兄弟心下不忍，遂与地方政府官

---

① 张君房：《云笈七签》卷二八，四部丛刊景明正统道藏本。

员、道士、善男信女共同对石室观进行了装修。由参与的地方官员、道士和众多信徒可知,当时阆中一带道教还是较兴盛的。

但此次的大规模装修之后,石室观再次落寞,此后数百年内这里再无开龛造像或装修活动之记载。不过,作为一个名胜古迹,尚存一定名气,王象之《舆地纪胜》仍将其纳入书中。宋明时期还有一些官员到此游览并题字留念。清光绪年间,信徒对石室观进行了最后一次装彩,造像上现存彩装大概即此次功德。由于石室观石厦具有遮风避雨效果,后来一度沦为无家可归者之所,崖壁上的黑色灰烬即他们所留。

题刻中涉及的道教人物有张道陵、隗先生、刘庆善等,他们在史籍中虽有所记载,但有的较简略,石室观题刻相关内容可丰富其记载,有一定补史价值。

2. 道教活动的功德主

石室观摩崖题刻详细记载了建观、开龛造像、藏经、妆修等道教活动,其中活动参与者的情况值得关注。依功德主的不同,这些道教活动可粗分为三类。

其一是道教信徒一力为之的建观、开龛造像。如《隗先生铭》(T5)提到何进达、何弘进等为隗先生修建道观。《王鞮造像记》(T2)、《侯竹亮造像记》(T6)和《侯善寿造像记》(T15)的造像功德主分别为王鞮、侯竹亮和侯善寿,均为信徒,非道教从业人员。

其二是道教从业人员与信徒联合开龛造像。如《赵法会等造像记》(T3)中造像功德主为道士赵法会以及道民侯董子等5人。

其三是由道教从业人员、宗教结社、地方官员和信徒共同参与的规模宏大的建观、妆修、藏经活动。如《石室神仙窟明真社碑》(T10)中记录的藏经活动由明真社老侯永仁发起,仙台观主何至真、明真社社长侯行敦、录事侯君定、洞神弟子黄法忻、洞神弟子侯德本、奉国府校尉罗建厚以及其弟子侯孝敬、张公憘、侯文晖等十三人,包括道观观主、明真社社长、录事、道士(洞神弟子)、奉国府校尉以及俗家弟子各类人等,署名者近20人。规模最大的要数《何传裕、何传迪妆修记》(T13)中提到的妆修活动。其功德主为何传裕、何传迪两兄弟,由孙士彪(?)撰文,张文珍镌字,其他参与者有:三洞道士赵仙长、道士罗道全、道士何道新、道士罗真一、佩法李法庆、何君淮、勾玄恭、李元庆、毛敬德,阆州军事押衙王忠、衙前字将康太瑜、军事总管乐素(?)、李敬全,里正赵瑜,首望王易,乡老侯本萧,从义贾维等百余人,包括道士、佩法、阆州军事押衙、衙前字将、军事总管、里正、首望、乡老、从义(即信徒)等,清楚地显示了各方参与者,为我们绘制了该妆修活动的宏大画卷,是难得的道教活动史料。

此外,题刻还为我们提供了宗教结社方面的材料。

（二）难得的姓氏材料

据统计，石室观摩崖题刻中提及人名 150 人以上，其中蕴含了不少姓氏信息。

1. 宗族

石室观题刻中提到的姓氏较多，其中侯姓、何姓和蒲姓三个宗族人数最多。

关于侯氏来源，《侯竹亮造像记》（T6）言侯府君"本出燕州上谷"。按燕州上谷即古之上谷郡，上谷侯氏在南北朝时人才辈出，颇负盛名，事迹于《北史》《魏书》中多有记载，此不赘述。侯府君名方熊，史籍缺载，其到阆中的时间、背景均不清楚。

《隗先生铭》（T5）中已出现个别侯姓，如都讲侯末隆、侯巴□，可见早在南齐时期，侯氏已经在石室观一带繁衍，但人数可能还不多。后来，隋代的侯文称参与了凿刻 K3。至初唐贞观年间，侯姓人又有了开龛造像之举。数十年后的《石室神仙窟明真社碑》（T10）中有"父祖开拓此室，更加修理基阶造像，又立双碑"之语，说明这些藏经的侯姓人家是隋和唐初开龛造像的侯文称等人的族裔。唐末的《何传裕、何传迪妆修记》（T13）中仍有较多侯姓，可见从南齐一直到唐末，石室观一带都是侯氏生息繁衍之地，延续至少三百年以上。

何氏也是阆中石室观一带大姓之一。据《何传裕、何传迪妆修记》（T13）称，何氏来源于庐江，为庐江盛族。庐江郡之何氏在魏晋南北朝时开始兴盛，至隋唐时期已蔚为名闻天下的大姓。阆中的何氏在题刻中也多次出现。早在南齐时期，何氏已为石室观一带大姓。《隗先生铭》（T5）中能看出姓氏的名字有 30 余位，其中何姓就有 13 位，而且何进达、何弘进两位还为隗先生修建了宫观，可见财力不俗。唐末，何传裕、何传迪兄弟领头对石室观造像进行了妆修，《何传裕、何传迪妆修记》（T13）虽称何氏昆季"斯（鼎）族高门"，但其后所列数十人名中何氏仅寥寥数人，或许此时何氏已经衰落。阆中东山弥勒大像的开凿者何氏也是阆中本地人，生活在玄宗、代宗、德宗时期，[①] 不知与上述题刻中的何氏有无宗族关系。

蒲姓也曾是阆中一大姓。在《隗先生铭》（T5）中蒲某曾为隗先生建立道宫，后文所列功德主名字中蒲姓也有 8 个，仅次于何姓。唐神龙年间的《石室神仙窟明真社碑》（T10）中有较多侯姓和何姓，但没有蒲姓，唐末的《何传裕、何传迪妆修记》（T13）中也仅有零星蒲姓，大约蒲姓在唐代已经风光不再。

---

① 杨林由：《阆中名胜古迹考释》，中国文史出版社，1997，第 111～112 页。

东晋常璩《华阳国志》记阆中县大姓为"三狐、五马、蒲、赵、任、黄、严"。① 在石室观题刻中，这些曾经的大姓中仅蒲姓在南齐时期仍然人口众多，但隋唐时期已经衰落。赵、黄、严、马诸姓在各题刻中虽然也偶有所见，但其地位似乎已难称"大姓"。三狐、任姓则无踪迹可寻。

综上，根据石室观的材料，魏晋时期阆中的大姓中蒲姓在南齐时仍较兴盛，隋唐以后衰落，而作为外来人口的侯姓和何姓于南北朝时期迁徙到阆中后渐渐发展为当地人口众多的宗族。

2. 女性姓名

题刻中有大量女弟子姓名，在表述上有一些值得注意的地方。南齐时期的《隗先生铭》中的姓名磨损太甚，大量无法识别，只有蒲爱珠、□玉香或为女弟子，表述方式为"姓 + 名"。《石室神仙窟明真社碑》（T10）中的范智靖也属此类。另有一种格式为"姓 + 某 + 娘"者，中间的"某"通常为排行，如《何传裕、何传迪妆修记》（T13）中的罗十一娘、高二娘、蒲六娘等。也有不用排行，而用体现个体特征（多为女性德行、容貌）者，如罗守娘、张舍娘、何忍娘、勾丑娘等。太蓬山石窟中同为唐末的《修十王生七斋记》中也列有 20 余女弟子名，但其表述方式为"丈夫姓名 + 妻某氏"，如邓□妻周氏、罗弘启妻陈氏、冯明妻何氏等，② 与《何传裕、何传迪妆修记》表述方式不同。

（三）宝贵的书法、文字材料

所有题刻均为楷书，从南齐的《隗先生铭》（T5）到清代的 T14，勾勒出长达千余年的文字、书法发展史。《隗先生铭》刻于南齐永明年间，是全国屈指可数的南齐碑刻之一。该题刻字体带有南朝书风，与劲健的龙门、云冈等北朝碑刻明显有别，略显温婉，不失为一件艺术价值较高的南齐书法作品。贞观年间的 T6 字体仍有南朝风格，但稍晚的开元年间侯善寿造像记（T15）和神龙年间的《石室神仙窟明真社碑》（T10）则有了一定变化，出现了明显的欧体影子，显得瘦劲。广明年间的《何传裕、何传迪妆修记》（T13）在章法、结构方面都比较讲究规矩，体现了唐代楷法的影响。宋代和明清的题刻文字风格与唐代及以前题刻相比又有了明显的变化，反映了文字在宋代以后的发展情况。

石室观题刻中有不少异体字，如"邑"字作" "，"就"字作" "，

---

① 常璩：《华阳国志》卷一《巴志》，四部丛刊景明钞本。
② 王雪梅：《〈太蓬秀立山普济寺众修十王生七斋记〉校录整理》，《西华师范大学学报》（哲学社会科学版）2014 年第 6 期。

"京"字作"京","岱"字作"[图]","憘"字作"[图]",等等，这些异体字也为研究中古时期文字史提供了资料。

除以上三个方面外，石室观摩崖题刻还具有地理沿革、古代官制、地方官员等方面的史料价值，限于篇幅，此不赘述。

广安肖溪冲相寺定光佛龛像考论[*]

符永利　王守梅

（西华师范大学历史文化学院）

冲相寺石窟位于四川省广安市广安区肖溪镇东北部冲相村八组，在川东北著名古刹冲相寺内，地处渠江上游北岸台地上，距广安城区 60 多公里，地理坐标为北纬 30°42′20.41″，东经 106°54′48.21″（见图 1）。据 2012 年西华师范大学与广安文物管理部门的联合调查资料显示，冲相寺尚保存有摩崖龛窟 58 个，造像 261 尊（不计浮雕），题刻 80 幅，以及大小不等的崖墓 14 座。石窟主要分布在大雄宝殿之后的定光岩及其东西两侧，以及狮子山的崖壁上，东西绵延 200 余米，自西向东通编58 号。按分布地域可以分为定光岩区和狮子山区，其中定光岩区有 45 龛，狮子山区分布有 13 龛。作为定光佛道场的冲相寺，最有名的当属定光佛龛，此龛编号为26 号，位于定光岩中段正面上方偏左侧，在此面岩壁的最高处，位置显著，造像独特，研究价值颇高，同时也是冲相寺石窟中保存较为完整的一龛造像。

关注此龛造像的学者并不多，相关的研究论文仅见 4 篇，如刘敏先生的《广安冲相寺摩崖造像及石刻调查纪要》、[①]《广安冲相寺锭光佛石刻造像考略——兼论锭光佛造像的有关问题》，[②] 另有翁士洋的《广安冲相寺与定光古佛信仰》、[③]

---

* 本文系国家社科基金青年项目（13CKG014）、西华师范大学科研启动基金项目（12B003）、四川省大学生创新训练项目（201610638039）部分研究成果。本文是在 2012 年西华师范大学历史文化学院对冲相寺石窟所做田野调查资料的基础上完成的，向参加本次调查的师友们表示感谢。同时该文写作前期的调查，受到了历史文化学院蒋晓春老师、刘欢欢同学等人的鼎力相助，特表谢意！

① 刘敏：《广安冲相寺摩崖造像及石刻调查纪要》，《四川文物》1997 年第 3 期。
② 刘敏：《广安冲相寺锭光佛石刻造像考略——兼论锭光佛造像的有关问题》，《中华文化论坛》2003 年第 4 期。
③ 翁士洋：《广安冲相寺与定光古佛信仰》，《空林佛教》2013 年第 6 期。

图 1 冲相寺地理位置示意图（蒋晓春绘）

杨洋的《四川广安冲相寺石窟研究》。① 刘敏先生的调查工作开展较早，为后来的调查研究奠定了必不可少的基础，并且就造像的特征做了归纳，列出一些可供进一步探讨的问题，颇具启示意义，但由于某些客观原因，往往出现尺寸数据与造像的头髻、姿态、衣着、手印等方面的记录偏差，多少显得有些美中不足。翁士洋先生的文章主要分析定光佛信仰方面，认为冲相寺定光佛造像反映的是正统信仰，即尊崇印度佛教原始之信仰，而非五代宋初兴起的此类民间信仰。杨洋的硕士论文在第四章就冲相寺定光佛造像与其他地区的同类造像做了比较，揭示其表现在时代、服饰与手印诸方面的特殊性，也对其重要价值有了进一步的认识。总的看来，冲相寺定光佛造像的研究方面仍旧存在一些问题：第一，调查方面的基础数据有待实地纠正确定，这是最基础的工作；第二，定光佛造像的特征需要深入而全面的归纳提炼，如涉及头光、头髻、面相、体型、姿态、身体比例、着衣方式、手印等方面；第三，将其置于中外各地所见的定光佛造像中，相互比较，于分类定型中认识其在历史上的地位，以及相关的传播源流等问题；第四，特殊手印的含义问题。当然，还有其他一些需要研究的问题，本文仅就以上所列的部分问题试做论述于下，请专家指正。

---

① 杨洋：《四川广安冲相寺石窟研究》，硕士学位论文，西华师范大学，2014。

一　基本概况

冲相寺石窟第 26 号龛，即定光佛龛，为外方内圆拱形龛制，外龛直壁平顶，内龛弧壁圜顶。龛宽 170 厘米，高 265 厘米，深 95 厘米。龛内正壁雕一尊立佛，像高 160 厘米，头后雕有圆形头光，内饰放射状锯齿纹，圆光外为彩绘的尖桃形，并有彩绘的身光一直延伸至龛沿。磨光高肉髻，面相较方，弯眉睁眼，鼻口略残，神情庄重，额头稍窄，下巴浑圆，长耳厚大，颈饰三道，窄肩，身着双领下垂式袈裟，胸下衣纹呈 U 字形，衣角下部饰有万字纹。双手向身体两侧半伸，左手掌心朝上，右手掌心朝下。腰下着长裙，赤双足各踩一朵仰莲圆踏，踏下为长方形低台（见图 2、图 3）。

图 2　冲相寺定光佛造像

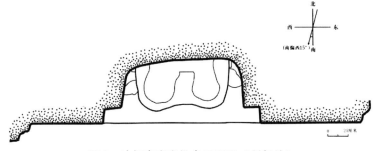

图 3　冲相寺定光佛龛平面图（刘超绘）

第 26 号佛龛位于高达 18 米岩壁的上端，调查者立于地下仰望根本无法窥见其全貌，若不搭建架子攀爬上去则无法近距离仔细观察，此前有调查者所提供的尺寸数据多为肉眼估算，误差较大，且将立佛判定为趺跌坐姿，头部看作螺髻，手印被看作双手掌心均朝下，甚至将其确定为禅定印，又将莲踏当作莲蓬，衣饰看作菩萨装，更生造出并不存在的束腰莲台覆盆座……诸多谬差不一而足。实地考古调查是一项严谨细致的工作，肩负为学界提供最基础科学资料的重责，因此要尽可能亲眼观察，实际测量，做到客观准确翔实，一时无法确知的事情可以阙如，不能臆猜编造，以免误导其他研究者。

二　年代问题

定光佛造像的年代一般被认为是隋代。据调查，在此龛外左侧壁上发现题记一则，楷书，内容为："永……（熙）……/王知球写同……父（与）子向……/先发心……主……冲相寺/定光（佛）并给贡木口未庆讫会……/铭意（题言）口清者……（会）……先……/……财帛公口口庆（开）/皇口年十一月十八日设（斋）题谨记/永（为）福口口记/"（见图 4）。由于风化严重，仅能释读部分字句。由此则题记可见，定光佛龛像当开凿于隋代开皇年间（581～600 年）。

据立于唐开元六年（718 年）的《大唐渠州始安县冲相寺七佛龛铭碑》载："佛法尊于皇唐。修龛者，使持节、渠州诸军事主长史丁正已也。……按部始安，遂届于药寺。其寺，隋开皇八年流江郡守袁君等所立。皇朝奏修祠额，寺有石迹，削成建造此龛。"[①] 这里显示，冲相寺本名药寺，建于隋开皇八年（588 年），唐改名冲相寺。《广安州志》卷三九又云："唐初赐额曰'冲相'，自宋齐至唐均隶始安县，宋元均列渠江县。"此处又表明冲相寺在宋齐之时已经建立。而民国《重修冲相寺记》中又载有"（冲相寺）创于晋，称灵山，梁（大）同为药寺"等内容，因此笔者赞同翁士洋先生的见解，即"冲相寺确切的建造年代，据传为晋代，有待考，但至少可以确定在隋开皇八年前已经建立"，"隋开皇八年流江郡守袁君等所立的并非寺院，而是石刻佛像"。[②] 冲相寺石窟的始凿年代当在隋开皇八年。

再从现存龛窟的分布区域及造像特征来看，分布在定光岩中段正面岩壁的龛窟是时代最早的，而定光佛龛又处此壁顶部中间，俯临全境，位置尊崇，按顺序

① 龙显昭主编《巴蜀佛教碑文集成》，巴蜀书社，2004，第 32 页。
② 翁士洋：《广安冲相寺与定光古佛信仰》，《空林佛教》2013 年第 6 期。

也应是此区最先开凿的。故可将开凿于隋开皇年间的定光佛龛，明确置于具体的开皇八年（588 年）。

此后定光佛龛应当经过后世多次装修，但原貌基本未变。现可明确的有两次，主要集中在明清，一次是在明万历三十三年（1605 年），另一次是在清道光二十八年（1848 年）。明代万历题记见于定光佛龛左侧，竖排两行，楷书，内容为："万历三拾三年□……/始□装功德……"（见图 5）。可见这是一次装修功德活动。① 清代道光装彩之事见于《装修冲相寺佛像石记》，此则题记位于定光佛龛下方，占壁面高 104 厘米，宽 111 厘米，竖排 11 行，楷书，字径约 9 厘米，涉及的相关内容为："……是岁十月二十七日，吾族好事者装彩定光古佛，父老云集，恭读圣谕，以宣扬天子之雅化。……郡庠苏穆如谨记。大清道光戊申冬月朔四日，镌石工许世兴刻。"苏穆如曾在冲相寺设馆两年，对此事比较熟悉，而且装彩定光佛像的也是苏氏族人。

图 4　开皇八年题记

图 5　明万历三十三年题记

---

① 邱榅桦在整理广安冲相寺摩崖题刻时，将此条万历题刻辨识为"万历三拾三年……始……（地）……"，因为没有辨读出"装功德"等字，以至于她得出"明万历三十三年是冲相寺定光佛开凿时间的可能性最大"的结论。参见邱榅桦《广安冲相寺摩崖题刻研究》，硕士学位论文，西华师范大学，2013。

三　样式类型

以现在所掌握的材料而论，可以确定定光佛的造像多为立像，亦有跏趺坐式，有单体圆雕造像、背屏式造像，亦有造像碑，石窟造像中除了圆雕之外，还有浮雕、壁画等形式，质地不一，形式多样。此处仅按组合关系划分，可以分为五型。

（一）A 型：七佛组合

七佛中的定光佛，即迦叶佛。① 释迦之前的六佛是指毗婆尸佛、尸弃佛、毗舍浮佛、拘留孙佛、拘那含牟尼佛、迦叶佛，其中前三佛属于过去庄严劫佛，而后三佛以及释迦佛则属于现在贤劫佛，弥勒佛属于未来星宿劫佛。故在一般的七佛造像中，定光佛造像是存在的，只是无特殊标识，除非题名，否则无法具体分辨其到底是哪一尊。

一般呈并排形式，按坐、立姿态的不同，可分为两式。

1. A 型 I 式：跏趺坐

例如云冈第 10 窟后室南壁拱门与明窗间的方形帷幕龛内，七佛均结跏趺坐，中央佛举右手，两侧三佛均施禅定印（见图6）。

图6　云冈第 10 窟七佛龛

---

① 贺世哲：《关于十六国北朝时期的三世佛与三佛造像诸问题》（一），《敦煌研究》1992 年第 4 期。

2. A 型 Ⅱ 式：立式

例如云冈第 13 窟南壁中层，在窟门与明窗间的三个屋形龛内雕七尊立佛，佛像均为波浪发式，着褒衣博带式袈裟，右手上举施无畏印，左手前伸施与愿印（见图 7）。

图 7　云冈第 13 窟七佛龛

（二）B 型：三佛组合

出现在三佛组合造像中，一般会有"儒童布发"① 的情节作为其标识。按是否处于三佛的核心主尊位置，可以分为两式。

1. B 型 Ⅰ 式：处于三佛中的左侧或右侧，而非中间核心位置

例如肖托拉克石雕三佛造像。该像出土于阿富汗背库拉姆东 5 公里的肖托拉克佛教遗址，年代在公元 4～5 世纪。三佛均呈立像，中间为现在世释迦牟尼佛，比较高大，左右两佛分别为代表过去世的定光佛与代表未来世的弥勒佛，位置略低（见图 8）。定光佛位于右侧，缺头部，右足前跪一童子，以发布地，表现的正是"儒童布发"故事。②

---

① 据《佛说太子瑞应本起经》《修行本起经》《增一阿含经》《六度集经》等诸经记载，释迦前世为少年修行时，名唤儒童，亦有称作"超术梵志""善慧仙人"的，逢定光佛宣扬佛法，随即买花献佛，又见地有淤泥，遂布发于上，令佛足踏之而过，因此之故得定光佛授记，预言他将来在贤劫成佛，佛号释迦文如来。儒童本生故事是已知定光佛造像体系中极为重要的表现内容。

② 邓健吾：《麦积山石窟的研究及早期石窟的两三个问题》，《中国石窟·天水麦积山》，文物出版社、株式会社平凡社，1998，第 227～228 页。

另有云冈第15窟的实例，属于云冈晚期（494～527年），位于此窟西壁下部南侧，并列开有三龛，中间一龛为盝形龛，龛内主尊是交脚弥勒菩萨。左边开一华盖形龛，龛内造一佛，立于莲台上，佛左足旁造一童子，头碰佛足，当是儒童给定光佛布发情景。右边亦开一华盖形龛，龛内造一佛，立于莲座上，应是释迦牟尼佛。[①]

2. B型Ⅱ式：处于三佛的中间主尊位置，着重凸显了定光佛的地位

实例有云冈第18窟（见图9），年代在云冈第一期（453～465年），正壁主尊为立佛，高15.5米，东西两壁各雕有一尊立佛，高9.1米，小森阳子先生根据主尊右下方的小像可能是儒童，将其判定为定光佛。[②]

图8 肖托拉克三佛造像

图9 云冈第18窟立面图

（三）C型：与弟子、菩萨组合

定光佛为龛内主尊，立式造型，左右或胁侍二菩萨，或胁侍二弟子二菩萨，与其他诸佛造像的组合形式相似。其可以分为两式。

1. C型Ⅰ式：一佛二菩萨组合

此式实例见于龙门石窟古阳洞北壁西部，为帐形龛，龛内塑像已不存，据大村西崖著《中国美术史雕塑篇》附图第474图看，龛内主尊为立佛，发愿文云："永平三年（570年）四月四日，比丘尼法行□用微心，敬造定光石像一区并二菩萨，愿永离烦恼，无有苦患。愿七世父母，□缘眷属，现在师徒，亦同此福。亦令一切众生，咸同斯庆。"由发愿文可知，所造像为定光佛胁侍二菩萨。

---

① 贺世哲：《关于十六国北朝时期的三世佛与三佛造像诸问题》（一），《敦煌研究》1992年第4期。

② 小森阳子：《昙曜五窟新考——试论第18窟本尊为定光佛》，收入云冈石窟研究院编《2005年云冈国际学术研讨会论文集·研究卷》，文物出版社，2006，第324～338页。

2. C型Ⅱ式：一佛、二弟子、二菩萨组合

该式实例亦见于龙门石窟古阳洞北壁，位于此壁下部，龛内造一佛、二弟子、二菩萨，主尊是菩萨装的立佛，有发愿文曰："延昌三年（514年）□月十二日，清信女刘四女为亡□造定光像一区"（见图10）。这尊定光佛尤为特殊的地方在于身着菩萨装扮。

（四）D型：本生或因缘故事，主要表现授记及三童子献施

按照表现内容的不同，又可分为三式。

1. D型Ⅰ式：授记本生

跟定光佛相关的授记本生，其实就是儒童本生故事，按照情节表现的复杂程度可以分为两个亚式。

（1）D型Ⅰa亚式：单个场景的单幅表现形式。

单幅式常选取最典型、最具代表性的情节来反映故事的主题。儒童本生常见的情节主要为儒童散花或者布发，此式主要表现其中的一个场景，属于一图一景式。

仅表现儒童散花情节的图像实例，多见于克孜尔石窟，如位于克孜尔第100号窟右甬道外壁、第69窟主室右壁右侧及第163窟的定光佛壁画（见图11）等。①

图10　龙门古阳洞刘四女造像

图11　克孜尔第163窟儒童散花壁画（耿剑绘）

---

① 耿剑：《"定光佛授记"与定光佛——犍陀罗与克孜尔定光佛造像的比较研究》，《中国美术研究》2013年第2期。

仅表现儒童布发情节的造像实例，可见于云冈石窟，常仅作一立佛，儒童长发披地，佛像蹈足而过，主要在第 19 - 1、11 - 16（见图 12）、5 - 10、5 - 11（见图 13）、13 - 16、15、34、35、38、39 号等窟。[①]

图 12　云冈第 11 ~ 16 窟儒童布发造像　　　图 13　云冈第 5 ~ 11 窟儒童布发造像

（2）D 型 I b 亚式：一图多景或连续画面形式。

在一个故事画面中同时反映两个或两个以上的情节，这属于一图多景，或采用简易的分隔形式将画面分成几个时空，每一个时空内表达一个故事情节，形成一种连续性的表现形式。在定光佛立像周围，将儒童买花、散花、布发、腾空的授记故事多场景式或连续性地予以表现，这种具有故事情节的、合并多个片段的画面构图，被称为合并叙述。[②]

此式造像，在犍陀罗地区主要采用浮雕形式，时代多在公元 2 ~ 3 世纪，画面中首先是儒童在城门前向卖花人买花，再表现他把莲花抛向定光佛上空，然后匍匐在佛的前面，以发布地，最后像莲花一样悬在空中。可以说，儒童从买花、散花、布发到受记腾空，出现了四次，定光佛则以高大的形象占据画面中心位置。实例如拉合尔博物馆所藏出土于西克利的犍陀罗浮雕，定光佛居

①　赵昆雨：《云冈石窟佛教故事雕刻艺术》，江苏美术出版社，2010，第 104 页。
②　耿剑：《"定光佛授记"与定光佛——犍陀罗与克孜尔定光佛造像的比较研究》，《中国美术研究》2013 年第 2 期。

中，右侧依次是卖花人、买花的儒童、抛花的儒童，下方是伏地的儒童，上方是腾空的儒童，身后左侧侍立有比丘像（见图14）。相类似的又如现藏于大英博物馆的浮雕儒童本生像（见图15）。这是表现比较全面的形式，亦有简化形式，如省略买花或腾空的儒童形象，亦有略去卖花人的。如中亚迪尔发现的犍陀罗立佛（日本私人收藏），头光上浮雕七宝莲花，足侧有童子作五体投地状，主要表现了散花与布发掩泥两个场景，其中散花则用头光中的莲花表示，并未出现儒童形象（见图16）。

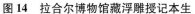

图14　拉合尔博物馆藏浮雕授记本生

图15　大英博物馆藏浮雕授记本生

　　另一处典型的实例所在地在云冈石窟，这里出现了大量表现儒童本生故事的造像，多为浮雕形式，主要在云冈中期和晚期，尤以晚期最盛，据统计约有17幅之多。① 其中构图最详的是云冈第10窟前室东壁的儒童布发画面（见图17、图18），可看到左侧楼阁（象征城门）内，卖花女左手持莲，右手举起，阁外的儒童买花，左手持棒状物，阁顶部正脊上一圆形物中有一人半跪合掌，表现的当是腾空的儒童。画面中间是儒童左臂挟五茎莲花面佛而立。立佛顶罩华盖，左侧足旁有儒童合掌长跪，头发散布佛足下。佛右侧上方有二比丘合掌礼敬，下方为一夜叉，逆发持拂。由上可看出，云冈此类图像不仅吸收了犍陀罗画面的总体结构和故事情节的设计，而且继承了汉魏绘画中附设榜题的传统，以短册榜题将画面有序地分成四个时空，从而改变了犍陀罗人物密集、混杂的场面。②

────────────────

　　①　赵昆雨：《云冈的儒童本生及阿输迦施土信仰模式》，《佛教文化》2004年第5期。

　　②　赵昆雨：《云冈石窟佛教故事雕刻艺术》，江苏美术出版社，2010，第29页。

图16　中亚迪尔定光佛立像

图17　云冈第10窟前室东壁授记本生线描图

图18　云冈第10窟前室东壁浮雕授记本生

2. D型Ⅱ式：三童子献施因缘

此式造像常表现为立佛，左手或右手持钵低垂，下有三童子相攀肩蹬，其中一童子双手捧物欲投入佛钵中，被称作"定光佛并三童子"题材。①

---

① 这类造像的题材，一般被考证为"阿输迦输土因缘故事"，即阿育王施土。据《阿育王经》载，阿育王前世名阇耶，其为童子时曾以沙土供奉释迦牟尼，故得释迦授记，在佛涅槃百年之后，当生波吒利弗多城，姓孔雀，名阿育，将成为转轮圣王。虽然此类造像的构图确实与《阿育王经》所记施土故事相符，但是根据部分此类造像的发愿文判断并非如此。例如在河北邯郸响堂山水浴寺西窟的立佛像头光右侧便刻有一则发愿文，内容为："武平五年甲午岁十月戊子朔，明威将军陆景□、张元妃敬造定光佛并三童子，愿三界群生见前受福托荫花中，俱时值佛。"由此可证明，龛内立佛并非为阇耶授记的释迦牟尼，而是在过去九十一劫前为释迦牟尼前身授记的定光佛。另外，故宫博物院藏北魏末期洛阳平等寺造像碑亦有类似造像，碑上出现"定光佛时"铭记。又河洛地区出土的北齐河清三年（564年）梁罷村七十人造像碑，左侧面第二层龛同一造型的造像上也出现了"定光佛主、三童子主"的题记。河津东阳村武周时期（690~704年）畅文成等造像碑（山西省博物馆藏），右（转下页注）

此式实例多见于云冈石窟，云冈早期如第18窟南壁（见图19）即已出现，至云冈晚期数量骤增，如第19－1、5－11、5－38、5－39、25（见图20）、29（见图21）、33、34、35、38、39号等窟均有此类造像。① 另外，河北邯郸峰峰矿区鼓山响堂山石窟水浴寺西窟也发现有北齐时期的此式造像（见图22），在此窟后壁左侧上方的长方形龛内，雕有一尊立佛和三个裸体男童，是定光佛并三童子题材。②

图19　云冈第18窟　　　图20　云冈第25窟　　　图21　云冈第29窟
　　　童子献施　　　　　　　　　童子献施　　　　　　　　　童子献施

3. D型Ⅲ式：授记、三童子同时组合表现

此式将儒童本生与三童子献施两种题材放在一起进行表现。例如河南浚县浮丘山北齐四面造像石的北面中龛（见图23），在立佛和三童子的外侧，还雕有一尊手持莲花的男像和两尊女像。手持莲花者即为儒童，其旁女像为卖花给儒童的

(接上页注①)侧面第二层龛，三童子相攀扶向佛献施，一弟子伴行，龛楣浮雕诸莲花，左边框题"定光佛录事"。以上各例可以说明，这种造型的内容确是定光佛造像，而非接受阿输迦施土的释迦佛。李静杰先生曾明确指出："北朝时期，除了基于定光佛授记本生故事表现的基本造型外，还出现了由阿育王施土因缘图发展而来的转化造型。云冈石窟北魏中期作品中一向被学界认为阿育王施土因缘的图像，其实皆当看作定光佛授记本生的表现。"这种造像形式当是受阿育王施土的影响而产生的，虽未找到相关经典的依据，但题记表明为定光佛造像无疑，可命名为"定光佛并三童子"或"三童子献施"。参见刘东光《响堂山石窟造像题材》，《文物春秋》1997年第2期；李静杰：《定光佛授记故事造型辨析》，《紫禁城》1996年第2期；李静杰：《定光佛授记本生图考补》，《故宫博物院刊》2001年第2期。

①　赵昆雨：《云冈石窟佛教故事雕刻艺术》，江苏美术出版社，2010，第106页。

②　刘东光：《响堂山石窟造像题材》，《文物春秋》1997年第2期。

王家女瞿夷及侍女。据经典所载，这个王家女瞿夷也同时得到了授记。这是以献花表现授记本生的故事，也有采用布发情节的，如河清三年（564 年）梁龙村碑，立佛右下作童子献施，左下则为布发掩泥，共用一尊定光佛立像，表现两个故事题材，且呈左右对称布局。

图22　河北响堂山童子献施

图23　河南浚县浮丘山北齐造像石

（五）E型：单尊形式

定光佛为立式，独尊，大体可分为两式。

1. E型I式

E型I式中并未出现儒童的人物形象，仅以莲花等物来象征或者暗示故事情节，并成为辨别定光佛身份的特殊标识。莲花在此表示儒童散花。

实例1：单体圆雕立像，出土于犍陀罗的西克利，现由欧洲收藏家收藏（见图24）。此像为圆形头光，波浪纹发髻，身着通肩装佛衣，右手施无畏印，左手抓衣角，赤足立于方台座上，与当地出土的其他诸佛造型无异。所不同的地方在于，此像头光中浮雕有六茎莲花，底座正面饰有三朵莲花。

实例2：单体圆雕立像，出土于犍陀罗的塔波拉，现收藏于东京 Matsuoka 艺术博物馆。此像圆形头光内浮雕有两茎莲花。

2. E型II式

E型II式为单尊立像形式，并无其他暗示性或者象征性的造像物，仅靠造像题记方可判定身份。冲相寺定光佛造像即属于此式（见图25），龛内除了定光佛立像之外，并无儒童、童子之类的人物，亦不见莲花之类的象征物。① 此像所体现出来与定光佛相吻合的地方除了立式造型之外，还有双手所施的手印，这种手印虽然在常见的定光佛像甚至其他佛像身上都很难见到，但它所体现的意义正是定光佛的本身标识。这个问题此处不赘述，下文将予以专论。

图 24　西克利出土定光佛像　　　图 25　冲相寺定光佛像（刘超绘）

　　综合上述分类定型可以看出，代表过去佛的定光佛像，最初一般出现在七佛、三佛组合中，地位并不突出，也存在与其他诸佛无异的造型和组合，根

---

① 冲相寺石窟定光佛龛（编号 K26）左侧相距约 25 厘米处的岩壁上凿有一小龛，编号 K28，为单层圆拱形浅龛，已残，宽 15 厘米，高 20 厘米，深 3 厘米。内雕一尊立像，饰圆形头光，肉髻微隆，上身着通肩 U 纹袈裟，下着长裙，右手似于胸前结印，左手下垂体侧。左足一旁似雕一物，已难辨认（见图 26）。起初我们认为其当是与 K26 定光佛有密切关系的儒童造型，但后来又产生几点疑问：第一，K26 的开凿者，若原本规划设计有儒童造像的话，必然会选择在 K26 内，此龛较大，仅正壁凿刻一尊立佛，佛之足侧及左右龛壁均有足够的空间来完成儒童或其他伴生造像的凿刻，定不会将儒童安排于龛外；第二，K28 所雕立像，从肉髻、衣着等方面判断，均应属于立佛造型，而非儒童表现出来的菩萨状或童子小儿状；第三，K28 小立佛左足旁所雕造像已不清晰，从残存的底部观察，似为人体匍匐的腿足状，故笔者颇怀疑此像有可能是布发的儒童，而小立佛下垂的左手正置于"儒童"上方，与一般常见定光佛的手势相类似。据此姑且再作进一步推测，K28 小立佛当为定光佛立像。这种在大造型定光佛像的附近凿刻小造型定光佛像的做法，我们在云冈第 18 窟可找到类似先例。如前文所述，云冈第 18 窟主尊已被小森阳子先生考证为定光佛像，而在此像左手所握衣端的外侧，则雕有一小佛立像，尺寸只比本尊衣上的化佛稍大，小佛立像的左下方有一伏地的人像，这恰是定光佛故事的典型人物场面——儒童布发，因此该小佛立像无疑是定光佛（见图 27）。冲相寺这种做法是否来源于云冈石窟，其间是否还有中转的传播途径，值得我们再作关注和探讨。

图 26　冲相寺 K28 立佛像

图 27　云冈第 18 窟北壁小立佛

本不含有自身的任何特色。随着佛教的发展及传播地域的变化，定光佛逐渐在造像中得到重视，授记本生尤其得到强调，造像中热衷于刻画此类故事情节，着重表达的是"求得授记"的成佛思想。这一现象在北朝时比较盛行，晚期尤甚。广安冲相寺定光佛像所开凿的年代（开皇八年，即 588 年）虽已进入隋代，但南北仍旧没有进入真正统一，事实上还属于北朝晚期，定光佛造像的出现便是受此风所影响的结果。不过，冲相寺的定光佛像与北方相比，其实已是这类造像的简化形式，其源可追溯至犍陀罗地区的做法，只是简化得更加彻底，连外在的象征物诸如儒童、莲花等统统省略掉，只专注于定光佛本尊，且以之为一龛主尊，甚至将其安排在当时定光岩整个造像区的最高位置，不可不谓对定光佛的尊崇已经远超前代。其在造型设计上设置了独特的手印，不借助外物只靠造像本体来突出定光佛的特质，这是此前所未见的。

四　太阳纹头光

背光是佛教造像背后的光圈式装饰图案，一般处于佛教诸尊像的头部或身后，包括头光和身光，这是佛"三十二相"中"眉间白毫"和"长光一丈相"的表现，属于佛本体的一部分。[1] 背光表现的是佛的神圣伟大，象征光明和智慧，代表佛的炽盛，表示的是普照一切无所障碍的超常的光，同时又可以起到装点佛身的效果，能反映出各时代造像样式和造像者的审美观。[2] 冲相寺定光佛的身后亦表现有背

---

① 封钰、韦妹华：《佛教雕塑背光图像的象征意义》，《东南文化》2010 年第 2 期。
② 顾虹、卢秀文：《莫高窟与克孜尔佛教造像背光比较研究》，《敦煌学辑刊》2014 年第 4 期。

光，为外桃形、内圆形①双层头光，圆光中雕刻放射状的锯齿纹一圈，桃形头光上部及身光彩绘而成。这里要讨论的是圆光中雕刻的一圈锯齿纹，又被称作太阳纹②，下面试对这种特殊头光纹饰的形制类型、流布及寓意等问题，略做分析。

据初步统计，这种装饰纹样在冲相寺石窟的 58 个龛中，发现有锯齿纹头光的有 K1、K23、K26、K43、K45、K47、K50，共 7 个龛，单体实例有 13 个，其中用于主尊佛像的有 4 例，弟子 5 例，金刚力士 4 例。按照形制可以分为两型。

（一）A 型：尖桃形头光

在圆形头光之外表现有尖桃形外层头光，主要见于主尊佛像。其中按桃形光中是否有纹饰再分为两式。

1. A 型 I 式

A 型 I 式尖桃形光比较小，内素面不见纹饰，此式仅 1 例，即 K26 定光佛（见图 28）。

2. A 型 II 式

A 型 II 式桃形外层头光比较大，内镂雕有不同的纹饰，或为如意卷云纹，或为缠枝忍冬纹，前者纹饰如 K45 主尊（见图 29），后者纹饰则有 K47（见图30）、K50 主尊。

图 28　冲相寺定光佛像头光　　　　图 29　冲相寺 K45 主尊头光

① K26 定光佛的圆形头光实为横窄竖高的椭圆形状，另冲相寺其他龛像的圆形头光不少亦属于这种形状，可能是因为瞻拜礼佛者均处在低的位置仰视佛像，故雕成此种形状，正好在礼佛者的视线中构成正圆形。

② 这种头光纹饰的名称，在《巴中石窟内容总录》《广元石窟内容总录·千佛崖卷》《安岳卧佛院考古调查与研究》等中均被称作"太阳纹"，而在《四川夹江千佛岩古代摩崖造像考古调查报告》中则被称作"锯齿纹"。

图30　冲相寺 K47 主尊与左侧弟子头光

（二）B 型：圆形头光

该类型不表现桃形外层头光，仅为圆形头光，主要见于弟子、力士造像。按是否雕有装饰纹带，亦可分为两式。

1. B 型 I 式

B 型 I 式没有装饰纹带。主要有 K1 右侧弟子（见图 31）、K43 左右二力士（见图 32）、K45 左右二力士、K47 左侧弟子。

图31　冲相寺 K1 右侧弟子　　　　图32　冲相寺 K43 左侧力士

2. B型Ⅱ式

B型Ⅱ式圆形头光外再雕一圈装饰带。主要有 K23 左右二弟子（见图33、图34）、K50 左侧弟子，用凸棱圈间隔的光圈带中浮雕有菱形、椭圆形等几何纹，相间排列，菱形中有凸起的小椭圆状物，形似眼目。

图33　冲相寺 K23 左侧弟子　　　图34　冲相寺 K23 右侧弟子

由以上分析可见，这种头光纹饰可以用于作为主尊的佛像，也可用于作为胁侍的弟子或作为护法的力士，似乎并无神格方面的限制，在表现形式方面却表现出佛教世界的等级观念，其中 A 型与 B 型的区别，就是为了强调这种等级差异。同时 A 型Ⅰ式与 A 型Ⅱ式的区别，主要是时代特点表现出来的差异，从一个特定角度反映出 K26 的开凿时代要早于 K45、K47 和 K50。同时，K1、K23、K43、K45、K47、K50 所表现出来的这种类似性，反映了它们时代的相近，尤其是 K43 与 K50 在龛窟形制、规模大小、造像题材与组合等方面所表现出来更高程度的相似性，[①] 更印证了这一点。经分析排比，这7龛的年代有隋、盛唐，亦有中唐，以盛唐最多。故可明确这种头光纹饰在冲相寺石窟的流行时间范围，当在隋至中唐。

至于太阳纹这种头光的源流、寓意问题，限于篇幅，笔者仅在此略做阐述。经初步考察，这种头光纹饰首先产生于古印度犍陀罗地区，目前所见最早的实例是阿富汗 Paitāva 出土的舍卫城双身变图佛传浮雕，现藏法国吉美博物馆，[②] 时

---

① K43、K50 均为内外皆长方形的双层大龛，高2米多，深1米多，造像均为三佛、二弟子、四菩萨、二力士及八部众，似乎这两龛有着相同的设计粉本，其年代自然是非常接近的。

② 〔韩〕李妌恩：《北朝装饰纹样——五六世纪石窟装饰纹样的考古学研究》，故宫出版社，2014，第246页。

代在公元2～3世纪，立佛右手施无畏印，左手下垂握衣角，大圆形头光内的边缘部位饰有一圈锯齿纹，齿纹形制较小，排列细密，形如连续的小正三角形，这当属于早期形态（见图35）。因为此佛肩膀表现有升腾的火焰，而在另一件阿富汗绍托拉克出土的相似造型的造像上，其身光边缘部位所饰的即为火焰纹，所以Paitāva造像头光中的锯齿纹其实表示的也是火焰，只是为了与佛肩写实的火焰相区别而设计成这种造型，其用意是相同的，都是用来表现光明的。

太阳纹头光在犍陀罗地区出现以后，又因受到希腊太阳神造型因素的影响，出于对太阳的崇拜，这种头光纹饰开始发生变化，齿纹更加尖长犀利，变得更加形似太阳光芒。① 如现藏东京的释迦牟尼佛铜坐像，② 制作于公元3世纪，为跏趺坐式，右手施无畏印，左手握衣角，圆形的头光不大，边缘处被制作成放射形的锯齿状一圈，形如佛头后照耀着一个光芒四射的太阳（见图36）。在这里，锯齿已经成为头光造型的一部分，而不是仅仅作为可有可无的附属装饰，这应属于发展型。此外，犍陀罗作品中还有一件巴雅说法佛石坐像，③ 坐姿，手印与上述一件造像相同，圆形头光内的边缘部分浮雕有一圈太阳纹，三角形齿纹中有个别造

a）正面　　　　b）背面

图35　阿富汗舍卫城双身变像　　　图36　犍陀罗释迦佛铜坐像

---

① 佛光是佛陀智慧的象征，与早期太阳崇拜的基本精神有着相互一致的地方。太阳纹头光是最能体现"太阳化"特征的佛光，光芒的放射状表现得十分逼真，是反映原始太阳崇拜在佛教艺术中的体现和延续的最好例证。
② 赵玲：《印度秣菟罗早期佛教造像研究》，上海三联书店，2012，第167页。
③ 李静杰：《中国金铜佛》，宗教文化出版社，1996，第244页。

型变得腰部有些圆凸（见图37）。时代较晚的作品，如印度北方邦班达县出土的佛陀铜立像（见图38），属于笈多时代，约在公元400年，右手施无畏印，左手握衣角，头光显得很大，边缘制作成一圈锯齿状，稍异的是光线末端呈现小圆球形。① 这两个实例可看作变异型。

图37　巴雅说法佛石坐像　　　图38　印度北方邦班达县出土佛立像

　　太阳纹头光随着佛教而东传，先至新疆地区，发现的实例并不多，但这种东西承接的桥梁作用不容忽视。再往东，这种纹饰出现在敦煌莫高窟已是公元6世纪初期，按徐玉琼对莫高窟北朝佛像背光装饰纹样演变过程的划分，属于第三阶段（525～545年），表现较多的则在第四阶段（多属北周时期，545～585年），并认为这种"锯齿式火焰纹"应是来源于古印度、西域地区，具体来说应是"对迦毕试佛教造像背光中锯齿纹变异后融合产生的新纹样"。② 河西其他石窟目前还未见到太阳纹头光。中原北方地区，在石窟造像的胜地如山西云冈、洛阳龙门亦基本未见。长安造像圈中目前也没有发现较多实例。③

---

① 〔美〕罗伊·C. 克雷文著《印度艺术简史》，王镛、方广羊、陈聿东译，中国人民大学出版社，2010，第78～79页。

② 徐玉琼：《莫高窟北朝佛像背光装饰纹样特征及其演变》，《郑州航空工业管理学院学报》（社会科学版）2013年第5期。

③ 仅在陕西省麟游县慈善寺石窟发现1例，即1号窟主尊的浮雕头光，呈圆形，直径达290厘米，共分内外四层：中为八瓣莲花；次层为十四格，每格刻一锐尖光芒纹；第三层亦为十四格，间隔雕两种图案，一为两端带圆珠的菱形纹，另一为两端带半圆珠的"十"字形纹；第四层为素面宽带纹。每层间以双凸线。此种太阳纹头光被分为十四格的形式，可能是将放射纹（形似法轮）与太阳纹相结合的产物。参见西北大学考古专业、日本赴陕西佛教遗迹考察团、麟游县博物馆编著《慈善寺与麟溪桥——佛教造像窟龛调查研究报告》，科学出版社，2002，第7页。

唯独比较流行的地区在四川，[①] 除了广安之外，如广元、巴中、安岳、夹江等地均有发现，尤以巴中地区最为多见。具体来说，广元地区最著名的两处石窟中，皇泽寺未见，千佛崖仅有1例；[②] 巴中地区主要分布在北龛和西龛，南龛1例，北龛7例，西龛9例，水宁寺1例，涉及10个龛，共18例；[③] 安岳卧佛院1例，[④] 夹江千佛岩2例（见表1）。[⑤] 这些实例，不出上文对冲相寺石窟太阳纹头光所做的类型分析范围。在施用的尊神身份上，增加了地藏与菩萨；佛中可以判定具体身份的有菩提瑞像、释迦、阿弥陀佛、定光佛等；时代范围从隋至晚唐，其中盛唐最多，达到12龛，其次为隋代和初唐，中唐、晚唐则最少。与犍陀罗及西域、河西等地相比较，以巴中及广安冲相寺为代表的四川石窟中的太阳纹头光表现出了极强的地域特色：一是以石窟造像为主要表现形式，采用镂刻技法的占多数；二是放射状的锯齿造型更多地继承了犍陀罗地区的发展型，齿纹更长更尖，外围是闭合的圆形，继承中又有创新；三是尖桃形外头光的引入，以及装饰纹带的多样化，不仅可以强调等级观念，而且可以增添时代气息。

由于成都本地出土的南朝佛教造像中不见此种形式的头光，故推断冲相寺太阳纹头光的来源需要考虑北方因素。一般而言，四川石窟以川北的广元和巴中为首传之地，再由北向南波及其他地区。在太阳纹头光方面，冲相寺石窟与巴中石窟表现出比较多的"亲缘"关系，不仅形制相近，而且多伴有天龙八部等像，尤其是在时代上能产生一种早晚关系，在类型上巴中更为全面，似存在近似"母子"般的关系。因此，我们初步推测此种太阳纹头光的传播线路，应是从古印度犍陀罗地区起源，传至西域地区，再到敦煌等河西走廊，然后经由天水、汉中南下，过米仓道而至巴中，最后沿南江、巴河、渠江传至广安冲相寺。至于安岳、夹江两地的太阳纹头光，可能又是另外一条传播线路。

---

① 重庆地区亦有发现，主要见于合川区龙多山石窟，如东上 K2、东上 K10、东上 K13、田湾 K2-1、田湾 K2-2、田湾 K2-4，共有6个龛，11例，时代主要集中在晚唐至五代时期。形制大体亦可分为尖桃形与圆形两型，主尊多为桃形，太阳纹外饰缠枝忍冬纹、火焰纹或莲瓣纹，比较特殊的是与头光形成葫芦状的身光里出现了太阳纹。圆形头光则多用于弟子造像，有的太阳纹外为素面，有的则饰有莲瓣纹。

② 四川省文物管理局、成都文物考古研究所等：《广元石窟内容总录·千佛崖卷》（上卷），巴蜀书社，2014，第67页。

③ 四川省文物管理局、成都文物考古研究所等：《巴中石窟内容总录》，巴蜀书社，2006，第53、226、228、242、243、255~258、260~263、267~268、323~327、435页。

④ 秦臻、张学芬、雷玉华：《安岳卧佛院考古调查与研究》，科学出版社，2014，第92页，图版83。

⑤ 四川省文物考古研究院等：《夹江千佛岩——四川夹江千佛岩古代摩崖造像考古调查报告》，文物出版社，2012，第241页，图版97。

表1　四川地区佛教造像中太阳纹头光发现情况

发现地点	龛窟编号	时代	所饰造像	头光形制	类型	备注
广元千佛崖	86号	唐	二弟子	圆形，中心为莲瓣一周，外为太阳纹，间隔以联珠纹	B型Ⅱ式	伴有菩提双树、人形天龙八部
巴中南龛	31号	盛唐	地藏	圆形，内饰太阳纹	B型Ⅰ式	单尊
巴中北龛	12号	初唐	主尊佛	圆形，内饰太阳纹	B型Ⅰ式	菩提瑞像
巴中北龛	12号	初唐	左右二弟子	圆形，内饰太阳纹	B型Ⅰ式	
巴中北龛	13号	初唐	左右二弟子	圆形，内饰太阳纹	B型Ⅰ式	主尊为倚坐式弥勒
巴中北龛	32号	盛唐	左弟子	圆形，内饰太阳纹	B型Ⅰ式	天龙八部众
巴中北龛	33号	盛唐	左右二弟子	圆形，中心为莲瓣，外为太阳纹	B型Ⅱ式	天龙八部众
巴中西龛	5号	初唐	弟子、力士	圆形，中心莲瓣，外镂雕太阳纹	B型Ⅱ式	4例；倚坐主尊；天龙八部
巴中西龛	10号	盛唐	二力士	圆形，内镂雕太阳纹	B型Ⅰ式	开元三年；倚坐主尊；天龙八部
巴中西龛	18号	隋	主尊佛	外桃形，内圆形，饰太阳纹、菱形纹、卷草纹	A型Ⅱ式	
巴中西龛	87号	盛唐	二菩萨	外桃形，内莲瓣，中太阳纹，饰卷草、火焰纹	A型Ⅱ式	主尊为菩提瑞像
巴中水宁寺	21号	盛唐	主尊佛	外桃形，饰镂雕忍冬纹，内圆光饰太阳纹，周以联珠纹	A型Ⅱ式	单尊
广安冲相寺	1号	盛唐	右弟子	圆形，内镂雕太阳纹	B型Ⅰ式	菩提双树；天龙八部
广安冲相寺	23号	盛唐	左右二弟子	圆形，内镂雕太阳纹，饰菱形、椭圆形等几何纹	B型Ⅱ式	天龙八部众
广安冲相寺	26号	隋	主尊定光佛	外桃形，素面，内镂雕太阳纹	A型Ⅰ式	单尊
广安冲相寺	43号	盛唐	左右二力士	圆形，内镂雕太阳纹	B型Ⅰ式	三方佛；八部众

续表

发现地点	龛窟编号	时代	所饰造像	头光形制	类型	备注
广安冲相寺	45号	中唐	主尊阿弥陀佛	外桃形，饰卷云，内镂雕太阳纹	A型II式	西方净土变；观音；千手观音
广安冲相寺	45号	中唐	左右二力士	圆形，内镂雕太阳纹	B型I式	
广安冲相寺	47号	盛唐	主尊阿弥陀佛	外桃形，饰忍冬，内镂雕太阳纹	A型II式	西方净土变；天龙八部
广安冲相寺	47号	盛唐	左弟子	圆形，内镂雕太阳纹	B型I式	
广安冲相寺	50号	盛唐	主尊释迦佛	外桃形，饰忍冬，内镂雕太阳纹	A型II式	三方佛；天龙八部
广安冲相寺	50号	盛唐	左弟子	圆形，内镂雕太阳纹，饰菱形、椭圆形等几何纹	B型II式	
安岳卧佛院	70号	盛唐	主尊释迦佛	外桃形，内太阳纹周饰联珠纹、花朵和宝珠	A型II式	
夹江千佛岩	93号	晚唐	左右二弟子	圆形，内镂雕太阳纹	B型I式	三世佛，倚坐弥勒主尊

五 着衣方式

冲相寺定光佛像的着衣方式亦具特色。此前有研究者将之确定为"身着U形罗纹袈裟"① 或者为"菩萨装"，认为"（定光佛像）服饰为三层，内为僧祇衣，中间为无袖无开缝裙披，外为通肩风披"。② 杨洋在其硕士论文中描述道："定光佛身披双领下垂式袈裟，周饰U形衣纹，中间三角形衣角（上饰万字纹）垂至膝下，下露百褶长裙，内衣大袖口直悬腕下呈三角形。"③ 以上所述均有不同程度的偏差，为此将我们观察的结果陈述于下。

依佛本制，缠缚于佛及僧众身上的法衣常有三种，称为三衣，各有不同的名称，为求简单方便，按照陈悦新引《十诵律》的做法，简化僧伽梨为上衣，欝

---

① 刘敏：《广安冲相寺摩崖造像及石刻调查纪要》，《四川文物》1997年第3期。
② 刘敏：《广安冲相寺锭光佛石刻造像考略——兼论锭光佛造像的有关问题》，《中华文化论坛》2003年第4期。
③ 杨洋：《四川广安冲相寺石窟研究》，硕士学位论文，西华师范大学，2014，第16页。

多罗僧为中衣，安陀会为下衣。① 其实可以简单理解为外衣、中衣和内衣。从领口与袖口（见图39、图40）进行仔细观察后发现，定光佛上身著有三层佛衣，内为双领下垂式的内衣，比较轻薄贴体，为窄筒袖；中衣和外衣均较厚重，都为一块长方形的棉布，并无衣领和衣袖。中衣横披，中间部位从后颈覆下至胸，左右两侧覆双肩及双臂，两摆从手臂等距离垂下；外衣从右肩披垂至胸，再横向左侧搭垂于左肘部，外衣覆盖了整个右肩和右臂，因绕搭左肘又覆盖了左前臂，胸以下垂成三角状衣襟。外衣四个角，一个垂于双膝间，上饰有"万"字纹，另一个角垂于左手之下，另外两角垂于体后两侧。腰下系裙，这点是没有疑问的。这种着装方式比较特殊，目前笔者仍未找到与之相同的实例。不过根据内衣与中衣双领下垂、外衣袒左搭肘的特征，可以命名为双领下垂外衣搭肘式。

图39　冲相寺定光佛像（正面）　　　图40　冲相寺定光佛像（侧面）

六　手印含义

冲相寺定光佛像特殊的手印，长期以来学界未做出合理的解读。常见定光佛像的手印一般为无畏印，或抓握衣角，或向下伸手托钵，极少见到这种双手斜伸，一掌朝上，另一掌朝下的手印（见图41、图42）。杨洋曾解释说，"这种一手托天、一手覆地的手印"，显示的是"定光佛的佛法无际无边和天地间唯我独

---

① 陈悦新：《5～8世纪汉地佛像着衣法式》，社会科学文献出版社，2014，第26页。

尊的显赫地位，反射出冲相寺地区对定光佛无比的推崇和浓厚的信仰"。这种说法没错，是从佛像表面动作和气势上来认识的，但放在其他佛像身上也是可以成立的，流于宽泛，而不中的。刘敏先生指出："这种手印除此佛外尚无前者，亦无后例。其创作构思是否与儒童接受定光佛授记有关，亦待进一步进行考证。"这为我们解读这种特殊手印指明了方向。定光佛之所以为定光佛，就是有着不同于他佛的特质，这种特质正是开凿者们需要着力挖掘和表现的。所以解读其手印，亦当从定光佛本身的特性入手。

图41　冲相寺定光佛右手印　　　图42　冲相寺定光佛左手印

　　不妨先提出我们的观点：定光佛双臂自然斜伸，手指并伸，右手掌心朝下，表示的是为释迦前世儒童进行授记，可暂称作授记印；左手掌心朝上，表示接受三童子献施，表现的当是定光佛与三童子缘。

　　从前文的论述可知，定光佛造像中一般最常表现的内容就是授记本生、三童子献施，以至于儒童、三童子、莲花等可以作为辨别定光佛身份的标识。但冲相寺定光佛龛像中并无这些形象，我们说它是一尊简化的定光佛造型，并不代表它就没有这方面的内容，只是这些内容由显性变为隐性，由直观的表现变成暗示性的象征。

　　关于授记，造像体系中似乎并没有明确规定的手印。但是佛教经典中载明，授记之时有摩顶的动作，而摩顶正是佛手下伸、掌心朝下的。如《法华经·嘱累品》称："释迦牟尼佛从法座起，现大神力。以右手摩无量菩萨摩诃萨顶，而作是言：'我于无量百千万亿阿僧祇劫，修习是难得阿耨多罗三藐三菩提法，今以付嘱汝等：汝等应当一心流布此法，广令增益。'"《地藏菩萨本愿经》称：

"又于过去，不可说不可说阿僧祇劫，有佛出世，号狮子吼如来。若有男子女人闻是佛名，一念皈依，是人得遇无量诸佛摩顶授记。"《楞严经》云："（普贤菩萨）白佛言：若于他方恒沙界处，有一众生，心中发明普贤行者，我于尔时乘六牙象，分身百千，皆至其处。纵彼障深，未得见我。我于其人暗中摩顶，拥护安慰，令其成就。……我自现身至其人前，摩顶安慰，令其开悟。……十方如来，持此咒心，能于十方摩顶授记。自果未成，亦于十方蒙佛授记。"可见，摩顶是为付嘱大法，或为预示将来作佛之授记的常用动作。摩顶在石窟造像中的直观图像，我们可从云冈罗睺罗因缘、雕鹜怖阿难入定缘中看到，如云冈第9窟前室西壁（见图43）、第19窟南壁（见图44）、第38窟东壁所表现的释迦佛摩顶罗睺罗的场景①，第38窟南壁则表现有释迦佛摩顶坐禅阿难的场景（见图45）。② 据此，冲相寺定光佛右手可以理解为授记印，那么定光佛所授记的无疑便是释迦前世儒童了。

图43 云冈第9窟前室西壁

图44 云冈第19窟南壁罗睺罗因缘

冲相寺定光佛的左手掌心朝上，呈托物之状，与云冈第12窟前室东壁的定光佛立像（见图46）的左手动作类似，唯一不同处是缺少一只钵。按照定光佛立像左右两个题材的对称布局原则，既然右手授记用以表现儒童本生，那么左手便应表现童子献施，因此佛像左手掌心朝上动作的含义正是托钵接受献施。这两种不同手印在定光佛造像上的结合，是因为植善根与授记均是成佛的基本前提条件，表达的主题无非便是期望将来成佛而已。

---

① 赵昆雨：《云冈石窟佛教故事雕刻艺术》，江苏美术出版社，2010，第108～110页。
② 赵昆雨：《云冈石窟佛教故事雕刻艺术》，江苏美术出版社，2010，第125～126页。

图 45 云冈第 38 窟南壁雕鹫怖阿难入定图　　图 46 云冈第 12 窟前室东壁童子献施

　　总之，这种掌心朝下的手印表示的应当是定光佛为儒童摩顶授记，而手掌心朝上，表示接受三童子敬施，此处表达这两个特定故事的方式不是形象化的雕刻特定人物或器物、莲花等，而是设计采用了两个独特的手印，更多地带有暗示性或象征性。省略以往造像中常出现的受记的儒童和佛手中所托的钵，三童子的造型等也一并略去，体现的是定光佛晚期造像的简化特色，带有浓厚的时代性与地域性（如时代较晚、地域靠南等）。

七　定光佛信仰

　　定光佛属于过去佛，因授记释迦牟尼将来转生为佛而著名。由于现世释迦牟尼已涅槃，而过去佛、未来佛又很遥远，于是在功利性很强的民间信仰中，便将过去、未来佛统统引入现世中。一如五代布袋和尚契此被作为弥勒的化身一样，定光佛也出现了转世化身，其中最具影响力的便是闽西的定光和尚。这种后期的定光佛更多的属于民间信仰，是中国化的产物，与圣僧信仰有关。有研究者将早期的定光佛信仰称为正统信仰，即尊崇印度佛教原始之佛菩萨信仰，而把后期的定光佛信仰划属民间信仰，即尊崇中国佛教民间产生之佛菩萨信仰。① 这种认识是有一定道理的。因此研究冲相寺定光佛造像体现的定光佛信仰，必须要与后期的民间俗神信仰区别开来。

　　按佛教说法，定光佛是过去佛，早在久远劫前已经离开娑婆世界，因此信徒

---

①　翁士洋：《广安冲相寺与定光古佛信仰》，《空林佛教》2013 年第 6 期。

更多的是信仰现在佛和未来佛，对待过去佛可能只是像对一般佛菩萨那样表达单纯的恭敬和祈祷，在信仰层面的地位远远不如释迦牟尼佛和弥勒佛。但如冲相寺石窟对定光佛的尊崇，却是前所未有的，那他们又是出于何种缘由来信仰定光佛的呢？其实，对定光佛的崇拜源于其授记的本生故事，因为真正让功德主们关注和追逐的主旨应该是定光佛授记成佛的最终结果，而非定光佛本身。云冈第 5～11 窟中的儒童本生雕刻中，将原来佛经中记载的少年修行者儒童（释迦前世），竟表现成了身着俗装的邑人信众形象。① 功德主将定光佛所授记的儒童换成了自己的形象，所表达的希冀再清楚不过，那就是迫切求得授记的祈愿。

从文献看，求得授记成佛的思想，在当时社会上已经十分流行。如北齐文宣帝对著名高僧法上"事之如佛"，"乃下诏为戒师，文宣帝常布发于地，令（法）上践焉"。② 效法儒童布发，希望求得授记成佛的还有高昌王，高僧释慧乘于大业六年（610 年）"奉敕为高昌王麴氏讲金光明，吐言清奇，闻者叹咽，麴布发于地，屈乘践焉"。③ 可见北朝至隋时期，这种求得授记成佛的信仰需求很兴盛。冲相寺定光佛造像当是在这种信仰需求下产生，更由此将原本是药寺（可能供奉药师佛为主）的冲相寺改为了定光佛的专门道场。

八 结语

定光佛龛是冲相寺石窟开凿年代最早的一龛，应开凿于隋开皇八年。其类型属于定光佛造像的简化样式，不仅省略了为之授记的儒童，而且不见象征性的莲花，在三童子献施的表现中亦将三童子略去，同时也省掉了手中所托的钵。抛开了外在的人物与法器、供具，那么如何表现定光佛的特质？为解决这个问题，工匠设计出了掌心向下呈摩顶状的授记印和接受献施的手心朝上的手印，体现了独具匠心的艺术创造。以独特的手印来暗示这两个本生和因缘故事，是冲相寺定光佛像的与众不同之处。同时，定光佛像的太阳纹头光、双领下垂外衣搭肘式着衣方式也是其独特的地方。单以太阳纹头光来考察，可知此种图案应是起自古印度犍陀罗地区，东传西域和河西走廊，向南经米仓道至巴中，由巴中再传至广安冲相寺。在太阳纹头光方面与巴中地区具有较多的相似性，暗示冲相寺与巴中地区更多的渊源。同时，在所有可以确认的定光佛石窟造像中，冲相寺的定光佛像的

① 赵昆雨：《云冈石窟佛教故事雕刻艺术》，江苏美术出版社，2010，第 19～20 页。
② 道宣撰《续高僧传·卷第八·齐大统合水寺释法上传》，郭绍林点校，中华书局，2014，第 261 页。
③ 道宣撰《续高僧传·卷第二十五·唐京师胜光寺释慧乘传》，郭绍林点校，中华书局，2014，第 939 页。

年代偏晚，且分布地域最靠南，这也是其表现出来的特色之一。另外，以定光佛为全区最受崇敬的对象，建成专门的定光佛道场，这也是少见的做法。定光佛像所体现的信仰也与当时的历史背景、现实需求密切相关。总之，冲相寺定光佛龛像是研究早期定光佛信仰的绝好实物资料，具有重要的研究价值。

成都邛崃市石塔寺古石塔中
秘藏石碑碑文判读

祁和晖

（西南民族大学）

一　缘起

　　成都邛崃市石塔寺为四川省 1980 年公布的第一批"四川省文物保护单位"。1985 年又被成都市列入"市保"文物单位。邛崃石塔寺之石塔建筑极具特点，为"十三级密檐塔，坐北向南，通高 17.8 米，平面呈四方形"。此石塔题名"释迦如来真身宝塔"。石塔由红砂石雕砌而成。2014 年 12 月 18 日，邛崃市文物局兴工对石塔进行维修，将因地震而微有位移的塔顶（塔帽）正位。此次维修正塔顶，在塔顶内凹面处发现一圆形石函，内放置记事碑和一铜制构建。碑文记载塔内密藏有"佛牙舍利"，"佛牙一座并银合子铁铃四个"，"在大悲院塔顶内，永镇宝塔"。碑文为南宋前期乾道年间寺僧安静所撰，距今已 800 多年。目前，邛崃市文物部门称：在塔顶内"尚未发现供奉的佛牙舍利，若须进一步探明，须经省市文物部门组织相关专家论证评估后，确定是否开塔探明，迎奉"。

　　邛崃市相关部门对此次发现不敢怠慢，遍访业内人士，听取各方意见。笔者有事受访。而为此文。

二　秘藏碑文提供"石塔寺"得名的新意义

　　此次石塔塔内秘藏碑文，令世人得知："石塔寺"之得名远不止修建了一座石材宝塔这么简单，而且强调本寺镇寺之宝为石塔。揭示石塔敢题名为"释迦如来真身宝塔"的由来，即南宋孝宗乾道四年到乾道九年（1168～1173 年）兴建十三层密檐石塔是为了供养如来真身舍利这一稀世佛宝。

石塔寺原名大悲院，砌立石塔后更名石塔寺。此一更名，强调了"石塔"的重要性。石塔秘藏碑文载：石塔内密藏有佛牙舍利、众多经卷及其他贵重佛宝。尤其佛牙舍利是稀世佛宝。为安全起见，当日寺僧不作张扬，甚至密而不宣。但又担心后人久远疏忽，忘佚稀世佛宝，故由寺僧慎重刻碑记载所藏佛宝，连碑藏于石塔塔顶内石函中。

石塔较之砖塔、铁塔、木塔、土塔，更耐风雨。选石砌塔，也是为了保持佛牙舍利等佛宝的安全，为防后人疏忽，故慎重更改原寺名为石塔寺。暗示后人，此寺镇寺之宝在石塔。若后人智慧足够，或属有缘，终有一天会发现塔中所载佛宝。从昔日寺僧遗留之各种信息推测，石塔内密藏之佛宝当是稀世奇珍——"如来真身舍利"。

三　佛典所记如来涅槃前有关如来真身处理遗教与"荼毗分骨"情况

佛典《大般涅槃经》，尤其在《大般涅槃经·后分》中，记载佛陀世尊释迦牟尼如来，对大涅槃后，关于佛肉身及肉身"荼毗"（焚烧）遗骨的"遗教"。世尊关于自己涅槃后肉身处理的"遗教"乃佛亲口教诲，其价值等同世尊"四处十六会"说法，故属"三藏"中经藏，《涅槃经》在根本二部分裂后，分成小乘《涅槃经》、大乘《大般涅槃经》。大乘《涅槃经》传入中国后有两个译本。一为先译之40卷本《大般涅槃经》，称北本。稍后有36卷之《大般涅槃经》，称南本。《大般涅槃经》中未细说释迦涅槃后的肉身处理情况。唐代，西域僧若那跋陀罗携《大般涅槃经·后分》来华并译成上下篇共2卷。《大般涅槃经·后分》（下文简称《后分经》）翔实记述了释迦如来对自己大涅槃后肉身如何处理、如何对待的"遗教"。此"遗教"是口授给亲近弟子阿难尊者的，阿难有尚不理解之处则向如来当面提问请教，如来一一给予具体回答。

如来"遗教"有若干要点。

（1）指示众弟子要正确理解释迦大涅槃的大欢喜意义，而不要因世尊涅槃而悲伤。《后分经》言："尔时，佛告阿难，普及大众：吾灭度后，汝等四众，当勤护持我大涅槃。我于无量万亿阿僧祇劫，修此难得大涅槃法。今已显说，汝等当知：此大涅槃乃是十方三世一切诸佛金刚宝藏。"

（2）阿难请教：世尊涅槃后肉身处理方法。"佛告阿难，我荼毗后，汝等大众当依转轮圣王荼毗方法"，即释迦回答阿难说：仿照转轮王肉身处理方式——至少两次装裹，两次入棺。每次入棺后棺中浸满香油，然后"荼毗"（火焚）。

（3）阿难请教：供养恭敬"佛现在肉身"与供养恭敬佛涅槃后佛肉身荼毗

舍利，"二者所得功德何者为多？""佛告阿难，（二者）得福同等"。

（4）阿难请教：佛涅槃后，若有人供养恭敬佛全身舍利，有人供养恭敬佛半身舍利。此二人功德何者为多？如来回答："如是二人，深心供养，得福无异。"如来预知阿难还会询问"荼毘分骨"各种不同情况功德福田效应有无差别。于是释迦如来主动向阿难做了如下一段教言："阿难：若佛灭后，若复有人深心供养如来舍利四分之一、八分之一、十六分之一、百分之一、千分之一、万分之一、恒河沙分之一，乃至如芥子许，皆以深心供养，恭敬尊重，赞叹……如是二人所得福德皆悉无异，其福无量，不可称计！"如来并强调指示阿难说："阿难当知，若佛现在，若涅槃后，若复有人深心恭敬供养、礼拜、尊重、赞叹，如是二人所得福德无二无别。"

《后分经》卷下"机感荼毘品第三"记载："尔时世尊大悲力故，碎金刚体成末舍利，惟留四牙不可沮坏。"据传此"四牙"今存世两枚，其余骨肉肤发皆碎成"末"舍利。《后分经》记："尔时……收取舍利，著师子座七宝坛中，满八金坛，舍利便尽。""八坛"佛真身舍利究竟有多大量？汉传佛典合成中国量计有两种记载：一为"舍利八斗四斛"（见《佛母般泥洹经》《传灯录一》等）；另一为"舍利一石六斗"（见《毘奈耶杂事三十九》）。在"荼毘分骨"中，一度形势紧张，几乎开战。据《长阿舍经十二游经》载：当时"荼毘收骨"是在拘尸那城进行，八国闻讯，皆来要求分佛舍利。其中摩加提国阿阇世王率领军队"四兵"（象兵、马兵、车兵、步兵）"进渡恒河。先遣婆罗门香姓至拘尸城求舍利。曰：不与则四兵在此，不惜身命，当以力取"。拘尸城君臣不服，回答阿阇世王说："如来遗形不敢许。彼欲举兵则吾（兵）亦在此。"此时，香姓出面提议八国均分佛舍利，"均分八分"分予八国。

据《大般涅槃经下》记述："时八王既得舍利，踊跃顶戴，还于本国，各起兜婆（塔）。"当时八国诸力士要求各自国王分所得舍利，力士们欲各起"兜婆"。"于是诸力士等。取其一分，于阇维处合馀灰岩而起兜婆，如是，凡起十处兜婆。"佛典载阿阇世王将所得一坛佛舍利，回国造四万八千塔供养。百余年后阿阇世王裔孙阿育王，将四万八千真身舍利合七种名香末制成八万四千真身舍利，造八万四千塔供养。按如来遗教，四万八千颗真身舍利与八万四千颗真身舍利，只要深心供养、恭敬、礼拜，所得福德无二无别。

佛典强调释迦真身已被"尔时，世尊大悲力故，碎金刚体成末舍利，惟留四牙不坏"。如来真身荼毘后"末（粉末）舍利"共计"八斗四斛"。被均分为八份，八国各得一份。阿阇世王分得八分之一份如来真身舍利，造了四万八千塔分藏。百年后，阿阇世王裔孙阿育王又将所藏四万八千真身舍利和香料末制成八万四千真身舍利，造八万四千塔分藏。在八国均分如来真身舍利时，八国各自带来的"力士"（战士）要求所属国王分赐真身舍利自己应得之分。于是八国力士也各自取其一分如来真身舍利"合馀灰炭"而起塔敬藏。如来真身舍利从印度北传中国，南传锡南（今斯里兰卡），那时高僧们携带部分如来真身舍利入境乃是情理中事。

如来牙舍利，佛经记载仅存四颗。据传今存世仅两颗。邛崃石塔寺"佛牙舍利"之说，实不敢相信——除非找到此佛牙舍利与今存佛牙舍利做生物基因比对，以确其佛牙真伪。但当年安静和尚强调"如来真身舍利塔"性质，至少应属塔中确实藏有"如来真身末舍利"，即"如来芥子末级真身成分的舍利"。

四 "舍利"梵语语义溯源、性质分类与
"塔"藏性质分类

按佛典记述，舍利与舍利代用品本有不同类型，只要信徒"深心供养恭敬"，其得福报"无二无别"。八百多年前，安静和尚无须冒触犯戒律清规的大忌打诳语，伪造"如来真身舍利"之说，并造塔刊刻"如来真身舍利宝塔"题名。若无真品，何须坚称塔中供养着"如来真身舍利"。

"舍利"溯源梵语，本为多义词。其一，原义本属天竺人称稻谷、米粒。《弥勒·上·生经疏下》："舍利（siri）者稻谷也。驮都者体也。佛体大小如稻谷量，故以为名。"《秘藏记·上》："天竺呼米粒曰舍利，佛舍利亦似米粒，是故曰舍利也。"《慧苑音义·下》："舍利是稻谷也。"《梵语杂名》："稻，舍理。"其二，作为佛教术语，佛典认为"舍利"乃是"设利罗"或"室利罗"的讹音。《玄应音义·六》："舍利，正音设利罗，译云身骨，舍利有全身者，有碎身者。"《法华玄赞·二》："梵云设利罗，体也。舍利者，讹也。"《俱舍光记·八》："驮都，即佛身界也，亦名室利罗。唐言体，佛身体也，因云舍利讹也。"查读《中华佛学大辞典》，会读到对"舍利"的"多义"解释：义一为鸟名，指鹙鹭；义二为人名，专指如来右面首弟子舍利弗之母；义三为"术语"，音译为"设利罗""室利罗"，意译为"佛之身骨"。

首先，舍利有全身舍利与碎身舍利的区别。相传多室佛遗存的是全身舍利。全身舍利，汉传佛教中俗称"肉身佛"。如来"荼毗"后所存为碎身舍利。其次，"如来舍利"中又有"生身舍利"与"法身舍利"的区别。"如来生身舍利"即含有如来真身成分的舍利子。而"法身舍利"则指一切大小乘经卷。《智度论》称："经卷是法身舍利。"如来真身舍利难得。普通高僧舍利也难得。于是出现"舍利代用品"。《如意宝珠金轮咒王经》载："若无舍利，可以金银、琉璃、水精、玛瑙、玻璃众宝等造作舍利。"甚至"行者，无力者，即至海边，拾

清净沙石，即为舍利；亦用药草竹木根节造作舍利"，"米粒亦可作舍利"。

"舍利塔"，Sarira-Stupa，按玄奘《大唐西域记》，音译为"窣堵波"。也有僧意译为"高显坟""灵庙"。佛塔性质分两种：一种为藏高僧遗骨的舍利塔——最高级别的舍利塔即"如来真身舍利塔"；另一种塔无高僧遗骨。这种塔一般不能称舍利塔，而称"支提塔"。塔中所藏多为舍利替代品。

如来真身舍利塔、舍利塔、舍利代用品支提塔，三种宝塔，只要信众"深心供养恭敬"，在福缘上"无二无别"。当然，其中"如来真身舍利塔"在佛宝意义上级别最高、最尊贵。

高僧安静强调所造石塔为"如来真身宝塔"当有可信的依据，比如释迦真身舍利的万分之一级、芥末级佛宝。

五　邛崃石塔寺在南宋前期有无可能获得"如来真身舍利"佛宝？

据石塔寺塔顶内石函所刻碑文记载，石塔最初由寺僧安静捐出"襄钵"募化所得，于乾道四年（1168 年）创建。于乾道九年（1173 年）上塔顶，置石函，藏佛宝于其中。"乾道"为南宋孝宗年号。南宋前期，成都地区有无"佛骨舍利"佛宝收藏呢？

新都宝光寺的得名历史可以回答上述问题。据清光绪时翰林傅世炜考："唐僖宗幸蜀，寺忽放光明，掘出石函，得如来舍利十三枚，莹彻明洞，不可方物，遂建浮图，号曰'宝光'。"[①]

唐僖宗入蜀，新都古寺发现"石函"内藏 13 枚"如来舍利"，遭逢南宋乱世，焉知不分福数枚藏于邛崃石塔寺。石塔寺之石塔内也是"石函"藏佛宝——单这一极具特征的密藏方式，就启人联想。新都宝光寺筑塔密藏"如来舍利"13 枚，逢两宋之交乱世，为保"如来舍利"安全，分福邛崃古寺，建造石塔石函，密藏"如来舍利"数枚，不无可能。"如来舍利"一经发现，便在成都周边地区流转密藏，得到妥善保护。这再次证明，隋唐以来巴蜀佛教教脉兴旺，自成系统。成都乃中国佛教文化沃土。据《释门正统》《宋高僧传》等记述，唐代道宣法师曾在西明寺经密传得"释迦文佛灵牙，随身供养"。道宣所供养"灵牙"有无可能为保安全一度秘藏邛崃石塔寺？

清末民初，高僧真修清福从锡南即今斯里兰卡求回如来真身舍利供奉。清末民初，四川遂宁广德寺僧真修清福参访海外十一国归来，先后撰述《释迦如来

---

① 《续修大觉禅院第二舍利塔志铭》，《巴蜀佛教碑文集成》，第 875 页。

真身舍利来源记》与《如来真身舍利来仪志》两碑文。这两篇碑文可从《巴蜀佛教碑文集成》中读到。两碑文详细叙述了清福和尚游方斯里兰卡，如何幸逢国王寺庙做大法会，得以参拜如来真身舍利的经过，清福和尚以虔诚礼拜祈得12粒（后一碑文为15粒）如来真身舍利回国供奉。

清福于宣统二年（1910年）所撰《释迦如来真身舍利来源记》碑文中说他祈得如来真身舍利12粒，"弥感佛恩，即回中国，相宜安置"。他将这12粒如来真身舍利送新都宝光寺3粒，然后"供九粒于彭州龙兴，遂宁广德及南海普陀山石灵庵"。然而在民国二年（1912年）由清福口述、新繁魏廉敬书的《释迦如来真身舍利来仪志》碑文中已述为在锡南获得如来真身舍利15粒。"弥感佛恩，即回中国，相宜安置"。此次碑文中记15粒"如来真身舍利"安置情况是"广德寺恭留3粒"，然后供12粒于新都宝光、彭县龙兴、峨眉仙峰及南海灵石。同一位清福和尚，不到三年，其请回的"如来真身舍利"为什么又多出了3粒？

不仅如此，再读光绪时进士、翰林院编修、成都华阳县（今属双流县）人傅世炜于光绪三十一年（1905年）为新都宝光寺所撰碑文《续修大觉禅院第二舍利塔志铭》所记与修真清福后来所记又复不同。据傅氏文称："光绪三十有一年（1905）……新邑（新都）宝光寺世昌上人，访余于成都，具言寺中有僧真修（即清福）发大誓愿，求佛胜迹。遂渡海，历暹罗……过缅甸，……至阿陀国……见唐玄奘法师归处，经进处，适暹罗梵僧达摩波罗，方修葺佛塔焕然改观，虔心供养，礼拜多日，乞得舍利十余粒以归。计在印度各国所得玉佛二尊、贝叶经迭毛经若干帙。除分供玉佛一于峨眉之万年寺，舍利四于杭州普陀；暨天彭之龙兴得其二、遂宁之广德得其二外，敬以佛一尊，经数帙，舍利四枚留之法苑耀彼珠林。"傅翰林此文中之"修真和尚"携归之"佛舍利"共有12粒，为：普陀4粒、彭州龙兴寺2粒、遂宁广德寺2粒、新都宝光寺4粒。赠峨眉山万年寺者为"玉佛一尊"。后来清福文中先后出现12粒、15粒两说，各寺所藏数目也不一。笔者曾经百思不得其解。后来，还是受清福和尚所撰碑文提示启发，由清福碑文中提到的《涅槃经》与"芥末许"如来真身舍利引导，在仔细研读《大般涅槃经》《大般涅槃经·后分》后才恍然大悟。原来"如来真身舍利"是有各种"真身分量"级别的。显然，如来真身舍利曾经不断被加添香料粉末重塑而供奉。只要有如来真身舍利成分在，哪怕是"芥子许"，那也是如来真身舍利"不虚"。当然，如果没有如来真身舍利成分，那就不属于如来真身舍利。清福和尚所求12粒如来真身舍利变15粒如来真身舍利，都是事实。安静和尚所秘藏的如来真身舍利，也应是事实。只是我们不知安静和尚所得如来真身舍利，是否是唐僖宗时新都宝光寺发现的"如来真身舍利"被掺和香料重制分福而得。

六　邛崃石塔中今日是否还藏着"如来真身舍利"？

安静和尚秘藏于石塔中的"如来真身舍利"如若属实。今日石塔中是否还有"如来真身舍利"？因为明清两代曾两次维修石塔。两次维修石塔都有碑文记述维修经过。而明清两次维修石塔记，碑文中都未提到"如来真身舍利"之事。这当如何理解？笔者做三种推测。

第一，有可能两次维修都未见"如来真身舍利"，故无记述。

第二，两次维修时，也许其中一次已取出了"如来真身舍利"。因佛宝太贵重，不敢记载取出真身舍利一事。

第三，或许明清两次维修都未触及安静和尚秘藏佛宝——那么"如来真身舍利"应还在塔中。

今日石塔中有无"如来真身舍利"？石塔中是否为"佛牙舍利"？难道释迦四颗佛牙舍利中真有一颗曾经密藏在邛崃石塔寺石塔之中？释迦"荼毗"后确有四颗佛牙舍利。今只知两颗佛牙舍利去向，还有两颗佛牙舍利不知去向。邛崃石塔中"佛牙舍利"是否可提供一颗佛牙舍利的去向？种种猜测，笔者不敢妄加定论。只有等待使用现代技术，在不损及石塔及塔中内藏的前提下，探明实况后方能得知。

阿坝羌族祭塔的调查与初探

张志霞

（钓鱼城古战场遗址博物馆）

羌族，自称尔玛，是分布于中国西南的一个古老民族。今天羌族主要分布在四川省阿坝藏族羌族自治州的茂县、汶川等地以及绵阳市的北川羌族自治县，其中茂县是全国羌族人口最多的县，有羌族约 10 万人，占全国羌族总人口的 30.5%。羌族在历史的发展过程中，以其独特而精湛的建筑技艺著称于世，其中以碉楼、石砌房屋、索桥和栈道最为有名，但是人们往往忽视了作为其精神象征的祭塔。本文将针对羌族祭塔做一个简略的论述。

一 阿坝羌族祭塔简述

（一）茂县祭塔调查情况

茂县境内多处存有祭塔，此次调查了其中的 18 处，分别位于三龙乡（2处）、太平乡（2处）、洼底乡（2处）、曲谷乡（3处）、松坪沟乡（4处）、维城乡（5处），在县境内呈点状分布，并不集中，其中的 6 处具有典型意义，具体如表1所示。

表 1 茂县典型祭塔

名　称	年代	位　置	材质	造型	对应仪式
勒依祭塔群	清代	三龙乡勒依村山梁上	土石	棱柱	祭山会
杨柳村祭塔	2008	太平乡杨柳村山梁上	土石	棱柱	祭山会
陈依祭塔	清代	洼底乡沙胡寨村山梁上	土石	棱柱	羌历年

续表

名　称	年代	位　置	材质	造型	对应仪式
瓦尔俄足白珊瑚祭塔	清代	曲谷乡河西村西湖寨	土石	圆柱	瓦尔俄足
前村祭塔	清代	维城乡前村山梁上	土石	圆锥	祭 羊 神
后村祭塔	清代	维城乡后村古尔寨山腰	木石	棱柱	祭道路神

（二）羌族祭塔简述

据现在掌握的文献资料和调查资料来看，现存的羌族祭塔大多建于清代，个别由于地震是最近修建的，需要说明的是有明确年代记载的祭塔是卡玉祭塔，也称山王塔，建于"清道光十一年（1831年）"。① 羌族祭塔多建于羌族聚居区的山顶上，可以是多个寨子共有，也可以是一个寨子所有。祭塔一般由土石构成，个别由木石构成，如调查中的后村祭塔等。

祭塔通常由三部分组成，即塔座、塔身以及塔顶。塔座一般为一层，高度为0.3~1.2米；塔身层数不一，以一层居多，最多达到八层，高度为0.3~3.7米；塔顶一般仅放置白石，但有的除了放置白石外，还插满用以挑纸的竹子等。祭塔总体为内、外结构：内部有的中空，有的实心，中空的内部含泥制器物等杂物；外部以三层居多，即上、中、下结构，关于上、中、下结构的意义，赵曦、刘敏认为："上、中、下结构象征天、地、人。"② 另外，祭塔每层的宽度不一致，从底层到顶层一般来说是逐层减小，按每层的造型来划分，祭塔可划分为三种，即棱柱型、圆柱型、圆锥形。棱柱型，一般为四棱柱，但也有六棱柱出现，如白蜡祭塔群主塔。

二　以羌族祭塔为中心的相关宗教仪式

综合目前所见的文献资料和调查资料来看，羌族祭塔主要是作为祭祀仪式中的一个构成部分（建筑部分）而出现的。其具体用途主要是两点：一是用来放置祭祀的贡品，由于祭塔的结构不同、每层的宽度不一致，所以贡品摆放的位置也有所不同，有的选择放到祭塔内部，有的选择放到第一层与第二层之间的空余位置上，也有个别的将贡品放在了祭塔周围；二是象征羌族崇拜的祭祀神，因为

---

① 阿坝藏族羌族自治州地方志编纂委员会：《阿坝州志》，民族出版社，1994，第2151页。
② 赵曦、刘敏：《守候与认同——羌族勒色与汉族宗教建筑对话的文化指归》，《西北民族研究》2010年第2期。

祭塔顶端一般都有白石就是羌族人认为的白石神，白石神是羌族人们对自己信仰的神灵的总称，祭祀活动不同，其对应的神灵也不同。

根据文献资料来看，跟祭塔相关的宗教仪式比较多，结合茂县的调查资料来看主要有五种：羌历年、祭山会、瓦尔俄足、祭祀羊神、祭道路神。

（一）羌历年

羌历年，羌语称"日美吉"，意为好日子、节庆日，俗称"过小年"，以区别于汉族春节"过大年"。羌历年是羌族民间传统节日，原是羌人在粮食归仓之后，还愿敬神、欢庆丰收的重大节日。还愿敬神指兑现在春天为祈求丰收对神灵许下的诺言。羌区各地过年的日期并不统一，北川选择在冬至，汶川绵池一带是在农历八月初一，其他羌族聚集区选在农历十月初一，一般持续 3～5 天，有的持续 10 天。羌历年的祭祀仪式大概可以分三个内容，即请神消灾、酬神还愿、天神赐福。在祭祀仪式中，关于祭塔有这样的描述："每寨还要在神林前杀牛羊祭天，将其头供奉在白石塔上，血也洒在塔上。祭毕，由 4 名男子抬着白石神（1 块白石）遍游全寨"，① 需要说明的是，其中"白石塔"也就是祭塔，如陈依祭塔（见图 1）就属此类，"白石神"也就是祭塔顶端的一块白石。

（二）祭山会

祭山会，又称山神会、塔子会，是对代表着天神、地神、山神等诸多神灵的白石神进行敬祭的活动，也是人们祈求来年人畜兴旺、五谷丰登、地方太平的大典。举行的时间各地不一，有的是在农历正月举行，有的选择在四月或五月举行。举行的次数也不同，大部分地方为一次，也有个别地方一年举行两到三次。一般以村寨为单位举行，由各村寨会首轮流筹备，每户男丁参加（丧家和有产妇的人家除外）。祭祀的内容和具体做法各地不尽相同，但有一点是相同的即在祭祀仪式中，"大家在塔前供上羊子、公鸡、咂酒、馍馍及香烛、钱纸、鞭炮等。主持人宣布祭山时，都伏在神台前"。② 需要说明的是，其中"塔"就是祭塔，如勒依祭塔群（见图 2）就属此类。

（三）瓦尔俄足

"瓦尔俄足"，汉语称"领歌节"或"歌仙节"，是用来祭祀歌舞女神莎朗，其对应的节日为"瓦尔俄足"节。2006 年，"瓦尔俄足"入选茂县曲谷羌民跳

---

① 《羌族词典》编委会：《羌族词典》，巴蜀书社，2004，第 387 页。
② 王开友：《巴蜀民族风情》，四川民族出版社，1993，第 233 页。

图1　陈依祭塔

图2　勒依祭塔群之一

锅庄国家级非物质文化遗产名录，主要流行于茂县曲谷乡河西村西湖寨，是一项以女性为主的综合性民间节庆活动，每年农历五月初五举行，从初三开始持续三天。祭祀仪式核心主要由引歌、接歌、唱歌三部分组成。所谓"引歌"就是五月初三，妇女们来到女神塔前，请示歌舞女神莎朗即将开始的领歌节该唱哪些歌。之后回到村里，再逐户告知消息，就是"接歌"。初五那天，最隆重的就是妇女们集体"唱歌"。通过调查资料得知："瓦尔俄足"白珊瑚祭塔（见图3）所祭神为女神的儿子；"瓦尔俄足"足花嘎塔所祭神为女神的孙子，且为"瓦尔俄足"节唱歌的地方；"瓦尔俄足"女神塔为每年"瓦尔俄足"的领歌地。

（四）祭祀羊神

羌族自古以羊为重要家畜，因而有羊神。羊神在羌语中称"萨达得格卜自且"或"侧须须"。关于羊神，在《羌族调查材料》中记载："羊神是畜牧之神，羊神以泥石砌成圆锥塔形，中间镶一块白石。"[①] 祭祀羊神的时间一般是每年的五月初五。这一天羌民会赶着羊，来到象征羊神的祭塔前，献上准备好的香、酒，祈求羊神使他们的羊不被虎、狼所害，从此羊只兴旺。还有的选择在祭山后接着祭羊神，将祭山会时的小旗插在祭塔上，端公要进行舞蹈表演，羊主人拿香来祭神。也有的用一只鸡来祭祀羊神，期盼羊神能赶走羊瘟，同时也要请端公打扫房子，使房子干净。此次调查中，前村祭塔（见图4）就属于祭"羊神"的地方。

———————————

① 西南民族学院民族研究所：《羌族调查材料》（内部版），1984，第142页。

图 3　瓦尔俄足白珊瑚祭塔　　　　　　　图 4　前村祭塔

（五）祭道路神

羌族崇拜的自然神当中有一种神称为"道路神"，用来保佑过路人平安，后村祭塔（见图 5）就属于此类。后村祭塔位于青刚林中，塔前有小山道。塔为木石结构，平面呈四边形，由下往上渐收。塔下部有一塔洞，塔洞内放置大量泥质陀螺状器物，器表饰有红色染料。器身绘有红色图案，图案模糊不清。此塔祭

图 5　后村祭塔

祀仪式简单，主要用于：路人过路时烧香祭拜，祈祷路途平安。笔者认为这塔应该就属于羌族人信仰中的"道路神"，专门用于路人祭拜。

三 羌族祭塔的起源及意义

虽然此次调查的祭塔大多修建于清代，但是祭塔出现的年代应该远远早于清代，其起源经历了一个漫长的过程。

羌族人对祭塔的祭拜，其实是在对祭塔顶端的白石进行祭拜，而白石象征羌族人崇拜的白石神。一般认为，羌族的白石崇拜起源于远古时期。首先是石头崇拜，羌族的石头崇拜起源于石头工具和武器使用。石头崇拜与尚白习俗相结合，便产生了羌人独特的白石崇拜现象，而尚白习俗与古羌人是西北的游牧民族有关。此外，羌族的白石崇拜还与"石头生火"的故事有关，"石头生火"的象征意义与人类生育观念相沟通，使白石崇拜有了生殖功能和阐释族源的功能，从而使白石成为羌族祖先神的象征。最后，白石崇拜还与雪山崇拜相沟通，使白石成了诸神的象征。①

羌人的白石神崇拜起于上古时期，但祭塔的出现要晚的多。《说文解字》："羌，西戎牧羊人也"，学者多认为：羌人自古居住在我国西北地区，战国、秦、汉之际，一部分羌人进入四川境内。② 这说明，羌人最早是西北地区的游牧民族，由于游牧民族"随水草而居"的特性，需要不断迁徙，所以当时并没有建造祭塔来进行祭拜，只能一家一户随身带着白石神，住下后把白石神供奉在帐篷上方。③ 进入四川境内后，特别是从由游牧文明进入农业文明之后，羌人过上了定居的生活，开始建造自己的房屋即羌族的碉楼。《后汉书·南蛮西南夷列传》载："冉駹夷者，武帝所开，元鼎六年，以为汶山郡……众皆依山居止，累石为室，高者至十余丈，为邛笼。"④ 其中"冉駹"是古羌人的一支，秦汉时期就生活在今茂县、汶川等地（区），"邛笼"为羌语音译借词，意为碉楼。这段史料说明羌人已经在此定居了，羌族的碉楼在汉代就已经出现了，那么定居的羌人因为供奉白石的需要，祭塔就应运而生了。在《西羌壮歌》中有这样描述："汉代以后开始修建专门敬奉白石神的山王塔"，⑤ 其中"山王塔"就属于祭塔。总之，

---

① 王康、李鉴踪、汪青玉：《神秘的白石崇拜——羌族的信仰与礼俗》，四川民族出版社，1992，第28~36页。
② 蒙默等：《四川古代史稿》，四川人民出版社，1988，第100页。
③ 杨光成：《西羌壮歌》，《西羌文化》编辑部编辑出版，2002，第173页。
④ 范晔：《后汉书》卷八六，《南蛮西南夷列传》。
⑤ 杨光成：《西羌壮歌》，《西羌文化》编辑部编辑出版，2002，第173页。

由于羌族没有自己的文字，祭塔出现的确切年代不知，而笔者通过上述考证，认为祭塔出现的年代上限大约在秦汉时期。

哈佛大学教授威尔弗雷德·特威尔·史密斯在《宗教的意义与目的》中把宗教内容区分为"信仰"与"信仰的表达"两个层面①。"信仰的表达"有不同的表达方式，一部分体现在物质方面，例如宗教建筑。由于民族文化的差异性，宗教建筑也体现了不同的形式，汉族往往以寺庙宫观为其宗教建筑，而羌族则以"祭塔"为其核心宗教建筑体，来表达自己民族的"信仰"。迨至 20 世纪中期，羌族的宗教信仰仍然停留在多神崇拜的原始宗教阶段，其特点主要是自然崇拜和祖先崇拜，而羌族祭塔的意义，就是羌人原始宗教信仰表达的载体。

---

① 转引自段德智《试论宗教对话的层次性、基本中介与普遍模式——三论 21 世纪基督宗教的对话形态》，《武汉大学学报》（人文科学版）2002 年第 4 期。

◎社会治理

秦对巴蜀的治理政策述评

谢绍鹢

（厦门市社会科学院）

秦是中国古代第一个建立统一的中央专制集权的封建王朝，一系列制度措施在历史上产生深远的影响，边疆控制与治理制度也不例外。秦在实现统一过程中，征服和治理巴蜀地区是很重要的一步，相关的研究有很多。[①] 周慎王五年（公元前316年），秦吞蜀并巴，把有相对独特的文化发展源流的西南地区第一次纳入中原封建政权的版图之内。巴蜀地区在当时对于秦国是新开辟的边地，如何控制和治理是秦国巩固和壮大的重大课题。而秦使巴蜀成为支撑统一的重要经济基地和对楚作战的战略要地，在该地的统治长达百余年，可以说秦成功地实现了对这一地区的控制和治理，堪称古代统治边地的典型。本文试图从边疆治理的角度，在前人研究的基础上进一步探讨。

战国中期强大的秦加兵于弱小的巴蜀，在军事上所受阻力不大，但巴蜀特殊的社会结构和民族状况使巴蜀贵族的残余势力对秦的长久统治存在巨大的影响。秦灭蜀前，蜀还是一个奴隶制性质的族国。蜀从鳖灵建国，已传位十二世。《华阳国

---

① 主要有：段渝：《论秦汉王朝对巴蜀的改造》，《中国史研究》1999年第1期，第23～35页；吴国升：《从〈华阳国志〉看秦对西南少数民族地区的治理》，《四川教育学院学报》1999年第7～8期，第124～126页；赵毅：《试论张若治蜀》，《西南师范大学学报》（人文社会科学版）2000年第3期，第48～53页；于秀情：《秦统一巴蜀前后与两地民族关系之比较研究》，《内蒙古社会科学》（汉文版）2002年第1期，第73～75页；胡绍华、赵建忠：《战国后期秦国统治蜀之政策研究》，《渝西学院学报》（社会科学版）2002年第3期，第37～40页；曾代伟、王平原：《〈蛮夷律〉考略：从一桩疑案说起》，《民族研究》2004年第3期，第75～84页；黎小龙：《战国秦汉西南边疆思想的区域性特征初探》，《中国边疆史地研究》2004年第4期，第7～13页；张剑涛：《试论秦对巴蜀分治的原因及影响》，《重庆三峡学院学报》2004年第6期，第83～85页。

志·蜀志》载：蜀人"君子精敏，小人鬼黠，与秦同分，故多悍勇。……"① 以尚武闻名的巴人悍勇则较蜀人过之。要统治这样民风桀骜不驯的边地部族，要治理这种生产方式、文化习俗与秦迥然不同的地区，毋庸置疑是非常棘手的。为了巩固已经取得的胜利果实，建立伐楚的前进基地，针对新占领的边地部族经济文化相对落后又发展不平衡的特点，秦颇费苦心，加大力度进行措施研究和制度建设，采取了一系列以建立新的统治秩序、巩固统治为核心思想的政策。

一　治理政策

（一）政治方面

巩固统治首要任务在于因地制宜地执行和运用既有利于加强集权又能为新征服的边地部族所接受的政治措施。因此，秦对巴蜀从总的来讲采取了双重的统治政策：一方面，对巴蜀土著部族执行笼络优抚的政策，分封旧贵族，尽力消除统治阻力；另一方面，又逐渐推行郡县制，实现直接统治。

1. 封侯赐爵，承认蛮夷君长的地位，嫁秦女和亲

秦采取了封侯赐爵、承认巴蜀蛮夷君长的地位的政策。秦国在统一蜀地之初，对蜀的统治方式还是分封制与郡县制并用。《史记·张仪列传》载：秦"卒起兵伐蜀，十月，取之，遂定蜀，贬蜀王更号为侯，而使陈壮相蜀"。② 《华阳国志校注·蜀志》载：秦于周慎王五年、秦惠文王后元九年（公元前316年）秋伐蜀，"冬十月，蜀平"，"周赧王元年（公元前314年），秦惠王封子通国为蜀侯，以陈壮为相"。③ 秦惠文王所封的"子通国"当是蜀王的后裔，这样，表面上维持了蜀王子孙的尊荣。这种政策具有"蛮夷君长"制的特征。秦封蜀侯是权宜之计，是秦为达到直接统治蜀地采取的过渡政策。秦封蜀侯的同时，更重要的是遣秦人为其相。设置蜀相的目的在于监视、限制蜀侯，防止其反叛。秦之所以在占领两年后才采取这种政策，应当是在不得已的情况下而为之。秦虽然统一了蜀地，但蜀王后裔所拥有的势力仍然相当大。占领之初，鉴于蜀王子孙潜在的强大势力，秦不得不采取封蜀王后裔为侯的政策以缓解秦与蜀人间的矛盾。

《史记·秦本纪》载：秦惠文王后元九年（公元前316年），"司马错伐蜀，灭之"。十一年（公元前314年），"公子通封于蜀"。司马贞《索隐》引《华阳

---

① 常璩著《华阳国志校补图注》卷三，任乃强校注，上海古籍出版社，1987，第113页。

② 司马迁：《史记》卷七〇《张仪列传》，中华书局，1982，第2284页。

③ 常璩著《华阳国志校补图注》卷三《蜀志》，任乃强校注，上海古籍出版社，1987，第126页。

国志》："（周）赧王元年，秦惠王封子通国为蜀侯，以陈庄为相。"十四年（公元前311年），"丹、犁臣，蜀相壮杀蜀侯来降。"秦武王元年（公元前310年），"诛蜀相壮。"秦昭襄王六年（公元前301年），"蜀侯辉反，司马错定蜀"。① "庄"即"壮"。《华阳国志·蜀志》记载更详细："周赧王元年（公元前314年），秦惠王封子通国为蜀侯，以陈壮为相。置巴郡，以张若为蜀国守。""六年（公元前309年），陈壮反，杀蜀侯通国。秦遣庶长甘茂、张仪、司马错复伐蜀。诛陈壮。七年（公元前308年），封子恽为蜀侯。"蜀侯恽为人陷害："赧王十四年（公元前301年）王大怒，遣司马错赐恽剑，使自裁，恽惧，夫妇自杀。秦诛其臣郎中令婴等二十七人。""十五年（公元前300年），王封其子绾为蜀侯。""三十年（公元前285年），疑蜀侯绾反，王复诛之。但置蜀守。"② 一般认为，秦先后封的三位蜀侯并非秦王子孙，均为蜀王后裔，却因"谋反"死于非命。虽然并无明确文献记载蜀侯为秦有意杀害，但很可能是秦国找借口除掉他们，为秦完全推行郡县制，在蜀地进行直接统治扫除障碍。

在巴地，波折较少。《后汉书·南蛮西南夷传》载："秦惠王并巴中，以巴氏为蛮夷君长，世尚秦女，其民爵比不更，有罪得以爵除。"③ 承认其蛮夷君长的地位，得世尚秦女；其部民无功而爵比不更（秦第四级爵）。秦爵制具有实质上的政治、经济利益。《韩非子·定法》："商君之法曰：斩一首者爵一级，欲为官者为五十石之官；斩二首者爵二级，欲为官者为百石之官。"④ 有罪得以爵除，更是优遇有加。《睡虎地秦墓竹简·法律答问》载："可（何）谓'赎鬼薪鋈足'？可（何）谓'赎宫'？臣邦真戎君长，爵当上造以上，有罪当赎者，其为群盗，令赎鬼薪鋈足；其有府（腐）罪，〔赎〕宫。其他罪比群盗者亦如此（一一四）。""'真臣邦君公有罪，致耐罪以上，令赎。'可（何）谓'真'？臣邦父母产子及产它邦而是谓'真'。可（何）谓'夏子'？臣邦父、秦母谓殹（也）（一七八）。""内公孙毋（无）爵者当赎刑，得比公士赎耐不得？得比焉（一八五）。"⑤ 秦法律记载，"内公孙"，即王族内公孙无爵者赎刑，仅相当于公士（最低的第一级爵）；"臣邦真戎君长"，即一般边地部族首领赎刑则相当于上造（第二级爵）。出土秦简显示优待虽不如传世《后汉书》所言般优厚，但可能有不同等级不同种族优待不一的情况，而且优待都是存在的。秦治下的边地部族首

① 司马迁：《史记》卷五《秦本纪》，中华书局，1982，第207～210页。
② 常璩著《华阳国志校补图注》卷三《蜀志》，任仍强校注，上海古籍出版社，1987，第128～129页。
③ 范晔：《后汉书》卷八六《南蛮西南夷传》，中华书局，1965，第2841页。
④ 韩非子撰《韩非子集释》卷一七，陈奇猷校注，中华书局，1958，第907页。
⑤ 睡虎地秦墓竹简整理小组：《睡虎地秦墓竹简》，文物出版社，1990，第120、135、137页。

领，地位较独立时虽然有所下降，但仍享受一定的优待。在发掘出的巴文铜器如印铄铧、錞于、钲剑、矛、斤等器上往往杂有"王"字，徐中舒据此研究认为，秦统一巴蜀以后，巴部族内称王的人数很多。① 甚至至三国时期，蛮夷君长依然很活跃，有相当大的势力。《汉中志》载："魏武以巴夷王杜濩、朴胡、袁约为三巴太守。"② 由此可见一斑。但显然这远远不是统治的实质。

2. 设郡县、设置对应归口的官职进行管理

秦有计划地在有条件的地方逐步设郡县，在条件不成熟的地方设道。在秦国占领以前，蜀国是"戎狄之长"，其文化发展仍停留在青铜时代，是一个无郡县市里的部落奴隶制国家。巴国也相似。秦国占领后着手进行制度改造。秦自商鞅变法以来，形成渐趋完善的政治经济管理体制，确立了郡县的地方行政制度。秦灭巴并蜀后，部分地区虽仍保留了土著封君，但逐步推行郡县制度。

秦灭巴蜀是在周慎王五年（公元前 316 年）年底，并巴蜀后，将巴、蜀分别置为巴郡和蜀郡。《华阳国志·蜀志》载以张若为蜀国守，蜀侯既置相辅佐，不应再设守助之，是其守为太守。当时"成都县本治赤里街"，③ 知有县的设置。这说明秦对蜀的统治方式是分封制与郡县制并行。《华阳国志校注·蜀志》载："（周赧王）三年（公元前 312 年），分巴、蜀置汉中郡。"④ 分而治之，在历史上是常有的统治新吞并国土的一项政策。秦分巴蜀置汉中郡，一方面是由于巴、蜀土地宽广，各置一郡地域较广，不易统治；各分一部分成立新郡，使新、旧郡在郡制规模上各与常规相符，有利于秦统一管理。另一方面也分化了巴、蜀旧势力，遏制了两地的反抗势力，推动了秦在两地的统治。

秦还在周边民族聚居地区首设"道"。秦举巴蜀不久，又据巴蜀向周边少数民族地区做了一定的开拓。《华阳国志·蜀志》载："司马错率巴蜀众十万，大舶船万艘，米六百万斛，浮江伐楚，取商于之地，为黔中郡。"后来蜀守"张若因取笮及其江南地（今金沙江以南地区）也"。第二任蜀守李冰也曾到过湔氐（今四川松潘）；发卒至青衣"凿平溷崖，通正水道"，⑤ 又曾开凿了棘人道。汉

---

① 徐中舒：《四川涪陵小田溪出土的虎钮錞于》，《文物》1974 年第 5 期，第 81 ~ 83 页。

② 常璩著《华阳国志校补图注》卷二《汉中志》，任乃强校注，上海古籍出版社，1987，第 73 页。

③ 常璩著《华阳国志校补图注》卷三《蜀志》，任乃强校注，上海古籍出版社，1987，第 128 页。

④ 常璩著《华阳国志校补图注》卷三《蜀志》，任乃强校注，上海古籍出版社，1987，第 128 页。

⑤ 常璩著《华阳国志校补图注》卷三《蜀志》，任乃强校注，上海古籍出版社，1987，第 128、129、133 页。

代司马相如曾说："邛、笮、冄、駹者近蜀，道亦易通，秦时尝通为郡县。"①
《华阳国志·南中志》说："秦并蜀，通五尺道，置吏主之。"②《史记·西南夷
列传》载："秦时常頞略通五尺道，诸此国颇置吏焉。"③ 可见秦的势力曾达到
今川西北、西部及贵州和云南北部少数民族地区，并在这些地区设置官员。其所
设机构为"道"，系秦首创设置。《续汉书·百官志五》说："县主蛮夷曰道。"④
道本来只是道路，又在道路管理的基础上，发展变通为相当于县的行政区划，专
设于边疆少数民族聚居地区，但与内地的县有某些不同，道内一般保留原有少数
民族氏族或部落的组织结构，实行相当程度的民族自治。据龚荫先生考索，秦在
西南设置有严道、湔氐道、僰道、青衣道。⑤

为了更好地进行治理，秦还对应归口设置有专门的职官，在朝廷中专门设置
有主管少数民族事务的机构和职官。《汉书·百官公卿表上》载："典客，秦官，
掌诸归义蛮夷，有丞。……典属国，秦官，掌蛮夷降者。……"⑥

郡县或道及相关官职机构的设置，标志着秦在西南巴蜀及周边少数民族地区
统治的确立，为秦推行各项政治、经济、文化制度奠定了必要的基础。这些统治
机构及官职又因时因地具有特殊的建制，符合少数民族地区的实际，尤其是部分
地区保留"蛮夷君长"的统治地位和适当的统治权力，有利于对广大少数民族
的团结与统治。

（二）经济方面

笼络优抚，只象征性地征收贡赋，对少数民族赋税从轻，这一点在巴地表现
尤为突出。

秦在巴蜀的统治形式和程度是很不一样的，因地因时制宜，很灵活。灭巴蜀
几十年后，秦国在蜀地的统治政策发生了变化，即在蜀地废除了蜀侯统治，设立
蜀郡，直接派秦吏为郡守统治蜀地，蜀地完全受秦直接统治，但在巴地依然实行
"蛮夷君长"制。秦国在两地推行不同的政策与两地民族当时之现状有密切关
系。在统一战争中，巴王被俘。秦惠文王在平蜀、巴后置巴郡，惠王继续封巴人
酋长统领其民，后来又分巴、蜀置汉中郡。张仪还曾在巴地"仪城江州"（今重

---

① 司马迁：《史记》卷一一七《司马相如列传》，中华书局，1982，第3046页。

② 常璩著《华阳国志校补图注》卷四《南中志》，任乃强校注，上海古籍出版社，1987，第
229页。

③ 司马迁：《史记》卷一一六《西南夷列传》，中华书局，1982，第2993页。

④ 司马彪：《续汉书》志二八《百官志五》，第3623页。

⑤ 龚荫：《秦皇朝民族政策述论》，《西南民族学院学报》1998年第2期。

⑥ 班固：《汉书》卷一九上《百官公卿表上》，中华书局，1962，第730、735页。

庆市区）。① 秦刚统一两地后，在巴地其实也推行分封制与郡县制并用的政策。毋庸置疑，设立巴郡、"仪城"就是推行郡县制。只是由于巴地当时现状不允许大规模推行郡县制，巴地受多山的地理环境的限制，巴人经济、文化的发展水平远远落后于蜀人，其社会组织处于较为原始的发展阶段。"巴地以大姓为核心的血缘部落集合依然完整存在，其势并没有因为巴国的灭亡受到丝毫损失，而大姓统治根深蒂固，各族团之间的关系错综复杂，也使秦不敢轻易对他们进行根本改造，以免激化矛盾，引起新的强烈反抗。"② 因此，秦国在巴地推行"蛮夷君长"制，《后汉书·南蛮西南夷传》载："其君长岁出赋二千一十六钱，三岁一出义赋千八百钱。其民户出幏布八丈二尺，鸡羽三十鍭。汉兴，南郡太守靳强请一依秦时故事。"③ "幏，南郡蛮夷蛮賨布也。""賨，南蛮赋也。"④ 《睡虎地秦墓竹简·秦律十八种》载："布袤八尺，福（幅）广二尺五寸。布恶，其广袤不如式者，不行。金布（六六）。""钱十一当一布。其出入钱以当金、布，以律。金布（六七）。"⑤ 在经济上，每户出户赋幏布八丈二尺，若按《金布律》折算，约值113 钱，不及汉人头税每年一算的 120 钱。而秦赋税特重，《史记》《汉书》等史籍均载秦"收泰半之赋"。至于用作箭尾的野鸡翎 30 羽，对于渔猎为主的巴地蛮夷而言，并非难为之事。《巴志》载，秦昭襄王时，与巴郡夷人约盟："复夷人顷田不租，十妻不算。"⑥ 其意为一户可免缴一顷田的租税，虽有十个妻子也不纳口算。可见巴人按户向秦政府缴纳田租口赋，但与内地百姓相比，秦少征和免征了边地部族部分赋税。

可见秦还是把封建的赋税制度推广到民族设治地区，但可贵的是能同时根据民族地区生产力水平低下的实际，征收程度相对要轻。从君长到一般百姓之赋都非常轻微。可以看出，秦国之目的不在于征收赋税，而在于政治上的统治与统一。蛮夷君长所出岁赋及义赋实际上只是一种贡赋，更多地具有承认、归顺秦朝廷统治的象征意义。

（三）法律方面

秦通过制定法律制度，用专门的法律来对边地部族进行管理，在立法原则上对边地部族刑罚从宽，这是很有创见和特色的。

---

① 常璩著《华阳国志校补图注》卷一《巴志》，任乃强校注，上海古籍出版社，1987，第 11 页。
② 段渝：《论秦汉王朝对巴蜀的改造》，《中国史研究》1999 年第 1 期，第 23 页。
③ 范晔：《后汉书》卷八六《南蛮西南夷传》，中华书局，1965，第 2841 页。
④ 许慎撰《说文解字注》，段玉裁注，上海古籍出版社，1981，第 362 页上、282 页下。
⑤ 睡虎地秦墓竹简整理小组：《睡虎地秦墓竹简》，文物出版社，1990，第 36 页。
⑥ 常璩著《华阳国志校补图注》卷一《巴志》，任乃强校注，上海古籍出版社，1987，第 14 页。

秦政权奉行法治，以实行严刑峻法而见称于史。商鞅变法，建立了一套严厉的刑罚制度，且主张对轻罪用重刑。但对西南边地部族，则有所宽容和迁就，并为此确立法律制度，制定专门的法律来进行管理，对边地部族刑罚从宽。《巴志》载："秦昭襄王时，白虎为害，自秦、蜀、巴、汉患之。秦王乃重募国中：'有能煞虎者邑万家，金帛称之。'于是夷朐忍廖仲、药何、射虎秦精等乃作白竹弩於高楼上，射虎。中头三节。……秦王嘉之……欲如约，嫌其夷人。乃刻石为盟要：复夷人顷田不租，十妻不算；伤人者，论；煞人雇死，倓钱。盟曰：'秦犯夷，输黄龙一双；夷犯秦，输清酒一钟。'夷人安之。"① 边地部族伤了人，按情节轻重论处；杀人犯了死罪，可以用货、钱赎免。这在秦国普通统治区是办不到的。《云梦秦简·法律答问》载：秦"士五（伍）甲毋（无）子，其弟子以为后，与同居，而擅杀之，当弃市（七一）"，"相与斗，交伤，皆论不殴（也）？交论（七四）"，"或与人斗，缚而尽拔其须麋（眉）。论可（何）殴（也）？当完城旦（八一）"。② 从这些规定中可以看出，秦民凡发生私斗，都要判刑，罚劳役，依法严惩，因而秦国"褊急之民不斗，狠刚之民不讼"，"勇于公战而怯于私斗"。显而易见，秦对边地部族执行轻于本土的刑罚制度，对巴蜀边地部族居民十分宽厚，而且同样是伤害人或侵犯财物，"秦犯夷"和"夷犯秦"的处罚也悬殊。秦犯夷处罚重而夷犯秦处罚轻，则是明显地对边地部族的怀柔与迁就。在民族交往过程中，产生矛盾也是难以避免的，当时为处理好民族关系，秦人做出了很大的让步。湖北江陵张家山汉简《奏谳书》中的一桩案例可供佐证："十一年八月甲申朔己丑，夷道ㄔ介、丞嘉敢淯犬（谳）之。六月戊子发弩九诣男子毋忧，告为都尉屯，已受致书，行未到，去亡。毋忧曰：'变（蛮）夷大男子岁出五十六钱以当（徭）赋，不当为屯，尉窑遣毋忧为屯，行未到，去亡。它如九。'窑曰：'南郡尉发屯有令，变（蛮）夷律不曰勿令为屯，即遣之，不智（知）亡故，它如毋忧。'诘毋忧，律变（蛮）夷男子岁出賨钱，以当（徭）赋，非曰勿令为屯也，及虽不当为屯，窑已遣，毋忧即屯卒，已去亡，何解？'毋忧曰：'有君长，岁出賨钱，以当（徭）赋，即复也，存吏，毋解。'问，如辤（辞）。鞫之：毋忧变（蛮）夷大男子，岁出賨钱，以当（徭）赋，窑遣为屯，去亡，得，皆审。疑毋忧罪，它县论，敢淯犬（谳）之，谒报，署狱史曹发。吏当：毋忧当要（腰）斩，或曰不当论。廷报：当要（腰）斩。"③ 这是汉高祖十一年夏，在南郡夷道（治所在

① 常璩著《华阳国志校补图注》卷一《巴志》，任乃强校注，上海古籍出版社，1987，第14页。
② 睡虎地秦墓竹简整理小组：《睡虎地秦墓竹简》，文物出版社，1990，第110、112页。
③ 张家山二四七号汉墓竹简整理小组编《张家山汉墓竹简［二四七号墓]》，文物出版社，2001，第213页。

今湖北宜都市西北）地区一桩涉及蛮夷逃避屯戍的诉讼案件的审理直至判决的始末。毋忧一案实为冤案。但从中可见战国以降历代王朝基于种种原因赋予蛮夷某些优待，经《蛮夷律》予以确认。汉承秦制，年代这么早的汉律很可能不是汉王朝自己创制的，而是极可能继承了秦代已有的制度，也就是说，《蛮夷律》实为秦代的法律制度为汉沿用。根据专家的释读研究，① 《蛮夷律》是适用于边地部族的一项专门法规，是战国秦汉时期华夏统治者在兼并巴蜀、荆楚地区后推行民族政策的法律表现形式，关于蛮夷在赋税徭役方面享有特殊待遇的规定是其中的重要内容。湖北云梦睡虎地秦简中的《属邦律》、张家山汉简《奏谳书》中的《蛮夷律》，就是当时民族立法的典型代表。保持蛮夷地区及边疆的稳定，是秦汉统治者民族立法的基本出发点。可惜，随着统治者民族政策的变化，优待条件可能会被官府以各种理由大打折扣。但它对于华夏政权的建立和巩固及边地部族的稳定，仍具有重要的积极作用。

二　统治策略和影响

前述三个方面的措施中还贯彻秦人对治理边地部族的策略：分而治之、以夷制夷。具体到巴蜀地区就是：分而治之，以巴治蜀。

秦灭巴蜀后，仍将巴、蜀分开。统一之初，秦在两地推行郡县制与分封制并行的政策。30 年后，秦国完全废除了蜀侯，直接统治蜀地；在巴地，秦国仍然施行"蛮夷君长"制。其间蜀相陈壮试图造反割据，因只能调动西蜀，实力有限，很快被消灭。秦基于自身的战略需要，结合巴蜀两地不同的社会状况进行通盘考虑，针对巴、蜀因地制宜，采取不同的统治措施。

就巴地而言，其一，秦需要巴人士兵为其效力，不管是征楚还是戍蜀，秦利用巴人戍蜀，史籍虽无明载，但从荥经南罗坝村等地发掘的、具有显著巴文化特色的移民墓葬材料可窥见一斑。② 所以，秦对提供兵源的巴地的政策是以攻心为主，相对温和；其二，巴地的重要性在于紧锁长江咽喉，顺江而下便可直抵楚国腹地，秦看重的就是这条战略要道及其附近巴国渔盐资源集中、开发较早的核心地区，所以秦在巴地没有实行全面的郡县制，秦沿这条线构筑的城邑最初很大程度上带有军事据点的性质，至于距这条通道较远的其他地区，秦无力且无必要去

---

① 曾代伟，王平原：《〈蛮夷律〉考略：从一桩疑案说起》，《民族研究》2004 年第 3 期，第 75 ~ 84 页。

② 荥经严道古城遗址博物馆：《四川荥经南罗坝村战国墓》，《考古学报》1994 年第 3 期，第 381 ~ 395 页。

直接统治。从考古发现可以推论出，直至秦末汉初，这里的巴人受秦文化的影响仍相对较弱。秦所接手的巴，当时已被楚迫至川北一隅，原本松散的组织结构更加破碎，在随后的数十年间，这里又成为秦楚争霸的直接战场。所以，对于那些散落于山岭之间的大小部落，且不论有无必要，当时之秦也没有能力对其实施直接统治。秦对他们采取羁縻政策，并以恩惠和优待来换取提供兵源的合作以及战略要道的安全保障，真正需要和能够直接控制的，只是攻楚的战略要道及其附近地区，所以秦对巴地的政策从现实局限和服从战争需要出发，较为特殊。

就蜀而言，良田广袤，物产丰富，要真正获得蜀的财富，不能依靠一次战争，而是要通过推行先进的政治经济制度，执行有效稳定的赋税征收来达成，这就要求秦对蜀的统治是一个面（而非点或线）的完备的直接统治。秦在蜀地由最初的分封制逐渐向最终的郡县制过渡是达到其目的所必需的，所以必定要采取更多的方法，依靠更严厉的手段来实现。秦对蜀的统治一方面继承和借助了原有的基础，另一方面秦又必须面对来自根深蒂固的旧势力强有力的挑战，秦治蜀的政策不得不从秦原有制度中来移植，可谓颇费苦心。

秦要解决新并领地的稳定问题，面对两个为秦所灭的敌国，可能已经有意识地利用它们的世仇，采取让它们彼此相互牵制的办法。秦并巴蜀时，巴弱蜀强，秦国统治者选择以较弱的巴来压制较强的蜀，一方面可以"以夷制夷"，镇压蜀的反抗；另一方面，调走巴的劲卒也削弱了巴地残余贵族的势力，可谓一石二鸟。从效果来看，策略是成功的。

总而言之，秦从西南边地部族的实际出发，注意并照顾到了边地与秦人不同的特点，采取了一系列适合边地部族的政策措施。这些政策措施既利于秦的有效统治，又易为边地部族所接受，对西南边地部族的开发治理也起了积极的作用，促进了该地社会的进步和政治、经济、文化的发展，并使秦实现了其把西南建成统一六国战争的军需供应基地和战略进攻要地的预期目标，为统治民族地区树立了典范。秦统一的多民族封建国家建立后，对边地部族的治理，继承了其治理西南边地部族的基本精神和经验，在实践中不断完善，并为以后历代统治者所借鉴，对后世在少数民族边疆地区推行羁縻制度产生了深远影响。

流言与北宋蜀地治理[*]

方　燕

（四川师范大学历史文化学院）

宋代，蜀地因其重要地位和控驭难度而备受统治者重视。[①] 北宋时期，蜀地变乱频发，动荡迭起，"当人们处在恐惧不安和焦虑的状态中时，流言和谣言就易于传播"。[②] 变乱与流言互为因果，交集纠缠，蜀地的社会形势更加错综复杂。从中央到地方，采取各种措施止息流言，安抚人心，稳定社会秩序。本文试从流言的角度切入，[③] 通过对流言滋生的背景、政府控制流言的措施与成效等方面进行考察分析，以展现和反映宋代治蜀的复杂性和多样性。

一　现实与想象：蜀地拟态环境

"拟态环境"（pseudo-environment）一词最早是由美国著名新闻评论家沃

---

*　本文系国家社会科学基金项目"宋代信息传播与管控研究"（批准号11XZS008）的阶段性成果。

① 有关宋代在蜀地治理过程中实施特殊化政策，学界已有颇多的成果，如：葛绍欧：《北宋对四川的经营》，《台湾师范大学学报》1982年第27期；林天蔚：《南宋时强干弱枝政策是否动摇？—四川特殊化之分析》，《宋代史事质疑》，台北商务印书馆，1987；林文勋：《北宋四川特殊化政策考析》，《宋代四川商品经济史研究》，云南大学出版社，1994；余蔚、任海平：《北宋川峡四路的政治特殊性分析》，《历史地理》第17辑，上海人民出版社，2001；黄宽重：《南宋地方武力：地方军与民间自卫武力的探讨》，东大图书公司，2002；粟品孝：《宋朝在四川实施特殊化统治的原因》，《西华大学学报》2012年第2期；等等。

② 李文华：《现代社会心理学》，华中科技大学出版社，2007，第287页。

③ 有关宋代蜀地流言的探讨，目前见于黄博《甲午流言：承平时期的内忧外患与危机应对——北宋中期四川政治与社会研究》（硕士学位论文，四川大学，2009）和在此基础上修改发表的《甲午再乱：北宋中期的蜀地流言与朝野应对》（《四川师范大学学报》2013年第1期）。

尔特·李普曼在《公众舆论》一书中提出。① 其认为拟态环境是以客观现实环境为蓝本，但不是对其"镜子式"的摹写和再现，而是传播媒介通过对一系列象征性事件或信息有选择地进行加工和重构后向人们提示和呈现的环境，即"象征性现实"，因此，不可避免地与现实环境之间存在一定的偏移。

宋代统治者出于对蜀地的重要性和离心性的认识，在现实与想象之间建构的拟态环境，成为其在蜀地政策实施和信息管控的基础和依据。

宋代蜀地偏处西南，地理上号称"天下至险之国，陆有剑门，水有瞿峡，设为两关，以扼秦楚之冲，一夫当关，百万之师眦睨而不敢进"，② 军事上易守难攻，每当"王政衰圮，则奸豪凭险自安"；③ 经济上，"蜀之四隅，绵亘数千里，土衍物阜，赀货以蕃财利，贡赋率四海三之一"，④ 成为国家财赋的重要来源地。由于蜀地在经济、军事、地理等方面所具有的重要性，历来被"祖宗视为殿之西角"，⑤ "国家倚为外府"。⑥

"蜀之所以为重于天下，虽穷隅鸠舌咸共知之"，⑦ 但在宋人看来，这一地区难于控驭的程度可与京师相提并论，"开封，天子之畿；益州，蜀一都会，皆世号尤难理者"。⑧ 究其原因，一是"地险且远，天日万里"，⑨ 信息闭塞，难以通达。"蜀远万里，叫呼难闻，全藉置邮以通气脉"，⑩ 邮传的设立为蜀地与各地的信息传播交流提供了便利，但即便时至南宋时期川陕宣抚使吴玠所置军期递，军事警报最快也需十八日闻于朝廷，成都制置使丘崇所创摆铺递，凡有奏请则需三十五日可达京师，⑪ 这在时人看来已属快捷及时的信息传递方式，而普通的邮驿马递则"奏报往复，动经数月"，⑫ 稍有迟滞延误，信息更

---

① 〔美〕沃尔特·李普曼：《公众舆论》，阎克文、江红译，上海人民出版社，2002，第 13 页。
② 杨慎编《全蜀艺文志》卷三四董钺《制胜楼记》，刘琳、王晓波点校，线装书局，2003，第 958 页。
③ 吕陶：《净德集》卷一四《成都新建备武堂记》，《丛书集成新编》第 61 册，新文丰出版公司，1985，第 711 页。
④ 吕陶：《净德集》卷一四《成都新建备武堂记》，《丛书集成新编》第 61 册，新文丰出版公司，1985，第 711 页。
⑤ 徐松：《宋会要辑稿》选举十六之三十六，中华书局，1997。
⑥ 袁说友等编《成都文类》卷二二《送明运使赴职益州序》，赵晓兰整理，中华书局，2011，第 455 页。
⑦ 袁说友等编《成都文类》卷二三范百禄《成都古今集记序》，赵晓兰整理，中华书局，2011，第 480 页。
⑧ 欧阳修撰《欧阳修全集》，李逸安点校，中华书局，2001，第 403 页。
⑨ 杨万里：《诚斋集》卷一二四《宋故太保大观文左丞相魏国公赠太师谥文忠京公墓志铭》，四川大学古籍整理研究所《宋集珍本丛刊》第 55 册，线装书局，2004，第 618 页。
⑩ 黄淮、杨士奇：《历代名臣奏议》卷一〇〇，上海古籍出版社，1989，第 1365 页。
⑪ 《历代名臣奏议》卷一〇〇，上海古籍出版社，1989，第 1365 页。
⑫ 王之望：《汉滨集》卷八《措置备边饷馈朝札》，《文渊阁四库全书》第 1139 册，台北商务印书馆，1986 年影印本，第 768 页。

难畅达。由于交通和信息的相对闭塞，朝廷虽置"觇者"① 侦知蜀地动向，但"此一方去天万里，安危休戚，艰于上达，形势何以联属，警急何以赴援，非其他诸路比也"②。平时蜀地信息难以及时了解，一旦发生紧急情况，朝廷无论足遣兵驰援，还是短时集合力量均成问题。二是宋代四川地广人众，地形复杂，夷汉聚居，中心和周边地区经济文化发展程度迥异，无形之中更加大了对这一地区的治理难度。中部平原地区土壤肥沃，水网密布，经济发达，"成都，蜀之都会，厥土沃腴，厥民卓繁，百姓浩丽，见谓天府。缣缕之赋，数路取赡，势严望伟，卓越佗郡"。③ 而周边地区高山环绕，"言边鄙者，在益则沈黎、维川，在梓则戎泸，在夔则施黔，在利则龙文。沈黎、维川、施黔、龙文，皆阻山带溪，梯危筜深，限隔辽绝"，④ 经济发展滞后，民族矛盾突出。

在北宋统治者和官僚士大夫眼中，蜀人尚奢，喜好游乐，且人心易动，民情易摇，是一个变乱易生、危机四伏，需要高度重视、严加防范的地区。史籍中这类记载颇多，比如，"蜀俗奢侈，好游荡，民无赢余，悉市酒肉为声技乐"；⑤"蜀人偷浮，不识敦本"；⑥"尚奢靡，性轻扬，喜虚称"；⑦"民多游惰，不事本业"；⑧"蜀民轻浮，好为游乐"；⑨ 等等。这些认识大致相似，但仁宗庆历、皇祐年间曾任益州知州的田况认为，所传有言过其实之处，《成都邀游诗》序云："四方咸传蜀人好游娱无时，予始亦信然之。逮忝命守益，栀辕踰月，即及春游，每与民乐，则作一诗以纪其事。自岁元徂景至止得古律长调短韵共二十一章，其间上元灯夕、清明、重九、七夕、岁至之类，又皆天下之所共，岂曰无时

---

① 据杨万里《诚斋集》卷一二四《宋故太保大观文左丞相魏国公赠太师谥文忠京公墓志铭》载：京镗出任四川安抚制置使、成都府知州，在蜀施行宽政，其中有"首罢觇者以安疑情"之举。四川大学古籍整理研究所《宋集珍本丛刊》第 55 册，线装书局，2004，第 681 页。

② 袁燮：《絜斋集》卷四《论蜀札子二》，《丛书集成初编》第 2027 册，中华书局，1985，第 44 页。

③ 袁说友等编《成都文类》卷二三范百禄《成都古今集记序》，赵晓兰整理，中华书局，2011，第 480 页。

④ 《永乐大典》卷三五二五邓绾《泸州谯门记》第 2 册，中华书局，1986，第 2007 页。

⑤ 脱脱：《宋史》卷二五七，中华书局，1977。

⑥ 胡宿：《文恭集》卷三九《宋故朝散大夫尚书礼部侍郎致仕上柱国乐安县开国侯食邑一千三百户赐紫金鱼袋赠吏部侍郎蒋公神道碑》，中华书局，1985，第 463 页。

⑦ 脱脱：《宋史》卷八九《地理志》，中华书局，1977。

⑧ 魏了翁：《鹤山集》卷一〇〇《汉州劝农文》，《文渊阁四库全书》第 1173 册，台北商务印书馆，1986 年影印本，第 455 页。

⑨ 曹彦约：《经幄管见》卷四，《文渊阁四库全书》第 686 册，台北商务印书馆，1986 年影印本，第 62 页。

哉，传之者过矣。"① 而宋时关于蜀地易生变乱、蜀人易动难安的认识和看法也十分普遍，例如，"两川之俗，易动难安"；② "成都之俗，吏滑而民奢，遇利则聚而为奸，值害则逸而为盗"；③ "蜀土轻剽易为乱"；④ "蜀人轻而喜乱"；⑤ "蜀人喜乱易摇"；⑥ "蜀民浮窳易摇"；⑦ "蜀人大故强悍，易反"；⑧ "蜀人剽轻，其心易摇"；⑨ "蜀之黔黎，夙云易扰"；⑩ 等等。

宋代统治者对蜀人"易动""喜乱"的认识既有主观想象的成分，也有客观的现实因素。从主观上说，"边民易动"是当时统治者对边地这类较为复杂、敏感的区域所持有的普遍看法，如"岭服之表，地最遐僻，俗性犷悍，易动难安"，⑪ "南海之地控制蛮獠，风俗轻悍，易动难安"，⑫ 闽人"性复强悍，轻生喜乱"，⑬ 雄州、霸州"边民易动难安，蕃戎之情宜为羁制"。⑭ 蜀地"去行都万里"，⑮ 为遐远之地，统治者对其看法大致不出既定的认知框架。从客观上说，蜀人"易动""喜乱"有着复杂的现实因素：其一，宋廷对蜀地的经济攫取。宋平后蜀，蜀地财富尽输于京师，而朝廷并不以此为满足，常税之外又加征新税，因而招致民怨。王栐《渑水燕谈录》卷九载："世以为蜀人好乱，殊不知公孙述

① 杨慎编《全蜀艺文志》卷一七田况《成都遨游诗》，刘琳、王晓波点校，线装书局，2003，第429页。
② 刘安世：《尽言集》卷二《论韩玠差除不当》，《文渊阁四库全书》第427册，台北商务印书馆，1986年影印本，第201页。
③ 袁说友等编《成都文类》卷二二苏元老《送成都师席晋仲（旦）序》，赵晓兰整理，中华书局，2011，第465页。
④ 叶梦得：《石林燕语》卷七。
⑤ 欧阳修撰《欧阳修全集》卷三一《镇安军节度使同中书门下平章事赠中书令谥文简程公墓志铭》，李逸安点校，中华书局，2001，第463页。
⑥ 宋祁：《景文集》卷六〇《宋府君墓志铭》，《丛书集成初编》第1881册，中华书局，1985，第804页。
⑦ 脱脱：《宋史》卷二七七《许骧传》，中华书局，1977。
⑧ 黎靖德：《朱子语类》卷一三三"盗贼"，王星贤点校，中华书局，2011，第3185页。
⑨ 尹洙：《河南集》卷一三《故龙图阁直学士朝散大夫尚书刑部郎中知河中军府兼管内河堤劝农使驻泊军马公事护军彭城郡开国伯食邑八百户食实封三百户赐紫金鱼袋刘公墓表》，《文渊阁四库全书》第1090册，台北商务印书馆，1986年影印本，第64页。
⑩ 袁说友等编《成都文类》卷二三，范伯禄《成都古今集记序》，赵晓兰整理，中华书局，2011，第480页。
⑪ 包拯：《包孝肃奏议集》卷三《请广南添差职官二》，《文渊阁四库全书》第427册，台北商务印书馆，1986年影印本，第111页。
⑫ 黄淮、杨士奇：《历代名臣奏议》卷一七九，上海古籍出版社，1989，第2343页。
⑬ 朱熹：《晦庵集》卷九六《少师观文殿大学士致仕魏国公赠大师谥正献陈公行状》，《文渊阁四库全书》第1146册，台北商务印书馆，1986年影印本，第307页。
⑭ 脱脱：《宋史》卷二七七《索湘传》，中华书局，1977。
⑮ 李心传：《建炎以来系年要录》卷二〇〇，高宗绍兴三十二年九月丁酉。

及刘辟、王建、孟知祥辈，率非土人，皆以奸雄乘中原多事盗据一方耳。本朝王小波、李顺、王均辈啸聚西蜀，盖朝廷初平孟氏，蜀之帑藏尽归京师，其后言利者争述功利，置博易务，禁私市，商贾不行，蜀民不足，故小波得以激怒其人曰：'吾疾贫富不均，今为汝均之。'贫者附之益众。向使无加赋之苦，得循良抚绥之，安有此乱。"① 太宗淳化四年（993 年）李顺起事，石普受命为西川行营先锋，发兵征讨，迁西蜀都提举捉贼使，"时蜀民疑不自安，多欲为盗者，普因驰入对，面陈：'蜀乱由赋敛苛急，农民失业，宜稍蠲减之，使自为生，则不讨而自平矣。'帝许之。普即日还蜀，揭牓谕之，莫不悦服"②。由此可见，宋廷对蜀地的经济掠夺是造成这一地区动乱的重要原因，苏洵《重远》有"故其民常多怨而易动"之说。③ 其二，蜀地守将严责苛察，举措失宜，加剧了蜀地社会秩序的动荡。"盖帅守之臣，民之司命，一有失宜，众心易动。"④ 宋代蜀地官员对这一地区的督责防范尤严，"民有轻犯则移乡，甚者或配徙内地，终身不复还"，⑤ "卭蜀远方，其俗易摇，为守者往往务为威严，以尽察为能"。⑥ 守臣的严责苛察引起民众强烈不满，进而酿成变乱。苏洵《张尚书画像记》称："蜀人多变，于是待之以待盗贼之意，而绳之以绳盗贼之法，重足屏息之民而以砧斧令，于是民始忍，以其父母妻子之所仰赖之身而弃之于盗贼，故每每大乱。"⑦ 吕陶《成都新建备武堂记》亦云："淳化之际，吏暴于上，泽壅不流，经制烬矣。民心怀危，盗乘而作，起甲午，距庚子，七年三乱。狂夫一呼，群应如响，今日取某州，明日陷某县，向风辄靡，何啻卷席之易。戴白父老，往往犹言其状，闻者为之寒心。"⑧ 北宋初期由于蜀地偏远，官员多不乐往，朝廷遂将贬谪、左降、犯赃之官派往蜀地充任吏员，如此一来，造成吏治败坏，更加激化了官民

---

① 王栐：《渑水燕谈录》，《宋元笔记小说大观》第 2 册，上海古籍出版社，2001，第 1294 页。
② 脱脱：《宋史》卷三二四《石普传》，中华书局，1977。
③ 苏洵：《嘉祐集》卷四《论衡·重远》，四川大学古籍整理研究所《宋集珍本丛刊》第 7 册，线装书局，2004，第 159 页。
④ 《攻媿集》卷二六《论帅臣不可轻出》，《文渊阁四库全书》第 2007 册，台北商务印书馆，1986 年影印本，第 367 页。
⑤ 杜大珪编《名臣碑传琬琰集》上卷二六范镇《吕惠穆公公弼神道碑》，《文渊阁四库全书》第 450 册，台北商务印书馆，1986 年影印本，第 211 页。
⑥ 王安礼：《王魏公集》卷八《宋故推诚保德崇仁翊戴功臣宣徽南院使光禄大夫检校太尉充太乙宫使东平郡开国公食邑六千户实封一千四百户上柱国吕公行状》，四川大学古籍整理研究所《宋集珍本丛刊》第 17 册，线装书局，2004，第 328 页。
⑦ 吕祖谦编《宋文鉴》卷七九苏洵《张尚书画像记》，齐治平点校，中华书局，1992，第 1142 页。
⑧ 吕陶：《净德集》卷一四《成都新建备武堂记》，《丛书集成新编》第 61 册，新文丰出版公司，1985，第 711 页。

矛盾，"南广、川峡则例以为远官，审官差除，取具临时审谛量移，往往而至，凡朝廷稍所优异者，不复官之南广川峡，而其人亦以南广川峡之官为失职。庸人无所归，故常聚于此"，[①] "川峡幕职、州县官，曾坐赃左降者，多复恣贪，踰以扰远民"。[②] 由此宋人得出这样的结论："蜀中之叛，非蜀人为之也，皆朝廷所委用之臣所为也"；[③] "蜀侈而慢，内溃下防，将顽卒骄，民毒厥命，故有三盗乘而为乱，则非蜀之辜，守将之辜也"。[④] 其三，蜀地偏安，政权割据时间较长，民心不附。吕中《宋大事记讲义》卷七云："李顺之党方息，而刘盰兴；刘盰之徒方平，而王均起。何蜀人之好乱耶？盖其民勇悍，而又狃于僭伪之久，故易诱以乱耳。"[⑤] "僭伪"指割据一方的非正统的独立政权，五代时期，前后蜀相继统治四川达六十余年（902～965 年）之久，生活相对宽松和富足的蜀民对旧政权有着难以割舍的情感。[⑥] 其四，蜀地郡县长期以来无可依恃的城池[⑦]。"城以保民者也"，[⑧] 在中国古代社会，高厚坚固的城垣对城市居民来说意味着安全屏障和心理堡垒，如果没有这种军事防御体系可以依凭，一有风吹草动，人们就会惶恐不安。北宋开国以后，在很长的时期内，"蜀虽阻剑州之险，而郡县无城池之固"，[⑨] 这种情形与"蜀久治安，武备稍废"[⑩] 和宋初"守益州者以嫌，多不治城堞"[⑪] 有关。城池不修或失修，造成地方守将一遇紧急情况就无以为守的被动局

---

① 苏洵：《嘉祐集》卷四《论衡·重远》，四川大学古籍整理研究所《宋集珍本丛刊》第 7 册，线装书局，2004，第 159 页。

② 《续资治通鉴长编》卷九四，真宗天禧三年九月甲戌，第 2167 页。

③ 杨慎编《全蜀艺文志》卷三〇张唐英《蜀铸杌序》，刘琳、王晓波点校，线装书局，2003，第 788 页。

④ 袁说友等编《成都文类》卷二二张俞《送田府公入觐序》，赵晓兰整理，中华书局，2011，第 458 页。

⑤ 吕中：《宋大事记讲义》卷七"盗贼"，《文渊阁四库全书》第 686 册，台北商务印书馆，1986 年影印本，第 261 页。

⑥ 参考张邦炜《昏君乎？明君乎？——孟昶形象的史源学思考》，《四川师范大学学报》2009年第 1 期。

⑦ 参考马剑《何以为城：唐宋时期川渝地区筑城活动与城墙形态考察》，《西南大学学报》2010 年第 6 期。

⑧ 张方平：《乐全集》卷三六《康穆程公（戬）神道碑铭》，《文渊阁四库全书》第 1104 册，台北商务印书馆，1986 年影印本，第 407 页。

⑨ 王林：《渑水燕谈录》卷八，上海古籍出版社，2001，第 1294 页。

⑩ 吕陶：《净德集》卷一三《利州修城记》，《丛书集成新编》第 61 册，新文丰出版公司，1985，第 709 页。

⑪ 脱脱：《宋史》卷二九二《程戬传》，中华书局，1977，第 9756 页。关于宋初蜀地筑城一事，因太宗的反对而作罢。据《续资治通鉴长编》卷四二载："至道三年九月丙子，上因言西川叛卒事，辅臣或曰：'蜀地无城池，所以失其制御。'上曰：'在德不在险。倘官吏得人，善于抚绥，使之乐业，虽无城可也。'"

面。对此，不少官员深感忧虑，真宗咸平三年（1000 年）知黄州王禹偁上疏："国家以建隆甲子岁下西川，甲午岁复乱，三十年之应也。当时西川止益、梓、眉、遂有城可守，惟郭载弃而先走，为贼所据，余皆固守。无城之处，悉为贼据。此有备无备之明效也。"① 神宗熙宁九年（1076 年）四月屯田员外郎、知彭州吕陶言："交趾寇广西，若外结南诏为党，深可忧虑，乞黎、雅、戎、泸、施、黔等州皆预为之防。又乞广招土军，藩镇三千，防御、团练州三千，余皆千人，精训练以备吐蕃。成都路每一州或一县，有钱数万缗，米粮万斛，年年滋息，不可胜计。州有城有兵，深藏固守，县既无城垒，又少兵屯，万一盗贼乘而取之，其何以御？"②

基于对蜀地重要性和"易动""喜乱"的认识，北宋统治者对这一地区实行特殊化政策，诸如"精求循吏"，③ "自非通才敏识，则不足以胜其任"，④ 守将"得便宜从事"，⑤ "不以蜀人帅成都"，⑥ 等等，同时以东南士人参错其间以便掣肘等，密切关注这一地区的动向，如大中祥符五年（1012 年）赵稹出任益州路转运使，"真宗顾曰：'天下久平，然郡县事朕宜闻。蜀最远，民富侈，吏易以扰，是尤欲闻者。卿朴忠，当无少隐，凡事有更置者具录卿意，无署名位，附常所奏章以来，朕为卿行之。'公至部，事无细大，悉心以陈，至有一日章数上，皆优报焉。"⑦ 平时对任何可能致乱的潜在威胁均严加防范，如结社、赛神、竞渡、民间私藏武器、私习武艺等都在禁限之列。太祖乾德五年（967 年）四月"禁民赛神，为竞渡戏及作祭青天白衣会"；⑧ 开宝五年（972 年）九月"禁西川民敛钱结社及竞渡"；⑨ 真宗天禧元年（1017 年）"禁川峡民畜飞梭"，⑩ 大中祥符五年（1012 年）七月十日"知益州李士衡言永康军村民社赛，用棹刀为戏，

---

① 《续资治通鉴长编》卷四七，真宗咸平三年十二月壬申，第 1037 页。

② 《续资治通鉴长编》卷二七四，神宗熙宁九年四月丙午，第 6710 页。

③ 文彦博：《潞公文集》卷一四《乞选差川峡州郡知州奏》，（民国）山西省文献委员会《山右丛书初编》，山西人民出版社，1986，第 432 页。

④ 范纯仁：《范忠宣公文集》卷一六《大中大夫充集英殿修撰张公行状》，《文渊阁四库全书》第 1104 册，台北商务印书馆，1986 年影印本，第 711 页。

⑤ 《名臣碑传琬琰集》上卷二六范镇《吕惠穆公公弼神道碑》，第 450 册，第 211 页。

⑥ "京丞相尝谓钥曰：'祖宗不以蜀人帅成都，又多以东南士夫参错于诸路麾节间，有深旨哉！'"《攻媿集》卷九一《文华阁待制杨公行状》，《文渊阁四库全书》第 2007 册，1986 年影印本，第 1248 页。

⑦ 尹洙：《河南集》卷一三《故推诚保德功臣金紫光禄大夫守太子少傅致仕上柱国天水郡开国公食邑四千二百户食实封一千户赵公墓志铭》，《文渊阁四库全书》第 1090 册，台北商务印书馆，1986 年影印本，第 70 页。

⑧ 《续资治通鉴长编》卷八，太祖乾德五年四月戊子，第 194 页。

⑨ 《续资治通鉴长编》卷一三，太祖开宝五年九月庚午，第 289 页。

⑩ 《续资治通鉴长编》卷九〇，真宗天禧元年十一月庚戌，第 2086 页。

望行禁止。从之";① 仁宗天圣八年（1030 年）"诏川峡路今后不得造着裤刀，违者依例断遣";② 景祐二年（1035 年）"禁益、梓、夔、利路民夜聚晓散，传习妖教，徒中能自纠摘，及他人告者，皆赏钱三万";③ 徽宗政和八年（1118 年）七月二十四日诏："访闻川陕民庶因飨神祇，引拽簇社，多红黄罗为伞扇，僭越无度，理当禁止。可检会近降不许装饰神鬼队仗指挥，内添入民庶社火不得辄造红黄伞扇及彩绘以为祀神之物（纸绢同）。犯者以违制论，所属常切觉察。"④

中央和地方政府对蜀地内乱防范尤严，有时甚至反应过激，特别是当遭遇反常天象、自然灾害时更是如此。真宗景德三年（1006 年）四月，"西南方有大星，占者谓应在蜀分。上恻然动心，以为蜀去朝廷远，民之疾苦尤难知，天有异象，可畏不可忽，其择廷臣之贤而通世务者，往绥元元"。⑤ 星变兆乱使真宗深感忧心，唯恐蜀地发生变乱，于是选择干练得力之臣前往抚绥，谢涛以屯田员外郎之职巡抚益州、利州路，⑥ 同时还另派五人一同出使梓州、夔州、福建等路，"所至存问犒设官吏、将校、父老，疏决系囚，除杂犯至死、官典犯赃依法外，流已下递减之。仍案察官吏能否，民间利害，以闻"。⑦ 对朝廷此举，吕陶赞道："星变一出，则恐慎警戒，以蜀为忧，分命良臣，审究时病，岂非奉天爱民之心乎?"⑧ 仁宗天圣年间（1023～1032 年）以韩亿出任益州知州，"时知星者言益部当灾，非仍饥，且有兵变。上心忧之，推选才堪镇抚者，而以公行，且谕之意。公稽首曰：'陛下过属臣以方面，臣虽不敏，当不辱命。惟陛下无以蜀为虑也。'慨然登车。至则岁果大旱，公罄精力，安集流散，凡利害事知无不为，决九升江口以溉，阖境濡足，赈廪劝分，宽赋弛役，所以救荒之术施设甚详"。⑨ 庆历七年（1047 年），文彦博奏称："臣伏见自去秋已来，日官所奏星文变异，

---

① 徐松：《宋会要辑稿》刑法二之一一。
② 徐松：《宋会要辑稿》兵二六之二六。
③ 《续资治通鉴长编》卷一一七，景祐二年十二月甲子，第 2767 页。
④ 徐松：《宋会要辑稿》刑法二之七一。
⑤ 吕陶：《净德集》卷一四《巡抚谢公画像记》，《丛书集成新编》第 61 册，新文丰出版公司，1985，第 710 页。
⑥ 欧阳修：《欧阳修全集》卷六三《太子宾客分司西京谢公墓志铭》，李逸安点校，中华书局，2001，第 914 页。
⑦ 《续资治通鉴长编》卷六二，真宗景德三年四月壬辰，第 1395 页。
⑧ 吕陶：《净德集》卷一四《巡抚谢公画像记》，《丛书集成新编》第 61 册，新文丰出版公司，1985，第 710 页。
⑨ 张方平：《乐全集》卷三九《推诚保德功臣正奉大夫守太子少傅致郡开国公食邑三千三百户食实封八百户赐紫金鱼袋赠太子太保谥忠宪韩公墓志铭》，《文渊阁四库全书》第 1104 册，台北商务印书馆，1986 年影印本，第 460 页。

皆云蜀中稍须防备。近睹梓州路所奏渚井夷人作过，若只是十州五团夷人，即计其事体，必不致大。本路便奏乞自秦凤发兵救应，臣却恐因此张皇，别致生事。兼庆历四年自秦凤发兵往彼，不惟无益于救援，而几乎别生他事。臣鉴此失，遂于前日奏乞不自秦凤发兵，只委益、利钤辖司相度，就便发兵。伏闻已依臣所奏，欲乞更速下田况，令选择官兵使臣揔领赴泸州，每事令禀梓州路官指踪，不得辄分彼我，致有不和，取进止。"① 神宗熙宁初年，"司天监亢瑛奏：'后三十年，西南有乱出于同姓。'是时，方议皇族补外官，于是诏宗室不得注授川峡差遣"。② 朝廷对赵姓宗室严加防备，其用意不可谓不深，但徽宗建中靖国初，赵谂借孟姓起兵，叛于渝州。在地方上，官员对蜀民也是心怀疑忌，倍加提防，仁宗宝元二年（1039 年），"益州言火焚民庐舍三千余区。时火起南市，知州张逸心疑有变，与转运使明镐夜领众往，而实不救火，故所焚甚众"。③ 此次火灾造成严重后果，知州张逸与转运使明镐表面上率众救火，因担心事出有因，恐生变乱，仅仅做出救火姿态，而未采取任何切实有效的措施扑救。

二　"层级"与"联动"：政府的危机应对

北宋时期，蜀地作为较为复杂和敏感的区域流言四起，各种政治、军事和灾事流言甚嚣尘上，将这一地区裹挟至更为诡谲多变的形势中。面对突发性危机，从中央到地方，每一层级均不遗余力，严阵以待，或各司其职，瓦解流言，或联动出击，平息事态。

（一）蜀地政治流言的应对

宋代，对蜀守的选用尤为慎重，"西蜀，天下之大镇，事权委寄，素号雄重"；④ "朝廷择守，比他藩镇绝重，举西南事一以委之"；⑤ "须智略沉辩，威惠肃给，厌舆论之所与，慰遐氓之所欲者，始为其人矣"；⑥ 守臣身系蜀地安危，自然被推向风口浪尖和舆论旋涡的中心，稍有不慎，即易招致流言的中伤，赵汝

---

① 文彦博：《潞公文集》卷一五《乞下田况选择官兵使臣揔兵赴泸州仍令禀梓州路官指踪事奏》，山西人民出版社，1986，第 433 页。

② 王明清：《挥麈后录余话》卷之一，第 3815～3816 页。

③ 《续资治通鉴长编》卷一二三，仁宗宝元二年六月丁丑，第 2913 页。

④ 《续资治通鉴长编》卷四〇二，哲宗元祐二年六月乙酉，第 9794 页。

⑤ 文彦博：《潞公文集》卷一九《乞别定益利钤辖司画一条贯》，山西人民出版社，1986，第 444 页。

⑥ 文同：《新刻石室先生丹渊集》卷二六，四川大学古籍整理研究所《宋集珍本丛刊》第 7 册，线装书局，2004，第 246 页。

愚《论治体及蜀风俗疏》云："夫蜀之风俗，皆慕文华而弃法令，喜议论而乐因循，稍违其情，易致谗谤。自来监司帅守以去朝廷甚远，恐有讥议，不能自明，往往日夕忧虞，务为容忍，奸赃不敢按治，法令不敢举行，然犹谤讟横生，斥逐相望。"①

有关蜀守的各种流言往往是针对个人的攻击性言论，"一般地说，个人的社会地位和角色表现比较超群或变化突然时，容易遭致流言"，② 这类流言引起朝廷的高度重视和密切关注，通常采取召问或遣使的方法进行核查。

真宗时王曙治蜀，"颇以法御下，有谤其太苛。会刘煜召还，为右正言，真宗召问：'凌策、王曙治蜀，孰优？'曰：'凌策在蜀，值岁丰，故得以平易治之；王曙值岁歉，虑民为盗，故以法治之，使易地则皆然。'上善其言。"③ 王曙在蜀执法严正，颇有政绩，"或言其政苛暴"，④ 流言上达视听，真宗通过召问曾任益州通判的刘煜，肯定其关于王曙"以法治歉"，凌策"以平治丰"⑤ 皆审时度势而有不同作为的说法，流言得以消解。英宗时赵忭知成都，"剑州民李孝忠集众二百余人，私造符牒，度人为僧，或以谋逆告狱具，公不畀法吏，以意决之，处孝忠以私造度牒，余皆得不死。喧传京师，谓公脱逆党，朝廷取具狱阅之，卒无以易也"。⑥ 赵忭对李孝忠案采取只诛首谋、其他从宽处理的方法，"谓公脱逆党"的流言因此在京城盛传开来，朝廷派人取来案卷文书核查其实，使流言得以止息。

所谓"眼见为实，耳听为虚"，对于有关蜀守的流言，朝廷一般情况下采取派人前往蜀地一探究竟、了解事情真相的办法。仁宗时文彦博以枢密直学士知成都，"潞公未满四十，为蜀遨头，有飞语中伤"。⑦ 邵博《邵氏闻见录》载："成都风俗喜行乐，公多燕集，有飞语至京师。御史何郯圣从蜀人，因谒告归，上遣伺察之。"关于何郯其人，《东都事略》载："始郯为御史，鲠切无所避，为仁宗

① 黄淮、杨士奇：《历代名臣奏议》卷五二"治道"，上海古籍出版社，1989，第710页。
② 刘建明：《舆论传播》，清华大学出版社，2001，第161页。
③ 朱熹纂集《宋名臣言行录》前集卷四，《文渊阁四库全书》第449册，台北商务印书馆，1986年影印本，第55页。
④ 脱脱：《宋史》卷二六二《刘温叟附刘烨传》，中华书局，1977，第9074页。
⑤ 佚名：《锦绣万花谷前集》卷一三，《文渊阁四库全书》第924册，台北商务印书馆，1986年影印本，第161页。
⑥ 吕祖谦编《宋文鉴》卷一四八苏轼《赵清献公神道碑》，齐治平点校，中华书局，1992，第2068页。
⑦ 李石：《方舟集》卷一三《跋潞公清献公帖》，四川大学古籍整理研究所《宋集珍本丛刊》第43册，线装书局，2004，第518页。

所知。"① 张舜民《房州修城碑阴记》："蜀人大抵善词笔而少吏能，眉山任师中尝与予言：'吾蜀前有吏能者，惟何圣从、陈公弼二人而已。'"② 何郯奉命前往成都调查，与同乡张俞及文彦博欢宴，每每尽兴而醉归，"圣从还朝，潞公之谤乃息"。③ 如果流言关乎蜀地治乱，朝廷更是火速遣使彻查。天圣六年（1028 年），程琳知益州，"蜀州妖人有自号李冰神子者，署官属吏卒，聚徒百余人，公命捕置之法，而谗之朝者言公妄杀人，蜀人恐且乱矣。上遣中贵人驰视之，使者入其境，居人、行旅争道公善。使者问杀妖人事，其父老皆曰：'杀一人可使蜀数十年无事。'使者问其故，对曰：'前乱蜀者，非有智谋豪杰之才，乃里闾无赖小人尔，惟不制其始，遂至于乱也。'使者视蜀既无事，又得父老语，还白，于是上益以公为能，迁给事中，知开封府"。④ 程琳依法处置借李冰之号而蛊惑人心、兴风作浪之人，"公妄杀人，蜀人恐且乱矣"的流言传至朝堂之上，仁宗为明究竟，遣中贵人立即赶往蜀地彻查，足以反映其对蜀守流言和蜀地治乱的重视程度。使者所过之处，听到的都是来自普通民众和商贾对程琳的称道之辞，当问及杀人一事，民众"杀一人可使蜀数十年无事"将程琳严惩首恶、治乱于未形的真实用意一语道出，使者心中的疑窦顿消，又见蜀地在其治理下秩序井然，还朝如实禀报后，不仅平伏流言，程琳还因此受到皇帝的褒奖，擢升为开封府知州。对于程琳在蜀地的做法，王称《东都事略》卷五四云："蜀人岁为社以祀灌口神，琳曰：'往时不诛李顺，故大乱。'乃捕为首者戮之。"⑤ 江少虞《宋朝事实类苑》卷二三述其原委："蜀州有不逞者，聚恶少百余人，作灌口二郎神像，私立官号，作士卒衣装，铙鼓箫吹，日椎牛为会。民有骏马者，遂遣人取之，曰：'神欲此马。'民拒之，其马遂死。又率良民从其群，有不愿往者，寻得疾病，盖亦有妖术尔。有白其事，琳皆捕而戮之，曰：'李顺由此而起，今锄其根本，且使蜀中数十年无恙。'"⑥ 明人祁承爜《牧津》卷四《消弭下》评价："赛会迎神，丛奸薮乱，有地方之责者，首当以定力锄之，今邪教之行，蔓而后图，徒令玉石俱焚耳。"⑦

① 王称撰《东都事略》卷七五《何郯传》，孙言诚、崔国光点校，齐鲁书社，2000，第 626 页。
② 张舜民：《画墁集》卷六《房州修城碑阴记》，《丛书集成新编》第 62 册，新文丰出版公司，1985，第 471 页。
③ 邵伯温：《邵氏闻见录》卷一〇，中华书局，1983，第 101 页。
④ 欧阳修撰《欧阳修全集》卷三一《镇安军节度使同中书门下平章事赠中书令谥文简程公墓志铭》，李逸安点校，中华书局，2001，第 463 页。
⑤ 王称撰《东都事略》卷五四《程琳传》，孙言诚、崔国光点校，齐鲁书社，2000，第 429 页。
⑥ 江少虞：《宋朝事实类苑》卷二三，上海古籍出版社，1981，第 273 页。
⑦ 祁承爜：《牧津》卷四《消弭下》，《续修四库全书》第 754 册，上海古籍出版社，2002，第 83 页。

前文所述，韩亿在天象兆乱、皇帝对蜀地可能发生饥荒和兵变的预测深感忧虑的情况下，临危受命，出任益州守，到蜀地后，不负重托，"安集流散，凡利害事知无不为，决九升江口以溉，阖境濡足，赈廪劝分，宽赋弛役，所以救荒之术施设甚详。或短公于朝，为不足办蜀事。上遣使若缘他故至蜀者，实以觇公之政。既入蜀，蜀人美公不容口。入境，年虽大杀，而民无饥色，狱无囚系，野无盗窃。使者还白，上于是知公可属以重任，而定大用之意。"① 韩亿在蜀实施的新政可能触动部分人的利益而引起不满，"不足办蜀事"的流言表面上看只是对其政治才能的否定，实际上蜀守不才可能招致此地变乱的发生，皇帝心中对此说预设的可能性再清楚不过，因此在流言面前采取了十分高明的做法，假托他故遣使至蜀，一方面免去皇帝疑忌重臣的担忧，另一方面又可暗中观其施政情况。使者在蜀中所看到的是饥荒之年少有的升平景象，不得不对韩亿的政治能力大加赞赏，"流言止于真相"，皇帝在了解实情后，认为其足可委以重任。

在对蜀守流言的处理中，蒋堂的遭遇颇为引人注目。仁宗庆历年间蒋堂守蜀，一改前任杨日严之政，兴学校，"节游燕，减厨传"，② "凡过泰无名之费，姑息不正之事，多所裁革，未始顾虑"，③ 这一系列的举措导致流言四起，"贪吏丑正，恶不利已。复有肺腑旧族，遘责列肆，累政不敢治，公裁之以法，遂入诉近习，且造险语，飞闻于上，谓公变乱旧制，蜀土且摇"。④ "减遨乐，毁淫祠，伐江渎庙木修府"⑤ 的后果是"蜀人浸不悦，狱讼滋多。久之，反私官妓，为清议所嗤"。⑥ 所谓"变乱旧制，蜀土且摇"及"私官妓"的流言达于禁中，加之"日严时在朝，因进对，从容言远方所宜抚安之，无容变法以生事。故不俟岁满，亟徙堂知河中府"。⑦ 蒋堂之所以"坐谣言罢"，究其原因主要是受到来自贪吏旧族和与之有隙的杨日严的恶意攻击，流言通过仁宗身边亲近宠信之人直达天

---

① 张方平：《乐全集》卷三九《推诚保德功臣正奉大夫守太子少傅致仕上柱国南阳郡开国公食邑三千三百户食实封八百户赐紫金鱼袋赠太子太保谥忠宪韩公墓志铭》，《文渊阁四库全书》第 1104 册，台北商务印书馆，1986 年影印本，第 460 页。

② 脱脱：《宋史》卷二九八《蒋堂传》，中华书局，1977，第 9913 页。

③ 胡宿：《文恭集》卷三九《宋故朝散大夫尚书礼部侍郎致仕上柱国乐安县开国侯食邑一千三百户赐紫金鱼袋赠吏部侍郎蒋公神道碑》，中华书局，1985，第 463 页。

④ 胡宿：《文恭集》卷三九《宋故朝散大夫尚书礼部侍郎致仕上柱国乐安县开国侯食邑一千三百户赐紫金鱼袋赠吏部侍郎蒋公神道碑》，中华书局，1985，第 463 页。

⑤ 黄震：《黄氏日抄》卷三三，《文渊阁四库全书》第 708 册，台北商务印书馆，1986 年影印本，第 16 页。

⑥ 《续资治通鉴长编》卷一五三，仁宗庆历四年十二月甲辰，第 3725 页。

⑦ 《续资治通鉴长编》卷一五三，仁宗庆历四年十二月甲辰，第 3725 页。

听，已使仁宗心生疑忌，而杨日严所言"远方所宜抚安之，无容变法以生事"，正好击中仁宗担心蜀中变乱、旁生枝节的心理，"故不俟岁满，亟徙堂知河中府"，将其迅速调离现职，足以反映流言的威慑力。蒋堂离职，"蜀人歌思之"，①黄震评蒋堂在蜀为众所不乐有三事"减邀乐，毁淫祠，伐江渎庙木修府"，认为"所谓众不善者，乃可谓最善者也"。②宋祁《宋蒋堂字希鲁赞》："蒋侯挺挺，天与严方，健而文明，不逢不将。始治蜀人，政未及孚，纤者嫉侯，膏吻腾诬，侯政已孚，蜀人熙熙，侯坐徙官，远近惊咨。侯始兴学，绍文之余，百堵增增，大度厥居，髦俊聿来，昼经夜史，益然西南，号多君子。侯既去州，右区即毁，侯惠在人，已肤而髓。子产相郑，先谤后歌，来世视之，谓侯如何。"③

有关蜀守的流言多为诬词，属于"凭空捏造、主观杜撰的政治信息"，"蕴涵着特定的政治情感倾向，体现出人们丰富而复杂的社会心态"，④作为最高统治者来说，主观上能否避免臆想猜测，能否让事实说话，关乎蜀守个人安危甚至蜀地治乱，《吕氏春秋》云："听言不可不察，不察则善不善不分。善不善不分，乱莫大焉。"⑤针对流言，朝廷快速做出回应，以召问或遣使的方法核查信源的可信度，追溯流言的深层根源，并采取相应措施，收到显著成效，多数情况下，可使流言不攻自破。

（二）蜀地军事流言的应对

宋初蜀地动乱迭起，人心未宁，兵变、民变之后，上自中央，下至地方，都采取了严厉的措施查禁流言，安抚人心，稳定社会秩序。比如，在平息王均兵变后，真宗于咸平四年（1001 年）十二月二日发布诏令，严惩造作谣言，煽动民众之徒，"昨益、利、彭州戍兵谋乱，自贻刑宪，来就诛锄。眷彼黎甿，或多反侧，用宽诖误，式广好生。宜令逐州除逃亡徒党见擒捕外，其余一切不问。及以西蜀自王均叛涣之后，人心未宁，亦有小民潜相诖惑。宜令长吏严切警察，如有讹言动众、情理切害者，斩讫以闻"。⑥张咏"淳化中知益州，曰：'前日李顺胁

---

① 胡宿：《文恭集》卷三九《宋故朝散大夫尚书礼部侍郎致仕上柱国乐安县开国侯食邑一千三百户赐紫金鱼袋赠吏部侍郎蒋公神道碑》，中华书局，1985，第 463 页。

② 黄震：《黄氏日抄》卷三三，《文渊阁四库全书》第 708 册，台北商务印书馆，1986 年影印本，第 16 页。

③ 袁说友等编《成都文类》卷四八宋祁《宋蒋堂字希鲁赞》，赵晓兰整理，中华书局，2011，第 938 页。

④ 周鸿铎主编《政治传播学概论》，中国纺织出版社，2005，第 107 页。

⑤ 吕不韦：《吕氏春秋》卷一三，《丛书集成初编》第 583 册，中华书局，1985，第 84 页。

⑥ 徐松：《宋会要辑稿》刑法二，中华书局，1997。

民为贼，今日吾化贼为民。'禁止讹言，兴学劝士，恩威并用，蜀民畏而爱之"。① 这些措施可能收一时之效，但蜀地"人心易摇"一直是摆在统治者面前令其大伤脑筋的问题，"西蜀自刘旰、王均、李顺之乱，奸讹朋兴，众心危惧，日三四惊，无宁居者"。② 频繁的变乱，使民众心怀忧惧之心，一有负面信息流传，即引发社会恐慌，正所谓"天下荒弊，人心易动，物听一移，将致疑惑"，③ 从而形成一种因乱生惧、因惧畏言、因言生乱的联动机制。各种有关军事的流言往往能在最短时间内打破人们生活的常规，搅动一方的社会秩序，这就需要主政者以静制变，弭乱于未形。宋文蔚为中江令，"时狂人乘官吏大集，走呼曰：'贼至矣！'蜀人喜乱易摇，皆相怖亡匿。君叱左右缚笞之，以令市人，众不敢动。里闾德之，为立生祠。以郎守归州。戍卒谋劫库兵叛，君先期取之，探治根窟，威振一方。君为政，缓急方略类若此"。④ 陈安仁知邛州，"有匿名投书，言戍卒欲连他郡兵为变。主兵者震慑，白公，公曰：'此奸人所为。'命焚书于庭，卒亦无变"。⑤ 何君耕知蜀州，"抚摩善良，绳治奸猾，郡以大治。盗复起邻邑，州民惊扰。公立木四门，大书曰：'率众劫民财者斩。'"⑥ 薛塾为兵马监押，"蜀民易摇，喜倡事以相惊呼，遂缘为乱"，"旁郡呼曰'盗将大至'，公能以重镇之，州卒无事，民恃以安"。⑦ 司马池为建德、郫县尉，"蜀人妄言戍兵叛，蛮将入寇，富人争瘗金银逃山谷间。令间邱梦松假他事上府，主簿称疾不出，池摄县事。会上元张灯，乃纵民游观，凡三夕，民心遂安"。⑧ 这一系列流言事件的很快平息得益于主事者"镇以静重"。⑨ 中江狂悖之人趁当地官员集会无暇顾及之机，扰乱视听，造成民众竞相逃匿的混乱景象，宋文蔚处变不惊，严惩散播流言者，以此威服众人；邛州有人以匿名书告变，目的在于动摇军心，将领因此慌

---

① 李贤等：《大明一统志》卷六七，台联国风出版社，1977，第4214页。

② 孙觌：《鸿庆居士集》卷三八《宋故资政殿大学士王公墓志铭》，《文渊阁四库全书》第1135册，台北商务印书馆，1986年影印本，第413页。

③ 房玄龄等：《晋书》卷九八《王敦传》，中华书局，1974，第2557页。

④ 宋祁：《景文集》卷六〇《宋府君墓志铭》，《丛书集成初编》第1881册，中华书局，1985，第804～805页。

⑤ 范纯仁：《范忠宣公文集》卷一四《朝请大夫陈公墓志铭》，《文渊阁四库全书》第1104册，台北商务印书馆，1986年影印本，第689页。

⑥ 周必大：《文忠集》卷三五《朝请大夫知潼川府何君耕墓志铭》，《文渊阁四库全书》第1147册，台北商务印书馆，1986年影印本，第380页。

⑦ 欧阳修撰《欧阳修全集》卷六三《内殿崇班薛君墓志铭》，李逸安点校，中华书局，2001，第920页。

⑧ 脱脱：《宋史》卷二九八《司马池传》，中华书局，1977。

⑨ 范祖禹：《太史范公文集》卷四〇《检校司空左武卫上将军郭公墓志铭》，四川大学古籍整理研究所《宋集珍本丛刊》第24册，线装书局，2004，第402页。

了阵脚，却被陈安仁识破奸计，当众焚毁匿名书，流言不攻自破；郫县戍兵入寇的流言甚嚣尘上，一时之间人心惶惶，引起一系列的连锁反应，富人携带金银逃奔山谷，县令、主簿谎称他事或称疾不出，在这种紧急关头，司马池代行其事，时至上元灯节，听民举家出游赏玩，迅速安定人心；盗起旁郡邻邑，难免引起蜀中民众恐慌，知州何君耕及时发布信息，严正声明，凡打劫民众财物者均严惩不贷，通过整顿地方秩序稳定人心。而在处理汉夷关系问题上，面对错综复杂的形势和真假难辨的军事信息，以"静重"处之同样是化解危机的有效方法。京镗除四川安抚制置使、知成都府，"先是，威州之蛮，其俗相杀者，偿以钱，即解而去。至是蛮有与吾兵人斗者，声言将入郛，守臣请避之。公笑曰：'我在此，蛮何敢尔！此必偿者教之，若竿偿者之首于境，则彼不敢动。'太守揭公之令以示之民，蛮即退。秦（一为'黎州'）州旧以西兵戍之，一日与州兵相斗，兵刃接矣，其将又纵曳其下，蜀人疑骇。公视之若无事，绌其将而治其不戢者，夷汉安堵"。① 陈安定移监成都军资库，"邛部之酋牟墨者最强，自称百蛮都王，朝廷羁縻惠抚之，许其岁以马入市，偿之金帛，其来有燕，其去有赆，留日有数。明年，牟墨来，皆衷甲。及城，君使人止之以制，禁甲不得入。牟墨乃令置甲于外而入。事既，止传舍，逾日不去，忽纵十余蛮入市，欧攘人物。君不复用夷法，即擒于市杖之。牟墨大惧，负装驰出，济大渡河，君以赆物追付之。既去，衔君辱其徒，且声言将举兵入以为报。州人咸恐，本路帅亦移书诘责，戒自为备。君度其势不足虑，后终无能为患。其沉识处事多如此类"。②

如果说上述军事流言的处理凸显的是地方守将的个人才能，"缓急方略类若此""沉识处事多如此类"③ 的赞辞便是对其政治、军事才干的肯定与认可，那么仁宗时期应对蜀地甲午兵起流言的过程更能反映中央和地方的"层级"与"联动""静重"实为化解此次重大危机的因应之道。

太宗淳化四年（993 年）蜀地爆发王小波、李顺起义，因时值甲午年，宋代典籍将之称为甲午之乱，王禹偁《上真宗乞江湖诸郡置本城守捉兵士》云："按司马迁《天官书》云：'天运三十岁一小变，一百年一中变，五百年一大变，此常数也。'古圣知其如此，设备以待，虽变不乱。国家以建隆甲子岁下西川，甲

---

① 杨万里：《诚斋集》卷一二四《宋故太保大观文左丞相魏国公赠太师谥文忠京公墓志铭》，四川大学古籍整理研究所《宋集珍本丛刊》第 24 册，线装书局，2004，第 681 页。

② 陈襄：《古灵集》卷二〇《驾部陈公墓志铭》，《文渊阁四库全书》第 1093 册，台北商务印书馆，1986 年影印本，第 664～665 页。

③ 陈襄：《古灵集》卷二〇《驾部陈公墓志铭》，《文渊阁四库全书》第 1093 册，台北商务印书馆，1986 年影印本，第 665 页。

午岁复乱，三十年之应也。"① 甲午之乱似是天运使然，实则"出于民怨"，② 程遇孙《送张安道赴成都序》："淳化之际，经制烬矣。赋税不均，刑法不明，吏暴于上，民怨于下，武备日废，而不知讲；盗贼日发，而不知禁。是故野夫攘臂以取州邑，其易如席卷。然则甲午之乱，非蜀之罪也，非岁之罪也。乃官政欺懦而经制坏败之罪也。"③ 仁宗皇祐四年（1052 年）十二月，蜀地传言"岁在甲午，当有兵起"，④ 即说，在即将到来的甲午年（1054 年）蜀地会再掀波澜。甲午岁凶之说源于蜀地民众头脑中挥之不去的历史记忆，"初，孟知祥据蜀，李顺起为盗，岁皆在甲午"⑤ "淳化甲午岁，盗起两川，蜀城俱溃，众号百万，直趋剑门"，⑥ 其规模、气势和影响，更是留下难以磨灭的印记。"'记忆是一种重建'的心理规则"，⑦ 创伤性的社会情境使这样一个特殊的年份不仅"蜀父老识之"，更是"深以为恐"。⑧ 有关甲午变乱，历来就有各种兆示，使其更显神秘，太宗"太平兴国戊寅岁，程羽守益都，时立春在近，县史纳土牛偶人于府门外，观者颇众。主者恐为众人所损，遂移至厅事之左，少选，程出视事，怪问之，主者以对，程笑曰：'农夫牧竖非升厅之物，兆见于此，不祥莫大焉。'当时闻之，以为过论，至甲午岁，果有村氓叛窃，入据城邑焉，人亦服其理识"。⑨ 又据《成都古今记》载："王生闻乐言吉凶，无不中者。尝游药市，闻五门奏乐，不知涕之无从出，告人曰：'向淳化甲午年，方罢寇难，今兹乐声，又将有甲午之变。'至明年正月，王均叛。"⑩ 闻乐声知变与土牛升厅兆乱表面上看似荒诞不

① 《续资治通鉴长编》卷四七，真宗咸平三年十二月壬申，第 1037 页。

② 苏轼撰《苏轼文集》卷四八《上知府王龙图书》："国家蓄兵以卫民，而赋民以养兵，此二者不可以有所厚薄也。然而薄于养兵者，其患近而易除，厚于赋民者，其忧远而难救。故夫庚子之小变起于兵离，而甲午之大乱出于民怨。"苏轼撰《苏轼文集》卷四八《上知府王龙图书》，孔凡礼点校，中华书局，2011，第 1389 页。

③ 袁说友等编《成都文类》卷二二《送张安道赴成都序》，赵晓兰整理，中华书局，2011，第 460 页。

④ 《续资治通鉴长编》卷一八一，仁宗至和二年十二月乙酉，第 4384 页。

⑤ 《续资治通鉴长编》卷一七三，仁宗皇祐四年十二月丁丑，第 4182 页。

⑥ 张咏：《乖崖集》卷八《大宋赠左监门卫将军上官公神道碑铭》，《文渊阁四库全书》第 1085 册，台北商务印书馆，1986 年影印本，第 625 页。

⑦ 张铁民：《谣言和流言：错位的心态》，江苏教育出版社，1997，第 120 页。

⑧ 张方平：《乐全集》卷三六《宋故推诚保德功臣宣徽南院使安武军节度使冀州管内观察处置等使开府仪同三司检校太傅持节冀州诸军事冀州刺史兼御史大夫鄜延路马步军都总管经略安抚使判延州军州事管内劝农使上柱国广平郡开国公食邑五千二百户食实封一千六百户赠太尉谥曰康穆程公神道碑铭》，《文渊阁四库全书》第 1104 册，台北商务印书馆，1986 年影印本，第 407 页。

⑨ 《说郛》卷三七。

⑩ 曹学佺：《蜀中广记》卷五五，《文渊阁四库全书》第 591 册，台北商务印书馆，1986 年影印本，第 743 页。

经，实则可看作时人出于对特殊年份的戒备和恐慌而进行的主观预设和想象。

针对甲午兵起之说，从中央到地方均严正以待，采取各种措施加以防范，大致可分为两个阶段：一是从皇祐四年十二月到至和元年六月，朝廷一方面选派能吏入蜀主政或巡查，并整肃吏治，减免额外征收。仁宗先命程戡知益州，再派盐铁判官燕度入蜀督察地方盐务。程戡在蜀筑城浚池，斩杀彭州流言惑众者。① 另一方面，密切关注广源蛮侬智高的所有信息，仁宗至和元年六月乙未，"诏益州路钤辖司，应蛮人出入处，皆预择人为备御。时黎州言侬智高自广源州遁入云南故也"。② 二是从至和元年七月至二年正月，蜀地流言泛滥，复归平静。程戡离职回京就任参知政事，其间由转运使高良夫暂时代行其事。蜀情情势急转直下，"秋七月，蛮中酋长以智高事闻于黎，转而闻之益，云南疑，若少动，岁凶之说又从而沸焉。缙绅从而信之焉"。③ 广源蛮侬智高在其叛乱被平定后逃奔南诏进而收拾残兵攻蜀之说使"人大惊哗"。④ 转相传闻使流言像瘟疫一样迅速蔓延，引发高度的情绪反应，造成"边军夜呼，野无居人"的混乱状态，⑤ "公众的焦虑在这段时间达到了疯狂的高峰"。⑥ 高良夫在惊慌之余误判情势，紧急行动起来，"移兵屯边郡，益调额外弓手，发民筑城，日夜不得休息"，⑦ 并"移檄属郡，劝民迁入城郭"，"蜀人久不见兵革，惧甚，汹汹待乱"。⑧ 宋廷一面催促新的益州知州张方平赴任，一面调集陕西郡县兵力增戍黎州（治今四川汉源）、雅州（治今四川雅安），如此一来，非但没有对动荡的局势产生丝毫的遏制作用，反而一发而不可收拾，使危机进一步加深，"秦渭兵马，转送器甲，络绎阁路。过两当驿即入川界，州郡役民夫夜筑城，诸县弓手辄增三倍团结，晨夕训阅。比及绵、汉，城皆启闭不以时，民结坛社，相约保险，嫁娶不复待年，窖藏诸物，讹言相惊，动危

① 张方平：《乐全集》卷三六《宋故推诚保德功臣宣徽南院使安武军节度使冀州管内观察处置等使开府仪同三司检校太傅使持节冀州诸军事冀州刺史兼御史大夫鄜延路马步军都总管经略安抚使判延州军州事管内劝农使上柱国广平郡开国公食邑五千二百户食实封一千六百户赠太尉谥曰康穆程公神道碑铭》，《文渊阁四库全书》第1104册，台北商务印书馆，1986年影印本，第407页。

② 《续资治通鉴长编》卷一七六，仁宗至和元年六月乙未，第4263页。

③ 袁说友等编《成都文类》卷二二《送张安道赴成都序》，赵晓兰整理，中华书局，2011，第459页。

④ 刘挚：《忠肃集》卷一二《宫苑使合门通事舍人王公墓志铭》，《文渊阁四库全书》第1099册，台北商务印书馆，1986年影印本，第584页。

⑤ 吕祖谦编《宋文鉴》卷七九苏洵《张尚书画像记》，齐治平点校，中华书局，1992，第1142页。

⑥ 〔美〕马丁 S. 弗里德森：《投机与骗局》，机械工业出版社，2010，第35页。

⑦ 《续资治通鉴长编》卷一七八，仁宗至和二年正月丁亥，第4306页。

⑧ 苏辙：《龙川别志》卷下，中华书局，1982，第97页。

纷然"。① 这对于上任伊始的张方平来说无疑面临严峻的挑战，经过理性的审视和思考，认为传言虚妄不实，理由有三：一是世易时移，云南之地政通人和；二是从大理至南诏，南诏至益州，其地相去数千里，山川险阻；三是朝廷怀远卭部诸蛮已使其顺服。② 因此得出"闾阎之语不足信，云南之警不足忧"的结论，③并果断地做出了如下处理："诸所增弓手、筑城役夫即散遣之，告诸州县察诸言语相恐，禁止诸嫁娶不如礼者，解诸坛社。值上元观灯日，夕设盛会，因大启城诸门，三夜不阖，民心乃定。徐究传言所来，乃卭部译人欲军马集境上，规商贩之利，追其造谋者戮之，余投之湖湘之间，乃具奏归秦渭戍兵，还器甲于岐雍，蜀土乂安如初"，④遣散弓手役夫，发布禁令，大开城门，追查信源，奏归戍兵。"一旦引起流言的因素消失，流言也会较快地消退"，⑤这一系列措施收到立竿见影之效，蜀地由于迫近的军事威胁而激荡起来的社会秩序恢复如初。对此明人祁承爜《牧津》卷四《消弭下》评价："方平素喜谈兵，已料智高在股掌中，即流言非妄，亦不惧其为边境扰，故一味镇之以静，其中自有料理，若谓遣戍卒张灯开城，只此见张公才略，方平不若是之疏。"⑥张方平在蜀地流言四起、形势危急之下，能以静制变，镇抚得体，实因成竹在胸，尤其是对信源的一查到底策略更成为澄清、瓦解流言的关键所在，但有关史籍所载造谣者颇有出入，苏辙《龙川别志》卷下云："公徐问智高入蜀之报，本雅州蕃牙郎号'任判官'者所为。遂呼至成都，诘其敢虚声动摇两蜀情状，将斩之以徇。任震恐伏罪，乞以举家数十口系雅州狱，身自入蕃，穷问智高诣实，通月不至，请举家为戮。公久之乃许。任如期至，得小云南书，言智高至南诏，复谋为乱，为南诏所杀。公乃释任而奏其事。"⑦张方平通过密查暗访找出制造流言的重要人物任判官，再以斩首示众使其畏服，进而放其前往蛮部打探虚实，终于获知侬智高已死的重要信息。与此不同的是，关于流言的主导者和操纵者，苏轼《张文定公方平墓志铭》称：

---

① 张方平：《乐全集》附录王巩《文定张公乐全先生行状》，《文渊阁四库全书》第 1104 册，台北商务印书馆，1986 年影印本，第 526~527 页。

② 袁说友等编《成都文类》卷二二《送张安道赴成都序》，赵晓兰整理，中华书局，2011，第460 页。

③ 袁说友等编《成都文类》卷二二《送张安道赴成都序》，赵晓兰整理，中华书局，2011，第461 页。

④ 张方平：《乐全集》附录王巩《文定张公乐全先生行状》，《文渊阁四库全书》台北商务印书馆，1986 年影印本，第 527 页。

⑤ 陈力丹：《舆论学——舆论导向研究》，中国广播电视出版社，1999，第 104 页。

⑥ 祁承爜：《牧津》卷四《消弭下》，《续修四库全书》第 754 册，上海古籍出版社，2002，第84 页。

⑦ 苏辙：《龙川别志》卷下，中华书局，1982，第 97 页。

"得邛部州之译人始为此谋者斩之，枭首境上，而配流其余党于湖南，西南夷大震"；① 而王鞏《文定张公乐全先生行状》则说："于时侬蛮通诛，实逸在云南，故谍者乘而扇动，后此蛮竟为云南所戮。先是，智高母、妻、子皆执在京师犹存，欲以招智高，公奏至始伏法。"② 尽管各说不一，但从中不难看出，令蜀民人人自危的流言"以事件为实体的内容是虚构的"，显然是"别有用心的制造"。③

（三）蜀地灾异流言的应对

灾异流言通常是以不寻常的面貌出现，其突出特点是"传播内容上的'妖魔化'"，④ 有着奇异的想象、夸张的语言或离奇的情节，宋代蜀地这类流言的频出与"蜀人好袄祀"，⑤"多信鬼巫妖诞之说"⑥ 的民间风尚不无关系。

太宗淳化年间张咏出知成都，当地盛传"白头翁午后食人男女"，⑦ 这一恐惧性流言使郡县群情哗然，一时之间到处弥漫紧张气氛，家家户户如临大敌，时近傍晚就不敢外出，路上人迹断绝，这对有着性命之虞的受传者来说实属本能的防御反应。张咏召来犀浦知县，命其迅速查清此事，并面授机宜，如何寻找食人妖怪流言的信息来源，教其将"归明人尚为乡里患者"⑧锁定为目标对象，并在市肆间进行明察暗访，人群中"大言其事"⑨ 者即为流言的始作俑者。犀浦知县如其所说，果真于次日便将造谣者捉拿归案，并解送至成都，张咏将其诛杀于市。至此，令人毛骨悚然的流言案顺利告破，被搅动得天翻地覆的地方秩序复归于平静。事后，张咏颇有感触地说："妖讹之兴，沴气乘之，妖则有形，讹则有声，止讹之术，在乎识断，不在厌胜。"⑩ "识断"意即决断而有识见，临事果断，深谋远虑是妥善处理灾异流言的制胜法宝。

---

① 《名臣碑传琬琰集》中卷二二苏轼《张文定公方平墓志铭》，《文渊阁四库全书》第 450 册，台北商务印书馆，1986 年影印本，第 372 页。
② 张方平：《乐全集》附录，《文渊阁四库全书》第 1104 册，台北商务印书馆，1986 年影印本，第 527 页。
③ 郝朴宁等：《中国传播史论》，云南大学出版社，2005，第 430 页。
④ 段鹏：《传播学基础：历史、框架与外延》，中国传媒大学出版社，2006，绪论第 1 页。
⑤ 《续资治通鉴长编》卷二〇三，英宗治平元年十二月癸丑，第 4928 页。
⑥ 石介：《徂徕集》卷九《记永康军老人说》，《文渊阁四库全书》第 1090 册，台北商务印书馆，1986 年影印本，第 242 页。
⑦ 《宋名臣言行录》前集卷三，第 449 册，第 37 页。
⑧ 《宋名臣言行录》前集卷三，第 449 册，第 37 页。"归明人"是宋时对投附中原王朝的少数民族的特定称谓，宋统治者对其采取既优待笼络又严加控制的政策。
⑨ 《宋名臣言行录》前集卷三，第 449 册，第 37 页。
⑩ 《宋名臣言行录》前集卷三，第 449 册，第 37 页。

神宗时李逢知丹棱，"东馆僧持悔过忏罪之说，率其徒早夜讲佛书，听者逾百数。浮士造飞语，指为妖讹，以乱上之人聪明，且以媒进。提点刑狱者信其言，移文委君急捕，连逮坐系者将众，人情大骇。君曰：'此岂有巨恶？不过以其教诱民而从者偶多尔！安足深咎？遂宽其狱，蒙宥颇众"。① 程颢之父程珦知汉州，"中元节宴开元寺，盖盛游也。酒方行，众呼曰佛光见，观者相腾踏，不可禁。公安坐不动，顷之，乃定"。② 胸中有识断方可安坐不动，处之泰然，"佛光"之说得以迅速瓦解。明人祁承㸁《牧津》卷二六《守正下》评道："谨言佛光，原无关系，惟静坐乃能定哗。"③

仁宗时吴中复知嘉州犍为县，"峨眉人凭灌口神以讹言起祠庙，夜聚千余人，中复白钤辖司，配首恶而毁其庙"。④ 宋代蜀地对灌口神的崇祀十分普遍，据洪迈《夷坚志》丁志记载："永康军崇德庙乃灌口神祠，爵封至八字，王置监庙官视五岳，蜀人事之甚谨。每时节献享，及因事有祈者，无论贫富，必宰羊，一岁至烹四万口。一羊过城，则纳税钱五百，率岁纳可得四十万缗，为公家无穷利。当神之生日，郡人醵迎尽敬，官僚有位，下逮吏民，无不瞻谒。"⑤ 因为灌口神极具影响力和号召力，蜀地"通过神的介入蛊惑民心"⑥ 的流言和事件时有发生，前文蜀守程琳就因有人假托灌口神李冰之子为号聚众置官而高度警觉，"捕其首斩之，而配其社人于内地"。⑦ 同样，"峨眉人凭灌口神以讹言起祠庙，夜聚千余人"在犍为县令吴中复看来，也属非同寻常之事，此风不禁，恐生变乱，因此果断地采取措施严加制裁，发配首犯，捣毁祠庙，将之连根拔起，以绝后患。

三　余论

北宋时期，蜀地因其重要性和离心性牵动着统治者敏感的神经，在现实与想

---

① 吕陶：《净德集》卷二五《著作佐郎李府君墓志铭》，《丛书集成新编》第 61 册，新文丰出版公司，1985，第 744 页。

② 程颐：《二程文集》卷一三《先公大中家传》，《文渊阁四库全书》第 1345 册，台北商务印书馆，1986 年影印本，1986，第 731 页。

③ 祁承㸁：《牧津》卷二六《守正下》，《续修四库全书》第 754 册，上海古籍出版社，2002，第 394 页。

④ 《名臣碑传琬琰集》下卷一五《吴给事中复传》，第 450 册，第 780 页。

⑤ 洪迈撰《夷坚志》支丁卷六，"永康太守"，何卓点校，中华书局，1981，第 1017～1018 页。

⑥ 〔美〕罗伯特·门斯切：《市场、群氓和暴乱——对群体狂热的现代观点》，上海财经大学出版社，2006，第 42 页。

⑦ 《续资治通鉴长编》卷一〇九，仁宗天圣八年十月癸卯，第 2547 页。

象之间徘徊和纠结，特殊化政策的实施尽管收到一定的成效，但有时也过犹不及，对这一地区的高度警惕和着意防范使蜀地不少官员畏手畏脚或过度谨慎，如前文所述，"守益州者以嫌多不治城堞"，"监司帅守以去朝廷甚远，恐有讥议，不能自明，往往日夕忧虞，务为容忍，奸赃不敢按治，法令不敢举行"，甚至殚精竭虑，防民胜于救火。

事实上，北宋统治者在治蜀问题上也有着清醒的认识，真宗咸平六年（1003年）正月壬子，"知益州马知节言：'李顺、王均之乱，蜀民有为贼黥面及伪署者，王师至，悉弃贼来归。官释其罪，给公凭遣之。其类颇众，今欲各令赍诣州，别给新本，因得籍数，以防奸伪。'上曰：'胁从之民，屡经赦宥，宜谕知节，但镇静而抚育之。'"① 宋初因扰民而导致蜀地民变、兵变频频发生，出于对蜀人"易动""善乱"的认识，无论是最高统治者还是蜀地官员都有不少意在安民的举措，例如，在对待蜀地募兵、增税等问题上，本着免于扰民的原则而妥善处理，太宗淳化二年（992年）"三司尝建议剑外赋税轻，诏监察御史张观乘传行按行诸州，因令稍增之。观上疏言：'远民易动难安，专意抚之，犹虑其失所，况增赋以扰之乎？设使积粟流行，用输京师，愈烦漕挽之力，固不可也。分兵就食，亦非安全之策，徒敛怨于民，未见国家之利。'上深善其言，因留不遣"。② 神宗熙宁九年（1076年），"成都府路转运司言：'钤辖司已榜示，有物力人户愿以人丁随官军往茂州助讨蕃贼者，候事平日奏闻加赏。'上批：'蜀人既素不习武事，所募必亦不多，徒为张皇，使人情惊动，可速令止罢。'"③ 每逢蜀地遭遇自然灾害，朝廷常常遣使安抚，如仁宗宝元二年（1039年）八月四川发生严重饥荒，"遣使体量安抚韩琦、利益路蒋堂、梓夔路琦，所至赋役烦急者悉轻减蠲除之，逐贪残不职吏，罢冗员六百余人，活饥民一百九十余万"。④ 朝廷"专意抚之"，而地方官亦不乏为政宽简者，如薛奎守蜀，"蜀人喜乱而易摇，公既镇以无事，又能顺其风俗"；⑤ 程琳知益州，"蜀人轻而喜乱，公常先制于无事，至其临时，如不用意，而略其细，治其大且甚者不过一二，而蜀人安之，自僚吏皆不能窥其所为"；⑥ 赵忭

① 《续资治通鉴长编》卷五四。
② 《续资治通鉴长编》卷三二，太宗淳化二年二月丁巳，第711页。
③ 《续资治通鉴长编》卷二七五，神宗熙宁九年五月辛未，第6731页。
④ 陈均：《九朝编年备要》卷一〇，《文渊阁四库全书》第328册，台北商务印书馆，1986年影印本，第265页。
⑤ 《宋名臣言行录》前集卷五《薛奎简肃公》，第449册，第62页。
⑥ 欧阳修撰《欧阳修全集》卷三一《镇安军节度使同中书门下平章事赠中书令谥文简程公墓志铭》，李逸安点校，中华书局，2001，第463页。

知成都，"默为经略，而燕劳闲暇如佗日，兵民晏然"；① 程珦知汉州，"蜀俗轻浮，而公临之以安静"。② "镇以无事""默为经略""临之以安静"等的核心在于"清静为政"，从而达到安抚人心、稳定秩序的目的。从统治者角度来说，治蜀方略的选择和制定应取决于变化了的地方社会形势，恩威并施，宽严结合，宽猛兼济。徽宗大观、政和年间，席旦先后两次出任成都知州，"公至，则按吏若民之尤无良者，草刈而禽狝之，一道大震，众由是咸知公之猛。政和中，诏又以公再镇成都。成都之人仰公威德，前期相戒，莫敢犯令，其奸究闻风而奔遁。众谓公来必仍其旧。公至，则大济威严，父诏而母鞠之，遂以无事。众由是咸知公之宽……其镇成都也，可谓猛以济宽矣；其再镇也，可谓宽以济猛矣。不侮矜寡，不畏强御，猛以济宽，宽以济猛，可谓君子矣"。③ 根据当地、当时的实际情况做出灵活的调整和处理，或"猛以济宽"，或"宽以济猛"，实为治蜀之精要。

---

① 吕祖谦编《宋文鉴》卷一四八苏轼《赵清献公神道碑》，齐治平点校，中华书局，1992，第2072页。
② 程颐：《二程文集》卷一三《先公大中家传》，《文渊阁四库全书》第1345册，台北商务印书馆，1986年影印本，第731页。
③ 袁说友等编《成都文类》卷二二苏元老《送成都师席晋仲（旦）序》，赵晓兰整理，中华书局，2011，第465页。

南宋抗蒙重臣朱禩孙生平考

粟品孝

（四川大学历史文化学院）

朱禩孙（1214～1280年）是南宋晚期的抗蒙（元）重臣。在宋蒙（元）双方激烈对抗的宋理宗宝祐四年（1256年）到恭帝德祐元年（1275年）的二十年间，他先后知泸州兼潼川府路安抚使、知静江府兼广西经略安抚使、知太平州、沿江制置副使兼知黄州、四川安抚制置使兼知重庆府、京湖四川宣抚使兼知江陵府等，并升至参知政事，在当时由西至东的四川、京湖和江淮三大战区以及南方的广西战场均曾任责一方，活跃非常。只是他最后叛宋降元，不仅受到宋廷"除名籍家"的严惩，入元"闲居六年"，死后又遭"没入妻子为官奴婢，籍其财"的重罚。大约正因为这"两边不讨好"的处境，历史上不论是国史书写还是地方史志，都没有他的传记，他的诗文也几乎亡佚殆尽，留下的有关记载亦相当零散，以至于今天我们对其生平事履竟知之不详。目前仅见《宣成书院始建人考辨》一文曾对朱禩孙有专门的初步梳理，但失之太简。[①] 为此，笔者在广泛搜集和辨析资料的基础上，尽可能如实地考述朱禩孙的生平和相关人事，期望推进相关问题的深入研究。

一　朱禩孙的籍贯及其早年经历

《宋人传记资料索引》有"朱禩孙"条目，言其是"阆中人"，"淳祐四年进士"，[②] 但检核其所列三种史料，并无这两方面的信息，编者当另有所据。《宋

---

① 夏雨雨、孙先英：《宣成书院始建人考辨》，《广西地方志》2009年第1期。

② 昌彼得等编、王德毅增订《宋人传记资料索引》第1册，中华书局，1988，第623页。

人传记资料索引补编》则补充了两则石刻资料，① 虽仍无朱禩孙进士及第的信息，但返查其中的《龙隐岩题名》，开头就有"阆中朱禩孙以景定庚申帅岭右"，似乎朱禩孙确为"阆中人"。此据清末《粤西金石略》卷十三，编者说"此刻在临桂龙隐岩"。② 进一步查光绪《临桂县志》，也录有此刻，文字同上。③ 但较《粤西金石略》和光绪《临桂县志》更早的明朝张鸣凤所撰《桂胜》卷二在载录这一题刻时，则将"阆中"写作"闽中"，并在《桂故》卷五《先政下》也有"闽人朱禩孙亦尝帅桂"语。④ 清朝桂林府通判汪森编的《粤西丛载》卷二也沿袭了《桂胜》的写法。⑤ "阆""闽"二字形近易误，朱禩孙究竟是"阆中"人还是"闽中"人呢？

如果能够见到清晰可辨的《龙隐岩题名》石刻，那自然就迎刃而解了。但对桂林石刻进行总体考察的杜海军先生，在其近出的《桂林石刻总集辑校》一书中，凡是亲加探访的条目下均注有"访碑"之记，而《龙隐岩题名》下则没有，说明原刻已毁或无法见到。幸赖《元史·杨文安传》的一则记载为我们提供了答案。撰者在记述驻扎在阆州（治今四川阆中）的蒙古夔东路安抚使军元帅杨文安于元世祖至元八年（宋咸淳七年，1271 年）攻战之事时写道："时宋以朱禩孙帅蜀，禩孙，阆人也，数遣间谍，动摇人心，文安屡获其谍，阆州竟无虞。"观其上下文，"阆人"乃阆州人的简称。这在宋人的称呼中也是很常见的，如北宋曾巩为阆州张飞庙作记时两次称阆州人为"阆人"；⑥ 眉山苏轼兄弟的伯父苏涣曾通判阆州，二苏在叙述有关事迹时亦多次称阆州人为"阆人"。⑦ 这就表明，朱禩孙确为阆州人，阆州治所在阆中县，古称阆中郡，因此《龙隐岩题名》的首句应为"阆中朱禩孙"，而所谓"闽中朱禩孙"的记载是不确切的。

据由宋入元的方回所写《宣抚朱参政南山遗集序》，⑧ 朱禩孙生于宋嘉定七年（1214 年），卒于元至元十七年（1280 年），字杞材，号南山，这在《宋人传

---

① 李国玲编《宋人传记资料索引补编》第 1 册，四川大学出版社，1994，第 230 页。

② 谢启昆：《粤西金石略》卷一三《朱禩孙题名》，清嘉庆辛酉年铜鼓亭刊本。此据杜海军：《桂林石刻总集辑校》，中华书局，2013，第 358 页，题名《朱禩孙任忠益等龙隐岩题名》。

③ 吴征鳌、黄泌纂修《临桂县志》卷二二，清光绪三十一年刻本。

④ 张鸣凤：《桂胜》卷二，《桂故》卷五《先政下》，影印文渊阁四库全书本。

⑤ 汪森：《粤西丛载》卷二，影印文渊阁四库全书本。

⑥ 曾巩：《曾巩集》卷一八《阆州张侯庙记》，上册，陈杏珍、晁继周点校，中华书局，1984，第 297 页。

⑦ 苏轼：《苏轼文集》卷一六《苏廷评行状》，孔凡礼点校，中华书局，1986，第 2 册，第 496 页；苏辙：《栾城集》卷二五《伯父墓表》，上册，曾枣庄、马德富点校，上海古籍出版社，1987，第 519~521 页。

⑧ 方回：《桐江续集》卷三二《宣抚朱参政南山遗集序》，影印文渊阁四库全书本。此据李修生主编《全元文》卷二一三，第 7 册，凤凰出版社，2004，第 115~116 页。

记资料索引》中已有揭示。另外，时人刘埙曾说宋恭帝即位，"首除朱文昌禩孙为京西湖北四川宣抚使"，① 则朱禩孙又字文昌。至于所谓朱禩孙"淳祐四年进士"，笔者尚未查得有关资料。② 不过他很可能是进士，方回《宣抚朱参政南山遗集序》曾说朱禩孙"初仕荆援蜀，即号为儒者知兵"。既是"儒者"，则朱禩孙很有可能是文举进士出身。

由于资料散佚，我们目前对朱禩孙的早年情况知之甚少，仅知其有一次"死而复生"的经历，见于元朝袁桷《清容居士集》卷三四《史母程氏传》的开头部分：

> 呜呼！余尝得《三卯录》读之，蜀祸之惨，不忍言也。夫朱禩孙之死而复生也，蜀民就死，率五十人为一聚，以刀悉刺之，乃积其尸。至暮，疑不死，复刺之。禩孙尸积于下，暮刺者偶不及，尸血淋漓入禩孙口。夜半，始苏，匍匐入林，薄匿他所，后出蜀为枢密使，尝袒视人，未尝不泣下。

结合此下的引文"贺靖权成都，录城中骸骨一百四十万，城外者不计"和眉山史母程夫人"嘉熙二年（1238 年）十月二十有七日申时死兵难"，可知朱禩孙这次死里逃生一事发生在理宗端平三年（1236 年）蒙古破蜀、"火杀"成都之时。所谓"后出蜀为枢密使"，当是指朱禩孙降元之初，朝廷不知，授其枢密使一职。端平三年是丙申年，史称"丙申之祸"，其时朱禩孙 23 岁。

不可混淆的是，当时还有一同名为朱禩孙的南宋武将。《元史·汪良臣传》曾载："（中统）四年（即宋景定四年，1263 年）春，良臣攻重庆，命元帅康土秃先驱，与宋将朱禩孙兵交，良臣塞其归路，引兵横击之，断敌兵为二，敌败走趋城，不得入，尽杀之。"③ 此"宋将朱禩孙"，非本文的"儒者"朱禩孙。④ 而且景定四年朱禩孙尚在知静江府兼广西经略安抚使任内，不可能在重庆作战。

二　朱禩孙历任职官情况

关于朱禩孙的历任职官情况，其门客方回《宣抚朱参政南山遗集序》有简

---

① 刘埙：《隐居通议》卷二一《陈丞相启（陈丞相文龙）》，影印文渊阁四库全书本。

② 龚延明、祖慧编撰《宋登科记考》下册，"朱禩孙"条，江苏教育出版社，2009，第 1573 页。也说他是淳祐四年（1244）进士，但笔者返查其所列两种文献，仍不见这一信息。

③ 宋濂等：《元史》卷一五五《汪良臣传》，第 12 册，中华书局，1976 年点校本，第 3654 页。

④ 本文的朱禩孙是"儒者"而非武将，因此他后来降元后只能称降臣，不宜称降将。王茂华：《试论宋蒙（元）战争中的南宋降将》，硕士学位论文，上海师范大学，2004。该文将降元的朱禩孙系于"南宋降将"之列（第 9 页），是不妥当的。

略而集中的叙述：

> 故参知政事、京湖四川宣抚使南山朱公……初仕荆援蜀，即号为儒者知兵。李公曾伯之自荆移蜀也，不能躬行军，公以太社令从掌机务，代李公巡边犒师，与诸将款曲交欢，而闻望翕然矣。大臣能早用公，其蔑不济。西守泸，南帅桂，各阅五年。召之入，论之出，除一起居郎，又嗾驳新命，置之姑孰闲处，而后畀以江黄副阃，则公老矣。重庆火而纳公于蜀，沙羡破而下公于荆。

这里说朱禩孙"初仕荆援蜀"，随李曾伯"自荆移蜀"，"以太社令从掌机务"；接着"西守泸，南帅桂，各阅五年"；之后"召之入，论之出，除一起居郎，又嗾驳新命"，经历了一些曲折，"后畀以江黄副阃"；最后，"重庆火而纳公于蜀，沙羡破而下公于荆"，奔走于四川和荆湖地区。

（一）以太社令掌四川宣抚司机务（宝祐二年至四年，1254～1256年）

方回所谓朱禩孙"以太社令从掌机务"发生在宝祐二年（1254年）。据载，李曾伯在宋理宗淳祐十年（1250年）三月受命以徽猷阁学士出任京湖安抚制置使、知江陵府（古称荆州）。① 宝祐二年六月，朝廷罢免四川制置使兼知重庆府余晦，提出以"京阃兼制"四川的方略，升李曾伯为资政殿学士，任其为四川宣抚使兼荆湖制置大使。接着在十月辛卯，命李曾伯"进司重庆，其京湖职事令吕文德主之"。② 这就是所谓的李曾伯"自荆移蜀"。此时朱禩孙以"太社令"的身份跟随李曾伯入蜀，在四川宣抚使司（俗称"蜀阃"，时在重庆府）"掌机务"，是李曾伯的得力助手。太社令即太常寺的太社局令，职事官名，正九品。朱禩孙官品不高，但在代表李曾伯"巡边犒师"中表现卓著，"与诸将款曲交欢，而闻望翕然矣"，初步显示了其政治军事才华。

有必要考辨的是，近人吴廷燮编撰的《南宋制抚年表》卷上"江南西路安抚使、马步军总管、知洪州隆兴府"条下的宝祐元年（1253年）、二年部分，列有朱禩孙，③ 但未注明史料依据；李昌宪的《宋代安抚使考》也依此列出。④ 据

---

① 脱脱等：《宋史》卷四三《理宗纪三》，第3册，中华书局，1977年点校本，第842页。
② 佚名：《宋史全文》卷三五，影印文渊阁四库全书本。按："荆湖制置大使"，据《宋史》卷四四《理宗纪四》做"京湖制置大使"，第852页。
③ 吴廷燮：《南宋制抚年表》卷上，见其《北宋经抚年表南宋制抚年表》，张忱石点校，中华书局，1984，第461页。
④ 李昌宪：《宋代安抚使考》，齐鲁书社，1997，第447页。

万历《南昌府志》卷一二、雍正《江西通志》卷一一和《续资治通鉴》卷一七四，宝祐元年、二年知隆兴府的先后是章琰（一作炎）、萧泰来和翁甫，并无朱禩孙。① 又，《宋人传记资料索引》说朱禩孙"宝祐初知建康府"，查《景定建康志》卷一四守臣表，宝祐元年、二年知建康府的先后为王塈、丘岳，也无朱禩孙。因此，所谓朱禩孙宝祐元年、二年"知隆兴府"或"宝祐初知建康府"的记载，是不确切的。

（二）知泸州兼潼川府路安抚使（宝祐四年至景定元年，1256～1260 年）

朱禩孙在"仕荆援蜀"后，曾"西守泸，南帅桂，各阅五年"，具体情况如何呢？关于"西守泸"，《宋史全文》卷三五曾记：宝祐四年（1256 年）六月甲戌，"以朱禩孙为太府寺簿、知泸州兼潼川路安抚，任责措置泸、叙、长宁边面"，即以从八品的职事官太府寺簿出任知泸州兼潼川府路安抚使，成为当时四川地区潼川府路的最高军政长官，措置长江沿岸（主体在长江以南）的泸州（东与四川军政中心重庆府接壤）、叙州（治今四川宜宾）和长宁军（治今四川长宁县）的边防事务。从留存至今的四川兴文县城西 40 里的凌霄山城修城纪事碑刻的文字"宋宝祐乙卯，鞑贼自云南斡腹，越明年，蒲泽〔择〕之以天子命，令帅臣朱禩孙措置泸、叙、长宁边面"来看，② 朱禩孙这一任职是在时任四川宣抚制置使兼知重庆府的蒲择之的推荐下由朝廷任命的，目的是防范云南蒙军"斡腹"攻蜀。

朱禩孙到任后，大约因为备战抗敌有功，与四川其他部分守臣一起，在第二年即宝祐五年（1257 年）五月就受到了朝廷"官四转"的褒奖。③ 次年七月，朝廷又以其领导修筑长宁军凌霄城之功，"诏禩孙进官一等"。④

以任期"五年"推算，朱禩孙应该一直任到景定元年（1260 年）。这与《宋史》卷四五《理宗纪五》的一条记载相合：景定元年四月戊申，"以刘整知泸州兼潼川安抚副使"，则朱禩孙在此时已被刘整取代。

宋末元初的周密所著《癸辛杂识》有《襄阳始末》一篇，其中在叙述刘整知泸州任上叛宋降元一事时，牵及朱禩孙。

> 先是，蜀将刘整号为骁勇，庚申保蜀，整之功居多。吕文德为策应大

---

① 参见李之亮《宋两江郡守易替考》，巴蜀书社，2001，第 332 页。
② 碑刻全文和图版见丁天锡《宜宾地区境内三座抗元山城遗址》，《四川文物》1985 年第 2 期。
③ 脱脱等：《宋史》卷四四《理宗纪四》，第 3 册，中华书局，1977 年点校本，第 860 页。
④ 佚名：《宋史全文》卷三五，影印文渊阁四库全书本。

使，武臣俞兴为蜀帅，朱禩孙为蜀帅，既第其功，则以整为第一。整恃才桀傲，两阃皆不喜之，乃降为下等定功。整不平，遂诘问禩孙其故，朱云："自所目击，岂敢高下其手？但扣之制密房，索本司元申一观，则可知矣。"整如其说，始知为制、策二司降而下之，意大不平，大出怨詈之语。①

这段材料颇可怀疑：第一，当时吕文德确为夔路策应大使，俞兴为四川安抚制置副使，自是"蜀帅"，但朱禩孙当时仅为知泸州兼潼川府路安抚使，称不了"蜀帅"；第二，既然朱禩孙不是"蜀帅"，自然就参与不了刘整定功之事，刘整与朱禩孙问答之事也不可能。因此这一段涉及朱禩孙的部分恐为传闻不实之辞。那种信以为真、并言朱禩孙当时"身为（四川）制置使"的记述，②自然也是不确切的。

（三）知静江府兼广西经略安抚使（景定元年至咸淳元年，1260～1265 年）

朱禩孙离开泸州后，"南帅桂"五年，即出任知静江府（治今广西桂林）兼广西经略安抚使五年，负责整个广南西路的军政事宜，侧重防御云南蒙军"斡腹"攻宋。《宋史》卷四五《理宗纪五》是在景定五年（1264 年）六月甲寅条才记"朱禩孙右文殿修撰、知静江府、广西经略使"，且无下限。而前引广西桂林的《龙隐岩题名》则对朱禩孙在广西任职的起讫时间有明确交代：

> 阆中朱禩孙以景定庚申帅岭右，属南边傲扰之后，惟征惟筑，日不暇给，赖朝廷威德，年谷屡丰，边鄙不耸，盗贼衰息。咸淳初元春，误蒙恩召，归行有日……③

此处的"帅岭右"，即指统帅广南西路，上起"景定庚申"，即景定元年（1260 年），下至"咸淳初元春"，即咸淳元年（1265 年）春，前后历时五年。

朱禩孙在广西任职的中期，即景定四年（1263 年）三月，朝廷曾"加授"

---

① 周密：《癸辛杂识》别集卷下《襄阳始末》，吴企明点校，中华书局，1988，第 305～306 页。
② 陈世松、喻亨仁、赵永康：《宋元之际的泸州》，四川人民出版社，1985，第 78 页。
③ 《粤西金石略》卷一三《朱禩孙题名》。此据杜海军《桂林石刻总集辑校》，第 358 页，题名《朱禩孙任忠益等龙隐岩题名》。

其"太府卿"。① 太府卿即太府寺卿的简称，为从四品的职事官名。

（四）知太平州及任沿江制置副使兼知黄州（约咸淳元年至四年，1265～1268 年）

方回在叙述朱禩孙广西之任后的情况时写道："召之入，论之出，除一起居郎，又嗾驳新命，置之姑孰闲处，而后畀以江黄副阃，则公老矣。"这说明朱禩孙离开广西后在仕途上曾遇到一些曲折，职务上也有一些变动。具体情况已不详，目前仅知他先任知太平州（治今安徽当涂），接着为"江黄副阃"，即为沿江制置副使兼知黄州。

据乾隆《太平府志》记载，朱禩孙曾在咸淳年间以"中大夫、集英殿修撰"知太平州（治今安徽当涂）。② 中大夫是正五品的寄禄官，集英殿修撰是正六品的贴职名，官品似乎不低，但太平州仅是江南东路的一州而已，权责显然较之前的知静江府兼广南西路经略安抚使要小得多。

朱禩孙知太平州期间，曾上书朝廷，成功地为境内贡士刘应安所建精舍获得丹阳书院的赐额。这在元朝邓文原的《丹阳书院田记》中有所追述。

> 书院肇自宋景定甲子（1264 年），刘君应安尝贡于其乡，即别业建精舍，为学者藏修息游之所。郡守朱公禩孙为请于朝，报可，且赐公田为亩者二百……③

丹阳书院创建于景定五年（1264 年），朱禩孙上书奏请皇帝赐额的举动应该在此不久。因此，笔者认为，朱禩孙知太平州约在咸淳元年（1265 年）春他离开广西稍后的一段时间。李之亮《宋两江郡守易替考》依据乾隆《太平府志》，将朱禩孙知太平州的起止时间定为咸淳二年到四年（1266～1268 年），④ 来任时间与笔者所考接近，但离任时间可能不确，下文将有述及。

朱禩孙"后畀以江黄副阃"，或理解为担任"沿江制置副使"，⑤ 但"黄"

---

① 脱脱等：《宋史》卷四五《理宗纪五》，第 3 册，中华书局，1977 年点校本，第 884 页。
② 朱肇基修、陆纶纂《太平府志》卷一六，清乾隆二十三年刻本。宋末元初的俞德邻在其《佩韦斋集》卷一八《辑闻》中也说朱禩孙曾"守当涂"，即知太平州，此以州治当涂代称太平州。
③ 邓文原：《巴西集》卷上《丹阳书院田记》，影印文渊阁四库全书本。
④ 李之亮：《宋两江郡守易替考》，巴蜀书社，2001，第 239～240 页。
⑤ 姚建根：《宋朝制置使制度研究》附《南宋制置使年表》咸淳四年条，上海书店出版社，2010，第 271 页。

字作何解呢？《宋史·度宗纪》载，咸淳四年（1268 年）十二月，朝廷"以夏贵为沿江制置副使兼知黄州"，① 黄州在淮南西路，治今湖北黄冈。因此上文所谓的"江黄副阃"，应当就是"沿江制置副使兼知黄州"的简称。夏贵在十二月出任，之前应是朱禩孙。《咸淳遗事》卷下曾记载道："（咸淳）四年十月，上以边患召沿江安抚使朱禩孙赴阙引见。"这里的"沿江安抚使"或是"沿江制置副使"之误书。朱禩孙被召时间与夏贵出任沿江制置副使兼知黄州的时间相近。综合这些记述，笔者认为，朱禩孙应是先知太平州，不久改充沿江制置副使兼知黄州。

朱禩孙出任沿江制置副使兼知黄州，是较知太平州更为重要的职任。南宋立国东南，长江防线至为重要。为了加强沿江守卫，南宋中后期先后设置有沿江制置使司和沿江制置副使司，正、副二使分驻两地，制置使司一直在建康府，而制置副使司则在鄂州、江州、黄州、寿昌军之间移动，实际上是独立于制置使司以外的机构。制置副使司的辖区变动也很大，但从景定三年（1262 年）八月汪立信为沿江制置副使兼知江州时起，其辖区主要是江南西路的江州、兴国军、江南东路的南康军、饶州和淮南西路的黄州、蕲州，② 均分布在长江两岸，大体是"分管京湖与江淮大区之间的空隙地带"，主要作用是"填补京湖、江淮两个制置（宣抚）使辖区的防御薄弱"环节，③ 可见其地位非同一般，此时主要是防备蒙古军队的进攻。

朱禩孙究竟是何时出任"江黄副阃"的呢？《宋史·汪立信传》载：景定三年，汪立信"知江州，充沿江制置副使，节制蕲、黄、兴国军马，提举饶州、南康兵甲，升江西安抚使。乞祠禄，差知镇江，寻充湖南安抚使，知潭州"。又据《至顺镇江志》，汪立信是在"咸淳三年九月至"镇江的。④ 如此，汪立信任沿江制置副使的时间是景定三年（1262 年）八月到咸淳三年（1267 年）八月或稍前，则朱禩孙约在咸淳三年八月之前接替汪立信，只是驻地由江州前移至黄州。

李之亮《宋两淮大郡守臣易替考》据景定二年（1261 年）刘克庄为阮思聪

① 脱脱等：《宋史》卷四六《度宗纪》，第 3 册，中华书局，1977 年点校本，第 901 页。该书第 917 页又有咸淳九年（1273 年）十一月甲午以"陈奕沿江制置使兼知黄州"的记载。

② 脱脱等：《宋史》卷四五《理宗纪五》，第 3 册，中华书局，1977 年点校本，第 882 页、887 页；《宋史》卷四一六《汪立信传》，第 36 册，中华书局，1977 年点校本，第 12474 页。

③ 余蔚：《论南宋宣抚使和制置使制度》，《中华文史论丛》总第 85 辑，上海古籍出版社，2007，第 163 页。

④ 脱因修、俞希鲁纂《至顺镇江志》卷一五，清道光二十二年丹徒包氏刻本。此据《宋元方志丛刊》影印本，第 3 册，中华书局，1990，第 2814 页。

所写的一篇制文,① 在景定二年至咸淳四年（1261～1268 年）长达八年的知黄州条下一直书写阮思聪其名。② 但从本文的考述来看，至少在咸淳三年至四年应是朱禩孙，而非阮思聪。

（五）四川安抚制置使兼知重庆府（咸淳四年至十年，1268～1274 年）

朱禩孙出任"江黄副阃"不久，即被朝廷召回，赋予镇守全蜀的重责，即方回所谓的"重庆火而纳公于蜀"。《咸淳遗事》卷下记载了理宗召命朱禩孙时的情况：

> （咸淳）四年十月，上以边患召沿江安抚使朱禩孙赴阙引见，禩孙上殿奏事，上曰："卿此来，专欲以蜀事付卿。"禩孙奏："臣职在驰驱，敢不东西惟命。"……上首肯曰："卿为朕一行，旦晚便出命，凡有申请，卿可禀平章奏来，朕当从行。"③

这里的"沿江安抚使"或是"沿江制置副使"之误。从笔者翻检的有关文献来看，沿江安抚使仅设置于南宋初期，驻地或在江州，或在池州，或在镇江府，④ 但到绍兴十二年（1142 年）十月庚辰，"诏镇江府依沿海制置使例，罢带沿江安抚使"，⑤ 之后沿江安抚使未见再置。因此，笔者认为这里的规范书写应是"沿江制置副使"。据此，朱禩孙是在卸任沿江制置副使之后的咸淳四年（1268 年）十月，朝廷以蜀事相付的。《咸淳遗事》没有讲明朱禩孙的具体职任，但《宋史·度宗纪》则在咸淳六年（1270 年）二月己亥条记载："朱禩孙权兵部尚书，仍四川安抚制置、总领、夔路转运、知重庆府。"⑥ 一个"仍"字，说明朱禩孙最初入蜀时的官职是四川安抚制置使、四川总领、夔州府路转运使、知重庆府，旨在措置整个川峡四路抗御蒙古（元）的重任，是四川地区最高的军事、政治和财政官员；咸淳六年又锦上添花，加授"权兵部尚书"这样的正三品职事官。

---

① 制文标题为"阮思聪援蜀之功赏未酬劳鄂渚水陆战御获捷非一特转十官授州防御使左卫大将军知黄州"，见刘克庄著、辛更儒笺校《刘克庄集笺校》，中华书局，2011，第 2964 页。
② 李之亮：《宋两淮大郡守臣易替考》，巴蜀书社，2001，第 527～528 页。
③ 佚名：《咸淳遗事》卷下，清道光二十四年金山钱氏据墨海金壶刊版重编增刊本。
④ 分见李心传《建炎以来系年要录》卷四一绍兴元年正月戊申条、卷六四绍兴三年四月庚寅条、卷八七绍兴五年三月丁酉条，中华书局影印本，1988。
⑤ 熊克：《中兴小纪》卷三〇，影印文渊阁四库全书本。
⑥ 脱脱等：《宋史》卷四六《度宗纪》，第 3 册，中华书局，1977 年点校本，第 904 页。

　　这里要略做辨析的是，中华书局点校本《宋史·度宗纪》此条在记述朱禩孙职任时，是这样断句标点的："朱禩孙权兵部尚书，仍四川安抚制置、总领夔路转运、知重庆府。""总领"和"夔路转运"间无顿号，这是不明"总领"为"四川总领财赋"之省称而造成的失误。四川安抚制置使兼任四川总领是南宋晚期很长一段时间的传统，早在理宗淳祐三年（1243年），余玠就已是"四川安抚制置使、知重庆府兼四川总领财赋"。到景定二年（1261年），四川安抚制置使又进一步兼领夔路转运使，如该年十一月己未朔，"刘雄飞和州防御使、枢密副都承旨、四川安抚制置副使兼知重庆府、四川总领、夔路转运使"；景定五年（1264年）四月丁未，又"以夏贵为枢密都承旨、四川安抚制置使，兼知重庆府、四川总领、夔路转运使"。① 可见，《宋史·度宗纪》此条的正确标点应是"朱禩孙权兵部尚书，仍四川安抚制置、总领、夔路转运、知重庆府"。"总领"和"夔路转运"分别是"四川总领"（或"四川总领财赋"）和"夔路转运使"的简称，是两个不同的官职，不可混淆。

　　到咸淳八年（1272年）九月庚辰，朝廷又"诏以朱禩孙兼四川屯田使"，② 职任更重。另外，朱禩孙在蜀期间，还在重庆府北面的江北县修筑了抗蒙（元）的多功城。多功城位于今重庆市江北区翠云山上，其西城门第一道卷拱顶部有南宋修城时的题记，上书"端明殿学士大中大夫四川安抚制置大使朱"。这里的"朱"，就是指朱禩孙。③ 这条石刻题记说明朱禩孙在蜀期间还曾升任端明殿学士这样正三品的官职和大中大夫这样从四品的寄禄官，很受朝廷重视。

（六）京湖四川宣抚使兼知江陵府（咸淳十年至德祐元年，1274～1275年）

　　咸淳九年（1273年）二月，坚守襄阳六年之久的南宋主将吕文焕投降，元军最终攻占了京湖战区最重要的据点樊城和襄阳，撕开了南宋中部防线。为了阻击元军南进，南宋朝廷意欲加强四川和京湖两个战区的协调，遂在咸淳十年（1274年）七月任命朱禩孙为"京湖四川宣抚使兼知江陵府"。④ 江陵府古称荆州，方回所谓"沙羡破而下公于荆"，当是指此。但"沙羡"为古县名，在今湖北武昌西金口，宋时属鄂州治地江夏县（治今武昌），或代指鄂州；而朝廷任命

---

① 分见脱脱等《宋史·理宗纪》，第3册，中华书局，1977年点校本，第829、879、886页。
② 脱脱等：《宋史》卷四六《度宗纪》，第3册，中华书局，1977年点校本，第910页。
③ 地方志书在载录这段题刻时，一般在"朱"字后有"禩孙建"三字，但据学者实地考察，"朱"字后并无刻字痕迹。见胡昭曦《巴蜀历史考察研究》，巴蜀书社，2007，第85页。
④ 脱脱等：《宋史》卷四七《瀛国公纪》，第3册，中华书局，1977年点校本，第921页。

朱禩孙是在咸淳十年七月，九月元朝大军才从襄阳南下攻宋，至十二月攻破鄂州。因此，并非"沙羡破"时才任朱禩孙为京湖四川宣抚使兼知江陵府。方回此处所言疑不确。

从有关记载来看，朱禩孙的宣抚司权力似乎受到了制置司的挑战。《宋史·瀛国公纪》对此似有所透露，该书在记述朱禩孙官职时，在咸淳十年（1274 年）七月辛卯条尚是"以朱禩孙为京湖四川宣抚使兼知江陵府"，但是到十一月癸酉，则只书"以朱禩孙为京湖四川宣抚使"，而无"兼知江陵府"一职；至十二月乙丑，则是"以高达为湖北制置使兼安抚、知江陵府"。文天祥《集杜诗》中的《江陵第二十四》序言将当时宣抚司和制置司的矛盾说得更为直接：

> 高达，京湖名将，己未（即开庆元年，1259 年）解围鄂州，贾似道许以建节，竟不与，而移以与吕文德，达怨望久矣。至是为京湖制置，以城降，宣阃不能制。城初陷，朱禩孙仰药，不得死，既而亦降焉。①

一句"宣阃不能制"，说明朱禩孙虽贵为京湖四川宣抚使，是两大战区的最高军事长官，但徒有虚名，并不能控制握有实权的以武将高达为代表的制置司，结果双双以败降告终，正如《宋史·瀛国公纪》所记：德祐元年（1275 年）四月戊申，"京湖宣抚朱禩孙、湖北制置副使高达以江陵降"。而《元史·世祖纪五》记二人投降时，言"宋荆湖制置朱禩孙、湖北制置副使高达"，则对朱禩孙的职官显系误书。

尽管受到来自湖北制置司的权力挑战，朱禩孙不能完全控制地方实力派，但朝廷对朱禩孙则充满了信任。据方回所记，在德祐元年（1275 年）四月初八日朱禩孙降元之初，朝廷尚未得知消息；当月十七日，被任命为左丞相的老臣王爚奏请朝廷任命"京湖宣抚大使、参政朱禩孙枢密使兼参知政事，淮西制置大使夏贵枢密副使"，让他们"带阃入卫"，意图通过重用这一文一武两位大臣，"再造"宋室；而且表示如不答应此请，就不上朝履职。当时太皇太后无奈之下只得同意，并以内批的形式即日发布除命。② 这一记载表明：第一，当时以王爚为相的朝廷非常器重朱禩孙，既任其为参知政事，又命以枢密使，被赋予军、政两方面的大权和"再造"宋室的重任；第二，从署衔来看，朱禩孙在此之前已被

---

① 文天祥：《文山先生全集》卷一六《别集·集杜诗·江陵第二十四》，民国上海商务印书馆《四部丛刊》影印本。又见刘一清《钱塘遗事》卷八"诸郡望风而降"条、佚名：《宋季三朝政要》卷五，王瑞来笺证本，中华书局，2010，第 408 页。

② 方回：《桐江集》卷六《乙亥后上书本末》，宛委别藏抄本，见《全元文》卷二三一，第 7 册，第 481 页。

朝廷遥授参知政事一职，这应该是在朱禩孙降元之前做出的任命。

朱禩孙历任官职情况如表1所示。

表1　朱禩孙历任官职情况

时间	职事官名	差遣官名	职名（贴职名则有下划线）	寄禄官名
宝祐二年（1254年）	太社令（正九品）			
宝祐四年至景定元年（1256～1260年）	太府寺簿（从八品）	知泸州、潼川府路安抚使		
景定元年（1260年）		知静江府、广西经略安抚使		
景定四年（1263年）	太府卿（从四品）	知静江府、广西经略安抚使		
景定五年（1264年）		知静江府、广西经略安抚使	右文殿修撰（从六品）	
咸淳元年（1265年）春以后		知太平州	集英殿修撰（正六品）	中大夫（正五品）
咸淳三年（1267年）约在八月		沿江制置副使、知黄州		
咸淳四年（1268年）十月		四川安抚制置使、四川总领、夔路转运使、知重庆府		
咸淳六年（1270年）起	权兵部尚书（正三品）	四川安抚制置大使、四川总领、夔路转运使、知重庆府		
咸淳八年（1272年）九月		兼四川屯田使	端明殿学士（正三品）	大中大夫（从四品）
咸淳十年（1274年）七月		京湖四川宣抚使、兼知江陵府		
咸淳十年（1274年）十二月	参知政事（正二品）	京湖四川宣抚使		
德祐元年（1275年）四月	枢密使（从一品）兼参知政事（正二品	京湖宣抚大使		

三 朱禩孙降元问题及其他

（一）朱禩孙降元问题略议

《宋史·瀛国公纪》在记载朱禩孙于德祐元年（1275 年）四月戊申与守将高达降元后，又在六月丁卯条载："朱禩孙除名，籍其家。"似乎朱禩孙降元无可置疑。

但多次随元军出征的儒臣姚燧（1238～1313 年）所写的两则神道碑文则透露出复杂的问题。他在为阿里海牙撰神道碑时写道：元将阿里海牙率军攻破江陵府附近的沙市，全歼宋军"精锐"之后，"制置使朱禩孙辞疾，高节度达出降。……禩孙征至京师死，犹没入其妻子"。[①] 在为随阿里海牙征战的张兴祖写神道碑时又说：元军攻破沙市后，"安抚高达以江陵降，制置朱禩孙不出。……禩孙死京师，犹没入妻子为官奴婢，而籍其财"。[②] 这两处都明言宋将高达降元，而对宣抚使（姚燧误为制置使）朱禩孙，或云其"辞疾"，或云其"不出"，均不直言其降元；而且在朱禩孙死后，都记有其家人的悲惨遭遇，或简记为"没入其妻子"，或具体说是"没入妻子为官奴婢，而籍其财"。据此，朱禩孙在江陵府城破之时，并没有与守将高达一同出降，而是托疾不出，而且在元朝首都去世时，还遭到"没入妻子为官奴婢，而籍其财"的严惩。这样，朱禩孙是否真正降元，好像还不便遽下定论。

这就引出一个疑问，作为宣抚使的朱禩孙为什么不与守将高达一同出降？这实际涉及二人的关系问题。正如上一部分所指出的，以朱禩孙为代表的宣抚司和以高达为首的制置司是有矛盾的，朱禩孙虽贵为京湖四川宣抚使，是两大战区的最高军事长官，但徒有虚名，并不能控制握有实权的制置使高达，不能阻止早有怨气的高达以城降元。正因为如此，朱禩孙必定满心悲愤，他不愿意与高达同流合污，叛宋降元，决定以死报国，遂有"仰药"自杀之举，这应该就是姚燧上述碑文中所谓"辞疾""不出"的真实内容。那么朱禩孙是否真的在"不得死"的情况下被迫降元了呢？

由宋降元的方回为朱禩孙遗集作序时有这样一段文字："（朱禩孙）还江陵，

---

① 姚燧：《牧庵集》卷一三《湖广行省左丞相神道碑》，见《全元文》卷三一二，第 9 册，第 554 页。

② 姚燧：《牧庵集》卷二三《真定新军万户张公神道碑》，见《全元文》卷三一二，第 9 册，第 694 页。

则郡将失沙市，公仰药得不死，舁而之燕，分无生望。忠臣者，人心之所同敬也。用是闲居六年，至庚辰（1280 年）之春，年六十七获考终命。"① 这里虽然同样说朱禩孙有"仰药"之举，但未言其降元，还说"忠臣者，人心之所同敬也"，似乎朱禩孙根本没有降元，只是在"仰药得不死"的情况下，被裹挟至元朝首都，以"忠臣"自表，最后"闲居六年"后死去。但方回在《乙亥后上书本末》中则明言朱禩孙在德祐元年四月初八日"同检校少保节度使、湖北安抚使、知江陵府高达降于阿剌海牙"。② 这两处记载明显不同，是否可以这样说：作为朱禩孙的门客，方回为老师遗集作序，必然为尊者讳，因此不言其降元，还多有讳词；而谈论上书问题时，就无所顾忌，直书其降元了？

笔者认为上述推测是成立的，朱禩孙的确在"仰药不得死"的情况下投降了元朝，否则我们对南宋朝廷给予其"除名籍家"的严惩就无法理解。有没有这种可能：当时宋廷消息不确，对朱禩孙做出了错误的处罚呢？这绝不可能，因为之后并不见宋末元初任何人对朱禩孙的降元问题进行辩护。当时有不少忠宋之臣在元廷，如与朱禩孙同为蜀人的家铉翁（有《则堂集》传世），还有文天祥等人，他们都没有为朱禩孙辩护，也没有说宋廷处罚朱禩孙是冤案，相反文天祥也明确说他在"仰药不得死"的情况下"既而亦降焉"。

当然，从朱禩孙"仰药"之举来看，他的投降是极不情愿的，并非出自本心，他是在受到武将高达排挤、权力大为削弱，不能阻止高达投降，自己又自杀报国不成的情况下降元的，内心充满了无奈。正因为如此，他后来似乎不愿与元朝合作。《元史·世祖纪五》曾有这样一段记载：至元十二年（1275 年）六月癸卯，"（世祖）遣刑部侍郎伯术谕朱禩孙，以年老多病，不任朝谒，权留大都，无自疑惧"。可见朱禩孙投降不久即被带到元朝大都，但他并没有接受元廷的命官。像朱禩孙这样在南宋多个战区都担任要职的重臣，必定是元廷宠纳的对象，任其为官，必定有助于争取更多的赵宋臣民归附，这是不言而喻的。所谓"以年老多病，不任朝谒"，应该是朱禩孙拒绝元廷命官的委婉表达。而元朝对他似乎也有所防备，"权留大都"实际就是不许他离开首都，带有软禁性质。既非元廷命官，又不准离开大都，朱禩孙内心可能是不安的，所以朝廷才专门派人过来安慰，希望他"无自疑惧"。

既然朱禩孙已经降元，那为什么在"闲居六年"死去后要受到"没入妻子

---

① 《桐江续集》卷三二《宣抚朱参政南山遗集序》。此据《全元文》卷二一三，第 7 册，第 116 页。标点略有改动。

② 《桐江集》卷六《乙亥后上书本末》，宛委别藏抄本，见《全元文》卷二三一，第 7 册，第 481 页。这里说朱禩孙降元是四月初八，与前引《宋史·瀛国公纪》说的四月"戊申"（初七）相差一日。

为官奴婢，籍其财"的重罚呢？这可能是一场冤案：不愿与朝廷合作的朱禩孙在去世前后可能遭到了谋反的指责，或受谋反案件牵连，所以才在死后受到了严惩。联系到至元十九年（1282年）三月元朝大都发生了益都（今属山东）千户王著与高和尚合谋入京杀死左丞相阿合马的暴动事件，① 朱禩孙死后被严惩是否与此有关呢？这还需要进一步考究。当然，朝廷可能又很快为朱禩孙平了反。因为据方回记载，朱禩孙儿子朱埴曾在至元二十年至二十二年（1283～1285年）任江浙行省的浙东道建德路（治今浙江建德）的"贰总"（即副总管，时称同知）。② 这说明"没入妻子为官奴婢"的惩罚很快又解除了。

（二）朱禩孙的子侄

对朱禩孙的子侄辈，我们目前仅知有其子朱埴，其侄甥罗景宏、罗祖宏。早在朱禩孙广西任官期间，朱埴和罗景宏就已随侍，见于景定五年（1264年）刻于桂林的《刘仙岩题记》，末有"公之子埴、甥罗景宏同来"字；另外，咸淳元年（1265年）的《龙隐岩题记》，末有"男埴侍"。③

朱埴，字用和，入元后曾在至元二十年至二十二年（1283～1285年）任江浙行省的浙东道建德路（治今浙江建德）同知。他与方回关系密切，多有唱和往来，现存有《七月三日朱用和罗弘道同访南山无竭师》《朱用和用予南山旧韵次韵谢并呈罗弘道》，④ 另外方回应朱埴之请为朱禩孙遗集做序，并赋诗二首相送。

这里要辨正的是，在桂林石刻中有署"宝祐戊午"即宝祐六年（1258年）的两通题刻，一在龙隐岩，为"朱埴侍二亲来观"；一在七星岩，为"庐陵朱埴侍二亲来观"。有学者认为这个"庐陵朱埴"就是"朱禩孙子"。⑤ 其实，"庐陵朱埴"是《宝祐四年登科录》中的"吉州庐陵县宣化乡人"朱埴，他42岁登第，应是嘉定八年（1215年）出生，而朱禩孙生于嘉定七年，又是阆州人，因此不论从年龄还是籍贯来看，这个"庐陵朱埴"都不是朱禩孙之子。

罗景宏的情况不详，但罗祖宏在元初则与方回多有往来。罗祖宏，字弘道，是朱埴姑妈之子，方回在朱禩孙卒后四年与之相识于建德路。现存有《七月三日朱用和罗弘道同访南山无竭师》《朱用和用予南山旧韵次韵谢并呈罗弘道》和

---

① 参见周良霄、顾菊英《元代史》，上海人民出版社，1993，第337～340页。
② 《桐江续集》卷五《送罗架阁弘道（并序）》、卷三二《宣抚朱参政南山遗集序》。
③ 杜海军：《桂林石刻总集辑校》，第357～358页。
④ 均见《桐江续集》卷五。
⑤ 杜海军：《桂林石刻总集辑校》，第350页。

《送罗架阁弘道（并序）》三诗，① 略见他们往来唱和的情况。

（三）关于朱禩孙的《南山遗集》

朱禩孙是"儒者"，长期从事抗蒙（元）斗争，奔忙于各地，必定写有大量诗文。可惜他晚年因为降元而遭到宋朝"除名籍家"之惩，几年后在元朝大都去世时又遇"没入妻子为官奴婢，而籍其财"之罚，这些严厉的处罚必将影响到他诗文的命运。从方回的记载来看，朱禩孙著有《南山遗集》，可能是他死后由其子朱埴搜集而成，方回在他死后的第六年（即至元二十二年，1285 年）得到，并写有一序，但未言卷数，可能数量已不多了。

方回是元初文坛名家，朱埴请其作序，自然是希望《南山遗集》能够传世。方回也极力称颂，言其"自其少时已有韩、范经纶之心，所为歌诗古文应用等作，嶙崒雄健，植教明彝，义形于色"，而且注意为他的降元维护辩解，以为"功易穷，言难泯。公之功，生虽不尽逢乎时；公之言，殁亦足永垂于世"，甚至在引述朱禩孙自己所做的画像时"不武不文，也恶也善；通地通天，丹心一片"后，写道："觉英气凛凛逼人，与裴晋公自赞不异，是可以知公之为人矣。"② 而且方回还专门将读后感写成二诗赠送朱埴：

> 疽根蟠闉内，命也可由人。蜀雪犹坚壁，江风已震邻。功名拘气数，文字见精神。仰药临危日，何曾爱此身。（原注：公为京湖四川宣抚使，阳罗之失，乃中流，蜀犹至庚辰也。）
>
> 廿年前一见，池口卸帆亭。老子鬓初雪，门生纛未星。汉衰诸葛死，楚恨屈原醒。恻怆观遗集，犹欣有宁馨。③

从中我们不难看出方回对朱禩孙的维护之情。

降元的方回本为清议所不齿，又要为降元的朱禩孙维护、歌颂，其效果可想而知。《南山遗集》不知是否刊刻，如果刊刻，可能也传播不广，目前尚不见任何书目和艺文志著录。现在我们已很难见到其完整的诗文，方回那种"言难泯""永垂于世"的想法终成奢望。今人搜罗整理的《全宋词》和《全宋诗》不见其名，《全宋文》虽列有三篇，但全是断简，两篇见于《宋史》卷四六《度宗

---

① 均见《桐江续集》卷五。
② 《桐江续集》卷三二《宣抚朱参政南山遗集序》。此据《全元文》卷二一三，第 7 册，第 116 页。裴晋公即唐朝名相裴度（765～839 年）。
③ 《桐江续集》卷一一《读宣枢南山朱公（禩孙）遗集二首（呈朱用和）》。

纪》，是朱禩孙任四川安抚制置使时的奏文片段，还有一篇就是前面多次引用的刻于桂林的《龙隐岩题名》。如果还可增补的话，目前只有上面提到的他的自画像赞，仅此而已。

宋元鼎革是中国古代史上一次以长达近半个世纪之久的战争来实现的改朝换代，其间英雄辈出，叛臣降将亦多，他们的是非功过，自然不宜简单评价，而应具体地、辩证地看待。本文考述的四川阆州（治今阆中）人朱禩孙，早年曾经历端平三年（1236 年）蒙古破蜀、"火杀"成都的"丙申之祸"，死里逃生；宝祐二年（1254 年）十月起从掌四川宣抚使司"机务"，之后先后在四川泸州、广西静江府、江东太平州、淮西黄州、四川重庆府、湖北江陵府等地出任要职，南北奔走，东西应命，长期活跃在抗蒙（元）的第一线，"抚绥备御，义不辞难"，① 深得当时宋廷倚重。这样一位地方重臣，却因最后的叛宋降元，以及宋元双方朝廷的重责，而在历史上长期"失语"，国史无专传，地方史志亦无传记，甚至其家乡阆中的方志也无只言片语的记载。这样的状态固然于朱禩孙这个重要历史人物个人有失公允，更重要的是，与其相关联的一系列人、事，也随之模糊，甚至烟消云散。本文广搜书证，钩玄索隐，翔实地梳理朱禩孙的生平和相关人事，不仅力图恢复朱禩孙应有的历史地位，也希望有助于相关的宋史、蒙（元）史和地方史的深入研究。

---

① 脱脱等：《宋史》卷四六《度宗纪》，第 3 册，中华书局，1977 年点校本，第 911 页。

元代名臣赵世延与儒学的发展

王红梅

（西华师范大学历史文化学院）

元代，尚武的蒙古统治者以武力征服中原地区，建立了统一的多民族王朝。儒家文化受到了来自草原游牧民族的猛烈冲击，面临着整合传统文化与外来文化的严峻任务。蒙古统治者最初对儒学的懵懂无知，至忽必烈时，已逐渐领悟"北方之有中夏者，必行汉法，乃可长久"的道理，[①] 清醒地认识到儒家思想对维系社会稳定的重要性，进而推行"以儒治国"的方针，并将儒学思想贯彻到政治、文化、教育、经济及军事等诸方面。在这过程中，一些儒学名臣发挥了重要的作用。

雍古部名臣赵世延（1260～1336年），经历了从世祖至顺帝约九朝，[②] 历仕省台要职五十余年，位高权重，关心军国利弊，对元朝中后期的政治决策产生了一定的影响，被誉为"九朝元老""九朝良臣""九朝御史"。[③] 赵世延深受儒家思想的熏陶，重视文教事业，积极创办书院，参与重开科举，主持会考，选拔优秀人才；晚年官至翰林学士承旨、中书平章政事，奉命编修《皇朝经世大典》，受封为鲁国公。赵世延在恢复科举、发展地方教育、普及儒学方面贡献卓越。

然而，有关赵世延的专题论著并不多见，但有关元朝史的论著均涉及他的相关事迹。民国初，陈垣先生在其名著《元西域人华化考》中考证了赵世延由景

---

① 宋濂：《元史·许衡传》卷一五八，中华书局，1976，第3718页。

② 九朝指世祖、成宗、武宗、仁宗、英宗、泰定帝、文宗、明宗、顺帝九朝，如算幼主天顺帝、宁宗，则为十一朝，九为约数。

③ 刘正民：《元代九朝元老赵世延》，谷苞主编《新疆历史人物》第三集，新疆人民出版社，1989，第43～48页。

教世家转而接受儒学，后因受到权臣铁木迭儿的诬陷，进而参禅悟道的心路历程;① 陈垣先生将其列为元代西域文家之首，赞誉了他的文学造诣。② 化一在《元代政治家赵世延》一文中，阐述了赵世延遭受权臣陷害的是非曲直，评介了他不畏权贵、心系民生的可贵品德。③ 陈世松在《四川通史·元明卷》中简述了按竺迩家族对巴蜀地区的镇守。④ 萧启庆先生在《内北国外中国》一书中论述了元朝多民族士人的交往，其中考证了赵世延与汉族士人许有壬的姻亲关系以及政治与学术上的密切合作。⑤ 学界对赵世延在文学修养、政治举措方面论述颇多；但对其在儒学领域的贡献缺乏深入探究。本文在前贤研究的基础上，利用元人文集以及地方志等相关传世文献，对赵世延在文教事业中的贡献做更深入的综合研究。

一　蒙古诸帝对儒学的延续

在宋元更替的战乱年代，由于战争破坏、外来文化的冲击及蒙古人的轻视，中原儒学遭到空前严峻的挑战与危机。因此，一些具有忧患意识的有识之士积极肩负起传承中原文化的使命，一方面顺应世局之变化，另一方面竭尽所能劝说蒙古统治者采用"汉法"，延续与承传中原传统文化，从而使中原传统的礼乐文献、典章制度得以薪火传承。

在各族儒士的倡导与影响之下，蒙古统治者逐渐加深了对儒学的认识，认识到儒学对维护社会秩序的重要性。因此，为了确立其统治中原的正当性及谋求其政权的永续性，蒙古统治者推行汉法，崇奉孔孟之道，加封孔孟及其后裔，承袭了传统经筵进讲制度。至元代中期，蒙古统治者多接受良好的儒学教育，精通汉文，谙熟中原文化，对传承与发展儒学起到至关重要的作用。

元初，蒙古统治者虽文化素养不高，却能主动搜救和保护汉族儒士，招揽人才，接受儒学的熏陶。1232 年，蒙古大军兵临金都汴京（今河南开封市），在耶律楚材的建议之下，窝阔台命人救出孔氏后裔，搜罗城中汉族儒士，命其翻译经籍，教授蒙古子弟。

---

① 陈垣：《元西域人华化考》，上海古籍出版社，2000，第 51~54 页。
② 陈垣：《元西域人华化考》，上海古籍出版社，2000，第 75 页。
③ 化一：《元代政治家赵世延》，《西南民族大学学报》（人文社科版）1982 年第 3 期，第 83~88 页。
④ 陈世松主编《四川通史·元明卷》，四川人民出版社，2010，第 30 页。
⑤ 萧启庆：《内北国而外中国》，中华书局，2007，第 487 页。

楚材又请遣人入城，求孔子后，得五十一代孙元措，奏袭封衍圣公，付以林庙地。命收太常礼乐生，及召名儒梁陟、王万庆、赵著等，使直释九经，进讲东宫。又率大臣子孙，执经解义，俾知圣人之道。置编修所于燕京、经籍所于平阳，由是文治兴焉。①

窝阔台虽不谙熟儒学，却善于纳谏，册封孔氏后裔，保护汉儒，在燕京、平阳分别设置编修所、经籍所，收集整理儒家经典，译成本族语，教化蒙古贵族子弟。这些举措对于恢复和承传儒学起到了一定的作用。

忽必烈更是积极学习儒家经典，以"儒教大宗师"而自居，以此招揽各族儒士。忽必烈尚在潜邸之时，"思大有为于天下，延藩府旧臣及四方文学之士，问以治道"。② 他身边汇聚了赵璧、姚枢、郝经、许衡等博学之士，"讲论书史，究明理学"。闲暇之余，他命儒臣为其讲解《资治通鉴》《大学衍义》等经典，学习"尧、舜、禹为汤君之道"。1252 年名儒元好问、张德辉北上觐见忽必烈，"请尚其号曰儒教大宗师"。③ 忽必烈欣然接受"儒教大宗师"的称号，以崇尚儒学而自居，并特准蠲免了儒士们的兵赋差役。这一称号使他赢得了广大儒士的青睐与信任，许多中原名士纷纷北上，先后聚拢到他身边。忽必烈也积极招揽延聘汉族儒士为其幕僚，在他身边形成了一个以汉儒为核心的智囊团，为其出谋划策，并为其日后战胜阿里不哥、统一中国立下了汗马功劳。

忽必烈即位之前，汉族儒臣刘秉忠就呈上万言治国策，阐明"以马上取天下，不可以马上治"的道理，提出了设学养士、开言路、立朝省、统一官制等治国策略。④ 在汉族名臣的劝谏之下，忽必烈清醒地认识到了"北方之有中夏者，必行汉法，乃可长久"的道理，只有恢复与尊崇中原传统的儒家思想，实施"崇孔尊儒"政策，才能获得广大知识分子与下层百姓的认可，才有利于其统治的长久稳固。

崇儒必然尊奉儒学宗师孔子，提升儒家代表人物的权威。蒙古统治者不断提升儒家的正统地位，对孔子及其后裔的册封达到无以复加的地步。在连绵的蒙金之战中，在耶律楚材的保护下，孔府幸免于难。1232 年，"得五十一代孙元措，奏袭封衍圣公，付以林庙地"。忽必烈即位之初，就开启了朝廷祭孔的首例。中

---

① 宋濂：《元史》卷一四六《耶律楚材传》，中华书局，1976，第 3459 页。
② 宋濂：《元史》卷四《世祖纪一》，中华书局，1976，第 57 页。
③ 欧阳玄：《文正许先生神道碑》，李修生主编《全元文》第 34 册，凤凰出版社，2004，第 639 页。
④ 宋濂：《元史》卷一五七《刘秉忠传》，中华书局，1976，第 3688～3692 页。

统二年（1261 年）六月，忽必烈下诏全国，"宣圣庙国家岁时致祭，诸儒月朔释奠，宜恒令洒扫修洁，今后禁约诸官员、使臣军马，不得于庙宇内安下，或聚齐理问及亵渎饮宴"。① 是年八月，世祖命开平守臣释奠于宣圣庙。②

此后，历代蒙古统治者对孔子及其儒家思想更是褒奖有加。至元三十一年（1294 年），元成宗下诏崇奉孔子，称赞"孔子之道，垂宪万世，有国家者，所当崇奉"。③ 并要求各级路府州县邑创办庙学书院，下令各级地方官员保护庙学，不得亵渎。大德十一年（1307 年），元武宗加封孔子为"大成至圣文宣王"，④ "遣使阙里，祀以太牢"，称赞"父子之亲，君臣之义，永惟圣教之尊"，表彰儒学对维系社会道德伦理的普世价值。延祐二年（1315 年），元仁宗下令恢复科举制度，将儒家学说中的程朱理学定为考试的主要内容，从此程朱理学成为元朝的官方思想。文宗时，遣儒臣去曲阜代祀孔子，并下诏重修孔庙，建颜回庙。至顺元年（1330 年），顺帝加封孔子父母及诸弟子，封孟子为邹国亚圣公，封程颢为豫国公、程颐为洛国公。

元朝统治者不仅大力尊孔崇儒，还积极兴学重教，重视以儒学培养其继任者及蒙古贵胄子弟。忽必烈对皇太子真金更是悉心培养。他聘名儒许衡为家庭教师，"世祖即阼，建元中统，召先生为家教"。⑤ 至元八年（1271 年），授许衡为集贤大学士，兼国子祭酒，"亲为择蒙古弟子俾教之"。⑥ 鼓励蒙古贵胄子弟跟随许衡学习汉文及儒家经典。皇太子真金自幼跟随姚枢、窦默学习《孝经》。随后，忽必烈命名儒王恂辅导太子真金，为太子伴读。王恂长期跟随太子真金，一直孜孜不倦地以儒学教导真金。许衡专门为真金编写教材，"集唐虞以来嘉言善政，为书以进。世祖尝令恂讲解，且令太子受业焉"。⑦ 王恂学识渊博，殚精竭虑教导真金，为其讲解伦理纲常以及治国理政之道，"每侍左右，必发明三纲五常，为学之道，及历代治国兴亡之所以然"。⑧

真金在名儒许衡、王恂的培养与熏陶之下，儒化尤为明显，"每与诸王近臣习射之暇，辄讲论经典，对于《资治通鉴》《贞观政要》，王恂、许衡所述辽金帝王行事要略，以及《武经》等书，不无深入钻研"。⑨ 而且，他重视国子学的

① 方贵龄校注《通制条格校注》，中华书局，2001，第 630 页。
② 宋濂：《元史》卷四《世祖本纪一》，中华书局，1976，第 71 页。
③ 佚名：《庙学典礼》卷四《崇奉孔祀教养儒生》，浙江古籍出版社，1992，第 85 页。
④ 宋濂：《元史》卷二三《武宗二》，中华书局，1976，第 510 页。
⑤ 欧阳玄：《文正许先生神道碑》，李修生：《全元文》第 34 册，第 636 页。
⑥ 宋濂：《元史》卷一五八《许衡传》，中华书局，1976，第 3727 页。
⑦ 宋濂：《元史》卷一六四《王恂传》，中华书局，1976，第 3844 页。
⑧ 宋濂：《元史》卷一六四《王恂传》，中华书局，1976，第 3844 页。
⑨ 宋濂：《元史》卷一一五《裕宗传》，中华书局，1976，第 2889 页。

发展，"以长史耶律有尚为国子司业"，命蒙古贵族子弟入国子学，学习汉文化。真金开辟了蒙古贵胄子弟学习儒学的良好风气。此后蒙古皇室子嗣基本上接受了良好的儒学教育，中后期蒙元统治者热心学习儒学，以至于文宗、顺帝均汉化程度较高，儒学造诣达到了相当的水平。

经筵进讲是培养帝王儒学的重要形式之一。蒙元统治者继承了经筵进讲制度，跟随汉族儒臣学习汉语、儒学典籍及历史。经筵进讲制度是中国古代帝王为研读经史而特设的御前讲席，萌芽于汉，发展于唐，至宋代正式成为完善的制度，并基本为元明清诸朝延续下来。①

元代沿袭了经筵进讲的传统，蒙元前期统治者时常召请儒臣讲论经史，问以治道；至泰定帝时，正式确立为完备的经筵制度。世祖初年，命儒臣为其"图写历代君臣可法政要及古太子贤孝等事备进讲。"② 成宗在位时，元贞、大德年间亦是"退朝之暇，优游燕间，召公读《资治通鉴》《大学衍义》……帝从容咨询，朝夕无倦"。③ 仁宗皇帝对经史亦相当重视，"凡耳目之娱，营缮之事秋毫不经于心，惟经籍史传日接于前"。④ 泰定元年，"江浙行省左丞赵简，请开经筵及择师傅，令太子及诸王大臣子孙受学"。⑤ 此后，经筵成为定制，一直延续到元末。文宗时更是开奎章阁学士院，"命儒臣进经史之书，考帝王之治"⑥。顺帝时"亦召奎章儒臣侍讲六经禁中"。将奎章阁改为宣文阁之后，也是"万机之暇，御阁阅经史，以左右儒臣为经筵官，日侍讲读"。⑦

元代经筵进讲内容丰富，包括经书、史书、先朝圣训、文学作品、当代人著作等。但皇帝汉文功底有限，难以深入理解儒家典籍，故而元代经筵进讲经书所占比例较低，尤重讲史，以讲《通鉴》《贞观政要》《帝范》为最多。⑧ 与前朝不同，元代经筵始终保持着以国语、汉文两种语言进讲的方式。经筵进讲制度提升了蒙古统治者的儒学水平，也使"以汉法治汉地"的思想基本上得到继承与延续。

---

① 张帆：《元代经筵述论》，蔡美彪主编《元史论丛》第 5 辑，中国社会科学出版社，1993，第 136 页。

② 王恽：《秋涧集》卷八〇，《文渊阁四库全书》第 140 册，商务印书馆，1986，第 172 页。

③ 苏天爵：《滋溪文稿》卷二二《韩公麟行状》，中华书局，1997，第 372 页。

④ 欧阳玄：《圭斋集》卷一二一，商务印书馆，1936，第 115 页。

⑤ 宋濂：《元史》卷二九《泰定帝一》，中华书局，1976，第 644 页。

⑥ 宋濂：《元史》卷八八《百官四》，中华书局，1976，第 2222 ~ 2223 页。

⑦ 汪克宽：《环谷集》卷一，《文渊阁四库全书》第 159 册，商务印书馆，1986，第 52 页。

⑧ 张帆：《元代经筵述论》，蔡美彪主编《元史论丛》第 5 辑，中国社会科学出版社，1993，第 142 页。

二 赵世延对发展儒学的贡献

赵世延虽出生于北方雍古部，却热衷儒学，探究儒家治世之道，并以恢复儒学、推行儒学为己任。其先祖生活于云中塞上（今山西大同境内）一带。据《史集》载，金朝皇帝为了防御蒙古、克烈、乃蛮等部，构筑了一道城墙，交给该部守卫。这道城墙在蒙古语中称为"atkū"，因此，该部得名汪古。① 金元之际，雍古部生活于阴山以北地区，处于漠北草原文化与农耕文化交汇的地带，许多人通晓多种语言文字，文化水平较高。

赵世延出生于雍古贵胄之家，其祖父按竺迩自幼父母双亡，寄养在外祖父黑水千户术要甲家。时人将"术"讹读为"赵"，称他为"赵要甲"，遂改姓为赵，后世均以赵为姓。按竺迩精于骑射，骁勇善战，年轻时追随成吉思汗西征南讨，屡立赫赫战功，被封为蒙古汉军征行大元帅，受命长期镇守四川，举家定居成都。窝阔台时期，按竺迩转战西北、西南地区，先后参加了灭金、灭宋的战役，为元朝的统一屡立奇功。

赵世延的父亲赵国宝更是智勇双全，招抚吐蕃酋长与诸羌大酋长，稳定了西南地区的局势，为元朝的统一铺平了道路。中统元年（1260年），他统率元军的先锋部队直攻重镇重庆，迫使南宋守将张实投降，擒杀了阿蓝答儿叛将火都。随着西南局势的推进，需要控制甘川地区的吐蕃势力，此时赵国宝没有一味地采用武力征讨，而是采用怀柔手段，劝说吐蕃酋长勘拖孟迦入朝。他亦因功授"三品印，为蒙古汉军元帅，兼文州吐蕃万户府达鲁花赤"。② 此后，他又劝说扶州诸羌大酋长呵哩禅波哩揭归附，使其受封万户，赐金虎符，诸酋长亦受封为千户，皆赐金符。赵国宝治理文州期间，颇有善政，深得当地少数民族的爱戴。

赵世延为赵国宝之次子，继承了其父的风范，自幼聪慧，心地仁慈，喜好读书。世延20岁时，得到忽必烈的召见，进入枢密院御史台学习。赵世延热衷儒学，探究儒家治世之道，"喜读书，究心儒者体用之学"③。终其一生，他以恢复儒学为己任，并将仁政爱民的理念贯穿于政治生涯中。在他五十余年的仕途生涯中，足迹遍及江南、华北、华中、西南地区，每到一任，总能泽被一方百姓。

（一）尊师重教、创办书院

赵世延重视地方教育事业，倡导儒学，兴办学校。至元二十九年（1292

① 拉施特主编《史集》，余大钧、周建奇译，商务印书馆，1997，第230页。
② 宋濂：《元史》卷一二一《按竺迩列传》，中华书局，1976，第2986页。
③ 宋濂：《元史》卷一八〇《赵世延传》，中华书局，1976，第4163页。

年），赵世延转任奉议大夫，出任江南湖北道肃政廉访司事，任职期间，"敦儒学，立义仓，撤淫祠，修澧阳县坏堤，严常、澧掠卖良民之禁，部内宴然。"①他访察民情，撤毁淫祠，兴办学校，开启民智；同时，他关心经济生产，重视水利工程的修建，修复了澧阳县坏堤，整修河堤，平息水患；此外，他还设立义仓，救济贫困百姓，并惩治豪强地主，禁止掠卖平民百姓。在他的治理之下，当地社会风气大振，百姓安居乐业。

赵世延任陕西行台侍御史时，心系教育事业，在处理烦冗的积压案件之余，关心当地书院的发展。鲁斋书院是元代陕西著名的书院之一，以名儒许衡之别号而命名，有些学者就认为鲁斋书院是由许衡创办的。②其实不然，鲁斋书院创立于 1314 年，此时许衡已去世三十余年。鲁斋书院是赵世延为纪念故儒许衡而亲自创办的。"陕西行台侍御史赵世延，请即奉元置鲁斋书院，中书奏恕领教事，制可之。先后来学者殆千数。"③鲁斋书院位于奉元（今陕西西安市），世延命奉元人同恕领教，先后培养出学生上千名。随后，世延上奏元廷，请求朝廷拨田养士，聘请儒臣领教事，以教化百姓。此奏议受到元廷的嘉奖，延祐元年（1314年）五月，元廷下诏《谕立鲁斋书院》，诏曰：

> 中书省奏御史台言："故中书左丞许衡，首明理学，尊为儒师。世祖皇帝在潜邸，尝以礼征至六盘山，提举陕右学校，文风大行。西台御史请以他郡先贤过化之地为立书院。前齐哩克琨总管王某献地宅以成之，延请前国子司业某同主领，教生徒。乞降旨拨田养士，将王某量加旌劝。"准奏。可赐额曰"鲁斋书院"。仰所在官司，量拨系官田土入学，奉朔望、春秋之祀，修缮祠宇，廪饩师生。务在作养人才，讲习道义，以备擢用。④

由此，仁宗以许衡之别号赐名书院，来纪念这位硕儒，使书院声名远扬，三秦地区的学子纷纷慕名而来。鲁斋书院前院设有夫子燕居之殿，以颜子、曾子、子思、孟子侑坐；后院为讲堂，左右列讲堂，格物、致知、正心、诚意四斋，并祭祀许衡与张载。元廷还下谕陕西省给田、命官、设禁等。⑤鲁斋书院一直是陕

---

① 宋濂：《元史》卷一八○《赵世延传》，中华书局，1976，第 4163 页。
② 黄云兴、郭述贤：《鲁斋书院的兴起和衰落》，《西安文史资料》第 14 辑，1988，第 87 页。袁明仁、李登弟等主编《三秦历史文化辞典》，陕西人民教育出版社，1992，第 262 页。
③ 宋濂：《元史》卷一八九《同恕传》，中华书局，1976，第 4327 页。
④ 程钜夫：《谕立鲁斋书院》，李修生主编《全元文》卷五二三《程钜夫》，第 16 册，凤凰出版社，2000，第 5 页。
⑤ 程钜夫：《鲁斋书院记》，李修生主编《全元文》卷五三四《程钜夫》，第 16 册，第 293 页。

西地区知名书院，沿用至清末。

延祐三年（1316 年），赵世延擢升为翰林学士承旨，兼任御史中丞，上奏弹劾右丞相铁木迭儿十三大罪，使其被罢官。赵世延外调四川行省平章政事，重视发展巴蜀地方教育，"开士习之颓弊，教养道息，无以承流宣化，乃选秀民年二十上下者，复其身，补弟子员，定章程，树令于学，以明经治行为业"。①

赵世延还亲自捐出薪俸，在四川绵竹张栻故居修建紫岩书院，以纪念张栻在理学教育中的杰出贡献。张栻为抗金名将张浚之子，是南宋著名理学家、教育家，与朱熹、吕祖谦齐名，并称"东南三贤"。张栻出生于汉州绵竹（今四川绵竹县），早年随父移居湖南，主掌岳麓书院，成为南宋理学湖湘学派的代表人物。紫岩书院位于四川绵竹城北二十里，修建于 1316 年，历时两年，于 1318 年竣工。落成时，赵世延请求元廷下诏，赐名紫岩书院，并命文人张养浩撰写《敕赐成都紫岩书院记》：

> 绵竹广汉属邑，北达邑二十里，为岷山之麓，隆然复起者，为紫云岩，宋南轩先生张宣公栻故居也……地以亩计二十，屋以楹计者二百有奇……凡学宫所需，靡不具。其先圣燕居堂，配以颜曾思孟，西向列坐，应图合礼。其制度精详，规抚宏敞，皆蜀所未有。台臣图之以闻，诏赐额曰"紫岩书院"。公（指赵世延）喜其完，过以语仆，并命记之。②

紫岩书院日后成为绵竹地区的重要学府，规模较为可观。明永乐初，书院迁至城东月波井附近。嘉靖十五年（1536 年），维修时进行扩建，使之初具规模。明末毁于兵燹，清康熙四十八年（1709 年），知县尹渐逵捐薪俸在县署附近重建紫岩书院。清末废科举，兴建学堂，紫岩书院改为绵竹县立初中，一直沿用至今。③

（二）主持科考、祭孔祀文昌

科举制度是中国封建社会主要的人才选拔制度，初创于隋，完善于唐，发展于两宋，至元代却时断时续。窝阔台九年（1237 年），耶律楚材主持了"戊戌试"，选拔了一批优秀的儒士。此后，科举考试被搁置近七十余年，忽必烈

① 罗寿：《成都赡学记》，李修生主编《全元文》卷一二四五《罗寿》，第 39 册，第 599 页。
② 张养浩：《敕赐成都紫岩书院记》，李修生主编《全元文》卷七七三《张养浩》，第 24 册，第 616~617 页。
③ 雷晓光：《绵竹县紫岩书院》，《四川文物》1988 年第 3 期，第 75 页。

曾对科举考试的行废进行过多次讨论，但未能付诸实施。元仁宗即位后，恢复了停滞数十年的科举制度，其中赵世延亦有功劳。仁宗早年接受儒学教育，深谙儒家治国思想，于皇庆二年下旨，重开科举取士，给予汉族儒士入仕为官的机遇。

> 甲辰，行科举。诏天下以皇庆三年八月，天下郡县兴其贤者、能者，充贡有司，次年二月，会试京师，中选者亲试于廷，赐及第出身有差。帝谓侍臣曰："朕所愿者，安百姓以图至治，然匪用儒士，何以至此。设科取士，庶几得真儒之用，而治道可兴也。"①

仁宗认为设科取士，选拔更多儒士为元廷服务，方可实现国家的长治久安。因此，仁宗下诏选拔汉族儒士担任宰相之职，朝中就有官员向仁宗举荐赵世延，仁宗回答："世延诚可用，然雍古氏非汉人，其署宜居右。"② 是此，延祐元年（1314 年）正月，"授中书右丞刘正为平章政事"，二月以"侍御史赵世延为参知政事"，三月命赵世延纲领国子学。③ 由此可知，仁宗有意擢升世延进入中书省，因其并非汉族，只能屈居参知政事。

延祐二年，汉族儒学名臣李孟被任命为中书平章政事，赵世延仍任参政知事。④ 同年，元朝在京城举行会试，平章政事李孟为知贡举，参知政事赵世延与集贤大学士赵孟頫任读卷官。此年，元代文学家许有壬参加科举，赵世延为此次会试的读卷官，对他颇为赏识，大力拔擢他，两人结下深厚的座师与门生情谊。

元代科举考试对唐宋科考进行了改革，废除诗赋，重视经学，以《大学》《论语》《孟子》《中庸》为考试范围，以朱熹的《四书集注》为标准，程朱理学在科举考试的内容上占据主导地位。程朱理学正式成为官学，成为科举考试与学校教育的主要内容，这对明清的科举考试产生了重要的影响。由此而来，孔子的政治地位亦得到提升。

延祐三年（1316 年），赵世延积极上书朝廷依照前朝礼仪，祭祀孔子，并追封孟子的父母。"以御史中丞赵世延言，南北祭礼，不宜有异，乃诏以颜曾思孟配享，又诏封孟子父激为邾国公，母仉氏为宣献夫人。"⑤ "春秋释奠孔子以颜子

---

① 宋濂:《元史》卷二四《仁宗本纪一》，中华书局，1976，第 558 页。
② 宋濂:《元史》卷一八○《赵世延传》，中华书局，1976，第 4164 页。
③ 宋濂:《元史》卷二五《仁宗本纪二》，中华书局，1976，第 563 ~ 564 页。
④ 宋濂:《元史》卷一一二《宰相年表》，中华书局，1976，第 2819 页。
⑤ 吴命新:《临县志（全）》卷一一，成文出版社，1968，第 281 页。

曾子子思孟子配，是为四配之始，先是宋度宗咸淳三年，增升曾子子思。"① 四配始于咸淳三年（1267 年），宋度宗命增曾参、孔伋配享，始成四配之名。所谓四配即复圣颜子、宗圣曾子、述圣子思、亚圣孟子，以四位配祀孔庙。在赵世延的建议之下，仁宗升子思如典故制，以颜曾思孟为次，皆东坐西向。至此，元代的曲阜孔庙才有四配之设。

中国素有"北孔子、南文昌"之说，北方有儒学先师孔子，南方则有主掌科考文运之文昌帝君。文昌帝君原为四川地区崇拜的梓潼神，本是民间信仰的地方神祇，由蜀人崇拜张亚子衍化而来，逐步被赋予了雷神、蛇神、文昌神等多种身份。自唐宋以来，随着科举制度的规模化和制度化，历代皇帝逐步加封文昌梓潼帝君，因而，民间对文昌帝君的信仰日益盛行。赵世延顺应时代潮流，建议仁宗加封巴蜀地方神梓潼神为文昌帝君，使之成为掌管全国科举文运的神祇。据虞集《四川顺庆路蓬州相如县大文昌万寿宫记》载：

> 文昌宫者，蜀梓潼县七曲山神君之祠也……独所谓七曲神君者，学士大夫乃祀之，以为是司禄主文、治科第之神云。宋亡蜀残，民无孑遗，鬼神之祀消歇。自科举废，而文昌之灵异亦寂然者四十余年。延祐初元，天子特出睿断，明诏天下以科举取士，而蜀人稍复治文昌之祀焉。是时，余在奉常充博士，适蜀省以其事来上，予议榜其庙门曰：右文开化之祠。未几，今翰林学士承旨云中赵公世延方为御史中丞，移书集贤以闻，天子为降玺书襃显神君甚渥，而祠文昌者日盛矣。②

据此碑可知，虞集目睹了四川地区祭祀梓潼神的盛衰，延祐重开科举取士，蜀中一度沉寂的文昌帝君信仰开始复苏。虞集将此事上奏仁宗，世延亦积极配合，建言仁宗加封梓潼神。延祐三年（1316 年），仁宗封"蜀七曲山文昌官梓潼帝君"为"辅元开化文昌司禄宏仁帝君"，梓潼与文昌遂合二为一，逐渐由蜀中地方神升格，一跃成为职司科举文运的神祇。

（三）负责经筵、编纂典籍

经筵制度是汉唐以来帝王为讲论经史而特设的御前讲席制度。经筵始于汉

---

① 孙永汉：《续修曲阜县志》卷一，《中国地方志集成·山东府县志辑》，第 74 册，凤凰出版社，2004，第 42 页。

② 虞集：《四川顺庆路蓬州相如县大文昌万寿宫记》，王颋：《虞集全集》下册，天津古籍出版社，2007，第 762 页。

朝，宋代正式形成一套完善的制度，以翰林学士或其他官员充任或兼任，以每年二月至端午节、八月至冬至节为讲期，逢单日入侍，轮流讲读。元代亦沿袭并发展了经筵制度，世祖、成宗、武总、仁宗等皇帝曾召请儒臣为其讲论经史，问以治道。至泰定帝元年（1324 年），在江浙行省左丞赵简的建议之下，元廷正式确立了经筵制度。

世延在泰定朝，曾负责经筵讲习。泰定四年（1327 年）十月至十二月，赵世延升任中书右丞，提调国子监。[①] 泰定五年，泰定帝为他平反昭雪，加授翰林学士承旨、光禄大夫。致和元年（1328 年），泰定帝以赵世延知经筵事，为皇帝进讲的主讲官，与虞集、段辅、马祖常、燕赤等同为经筵官，专门负责皇帝讲学。

是年七月，泰定帝去世，赵世延等文臣自江陵迎立图帖睦尔。文宗即位，任他为中书右丞。[②] 文宗对世延甚为信赖，命他负责编纂《经世大典》。天历二年（1329 年）正月，世延复除江南行台御史中丞，行次济州，三月，改集贤大学士，六月加奎章阁大学士，八月拜中书平章政事。

> 冬，世延至京，固辞不允，诏以世延年高多疾，许乘小车入内。至顺元年，诏世延与虞集等纂修皇朝经世大典，世延屡奏：“臣衰老，乞解中书政务，专意纂修。”帝曰：“老臣如卿者无几，求退之言，后勿复陈。”[③]

此时，赵世延已是八朝元老，因年迈体弱而请求辞官，元文宗不许其告老还乡，诏其进京，负责《经世大典》的纂修工作。

《经世大典》，又名《皇朝经世大典》，是元代官修政书。天历二年二月，“甲寅，立奎章阁学士院……以翰林学士承旨忽都鲁都尔迷失、集贤大学士赵世延并为大学士，侍御史撒迪、翰林直学士虞集并为侍书学士，又置承制、供奉各一员……（九月）戊辰，敕翰林国史院官同奎章阁学士采辑本朝典故，准《唐、宋会要》，著为《经世大典》”[④]。至顺元年（1330 年），由奎章阁学士院编纂，赵世延任总裁，虞集为副总裁，次年五月修成。《经世大典》共计 880 卷，另有目录 12 卷，附公牍 1 卷、纂修通议 1 卷，其史料主要来自中央及地方官府文件、元人文集与大臣献书等，对研究元代典章制度、社会经济、民族关系、中外交流

---

① 宋濂：《元史》卷一一二《宰相年表》，中华书局，1976，第 2828 页。
② 宋濂：《元史》卷一一二《宰相年表》，中华书局，1976，第 2828 页。
③ 宋濂：《元史》卷一八〇《赵世延传》，中华书局，1976，第 4166 页。
④ 宋濂：《元史》卷三三《文宗本纪二》，中华书局，1976，第 730～741 页。

方面均具有很高的史学价值。

此外，赵世延还跟当朝汉族官员交往密切，将自己的女儿嫁给汉儒许有壬。延祐二年（1315 年），元朝首开科举，知贡举为平章政事李孟，赵世延任读卷官，而文学家许有壬亦参加此次科考。赵世延对他的文章大为赞赏，大力举荐他。许有壬考中进士，授同知辽州事。不久，许有壬丧偶。而赵世延之女赵鸾精通经书，善于弹琴，为当时一才女，以其家世与才学，应不愁婚配。但赵世延得知有壬原配去世之后，极力促成女儿，嫁给有壬续弦。赵鸾善待前赵夫人的两个孩子，抚育如己出。赵鸾因其贤惠善良，而受封高阳郡夫人，后又受封鲁郡夫人。同时，世延与有壬亦结成深厚的翁婿之谊，在政治及学术上合作颇多。

赵世延虽为色目官员，却无民族偏见，对待汉族士人，如同一家。他还跟当时名噪一时的书法家赵孟頫、文学家程钜夫等汉族官员关系极为密切。至元二年（1336 年），赵世延在成都病逝，元顺帝追封他为鲁国公，谥文忠，并专门在其故乡甘肃礼县敕建家庙碑，世称"敕赐雍古氏家庙碑"，又称"雍古氏家庙碑""赵氏先庙碑"。该碑现存甘肃省陇南市礼县城关镇南关村，由龙首、碑身、龟趺三部分组成。碑文由程钜夫奉敕撰，赵孟頫奉敕书并篆题，记载了翰林学士承旨、中书平章政事赵世延祖孙三代六英，为建立和巩固元朝政权所立下的丰功伟绩。

后世对世延的评价亦很高，《元史·赵世延传》称赞他："世延历事凡九朝，历省台五十余年，负经济之资，而将之以忠义，守之以清介，饰之以文学，凡军国利病，生民休戚，知无不言，而于儒者名教，尤拳拳焉。"① 这一评价正是赵世延一生真实的写照。

赵世延恪守儒家思想，重视教育事业，积极发展地方经济。他历仕世祖至顺帝约九朝，任省台要职近五十余年，在发展文教事业、创办书院、恢复科举等方面做出了重要建树。他的这些举措对发展儒学、传承中原文化、维护社会稳定发挥了积极的作用，亦对我们今天保护传统文化提供了一定的借鉴。

---

① 宋濂：《元史》卷一八〇《赵世延传》，中华书局，1976，第 4166～4167 页。

元代蜀地少数民族兴儒考

马　琛

（四川大学古籍整理研究所）

巴蜀地区文化悠久，宋代时期学者辈出，学派众多，有"造极于赵宋"的美称。1235年，蒙古攻宋，战火在巴蜀地区绵延近半个世纪。学宫倾圮，书院凋敝；坟籍散落，学人流离，盛极一时的巴蜀文化急剧衰落，成为受战火荼毒而导致学术衰败的典型。

蒙古建元后，采用杨惟中、姚枢、郝经、许衡等人的建议，实行汉法，"以儒治国"的既定政策在全国逐渐推行，巴蜀地区亦步入复元期。经略蜀地的官员积极采取利于生产发展、文教恢复的举措；巴蜀本土残存的学者逐渐从隐居山野到投身文教事业；流寓他乡的蜀籍学者，如虞集等积极关注着家乡的重建工作。经多方努力，巴蜀地区一些学校、书院得以重建，元代中后期，巴蜀文化在一定程度上恢复起来。在此过程中，一个特殊群体——汉化的少数民族逐渐凸显，成为重建巴蜀文化的重要力量。该群体主要由参与过攻蜀战争的蒙古人、色目人、[①] 女真人、契丹人及其后代构成，一方面，少数民族入主中原，拥有得天独厚的政治优势，他们与汉人士大夫接触机会多，能够浸润儒风，追随名师，在儒学上取得成就。在学术一片衰落的情况下，巴蜀地区依然出现了对中原文化深有造诣的少数民族学者，并且著有儒学著述。另一方面，以蜀地为家的少数民族多为战功显赫的蒙古重臣或世家贵族，他们接受汉化后，利用自己的权势，将财力、人力投入文教，极大地促进了儒学的恢复和发展。战争时期，少数民族攻城略地，是文化破坏者；战争结束后，他们镇守蜀地，子孙世袭，遂以蜀地为家，成为文化重建者。此种现象不仅是元代巴蜀地区的独有特色，也反映出整个元代

---

① 此处用蒙元时民族称谓，指除蒙古以外的西北各族、西域以至欧洲各族人。

民族融合的大趋势。

文本梳理以蜀地为家，从事儒学活动的少数民族人士，探讨他们在恢复元代巴蜀儒学中所起的作用，总结其儒学成就及特色。概言之，蜀地少数民族进行的儒学活动主要有兴学聚书、习儒著述两个方面。

一 兴学聚书

巴蜀地区自文翁兴学后，庙学、书院蓬勃发展。仅就书院来说，巴蜀地区书院数量在唐五代时居全国第四位，宋代居全国第六位。[①] 然战火荼毒，元初巴蜀庙学、书院几乎不复存在。后多经少数民族贵族的倡导，恢复重建。如剑州文贞书院的设办人之一，是监察御史忽鲁大都。忽鲁大都，籍贯不详。元世祖曾赐许宸名忽鲁公孙，以此观之，忽鲁大都可能是蒙古人。[②] 除忽鲁大都，下文要介绍的三位均是以蜀地为家的少数民族贵族，他们在重建书院过程中发挥了重要作用。蒙古攻城略地时，蜀地书籍也毁于一旦，随着蜀地学校恢复重建，图书经收集、购置，渐渐丰富起来。少数民族贵族以其雄厚的财力和权势，是收集、购置图书的主力军。

（一）纽氏兴学聚书

刘岳申（1260~1368年）《西蜀石室书院记》载："秘书蒙古人，生长蜀中，承恩入侍，三朝累官至大监。告老还乡，既以私财建书院，又购古今书籍，备礼乐器，载与具归，托不朽焉。……今又闻秘书能为墨池、草堂二书院求赐额，又为之增益其田庐、书籍，是何恢恢有余裕也。……大监字达可。"[③]

虞集（1272~1348年）《送秘书也速答儿大监载书归成都》诗："连舸载书三十万，雪消春水上成都。列仙歌舞成烟雾，世将旌旗属画图。定有鸿儒堪设醴，岂无佳客共投壶。子云白首归无日，独抱遗编隔五湖。"[④]

张雨（1283~1350年）《赠纽怜大监》诗："论卷聚书三十万，锦江江上数连艘。远追教授文翁学，重叹征求使者劳。石室谈经修俎豆，草堂迎诏树旌旄。也知后世扬雄在，献赋为郎愧尔曹。"[⑤] 原诗自跋云："请以蜀文翁之石室、扬雄之墨池、杜甫之草堂，皆列学宫。又为甫得谥曰'文贞'。以私财作三书院，遍

① 胡昭曦：《四川书院史》，巴蜀书社，2002，第6页。
② 胡昭曦：《四川书院史》，巴蜀书社，2002，第65页。
③ 刘岳申：《申斋集》卷六，文渊阁四库全书本，第30~32页。
④ 虞集：《道园遗稿》卷三，文渊阁四库全书本，第51页。
⑤ 张雨：《赠纽怜大监》，《元诗纪事》卷三三，上海古籍出版社，1987，第762页。

行东南，收书三十万卷及铸礼器以归。虞奎章率记其事，邀予赋诗如左。"

李太初（生卒年不详）《草堂书院藏书铭》载："惟兹达可，有测斯念。稽于版籍，询于文献，北燕南越，西陕东吴。有刻则售，有本则书。僕输肩颒，车遞牛汗。厥数维何，二十七万。载之以舟，入于蜀江，江神护呵，翼其帆樯。爰至爰止，邦人悦喜，藏之石室，以永厥美。昔无者有，昔旧者新。""在昔文翁，肇兹戎功，建学立师，惠于蜀邦。维兹达可，宜世作配。"①

明陆深（1477～1544年）《豫章漫抄》载："元至正初，史馆遣属官驰驿求书，东南异书颇出。时有蜀帅纽璘之孙尽出其家赀，遍游江南，四五年间得书三十万卷，溯峡归蜀，可谓富矣。"②

陆深记纽氏"得书三十万卷"，明人胡应麟（1551～1602年）考证："古今书籍，统计一代前后之藏往往无过十万，统计一朝公私之蓄往往不能十五"，故而推测"三十万卷"当为"三万"之误。③

以上材料记载显属同一事，即有一位蒙古贵族，姓纽，字达可，祖上参加过攻打四川的战役，战功显赫，后驻扎成都，子孙因家四川。纽氏承袭功勋，累官至秘书大监，告老还乡时，集中财产遍访江南，购置图书，得书三十万卷，运回四川。并在川中重建石室、墨池、草堂三书院。时人刘岳申、虞集、张雨、李太初均盛赞此事。从上述材料来看，人物及书籍数量记载有一定出入。元代人张雨所记为"纽璘"；虞集记为"也速答儿"；明代人陆深、胡应麟记载为"纽璘之孙"；刘岳申、李太未记其名，仅记"字达可"。《元史》有纽璘传，附也速答儿传，并提及纽璘之孙为南加台。但均未记载三人有聚书兴学一事，亦未提及"字达可"一说。故而，学者常常认为纽璘或纽璘之孙南加台聚书一时，实非《元史》中这位参加过攻蜀战争、战功显赫的纽璘。笔者粗略推断其为纽璘之后，具体待进一步考证。关于图书数量，有"二十七万""三十万"两种记载，出入不大，但胡应麟推断应为"三万"，考察元代私人聚书，蒙元贾辅（1191～1254年）南征北战，搜掠图书，建成万卷楼，所收图书仅数万卷。"三十万"确应为夸张之辞。

（二）述律杰重建石室书院

纽氏恢复石室书院、墨池书院、草堂书院，极大地丰富了蜀典籍数量，可以

---

① 李太初：《草堂书院藏书铭》，《全元文》第59册，凤凰出版社，2004，第450页。

② 陆深：《豫章漫抄摘录》，沈节甫辑：《纪录汇编》卷一三五，全国图书馆文献缩微复制中心，1994，第1363页。

③ 胡应麟：《经籍会通》一，《少室山房笔丛》本，中华书局，1958，第17～18页。

视之为元代蜀地兴学的重要举措。其后，又有一位因先祖有战功，家于四川的少数民族贵族投身石室书院建设中，王沂［生卒年不详，延祐二年（1315 年）进士］《石室书院记》载：

> 石室何以名，祀汉文翁也。曷以祀之？古者建学，先圣先师各因其国之故礼也。今先圣先师之位定于一，祀之礼与？曰郡邑先贤，得祠于学宫，犹古也。然则，何以书？蜀有儒自公始，祀有书院自今述律侯始，书谨始也。初侯有宅承教里，其地元爽宜讲艺，其位深靖宜妥神，谋斥新之为书院，乃请于省，部使者，相与图之如不及。故材不赋而美，工不发而集。为殿以祀先圣，为室以祀公。讲有堂，栖士有舍，重门修庑以制，庖库厩以序。又割俸购书，作祭器于吴，而俎、豆、笾、篚、罇、爵、簠、簋皆具，而经史百氏无外求者。祀敛其新都膏腴之田亩一百五十所入，庙干其家僮二百指。既成，而岩才里秀接踵来学。（后）至元六年，侯来京师请记。……述律侯世长万夫。知夫文武之道寓于于戈羽籥，而以筑宫育士为急，其贤乎人远矣。故余乐为之书。侯名多尔济。字存道，官云南都元帅云。①

此记作于后至元六年（1340 年），详细记载述律杰兴学一事。述律杰，字存道，又名舒噜多尔济，《元史》未立传。但述律杰与当时名流如虞集、柳贯（1270～1342 年）、揭傒斯（1274～1344 年）、许有壬（1287～1364 年）、吴师道（1283～1344 年）、苏天爵（1293～1352 年）等皆有往来，留下不少诗文赠答唱和之作。②

据吴师道《述律元帅复姓卷跋》记载："契丹肇述唐末，盛强于五季。述律者其后族姓也，又以萧并称，征之史可见。金灭辽，改述律为石抹，辱以其国贱者之称，不道甚矣。今云南元帅存道公抗言于朝而复翼故，雪数百年之耻，而摅祖考之愤，其志可谓壮矣。"③ 述律杰祖先本辽东贵族，辽太宗赐姓萧。金朝灭辽，改述律为石抹以贱辱之。数请于朝，得复述律之姓。在复姓之前，时人称之"萧存道"或"萧从道"。

述律杰居四川，见虞集《题萧氏家氏事状》："鹤野萧君从道，自其曾大父事太祖皇帝攻城野战，以多功著名，为大将，以其兵留镇西州四世矣。至从道又

---

① 王沂：《伊滨集》卷一八，文渊阁四库全书本。
② 详参方龄贵《元耶律杰交流考略》，收入《蒙元史暨民族史论集》，社会科学文献出版社，2006，第 242～268 页。
③ 吴师道：《吴礼部文集》卷一八，《北京图书馆古籍珍本丛刊》第 93 册。

有孝行文学，世其官又二十年。……充城先生所为从道事实，与简册有关，先生吾蜀耆旧，所谓儒林祭酒者也。"① 蜀中贤达充城先生拟述律杰事迹，请虞集代笔，记载了述律杰家族四代镇守四川一事。

又柳贯《送萧从道还蜀歌并序》："萧侯从道自京还蜀，舣舟广陵，薄游吴会，解后一见如故交焉。盖侯以辽东贵族，累世将家，早从征伐，艺勇有声，袭父爵为万户，镇保宁。"② 保宁即今四川阆中。

另有揭傒斯《送人归蜀赴官云南》为证："过家虽云乐，终当有所之。"③ 述律杰以蜀地为"家"。

述律杰重建的石室书院，较纽氏所建，建制更为完备，其集教学、祭祀于一体，性质更类似于庙学。该书院建成后，颇具影响力，所谓"岩才里秀接踵来学"。是时，蜀地已经整体恢复元气，《石室书院记》有云：

> 蜀在宋季为边郡，民缠焚剽之毒百余年，王师南戡，成都最先下，太宗皇帝垦除艰厄，提携赤子，置之乐土，累圣继以休养蓄息。向之援枹击拆，今则田耕井饮矣。昔之重关复栈，今则东阡南陌矣。太和之所涵煦，孰知夫百年之深欤？④

（三）伯颜鲁卿重建庙学

元代四川长寿人贾元撰《重修文庙绘像置田记》：

> 迨我皇元，学皆置田。江南等郡，其数倍万，盖又超前古而过之矣。忠（笔者注：今重庆市万州区），东南（笔者注：指四川东南部）名郡也，学校之设，历数十年，犹有缺者。庙有貌也，而未至于森严；教有典也，而未至于同风。至于养士之需，犹为废缺。至元十八年辛巳，承务郎西夏伯颜鲁卿监牧是郡，奉议大夫太原王崇简先贴木儿为郡守，乃相协谋而新之。鲁卿以正殿谬戾古制，改塗易置，列楹阖门，金垩丹碧，创立东庑，增饰西廊，俾之悉合制度。又复收召英才，择师教之。……余谓二公，知为政之要矣。使忠之人士，学有所宗，以养其忠孝廉节之性，则先圣先贤之道，亦将不没于今。⑤

---

① 虞集：《道园学古录》卷一〇，文渊阁四库全书本。

② 柳贯：《柳贯诗文集》，柳遵杰点校，浙江古籍出版社，2004，第56页。

③ 揭傒斯：《揭傒斯全集》卷四，李梦生点校，上海古籍出版社，1985，第103页。

④ 王沂：《伊滨集》卷一八，文渊阁四库全书本。

⑤ 贾元：《重修文庙绘像置田记》，《全元文》，第58册，凤凰出版社，2004，第276页。

文中所提"承务郎西夏伯颜鲁卿",见《元统元年进士录》"色目人第二甲"录:"伯颜:贯成都路温江县籍,管蒙古军户,唐兀人氏。字鲁卿。行二,年一十七,十二月初七日寅时。"① 元人称西夏遗民为唐兀人,故两处材料中为同一人。伯颜鲁卿在今重庆地区重建庙学,其遵循古礼,注重培养学生"忠孝廉节之性。"但《重修文庙绘像置田记》载"至元十八年辛巳",时间有误,元统元年为1333年,伯颜方才十七岁,至元十八年为1281年,伯颜还未出生。且至元十八年时,蜀地重建还未正式提上日程,至正元年辛巳(1341年)更为可信。

二 习儒著述

"元兵略蜀,蜀士南迁于浙,浙人得此遂成文献之府库,江南文风大盛,蜀反如鄙人矣。"② 流寓他乡的蜀籍学者在各个领域熠熠生辉,促进了迁居地的学术发展,与此形成巨大反差的是,巴蜀本土的学者寥若晨星,仅存的一些学者多归隐山林,直到元代中后期,蜀地逐渐复原,兴学重教,才在教育界活动着一些蜀籍学者的身影。据笔者统计,巴蜀本土学者有李朝佐、赵采、贾元、费著等二十余人,其中不乏少数民族学者。

(一)赵世廷、赵鸾

赵世廷(1260~1336年),字子敬,祖先系蒙古雍古族人,"祖按竺迩,幼孤,鞠于外大父术要甲,讹为赵家,因氏为赵"。③ 其从太祖征伐,为蒙古汉军征行大元帅,镇蜀,因家成都。赵世廷平生多在大都为官,曾任翰林学士、集贤殿大学士。至元二年(1336年)病重,急返成都老家,不久病逝,封鲁国公,谥文忠。《元史》载:"世廷天资秀发,喜读书,究心儒者体用之学。""凡军国利病、生民休戚之事,知无不言,而于儒家名教尤拳拳焉。为文章波澜浩瀚,一根于理,尝较定律令,汇次《风宪宏纲》,行于世。"④ 泰定五年(1328年),朝廷命为王公大臣设学讲座,主持这一事宜的正是赵世廷,他选聘一些知名学者轮流讲学,普及儒家文化。主讲人之中,便有蜀籍学者虞集。赵世廷与虞集往来密切,至顺元年(1330年),朝廷命赵世廷任总裁,虞集任副总裁,总领奎章阁学士院采辑本朝典故,以唐、宋《会要》为典范编纂《皇朝经世大典》,此书记载

---

① 《元统元年进士录》,王颋点校《庙学典礼》(外二种),浙江古籍出版社,1992,第176页。
② 刘咸炘:《推十书·史学述林》卷五《重修宋史述意》。
③ 宋濂等:《元史》卷一八〇《赵世延传》,中华书局,1976,第4163页。
④ 宋濂等:《元史》卷一八〇《赵世延传》,中华书局,1976,第4163页。

元代典章制度，共有八百多帙。至顺二年（1331 年），朝廷又命虞集撰《元亦都护高昌王世勋碑》，赵世延为之篆额。

《元史》载世延以"儒者"起用，其"究心儒者体用之学"，但未见其有儒学文献传世。《元文类》癸集收其诗七首，其中五首为咏道观之作。可见，世延出入佛、道，儒学不纯，但其将儒学用于经世致用，在推动蒙元实行汉法过程中起到一定作用，亦属难能可贵。

赵世延有一女，名赵鸾，字善应，长于蜀地，嫁许有壬。陈旅《鲁郡夫人赵氏墓志》载："夫人朗惠而厚静，幼时古文歌诗入耳辄能记，七岁诵《周易》书，属对，九岁使颛学女事，则《论语》《孟子》《小学书》皆成诵矣。"赵鸾天生聪颖，赵世延以《周易》《论语》《孟子》《小学书》教之，故而其从小便积累了很深的儒学功底。但与其父一样，赵鸾学问杂糅佛、道。赵鸾十三岁时，赵世延获罪，赵鸾"即却荤肉，向北斗拜祷，凡三年"。此为佛家斋戒祈福之法。《鲁郡夫人赵氏墓志》又载："鲁公以其能诵《易》，尝教之筮。……诸阴阳家书，皆能通之。"故其学《易》，为象数一派占筮易。值得一提的是，元代少数民族女子学习儒家文化并非特例，相比汉族女子，她们的活动更为自由，中上层贵族女子均有学习儒学的机会，最为显贵的是元顺宗之女祥哥刺吉（1282 ~ 1332 年），其崇儒重道，"以天人之姿，诵习经史"。曾于大德七年（1303 年）、至大元年（1308 年）两次参加祭孔。[①] 在中国几千年古代社会中，可算是一个特例。

（二）纥石烈希元

纥石烈希元，纥石烈，女真姓，应为女真人。[②] 钱志收录其《周易集传》二十卷，注："成都人。"

在元代，纥石烈希元同汉人一样，也被列入第三等人，他与大多数宋遗民一样，潜心学问，不问功名。《元史类编》载："（纥石烈希元）隐居成都，笃志穷经，于《易象》《春秋》二书，精考密察，深得先儒不传之秘。一生安贫乐道，不务虚名。所作诗文甚富，未尝出以问世。"《宋元学案补遗》说他考察《易》和《春秋》，"不背先儒训释之旨，自得圣人制作之微"。

纥石烈希元曾与袁桷往来，探讨《周易》。[③] 他撰成《周易集传》后，交于

袁桷阅读，袁桷为之作序曰："桷不佞，读《易》二十年，岁月逾迈，所见益慎。纥石烈君希元笃志嗜古于《易》，静思以求，搜撷疑义。私尝叹然，莫能以对，卒能先予成书，不凿以求通，不拘以强附会，其粹精足以垂世。故以予昔之所告，冠于篇首，俾知夫同焉以异者，将以革夫株守偏弊之失。则予之所著，其果有同乎？其无同乎？"从序言可以看出，纥石烈希元与袁桷的《易》学主张基本相通，但还是存有不同之处，所以袁桷才在序言中长篇论述自己的易学主张，以供读者加以比较，避免"株守偏弊之失"。袁桷在序言中强调了《系辞传》的重要性，"《系辞传》设卦之方，穷神之妙，其详于爻者，毫厘不能以易。……非《系辞传》不能以知《易》"。① 《系辞传》解释卦爻辞的意义及卦象爻位，《周易集传》应当重点阐释在此。

纥石烈希元精研《春秋》《两经》，代表了巴蜀学者的治学特色。宋代时，巴蜀学者尤其重视研究《周易》《春秋》两经，朱熹再传弟子阳枋是南宋时期在川东地区影响最大的一位学者，他即以为："《易》与《春秋》相为体用，《易》便是《春秋》之体，《春秋》便是《易》之用。明得《易》则晓得《春秋》，明得《春秋》则《易》在其中矣。"② 受《易》《春秋》并重观点的影响，元代巴蜀籍学者多选择《易》与《春秋》为治学重点，如黄泽对两经有精深的研究，其著述大部分都是在论述《易》和《春秋》，王申子主要著述为《大易辑说》《春秋类传》两部。

（三）述律杰

述律杰兴建文翁石室，他也是一位儒家学者。述律杰著有诗文集《群玉集》，黄溍（1277～1357 年）为之序：

> 萧侯从道，世为将家，而被服儒术。巨公显人，四方知名之士，咸喜与之交，遗以诗，凡三百余首，侯惧久或散佚，乃裒粹成编，号《群玉集》，俾溍序之。《崧高》之卒章曰"吉甫作诵，其诗孔硕。其风肆好，以赠申伯。"《丞民》之卒章曰"吉甫作诵，穆如清风。仲山甫永怀，以慰其心。"吉甫为申伯、仲山甫两人作是诗，而序诗者皆以为美宣王何欤！盖两人虽贤有德，非宣王莫能任使而褒赏焉，观其职业之修，文物之备，而周室之复兴，天下之平定可知也。窃意两人之可称道者，非独吉甫能知而言之，诸公

---

① 袁桷：《清容居士集》卷二一《易集传序》，《丛书集成初编》据宜稼堂丛书本排印本，中华书局，1985，第 374 页。

② 阳枋：《字溪集》卷四《与谊儒侄昂书》，文渊阁四库全书本。

大夫至于国人，无不能知之能言之。国史采其关于政之大者播于乐章，谓之大雅，是故学者得因其文绎其义，世守之以为经，而史所不能尽录者，今皆无所于考矣。侯以文武材受知天子，将使指树军功拊叛民殄狂寇，事皆伟甚。锡予之优，悉出异数，其赫然可见而上系于朝廷者，固当被之弦歌，与《崧高》《烝民》之什同垂于无穷。若夫英俊之并游，粲然有文以相接，亦足见方今文华之盛，俗习之厚，皆国家百年涵濡之泽培养所致，安可以一话一言之细而略之哉。宜兼存之，以俟后之删诗者。庸弗辞而本诸古人序诗之旨志于篇端云。①

《群玉集》今已不存，但在当时，黄溍对《群玉集》推崇备至，以"吉甫作颂"与之媲美，认为其能与《诗经》底本一样传世，以俟后世删改。

（四）伯颜鲁卿、拜都

元朝科举长期停废，仁宗于皇庆元年（1312 年）改元，开始建立科举制度，于 1313 年开考。科举定制为："蒙古、色目人，第一场经问五条，《大学》《论语》《孟子》《中庸》内设问，用朱氏《章句集注》。其义理精明，文辞典雅者为中选。第二场策一道，以时务出题，限五百字以上。"② 蒙古、色目人的考试内容以朱熹《四书章句集注》为主，故而中进士者必然具有一定理学修养。元代蜀籍进士见于史籍的有两人，一是伯颜鲁卿，一是拜都。

元统元年（1333 年）癸酉科进士放榜后，汇成《元统元年进士录》，在"色目人第二甲"中录有："伯颜：贯成都路温江县籍，管蒙古军户，唐兀人氏。字鲁卿，行二，年一十七，十二月初七日寅时。曾祖剌真，祖秃弄歹，祖母唐兀氏，父赫间，母女直人氏。具庆下，娶周氏。乡试四川第三名，会试第四十八名。授成都路同知崇庆州事。"③ 此即上文提到的在忠州兴学的伯颜鲁卿。

又《大明一统志·顺庆府志》载："拜都，顺庆人，尝授业于冯伯药，举进士，累官四川都转运使。"④ 拜都亦是畏兀儿族，居顺庆（今四川南充）。出身世胄，登进士第，登第年份不详，累官四川都转运使，政声卓著，在南充城南建有读书楼。

---

① 黄溍：《群玉集序》，《全元文》第 29 册，凤凰出版社，第 106 ~ 107 页。

② 宋濂等：《元史》卷八一《选举一》，中华书局，1976，第 2019 页。

③ 《元统元年进士录》，王颋点校《庙学典礼》（外二种），浙江古籍出版社，1992，第 176 ~ 177 页。

④ 李贤等：《大明一统志》卷六八《顺庆府志》，天顺五年刊本，第 28 页。

历史时期巴蜀盆地民居形制的演变与规律[*]

熊　梅

（西华师范大学历史文化学院）

中国现存的传统民居绝大多数属于明清和民国时期的遗存。无论是以全国为空间范围的宏观研究，还是以省域、地区为考察对象的中观研究，抑或是对特定地区单体民居的微观研究，基于建筑学的测绘、调查，以及从人文、社会角度所进行的功能、文化意义的分析和探讨均取得了丰硕的成果。随着研究的不断深入，学者逐渐认识到，民居研究不能仅仅停留于横向空间维度的探索，纵向历史维度的考察同样应该纳入民居研究的范畴。利用历史文献和考古发现，民居研究的时间维度可以实现向"过去"的推移。例如，谭刚毅对两宋时期中国民居与居住形态的研究，① 以及林会承对先秦时期中国居住建筑的考察②正是此方面的尝试之作。在建筑史的研究中，民居史是其重要的内容。近年来，较有影响力的民居断代史系列研究汇集在多卷本的《中国古代建筑史》内，傅熹年（主编三国、两晋、南北朝、隋唐、五代卷）、郭黛姮（宋、辽、金、西夏卷）、潘谷西（元、明卷）、孙大章（清代卷）分别对各个历史时期我国的住宅进行了论述，③试图为中国的传统民居建立起一个连续性的、系统性的和完整性的发展演变脉络。可见，关注传统民居的生成和历史变迁逐渐成为中国民居研究发展的新动向。

落实到具体区域而言，完整和纯粹的长时段民居演变研究工作方兴未艾。就四川地区来看，刘致平在《历代宅制》中对四川不同类型的住宅进行了一定的

---

* 本文系四川省社会科学重点研究基地区域文化研究中心 2015 年度项目（项目编号：QYYJC1505）阶段性成果。

① 谭刚毅：《两宋时期的中国民居与居住形态》，东南大学出版社，2008。
② 林会承：《先秦时期中国居住建筑》，六合出版社，1984。
③ 《中国古代建筑史》（第 1～5 卷），中国建筑工业出版社，2009。

文献稽考;① 庄裕光按照时代发展的序列,对巴蜀民居发展进行了史学梳理;②
李先逵在《四川民居》中,辟专章对川渝汉族聚居区的民居演变进行了分期论
述,③ 总体致力于区域民居发展史的研究,重在展现不同时期巴蜀民居在形态和
结构上的延续性,较之以往着力研究现存的民居而言,加强对"过去"民居的
探索无疑开创了新的研究增长点。有鉴于此,本文拟结合文献古籍和相关遗迹的
调查,试图复原历史时期巴蜀盆地民居的基本形制,进而连缀出不同时期民居的
发展脉络,最后对巴蜀盆地民居形制的成因与规律进行探讨和总结。

需要说明的是,本文的"巴蜀盆地"指的是传统意义上的四川盆地,即除
阿坝藏族羌族自治州、甘孜藏族自治州、凉山彝族自治州外的四川以及重庆直辖
市。该地区自古以来人口密集,以汉族为主体。

一 先秦时期巴蜀盆地民居形制的概况

巴蜀盆地的古代文明起源悠久,从居住建筑而言,可追溯到距今约5000年
的广汉三星堆文化遗址。考古发现,三星堆遗址拥有古代居住区,为地面式建
筑。其房屋遗址分布密集,平面多为圆形和正方形,房屋面积小的一般为十余平
方米,最大的房屋可达六十平方米。房屋外围木柱排列规整,内柱则无规律可
循。遗址晚期还出现了长方形建筑、"间"的划分以及用于储藏的窖坑,入口为
敞门斗,朝向东南和西南。这种地面式木构架房屋相较于穴居、浅穴式居住都有
明显的进步。

20世纪90年代出土的成都十二桥遗址(见图1)距今2600～3200年,是继
三星堆文化之后,古蜀文明发展史上的又一次高峰。考古发现此时期的房屋建筑
式样为"悬虚构屋"④ 的楼居式,下以密集的木质桩柱为基,桩柱顶部横架地梁
和地板,其上再架竹木房屋,并施以木(竹)骨泥墙。居处不着地,上以自处,
下居鸡鸭,为干栏式木(竹)构建筑,拥有木桩基础、木地梁、墙体及屋顶用
竹木绑扎与榫卯相结合的完整结构,底层架空,楼上住人,可达到防潮、避水、
防虫兽的功效,反映了地势低而潮湿地区的居住形态,体现了地理环境对原始建
筑的制约。

属于商代晚期至春秋早期(约公元前1200年至公元前650年)的成都金沙

---

① 刘致平著、王其明增补《四川住宅建筑》,《中国居住建筑简史——城市、住宅、园林》,中
　国建筑工业出版社,1990,第253～258页。
② 庄裕光:《巴蜀民居源流初探》,《中华文化论坛》1994年第4期,第74～82页。
③ 李先逵:《四川民居》,中国建筑工业出版社,2009。
④ 《太平寰宇记》卷八六。

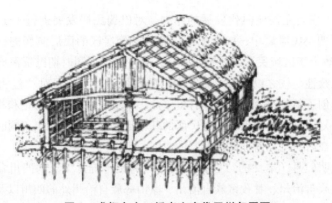

图 1　成都市十二桥出土商代干栏复原图

资料来源：四川省建设委员会、四川省勘察设计协会、四川省土木建筑学会编《四川民居》，四川出版集团、四川人民出版社，2004，第 18 页。

遗址（见图 2）是古蜀文明发展阶段中的又一个辉煌时期。遗址内发现了大型的建筑基址区、大型的祭祀活动区、一般居住址、墓地等重要遗存。大型的建筑基址区分布有数十座房屋基址，其中有七座组成建筑群呈四合院布局，大门西南朝向，以树皮、草盖搭建成两坡屋顶，推测作为宫殿或宗庙用途。一般居住址中发现了许多小型的房屋建筑，基本上都为西北—东南朝向，面积大多在二十平方米左右。大型的建筑基址区和一般居住址仍采用木（竹）骨泥墙式的建筑形式。

图 2　成都金沙遗址木（竹）骨泥墙式房屋复原图

注：拍摄于金沙遗址博物馆。根据陈展说明，房屋的建筑步骤为：除去杂草树木后平整土地；挖掘作为地基的沟渠；挖出柱洞；插入木桩；在木桩之间插入稳固墙体的竹竿或木棍；在木骨上砌起泥墙；盖上稻草制成屋顶。

先秦时期，巴蜀盆地的民居从总体上看，结构原始简朴，干栏式建筑已具雏形，柱基、地梁、墙体及屋顶齐备，人畜分居，基本上能规避自然风险，实现休憩、生活的建筑目的。地面式建筑多为两坡顶，采用木（竹）骨泥墙式的建筑形式，面积与规模较小。

二　秦汉至魏晋南北朝巴蜀盆地民居形制的发展

《华阳国志·巴志》记载："周慎王五年（公元前316年），……遂伐蜀，灭之。仪贪巴、苴之富，因取巴，执王以归。"秦兼并巴蜀后，根据两地民族众多、自主意识较强的特点，先后在巴、蜀两地推行郡县制，通过迁徙、迁虏等措施"移民万家入蜀"，并令蜀郡守"筑成都""营广府舍，置盐、铁市官并长丞；修正里阓，市张列肆，与咸阳同制"，① 逐渐将巴蜀纳入封建中央王朝的统一管理。秦王朝对巴蜀城市规划采取的"同制"措施以及大量中原人士移民巴蜀，使秦地的民风习俗和居住方式逐渐在成都平原传播开来。

公元前206年，西汉王朝建立，初承秦制，仍设巴、蜀二郡。汉武帝时开发西南夷，于巴蜀故地设立益州监察区，巴蜀地区的经济、文化、城市、建筑等逐渐走向繁荣。东汉初期，公孙述据割西蜀称"成家皇帝"，刘秀灭亡成国后，巴蜀重归东汉王朝统治，其经济、文化、手工业等方面逐步复苏，民居建筑得到了提高和发展。巴蜀出土的汉代画像砖、画像石、明器和遗留下来的汉阙、崖墓等，都有对木构建筑局部与建筑组群布局的模拟，为我们展示了当时民居建筑的大体风貌和总体水平。

（一）构筑类型

在汉代，巴蜀地区的民居建筑主要为木构架的干栏式、地面式（以抬梁式为多见）和混合式，从历史演进的角度看，应该尚有穿斗式，② 不过，就画像砖石反映的内容看，以干栏式、抬梁式为主。其中，干栏式住宅在成都平原、盆地南部的内江和长宁、西部的芦山、东部的合江和忠县等地区都比较普遍。如，成

---

① 《华阳国志·蜀志》。
② 目前就接触的画像资料看，尚未见到有穿斗式的实例。然而，从成都十二桥遗址的墙体采用竹木绑扎与榫卯相结合并施以木骨泥墙的技术水平看，秦汉时期巴蜀盆地穿斗与干栏相结合的混合式与地面穿斗式建筑应在不少数。按照建筑逻辑推理，在巴蜀盆地各种干栏式的自发演进过程中，起源于竹木绑扎、榫卯结合和木骨泥墙的穿斗式同样经历了一个不断发展和完善的过程，从考古资料和遗存的建筑实物看，唐宋元明清时期，穿斗式结构已成为巴蜀民居的显著特征了。

都曾家包汉墓画像石、新都出土的画像砖以及芦山汉墓石刻（见图3～图5），其房屋多为单层，均为底层架空、高于地面的居室，其下部柱体粗大，排列整齐规范，柱上设有托脚、斜撑等承重部件，柱下或有方形柱础。此类型房屋结构满足通风防潮、防水避兽的使用要求，有"高栏"与"低栏"之别（见图6）。这几幅画像砖石所反映的房屋结构，下层为典型的干栏式，而上层主体又采用抬梁结构，屋面四阿顶，面宽三间不等，正面开门，因而形成了混合式构筑。从图5看，重檐四阿顶，覆筒瓦，檐头有瓦当和半瓦当。上部有三室，中室设双扉，扉侧对称设横棂窗，左右侧室正面开敞，楼上楼下以梯相通。汉时庶民住宅禁用瓦当，此干栏应为官宦人家住居。在内江东汉崖墓画像石上还展现了"登梯而上"的主要构件——楼梯的各种形制，其倾斜度在30°左右，有独木梯式，由整根原木做成，一面刨平便于平稳，另一面凿出梯槽；有双边梯式，由两根竹木做轴，中间等距离凿孔嵌入等长竹木节形成阶梯；还有转角梯式，由两层阶梯转角构成，目的在于降低楼梯的倾斜度以便上下（见图7）。

图3　成都曾家包汉墓
画像石一角

图4　新都出土画
像砖一角

图5　芦山汉墓石刻

图6　广汉出土画像砖一角

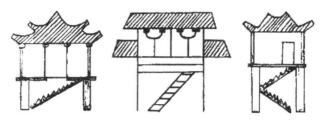

图 7　内江东汉崖墓画像砖上干栏楼梯的三种形制

资料来源：雷建金等：《四川内江汉画民居干栏及大苍》，《中原文物》1991 年第 3 期，第 97 ~ 101 页。

　　在成都市郊羊子山出土的东汉画像砖一角，住宅主体厅堂面阔三间，坐落于低矮的台基之上，厅堂开敞，三面环以回廊，中有二人席地而坐。前后立有檐柱，柱上承四椽栿，之上再立二童柱，童柱上承平梁，檐口出挑，为典型的抬梁结构（见图 8）。德阳出土的画像砖也是如此，其区别在于平梁上立童柱承载正脊（见图 9）。广汉出土的画像砖则是采取在建筑台基上立二檐柱，之上架平梁，平梁上立脊柱的办法（见图 10）。

图 8　成都羊子山 2 号汉墓
出土画像砖一角

图 9　德阳出土画像砖

图 10　广汉出土画像砖

（二）屋面形式

　　此时期的屋面形式已具备硬山、不厦两头（清称悬山）、四阿（清称庑殿）、九脊（清称歇山）、攒尖等几种形式。硬山与不厦两头的屋面均为两坡，前者檩条和木梁全部封于山墙之中（见图 11），如若处于潮湿的气候环境中，则不利于山墙面的排水和台基防潮；后者檩条挑出山墙面外，屋檐出挑，构造简单，遮雨走水护台基。四阿顶屋面四坡，分为正脊和四戗脊，正脊正中或有装饰，戗脊与正脊末端或有鸱尾（见图 12），有的建筑中还使用重檐，如雅安高颐阙（见图 13）。四阿顶与庇檐组合则形成重檐顶（见图 14）。九脊顶有九条屋脊，由于正脊两端到屋檐处中间折断了一次，形成四条垂脊和四条戗脊。在四川出土的画像砖中，攒尖多用作望楼之顶，底层架空，四角立有四柱，屋顶收缩呈四锥状，无正脊，所有屋脊交汇于顶尖。在建筑等级中，四阿顶结构复杂，规格较高，象征着使用者的身份和地位，九脊顶次于四阿顶，适配社会中、上层人群，而民居中常见的形式则多为适宜巴蜀盆地气候特征的不厦两头式。

图 11 郫县出土画像石一角

图 12 新都出土画像砖一角

图 13 雅安高颐阙

图 14 郫县出土画像石

（三）台基与架构

汉代巴蜀盆地住宅的台基尽管高度不一，但相对于东周以来宫室流行的高台基，已经变得十分低矮了，其整体平面呈长方形，主要有两种构造。一种是采用内部夯土，外面覆盖砖石的形式；另一种为空心台基，即于地下砌石砖或是地龙墙"打桩"若干，再于角柱和间柱之上铺一层木板形成平台，这种做法可以防止室内生潮，但是，操作起来既费时费料，又不能承受很大的压力，所以并不多见（见图15）。台基正面设有平缓的阶梯连接地面，单一台阶位于当中，也有对称布局的双台阶。房屋架构均为木构，通常于台基之上立檐柱，柱高均等，柱下设有柱础，柱上承四椽栿，之上立童柱承载平梁，平梁之上或立童柱承载脊檩。巴蜀地区现存的汉代石阙是当时房屋建筑构架的写照与缩影，清晰地展示了梁、柱、枋、斗栱、椽等建筑部件的组合形态与建筑次序。从芦山樊敏阙所展示的架构看，房屋修建通常先于台基之上立柱，柱上方安置额枋以连接、稳定列柱，柱头处立栌斗，栌斗之上承接三层枋，枋上立斗栱，斗栱之上承接双层枋，枋上承受出檐椽，接连整个屋面（见图16）。

图 15　大邑县出土画像砖　　　　　图 16　四川芦山樊敏阙

（四）斗拱与门窗

秦汉时期，巴蜀盆地房屋建筑中已出现位于横梁和立柱之间的支承构件——斗拱，其形制主要为一斗二升和一斗三升（见图 17）。在现存的汉代石阙中，广泛流行的是一斗二升拱，在一些明器的陶屋和画像砖中则多采用一斗三升的形式。据《四川汉代石阙》一书统计，巴蜀地区石阙上的斗拱可划分为五种十式：第一种拱臂平直，两端 90°向上承载散斗，下角 45°切角；第二种拱臂平直，两端卷煞；第三种拱臂呈弓状弯曲向上；第四种拱臂弯曲，呈如意云头形，或称如花茎形；第五种为鸳鸯交手拱。① 巴蜀盆地保留下来的汉阙尽管是不可多得的汉代地面建筑实物，但由于立阙的墓主身份特殊，一般是俸禄在两千石以上的官吏，而"阙"最初作为显示威严并供守望之用，后发展成为显示门第、区别尊卑、崇尚礼仪的装饰性建筑，象征着天门，是早期道教所追求的仙界的象征符号和人仙两界交通的神学媒介，② 故带有一定想象的色彩和成分，因此，汉代巴蜀盆地真实的民居木构是否尽如"五种十式"般制成此形，尚待进一步研究。

从德阳出土的画像砖来看（见图 18），画面中央是高大而宽敞的垂直三段式宅门正面，屋面为五脊重檐，檐下有菱形窗格。中为三开间主入口，门扇宽大硕高，以供正式场合之用；两旁耳房较低，一侧开有小门，满足家常通行。宅内左右各有一棵不同品种的树木，两只小鸟在树上或栖或飞。汉时，一般居民住宅不得当街辟门，但享有封建特权的显官贵族则除外，因而，该画像砖反映的正是汉代封建地主官吏之家的府邸。这种大门为三开间，左右为耳房的官邸式正门形制

① 重庆市文化局、重庆市博物馆等编著《四川汉代石阙》，文物出版社，1992，第 13 页。
② 姜生：《汉阙考》，《中山大学学报》（社会科学版）1997 年第 1 期，第 60~65 页。

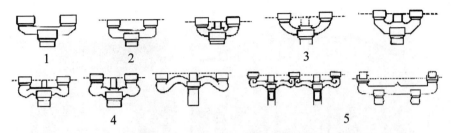

图17 四川汉阙斗拱的"五种十式"

一直延续到明清时期。成都曾家包汉墓墓门是巴蜀盆地民居大门的实存者（见图19）。门面双扉，大小均等，雕刻有人物、神兽等形象。门框砌于墙身之中，上下四端各有凹窝，双扉两侧各有门轴，门轴两端陷入凹窝，可以来回转动。在彭州的画像砖上，两道大门对称布局，门面双扉，外有方木门框，门上有门闩，展示出大门关闭的情景（见图20）。汉代巴蜀盆地民居窗的形式多为方形固定窗，其窗棂有直棂、斜棂、卧棂、方格、菱形等形式（见图21、图22），其中，就画像砖石所展现的住宅看，直棂、斜棂和菱形方格的天窗较为常见，起通风、透气、采光的作用。

图18 德阳出土画像砖

图19 成都曾家包汉墓墓门

图20 彭州市太平乡征集的画像砖

 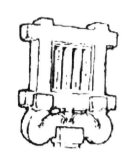

图 21 四川博物馆藏画像砖　　　　图 22 内江崖墓直棂窗

（五）建筑群组

四川出土的汉代画像砖石和明器反映的大多为单体建筑，从成都周边出土的画像砖尚展现有少量的建筑群体和组合。这组建筑群由两层阁楼、望楼和杂屋三个单体建筑组成。阁楼结构为抬梁式，斗拱承檐，底层开敞，百官跪坐宴饮；二层为半敞式，周围设栏杆形成回廊，栏杆以短柱支撑，以横木构成，可凭栏休闲娱乐；屋面为重檐四阿顶。其旁有望楼，四阿顶二阶式，顶层可供观望。右侧为硬山顶杂屋，建于低矮台基之上。全图主题为宴饮乐舞百戏画像，无法判定该建筑群为宫廷专用还是出自封建贵族府邸。

成都羊子山出土的画像砖则刻绘了四川典型的廊庑院庭、重门厅堂的院落式住宅全貌（见图23）。其平面大致为方形，以檐廊为界划分为东、西二区、一主一副两列院落，每列院落又划分为一大一小两个小院，形成田字形围合空间。其大门置于南垣西端，屋面悬山顶并有门廊。入内有前院，院中现两只斗鸡。内门形制同于大门，经内门可达后庭。庭中建有三开间抬梁式悬山建筑一座，檐柱上纵向挑出一支弯型插拱（也可能是挑枋）支撑宽大檐口，厅堂开敞，堂中二人席地对坐。厅堂前现一对鹤类鸟禽。院落东区之北辟有庭院，空间宽敞，院中建有方形木构架三层阙式望楼一座，四阿顶二阶式，檐下有巨型斗拱结构，转角处由悬挑弓形梁支承（也可能为弯型插拱），其下枋、梁清晰可见。望楼顶层四面设窗，可供眺望，中层密闭似仓库，远离地面，利于防潮。底层开门，门中可见楼梯。院中一人作打扫状，旁有护院家犬一只。南端为厨房与杂屋，并有水井一口。以上四个小院形成了前院后庭，共仓储防守、厨房杂物四个空间，各区功能十分明确，分界清楚。从住宅主体的三开间形制看，属于古代"士"以下人群的建筑标准，推测为普通商贾或地主之家，属于中型住宅，为一般常见的住屋形式，反映了当时的庄园生活。

成都曾家包汉墓画像石展现的是干栏式、抬梁式与两层阁楼组成的建筑群（见图24）。干栏式与抬梁式平房屋面为悬山顶，其中，抬梁式房屋开有两个天窗。其旁两层阁楼屋面为四阿顶，上层为开敞式，四角立有檐柱，柱上承一斗二升转角斗拱，平坐之上四面用短柱围成栏杆，底层封闭，正面当中开门。从画面上务农、门前打扫以及楼阁中对坐的人物看，这些建筑极有可能是汉代普通百姓日常生活的栖居之所，反映了当时的田园生活。

图23　成都羊子山2号汉墓出土画像砖　　图24　成都曾家包汉墓画像石

从以上画像砖石所展现的建筑看，汉代巴蜀盆地不同结构的民居同时并存。既有延续先秦时期本土传统的干栏式，又出现了建造在低矮台基之上的抬梁式，以及将干栏式与抬梁式结合营造的混合结构。在群体建筑中，各种不同风格的平房、厅堂、楼阁、望楼、太仓等有机组合形成院落。就民居而言，汉代巴蜀盆地中小型住宅平面多为方形或长方形，多采用木构架结构与夯土墙的形式，屋顶多用悬山式，窗的形式有方形、横矩形等多种，盛行开设双天窗的形式。稍大的住宅可形成庭院，有L形或日字形平面，前后院、主体建筑与次要房屋一目了然，外观高矮主次分明，功能清晰。初步形成了后世巴蜀盆地传统民居的雏形。

三国两晋南北朝时期，政权更替频繁，社会多动乱，偏安一隅的巴蜀盆地则相对稳定，川西平原呈现缓慢发展的趋势。从忠县涂井乡蜀汉崖墓出土的明器——陶房上（见图25），可以窥探这一时期豪门地主的住宅建制。涂井乡5号墓出土的8件陶制房屋模型均为四阿顶抬梁式木构单体，屋面覆盖筒瓦，檐头铺有素面圆形瓦当，正脊与戗脊两端不同程度起翘，并有瓦当贴面装饰，屋顶无鸱尾，屋面凹曲，檐下彩绘，额仿高大，采用一斗三升拱，门窗、栏杆多用透空的直棂和菱形纹。二层楼房者，上层均有露天平台，可供登高休闲；平房者，厅堂开敞，檐廊下设有齐腰栏杆式矮墙。具有特色的是，在说书场的陶房中，中柱纵向挑出插拱，之上再置横向的一斗三升斗拱，组成了迄今为止四川地区古建筑中，发现最早的一朵具有纵横两个方向构件组合的斗拱。[①]

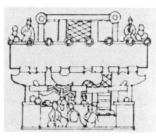

图 25　忠县涂井乡蜀汉崖墓出土陶房（部分）

两晋时期，左思在《蜀都赋》中写道："邑居隐赈，夹江傍山。栋宇相望，桑梓接连。家有盐泉之井，户有橘柚之园"，反映了川西平原民居建筑一片欣欣向荣的景象。至成汉后期，李寿从牂牁引僚入蜀，僚民始出巴西、渠川、广汉、阳安、资中、犍为、梓潼、邛州、雅州、黎州、眉州、嘉州等地，可以说是"自汉中达于邛笮，川洞之间，在所皆有之"。一时间，占据主体的抬梁式建筑式微，民居住宅出现了各种干栏的大发展。西晋张华在《博物志》中称："僚者，盖南蛮之别种……依树积木，以居其上，名曰干栏。"可见，僚民立柱架屋、上实下虚的"带脚房子"，利用自然原生木为柱基离地搭建，"依树为巢"积木而成"树居"，被时人列为"巢居"类型。这应该是干栏最初、最原始的一种形态。它可以是依靠一株大树的枝丫搭建成近似窝棚的建筑，形成独木橧巢，也可以是利用几株相邻的树木搭建更为稳固的"树居"成为多木橧巢，其"干兰大小，随其家口之数"。在四川出土的一件青铜"錞于"上就刻画了一枚形如"🐦"的图案，"徐中舒说它'象依树构屋以居之形'，杨鸿勋释为'巢居'的象形文字，它很像是在四棵树上架屋的'多树巢'"。[②]

其实，不仅僚民以干栏为居住形式，巴蜀盆地的汉人同样也喜建干栏式的住宅，不过，此时汉人的干栏式已普遍发展为"楼居"，"登梯而上"，即摆脱了对天然树木的依赖，从树上走向地面，通过伐木打桩、柱上架房形成地面式"栅居"，相对于"巢居"而言，这是人类征服自然的一种进步表现：一是可以很自由地选择居住地点；二是可以获得更为宽敞的活动空间；三是为集中居住提供了便利，使聚族而居或聚落称邑成为可能。从出土的汉代画像砖石看，干栏式建筑

① 朱小南：《三国蜀汉民居的时代特征——忠县涂井蜀汉崖墓出土陶房模型试析》，《四川文物》1990 年第 3 期，第 34~38 页。

② 侯幼彬：《中国建筑美学》，黑龙江科学技术出版社，2009，第 1 页。

早已成为人们所掌握的一门娴熟的造房技能。从芦山汉墓石刻的画像看，其柱基已非采用深栽木桩的办法，而是在地面加垫石立柱，这就克服了木桩受潮易腐的缺陷，发挥出其承重更强、结构更稳、在岩丛硬土环境中也可造房的特点。这种标准化的干栏与"栅居"相比，更为先进优越。三国两晋南北朝时期，"楼居"在巴蜀盆地是较为多见的形式。

此外，常璩在《华阳国志·巴志》中记载，汉代的江州为郡治，"地势刚险，重屋累居"，江边一带"结舫水居"。应用于山丘坡地的独特"重屋累居"，其实就是干栏式衍生的另一种形式——吊脚楼，为半干栏形制，即半楼半地的建筑形态。建造时依山就势，利用坡面空间，将正屋建在实地上，厢房一边靠于实地与正房相连，其余三边皆悬空，以桩柱为支撑。其上层通风、干燥、防潮，为居室，下层关养牲口或堆放杂物。

综上可见，由于少数民族大量入蜀，"依树积木"的原始干栏式和已经在巴蜀盆地盛行的各种楼居，如栅居、干栏、吊脚楼，以及抬梁式、混合式等建筑百花齐放，使此时期的宅制变得丰富多样，尤以各种干栏建筑蓬勃发展，以致左思《魏都赋》云："糅惟庸蜀与鸲鹊同巢，勾吴与奄龟同穴。一自以为禽鸟，一自以为鱼鳖"，道出了地方居住文化的特色。巴蜀干栏民居与中原的穴居与地面抬梁式居住文化形成了极大的反差，无怪裴秀在《九州图经》中称蜀地为"绝域殊方"。

三　隋唐至宋元时期巴蜀盆地民居形制的成熟

隋唐宋元时期是中国古代封建社会繁荣大发展的时期，巴蜀盆地的民居建筑也从秦汉间的朴实、简练逐步走向宏大、成熟，主要体现为宅园式民居的兴起和店宅式民居的形成。

秦汉时期，巴蜀盆地汉族的住宅以院落为组合单位，从四川遗存的唐代摩崖石刻看，四合院、三合院、一宅一院的形式仍然存在，而达官贵人的私家园林兴盛一时。成都城内的宅园比比皆是，以致杜甫赞曰"花重锦官城"，李白讴歌"九天开出一成都，万户千门入画图。草树云山如锦绣，秦川得及此间无"。至今，川西平原遗留下来新繁的"东湖"和广汉的"珀园"正是始建于唐代、肇兴于宰相李德裕和房琯的住宅。五代后蜀时期，巴蜀园林发展日盛，不仅显贵颇为钟爱，"蜀中百姓富庶，夹江皆创亭榭游赏之处"。[①] 至宋代，宅园式民居进一步发展，从现存的眉山"三苏祠"便可以想见当时文豪修建私家园林的盛况。

---

① 张唐英：《蜀梼杌》卷下。

这一时期，由于城市经济的快速发展，指定的市井交易逐渐瓦解，封闭的街坊居住演变为开放的临街设店、前店后宅（坊）的复合形式，甚至出现了夜市。李良臣在《东园记》中便记载了成都城的繁华景观："西南大都会，素号繁丽，万井云错，百货川委，高车大马决骤于通逵，层楼复阁荡摩乎半空。"

唐宋时期，民居的营造不得僭越相关等级制度的规定，其形制、质料、颜色诸方面有法规上的尊卑贵贱之别。如，在唐代初期，王公之居，不施重木拱，藻井；三品，堂五间九架，门三间五架；五品，堂五间七架，门三间两架；六品、七品，堂三间五架，庶人四架，而门皆一间两架。所谓"间"是指房屋正面每两根檐柱之间的水平距离，"架"是指房屋的进深，即每两排檩之间的水平距离，换言之，就是指从前墙壁到后墙壁的实际长度。中唐以后，皇室宗亲及高官权臣多越制建宅，竞为奢侈。相比之下，一般庶民百姓无力购买砖瓦，多以茅屋为居，版筑夯墙，时有火灾发生，常有屋漏之苦。诗人杜甫在成都浣花溪畔修建的草堂其实就是唐代具有代表性的普通民居。在《茅屋为秋风所破歌》中，杜甫写道："八月秋高风怒号，卷我屋上三重茅。茅飞渡江洒江郊，高者挂罥长林梢，下者飘转沉塘坳。南村群童欺我老无力，忍能对面为盗贼，公然抱茅入竹去……床头屋漏无干处，雨脚如麻未断绝。"该诗正是反映了唐代普通民居中"茅屋"屋顶的建筑形式，通常是在顶部铺上一层木板，再在屋板之上铺几层茅草，此外并无其他装饰。2001年11月20日，杜甫草堂博物馆在其北门内东侧苗圃基地发现了唐代的民居遗址。根据地层堆积的比较分析，其文化遗存大致分为早、中、晚三个不同时期。早期相当于中晚唐至五代，中期相当于五代至北宋时期，晚期则为南宋时期。早期遗存主要包括第三层堆积和开口于第三层下的遗迹以及第Ⅲ区第2层下的部分遗迹，其中有七处房址为唐代的民居建筑，残存着用砖砌成的部分房基以及部分门柱等，均为地面起墙的建筑，房址平面形状一般呈方形或长方形。① 整体建筑比较简陋，筑墙方式大多采用了川西平原堂用的"丁砖"形式，即在墙基处立砌一圈砖，再用竹篾笆编，外敷以黄泥、屋顶盖以茅草，房架为木质穿逗结构。② 结合唐代四川的摩崖建筑类型来看，此时期巴蜀地区的大众民居主要以悬山穿斗式为主。

1983年，成都市文物管理处在成都市金牛区青龙乡发掘出五代后蜀大将军、乐安郡王孙汉韶的墓葬，出土了一组陶建筑模型，为墓主生前住宅的模仿。③ 该

---

① 成都市文物考古研究所，成都杜甫草堂博物馆：《成都杜甫草堂唐——宋遗址发掘报告》，《成都考古发现》2002，第209~265页。

② 杨渝泉：《杜甫草堂发现唐宋民居遗址的意义》，《四川文物》2005年第5期，第40~42页。

③ 毛求学、刘平：《五代后蜀孙汉韶墓》，《文物》1991年第5期，第13~28、100~101页。

建筑组合由照壁、围墙、通堂、楼阁四部分组成。照壁立体略成梯形，筒瓦九脊顶，屋脊两端各有一变形兽头，壁上正中大小两道圆圈相套；通堂两式，一为筒瓦单檐十字脊顶（两九脊顶十字交叉）呈十二角，每一脊角塑一变形兽头。面阔一间，正中有门，垂带式踏道三阶，两旁各立方柱一根。墙体呈"亚"字形，有显著收分，墙头设双层水波形帐幕。另一式筒瓦单檐九脊顶，立柱十根，八边形断面，檐柱上部显著棱杀，柱端立大型栌斗，斗上横梁承托房架，柱间上端额枋相连，串有地栿，檐柱高于内柱，有明显升起和屋角起翘。当心间辟门，左、右次间无窗，门边立八角形柱两根；楼阁两层，筒瓦重檐九脊顶，山面出际饰有垂鱼。立柱十六根，八角形断面，檐柱上段显著棱杀。柱端立大型坐斗，斗上横梁承托屋架，各柱以额枋相连。上层面阔一面，进深两间，外有平台。下层面阔三间，进深三间，当心间辟门，左、右次间普柏枋下设直棂窗。围墙版瓦不厦两头式，旁设双扇板门，门顶作厦两头式，门额、门站、地栿、立颊、门环齐备。这组陶建筑模型"不论是屋顶式样，还是柱枋结构，及其门窗，台基等都与隋唐时期的建筑风格相似……但是建筑中有些做法则是以前所不见的，如由两个九脊顶十字相交的十字脊顶，就是以前不见的屋顶式样，也是迄今为止唯一的一件出土实物例证。柱升，起侧脚及设置普柏枋也是属初兴起的结构较先进的做法，对五代以后的木构架建筑产生了深远的影响……较多地体现了唐代时期的建筑风貌，同时又在这个基础上有所发展，并表现了一些宋代建筑做法的雏形"。[1]

唐宋时期，巴蜀地区仍有不少僚人，散布在江州、昌州（今重庆市）、嘉州（今乐山市）、戎州（今宜宾市）和泸州（今泸州市）一带，干栏式建筑在盆地内仍广为盛行。《旧唐书·南蛮西南蛮》记载，南平即今重庆市南川、綦江一带生活着僚民，"四千余户，土气多瘴疠，山有毒草及沙虱、蝮蛇。人并楼居，登梯而上，号为干栏"。杜甫当年从剑阁入蜀，经五盘岭（今广元北）题诗云"野人半巢居"，在夔州，又言僚民"俗状巢居，层台俯江渚。峡人鸟兽居，其室附层巅"。诗人元稹记录通州（今达州）的居住形式，云："平地才应一顷余，阁栏都大似巢居。"生活在戎州和泸州地区的葛僚，"其民人散居村箐"，[2] "蜀人谓篁竹之间为箐"，[3] 则葛僚在篁竹林箐之间依树积木为居。可见，积木树居与架木楼居的干栏式建筑在盆地北部、西部、南部和东部都较为普遍。正如戴裔

---

① 刘雨茂、刘平：《孙汉韶墓出土陶房考》，《四川文物》2000 年第 3 期，第 64～67 页。

② 《新唐书·南平僚传》。

③ 《资治通鉴》卷二五五唐纪七十一僖宗中和二年引薛能工诗："管排蛮户远，出箐鸟巢孤。"自注云："蜀人谓税户为排户，谓竹为丛箐。"胡三省注："蜀人谓篁竹之间为箐。"

煃所言："就巢居与栅居而论，中国的历史记载分明告诉我们是西南中国古代最流行的住宅形式。越人和其他西南中国许多民族，根本都是居住这一类住宅的，依山而巢，近水则栅，在唐代以前还两种并存，后来巢居逐渐为栅居所替代，揆之文化演进之公例，适者遗存，不适者淘汰，人类文化多数是进步的，后来者居上，其演变递嬗的层次先后，盖甚明显。僚人同时有这两种形式的住宅，两者同样叫做'干兰'，从名称上观察，亦不能不深信彼此有亲缘递嬗的关系。"①

至宋代，夔州、梓州两路的南部及成都府路西部的沿边山区，北宋初主要是非汉族生活地区，戎州（今宜宾市）"夷夏杂居，风俗各异"，② 荣州（今荣县）"夏人少，蛮獠多"，渝州（今重庆市）"边蛮界，乡村有獠户"，"俗构屋高树，谓之阁阑"，③ 然大凡蜀人风俗一同，大众民居多为"蓬户茅檐"，④ "茅屋竹篱"⑤ "编苫架竹"⑥ 的形式，就连当时的万州城虽有"瓦屋仄石磴"⑦，然"濒江蹲山，土瘠民啬，居室多草茨，井闾之间椊比皆是"。⑧ 随着移民的迁入，到南宋时期，巴蜀地区的经济文化面貌发生了很大的改变。真德秀云："南平故汉巴渝地，至唐犹以獠名。我朝元丰中声教远浃，始即其地置军焉。百三四十年间，浸以道德，熏以诗书，彬彬焉，与东西州等。"⑨ 可见，巴蜀盆地东部、南部地区的少数民族已经发生了汉化，尤其是与汉族杂居的僚人，其生产生活与居住方式逐步与汉族趋同，基本完成了与汉族或区内其他民族的融合。

南宋晚期四川抗元斗争激烈，战争四起，人口大量亡佚，房屋严重损毁。元代统治不足百年，巴蜀盆地经济建设发展踌躇。刘敦桢在评述宋元之际战争对巴蜀地区建筑的破坏时称："其尤甚者，为元自汉中侵川，四十八年间（宋理宗绍定四年至元世祖至元十五年，1231～1278 年）前后十有五度，而元宪宗且殁于合州一役。今观省内方志、碑碣所记，古代寺观多毁于是时，而现存之木建筑则大半属于明、清二代。足窥宋、元之际，川中兵革之惨，殆远逾明末之乱矣。由

---

① 戴裔煃:《干阑——西南中国原始住宅的研究》，岭南大学西南社会经济研究所出版，1948，第 36 页。
② 《太平寰宇记》卷七九。
③ 《太平寰宇记》卷一三六。
④ 《蜀中广记》卷五六引《图经》。
⑤ 苏辙:《忠州竹枝歌》。
⑥ 《蜀中广记》卷五七引《丁谓移城记》。
⑦ 《石湖诗集》卷一六《万州》。
⑧ 《宋代蜀文辑存》卷二五刘公仪《万州西亭记》。
⑨ 《西山文集》卷二八《送南平江守序》。

是而言，气候以外，政治之争夺，实为川省木建筑不易保存之另一因素也。"①
因此，巴蜀地区宋元时期的民居建筑很难有实物遗存。幸运的是，2008 年，重
庆彭水新田乡马峰村 6 组一幢木瓦房被文物专家鉴定为元代民居，属木瓦穿斗结
构，占地约 100 平方米，符合元代民居"建筑外观为两重檐"的主要特点。房
屋两层，系马桑木材料制作。楼板每块宽约 30 厘米，侧面板壁木板每块长约 2
米，宽 0.5 米。房屋间的板壁以黄泥和篾条做成，正屋照壁前置有狭长香案一
张，上有残缺的香炉和灯台等祭祀物件，案下为一排木柜。其旁有大小两个房
间，估计为主人卧房。此外，房顶遗存有 3 尺长筒瓦一张，残垣断壁处遗留石墩
一处，推测为插旗所用。史载元代有军队在三潮水开荒屯粮，专家据此推断该房
屋最初为屯兵场所②。该组建筑大致向我们展示了元代巴蜀民居的大体风貌（见
图 29）。

图 26　重庆彭水新田乡元代民居房屋侧貌

四　明清至民国时期巴蜀盆地民居形制的定型

　　明清时期是巴蜀盆地继汉代与唐宋之后在建筑发展史上的又一个高潮。

　　在明朝，房屋建筑具有严格的等级规定。"百官第宅"，营造房屋，"不许歇
山转角，重檐重栱，及绘藻井，惟楼居重檐不禁。公侯，前厅七间、两厦，九
架。中堂七间，九架。后堂七间，七架。门三间，五架，用金漆及兽面锡环。家
庙三间，五架。覆以黑板瓦，脊用花样瓦兽，梁、栋、斗栱、檐桷彩绘饰。门

①　刘敦桢：《西南古建筑调查概况》，《刘敦桢全集》（第四卷），中国建筑工业出版社，2007，
第 13 页。

②　丁香乐、郑燕铃、陈胜勇：《重庆发现元代民居　历 700 年风雨不腐》，《重庆晚报》2008 年
12 月 24 日。

窗、枋柱金漆饰。廊、庑、庖、库从屋，不得过五间，七架。一品、二品，厅堂五间，九架，屋脊用瓦兽，梁、栋、斗栱、檐桷青碧绘饰。门三间，五架，绿油，兽面锡环。三品至五品，厅堂五间，七架，屋脊用瓦兽，梁、栋、檐桷青碧绘饰。门三间，三架，黑油，锡环。六品至九品，厅堂三间，七架，梁、栋饰以土黄。门一间，三架，黑门，铁环。品官房舍，门窗、户牖不得用丹漆。功臣宅舍之后，留空地十丈，左右皆五丈。不许那移军民居止，更不许于宅前后左右多占地，构亭馆，开池塘，以资游眺。三十五年，申明禁制，一品、三品厅堂各七间，六品至九品厅堂梁栋祇用粉青饰之"。对于"庶民庐舍"的房屋，"洪武二十六年定制，不过三间，五架，不许用斗栱，饰彩色。三十五年复申禁饬，不许造九五间数，房屋虽至一二十所，随基物力，但不许过三间。正统十二年令稍变通之，庶民房屋架多而间少者，不在禁限"。

巴蜀盆地明代民居保留至今的极为稀少，唯大邑县三坝场、太平场、川溪口尚存 14 处，其中，以三坝场上坝左姓人家民居较为完整。"此民居平面布局呈'一'字形，面阔 5 间，长 25.12 米，进深 6 间 17.5 米，建筑面积 440.5 平方米，系单檐悬山顶，穿斗木结构，一楼一底。正面设楼口的开口楼房，3 穿用 7 柱。明间及次间通高 7.9 米，梢间通高 6.3 米。台基高 1.2 米，垂带式 7 级踏道，长 2.05 米，减柱造，山墙和梢间用满塑柱，明间和次间减去前后全柱。角柱升起 0.14 米。正面柱侧角为柱高的 5%，侧面柱侧角为柱高的 3%。用材较大，柱径 0.35 米至 0.45 米。穿枋仿元代大梁的做法，用两块直径 0.61 米的圆木相垒拼成，柱础分上下两层，下层为正方形，上层为复盆式，高 0.1 米。屋面水势较缓，举高与前后檐檩中距的比例为 1∶4.2。梁架节点用矮木，没有设斜梁，但楣及枋大量用自然弯曲的圆木。"① 并无违背洪武、正统定制。总体来看，明代巴蜀盆地民居在建筑设计与风格上呈现出以下特点："第一，除少数为面阔 3 间、高矮一致的房屋外，大部分为面阔 5 间的一字形开口楼房，即房屋为一楼一底，楼的正面设楼口，单檐悬山顶穿逗木结构，3 穿用 5 柱或 7 柱。第二，步架高，进深长。多数是 12~14 步架，总进深均在 17 米以上。第三，不用斗栱和彩绘。第四，普遍使用柱侧足。第五，普遍使用角柱升起。第六，普遍使用月梁及自然弯曲的木材。第七，大量使用减柱造。第八，保留元代素复盆柱础的风格。第九，普遍使用木质榫。第十，普遍使用毡笠式、掐瓣式变体驼峰。第十一，普遍使用楂头雀替。第十二，施用折枝花形合楂。第十三，使用木材较大。第十四，房屋青瓦宽大厚重。第十五，屋面坡度较缓。"②

---

① 四川省大邑县地方志编纂委员会编纂《大邑县志续编》，四川大学出版社，1996，第 463 页。
② 四川省大邑县地方志编纂委员会编纂《大邑县志续编》，四川大学出版社，1996，第 463 页。

发展到清代，巴蜀盆地不仅营建了大量的州县城池，而且出现了不少新兴的场镇。茶馆店铺、手工作坊、会馆园林、堡寨建筑……可以说，民居的类型得到了空前的丰富和发展。在住宅方面，四合院和联排店宅日趋成熟，形成了一套因地制宜、因材施用的地方手法。四合院在巴蜀盆地也称"三合头""四合头"，川东一带称"天井"。明清间，随着大规模的移民入川，陕西、湖南、湖北、广东、江西、福建等省的民居文化涌进巴蜀盆地，一时间，俗尚各从其乡，而文化的交流与融合也在长期的相处中不断滋生，熔炼成适宜巴蜀自然条件和生活环境的山地民居风格。因此，巴蜀盆地的四合院具有南北兼容的特点，其规模比北方的四合院小一些，又比南方的四合院大一些，既具有北方四合院封闭性的特征，又保留了南方四合院敞厅、敞廊和风火墙的设置，其"天井"通风、采光、排雨，是全家晾晒、绿化、纳凉、休闲的共享空间。在大型的合院民居中，甚至还修建了私家花园、亭台楼阁、家庭戏台等建筑。这一时期，外地移民倍于土著人口，"大约土著之民多依山耕田，新籍之民多临河种地，种地者栽烟植蔗，力较逸于农而利或倍之"。① 从巴蜀土著和外地移民的人口比重和职业选择看，"流寓之民，兼趋工贾，土著之户，专力农桑"。② 经商人口增多，促使场镇日渐兴盛，进而形成了沿街联排式的商住民居，有前店后居，也有下店上居的布局，多因地制宜，随地形地势延绵起伏。联排民居多为穿斗式，一般都有较为突出深远的屋檐，彼此连接，形成长长的檐廊，可遮风挡雨避烈日，有利于赶场日商贩摆摊设点。总体来看，集镇人口稠密，广大乡村普遍延续传统质朴的居住方式，"在富家财力有余，修造宽敞坚固，既足壮观，而小心启闭，亦尚少他虞。惟单家独户，贫苦不能多费，往往草率营居，都无垣墙，甚至泥糊草壁，篾缚竹门。其家既无长物，而窃贼易入，计赃虽寡，被害者已倾家矣"。③

鸦片战争以后，中国门户洞开，外来文化渐染，新兴的西式建筑在巴蜀盆地得以滋生，新技术、新材料在民居的建造中也得到了不同程度的应用。在长江沿线的重庆、宜宾、泸州和近代化程度稍高的城市——成都，达官显贵和外侨的公馆多模仿西式花园洋房，官僚买办的府邸则多引入外来流派建筑文化的元素，在中式建筑为主体的基础上，采用西方古典建筑中的柱式、涡卷、拱券等作为装饰，而市井居住也出现了里弄住宅和多层公寓，诸如天主教堂、修道院等西方宗教建筑更是流入巴蜀腹地。以盆地东南部的重庆为例："昔人称江州地势刚险，重屋累居，数有火害（《华阳国志》《水经注》）。濒江人家，编竹为屋，架木为

① 嘉庆《南溪县志》卷三。
② 嘉庆《新繁县志》卷一八。
③ 道光《中江县新志》卷八。

寨，以防暴涨，盖地势然也（王士禛《蜀道驿程记》）。县本依山为城，而地复陂陀，巷多淥隘，烟火万家，楼居绝少。晚清构屋，初效西欧，城乡之间，百不一二。市政建立，宏开马路，高拟夷场，于是通途九轨，楼起数重。砖石不给，代以条墙（折小木条横密钉之为复壁，加以垩墁，曰条墙）；城市不足，拓之郊外，除迁坟墓，平荡高低。游息公园，客居旅馆，阛阓之观，比于沪汉；消防之具，足捍火宅。惟肆市居民，鳞次栉比，建筑力竭，户口顿增，居处之俗，焕然一变矣。步辇、汽车，络绎道路，阶梯未尽，不废箯舆，亦地势然也。"① 所谓"居处之俗，焕然一变"，指原来"编竹为屋，架木为寨"的建造水平，"屋制旧甚低，闳闳者居少数"② 的主要特征及"烟火万家，楼居绝少"的建筑风貌已转变成"肆市居民，鳞次栉比""楼起数重、建筑力竭"的繁荣景象。在民国时期撰写的各地方志中，大多提及了这种居住方式的转型，例如："向时屋舍矮小，近则形式一变，有因屋起楼者矣。城内皆瓦房，而城外草房亦有之，平均比较，不过百分之四五。""惟贫民小贸自搭草房以居。"究其原因，必然得益于社会经济的发展，于微而言，"在昔木料价廉，且随地可以烧瓦，故以片瓦盖屋"，③ 砖石、条墙亦物尽其用，"于是层楼杰阁略相规仿"，④ 建筑呈力竭之势。

综观巴蜀盆地清代至民国的民居建设，惟城市栉比，楼起数重，肆市瓦房，阛阓络绎，"宫室之制，大共正向三楹，左右两庑，亦有正向五楹或七楹，而两庑之下属以厅事者，不多靓也"，⑤ "富民多用天井式，上三间曰正寝，中曰堂屋，对正寝者曰厅房，东西厢曰横房。平以层石，缭以周垣，垣间树龙门，出入由之。其次瓦屋三合，其次瓦屋一椽，间以茅舍。又其次茅舍一椽，植棘缀藤蔓为篱，取避风雨、防窃攘而已"。⑥ 市邸亦有西式丽廔，不乏华烁，而在"津要之区，土人并（读曰傍）河建屋，覆以箬笐，壁以篾之，水泛则撤之，潦则立之。其陋同于乡村之茅庐，但彼则限于财，此则限于地耳"。⑦ 城市之外，"少村落，间有连楹比屋，亦不多靓"。⑧ "多分户独居，瓦屋数间，环以杂树，度原傍岭，风景殊佳；惟房屋不勤扫除，窗牖鲜通光线，盖清洁卫生知讲求者甚鲜，近亦逐渐改良矣。"⑨ 需要说明的是，辛亥革命以后，帝国主义对中国分而治之，

---

① 民国《巴县志》卷二三。
② 民国《名山县新志》卷一六。
③ 民国《安县志》卷六〇。
④ 民国《名山县新志》卷一六。
⑤ 民国《渠县志》卷六六。
⑥ 民国《南江县志》第四编。
⑦ 民国《渠县志》卷六六。
⑧ 民国《名山县新志》卷一六。
⑨ 民国《南江县志》第四编。

中央政权统而不一，各地军阀割据势力迅猛发展，尤其是在人口大省的四川，可谓派系林立，混战不断，对民居建筑的发展多有破坏。据地方志记载："自匪扰后，向日房屋倒塌者多，至今尚未复旧。土匪焚掠后，场中亦搭草房，至今尚未恢复原状，亦可见民力之薄矣。"①

五　历史时期巴蜀盆地民居形制演变的规律

综上可见，作为下位建筑文化的民居而言，巴蜀盆地一直盛行传统的（土）木构架建筑，这是与当地自然环境、建材资源、技术经验、生产条件相符合的一种适应表现与合理选择。巴蜀盆地地形封闭，属亚热带季风气候，温润多雨。盆地内土质多为红紫色黏土，沃野千里，适宜耕作，小农经济是维持地方生计的主要手段。盆地周围的山地多为森林土壤，植被繁茂，阔叶林密布，如材质坚硬的清杠、桢楠等；盆地东部平行岭谷为针叶林分布区，松、杉、柏等随处可见；在盆地内与盆周低山区，竹林、灌木、丛草成片生长，尤其是品种繁多的竹类，如楠竹、水竹等，面积逾数万亩，用作建材轻便耐用。盆地山区土石资源亦十分丰富，紫红色砂岩、页岩发达，易开凿加工，可惜硬度不高，大的条石可用于修筑台基和堡坎，风化的细末和黏土可烧制为砖瓦，也可用于筑墙。总体来说，巴蜀盆地多竹木少佳石，出于就地取材的现实性考虑，传承先秦时期积累的木构架建筑经验是与当时社会生产水平相符合的技术选择。尽管木构架的房屋容易燃烧，然而，人们还是愿意重复这种建筑模式。在传统农业社会，民居建筑不同于上位建筑，根本上是为了满足居住需要，建筑初始必须考虑两个重要的前提——建材的价廉易得、成本的经济实惠与技术上的可掌握性。从明代开始，随着砖的产量大幅度提升和广泛的运用，巴蜀盆地的民居建筑从长时期的土木结构过渡为砖木结构，木构架的建筑体系仍然是民间建筑的主导与正统。

巴蜀盆地木构架民居的演变总体经历着由低级到高级、简单到复杂、粗糙到精细、小型到大型的发展进程。从建筑结构看，先秦时期的干栏式和地面式民居还显得十分简陋，至秦汉时期，干栏式和地面式建筑在建材质量和稳定性上都得到了较大的提升，从逻辑角度推理，穿斗式也应有较大的发展，此外，干栏与抬梁相互融合，形成相得益彰的混合式建筑结构。屋面形式也从早期的两坡顶发展为硬山、不厦两头、四阿、九脊、攒尖等各种形式，门窗造型逐渐丰富，斗拱出现，形式富于变化。地主商贾的住居不仅出现多层和高层建筑，封闭性的院落式家居和建筑群组逐渐盛行，木构架的建筑体系也初步形成。进入唐宋以后，规模

---

① 民国《安县志》卷六〇。

拓展的居民住宅与形式多样的园林营造融为一体，在建筑设计和建筑装饰上都有较高的造诣，而平民大众前店后宅式的营造模式也得到了推广，木构架民居走向成熟期。到明清时期，民居的各种功能越发清晰，派生出各种建筑类型，极大地丰富了"住居"的内涵，同时，普通住宅逐渐程式化，联排店宅和四合院成为巴蜀传统建筑的经典，木构架民居形成固定的范式。简言之，巴蜀盆地的民居从建筑单体的自发演进不断走向调整与成熟，又从早期的建筑单体逐步过渡为建筑群体与建筑组合的结构形式，进而在功能和类型上得到了不断的充实和整合，最终形成了较为稳定和完善的建筑体系。从建筑风格而言，巴蜀盆地的民居从先秦时期低水平的原始风貌逐渐过渡到秦汉时期朴实、简练的建筑特征，进一步走向唐宋时期宏大、成熟的整体格局，最终形成明清以来适宜巴蜀自然条件和生活环境的山地民居风格。

论近代四川婚姻民俗的嬗变

潘家德

（西华师范大学历史文化学院）

鸦片战争以后，受社会变迁的影响，传统婚姻民俗也走上了变异的道路。就四川而言，一方面，由于列强的经济侵略与掠夺，经济的逐渐凋敝，占大多数人口的穷人婚嫁，已经无力继续按照古制来进行，婚礼的变革已经不可避免。另一方面，西方文化源源不断地涌入，必然对传统婚姻观念产生强烈的冲击，"自欧风东渐，颇有以旧时亲权过于专制，以致婚姻道苦而实行自由结婚者，已复有人"。[①] 进入民国后，经过辛亥革命和五四运动的激荡，各种新的社会思潮在中国广泛传播，尤其是西方社会的婚姻、家庭制度及道德观念被更多地介绍到中国；再加之一些进步青年的身体力行，大胆冲击封建家长制、争取婚姻自由，倡导并实践文明、健康的婚礼新风，对中国普通民众的日常生活产生了重大影响。在这样的历史背景下，四川与其他省区一样，婚姻民俗也出现了一些富有时代特征的新变化。

一　婚姻观念的变化

在中国古代社会，传统婚姻是依附于家庭的，婚姻的目的在于"上以事宗庙，而下以继后世"，在"重人伦""广继嗣"的支配下，青年男女失去了对自己婚姻的决定权。受到这一婚姻观念影响，再加之封建家长制、孝道等伦理思想的支配，大多数人只能是牺牲个人利益服从家庭和家族利益，从而造成了众多家

[①]　丁世良、赵放主编《中国地方志民俗资料汇编·西南卷》（上），书目文献出版社，1988，第154页。

庭的不幸与悲剧。

早在晚清时期，传统婚姻观念的危害已经引起了有识之士的关注与批评。维新思想家康有为在《大同书》中系统地提出了改革婚姻的主张，倡导男女青年婚姻应自主自择。另一思想家梁启超在《新民丛报》发表文章《禁早婚议》，一方面深刻揭露封建婚姻制度所造成的种种弊害，另一方面则主张男女青年婚恋自由。20世纪初，资产阶级革命派对旧的婚姻制度发起了更为猛烈的批判，他们指斥"父母之命，媒妁之言"，使青年男女养成"依赖的根性"，失去"独立之性"。为此，有的革命者大声疾呼："我今欲发大愿，出大力，振大铎，奋大笔，以独立分居为根据地，以自由结婚为归着点，扫荡社会上种种风云，打破家庭间重重魔障，使全国婚界放一层异彩。"① 民国建立后，传统的婚姻观念在资产阶级天赋人权、民主、自由等观念的冲击下，受到人们更多的诘难和批评。在这样的背景下，青年男女反对父母包办婚姻，追求自由恋爱、实现自主婚姻成为一种时尚。正所谓"自由平等之说兴，一般新青年对于婚姻问题，不惜牺牲其全力，以与旧学说相奋斗，所谓父母之命，媒妁之言者，遂视同刍苟"。②

四川虽地处西南，开埠较晚，但受全国大环境的影响，传统的婚姻观念也开始发生变化。一些地区的青年男女越来越多地突破传统观念的束缚，大胆追求婚姻自由。如江津"近则新式婚礼者"，"男女经介绍人之传达，互得同意后，乃各告于父母，为之主婚；或由父母直接提起者，亦并经男女自身许可，盖主张婚姻自由也"。③ 如万源"县城风俗有随时局为转移者。女子剪发、读书、选择婚姻，亦有溺于自由之说，不尽遵父母之命者"。④ 如灌县"晚近订婚，虽仍由父母之命，媒妁之言，惟必得男女同意，其结婚仪式有互换戒指订婚、演说、祝词、答词、摄影、诸端，盖宗法浸变，礼节亦殊"。⑤ 如成都，"近年来新思想输入，男女平等、婚姻自由的口号已很普遍，所以除了一般保守分子尚行'父母之命、媒妁之言'的旧式婚姻外，一般智识分子多行自由恋爱式的新式婚姻"。⑥

---

① 陈王：《论婚礼之弊》，《觉民》1904年第1~5期合本，第39页。
② 小朱：《主婚权之所属》，《申报》1922年8月28日。
③ 丁世良、赵放主编《中国地方志民俗资料汇编·西南卷》（上），书目文献出版社，1988，第228页。
④ 丁世良、赵放主编《中国地方志民俗资料汇编·西南卷》（上），书目文献出版社，1988，第319页。
⑤ 民国《灌县志》，《灌志掌故卷二》，1933年本。
⑥ 何一民等主编《民国时期社会调查丛编·四川大学卷》（中），福建教育出版社，2014，第828页。

当然，由于传统婚姻观念根深蒂固，蕴含着自由、自主精神的新婚姻观念在民国时期的发展充满困难，不过，正如时人所指出，"家长对婚姻的绝对专制，不知毁灭了多少男女。……现在的婚姻是基于男女双方利益，与种族的绵延，社会的需要，不像从前是为了父母而接'媳妇'。……婚姻意义的改变与小家庭的不断产生，正是方兴未艾。"①

二　婚礼仪式的变革

在漫长的古代社会，"周公六礼"一直是传统婚礼基本模式，《江津县志》载，"婚礼有六：纳采、问名、纳吉、纳征、请期、亲迎。古云'六礼不备，贞女不行'"。② 这"六礼"对历代婚礼的演变始终起着主导作用。自近代以来，在婚姻观念发生变化的同时，新式婚礼出现了。

中国新式婚礼最先兴起于上海、广州等沿海城市，"比年以来，盛行新式结婚仪式。倡于都会商埠，而内地亦寝行之"。③ 民国之初，北洋政府曾拟定新的结婚仪式，提倡新式婚礼。④ 不过，清末民初，由于传统观念的影响仍然强大，所以在四川只有个别地方举行新式婚礼，如江津县"近则间有用新式婚礼者，……订婚之礼，简于旧俗。结婚之所，不必定于男女之家，凡公地皆可焉"。⑤ 1928年，南京国民政府颁行《婚礼草案》，该草案内容包括订婚、通告、结婚、谒见四个方面，它的制定"其要旨在矫正奢侈，消弭诈伪，破除迷信，提倡质朴"。⑥ 这一草案革除了旧式婚礼的一些烦琐程序，吸收了西式婚礼的俭朴和热闹。它既是对旧式婚礼的一种改良，也是对西式婚礼的一种变通。此后，新式婚礼在四川各地城乡逐渐流行。

从20世纪20年代末开始，有关新式婚礼的记载日益增多。在成都，一般知识分子多行自由恋爱式的新式婚姻，而一般的年轻人"仍都醉心于新式婚姻的

---

① 何一民等主编《民国时期社会调查丛编·四川大学卷》（中），福建教育出版社，2014，第796页。

② 丁世良、赵放主编《中国地方志民俗资料汇编·西南卷》（上），书目文献出版社，1988，第223页。

③ 《日用百科全书》上册，上海商务印书馆，1919。

④ 丁世良、赵放主编《中国地方志民俗资料汇编·西南卷》（上），书目文献出版社，1988，第244～246页。

⑤ 丁世良、赵放主编《中国地方志民俗资料汇编·西南卷》（上），书目文献出版社，1988，第228页。

⑥ 丁世良、赵放主编《中国地方志民俗资料汇编·西南卷》（上），书目文献出版社，1988，第33～34页。

自由",所以"新式婚姻便成了一种时髦的风尚"。① 在重庆,"入民国,其仪又变,或临时酌定,曰'文明结婚',世俗通行"。② 在合江,因新式婚礼"礼简而费省",民间举行办者"已复有人,其仪节繁简不一"。③ 在大足,"今之婚礼,以行新式结婚礼为最时新"。④ 在安县,"自民国反正以后,新学家初有行新式礼者"。⑤ 在泸县"自欧风东渐,颇有以旧时父母包办婚姻,不取男女同意,易成怨偶,为人生之不幸,而实行自由婚姻者,其仪式简而易行,用费亦少,谓之文明婚礼,不举行於家而在公共场所矣"。⑥ 在内江,"现风气渐开,渐亦有用新式者"。⑦ 这种新式婚礼之风甚至还影响到乡村,如新津县武阳镇,"民国初年以后,提倡新式婚礼,称'文明结婚'",在当时"机关公务人员及教育界人士"中非常盛行。⑧

在新式婚礼的影响下,四川传统婚礼中的仪式也多有淘汰。如叙永县,"民元以前,有迎宾(新郎亲送书束)、亲迎、谢媒、酬送屏联诸礼,今已省去,从前宴客至三四日,今只两日。旧式婚礼究不若新式婚礼,礼简而费省"。⑨ 又如新繁县,"近时,又有行文明结婚式之新礼者,其仪式或有临时酌定"。⑩

民国时期新式婚礼在发展过程中,还出现了一些非民国礼制的婚礼形式,这类婚礼多从西式婚礼移植而来,具有鲜明的时代特色,主要包括"集团结婚""旅行结婚""登报结婚""公证结婚""宗教结婚"等方式。其中,以"集团结婚"影响最大,并得到国民政府的提倡和支持。集团婚礼即集体婚礼,早在 20 世纪 30 年代,上海、北平等地已经出现这一新式婚仪,让国人大

---

① 何一民等主编《民国时期社会调查丛编·四川大学卷(中)》,福建教育出版社,2014,第828 页。

② 丁世良、赵放主编《中国地方志民俗资料汇编·西南卷》(上),福建教育出版社,2014,第 32 页。

③ 丁世良、赵放主编《中国地方志民俗资料汇编·西南卷》(上),福建教育出版社,2014,第 154 页。

④ 丁世良、赵放主编《中国地方志民俗资料汇编·西南卷》(上),福建教育出版社,2014,第 196 页。

⑤ 丁世良、赵放主编《中国地方志民俗资料汇编·西南卷》(上),福建教育出版社,2014,第 125 页。

⑥ 民国《泸县志》卷三《礼俗志》,1938 年本。

⑦ 《四川省内江风俗调查纲要》,中国第二历史档案馆藏档第十二(6),全宗。

⑧ 丁世良、赵放主编《中国地方志民俗资料汇编·西南卷》(上),书目文献出版社,1988,第 77 页。

⑨ 丁世良、赵放主编《中国地方志民俗资料汇编·西南卷》(上),书目文献出版社,1988,第 165 页。

⑩ 丁世良、赵放主编《中国地方志民俗资料汇编·西南卷》(上),书目文献出版社,1988,第 66 页。

开眼界，一时各地纷纷效仿。四川的集体婚礼兴起于 20 世纪 30 年代末，由重庆首开先例，据 1939 年的《巴县志》记载："近重庆市有集团结婚，此渐染欧风，沿自上海，苟趋简易，非民国礼制所有。"① 此后，成都、华阳、江津、江北、万县、三台等地也举办过类似的婚礼。据统计，1943 年以前，重庆已举办过 17 次集体婚礼，从 1943 年 2 月 19 日至 12 月 25 日，重庆又举办了第 18～21 届共 4 届集体婚礼，这 4 届的参加人数达 118 对之多。② 举办集体婚礼，节约了婚礼的费用，"一般人因为经济窘迫的缘故，也乐于参加，以期减轻结婚费用"；③ 同时，它也改变着人们对婚礼的传统观念，为婚礼的习俗演变起到了促进作用。

三　新的离婚习俗形成

离婚是一种古老的婚俗。离婚在多偶群婚的原始社会早期是无所谓习俗的，任何男女中止婚姻关系，并不影响其男女双方同时存在的另外一些婚姻关系，因此，最初离婚具有极大的随意性。随着氏族外婚的发展，离婚开始受到了一定条件制约，离婚习俗逐渐形成。当历史进入阶级社会后，离婚习俗受到较为严格的限制。在中国漫长的封建社会里，婚姻始终被视为"上以事宗庙，下以继后世"，结婚与离婚往往以家族利益之得失为先决条件，而无视婚姻当事人的意愿。同时，在男尊女卑、重男轻女的中国封建社会里，男女社会地位处于不平等状态。所以，离婚往往是男子单方面的特权，妇女基本被剥夺了离婚的自由。"怨耦强合，讳言离婚"④ 成为婚姻生活一大病态。

自近代以来，一方面，在西学东渐的影响下，一些有识之士在宣传婚姻自由的过程中，不仅主张结婚自由，而且非常重视离婚的自由，强调并号召"自由结婚与自由离婚并行齐进"。⑤ 另一方面，民国政府建立后，即颁布相关法律，改革离婚制度。尤其是 1930 年颁布的《中华民国民法典·亲属编》对"旧律及历次草案关于离婚条件，均宽于男而严于女"的状况进行了修正，确立"男女

---

① 丁世良、赵放主编《中国地方志民俗资料汇编·西南卷》（上），书目文献出版社，1988，第 35 页。

② 南京国民政府内政部档案，中国第二历史档案馆藏档第十二（6）号，全宗。

③ 何一民等主编《民国时期社会调查丛编·四川大学卷》（中），福建教育出版社，2014，第 793 页。

④ 丁世良、赵放主编《中国地方志民俗资料汇编·西南卷》（上），书目文献出版社，1988，第 257 页。

⑤ 《创刊宣言》，《妇女评论》第 1 期，1921 年 8 月 3 日。

平权"的原则①。这样，就促使离婚习俗出现新的变化。

民国时期，四川民间离婚习俗的变化主要表现在三个方面。

其一，离婚普遍，尤其是女性主动离婚占很高的比例。自 20 世纪 30 年代以后，四川各地离婚案件频繁发生，仅 1937 年 3 月至 1938 月 11 月成都《新新新闻》就刊登了 160 则离婚启事。20 世纪 40 年代以后，离婚案件更是呈增长趋势。据当时学者统计，1941～1946 年，由四川高等法院收存的全省各市县所呈报的离婚案件共 5669 件，其中 1941 年 575 件，1942 年 1033 件，1943 年 868 件，1944 年 902 件，1945 年 916 件，1946 年 1375 件。② 六年间，平均每年有离婚案 944 件多，可见其离婚诉讼的广泛。同时，这些离婚诉讼中，妇女主动提出离婚的比例相当高，以 1941～1946 年法院实际判离的 2238 例案件来看，妇女提出的离婚有 1491 件，夫方提出的仅 703 件，其余为夫妻双方提出，妇女提出离婚占所有案件的 66.78%。③ 除城市以外，四川各地州县也时常发生离婚诉讼，"诉诸县府离婚者，月必数见"。④

其二，离婚案中，以协议离婚为主导。早在唐代就已经出现新的离婚形式——"和离"，但在男尊女卑的封建社会里，妇女是很难真正实现其离婚愿望的。民国以后，随着女性独立意识的增强及对男子依附性的减弱，男女双方对待婚姻的态度也发生变化，不少人在感到婚姻已不能维系双方的感情生活时，便乐意接受协议离婚，这不仅能达到解决问题的目的，同时也能顾及双方的名誉，因此，协议离婚在离婚案中占有很大的比例。我们以成都 1937 年 3 月至 1938 月 11 月同期登报协议离婚和诉讼离婚来看，在成都《新新新闻》所刊载的协议离婚就有 160 件之多，而同期诉讼离婚只有 70 件，可见协议离婚已成为人们更愿意接受的方法。⑤ 正如时人所言"婚姻的结合，本为夫妻二人情志相投的结果；若两人情感破裂，共同生活不能快意，家庭不能美满。故报章上刊登的离婚启事，多以'意见不合'或'情感恶劣'为其理由"。⑥

其三，反对家庭虐待成为离婚的最主要原因。所谓家庭虐待，"当指在旧式

---

① 谢振民编著《中华民国立法史》，上海书店出版社，1996，第 966～967 页。
② 何一民等主编《民国时期社会调查丛编·四川大学卷》（上），福建教育出版社，2014，第 384 页。
③ 何一民等主编《民国时期社会调查丛编·四川大学卷》（上），福建教育出版社，2014，第 398 页。
④ 《新新新闻》1932 年 7 月 23 日。
⑤ 金陵女子文理学院社会学系编《社会调查集刊》下集，1939 年铅印本，第 20 页。
⑥ 何一民等主编《民国时期社会调查丛编·四川大学卷》（上），福建教育出版社，2014，第 389 页。

的大家庭制度下，夫或夫方家属对于妻子加以不堪同居之压迫也"。[1] 在传统社会婚姻习俗中，家庭虐待始终存在，广大妇女在"三从四德""男尊女卑"的观念支配下，甚至将这种虐待"视为当然"，所以"能牺牲自己于家庭之中"而不反抗。但自近代以来，"海禁开后，新思想东渐，个人主义自由观念的影响，遂使受过新知识教育的女子，对旧式家庭不能适应；而旧大家庭制度尚未完全崩溃，故使多数婚后的女子因不堪其虐待而提出离婚"。[2] 在民国时期，反对家庭虐待而离婚的现象在四川也非常突出。1941～1946年，四川高等法院收存的全省各市县所呈报的离婚判离案件共2238件，其中，以反对丈夫或丈夫家属的虐待而提出离婚的共585件，占所有离婚案的26.2%，在单项离婚原因中排列第一[3]。反对虐待成为离婚的最主要原因，表明广大妇女已不甘心再做家庭生活中的奴隶，她们已学会依靠法律来维护自己权益。

由上可见，离婚已成为近代四川婚姻生活中的重要内容之一。婚姻是家庭的基础，离婚是家庭的离散，社会上离婚现象越多，传统家庭的动摇就越显著，这对中国基层宗法社会的结构与机制无疑产生了一定的破坏力，它与其他社会变革相互联系沟通，动摇与削弱专制政治的社会基础。离婚率的升高昭示了中国传统社会秩序的动摇，在一定程度上可以被看作社会进步的象征。同时，新的离婚习俗产生，反映了近代四川妇女在对待离婚问题时的独立意识和价值取向，其婚姻观和人生观追求已经逐渐超越了旧式妇女的意识，新型的婚姻生活模式正在形成中。

四　婚礼习俗变化的特点

近代四川婚姻习俗在变化过程中，受到当时四川社会的政治、经济、文化的影响，形成自身鲜明的特色。其婚俗变化的特点主要表现在以下几个方面。

其一，新旧婚礼习俗并存。自近代以来，尤其是民国建立以后，四川许多地方都出现了新式婚礼，甚至出现全新的、非民国礼制的婚礼形式。但就当时四川的状况来说，整个社会的封闭状况并没有从根本上改变，传统的生产方式和生活方式仍然束缚着人们的观念和行为，所以，婚礼习俗的变化、新式婚礼的出现还

---

[1] 何一民等主编《民国时期社会调查丛编·四川大学卷》（上），福建教育出版社，2014，第390页。

[2] 何一民等主编《民国时期社会调查丛编·四川大学卷》（上），福建教育出版社，2014，第390页。

[3] 何一民等主编《民国时期社会调查丛编·四川大学卷》（上），福建教育出版社，2014，第389页。

未能取代传统的婚俗，旧式婚俗在总体上仍然居于主流地位。在一些地方志的记载中，我们看到有的地区虽然举行新式婚礼，但也仅吸收了新式婚礼的某些仪式而已。如南川县的新式婚礼"惟学生旅外自娶，始能完全行之；至在本地间有仿者，不过于成婚日略采仪式"。[①] 长寿县"本地亦间有仿行者，不过于成婚日略采仪式"。[②] 所以，四川近代婚礼习俗的演变，在现实生活当中，也就必然呈现新旧杂糅的状态。譬如，在订婚方面，人们虽然向往自由恋爱，但求得父母同意，请媒妁介绍依然普遍存在。如1938年华西协合大学对成都150名知识界妇女的调查结果显示，父母包办代订婚姻的比例占43.6%。这一情况到20世纪40年代后也没有太大的变化，如1946年华西协合大学文学院学生的调查报告显示，该校150名女生在接受调查时，明确表示完全婚姻自主者仅有24人，121人则表示自主并取得父母同意，仍有5人表示完全听从父母安排。[③] 省城尚且如此，至于其他地方就更为明显了。又如，亲迎方面，全新的婚礼——登记结婚、公证结婚、旅行结婚等显然已淘汰了传统亲迎，但这类婚礼并不占主流，且多集中于城市，民间更多则依照传统进行。如成都，20世纪30年代仍然是亲迎与不亲迎两种方式进行，沿用旧式的则"多不亲迎，请人迎亲，鸾舆香车各从其便"，新式则"多用汽车，男子咸往女家亲迎"。[④] 这一情况到20世纪40年代也没有太多的变化，行旧式婚礼者，新郎在发轿后先行到新娘家，"新郎燃烛向女家祖先行跪拜礼，并向新娘闺房一揖，女家主人并不出迎，只仆人奉烟茶而已，新郎稍坐即辞去"；行新式婚礼者，大婚之日，"新郎、男傧相及牵纱儿童，坐汽车至女家"迎娶新娘。[⑤]

其二，婚俗变化呈现不平衡性。近代以来四川婚姻民俗的变化不仅新旧杂存，而且呈现出极大的不平衡性。这种不平衡主要表现在三个方面，即地区差异、城乡差异和职业（地位）差异。

地方差异，主要是指婚俗在不同地区的变化受特定的生存空间、特定的生产环境、生活条件和地缘关系的影响，而体现出不同的地方特色。在近代四川，相对而言，成渝地区的社会政治、经济、文化等较为发展，变化也更为激

---

① 丁世良、赵放主编《中国地方志民俗资料汇编·西南卷》（上），书目文献出版社，1988，第255页。

② 丁世良、赵放主编《中国地方志民俗资料汇编·西南卷》（上），书目文献出版社，1988，第26页。

③ 何一民等主编《民国时期社会调查丛编·四川大学卷》（下），福建教育出版社，2014，第498页。

④ 《四川省成都风俗调查纲要》，中国第二历史档案馆藏档第十二（6），全宗。

⑤ 何一民等主编《民国时期社会调查丛编·四川大学卷》（中），福建教育出版社，2014，第789~791页。

烈，所以婚俗的变迁更突出，而其他地方则相对缓慢。如举办新式婚礼，在 20 世纪 20～30 年代，成、渝及其周边州县已经较为普遍的时候，四川多数地方仍严格遵循旧式规则。崇宁"婚礼遵古制"；① 简阳"县中尚无此风云"；② 南江"婚重六礼"；③ 名山"婚姻结合，率定于童年，媒妁通之，两造父母主之"；④ 马边，婚礼采用旧式，"行周公之礼"。⑤ 酉阳"查县属迎娶仍沿旧例"。⑥ 在离婚方面，离婚率高也相对集中于成渝等城市，至于其他州县则相对少见。

城乡差异，主要是由于城乡之间存在社会教育、社会福利、生活消费、家庭结构、家庭收入等方面的差异而形成，近代四川婚俗在演变过程中城乡差异也非常明显。以婚礼而论，市、州、县城内婚姻观念变化较为明显，举行新式婚礼相对普遍，而乡村则因循守旧，新式婚礼很难渗透。如南川县，新式婚礼"在本地间有仿者"，但"乡间间则概未之见"。⑦ 如犍为县，采用新式结婚者，"城市居多"，农村罕见。⑧ 再如三台县，"此等文明结婚，城乡偶有行者，乡曲尚未通行"。⑨ 从离婚情况来看，城乡差异也很大。据统计，1945 年的成都 55 件诉讼离婚案中，没有一个农业人口，"可见都市离婚率较乡村高"。⑩

职业（地位）差异，主要指人们因从事不同的职业而在结婚、离婚方面所表现的不同情况。我们看到，在近代四川婚俗的演变过程中，更多地接受新式婚礼的人群，主要以知识分子和社会上层为主，至于广大的下层劳动群众仍习惯于传统的方式。这样，婚俗变革在社会不同阶层的人群中出现了不平衡性。这一现

---

① 丁世良、赵放主编《中国地方志民俗资料汇编·西南卷》（上），书目文献出版社，1988，第 57 页。

② 丁世良、赵放主编《中国地方志民俗资料汇编·西南卷》（上），书目文献出版社，1988，第 135 页。

③ 丁世良、赵放主编《中国地方志民俗资料汇编·西南卷》（上），书目文献出版社，1988，第 347 页。

④ 丁世良、赵放主编《中国地方志民俗资料汇编·西南卷》（上），书目文献出版社，1988，第 359 页。

⑤ 《四川省马边风俗调查纲要》，中国第二历史档案馆藏档第十二（6）号，全宗。

⑥ 《四川省酉阳风俗调查纲要》，中国第二历史档案馆藏档第十二（6）号，全宗。

⑦ 丁世良、赵放主编《中国地方志民俗资料汇编·西南卷》（上），书目文献出版社，1988，第 255 页。

⑧ 《四川省犍为风俗调查纲要》，中国第二历史档案馆藏档第十二（6）号，全宗。

⑨ 民国《三台县志》卷二四《礼俗志一》，1931 年本。

⑩ 何一民等主编《民国时期社会调查丛编·四川大学卷》（上），福建教育出版社，2014，第 234 页。

象在当时众多地方志和社会调查资料中都有所反映。成都，"一般智识分子多行自由恋爱式的新式婚姻"。① 南川"新式婚礼……惟学生喜行之"。② 三台，采用新式结婚者多为"客籍之军政界中人"。③ 在离婚问题上也表现出差别。我们以成都 1945 年的 55 件诉讼离婚案为例，55 个离婚案中有职业可查者 41 人，除大学生有 1 人外，其余均不涉及教育界人士，④ 这一现象反映出正由于教育界人士多崇尚并践行自由婚姻及其新式婚礼，故而离婚率不高。

近代以来，婚俗发展不平衡性的出现打破了四川传统社会婚俗的统一局面，这种不平衡性加速了四川婚俗的多元发展，并对后世产生了深远的影响。

其三，厚嫁之风盛行。近代四川婚姻礼俗变动的又一特别值得注意的趋势是：礼仪日趋奢华，厚嫁之风盛行。在四川传统婚俗的发展进程中，自古以来都崇尚俭朴，直到清嘉庆、道光年间，都保持着这一良好的习俗。这一时期，"婚姻嫁娶，犹崇节俭"，⑤ 在许多地方成为一种风气，个别地区甚至还出现以婚姻论财为耻，如南溪，"绝无以财行聘者。异省客户间有之，莫不嗤其无耻，邑民虽贫，不乐效也"。⑥ 又如江安"仪文丰俭各称其家，有争财者辄共耻之"。⑦ 可见川省民风之古朴。但是，近代情况发生了变化。随着外国资本主义的入侵和中国商品经济的初步发展，民众的生活费用支出陡增成为普遍现象，尤其在婚姻生活中更是"去简就奢"，奢靡程度日甚。四川婚俗的奢侈之风自晚清咸丰、同治年间已开始显露。合江，"近日，聘定之礼，颇尚烦文，不从朴实者济济"。⑧ 铜梁，"近日渐趋侈靡，婚家用旗伞、彩轿，鼓乐喧阗，往女家迎娶"。⑨ 遂宁，婚姻礼仪"惟

---

① 何一民等主编《民国时期社会调查丛编·四川大学卷》（中），福建教育出版社，2014，第828 页。
② 丁世良、赵放主编《中国地方志民俗资料汇编·西南卷》（上），书目文献出版社，1988，第 255 页。
③ 《四川省三台风俗调查纲要》，中国第二历史档案馆藏档第十二（6）号，全宗。
④ 民国《泸县志》卷 3《礼俗志》，1938 年本，第 233 页。
⑤ 丁世良、赵放主编《中国地方志民俗资料汇编·西南卷》（上），书目文献出版社，1988，第 132 页。
⑥ 丁世良、赵放主编《中国地方志民俗资料汇编·西南卷》（上），书目文献出版社，1988，第 146 页。
⑦ 丁世良、赵放主编《中国地方志民俗资料汇编·西南卷》（上），书目文献出版社，1988，第 149 页。
⑧ 丁世良、赵放主编《中国地方志民俗资料汇编·西南卷》（上），书目文献出版社，1988，第 151 页。
⑨ 丁世良、赵放主编《中国地方志民俗资料汇编·西南卷》（上），书目文献出版社，1988，第 196～197 页。

近日奢侈成俗，富家男女于服饰、礼物，务求新式"。① 进入民国后，四川婚嫁的奢靡程度日益加深。如重庆，在清同治年间，"衣饰丰俭，随其力，绝无以财行聘者。外省客家或间有，识者耻之"，② 但入民国后，"每遇婚丧，即夸耀矜奇，穷极奢华，一宴之费，不惜兼金；一事之耗，动辄巨万"。③ 万源，"旧日礼法渐弛，沾染宦习，奢侈之风渐长矣"。④ 简阳，在"清道、咸时颇简朴，近则趋于侈丽"。⑤ 有的家庭为了婚嫁风光，"炫人耳目"，不惜倾家所有置办嫁妆，"虽称贷必具之"。⑥ 这股奢靡之风，不仅波及富户人家，甚至贫穷之家也受其影响。云阳，"近则增置绸缎衣料、金玉首饰及他珍物，或制衣数裘，虽窭者亦勉为之"。⑦ 崇尚奢侈，已成为民国时期四川婚俗的一大弊病。

其四，婚俗变化带有"移民"性的特色。自秦灭巴蜀后，四川社会的发展始终与"移民"问题相关联。自秦至清，四川历史上有五次大规模的"移民"潮，都曾对四川社会的发展产生过重大的影响。当历史进入民国后，新的一次"移民"开始，这就是抗日战争时期大量人口的内迁。这次"移民"与历史上的移民情况大不一样：一是移民带有明显的临时性；二是包括政府部门、社会团体、文化机构、学校、工矿企业等的内迁。抗日战争时期，民国政府确定以重庆为陪都，并于1938年12月正式迁到重庆办公。与此同时，政府机构、社会团体、文化机构、学校、工矿企业亦陆续内迁入川。据有学者统计，整个抗战时期，四川外来移民达200万人之多。⑧ 这次移民虽然时间短暂，但影响深远。在婚姻方面，新式学校内迁及外来人口的涌入，带来了开放的现代文化风气，大量宣传婚姻自由的书籍报刊被介绍到四川，校园内男女同学自由地交往，已成为常事。在这种背景下，一方面民间婚姻圈子扩大了，另一方面恋爱自主、离婚自由

① 丁世良、赵放主编《中国地方志民俗资料汇编·西南卷》（上），书目文献出版社，1988，第115页。

② 丁世良、赵放主编《中国地方志民俗资料汇编·西南卷》（上），书目文献出版社，1988，第29页。

③ 丁世良、赵放主编《中国地方志民俗资料汇编·西南卷》（上），书目文献出版社，1988，第45页。

④ 丁世良、赵放主编《中国地方志民俗资料汇编·西南卷》（上），书目文献出版社，1988，第319页。

⑤ 丁世良、赵放主编《中国地方志民俗资料汇编·西南卷》（上），书目文献出版社，1988，第135页。

⑥ 丁世良、赵放主编《中国地方志民俗资料汇编·西南卷》（上），书目文献出版社，1988，第226页。

⑦ 丁世良、赵放主编《中国地方志民俗资料汇编·西南卷》（上），书目文献出版社，1988，第283页。

⑧ 贾大泉主编《四川通史》卷七《民国》，第498页。

有了进一步的发展。并且，结婚礼仪也发生更大的变化，如重庆沙坪坝地区，战前"大多数人，尤其是农村，嫁娶几乎全沿旧习"。抗战开始，"下江人大量涌进沙坪坝地区，风气发生很大变化，农村中的包办婚姻逐渐减少，婚礼也化繁为简，只保留了'六礼'中的纳吉（即订婚，民间叫'插香'）和亲迎（即结婚，民间叫'做酒'）两项。在城镇，大多是自由恋爱，文明结婚。婚礼分为订婚和结婚两步"。① 再如江安县，当国立戏剧专科学校迁到江安县时，江安还是一个弥漫着封建思想的落后小城，但"剧专流亡江安，上演中外名剧带来了清新的文明新风，对江安老百姓起了潜移默化的影响"。而"剧专学生男女同台演戏，上街时，身着时装的男女学生携手踏歌而行，入夏，男女学生同江游泳"，这一切无疑对江安男女青年解放思想产生积极的影响，所以，他们"敢于和封建婚姻制度做斗争，出现了一些自由结合的爱侣"。② 显然，抗战时期"移民"，在四川民间生活的变革中占有重要地位。

其五，婚俗变化打上地方政治烙印。近代四川政治（主要是民国时期），在很长一段时间内始终处于军阀混战之中。自1918年防区制形成后，这一情况更为严重。从1912年到1933年，四川境内共发生大小军阀混战470多次，其中大多数混战发生在防区制形成之后。军阀混战，严重阻碍了四川社会政治、经济、文化教育的发展，也对四川民俗的演变产生了重要的影响，并使四川近代民俗发展打上军阀政治的烙印。以婚姻而论，军阀割据的存在，造成了军人群体在四川社会中的特殊地位。正由于军人的特殊社会地位，在一些家庭的观念中，将女儿嫁给军人，以获得煊赫一时的地位和权势，也成为四川婚俗发展的一个特色。正如时人所说："近来异说纷纭，倡自由恋爱之说溃决，男女之防或弛，念虚荣、势力，良家子女甘心为势豪军阀做姜婢，希图望沾其余光，已风靡一时，县属渐抑或染此等新潮恶习。"③ 另据《蜀评杂志》统计："四川之军官，由连长至团长、旅长、师长、军长与支队长、司令督办、省长（拥有军队，故亦算军人）等，计有小老婆的，属十之八九，多则八九个，以至十余个，少则两三个，而所谓小老婆出身，又以女学生居其多数，甚至在女子师范毕业之学生，亦有贪慕军官之虚荣，而丢掉人格，甘心做姨太太者，是真可怜，亦复可鄙也。"④。虽然，军婚本无可厚非，但当时大量女子（尤其是女学生）嫁给军人只不过是作为姨太太而已，寻求的也只是表面的虚荣与富贵，这就必然造成婚姻变化的畸形。同

① 《重庆市沙坪坝区志》，四川人民出版社，1995，第853页。
② 谢增寿等著《流亡中的戏剧家摇篮——从南京到江安的国立剧专研究》，天地出版社，2005，第159页。
③ 民国《蓬溪近志》卷七《风土篇》，1935年本。
④ 《蜀评杂志》1925年第9期。

时，大大小小的军阀都广泛纳妾，对婚姻的进步也是一种巨大的危害，它必然阻碍纳妾陋俗的废除与改良。

综上所述，近代以来，随着社会的变迁以及西学东渐的影响，四川婚俗从观念到仪式都产生了较大的变化，并表现出明显的特征。婚姻习俗的变迁是社会风俗变化的一个重要方面，在近代四川社会生活发展、变化过程中起着重要作用。同时，传统婚姻生活的变迁，也表明了巴蜀儿女对西方生活方式的认同与吸收，这就意味着古老的巴蜀文化被迫走上接纳西方文化之路。巴蜀文化对西方文化的吸收和接纳，也就不可避免其革新，而革新的结果使巴蜀文化打上了近代的烙印，这就具有了西方民主、自由的意识和革命的精神。不过，由于传统观念的影响，再加上民俗固有的传承性，近代四川婚姻习俗的变迁还只能是新旧杂糅，移风易俗的道路仍然布满荆棘。

南部县创建时间及有关诸说考辨*

苟德仪

（西华师范大学历史文化学院）

一　问题的缘起

南部县隶属四川省南充市，位于四川盆地北部、嘉陵江中游，东接仪陇、蓬安、营山，南连西充、顺庆，西邻盐亭、剑阁，北界阆中。该县历史悠久，名流先贤，代不乏人。遗憾的是，自唐宋以来，相关文献对南部县创建时间之记载便众说纷纭，迄今尚无定论。兹列举数例以证之：

《隋书》中的十志，成书于唐显庆元年（656 年），其《地理志》为南部县作注云："旧曰南充国，梁曰南部，西魏置新安郡，后周郡废。"① 最早提出了梁代改为南部之说。

而杜佑在《通典》（该书撰成于唐贞元十七年，即 801 年）中记载阆中郡南部县时云："汉充国县地。后周置县。"② 由此提出了"后周置县"说。在此语境中，"后周"指的是北朝时期的"北周"（557～581 年），非今天所说的五代之一的后周。

稍后，李吉甫在《元和郡县志》（该书完成于唐宪宗元和八年，即 813 年）中又云："南部县，本汉南充县地，梁置南部郡，周闵帝天和初改为南部县，属盘龙郡。"③ 将南部县创建时间具体到"周闵帝天和初"。

＊　本文系国家社科基金重大项目（11&ZD093）、国家社科基金西部项目（12XZS009）阶段性成果。

① 魏征等：《隋书》卷二九《地理上》，中华书局，1973，第 824 页。
② 杜佑：《通典》卷一七五《州郡五》，中华书局，1992，第 4593 页。
③ 李吉甫撰《元和郡县志》，贺次君点校，中华书局，1983，第 1066 页。按：今本《元和郡县志》卷二二《山南道三》已缺阆州、果州等 9 州，经清朝人缪荃孙等从《舆地纪胜》中辑出，加以校对后，以《元和郡县图志阙卷逸文》的形式附于原书后，本文所引便是此逸文卷一的内容。

北宋时期，欧阳忞在《舆地广记》（该书成书于北宋政和五年至八年，即 1115～1118 年，定稿当在宋徽宗宣和年间，即 1119～1125 年）曰："南部县，汉充国县地。东汉初平四年分置南充国，属巴郡。晋、宋、齐属巴西郡。梁改曰南部，属北巴郡。西魏置新安郡。后周郡废，属盘龙郡。隋属巴西郡。唐属阆州。"① 再次肯定了"梁代"说。

元、明、清诸朝的历史文献，或称梁代，或云隋朝，或曰北周，可谓诸说并存，莫衷一是。直到清末，由南部县士绅王道履编写的《南部县乡土志》在叙述该县历史时如是称：

> 南部本境，梁天监二年（503 年）置，以县居郡南而名，说见顾氏《方舆纪要》。《隋书·地理志注》亦云："旧南充国，梁曰南部。"通志、府志、县志俱称改自梁代。独近人王鸣盛作《十七史商榷》云："梁改为南充郡国。隋改为南部。"而又不详所本。岂以南部明文始见《隋书》，《梁志》无考，因遂断为隋改欤？不知《隋书·地志》撰于唐初，距隋未远，情事必悉，果为隋改，注何必繫之以梁，更何必溯其旧置曰南充国？据此则南部之置，始于梁代无疑。顾氏既定为天监二年置，更非泛无实据矣。②

这段话透露出如下重要信息：第一，当时对南部县创建时间还有争论。普遍认为南部县创建于梁代，持此说者包括顾祖禹的《读史方舆纪要》《四川通志》《保宁府志》《南部县志》。而王鸣盛却不以为然，断为隋朝。第二，王道履以顾氏《读史方舆纪要》为据，认为"南部之置，始于梁代无疑"。虽坦言顾氏等"非泛无实据"，但王氏并未举出具有说服力的证据。

至今许多论著在论及此问题时，基本依据县志而采用梁代天监二年说。③ 这看似"盖棺定论"，而实际上疑点重重。南部县创建于梁代天监二年说，依据何在？此外尚有其他说法，是否也能够成立？若不能成立，原因何在？诸如此类的问题，尚待解决。

---

① 欧阳忞撰《舆地广记》卷三二《利州路》，李勇先等点校，四川大学出版社，2003，第 954 页。按：对于该书的成书年代，争议很多，李勇先等在《舆地广记》之《前言》中考证为："从上可知，《舆地广记》最后沿革述至政和四年，个别内容记载已至政和八年。政和五年至政和八年之间该书已基本编撰完毕，而最后定稿当在宋徽宗宣和年间。"

② 王道履：《南部县乡土志》，据清光绪三十二年抄本影印，收入《四川大学图书馆馆藏珍稀四川地方志丛刊》第 3 册，巴蜀书社，2009，第 329 页。引者按：引文的标点系引者加。

③ 龙显昭教授较早对此提出过质疑，在《南充史地建制沿革考》一文中，他先后据《元和郡县志》和《太平寰宇记》提出了两种说法："南部县的建置当在公元 566～571 年之间"或"乃在公元 557 年"。参见龙显昭《龙显昭学术论文集》，巴蜀书社，2015，第 792 页。

这种诸说并存、莫衷一是的情形，既不利于县志编纂，也不利于对该县历史文化的挖掘。有鉴于此，本文拟依据相关文献对诸说进行梳理与辨析。

二 南部县创建时间考

翻阅相关史料，有关南部县创建时间的记载，自唐迄今，至少有以下几种。

（一）"梁代"说

1. 笼统称"梁代"

前引《隋书》之《地理志》最早提出"梁曰南部"说，继之北宋欧阳忞在《舆地广记》中再次提及。明朝时，李贤等撰的《明一统志》（明朝天顺五年即1461年成书）曰："梁置南部县，以县居巴西郡南，故名。"① 郭子章在解释南部县时亦曰："梁名，以县居巴西郡治之南也。"② 南部县建于梁代说，在清代文献中也可找到证据。比如《乾隆府厅州县图志》在记载南部县时称："宋曰南国县，属北巴西郡。梁曰南部县。"③ 道光《保宁府志》和《南部县志》中都称："梁改曰南部县。"④ 近人蒲孝荣在《四川政区沿革与治地今释》一书中认为：梁改南充国县置南部郡，而该郡的郡治为南部县，由梁改南国县置。⑤ 但不知所本。由此可见，从唐宋迄今，持南部县创建于梁代说者，不乏其人。

此说是否成立，关键就在于《隋书》的记载是否可信。清末著名地理学家杨守敬在给《隋书·地理志》作注时，就提出过质疑：

> <u>南部今县治</u>。旧曰南充国，《续汉志》南充国属巴郡。<u>梁曰南部。</u>《纪胜》引《元和志》：梁置南部郡，周闵帝天和初改为南部县，属盘龙郡。《寰宇记》、《舆地广记》并同，志有脱误。<u>西魏置新安郡，后周郡废。</u>《纪胜》引《隋志》：旧曰南充国，梁曰南充郡，西魏置巴西郡，后周郡废。与今本大异。⑥

---

① 李贤等：《明一统志》卷六八，文渊阁四库全书本。

② 郭子章：《四川郡县释名》卷上，见《郡县释名》，明万历乙卯刻本。

③ 洪亮吉：《乾隆府厅州县图志》卷三五，嘉庆八年刻本。

④ 黎学锦等：《保宁府志》卷二《舆地·沿革》，道光元年刻本；王瑞庆等：《南部县志》卷二《舆地》，道光二十九年刻本。

⑤ 蒲孝荣：《四川政区沿革与治地今释》，四川人民出版社，1986，第97页。

⑥ 杨守敬：《隋书地理志考证》卷二，引自谢承仁《杨守敬集》第2册，湖北人民出版社，湖北教育出版社，1997，第190页。引者按：加下划线者为《隋书地理志》原文，其余为杨守敬的注释。

由此可见，杨氏在引用《续汉志》《舆地纪胜》《寰宇记》后明确说"此志有脱误""与今本大异"。也就是说，《隋书》不仅有脱误，而且《纪胜》引用版本与今本不同。

我们核对了杨氏所引《隋书·地理志》，与前文所引中华书局点校本内容一致。据中华书局编辑部写的《隋书出版说明》可知，据两《唐书》之《经籍志》《艺文志》著录的隋朝历史专著不少，多已失传，仅《隋书》保留下来。《隋书》最早的版本是宋天圣二年的刻本，已失传。中华书局校勘所用的版本共9种，包括宋刻本（2种，简称宋小字本、宋中字本）、元刻本（2种，大德饶州路刻本、至顺瑞州路刻本）、明刻本（3种，南京国子监本、北京国子监本、汲古阁本）、清刻本（2种，武英殿本、淮南书局本）。① 今天虽不知南宋人王象之在《舆地纪胜》中引用《隋书》的版本，但内容不同是一定的。若据王象之所记，则无梁改南部县之说。因此，梁代创建南部县之说，值得怀疑。

2. "梁天监二年"说

据笔者目力所及，此说的始作俑者是明末清初的顾祖禹（1631～1692年）。他在耗尽毕生精力创作的《读史方舆纪要》一书中叙述南部县时道："汉巴郡充国县地，后汉末为南充国县地，晋属巴西郡，宋、齐因之。梁天监二年置南部县，以县居郡南而名。"② 此说被雍正时期编撰的《四川通志》继承，该志在陈述南部县的沿革时载："梁天监二年改曰南部县。"③ 光绪年间所修的《南部县乡土志》中，极力维持此说。至今，四川省南部县地名领导小组编印的《四川省南部县地名录》在介绍该县历史沿革时也持梁武帝天监二年（503年）改南国县为南部县之说。④ 新修《南部县志》亦然。⑤

虽前引《南部县乡土志》非常肯定地称："顾氏既定为天监二年置，更非泛无实据矣。"但具体的依据并不清楚，且此说出现在清初，晚于其他说法，颇值得怀疑。嘉靖《保宁府志》曾云："南部县，本汉巴郡充国县地。晋属巴西郡。梁置南隆郡，寻改为南隆县（即充国县地，天监二年立，以县居郡治南，故名）。西魏置新安郡。后周郡废。隋罢郡置南部县，属巴西郡（开皇初即新安郡地析置南部、奉国二县）。"⑥ 此处明确说，南隆县才是梁天监二年设立，南部县

① 中华书局编辑部：《出版说明》，引自魏征等《隋书》，中华书局，1973，第1~4页。
② 顾祖禹撰：《读史方舆纪要》卷六八《四川三》，贺次君等校点，中华书局，2005，第3207页。
③ 黄廷桂等：《四川通志》卷二《建置沿革》，文渊阁四库全书本。
④ 四川省南部县地名领导小组：《四川省南部县地名录》（内部资料），1983，第1页。
⑤ 四川省南部县志编纂委员会：《南部县志》，四川人民出版社，1994，第47页。
⑥ 杨思震等：《重修保宁府志》卷一《舆地纪》，嘉靖二十二年刻本。

乃隋所立。因《保宁府志》早于《读史方舆纪要》，更为可信。

因之，南部县创建于梁天监二年说并不可信。很可能此说是将嘉靖《保宁府志》中"南隆县"误为"南部县"所致。

（二）"后周"说

这里的"后周"，实指通常意义的"北周"非五代之一的"后周"。持此说者又可分为下述几种情况。

1. 笼统称"后周"

持此说者，最早是唐朝的杜佑。南宋时，王象之在《舆地纪胜》中转引了此条材料，在与其他材料进行对比时仅做了"小有不同"的评价，未做定论。①清朝人罗士琳在《旧唐书校刊记》一书中，却判断如下：

> 南部，后汉分阆中置充郡国县。按郡字衍。《通典》：南部，汉充国县地。又分置南充国郡。梁改为南充郡国。按此志脱误不可读。《隋志》：旧曰南充国，梁曰南部。《通典》：南部，后周置县。《寰宇记》：梁于此置南部郡，后周罢郡立南部县，属盘龙郡，以地居阆中之南，故曰南部。隋开皇罢郡，以县属阆州。据此诸文，南部县乃周所置，《隋志》所谓旧置南充国，亦未言何代所立，梁止置南部郡，未置南充郡也。此志：梁改南充郡国。当作梁改为南部郡。王氏鸣盛谓郡国二字当乙，非。隋改为南部也。按当作周改为南部县。②

由此可知，罗氏列举了《通典》《寰宇记》《隋书》的内容，对《旧唐书》进行了校误，以按语形式明确地提出了自己的见解，即北周改为南部县，实延续《通典》的记载。

2. "周闵帝天和初"说

此说最早出现在唐朝李吉甫的《元和郡县志》中，从时间上比杜佑《通典》晚出。该志在传抄过程中，缺损严重，以致今本中已难见唐时原貌。有关南部县的信息，是清朝人缪荃孙等从南宋时的《舆地纪胜》中辑校而来。问题在于，据《周书》记载，周闵帝在位不足一年，亦无"天和"年号。而"天和"（566～572

---

① 王象之：《舆地纪胜》卷一八五《利东路·阆州》，江苏广陵古籍刻印社，1991，第1255页。

② 罗士琳：《旧唐书校刊记》卷二三，清道光琪盈斋刻本。按：此段文字的标点和下划线为引者所加，下划线标示的内容为《旧唐书》之原文，与下文所引中华书局点校本同。

年）乃周武帝年号。① 因此，"周闵帝天和初"之说也不可信，很可能是传抄过程中有误。

3. "后周闵帝元年"说

《太平寰宇记》是北宋初期著名的地理总志。据该志记载："南部县，东南七十里。旧十四乡，今十二乡。亦充国县地，梁于此置南部郡。后周闵帝元年罢郡，立南部县，属盘龙郡，以地居阆中之南，故曰南部。"② 乐史撰写此志的动因乃鉴于"贾耽有《十道述》，元和有《郡国志》，不独编修太简，抑且朝代不同"，③ 加以经历唐宋、五代藩镇割据，政区变化较大，旧著已不适用，于是编纂了这部卷帙浩繁的著作。由作者自序可知，他参考了李吉甫的《元和郡县志》无疑。因此，对照《元和郡县志》和《太平寰宇记》的记载，基本内容一致，都主张是梁设立南部郡，北周方建南部县，只不过具体时间上有细微差别，可能对前者做了修正，亦未可知。若依乐氏之说，则南部县建于北周闵帝元年，即公元 557 年。

4. "后周天和初"说

持此说者，仅可见于明初刘基撰写的《大明清类天文分野之书》。该书对南部县的记载如下："汉南充县地，梁置南部郡，西魏置巴西郡，后周天和初改为南部县。"④ 但此说晚出，不知所本，也很难令人采信。

（三）"隋朝"说

持隋朝创建南部县说者，前有后晋刘昫等著的《旧唐书》，后有杨思震等修的《保宁府志》、曹学佺的《蜀中广记》。

《旧唐书》于晋高祖天福六年（941 年）开始编修，至开运二年（946 年）修成。该书介绍阆州之南部县时记载："后汉分阆中置充国县，属巴郡。又分置南充国郡。梁改为南充郡，隋改为南部也。"⑤ 而明朝嘉靖《保宁府志》不仅称"隋罢郡置南部县"，还明确说"南部（隋唐名）"。⑥ 明末，曹学佺在《蜀中广记》中释"南部县"亦道："梁之南隆县也。今县亦隋改，以部分在

---

① 详见令狐德棻等《周书》卷三《帝纪第三·孝闵帝》；卷五《帝纪第五·武帝上》，中华书局，1971。
② 乐史：《太平寰宇记》卷八六《剑南东道五》，王文楚点校，中华书局，2007，第 1717 页。
③ 乐史：《太平寰宇记序》，见《太平寰宇记》，王文楚点校，中华书局，2007，第 1 页。
④ 刘基：《大明清类天文分野之书》卷一四，明洪武刻本。
⑤ 刘昫等：《旧唐书》卷四一《志第二十一》，中华书局，1975，第 1673 页。
⑥ 杨思震等：《重修保宁府志》卷一《舆地纪》，嘉靖二十二年刻本。

郡之南。"①

值得辩驳的是，前引《南部县乡土志》中提到："独近人王鸣盛作《十七史商榷》云：'梁改为南充郡国。隋改为南部。'而又不详所本。"实际是对王鸣盛原著的误读。经核实王氏原文，在"新旧地理杂校误"条中，他针对《旧唐书·地理志》中所谓"南部，后汉分阆中置充郡国县，属巴郡。又分置南充国郡。梁改为南充郡国，隋改为南部"一条，认为"上二'郡'字并衍，下'郡国'二字当乙"。②（按："衍"为校勘学俗语，指原稿本无而传写、刻印、排印误增的文字，称衍文，又称羡文、衍字。"乙"也是校勘学俗语，指倒文，即原稿文字具存，并无讹误、缺脱或衍羡，但在流传过程中，文字的先后次序被颠倒。古时钩改文字称"乙"，所以倒文又称"乙文"或"倒乙"。）按照王氏意见，改正后的文字应该是"南部，后汉分阆中置充国县，属巴郡。又分置南充国。梁改为南充国郡，隋改为南部"。（这与中华书局标点本的《旧唐书》原文相差不大）可见，王氏仅是对《旧唐书》进行校误而已，并未明言南部县建于隋朝。

对《旧唐书》进行校误的还有罗士琳，其与王鸣盛观点略异，不过罗氏并不支持隋朝说。

三　结语

综上所述，有关南部县创建时间的说法计有 7 种。为了叙述方便，兹总结如表 1 所示。

表 1　有关南部县创建诸说简表

观　点		代表文献	首次出现时间	备　注
梁代	笼统称"梁代"	《隋书》《舆地广记》《明一统志》《郡县释名》《乾隆府厅州县图志》、道光《保宁府志》、道光《南部县志》	唐显庆元年（656年）	1
	"天监二年"说	《读史方舆纪要》、雍正《四川通志》《南部县乡土志》《四川省南部县地名录》、新版《南部县志》	清代	7

---

① 曹学佺：《蜀中广记》卷五四，文渊阁四库全书本。
② 王鸣盛著《十七史商榷》卷八〇《新旧唐书十二》，黄曙辉点校，上海书店出版社，2005，第 699 页。

续表

	观　点	代表文献	首次出现时间	备　注
后周	笼统称"后周"说	《通典》	唐贞元十七年（801年）	2
	"周闵帝天和初"说	《元和郡县志》《舆地纪胜》	唐宪宗元和八年（813年）	3
	"后周闵帝元年"说	《太平寰宇记》	北宋太平兴国年间（976~984年）	5
	"后周天和初"说	《大明清类天文分野之书》	明朝初年	6
隋代	笼统称隋代	《旧唐书》、嘉靖《保宁府志》、《蜀中广记》	后晋天福六年至开运二年（941~945年）	4

注：本表据上文内容改制，"首次出现时间"指该观点出现的文献的成书时间，备注中的序号，是按照时间先后排序，1表示最早，7表示最晚。

由表1可知，自唐以降，迄于今日，至少有7种关于南部县创建时间的说法，之所以出现诸说并存、不分伯仲的情况，其原因无非是古籍在流传过程中，常出现脱、漏、衍、倒等情况，而各家版本不同，遂使该问题成为一个千年未决的疑案。

这7种说法，从大的方面可概括为3类，即"梁代说""后周说""隋朝说"。依据形式逻辑之"矛盾律"，这些说法中只能有1真，其余皆假。

从诸说出现的时间看，梁代说最早，后周说次之，隋朝说最后。按理说，梁代说最可信，隋朝说最不可信。但是我们据今本《隋书》，仅能获悉唐朝初年已有"南部县之名"，而所谓"梁曰南部"，尚难断定到底是"南部县"还是"南部郡"。若据《舆地纪胜》引《元和郡县志》，则称"梁置南部郡"，该书所引《隋书》则无梁改南部之说。况且，如果《隋书》所言为真，何以自唐以来，有后周说、隋朝说出炉？而《读史方舆纪要》所谓"梁天监二年"说，不仅晚出，且不知所本，更疑是误读嘉靖《保宁府志》所致，故笼统称梁代说和"梁天监二年"说，皆不可信。

比较而言，"后周说"最可信。理由包括以下几点。

第一，"后周说"最早见于杜佑的《通典》，比梁代说稍晚。此书不仅征引资料繁多，且出于一人之手，花费精力颇多，可信度高。《四库全书总目提要》称其"博取五经群史及汉魏六朝人文集奏疏之有裨得失者"。王鸣盛在《十七史商榷》之"杜佑作通典"条中，考证出杜佑在大历元年（766年）始纂斯典，时杜佑 32 岁，贞元十七年（801 年）进书，杜佑已 67 岁。① 可谓花了半生工夫在此书上。后人在有关南部县创建问题上征引此书，未提出质疑。

第二，自唐代以来，关于"后周说"有 4 种，可证认同此说者众，由此可见此说的影响大。从概率上讲，此说也最可能为真。

第三，清朝著名的地理学家，如罗士琳、杨守敬等，都持此说。之所以选此二人之说为据，是因为二人专门校勘过《旧唐书》和《隋书》之地理志，这两志恰是隋朝说与梁代说之代表者。罗士琳之《旧唐书校刊记》中，明确支持"后周说"。杨守敬在《隋书地理志考证》中，引《续汉志》《舆地纪胜》《太平寰宇记》《舆地广记》《旧唐书》等有关"南部县"的论述为据，虽未明言南部县建于何时。但他最后说"是则《纪胜》所引不为无因"一语，答案已呼之欲出了。因为不管《舆地纪胜》所引的是《元和郡县志》，还是《隋书地理志》，皆无梁代说，仅有"后周说"。

"后周说"也只是笼统的说法，具体是北周哪一年，则未为可知由于《元和郡县志》的记载有误，而《大明清类天文分野之书》中的说法出现于明朝，相对来讲《太平寰宇记》的说法较可信。因此，我们认为南部县创建的时间当在后（北）周闵帝元年，即公元 557 年。

---

① 王鸣盛著《十七史商榷》卷九〇《新旧唐书二十二》，黄曙辉点校，上海书店出版社，2005，第 816 页。

清代崇明知县遂宁朱衣点考述

胡传淮　　陈名扬

（蓬溪县政协、宁波大学人文与传媒学院）

朱衣点字遇修，号崇龛，闲署"涪东世家"，清代四川遂宁人。生卒年不详。明末因四川战乱，流寓苏州府长洲县。顺治十一年（1654 年）回川应乡试，与李仙根同中举。后以举人身份出仕苏州府崇明县（今上海市崇明县），担任知县。治崇十三年（1679～1692 年），为清代治崇时间最长者。政声卓著，人皆称之。修有《崇明县志》，著有《瀛海人文集》《萍水集》。清康熙《崇明县志》、嘉庆《直隶太仓州志》、民国《崇明县志》均有其传。

一　流寓长洲思遂久，甲午回川中举人：朱衣点流寓事迹

民国《遂宁县志》载朱衣点为清初举人，但未载明科次。查雍正时期成书的《四川通志》，清初四川甲午科（1654 年）乡试，遂宁唯二人上榜：一名是后来殿试廷对第二、高中榜眼的李仙根，另一名就是朱衣点。

朱衣点早年流寓苏州府长洲县。《抚吴疏草》所载《朱衣点等招由疏》，介绍了流寓长洲的朱衣点因土地赋税问题进京告状而不成的案子。

康熙三年（1664 年）五月二十二日，朱衣点在递给通政使司状告徐伯宁"暗加飞洒，褫革功名"的状子中自陈：

> 衣点系四川遂宁县甲午科举人。先因避乱，寄籍苏州府，于长洲县契买薄田一百三十七亩一分八厘三毫，历来办纳无欠。顺治十七年分该正赋银一十八两九钱一分，当即完过银一十九两一钱二分，透完，在册印票，现存。祸遭蠹书徐伯宁于会计外暗加飞洒银一钱八分三厘，以致诖误，奏销褫革功

名。比控县府，罪究蠹书，具呈抚院，未蒙允题，冤沉难申，情急具告。

从该状中可知，朱衣点家族在流寓长洲之前颇为殷实。流寓长洲后，买田置产，经营得宜。或与地方官长期不合，以致罪加，竟将举人功名革除。衣点无以忍之，被迫进京告状，冀望讨求公道。

通政使司于康熙三年六月二十七日下令苏松常州道详查。地方官一再拖延，最后于康熙四年（1665 年）四月十三日回奏，依然认定朱衣点未纳区区"一钱八分三厘"之银。该案似未以此了结。从朱衣点后以举人身份担任崇明知县来看，衣点在此期间又进一步通过诉讼使其功名归还。

同流寓长洲的遂宁人还有李实及其子李仙根。李实字如石，崇祯十六年（1643 年）进士及第，任长洲县令，有惠政，民众威望高。明亡后，于顺治二年（1645 年）去官，隐居于苏州上清江，以授课为业，是流寓长洲的知名学者。李仙根在顺治二年秋，即与母亲从四川来到苏州与父亲一起生活。朱衣点应与同乡李实父子颇有来往。

二　轻徭废冗兴文教，利于民者无不为：朱衣点治崇政绩

康熙十八年（1679 年）四月，朱衣点以举人身份赴任苏州府崇明县知县。崇明县素有"东海瀛洲""姑苏巨镇""青龙要津""江汉朝宗"之称，在清初却是穷山恶水之地，民众生活甚为疾苦。《直隶太仓州志》言崇明风土：

> 崇明越在海表，其土风古，其性劲，其人驯扰。邑四面环海，小民服田而外半业渔樵。每于春汛往南洋，捕石首鱼，北洋捕鲚鱼，总名春熟；秋冬则下荡樵柴，名曰柴汛。此二者冒危险履泥涂，生涯之苦，较农为甚。士子多闭户读书，不喜驰骛；小民虽贫窭，亦经营自立，不屑投靠势家。

在朱衣点之前，有四川营山人龚榜于顺治十八年（1661 年）担任崇明知县，任期为一年。龚榜字蓬若，"性坦易，有长人之德"，与朱衣点、李仙根同为四川甲午科举人。龚榜治崇时间虽短，却有"请蠲芦课九千余两"等减民负担、泽流世世之举。龚榜去世之时，"囊空如洗"，足见其为官之清。川人龚榜的政举激励着同治崇明的衣点。

朱衣点担任崇明知县直到康熙三十一年（1692 年）。其治崇达十三年，为清代担任崇明知县时间最长者。他到任后"屏绝苞苴，藜羹布服"，"凡有利于民者，知无不为"。衣点为官清廉，在崇期间兴利除弊，重教隆佛，为发展崇明县

政治文化事业贡献极大，民众声望高。

（一）废除弊政，勤于创始

朱衣点治崇期间的政治经济成就主要有"翻拨弊田，汰革沙长，除垺尖、轻徭役"，及重修山川坛、社稷坛等。

崇明县历来有"垺尖"的弊政。"每岁仲冬总书将粮多者造册送官，金点上户中户各六人，名为区头区副（崇明旧分六区）。承值次年，上司按临铺陈暨本县新春轿伞等项，悉由总书为政，颠倒任情。前令陈公慎王公恭先欲除其弊，卒格于成例而废不能。"朱衣点到任后，排除一切阻碍，毅然革去此弊。可见衣点执政力之刚猛。

崇明县在明万历四十八年（1620年）袁仲锡担任知县时，增设了"沙长"一职，负责"稽查船只"等，历来为民所诟病。清初"巡按秦公世祯洞悉民害，檄示裁革，其后阳奉阴违"。朱衣点到任后，誓裁此冗，终不致扰民。

康熙二十年（1681年）六月，崇明县被派修安庆府厂四号沙船一只。然而，修理沙船的费用是崇明县所难以承担的。朱衣点将崇明批免前案详文致于各上级部门，终批免修理沙船之责。《崇明县志》评："崇为江宁门户，既合东南之兵，力以协守，自应合东南之物力以济。至内地大工，从无派及崇明之例。前本府高公悼曹公首望，任内因经承不将旧例禀明，以致泥派。今蒙提督刘公邑侯朱公，上下请命，得邀恩永免，仁泽世世不泯矣。"

朱衣点还在崇明县组织人力、财力重建了风云雷雨山川坛和社稷坛。山川坛"基地二丈五尺，高二尺一寸，深七丈，广九丈，四面，为櫺星门，以砖垣屏之，在南门外东偏"。朱衣点在《重建山川坛碑记》中言："王公设险以守其国，爰立城郭沟池以为固，而职方之神实式凭之，户口生灵悉赖以捍卫无恐焉。所以古先王怀柔百神及河乔狱下，至所在郡邑莫不筑有坛，□以隆其昭报。"他认为山川与社稷都应产生灵验，福报一方。其言崇明四面环海，其险不在陆而在水。"凡波涛之汹涌，飓雹之震惊，蜃蛤蛟龙，灵怪百出，貌兹七万家。其悬命于雨师风伯、电母雷公者，不绝如线。"奈何自唐武德（618~626年）以来，崇明之山川坛久废。朱衣点期望重修山川坛后，"风和雨顺，家获盈宁，岁稔年丰，俗登仁寿。从此波平浪静，海晏河清，山川之神将与崇沙之民共亿万斯年可也"。最后，他表达了"创始之志"，望后之来者亦能"岁祭时享，为民请命"。修建山川坛反映了朱衣点在传统敬神观念下为民众生活祈福的真诚愿望。

社稷坛"高一尺九寸，陛四，各三级四面，为櫺星门，深十八步，广东西各九步，垣以屏之，在南门外西偏"。朱衣点在《重建社稷坛碑记》中言重建社稷坛的理由："吾闻之，法施于民则祀之，能御大灾能捍大患则祀之。"朱衣点言崇明"孤悬海外",虽然不同于内地社稷山川有专祀,但亦事神以敬,望能"佑此一境民而奠此一方土",造福于万世。朱衣点认为:古来"有关益于人民者,皆有以大其昭报"。他希望"天佑我崇",望社稷坛建成后"自兹以往,三时不害,以介我稷黍,育我妇子,则惟神含英吐秀,笃生髦士,以桢我王国,光我海邦,则惟神默祐此七万户,俾寇贼远窜,奸宄潜伏,各沙得安枕无恐,则惟神神其鉴之哉!"该文情切意诚,贯长虹之气,可窥衣点之文学。

(二)振兴文教,表彰孝义

朱衣点在崇明振兴文教事业,主持捐建了鹏搏社学和鲲化社学,使社学、义馆遍于城乡。

鹏搏社学原为崇明县人所建,朱衣点辞而改之。鲲化社学在崇明城东门外慈真庵。朱衣点为二社学拨田四万步,并组织士绅捐田八千步,作为运转经费。

朱衣点在《募修学宫序》中首言:"国家制科取士,每三岁一举于乡。爰设学校,藏斯游斯,硕彦名臣于焉辈出。"他提及明万历间,知县何懋官将学宫改建在城东南后,"科第顿发",认为是"迁建之应"。面对当时崇邑文教不振、学宫圮坏的局面,朱衣点"敦请阖邑绅衿,公议所以劝输"。他期望学宫建成后:"尔崇士将以荡云沃日,起沫飞涛之秀,发为文章,敦为气节,乘时遘会,弹冠圣朝,直令宇内改观,骎为崇川有人,岂非公之所鼓劝而成哉!"足见朱衣点的远见卓识与兴学气概。

朱衣点还捐建了收养鳏寡孤独的养济院。养济院原在崇明宝庆观西,明嘉靖中县治迁平洋沙,改建在城西北角。万历初,崇明迁城到长沙,养济院建在城隍庙右。康熙二十二年(1683年)被焚,后由朱衣点捐建。

朱衣点治崇期间,常表彰孝义,以为世范。蔡汝璋,字仲莪,是崇明庠生。"性慈厚,好施与,事继母以孝闻。"家族中有卖身者,蔡汝璋为之赎回,并抚养长大。一晚盗贼潜入,蔡汝璋善言开导,还赠了些银两,该盗后悔过成为自力更生者。朱衣点为蔡汝璋题匾曰"斯文山斗",以表彰事迹。樊应隆,字丽明,崇明增生。父亲被县丞黄某所陷害致死,遗命儿子为之复仇。樊应隆"涕泣受命","日伺于途"。最后复仇成功,入狱。樊应隆子樊岳英也是勤孝忠朴之人,从小担当养家重任,并有拾金不昧的高举。康熙二十八年(1689年),崇明县众庠生共推樊应隆孝义,朱衣点为文祭之,并表其庐曰"捐身继志"。顾德祖,字汉珍,也是崇明诸生。"性孝,生平乐善好施,遇岁饥,为粥以赈,又造桥梁以济行旅。其子亦克孝。"朱衣点旌表其门,赞其"耕读教家"。

朱衣点在崇明表彰孝义,无疑推进了崇明县社会风俗的治理。康熙《崇明县志》评朱衣点治崇后之崇明,"讼平赋均,四郊乐业"。季试,"拔取儒童道考，录取无遗"。知县爱戴人民，妇女儿童也乐于见知县。每年朱衣点生日那天，"耆里俱跻公堂上寿，香烟氤氲如神明焉"。可见朱衣点在崇明声望之高。

（三）蒙冤入狱，与民共乐

朱衣点因向来治政严明，敢于排除阻力，得罪了不少人。《直隶太仓州志》卷一二《名宦》中有朱衣点传，其载朱衣点治崇第十三年（1692 年）时被人诬告，举县震惊，百姓为之鸣冤。赴审之日，"郡哭从者数百人"。太守卢腾龙向来憾衣点，更于此时"恣意锻炼，竟关三木"。堂审之日，朱衣点仰天大呼，突然"堂上梁中断，十三椽历落堕地"。卢腾龙惊愕，不知所措。更让人意外的是，"后堂又传其母暴病不醒"。卢腾龙只好仓皇退堂。

朱衣点蒙冤事为台省所察，最终沉冤得雪。朱衣点出狱后，再次渡海回到他倾注全心治理的崇明县，"阖邑欢迎，馆之"。鹏搏社更是在县城演武场设了万民宴，邀请全县士民和老知县促膝长谈。在衣点最终要和父老乡亲分别之时，百姓纷纷"哭而送之"，鱼水之情备现。《直隶太仓州志》为嘉庆年间所编之志，与朱衣点治崇已隔百余年，而对衣点在崇明期间事迹评价如此之高，足见衣点在崇影响力之大。

三 《崇明县志》显史才，遂宁文脉衍东海：朱衣点文史之学

（一）主修县志，自成一家

朱衣点在康熙二十年（1681 年）八月所撰《重修〈崇明县志〉序》中言修志与修史的共同重要性："修史重任也，而修志亦巨举也。史以传信，记一代之得失存亡；志以备考，辨一方之民风土俗。二者名异而实同。"修志、修史都是为了"知所观法，知所鉴戒而已"。他认为修志须讲信，"有一失实，即不可以垂后"。他谈及崇明县作为海岛区别于其他内陆县的不同处，言崇明自明万历甲辰（1604 年）张世臣修志后近八十年无志，亟须重修。朱衣点向来有编书的想法，其自述称："点西蜀樗材，自甲午登籍出走都门，嗣即遍游名胜，思欲读尽天下奇书，历尽天下奇山水，以所见质之所闻，广集山经水注、职方舆图诸书，汇成一编以娱心志，而鹿鹿未果。今承乏兹土，又得利涉大海，叹观止矣。"他希望和邑人黄振凤等一道将新县志修好，期以"可垂久远"。其叹时阴则曰："后之视今犹今之视昔，亦何能无感于是编乎！"

朱衣点在《〈崇明县志〉凡例》中进一步说明了修志缘起，表达了其史志思想。衣点在识中言，当自己刚刚担任崇明知县时，便有樊耀邦等呈请刊印之前编

好的县志。但该志"多所呈漏",因命增补后再付梓。待该本增补完毕,"虽较原本为备,而前失之略后失之繁,且或备徇已私,褒刺失实,不无有碍于当事"。朱衣点令毁版,另让邑人吴标、黄振凤、施何牧、吴楷等重撰。朱衣点在此次修撰县志的过程中,亦有"参以管见"。朱衣点解释凡例,言崇明相较内地不同:"内地则壤成赋,万古为昭。崇独坍涨靡常,赋有定额,田无常数,纷更既多,情弊滋起,故悉为详载,以便当事厘剔。"注重地方治理的特殊性。他还厘清了编辑体例,尽力删繁就简。他极力言修志"直笔"的重要性:"志以扬善亦不隐恶。崇俗素敦愿朴,不事声华。迩年良顽不等,俗恶风刁,如豪佃打降,健讼抢圩诸害,靡所底止,故直书之,以便当事开卷之下,洞悉地方利害,亟为兴除。"他还注重"公论",凡是所录贞节,非公论所推不轻载。其言艺文卷,则言取"事体相关者"以存文献,"若泛言不切者虽工不能尽录"。

朱衣点在康熙二十三年(1684年)仲春所做的《〈崇明县志〉跋》中谈及他人认为崇明县是"小邦""建置未久,舆图狭隘,文献无徵"的偏见,朱衣点不以为然。其慨曰:"余固西蜀鄙人也,窃见世界沧桑,陵谷迁变,所谓成住坏空,即造物亦不得而主,况可志乎?虽然大海之中,别有天地,非小大之域所得而较量也。"其言山则发于西,水则朝于海,"是大块之土俗民风,尽为崇溟之所吸受而包含"。其批判九州之内多钓名渔利之流,批判艺文自典谟训诰而外,多"篡仁袭义之词"。相比之下,"崇虽小邦,砥柱狂澜,随波迁徙,亘古如斯。岂非神鳌别戴,海若独持,自为立极者耶?"其言崇明遗世独立,不同流合污,"爰考其地则沙明流清,古瀛洲之净壤也;稽其人则雅度翩跹,安期羡门之流风也;玩其文则澎湃,汪洋海潮之余韵也"。朱衣点言,即使所修之志不如《山经》《水注》与班、马史之所传载,亦可"自成一家"。

朱衣点所主持编修的康熙《崇明县志》体例完备,史料价值高,为东亚史研究重要文献。

(二)培育人文,布才东海

朱衣点流寓苏州之时,便多与当地文人来往,交游者有徐崧、张大纯、俞犀月、张鹿牀等名流。泛月楼在苏州云绵草堂之后,登眺最宜玩月。朱衣点在《泛月楼诗序》中言"吴中山川之美甲天下,而吴山石湖之间又为吴中之最",极赞苏州之美。其《沁园春·诗余次辛幼安美溪韵寄题泛月楼》词云:"客问西山,泛月楼中,烟景若何。想昔年江左,群推子布,于今吴下,尚重清河。郁郁牛眠,葱葱马鬣,飞阁流丹蘸绿波。凭栏望,有西村北崦,南荡东坡。诸峰正尔巍峨,更并舍堪耕种玉禾。算四时佳日,频来足乐,三秋良夜,此地偏多。桂树丛幽,霓裳奏雅,万里天风起浩歌。钟灵处,看瑜環瑶珥,接迹摩挲。"

崇明县在长江入海口，由江河冲击形成的若干沙岛所组成，隶属苏州府。朱衣点每次赴岛均须渡海。其在《辛丑小春渡海》中言："舟折深渊穿破浪，天开巨堑接微茫。"极言渡海之艰。衣点发愿云："谁能漫把桑田待，但愿从今波不扬。"

朱衣点在崇明兴教隆佛，为培育崇明人文、步才于"东海瀛洲"做出了重要贡献。朱衣点与朱邃善、卢全、吴标（进士）、黄振凤、施何牧、黄安国、吴楷、施永基、沈嘉客、张三德、陈来泰、董起仲、庄学孔（吴庠增广）、朱埙（候补县尹）等同人结诗社、召雅集，相与酬唱甚多。

朱衣点在鲲化社学落成后作《社学落成纪盛》，诗文："膏雨和风绛帐开，英贤济济共徘徊。香随歌韵穿窗去，燕带潮音绕栋来。洛客偏能传正学，吴侬何幸谒仙才。声飞海外惊蓬岛，伫看鲲鹏奋九垓。"诗友黄振凤和诗："鲲化鹏搏两社开，弦歌声里共徘徊。殷勤酒醴随时设，杂沓衣冠动地来。已识焦桐无弃物，每逢良马叹斯才。文场会战留佳话，伫看雌雄决在垓。"

寿安寺是崇明县主要佛教道场，在东门外，距县城约五里。先名富安寺，元延祐戊午（1318年），赐额永福寿安寺。寿安寺之建源自于宋淳祐（1241~1252年）中模、傅二僧，他们插枯竹于东仁，言倘若枯竹重荣则在此地建设道场。后枯木果荣，因建寺于崇明。万历庚辰（1580年），崇明知县何懋让僧道元重建寺社，并拨田供养。康熙七年（1668年），"有大士像浮海而来"。张大纯听闻寿安寺之若干神迹后，有《闻寿安寺插竹浮像诸灵异诗以纪之兼寄朱遇修明府》与朱衣点，赋诗："潮落沙围作化城，便教枯竹种还生。浮来大士初非幻，却是当年法弟兄。"

荆南开圣院山晖禅师是清初著名大和尚，朱衣点邀师至崇明寿安寺，为崇明祈福。山晖禅师有《寄遂宁朱孝廉》与衣点，文："一到广陵，三度春光矣。每回首姑苏，而杨子一衣带水，几如胡越隔。"叹时光之催。言己"冒险远涉"，乃因"苏松名胜"。与衣点言"啼饥之虞，遂折一叶南来，幸为垂青且怜之"，并约"蒲月后，或得晤教"云云。

朱衣点有诗《送山晖和尚住寿安禅院》记此弘法事，诗文："海外禅灯久断霞，今日心印有袈裟。远收蓬岛三千客，近接瀛洲十万家。棒去晴空飞法雨，喝来白昼落天花。悬知大士乘潮至，坐待高僧护洛伽。"庄学孔、朱埙有同韵和诗。

同人游至寿安寺六角亭，朱衣点赋诗："麦秀桑田迎日暖，花开精舍过风馨。群贤至此欢娱极，更过参寥演梵经。"吴标、黄振凤、吴楷、董起仲均有同韵相和。吴楷和诗："周遮曲槛还如复，杂映名花不辨馨。欲学永和修楔事，流觞曲水未曾经。"

朱衣点还在寿安寺后金鳌山上营建了许多风物，如金凤山亭、魁星亭等。衣点常与同人登临望海，并赋诗："春郊一望已斓斑，更向鳌峰次第攀。童冠蹁跹抒彩笔，封姨摇曳整云鬟。诗成笑傲凌三岛，策发英雄震百蛮。泰岱嵩华空嶻嵲，何如镇海小名山。"凌云之豪气直抒。吴标和之云："旷日使君同醉守，宴酣何必是滁山。"以欧阳修比之，同人共游乐陶陶。

朱衣点与诸友在崇明结社酬唱，刻有《瀛海人文集》，"士以品题为重"。衣点凭借在崇的政治文化成就，与时任嘉定知县的陆龙其（1630~1692 年）齐名于江浙。明代《朱砺仲诗集》失传，赖朱衣点搜集逸遗，重刊于世，世林称颂。

朱衣点治崇明十三年，政清人和，百废俱兴。无论政治、文学，皆有传世之功，终不愧其"创始之志"。朱衣点与榜眼李仙根在同一时期沿承了遂宁文脉，其治崇之伟业更展现出"开波涛于万里，布文化于宇内"的遂宁精神。中川遂宁正是有着如朱衣点、李仙根、张鹏翮、张船山等国柱、乡贤，遂宁精神方在清代凸显备至。其"人文"之目的，"崇实"之理念，"创始"之举动，皆值后人延承。

20 世纪 80 年代以来的巴蜀僚人研究综述

杨 鑫 高 然

（西华师范大学历史文化学院）

僚人是我国古代汉唐时期西南、华南地区的一个重要少数民族，其在巴蜀地区（今川渝地区）有着广泛的分布和较为深远的历史影响。目前对巴蜀地区僚人的研究以 20 世纪 80 年代以来最为兴盛，故笔者针对近 30 余年有关巴蜀僚人研究情况做一综述，以推动相关研究的进一步深入。

一 蜀本有、无僚问题

《华阳国志·李特雄寿势志》载："势骄淫不恤国事，中外离心。蜀土无僚，至是始从山出，自巴至犍为、梓潼，布满山谷，大为民患，加以饥馑，境内萧条"，这是有关蜀地僚人最早的记载，之后史书基本沿袭此条，认为"蜀本无僚"。但在相关研究中，学者产生了一定的分歧。主要可以分为三种观点。

（1）无僚说。何泽宇《僰不为僚》（《民族研究》1980 年第 2 期）一文认为《华阳国志》和《益州记》所记"蜀本无僚"真实可信。

（1）有僚说。与认为"蜀本无僚"相对，蒙默《"蜀本无僚"辨》[《西南民族大学学报》（人文社科版）1983 年第 3 期]一文则从史料考证、文献记载和僚与濮关系等方面证明"蜀本有僚"。认为"蜀本无僚"是后人无据臆猜，《博物志》《三国志》及甚至有"蜀本无僚"之言的《华阳国志》中都记载了在成汉引僚入蜀之前，巴蜀地区已有僚人分布。例如，古巴蜀地区的濮人即僚人，二者异名同实。此外，杨胜章也持此观点，但认为"蜀本无僚"应理解为"居无水地区之僚人"，无水是一条发源于僚人居住地的河流（《也说"蜀土无僚"》，《文史杂志》1987 年第 6 期）。此外，刘复生《入蜀僚人的民俗特征与语言遗存——僚人入蜀再研究》（《中国史研究》2000 年第 2 期）等研究中也持相似观点。

（3）综合说。刘琳在《僚人入蜀考》（《中国史研究》1980 年第 2 期）中认为原居于巴蜀的僰人、濮人便是僚人，但晋代蜀中僚人已迁徙或同化，即使有也已很少。因此，一般来说，"蜀本无僚"也不算错。周蜀蓉则在徐中舒研究基础上认为，① "三蜀"即今天成都平原为中心的川南地区，"三巴"即今川东与重庆地区。由此分析，"蜀本无僚"之说不错（见谭红主编《巴蜀移民史》，巴蜀书社，2006，第 89 页）。

二 族源问题

关于巴蜀地区僚人族源问题，因有巴蜀土著僚人和北上入蜀僚人两部分而更加难以厘清，对此，学界研究较多，但说法各异。目前主要有以下几种观点。

（一）濮人说

如田曙岚在其遗作《论濮、僚与仡佬的相互关系》（《思想战线》1980 年第 4 期）一文中，从文献记载、民族分布、生活习俗与文化特质、彝族对仡佬的称呼、仡佬的传说等方面研究认为"濮——僚——仡佬"是相承袭的。蒙默认为僚人是巴蜀地区古老的民族，而濮人是传说中西南地区最古老的民族，濮是他称，僚是自称，两者是自称与他称的区别而已。而古巴蜀的 11 个民族中，除共人是越人以外，其余 10 个都是僚人的支系，或者说是百濮的支系（《试论古代巴、蜀民族及其与西南民族的关系》，《贵州民族研究》1983 年第 4 期）。此外，王燕玉《古代夜郎族属考——濮、僰、僚、仡佬说》［《贵阳师院学报》（社会科学版）1984 年第 4 期］、方铁《先秦时期蜀、巴的民族关系》（《云南社会科学》1994 年第 6 期）、田晓岫《六山六水民族调查与仡佬族研究》（《贵州民族研究》2002 年第 3 期），以及王晓天、黎小龙《板楯蛮（賨人）源流考略》（《中国历史地理论丛》2012 年第 2 辑）等文也持有相似观点。

（二）巴人说

董其祥认为僚人是古代的巴賨，秦汉时期称为板楯蛮，唐代称为南平僚［（《巴渝舞源流考》，《重庆师院学报》（哲学社会科学版）1984 年第 4 期］。张勋燎则从风俗习惯出发，认为巴与僚的风俗习惯有多方面的相同或相似，这并非

---

① 徐中舒指出：晋人每以三蜀三巴并称，因此，常璩"蜀土无僚"之说应理解为三蜀无僚，而不是说三巴无僚。参见《巴蜀文化续论》，《四川大学学报》1960 年第 1 期。

民族间单一文化的借用或影响，因此，巴人即僚人［《古代巴人的起源及其与蜀人、僚人的关系》，《南方民族考古》（第一辑），四川科技出版社，1987］。

（三）越人说

很多学者从语言学角度进行研究，认为"僚"与"骆"两字实为相同，"僚"是"骆"的异译。如尤中最早在《汉晋时期的西南夷》（《历史研究》1957 年第 12 期）一文中论证"僚"是"雒"的音转字，乃"越种也"。其后又在《壮侗语诸民族的历史发展与演变》（《思想战线》1991 年第 4 期）一文中进一步从读音、分布区域等证明僚人源于越。持类似观点的还有刘琳《夜郎族属试探》（《民族研究》1980 年第 5 期）、董其祥《古代的巴与越（续）》［《重庆师范大学学报》（哲学社会科学版）1981 年第 1 期］、梁太鹤《崖葬与越僚关系》（《民族学研究》1982 年第 2 期）、宋蜀华《论古代云贵高原的濮、僚族及其和百越的关系》（《中央民族学院学报》1991 年第 5 期）、杨复兴《哀牢民族——瓯、僚》（《德宏教育学院学报》2003 年第 2 期）、朱丽《论移民与蜀地民间偶像崇拜的历史变迁》［《成都理工大学学报》（社会科学版）2008 年第 3 期］等。近期王文光、李艳峰《魏晋南北朝时期僚人分布述论》（《学术探索》2015 年第 3 期）一文又提出了僚人是汉族史家对骆越的新认识这一较为新颖的观点。

也有学者直接对"僚为越说"提出反对意见。如田曙岚《骆、僚研究》（《中南民族学院学报》1986 年增刊）一文针对普遍使用音韵学的研究方法提出了商榷意见，认为骆、僚二字自古至今都是不同声调、不同音韵、不同意义的，且"僚人"和"骆人"具有不同来源、不同地望、不同发展和不同生活习俗（文化特质）。相关文章还有张世铨《僚非越说》（《贵州民族研究》1986 年第 3 期）、杨明《重庆地区濮、僚族的相互关系及其社会状况》（《三峡文化研究丛刊》2002 年年刊）等。

（四）多源说

除了以上将僚人归于某一族源外，还有很多学者认为僚人的族源构成并不是单一的，而是由众多古代少数民族融合而成的，但对于具体的族源构成则说法不一。童恩正认为僚人是魏晋时期巴与濮、板楯蛮等混合而成的（《古代巴境内民族考》，《思想战线》1979 年第 4 期）。刘容《三峡文明中民族融合趋势简析》（《涪陵师范学院学报》2004 年第 2 期）、李绍明《夜郎与巴蜀相关民族的族属问题》［《华中师范大学学报》（人文社会科学版）2006 年第 4 期］等文与童恩正观点相似。张祥光认为僚源于濮，但只有一部分是濮人演变而来的，其来源具有多元性［《魏晋南北朝时期贵州各族的变迁》，《贵州师范大学学报》（社会科学版）1995 年第 2 期］。而鲜于煌认为僚是"种类甚多，散居山谷"的苗人、越人、仡佬人、彝人等众多少数民族在历史长河中逐渐融合、成长起来的一个"新种族"（《试论唐代三峡少数民族"獠人"的民俗生活特色及影响》，《西北民族研究》2003 年第 1 期）。钟金贵认为僚人是濮人与越人渗透部分发展而成的一个新族群（《仡佬族源流钩沉》，《芒种》2012 年第 15 期）。

总之，因巴蜀、西南地区少数民族构成复杂，历史记录与文化遗存较为模糊等原因，对巴蜀僚人族源的认识还十分不一致，甚至出现同一学者前后观点也有所不同的情况。

三　僚人入蜀问题

从史籍记载与现有研究来看，无论巴蜀地区是否旧有土著僚人，魏晋时期有大批僚人进入巴蜀地区，并产生了较为深远的历史影响这一事实仍为学者所广泛承认，因此，这也是巴蜀僚人研究的一个重点问题，相关研究集中在以下几个方面。

（一）入蜀时间

大批僚人进入巴蜀地区的时间，刘琳认为应在李寿时开始迁入，李势时乃自山而出（《僚人入蜀考》，《中国史研究》1980 年第 2 期）。蒙文通也持此观点［《汉唐蜀境之民族迁徙与户口升降》，《南方民族考古》（第三辑），四川科学技术出版社，1991］。张祥光前揭文则将僚人入蜀的时间具体考证为 340 年左右。肖迎则认为僚人入蜀在西晋末年"永嘉之乱"时（《成汉统治期间在西南民族地区设置的郡县》，《思想战线》1995 年第 5 期）。

（二）入蜀原因

对于僚人入蜀原因，刘琳在《僚人入蜀考》（《中国史研究》1980 年第 2 期）中认为主要有彝族先民与僚人的斗争、李寿为补充劳动力加以招引、东晋官吏的残酷压榨与疯狂报复等方面。周蜀蓉观点与刘琳相似，但论证更为细致，认为僚人入蜀是内、外因综合作用的结果：牂牁地区僚人自身受到昆明人东侵影响，且与土著濮人发生冲突，所在的南中地区长期战乱，两晋官员、成汉李氏对当地少数民族进行残酷镇压；而巴蜀地区相对稳定，晋汉征战造成大规模蜀民外徙，从而为僚人提供了一定的生存空间。加之当地统治者因"都邑空虚，郊甸未实"而有意招引，于是，牂牁地区僚人便北上入蜀［《试论"僚人入蜀"及其原因》，《四川师范大学学报》（社会科学版）2003 年第 5 期］。

（三）来源与人数

刘琳认为迁入巴蜀的僚人主要来自牂牁地区，人数最盛时不会少于三四百万（《僚人入蜀考》，《中国史研究》1980 年第 2 期）。肖迎也持相同观点。

（四）入蜀后的分布

刘琳认为，以今四川地理范围来看，《晋书·地理志》所载西晋设置的十五郡，其中十四郡有僚；又《新唐书·地理志》所载唐之五十五州，其中三十三州有僚。这还只是见于史籍记载者。其中又以岷、沱二江中下游及渠江上游地区，即晋代之犍为、巴西二郡分布最为密集（《僚人入蜀考》，《中国史研究》1980 年第 2 期）。刘复生考证僚人入蜀后主要分布在四川中部和南部地区。蒙文通认为，入蜀僚人分布情况是：沿长江两岸、嘉陵江以东至汉中地区，峨江东西岸直至蜀州，沱江两岸至简州，涪江两岸至涪城等。张祥光认为分布在三峡、黔江、渠江、嘉陵江、涪江、沱江等流域之地。王文光、仇学琴《僚族源流考释》[《广西民族学院学报》（哲学社会科学版）2006 年第 3 期] 一文认为所谓的"北僚"是魏晋时期北上入川的僚人，又称为剑南诸僚，南北朝时期，他们分布在汉中及川北地区。

张泽洪《魏晋巴蜀移民述论》（《许昌学院学报》1991 年第 4 期）则论述了僚人入蜀后的扩散情况，他认为僚人入蜀后最先占据巴地的城邑，后来才逐渐沿山傍岭，向蜀地发展，但僚人居住中心始终在巴地。肖迎前揭文具体考证了僚人入蜀的步骤，认为首先是聚居在牂牁郡内的僚人北上进入与牂牁郡相连的涪陵郡和巴郡，然后与这两地原有的僚人共同进入巴西郡内。

（五）入蜀影响与特点

僚人入蜀对于巴蜀地区社会产生了很大的影响，如黎小龙认为僚人入蜀打破了原来的夷夏界限，对整个地区有深远影响（《传统民族视域中的巴蜀北僚和南平僚》，《民族研究》2014 年第 2 期）。

而对于影响，大部分学者持肯定意见，尤其是在充实巴蜀人口、促进巴蜀开发与经济发展方面。相关文章主要有：张泽洪《魏晋南朝蛮、僚、俚族对南方经济发展的贡献》（《中国社会经济史研究》1989 年第 2 期）、《魏晋巴蜀移民述论》（《许昌学院学报》1991 年第 4 期）、王果《移民入川与四川井盐的开发》（《盐业史研究》1991 年第 2 期）、李绍先《成汉古巴蜀开发历史略论稿》（《德阳教育学院学报》2001 年第 4 期）、卢华语《论僚人入蜀及其意义》（《北朝史研究——中国魏晋南北朝史国际学术研讨会议论文集》，商务印书馆，2004）等。

张祥光认为僚人入蜀的直接后果是加速了成汉政权的灭亡。周蜀蓉《析僚人入蜀的影响》〔《西南师范大学学报》（人文社会科学版）2004 年第 1 期〕一文虽然认为僚人入蜀促进了僚、汉融合，使四川少数民族成分、结构和分布都发生巨大变化。而对于其自身而言，其使僚人社会向前发展，僚人特有的风俗文化丰富了巴蜀地区的民俗和语言。但僚人入蜀也对四川的经济文化产生了巨大的破坏作用。在一个相当长的时期中，带来了社会的动荡不安及文化的停滞。

此外，魏峡《张陵客蜀创道新解》（《宗教学研究》2000 年第 3 期）一文指出了僚人对于巴蜀道教的积极作用。

翁家烈《简论巴蜀僚人》（《贵州民族研究》2008 年第 4 期）总结认为，僚人入蜀具有规模大、分布广、政府设置若干专司对僚人进行管理，以及存在期长、活动频繁、影响深广等特点。

（六）去向

巴蜀地区的僚人在唐代以后不见于记载，应是融合于周边各族之中，但对于其具体去向的研究，学界观点有一定的差异。

江应梁《傣族史》（四川民族出版社，1983）一书认为：僚人反抗统治者剥削压迫失败之后，爆发了大规模的民族迁徙，原居住在成都平原北部今广汉、梓潼、绵阳、江油等地的僚人可能流散到陕南汉中一带；原居住在四川东部、东南部，今涪陵、长寿、南川等地的僚人可能流散到今贵州省境内；蜀西北的僚人可能融合于羌人中；居住在蜀西南，今雅安、眉山等地的僚人有可能融合到彝族中，也有的可能入滇。

周蜀蓉认为巴蜀僚人"融合过程的发展不平衡，不同地区完成的时间不一，融合的程度也参差不齐"。与汉人接触交流多的僚人则与汉人融合较快，反之则慢些。秦岭南麓一带、渠江上游的北僚融合较早，完成于唐朝；岷江、沱江流域的僚人融合大约完成于两宋之际；而长江以南的僚人，到唐末才开始与其他民族杂居。〔《析僚人入蜀的影响》，《西南师范大学学报》（人文社会科学版）2004 年第 1 期〕

王文光、仇学琴《僚族源流考释》〔《广西民族学院学报》（哲学社会科学版）2006 年第 3 期〕一文认为入川的"北僚"在隋唐以后，渐渐融合到当地的汉族中；"南僚"则是以古代以交广二州为中心的地区分布的僚族。

四 僚人管理、民族融合、社会经济诸问题

各代对僚人民族政策方面的研究，多包括在区域民族政策整体性研究之中，总的看来，大都认为各代采取了安抚、羁縻等政策和措施。吴永章《论晋代的

南方民族问题》一文具体谈到了政府对僚族如何管理问题，认为政府在僚族聚居区设置了专门的僚郡，并使用不同于汉区的租赋徭役标准（《民族论坛》1985年第1期）。相关文章还有肖迎（前揭文）等学者的论述。

虽然各代对于僚人采取了较有针对性的管理，但压迫与反抗也持续存在；而随着政府与僚人关系的不断深入，僚人与周围汉人的融合也随之推进。刘琳在《僚人入蜀考》（《中国史研究》1980年第2期）一文中认为，僚人在巴蜀地区受到了租赋、徭役、强市、压僚等方面的压迫。而僚人也进行了积极广泛的反抗斗争，从东晋到五代，见于史书记载的较大反抗就有四十多次。僚人的反抗斗争以岷、沱、渠三江流域最多，这与僚人的分布状况是一致的。从时间上看，则多发生在北朝至唐初，而尤以武德、贞观间最为频繁。僚、汉融合有自然融合和强制融合两种途径。僚、汉融合从僚人入蜀就开始了，不过直到南朝宋、齐、梁之际，这种融合还是很微小、很缓慢的，这一阶段的主要趋势是僚人人口大量增加，而不是与汉人的融合。北周以后情况就不同了，再到隋唐时期，封建统治势力进一步深入长江以南山区，在少数民族地区设置羁縻州县，使僚汉融合前进了一大步。不过，这一融合过程发展并不平衡，大抵涪江以东至巴岭地区融合较快，大约完成于唐代后期；岷、沱二江下游地区完成于两宋之际。至于长江以南山区及建南高原，总的来说更晚。相关文章还有吴静、张友谊《西南地区僚族与汉族的融合及意义》（《重庆三峡学院学报》2003年第2期）等。

关于僚族法律的研究，目前仅有韩敏霞《三国两晋南北朝时期的西南少数民族刑法》（《太平洋学报》2006年12期）一文有所涉及，文中指出：西南僚人使用习惯法，其习惯法带有原始社会的痕迹和奴隶社会的特征，经济文化水平的殊异影响到僚族的习惯法，这也是成汉采取不同统治手段的依据。

关于巴蜀僚人社会发展状态与经济门类，刘琳认为入蜀的僚人刚由原始社会末期进入奴隶社会初期，产生了奴隶主和奴隶两个阶级，他们以农业为主，手工业也较发达，其中"僚布"最为著名，还擅长铸造铜器，开凿盐井等（《僚人入蜀考》，《中国史研究》1980年第2期）。严英俊《古代僚族略述》（《历史教学》1982年第1期）一文也持相同观点。赵卫邦《中古时期四川的僚族》[《西南民族大学学报》（人文社科版）1984年第4期]文中考证认为，四川地区僚人较之居两粤者落后。相反，卢华语认为入蜀前的牂牁僚人并非如史书反映的那样落后，他们已是定居的农耕部落，会使用铁器，入蜀前已有相当程度的汉化。入蜀后，尤其对巴蜀的经济发展起到了很大的作用（见前揭文）。

此外，蒙文通认为，入蜀僚人引起蜀地人口大增，但附籍者很少。郭声波针对巴蜀雅州的僚人进行了研究，认为雅州僚是两晋时代从云贵高原迁徙来的壮侗语族种类，唐初已列为编户，称为编僚（《唐宋雅州边外羁縻州部族探考》，《中国历史地理论丛》2000 年第 4 期）。王义康对"夷僚"赋税情况进行了研究，认为剑南地区的夷僚户也是执行半输税额。半输是对处在汉化过程中夷僚的一种过渡性措施，剑南地区僚人大约三年期满后，根据自己的生产特点开始承担相应的赋役（《唐代"蕃族"赋役制度试探》，《民族研究》2004 年第 4 期）。

五 风俗文化问题

刘琳《僚人入蜀考》（《中国史研究》1980 年第 2 期）一文考证巴蜀僚人风俗具有椎髻、凿齿、通裙、鼻饮、干栏等壮侗系民族的特征。刘复生认为僚人具有使用铜鼓、葬行悬棺、崇祀竹王等民俗，具有使用壮侗语和接近壮侗语的特征，这在原分布区的地名中留下了其痕迹。而且，以上都是"入蜀僚人"专有，与原住居民有很大的区别（见前揭文）。

鲜于煌则以杜甫诗歌为主要史料，认为诗歌反映出僚人具有巢居、持刀刺鱼、畬田、打鼓鸣号、男坐女立、以十月为岁首等民俗。蒋先伟也运用杜甫的《负薪行》探讨了夔州僚族"男坐女立、男逸女劳"的"土风"，反对把它简单地说成"男尊女卑"，认为这是原始社会母系氏族的遗风（《从杜甫〈负薪行〉谈古代夔州的民风习俗》，《杜甫研究学刊》2000 年第 1 期）。

关于巴蜀僚人具体的风俗习惯研究，涉及拔牙、跣足、鼻饮、发式、信仰崇拜等方面。如韩康信、潘其风《我国拔牙风俗的源流及其意义》（《考古》1981 年第 1 期）一文认为，僚人拔牙原因有三，即表示成年、婚姻和服丧。龚维英《对原始人拔牙奇俗的考察和探索》（《社会科学家》1986 年第 1 期）中也有对僚人拔牙习俗的探讨，认为拔牙原因应包括治疗需要、追求美感、禁忌等，此外还有图腾崇拜和表示珍爱等因素在内。

叶相则考察了川东南南平僚跣足的原因，认为主要有：地理环境和气候特征的影响、相适应的生产方式和经济基础，以及相适应的宗教信仰和审美情趣三点［《西南民族跣足史考》，《四川大学学报》（哲学社会科学版）2004 年增刊］。

田曙岚对僚人鼻饮和铜鼓问题的传统解释提出了质疑，在《关于鼻饮和铜鼓问题的商榷》（《贵州民族研究》1980 年第 3 期）一文中指出：鼻饮是掬水而饮，并非真正违背生理地用鼻饮水，因饮水时双手遮住了口鼻，故有此误。另外，铜鼓非僚人所造，而是"骆越人"或"俚人"铸造的，僚人的"铜鼓"实为一种叫作"铜爨"的炊具，并非"骆越人"用来当作乐器的铜鼓。

管彦波《中国少数民族发髻说略》（《广西民族研究》1995 年第 2 期）一文认为僚人的发髻属于高髻式，并详细描述了其特点，认为具有爽朗明快之感。

对于僚人信仰中的"乌鬼"，蒋先伟认为"乌鬼"即"乌龟"，龟甲在古代是占卜的灵物，故夔州人"家家养乌鬼"，一旦卜筮则取之（《说"乌鬼"》，《四川师范大学学报》1990 年第 6 期；《论杜甫夔州诗的山川形胜和风土人情描写》，《四川师范大学学报》1991 年第 4 期）。张艳梅则认为"乌鬼"是夔州蛮僚的祖籍神，"养乌鬼"是僚人以家为单位进行的、以人作为祭品的祭祖仪式（《乌鬼考辨》，《重庆社会科学》2007 年第 7 期）。

钱安靖《论西南少数民族与道教的关系》（《贵州民族研究》1983 年第 4 期）一文认为：巴蜀僚人中有崇信五斗米教的教民，道教经典中明确记载少数民族可以入教，而且创建于西蜀鹤鸣山的五斗米教与作为西南少数民族之一的僚族有一定的历史渊源。另外，魏峡研究认为，洪雅瓦屋山一带僚人对巴蜀文化，特别是巴蜀原始宗教五斗米教能完整保存下来具有重大意义（见前揭文）。

关于僚人语言，张济民《古僚人语词今证》（《民族语文》1990 年第 2 期）一文列举了大量古僚人在地名中留下的痕迹，但基本都未能流传到今。马琦《"乐山"名称的由来》（《社会科学研究》1994 年第 1 期）一文则认为乐山应该是因古代僚人聚居区的僚山而得名。刘复生认为僚人具有使用壮侗语和接近壮侗语的特征，这在原分布区的地名中留下了其痕迹。

涉及巴蜀僚人葬俗的研究，多以四川、重庆等地所发现的悬棺墓、崖墓为讨论核心。目前来看，学者基本以这类墓葬为僚人或与僚人有一定渊源民族的墓葬遗存。相关研究主要有唐嘉弘《"都掌蛮"与"土僚"——四川珙县悬棺族属辨》（《文物》1980 年 11 期）；沈仲常《僰人悬棺岩画中所见的铜鼓形象》（《古代铜鼓学术讨论会议文集》，文物出版社，1982）、《珙县"僰人悬棺"岩画中的球戏》（《贵州民族研究》1982 年第 2 期）；刘豫川《宜宾岩穴墓与川南古代的僚人》（《四川文物》1987 年第 2 期）；刘振垠《四川珙县悬棺族属考》（《西南民族学院学报》1996 年第 6 期）；蒙默《〈僰人悬棺〉序》（《文史杂志》2003 年第 4 期）；王豫《重庆丰都和石柱县崖棺葬调查与研究》（《华夏考古》2004 年第 4 期）；邓沛《僰人悬棺定名无误——兼析川南悬棺葬的族属问题》[《青海民族大学学报》（教育科学版）2010 年第 4 期]；等等。

近年，新的科学方法被引入悬棺葬主人族属认定，胡兴宇等利用体质人类学方法对重庆三峡悬棺葬的骨骼中的两具颅骨进行了观测，但其结论尚无法确认墓主族属（《三峡悬棺葬人颅的测量与悬棺主人族属的探讨》，《泸州医学院学报》2008 年第 5 期）。

此外，对于巴蜀僚人遗存的研究还有李盛虎《南川廊桥群古僚人留下的绝世飞虹》（《城市地理》2014 年第 3 期）等。

◎ 历史文献

两宋时期的《三国志》研究

李纯蛟

（西华师范大学区域文化研究中心）

后周显德七年（960年），作为禁军统帅（殿前都检点）的赵匡胤，在陈桥驿（今河南开封东北）发动兵变后，回师都城夺取了少主恭帝的皇位，自己登上皇帝大位，建立了宋朝，史称北宋（960~1126年）。由于长期内忧外患的叠加，北宋国内积贫积弱的局面不断加深。在钦宗靖康元年（1126年），北宋终于为金人所灭。次年（1127年），赵构在南京应天府（今河南商丘）即皇帝位，后定都临安（今浙江杭州），偏居于江南，史称南宋（1127~1278年）。

在与辽金并峙的两宋时期，《三国志》的研究因应政治时势的需要，不仅气氛空前活跃，成果十分丰富，而且研究领域极富开拓性。

一 研究队伍空前扩大

在北、南两宋时期，研究《三国志》的学者人数众多。据不完全统计，目前已知至少60余人。其中较著名者如王应麟、吕南公、郑知几、陈亮、唐庚、高似孙、王安石、欧阳修、司马光、苏轼、李杞、萧常及其父、宗谏、师古、杨天惠、翁再、郑雄飞、朱黼、朱熹、黄继善、张栻、吕祖谦、陈振孙、晁公武、周必大、孙季昭、章望之等。

可以这样认为，在两宋300余年间，有关《三国志》研究的学者人数，应该远不止上面所说的区区60余人。由于各种原因造成文献的佚失和历代书目著录的遗漏，致使我们对两宋时期的全部《三国志》研究学者及其著述成果闻其名而不得见，也是不出情理所料中事。总之，两宋时期《三国志》研究者队伍的空前扩大，说明当时的研究氛围是非常浓厚的。

二 研究成果丰富多样

两宋时期《三国志》研究成果数量丰富。今可考的反映两宋时期《三国志》研究的著述如：洪迈《容斋随笔》、黄震《黄氏日钞》、韩元吉《南涧甲乙稿》、萧常《续后汉书》、欧阳修《欧阳文忠公集》、唐庚《三国杂事》、刘羲仲《通鉴问疑》、徐度《却扫编》、王铚《默记》、晁公武《郡斋读书记》、陈振孙《直斋书录解题》、胡寅《致堂读史管见》、朱黼《三国六朝纪年总辨》、佚名《历代名贤确论》、朱熹《朱子语类》、南宫靖一撰及明晏彦文续《小学史断》、王应麟《困学纪闻》、黄继善《史学提要》、陈亮《三国纪年》、司马光《资治通鉴》、王溥《唐会要》、章望之《朝统论》、张栻《经世纪年》、李昉等《太平御览》、张栻《汉丞相诸葛忠武侯传》、叶适《习学记言》、叶适《叶适集》、周宓《癸辛杂识》、王象之《舆地纪胜》、乐史《太平寰宇纪》等。这些成果既有对传统论题的持续争鸣，也有对新论题的相继展开；既有学术研究的深化，也有应用转化的创新，其所涉及探讨的领域多样。

三 传统论题持续争鸣

（一）论陈寿《三国志》魏、蜀正闰

关于陈寿《三国志》魏、蜀正闰之争，始自东晋，由来已久，至两宋依然激辩之而不曾中辍。可以这样说，两宋时期关于"正统"问题的长期论争，大致说来可归为两种意见。

第一种意见是对陈寿《三国志》以魏帝为纪不持异见，如欧阳修、苏轼、司马光等。

两宋时期关于"正统"问题的长期论争，都是围绕着《三国志》的魏、蜀正闰来展开的。要研究魏、蜀的正闰问题，厘清魏、蜀何为正、何为闰，不能仅就魏、蜀两国辨之，它必须要找到评判历史上类同情况的统一标准和合乎逻辑的历史依据。

因此，欧阳修做了《明正统论》来阐述他的正闰观，并以此表明曹魏应得正统，而批评陈寿不以曹魏统蜀、吴二国。欧阳修论点见于《欧阳文忠公集》卷五十九："凡为正统之论者，皆欲相承而不绝。至其断而不接，则猥以假人而续之。是以其论曲而不通也。夫居天下之正、合天下于一，斯正统矣（尧、舜、三代、秦、汉、晋、唐）。天下虽不一而居得其正，犹曰天下当正于吾而一，斯

谓之正统可矣（东周、魏、五代）。始虽不得其正，卒能合天下于一，夫一天下而居其上，则是天下之君矣。斯谓之正统可矣（如隋是也）。天下大乱，其上无君，僭窃并兴，正统无属，当是之时，愤然而起并争乎天下（东晋、后魏），有功者强，有德者王，威（一作盛）泽皆被于生民，号令皆加乎当世，幸而以大并小，以强兼弱，遂合天下于一，则大且强者谓之正统，犹有说焉；不幸而两立不能相兼，考其迹则皆正，较其义则均焉，则正统者将安与乎？其或终始不得其正，又不能合天下于一，则可谓之正统乎？不可也。然则有不幸而丁其时，则正统有时而绝也。夫所谓正统者，万世大公之器也。有得之者，有不得之者，而论者欲其不绝而猥以假人，故曰曲而不通也。或曰可绝则王者之史何以系其年乎？曰欲其不绝而猥以假人者，由史之过也。夫居今而知古，书今世以信乎后世者，史也。天下有统则为有统，书之天下无统则为无统，书之然后史可法也。昔周厉王之乱，天下无君，周公、召公共行其政，十四年而后宣王立，是周之统当绝十四年而复续。然为周史者记周、召之年谓之共和，而太史公亦列之于年表。汉之中衰，王莽篡位十有五年而败，是汉之统尝绝十五年而后续，然为汉史者载其行事作《王莽传》，是则统之绝何害于记事乎？正统，万世大公之器也；史者，一有司之职也。以万世大公之器假人而就一有司之记事，惑亦甚矣。夫正与统之为名甚尊而重也，尧、舜、三代之得此名者，或以至公，或以大义而得之也。自秦、汉而下，丧乱相寻，其兴废之迹、治乱之本，或不由至公大义而起，或由焉而功不克就，是以正统屡绝而得之者少也。正统之说曰尧、舜、夏、商、周、秦、汉、魏、晋而绝由此，而后天下大乱，自东晋太建之元年止，陈正明之三年凡二百余年。其始也，有晋者并起而争，因时者苟偷而假冒，奋攘败乱不可胜纪，其略可纪次者十六七家。既而以大并小，以强兼弱，久而稍稍并合天下，犹分为西、东晋、宋、齐、梁、陈，又自分为后梁，而为二后魏、后周、隋，又自分为东魏、北齐，而为二，是四者皆不得其统。其后，后周并北齐而授之隋，隋始并后梁、又并陈，然后天下合为一而复得其统，故自隋开皇九年复正其统曰隋。唐、后汉、周，夫秦自汉而下皆以为闰也。今乃进而正之，作《秦论》，魏与吴、蜀为三国，陈寿不以魏统二方而并为三志，今乃黜二国进魏而统之，作《魏论》，东晋、后魏，议者各以为正也，今皆黜之，作《东晋论》、《后魏论》，朱、梁四代之所黜也，今进而正之，作《梁论》，此所谓辨其可疑之际，则不同之论息而正统明者也。"

欧阳修提出，评判正闰的统一标准有四条，凡符合其中之一条者，可以称为正统。在他看来，汉末天下大乱，曹魏虽然是在未能统一天下即称帝而立国的，但它毕竟是继承献帝的刘汉统序，并且致力于天下一统的，所以曹魏应该属于正统，是符合他所说的标准之一，即"天下虽不一而居得其正，犹曰天下当正于吾而一，斯谓之正统可矣（东周、魏、五代）"的。欧阳修认为，"魏与吴、蜀为三国，陈寿不以魏统二方而并为三志"，因此，他"今乃黜二国进魏而统之，作《魏论》"，明白表达了他尊魏抑蜀的态度。正因为如此，刘克庄在《后村诗话》卷六说："周丞相（按即周必大）为萧（按即萧常）序此书（按即《萧常续后汉书》）谓欧公议正统不黜魏，其客章望之著明统论以辨之。"

当然，欧阳修的真实用意还不在此。按他的这一标准，五代犹如曹魏都是正统，那么继五代之后周而立的宋朝，自然也是正统了。这才是他的本旨之所在。

司马光的正闰观是："正闰之际，非敢所知，但据其功业之实而言之"（《资治通鉴》卷六九）。就是说，孰正孰闰，评判的唯一标准是"但据其功业之实而言之"。什么是司马光所说的"功业之实"呢？是"能一天下"，符合这一标准的，即"正"；反之，"凡不能一天下者，或在中国，或在方隅，所处虽不同，要之不得为真天子"，即"闰"（《司马文正公文集》卷六一）。因此，他纂修《资治通鉴》，即坚持以魏为正统，只是改称"蜀"为"汉"，仅此而已。故南宋萧常著《续后汉书·章武以来吴魏年表第二》里不无遗憾地说："近世司马公光作历代编年，以汉传于魏，魏受之汉，不得不取魏。且谓昭烈于汉族属疏远，是非难辨，不可与光武、晋元比，不得绍汉氏遗统。"胡一桂也在《十七史纂古今通要》批评说："温公（按即司马光）进魏黜蜀，则祖陈寿之旧史，此以强弱论也。"

第二种意见则批评陈寿《三国志》不予正统给刘氏蜀汉，论者虽多，然观点大同小异。

唐庚《三国杂事原序》说："上自司马迁《史记》，下至《五代史》，其间数千百年正统偏霸与夫僭窃乱贼甚明。至弱之国，外至蛮夷戎狄之邦，史家未有不书国号者，而《三国志》独不然。刘备父子相传四十余年，始终号汉，未尝一称蜀。其称蜀者，流俗之言耳。陈寿黜其正号，从其俗称，循魏、晋之私意，废史家之公法，用意如此，则其所书善恶、褒贬、与夺尚可信乎？魏、晋之世，称备为蜀，犹五代称李璟为吴、称刘崇为晋矣。今《五代史》作南唐、东汉世家，未尝以吴、晋称之，独陈寿如此，初无义例，直循好恶耳。"

韩元吉《三国志论》："史之法以记事为先，然其大略不可以无《春秋》之遗意也。司马迁作《河渠书》述禹贡、作《货殖传》述子贡范蠡，班固因之。夫迁之书五帝以来之史也，固之书汉之史也，禹与子贡、范蠡何以见于汉哉。则亦不得乎记事之体矣。自迁、固作《吕后本纪》，而为唐史者则亦作《武后本纪》。夫吕后以女子而擅汉者也，其国与主犹在也。武废其国与主而称周矣，何以得纪于《唐》乎？是大失乎《春秋》之意者也。陈寿之志《三国》，其记事亦略矣。欲取《春秋》之意则未也，寿之书以《三国》云者是矣。以《三国》云者，示天下莫适有统也；魏则纪之，吴蜀则传之，是有统也。魏之君曰帝、曰崩，吴之君曰某、曰薨，蜀之君曰主曰殂，此何谓耶夫？既已有统矣，而又私于蜀，是将以存汉也。存汉则不可列于传也。且蜀者当时之称也，昭烈之名国亦曰汉尔。今不以汉与之者，畏其逼魏也。然其名不可没也，其所以名国者，则汉不存矣。无已则曰蜀汉乎？孙氏之有江东，其何名哉？诸侯割据者也。虽然魏已代汉矣，纪之可也。吾将加蜀以汉，加其主以帝王而并纪之，以其与蜀者与吴，易其名与薨而存于传，庶乎后世知所去取矣。"

在张栻的正统观中，只有"居正"亦即"道德"的高度，几乎没有"一统"亦即"功业"的位置。他在《经世纪年·自序》中以"尊王攘夷"为指归，指出"合天下于一"只是霸道之私，"居天下之正"才是王道之公。他把正统论当作扶持万世纲常的支点，赞扬以仁义得天下、以王道治天下的历史观。在三国孰为正统的问题上，他坚持蜀汉为正，魏、吴为闰，原因就是蜀汉以正义立国，得天下之大纲，这与北宋多数学者以曹魏为正统的观点截然不同。南北对峙，张栻持夷夏之防论以辨正闰，以正统归南宋。可见，在张栻这里，"居正"和"攘夷"是其史学正统论的核心。

跟张栻同时代的朱熹对正统问题备加关注，他著《资治通鉴纲目》，以道德性命之"天理"将纷繁复杂的历史现象贯穿起来。虽然把是否"天下为一"作为衡量封建政权是否取得正统的标准，"强调大一统和尊王攘夷是其正统之辨的主旨之一"。但更重要的是，朱熹在以事功论正统的同时，更强调明顺逆、斥篡贼、立纲常、扶名教，以张正统。他不像张栻那样不顾"事功"，而依然重视王朝的"功业之实"，提出"只天下为一，诸侯朝觐狱讼皆归，便是得正统"（《朱子语类》卷一〇五）。但他明显意识到只重功业必然无法伸张天理和王道，为了弥缝其说，又提出了"正统之余"的说法，"始得正统，而后不得者"即为"正统之余"。以之衡量历代王朝，东晋、蜀汉便是正统之余，故而三国鼎立，以蜀汉为正统。

黄震《黄氏日钞》卷四八《读史三·三国志》斥责陈寿认曹贼为帝，说："汉室既衰，曹氏为贼，昭烈以宗室之英，信义闻于天下。帝故授之密诏，俾之除之，使昭烈之计行，则汉室之鼎安，操特一狐鼠耳。不幸天不祚汉，昭烈不得已起兵于外。曹既篡汉，昭烈又大不得已即位于益。昭烈之心何心哉？诚不忍四百年之宗社一旦为他人窃耳。然昭烈之汉在，则高帝之汉犹未亡，江东孙氏不过以戴汉为名，而曹氏之篡汉则罪不容于天地之间矣。何物鬼魅窃弄史笔，谓贼为帝，谓帝而为贼"；"世言昭烈之汉卒为魏所灭，愚谓魏岂能灭汉？魏（按当作汉）为晋所灭耳。何则？三国之君贤否虽不同，要皆命世之豪，未可旦夕并也。司马氏本碌碌无他，常托身曹氏，阴为螳螂黄雀之势，徐伺三国之既弱，然后取汉以取魏，取魏以取吴。故司马氏之取汉者，为取魏张本也。汉灭而魏随之矣。魏亦乌能取汉哉！呜呼，方三国之强也，龙争虎战，彼此不能得尺寸土。及其衰也，以一庸人谈笑而尽有之。世运之离合，固亦有时也哉。"

萧常在其《续后汉书》卷四《章武以来吴魏年表第二》中认为，陈寿入仕西晋，自然是要抑汉尊魏崇晋为正统的。他说："按昭烈以建安二十四年走曹操于汉中，秋，群下表为汉中王，明年操子丕篡国，又明年昭烈从群臣请即帝位于成都，改元章武，初未尝称蜀，参考傍载亦无称蜀之文。陈寿《三国志》即孙、曹本号，名其书曰吴、魏，独于昭烈之书不曰汉而曰蜀，且昭烈帝室支属系承正统称汉为宜。寿抑而不书而书其地，岂以其所处之偏壤地之狭耶？周自东迁以来诸侯强大，拓地至数圻，王室不绝如缕，孔子作《春秋》书王、书正必系之周，不以周之微而遂绝之也。或谓寿既归晋则为晋人，晋承魏统不得不抑汉，抑汉所以尊魏也。"

周必大在其《续后汉书序》里也同样批评陈寿尊魏抑汉："曹氏代汉名禅实篡，特新莽之流亚。丕方登坛自形舜禹之言，固不敢欺其心矣。今向千载好恶岂复相沿？而苏轼记王彭之说以为涂巷谈三国时事，儿童听者闻刘败则颦蹙，曹败则称快，遂谓君子小人之泽百世不斩。兹岂人力强致也欤？陈寿身为蜀人徒以仕屡见黜，父又为诸葛亮所髡，于刘氏君臣不能无憾。著《三国志》以魏为帝而指汉为蜀，与孙氏俱谓之主，设心已偏。故凡当时祫祭高帝以下昭穆制度皆畧而勿书，方且乞米于人欲为佳传私意，如此史笔可知矣。其死未几，习凿齿作《汉晋春秋》起汉光武终晋愍帝以蜀为正、魏为篡，谓汉亡仅一二年则已为晋炎兴之名，天实命之，是盖公论也。"

此抑或对陈寿《三国志》为魏帝立纪未持异议，或批评陈寿《三国志》以魏为正统，极力主张尊汉帝蜀的学者不在少数。兹从略。

（二）辨陈寿《三国志》书法曲直

陈寿"索米"说。关于此说，在南宋多有论议，学者们的观点大致有两种。或确信此说为真实者，如陈振孙《直斋书录解题》卷四"三国志六十五卷"条说："然乞米作佳传，……难乎免物议矣。"周必大在给萧常《续后汉书》所做的序里说："陈寿……乞米于人欲为佳传，私意如此，史笔可知矣。"也有学者对此持怀疑的态度，如晁公武在《郡斋读书志》卷二上"三国志"条就说："至于谓其……求丁氏之米不获，不立仪、廙传之类，亦未必然也。"

"厚诬诸葛"说。关于此说大致也是在南宋学者中有所讨论，同样也是信与疑两说并有。持确信者，如陈振孙《直斋书录解题》卷四"三国志六十五卷"条："（陈寿）以私憾毁诸葛亮父子，难乎免物议矣。"佚名《历代名贤确论》

卷五六："陈寿以谓管、萧之亚盖之矣。然寿以谓应变将略非其所长，信乎？此非也。……呜呼！岂寿挟髡其父之故耶？抑其所自见如此也。"周必大《萧常续后汉书序》说："陈寿蜀人，徒以仕屡见黜，父又为诸葛亮所髡，于刘氏君臣不能无憾，著《三国志》以魏为帝，而指汉为蜀，与孙氏俱谓之主，设心已偏。"魏了翁《鹤山集》卷四四《夔州卧龙山记》："陈寿以私怨作史"，将诸葛亮"如比管、乐，书申、韩，以讫于祁山之役忧患呕血，诬谤亦非不多也。……彼（曹）操、（司马）懿君臣欺孤盗鼎，虽万世在后与一时利害不相涉也，而三尺童子且唾弃不之顾，陈寿诬蔑公理，人之视之如见肺肝"。朱黼《三国六朝五代纪年总辨》说："孔明高卧南阳，自比管、乐，时人莫之许也。余窃论之，孔明王者之佐、伊尹之俦也。管、乐之比，特主乎拨乱继统之志，一时自寓之言耳。若陈寿者，奚足以知孔明哉！"

对此，也有持怀疑态度的。如北宋唐庚在他的《三国杂事》卷上说："人君继体，逾年改元，而章武三年五月改为建兴，此陈寿所以短孔明也，以吾观之，似不为过。"唐庚此番评论是就《三国志·先主传》陈寿"评曰"而发的，他认为陈寿所说的"礼，国君继体，踰年改元，而章武之三年，则革称建兴，考之古义，体理为违。……诸葛亮虽达于为政，凡此之类，犹有未周焉"的话，从表面上看似乎是在"短（批评）孔明"，实际上是实事求是地给诸葛亮做出了正确评价。晁公武在《郡斋读书志》卷二上"三国志"条说："至于谓其（陈寿）衔诸葛孔明髡父而为贬词，……亦未必然也。"

四　新发论题相继展开

综观两宋时期学者对陈寿《三国志》的优劣得失研究和评论提出来的新论题，大致可以概括为肯定和批评两个方面。

肯定方面的新论题是：

其一，史书体制结构的次第安排有创新。

如吕夏卿《唐书直笔》卷三指出：司马迁著《史记》、班固著《汉书》、范晔著《后汉书》，分别把"皇后之传编《世家》之间、居《列传》之末、列《帝纪》之下"，这是此三人"之短也"。而陈寿《三国志》把《皇后传》"冠于《列传》之首"，"酌古今之法"而论之，"唯陈寿得之"。苏颂《苏魏公文集》卷六八《与胡恢推官论南唐史书》的看法也大致如此。他认为："仲尼曰必也正名，是古人之凡有所为，必当先正其名，况在史志之作为后世信书，岂不先务其名之正乎？今足下题三主事迹曰《南唐书》某主载记者，得非以李氏割据江表列于伪闰非有天下者，故以载记代纪之名乎？夫所谓纪者，盖摘其事之纲要而系于岁月而属于时君，乃《春秋》编年之例也。史迁始变编年为本纪，秦庄襄王而上与项羽未尝有天下而着于本纪，班固而下其书或称帝纪，言帝所以异于诸侯也。故非有天下者不得而列焉。而范晔又有《皇后纪》以继帝纪之末，以是质之言纪者不足以别正闰也。或者谓陈寿《三国志》吴、蜀不称纪而著于传，是又非可为法者也。寿以魏承汉统为正故称纪，吴、蜀各据一方故在诸侯之列而言传。愚以谓既以魏为正统则诸侯宜奉天子之正朔，其书当皆言《魏志》吴主、蜀主传，安得言《三国志》而于吴、蜀主传各称其纪年乎？若曰吴、蜀不禀魏正各擅制度，则其书自称纪无害史例也。或者又谓仲尼作《春秋》不曰周史而曰鲁史，不称天王之元年而称鲁公之元年，则吴、蜀传不系于魏史而自称其年纪，于义无异。"

其二，论陈寿臧否人物谨遵司马迁不以成败论英雄的史笔。

如陈傅良《八面锋》卷一一说："古之论人者，考其人而不计其功。固有其才可以为而不达、不及施与，既施而中夺者，何可胜数？而中才常人，乘时以功名显者，世常有之。昔司马子长论李将军为将，其言哀痛反覆，深悲其无成，以为百姓知与不知皆为流涕。至论霍去病无他美，独天幸不致困绝。若（司马）迁者，可谓不以成败论（李）广也。"陈傅良进一步指出陈寿谨遵司马迁笔法论评诸葛亮："诸葛孔明偃隆中，一见先主便及天下大计，然终身奔走仅成鼎足之功，而不能兴先汉之业。其视萧相国之佐高祖，诚有间矣，而陈寿以为管、萧之亚匹。若陈寿者，亦可谓不以成败论孔明也。"

其三，裁制人物史事的方法高妙简洁。

如晁公武《郡斋读书志》卷二上"三国志六十五卷"条评论："王通数称寿书，细观之，实高简有法。如不言曹操本生，而载夏侯惇及渊于诸曹传中，则见嵩本夏侯氏之子也。高贵乡公书卒，而载司马昭之奏，则见公之不得其死也。他皆类此。"

批评方面的新论题是：

其一，《三国志》裴注文字"多过本书数倍"。

南朝宋时，裴松之《上三国志注表》曾有陈寿《三国志》"失在于略，时有所脱漏"之说。至宋，持此说者时或有之。如北宋的苏轼，王若虚在《滹南集》卷二六说："东坡尝言《三国志注》中好事甚多，而惜其（《三国志》）遗漏。"该书著者也接着评论道："自今观之，信然。如曹操征乌桓，还，自谓幸胜而偏赏先谏者，可以为千古法也。操一生所行类皆不道之事，独此一节，有光青史。而陈寿略之，岂非阙典之甚哉！"以上几家说的是陈寿《三国志》所述三国史过于简略。而南宋晁公武在《郡斋读书记》卷二上"三国志"条里则提出《三国志》的字数比之于裴注少了很多。他说："宋文帝嫌其略，命裴松之补注，博采群说，分入书中，其多过本书数倍。”晁氏此说，提出了此前所没有的一个新论题，并成为在其后的近千年里学界聚讼纷纷的论争之一。

其二，《三国志》未能作“志”。

如郑樵《通志·自序》说：“江淹有言：‘修史之难，无出于志。’诚以志者宪章之所系，非老于典故者不能为也。不比纪传，纪以年包事，传以事系年，儒学之士皆能为之，唯有志难，其次莫如表。所以范晔、陈寿之徒能为纪传而不敢作表、志。”马端临在《文献通考·自序》里重申郑樵之说，认为：“陈寿号善叙述，李延寿亦称究悉旧事，然所著二史，俱有纪传而独不克作志。”

其三，《三国志》述史失实。

此稽考和评论陈寿《三国志》撰著得失的学者不在少数，检讨陈寿述史失实者即为其中的一部分。

北宋唐庚的《三国杂事》卷上评陈寿把孙权比之于勾践不当，因为勾践当年并未受吴王封爵而孙权则受之于魏。其文曰：“黄初二年八月魏遣太常邢正（按《三国志》作贞）持节拜孙权为吴王，加九锡，权受之。是岁，吴、蜀相攻，大战于夷陵。吴人卑辞事魏，受其封爵，恐魏之议其后耳。……既而魏责任子，权不能堪，卒叛之，而为天下笑。方其危急之时，群臣无鲁仲连之识，出一切之计以宽目前之急。而陈寿以勾践奇之。勾践事吴则尝闻之矣，受吴封爵则未之闻也。”

南宋洪迈《容斋随笔》卷八“孙权称至尊”条评陈寿《吴书》书时人称孙权为“至尊”为不妥的文字，是这样说的：“陈寿《三国志》故多出于一时杂史，然独《吴书》称孙权为至尊，方在汉建安为将军时已如此。至于诸葛亮、周瑜，见之于文字间，亦皆然。周瑜病困与权书曰：曹公在北，刘备寄寓，此至尊垂虑之日也。鲁肃破曹公，还，权迎之，肃曰：愿至尊威德加乎四海。吕蒙遣邓玄之说郝普曰：关羽在南郡，至尊身自临之。又曰：至尊遣兵相继于道，蒙谋取关羽，密陈计策，曰：羽所以未便东向者，以至尊圣明，蒙等尚存也。陆逊谓蒙曰：下见至尊宜好为计。甘宁欲图荆州，曰：刘表虑既不远，儿子又劣，至尊当早规之。权为张辽掩袭，贺齐曰：至尊人主，常当持重。权欲以诸葛恪典掌军粮，诸葛亮书与陆逊曰：家兄年老而恪性疏，粮谷，军之要最，足下特为启至尊，转之逊以白权。凡此之类，皆非所宜称。若以为陈寿作史虚词，则《魏》《蜀》不然也。”

袁文《甕牖闲评》考评陈寿《蜀书·甘皇后传》述史有误，其在《甕牖闲评》卷二指出：“汉高帝初起野战，丧黄妣于黄乡。后不免招魂以葬，遂谥为昭灵夫人。此高帝即位之五年也。至吕后七年，从丞相平之请，于是尊昭灵夫人为昭灵皇后。班固《汉书》载之甚详，而《三国志·甘后传》云：昔高皇帝追尊昭灵夫人为昭灵皇后，乃以为封皇后在高帝之时。何不同如此也，疑《三国志》中有误，当更考之。"

其四，说谯周劝降之是非。

这是此处提出的又一个新的论题。

陈寿在《三国志》谯周本传评周劝后主降魏之事件时说："刘氏无虞，一邦蒙赖，周之谋也。"此期一些学者由于力主尊蜀抑魏，对谯周也提出了与陈寿不同的评价。北宋唐庚《三国杂事》卷下说："孔明卒时五十四，……（庞）士元物故尚未三十七，……（郤）正卒时四十五，（马）超卒四十七，（马）良三十五，……（张）飞卒时年才五十许，霍俊年四十七。此数杰者皆以高才早逝，而谯周至七十余而终，天不祚汉明矣。"胡寅《致堂读史管见》卷六说："周所陈非亡国之法，死于宗庙正也。服为臣虏，是徐子章羽所以见恶于《春秋》者。周何以贪生失理，勉其君哉！"南宋朱黼《三国六朝五代纪年总辨》说："要谯周之为是策，大抵特为身谋，非复少为汉计也。深受全国之赏而君为亡国之俘，周真小人哉！"王应麟《困学纪闻》卷一三也有近乎唐庚的话，他说："君子、小人之寿夭，可以占世道之否泰。诸葛孔明止五十四，法孝直才四十五，庞士元仅三十六，而年过七十者乃奉书乞降之谯周也，天果厌汉德哉？"

五　改修《三国志》之风再起

改修《三国志》之风，肇于南北朝。其间历隋唐此风似息，至两宋再起，此消彼长，声浪逐高。两宋改修《三国志》撰写后汉历史著述，主要有萧常的《续后汉书》、翁再的《蜀汉书》和郑雄飞的《蜀汉书》等。论及其改修，有两种不同的缘由和结果。

一是由《三国志》文本所起。

陈寿《三国志》自南朝宋文帝嫌其书"失在于略，时有所脱漏"，使裴松之"采三国异同以注陈寿《国志》"始，至北宋则有改修的动议。据宋人王铚《默记》卷中说："东坡（苏轼）自海外归，至南康军语刘羲仲壮舆曰：（苏）轼元丰（宋神宗年号，1078～1085年）中过金陵，见介甫（王安石）论《三国志》。（王安石）曰：'裴松之之该洽，实出陈寿为上，不能别成书，而但注《三国志》，此所以□陈寿下也。盖好事多在注中。安石旧有意重修，今老矣，非子瞻（苏轼之字），他人下手不得矣。'轼对以'轼于讨论非所工'。盖介甫以此事付托轼，轼今以付壮舆也。仆闻此于壮舆，尽直记其旧言。"

又刘元高《三刘家集》载："东坡尝谓刘壮舆曰：'《三国志》中好事甚多，道原欲修之而果辞也。'壮舆曰：'端明何不为之？（东）坡曰：'某虽工于语言，也不是当行家。'旧闻刘道原以史学自名，羲仲世其家学，尝摘欧阳公《五代史》之讹误作纠谬以示东坡，曰：'往岁欧阳公著此书初成，王荆公谓余曰：欧阳公修《五代史》而不修《三国志》，非也。子盍为之乎？余固辞，不敢当。'"

以上两条材料告诉我们：

第一，王安石指出陈寿著《三国志》，漏略了裴注当中的很多好的材料，抱憾裴松之未能"别成书"。

第二，王安石原先也"有意重修"，值与苏轼论及此事时，即将重修《三国志》之任托付给苏轼。

第三，苏轼托词"于讨论非所工"，未能应允王安石之付托。

第四，苏轼转将王安石所托之事付予刘壮舆（羲仲）。

第五，刘道原虽欲改修，但是无果而终。

第六，王安石、苏轼都曾把改修《三国志》的事情付托给刘壮舆，而终被婉拒。

元丰年间动议改修《三国志》的缘由和结果，正如陈振孙在《直斋书录解题》卷四里所说的那样："（《三国志》）然要为率略，松之在元嘉时承诏为之注，鸠集传记，增广异闻。大抵本书（按即《三国志》）固率略，而注又繁芜，要当会通裁定，以成一家之言，而未有奋然以为己任者。"这可以说是前期即元丰年间动议改修《三国志》而无果的情形。

陈振孙又言："（元）丰（1078~1085年）、（元）祐（1086~1093年）间，南丰吕南公（吕祖谦）锐意为之，题其斋曰'衮斧'，书垂成而死，遂弗传。又绍兴（1131~1162年）间郑知几维心尝为之，乡里前辈多称其善，而书亦不传。近永康陈亮亦颇有意焉，仅成论赞数篇见集中，而书未尝修也。"这就告诉我们，自北宋元丰、元祐年间直至南宋，其后期动议改修《三国志》的事，仍然无大成。

当然，这里必须要弄清楚的是，因文本疏略改修《三国志》，它是不同于两宋时期主张尊蜀为正统的改修的。它所要改修的只是把裴注中的"好事"，增补进陈寿的《三国志》里罢了，似乎并未涉及魏、蜀正闰的问题。

二是主因时局变迁所致。

靖康之难，北宋灭亡，宋室南迁。其时虽然有金人侵逼，但是士大夫们多有苟且偷安、不思光复大宋者。一些心存宋朝大业的有识之士，试图用重修三国史、褒扬刘备心存汉室努力进取，来激励人们的抗金斗志。这种情形，即如元人苏天爵在《滋溪文稿》卷二九《题孙季昭上周益公请改修〈三国志〉书稿》所说的那样："宋氏南渡，执政大臣忘仇忍辱，窃禄苟安，一时儒者忠义感激痛愤，怨疾既不果用，思见于言。"当宋室南渡之后，尽管有不少主战派在坚持抗金斗争，但是在南宋朝野间始终弥漫着失落的气氛，尤其是那些消极抗战、一味主张和金称臣的投降派，自认为大宋正统已亡，南渡的宋室只不过是在苟延残喘、偏安度日而已。而有识有志之士，则欲用改修《三国志》之途径，向世人昭告：南宋偏居江南，犹如蜀汉之在巴蜀，既然刘备继汉而未灭，且志在"兴复汉室，还于旧都"，那么岂能说大宋已亡而不奋发光复呢？因此，必须让人们重新认识三国蜀汉的历史，并从此振作奋发起来。

怎么做呢？当然首先得从改修《三国志》、给刘备的蜀汉正名做起。南宋人黄震在他的《黄氏日钞》卷四八《读史三•三国志》里是这么说的："呜呼！不知蜀之名其何所据乎？蜀者，地之名非国名也，昭烈以汉名未尝以蜀名也。不特昭烈未尝以蜀名，虽孙氏之盟亦曰汉。吴既盟同讨魏贼，是天下未尝以蜀名之也。彼小人兮独何所据而以蜀名之乎？且国之有称号，犹人之有姓氏也。自古及今未有改人之姓氏而笔之，书则亦未有改人之国号而笔之史者也。谓其偏据与刘渊自谓汉人，犹谓之汉，谓其未能中兴。与元帝累累南渡世亦谓之晋矣，未闻以其居吴而谓之吴也。然则蜀之号其何所始？毋乃汉、贼不两立，而盗憎其主人。老瞒氏始改其所谓汉而私谓之蜀乎？诚以汉之名尚存，则天下岂容有魏？魏苟明谓汉为汉，则是以臣而敌君，故特惕焉。无以自容而人亦孰为之用？故不得不谬以蜀名之，姑以自欺且以欺人也。史氏实录将以示信万世，亦从而蜀之何？与史氏不得其人无责也。儒生学士至今亦习闻其称而蜀之又何与？故欲观三国之志载者，他未暇责也，必先正蜀汉之称而后可。"

其时因此而改修《三国志》的情形，苏天爵说："此蜀汉统序所由正也，大者纪于册书，次者表于论著。季昭之陈三书，亦以是欤！益公既不能遵作，庐陵萧常第为纪、四篇、表四篇而已。"又《四库全书总目提要》说："《续后汉书》四十七卷，南宋萧常撰，常庐陵人乡贡进士，初，常父（萧）寿朋病陈寿《三国志》帝魏黜蜀，欲为更定，未及成书而卒，常因述父志为此书。"

这里的两条材料告诉我们：其一，因应时局变化欲以尊蜀为正统而改修《三国志》，是在南宋时期。其二，首倡改修者为孙季昭，他希望周必大（益公）能担此任，而周必大"不能遵作"。其三，大致在这时或之前，萧常的父亲已经在做改修《三国志》的工作了，但是"未及成书而卒"。其四，萧常"因述父志"，担当起了重新改修的任务，撰著完成《续后汉书》47卷。"此书以昭烈帝为正统，作帝纪二卷，年表二卷，列传十八卷，以吴、魏为载记，凡二十卷，又别为音义四卷，义例一卷。于《蜀志》增传四十二，废传四，移《魏志》传入汉十，《吴志》废传二十、《魏志》废传八十九，多援裴注以入传，其增传亦皆取材于注，间有注所未及者，建安以前事则据范书，建安以后则不能复有所

益。"（《四库全书总目提要》）

周必大对萧常此书大加赞赏，并为其作序说："曹氏代汉名禅实篡，特新莽之流亚。丕登坛自形舜禹之言，固不敢欺其心矣。今向千载人之好恶岂复相沿。而苏轼记王彭之说以为塗巷谈三国时事，儿童听者闻刘备败则颦蹙，曹败则称快。遂谓君子、小人之泽百世不斩，兹岂人力强致也。与陈寿身为蜀人，徒以仕屡见黜，父又为诸葛所髡，于刘氏君臣不能无憾，著三国志以魏为帝，而指汉为蜀，与孙氏俱谓之主，设心已偏。故凡当时祫祭高帝以下昭穆制度皆略而不书。方见乞米于人欲作佳传，私意如此，史笔可知矣。其死未几，习凿齿作汉晋春秋，起光武终愍帝以蜀为正、魏为篡，谓汉亡仅一二年，则已为晋炎兴之名，天实命之。是盖公论也。然五十四卷徒见于唐《艺文志》。本朝《太平御览》之目逮仁宗时修《崇文总目》，其书已逸或谓世亦有之而未之见也。幸晋史载所著论千三百余言，大体昭然。刘知几《史通》云：备王道则曹逆而刘顺。近世欧阳修议正统不黜魏，其宾客章望之著《明统论》辨之。见于国史，张栻《经世纪年》直以先主上继献帝为汉，而附魏、吴于下，方皆是物也。今庐陵贡士萧常潜心史学，谓古以班固史为《汉书》，范煜史为《后汉书》，乃起昭烈章武元年辛丑，尽少帝炎兴元年癸未为《续后汉书》。既正其名复择注文之善者并书之。积勤二十年成帝纪、年表各二卷，列传十八卷，吴载记十一卷，魏载记九卷，别为音义四卷。惜乎！寿所略于前使常不得追记英贤、宪章于后，以释裴松之之遗恨也。昔周东迁，寖以微弱，至春秋时仅为王城，而吴、楚强大，绵地数千里皆僭称王，圣人断然以夷狄子之。昭烈土地甲兵甚非周比，兴于汉中，适与沛公始封国号同。天时人事绝非偶然，孔子复生必有以处，此乃首探魏文当日之心，次举苏氏（苏轼）百世之说，以合习氏（习凿齿）之论而证旧志（《三国志》）之非。"

萧常的《续后汉书》是自东晋南北朝始改修《三国志》以来，第一部以"后汉"命名并尊刘备蜀汉为正统的史书。大略因萧常此书非常受周必大推重，故其在史上的名声和影响也较大，而致南宋数家改修《三国志》之书大都不曾广为流传开来。这里需要指出的是，南宋时期凡属因时局变迁而改修《三国志》的史著，不论书名为何，均是尊蜀抑魏，视刘备之蜀为汉统的。从这一点来看，北、南二宋改修《三国志》的根本差异正在于此。

六　研究领域创新拓展

这一时期研究领域的创新拓展，最大的特色是应用性研究，是在继承隋唐成果的基础之上进一步拓展了史学发展的通俗化、大众化之路，有若干方面值得关注。

（一）用戏曲创演形式把《三国志》从"象牙塔"推广到世俗社会

这一时期（含金朝）三国戏曲的创作，以《三国志》和裴注所述史事为依据，并参之以民间传说轶闻，其创作成果较之隋唐有了很大的发展。迄今可见，三国戏曲（含戏文和杂剧）剧目（含疑似），根据陈翔华先生的考证（见《文献》《光明三国戏考略》1990年2期），有：《关大王独赴单刀会》《刘先主跳檀溪》《王祥行孝》《周处风云记》《甄皇后》《貂蝉女》《铜雀妓》《关大王古城会》《何郎敷粉》《泸江记》《刘备》《斩蔡阳》《十样锦》《赤壁鏖兵》《刺董卓》《襄阳会》《大刘备》《骂吕布》《七捉艳》《舌智》共20个。

不仅三国戏的创作呈现繁荣局面，而且三国戏曲的演出也遍及城市和乡村，深受老百姓的喜爱。兹举一例可见之。据宋人洪迈《容斋随笔·三笔》卷二"天平冠"条载："（村民）乃尝入戏场观优，归途见匠者作桶，取而戴于首，曰：'与刘先主如何？'"

（二）用通俗讲史平话"说三分"让《三国志》走向普通大众

这一时期"说三分"的创演活动的普及，可谓势如燎原。《东京梦华录》卷五"京瓦伎艺"条说，北宋都城开封有很多"讲史"艺人，其中即有专门"说三分"的"霍四"。听书的人们"不以风雨寒暑"而缺场，"诸棚看人，日日如是"。苏轼在《东坡志林》说，有一个叫王彭的人曾告诉他，有"涂巷中小儿薄劣，其家所厌苦，辄与钱，令聚坐听说古话。至说三国事，闻刘玄德败，颦蹙有出涕者；闻曹操败，即喜唱快"。其创作水平之高，讲演技艺之精湛，由此可见一斑。

（三）用类皮影艺术样式向当代民众演绎《三国志》记述的历史故事

高承《事物纪原》卷九曾记载："仁宗时，市人有谈三国事者，或采其说加缘饰，作影人，始为魏、蜀、吴三分战争之象。"

（四）用绘画和雕刻艺术样式再现《三国志》史传人物形象

据商务印书馆1957年重印本《天籁阁旧藏宋人画册》，中有宋人画作《三顾草庐图》。另据《忠武侯祠墓志》卷五载苏轼曾作《诸葛武侯画像赞》，也可知至迟在北宋神宗朝前后已有诸葛亮之类的三国人物画像问世了。史上江西白鹿洞书院即已树有木雕诸葛亮像，据褚人获《坚瓠余集》卷四引沈越《闻见杂录》，知为南宋朱熹所立。为什么要在白鹿洞树立孔明像呢？该书说："盖朱子之意，以高宗南渡之后，偏安江左，萎靡颓坠，不能振发，恢复疆土以雪仇，故于孔明致意焉。"

（五）用诗词创作激活《三国志》人物的品质精神

在两宋时期的诗词作品中，有不少是反映三国志人物和事件的。为了极大地鼓舞广大军民跟敌国殊死搏杀、为光复沦陷的大好河山的斗志，这一时期的不少艺术家们通过诗词艺术的再创作，激活了《三国志》里的一些人物如诸葛亮的品质精神，使之成为催人奋进的号角和勇猛杀敌的金鼓。如杜甫《蜀相》诗的"三顾频烦天下计，两朝开济老臣心。出师未捷身先死，长使英雄泪满襟"和陆游《书愤》诗的"《出师》一表真名世，千载谁堪伯仲间"等，即是例子。

（六）节选或类编《三国志》文以广阅读和应用

两宋时期，开始出现专门节选《三国志》（含裴注）内的精要文章，或将《三国志》文析出加以按类编排之类的治史方法和治史成果。如吕祖谦的《三国志详解》和佚名宋人的《三国志文类》60卷即是。《四库全书总目提要》综说该书类编《三国志》之文的概况是："案：柳宗元《河东集》有柳宗元《西汉文类》，序其文皆采之《汉书》。是编唯采《三国志》之文，盖沿其例凡分二十三门，曰诏书、曰教令、曰表奏、曰书疏、曰谏诤、曰戒责、曰荐称、曰劝说、曰对问、曰议、曰论、曰书、曰笺、曰评、曰檄、曰盟、曰序、曰祝文、曰祭文、曰诔、曰诗赋、曰集文、曰传。所采上涉汉末，下及晋初，则以《魏志》太祖纪其事皆在建安，而裴松之注所采多晋人书也。"此书最大的优点是将《三国志》及裴注的若干文献资料以类相从加以编排，读之既能使人省时祛繁，又能使人获得丰富的文史知识。而吕祖谦《三国志详解》，则有化繁就简、极便浏览阅读的功效，能把读者从浩繁的书海里解放出来。

（七）汇录历代《三国志》研究资料以备研习之需

关于《三国志》研究资料的整理和汇录，两宋时期已有大量学者进行这方面的工作，呈现了不少这方面的成果，如：李昉《太平御览》、王钦若《册府元龟》、马端临《文献通考》、王明清《挥尘录》、祝穆《古今事文类聚》、潘自牧《记纂渊海》、章定《明贤氏族言行类稿》、王应麟《玉海》、章如愚《群书考索》、佚名《锦绣万花谷》、佚名《群书会元截江网》等。兹以章如愚的《群书考索》为例，来看看这类整理和汇录研究资料的专书之大概。

章如愚在该书的"正史门·三国志类"列出的资料有：宋文帝、王通、刘知几、晁公武、阮逸等人对陈寿《三国志》的评论和观点。又在"诸史门·三国志"列出刘知几和苏颂等对陈寿《三国志》有代表性的评述意见和结论。凡此类著作，极为方便人们综观和了解历来有关陈寿《三国志》的研究动态及信息。

然而，我们在这里要指出，这些汇集和抄录资料的书，编者往往对其可靠性并不加以考证，是非对错也不曾断以雌黄。故而信者自信，疑者自疑，各取所需，真假莫辨，从而造成了一些认识上的混乱和误区。如北宋类书《册府元龟》即在该书卷五五五《国史部》"论议"条，依时代先后列出后周柳虬、唐刘允济斥责陈寿"索米"不成，拒为人立传之语；在卷五六二"疏谬、不实、非才"条，抄录《三国志》裴注所引孙盛《异同记》等书载"蜀中长老言"陈寿挟私恨诬诸葛亮父子传闻；等等。由于像《册府元龟》这一类书流传面广且影响深远，其所造成的负面后果可想而知。

七　小结

史学的发展应走学术性和应用性结合的道路。史学等学科的学术研究向来被称为"象牙塔里的事业"，史学著述也向来被称为学者专有专用的"高文典册"。如此一来，高雅的史学和史书似乎永远跟普通百姓彻底无缘。两宋的俗文学创编演绎者们大胆地打破了传统的禁区和禁忌，把高雅的史学和史书转化成了让普通大众能看得见、听得懂、触摸到历史脉搏跳动的、通俗的精神食粮，让只字不识的乡野村夫喜闻乐见，并从此通过这些俗文学的演绎让普通大众懂得了历史面目，且从中汲取精神养分，从而塑造自己的灵魂，改变着自己的人生。其普及历史知识和历史教育的功劳可谓大矣哉。两宋《三国志》研究在学术型之外所走的应用型发展之路，顺应了历史科学发展的必然趋势，是正确的；也被历史证明了是非常成功的，是历史科学发展的必由之路。只有坚持史学研究的学术性，才能发展历史科学；也只有坚持把学术型研究和应用型结合起来，让史学植根于普通大众深深的人脉沃野之中，才是史学生生不息的活水源头和最大价值所在。

不能用情感的宣泄替代理性的研究，也不能用实用主义替代实事求是。北宋和南宋，在其时的中国政治版图上，各自所处的地位是不同的。北宋因为是灭掉唐末的后周、南唐、吴越、南汉、后唐、后蜀、荆南（南平）和北汉诸割据小国共同建立的王朝，在朝代更替的统序上其属于正统的地位是不存在争议的。南宋则不然，它作为在北宋灭亡后偏居江南建立的新朝，为了赢得人民的支持和拥戴，强调自身政权得之于正统即它的合法性，争取对于金朝的政治优势是至关重要的。因此，北宋和南宋时期在《三国志》魏、蜀正闰问题上的讨论，其主张可以说是大相径庭的，其学术态度也是迥然不同的。尤其在这一时期，政治上争正统的"狂热"和重整山河的"激情",战胜了不少学者的人性理智和学术道德良知。最需要指出的是,南宋时期对《三国志》的"责骂"和改修种种非理性行为,于历史科学的发展繁荣有百害而无一利,其不良影响也是至深至远的。其他如此期袭用"厚诬诸葛"的不经之旧说"怒骂"陈寿"著史非公"及裴注文字比《三国志》本文"多过本书数倍"之类"妄论",学术态度之轻慢草率,均被后来严谨治《三国志》之学者指为"不实之词"。尽管如此,仍不时有书籍文章盲崇大家旧说"人云亦云",由此可见自东晋以来迄于两宋,其持陋见的学者"祸"及后世之深!今日治史学者不可不洞知并深以为大忌大戒。

蜀学源渊：略论巴蜀的石经、群经总义与经学丛书文献

李冬梅

（四川大学古籍整理研究所）

中华民族历史悠久，文化多元。就地域学术文化而言，则有齐鲁学、蜀学、关学、洛学、朔学、湘学、楚学、浙学、闽学、徽学等。蜀学是巴蜀文化的结晶、中华学术的宝藏，其源远流长，特色突出，尤具全国影响力。传统的蜀学，是指以儒学为主的学术文化。现今的蜀学，含义有所扩大，泛指整个巴蜀地区的学术，不过其核心则在于思想。蜀学在不同的时期，呈现出不同的特征和影响。自汉初"文翁兴学"，推行儒化，经学、小学、文学成就颇多，蜀学正式形成，而文教事业的兴盛和儒学的广泛传播，开启了"蜀学比于齐鲁"之势；到北宋三苏讲学，以儒为宗，兼容释道，成就了"冠天下而垂无穷"之盛；晚清蜀学，在张之洞以"绍先哲，起蜀学"为号召，王闿运以经学、辞章为其师的倡导下，"以复古求解放"，绍汉继宋，蓬勃发展；近代蜀学，严格区分今文、古文，脱却一切师法、家法，回溯至先秦子学、古史时代，在"讲新学兴新风"中实现了学术研究的彻底解放。至此，蜀学比肩湘学，成为晚清以来中国传统学术的两大重心之一。

巴蜀地区是中华文明的重要发源地之一，蜀学是具有全国性影响的地域学术文化，其发展自古至今绵延不断，成为今日中华文化的根基所在。研究蜀学，振兴蜀学，是发展中华文化和国家文明形态的需要。它不仅可以丰富和加深对我国历史文化的认识，更好地弘扬优秀传统文化，而且有助于培育民族精神，促进社会经济文化的发展。

文献是文化的载体，巴蜀文献既是巴蜀文化的历史记录，也是巴蜀学人在各个文化领域进行研究、思索和创新过程及其成就的集中展示，更是蜀学在不同历

史阶段的文本反映。本着"辨章学术，考镜源流"和"撷其英华，详其旨归"的精神，本文拟对巴蜀的石经、群经总义与经学丛书文献略做概述，希望以点逐面来展现此类文献在巴蜀源远流长的学术史、文献学史、文化史中的成就与特色。

一　石经文献

石经即刻在石头上的经书。作为一种刊刻经典的方式，在雕版印刷术发明以前，曾对经书的传播及其文字的统一化和标准化，产生过重要影响。如汉灵帝时，"诸博士试甲乙科，争第高下，更相告言；至有行赂定兰台漆书经字，以合其私文者"，然至蔡邕等刊成《熹平石经》，"自后五经一定，争者用息"。① 《后汉书·蔡邕传》描述当时盛况说："于是后儒晚学，咸取正焉。及碑始立，其观视及摹写者，车乘日千余两，填塞街陌。"故《隋书·经籍志》："后汉镌刻七经，著于石碑，皆蔡邕所书……相承以为七经正字。"② 由此可见石经为保证经典传播的相对完整和文字的相对统一所做出的重要贡献。

石经之刻始于东汉灵帝熹平时期，《后汉书·蔡邕传》载："（蔡）邕以经籍去圣久远，文字多谬，俗儒穿凿，疑误后学。熹平四年（175 年），乃与五官中郎将堂溪典、光禄大夫杨赐、谏议大夫马日磾、议郎张驯、韩说、太史令单扬等，奏求正定六经文字，灵帝许之。邕乃自书册于碑，使工镌刻，立于太学门外。"此即历史上最早的石经，③ 由著名书法家蔡邕手书，字体是当时最典雅的篆隶合体"八分书"，经数凡七：《周易》《尚书》《毛诗》《仪礼》《左传》《公羊传》《论语》，史称《熹平石经》，或《一字石经》。

---

① 范晔：《后汉书》卷一〇八《吕强传》。

② 魏徵等：《隋书·经籍志》"经部·小学类序"。

③ 自王应麟以下至顾炎武、冯登府等人皆主是说。然又有石经始于王莽、始于汉灵帝光和六年（183 年）二说。题名江藩《经解入门》卷二《历代石经源流》引明末徐世溥《榆墩集》云："孝平元始元年，王莽命甄丰摹古文《易》、《诗》、《左传》于石，此石经初刻也。章帝命杜操增摹《公羊》、《论语》古文，而释以章草，此石经再刻也。灵帝光和六年，命胡毋敬、崔琼、张昶、师宜官以古文八分刻《易》、《书》、《鲁诗》、《仪礼》、《左传》于太学讲堂，此石经三刻也。"以下才是熹平四年（175 年）云云。赵崡《石墨镌华》亦谓："汉灵帝光和六年刻石五经文于太学讲堂，此初刻也。蔡邕以熹平四年……，此再刻也。"又将初刻定为光和六年。今按，胡毋敬亦非东汉人；又熹平在前，光和在后，《水经注》卷一六"谷水"，于《熹平石经》曰："东汉灵帝光和六年，刻石镂碑，载五经立于太学讲堂前，悉在东侧。蔡邕以熹平四年，与五官中郎将堂溪典……求正定六经文字，灵帝许之……今碑上悉铭刻蔡邕等名。"是则光和石经为《熹平石经》刻成之时，《水经注》后文乃追叙前事。二氏不知，反以光和在前，熹平在后，其说显然不足为据。

后世继刻者，其一是《正始石经》，刻于三国曹魏齐王芳正始年间（240～249 年），由虞松等儒生考正五经，邯郸淳、① 钟会等以古文、小篆、八分三体书之，刻石于鸿都学宫，共成《尚书》《春秋》两种，又称《三体石经》。其二是《开成石经》，唐文宗太和七年（833 年）诏郑覃等人"于国子监讲堂两廊创立《石壁九经》，并《孝经》《论语》《尔雅》"，② 历时四年，至开成二年（837 年）竣工，称《开成石经》或《石壁九经》，③ 凡刻《周易》《尚书》《毛诗》《周礼》《仪礼》《礼记》《左传》《公羊》《穀梁》《孝经》《论语》《尔雅》十二经，"都计六十五万二百五十二字"。④ 其三即《蜀石经》，创刻于孟蜀广政初年，由蜀相毋昭裔创议并主持。他以唐《开成石经》为蓝本，在对经文加以精心订正后，聘用著名书法家、精湛刊刻工人刊石，计有《孝经》《论语》《尔雅》《毛诗》《礼记》《仪礼》《周易》《尚书》《周礼》及《左传》十经。赵宋又继《蜀石经》后补刻有三经：北宋仁宗皇祐元年（1049 年）蜀帅田况将《左传》续刻完毕，又增刻《公羊》《穀梁》二传；南宋徽宗宣和五年（1123 年），蜀守席贡又补刻《孟子》。至此，儒家十三经便皆刻于四川成都府学（即汉代的文翁石室，原址即今成都石室中学），后世通称为石室十三经。其四为北宋嘉祐年间刻于开封的《嘉祐石经》，篆、楷二体，凡《易》《书》《诗》《周礼》《礼记》《春秋》《论语》《孝经》八种。其五为南宋高宗御书《石经》，刻于杭州，其中《周易》《诗经》《尚书》《春秋左氏传》《礼记》为真书，《孝经》《论语》《孟子》为行书。其六为清乾隆时所刻十三经，由蒋衡手书，立于北京国子监。合前《熹平石经》，历代大规模的石经刊刻凡历七次，然总体而言，宋以下石经都是在雕版印刷术发明之后进行的，故意义和作用都不及前四次刊刻重要，而在前四刻中，就体制和规模而言，又以《蜀石经》为最。

随着时代变迁及雕版印刷术的推广，石经这种刊刻经典的方式亦逐渐消失，后来存世者仅《开成石经》和《乾隆石经》两种而已，其他石经的历史面貌包括经数、形制、文字、质量和影响等，则都不甚清楚了，于是从南宋开始便有人关注起石经的考订和研究。如晁公武《蜀石经考异》、曾宏父《石刻铺叙》、王应麟《困学纪闻·经说》等，这些都是石经研究的早期成果。

至明清之际，顾炎武撰成《石经考》，从而正式开启了石经的专题研究。其后万斯同、孙星衍、阮元、严可均、丁晏、吴骞、瞿中溶、桂馥、翁方纲、杭世

① 顾炎武《石经考》据卫恒《书势》，以为《三字石经》非邯郸淳所书。
② 《唐会要》卷六六"国子监"条。
③ 沈昫等：《旧唐书》卷一七下《文宗纪》，又卷一七三《郑覃传》。
④ 顾炎武：《金石文字记》卷五。

骏、刘传莹等，以及近世王国维、张国淦等，皆尝致力于此，于是形成了成果丰
硕、规模浩大的"石经学"。这些著作，或重在考察石经源流，或重在校勘石经
文字，各有特色，也各有千秋。其优秀者，前者如顾氏《石经考》、万氏《石经
考》、杭氏《石经考异》、桂氏《历代石经考略》、瞿氏《汉石经考异补证》、刘
氏《汉魏石经考》等，后者如顾氏《唐国子学石经》、翁氏《汉石经残字考》、
孙氏《魏三字石经残字考》、严氏《唐石经校文》、王昶《后蜀毛诗石经残字
考》、吴骞《蜀石经毛诗考异》、冯登府《石经考异》、王国维《魏正始石经残
石考》等。

巴蜀的石经文献，除了《蜀石经》及其相关研究著作外，巴蜀学人撰著的
石经文献并不是很多，其中以四川酉阳（今属重庆）人冯世瀛的《石经考辨》
为杰出代表。该书既通考源流，又罗列异文，内容考辨详细、条理清晰、论断有
识，足可与诸家石经考辨之作相参核。故冯汝玠评论此书："按考历代石经之
作，前于是编者，有顾亭林（炎武）《石经考》、杭大宗（世骏）《石经考异》、
桂未谷（馥）《历代石经考略》；后于是编者，有近人张国淦《石经考》。以各
家撰著与是编比较，是编考辨较顾《考》为详，条理较杭《考》为晰。其于历
代各家之覆刻，及唐明皇以后各种各地所刻之《孝经》，皆所未及，则征引略于
桂《考》。于各家考证，逐代逐条加以考辨，去取有识，则论断同于张《考》。
至以一字属汉，主朱彝尊推衍张演之说，谓以三体参校其文，而书丹止用隶体，
其说颠扑不破。不误以三字为熹平之刻，一字为正始之刻，亦与诸家同出一辙。
置之各家撰著之中，其所考辨，殊可与各家所考互相参校。"① 其他如西充白坚
辑《汉熹平石经残字集》，亦为近世出土汉石经之精品。

二　群经总义文献

群经总义文献是综合论说或解释诸经的文献，相对于专经文献而言，群经总
义文献往往在同一书中涉及两经以上直至十三经的内容，其论说方式包括通论、
通释、通考，或杂论、杂考、札记等。它的产生与发展是与研经之人对群经综合
认识和全面总结不断加深的结果，而由于其研究要关涉群经，此非身通六艺、兼
熟诸经者所不能，故相对于专经文献而言，群经总义文献产生较晚，数量也较
少。大致而言，先秦时期仅有片段语言论及"六经"，至西汉始有专篇文章讨论
"六经"，迄乎东汉乃有专著评说"六经"。六朝以下，群经总义文献在形式和内
容上都逐渐增多，两宋时期群经总义文献的各种形式基本定型，至于明清，群经

---

① 《续修四库全书总目提要》"经部"《石经考辨》提要。

总义文献乃达于极盛。

巴蜀之群经总义文献，据嘉庆年间《四川通志》和吴福连《拟四川艺文志》载，分别有 42 种和 29 种之多。其中如三国蜀谯周《五经然否论》，主于驳正诸儒，杜佑《通典》和朱彝尊《经义考》均载有其就事论辩之词：其一，《大戴礼记》说文王年十三而生伯邑考。《荀子》说："天子、诸侯十九而冠。"《左传》又说："冠而后生子，礼也。"照此说来，如果文王未冠即生伯邑考，则是非礼之行，这对于"宪章文武"的儒家来说，是难以理解的，于是惹得诸儒纷纷为之解释。谯周《五经然否论》云："《古文尚书》说'武王崩，成王年十三'。推武王以庚辰岁崩，周公以壬午岁出居东，癸未岁反。礼公冠记：周公冠成王，命史作祝辞告，是除丧冠也。周公未反，成王冠弁，开金滕之书，时十六矣。是成王十五，周公冠之而后出也。许慎《五经异义》云'武王崩后，管、蔡作乱，周公出居东，是岁大风，王与大夫冠弁，开金滕之书，成王年十四，是丧冠也'者，恐失矣。案礼传，天子之年，近则十二，远则十五必冠矣。"是谯周引证《尚书》周公冠成王故事，证明天子年龄近则 12 岁，远则 15 岁，皆可以举行冠礼，可以成婚生子。其二，东汉明帝时，修明三代养老之礼，于太学置"三老""五更"，皇帝亲自拜见。群臣欲令"三老"答天子之拜，当时城门校尉董钧驳曰："养三老，所以教事父之道也。若答拜，是使天下答子拜也。"皇帝居然同意了董钧之议。对此，谯周《五经然否论》驳正说："礼：尸服上服，犹以非亲之故，答子拜。士见异国君，亦答拜。是皆不得视犹子也。"依据礼仪，祭祀时要设尸，用生人代表祖先享受祭奠。孝子行礼时，尸是要答拜的；异国臣子觐见君主，君主也有答拜的。因为他们并非有父子和君臣关系，所以要答拜。以谯周的意思，"三老"虽然是老，但是他与皇帝没有血缘关系，只是礼仪行为，所以是需要答天子的。

至宋，儒者治经，善于宏观思考、总体把握，故巴蜀群经总义文献在此时也甚为发达。如其新释经义者，则有杨绘《群经索蕴》33 卷、范祖禹《三经要语》、唐彦通《四经彻旨》30 卷、李舜臣《群经义》7 卷、毛璞《六经解》、高定子《经说》5 卷、黄敏求《九经余义》100 卷；其授课讲义者，则有高定子《绍熙讲义》、史尧辅《诸经讲义》50 卷、吴之巽《诸经讲义》5 卷、程公许《金华讲义》、牟子才《经筵讲义》5 卷；其讲明音义者，则有许奕《九经直音》9 卷、《九经正讹》1 卷、《诸经正典》10 卷及牟巘《六经音考》。

此外，蜀人受以图解经方法的启发，也编撰了一些群经图解类著述。如李泰《五经传授图》1 卷、杨甲《六经图》6 卷。以图解经，形象生动，此类文献在历史上萌芽甚早，然最终成熟于宋。如汉有严彭祖《春秋图》、郑玄《三礼图》，魏有卫协《诗图》、阮谌《三礼图》，唐有沈熊《易谱》、宋璟《无逸图》、杨嗣复等《毛诗草木虫鱼图》，宋有邓名世《春秋谱》、刘牧及朱震《易图》、叶仲堪《六经图》、俞言《六经图说》、赵元辅《六经图》，等等，皆其著者，可惜皆轶而不存，今幸有蜀人杨甲《六经图》存世，得以窥六经图解之貌。

金元时期，群经总义文献沿袭宋人体例，继续有所创获。如张盨《经说》《四经归极》，黄泽《六经补注》《翼经罪言》《经旨举要》《稽古管见》等，皆能发明经旨，表一家之言。

明清时期，是中国儒学文献最为繁盛的时期，此时巴蜀群经总义文献也数量最多，种类最繁。如明有周洪谟《群经辨疑录》3 卷、郑明郁《五经注》、赵贞吉《经义进讲录》2 卷、马升阶《经旨举要》1 卷、刘启周《五经蠡测》、余玮《五经实解》、刘文琦《五经讲义》以及杨慎《经说丛钞》6 卷、《升庵经说》8 卷、《经书指要》1 卷等，其中杨慎之作或专门讨论经书"本义"，或侧重经典考据之学，江瀚谓"其说正大""好诋朱子""为明人经说之翘楚"。① 而晚清经学大师廖平为区别汉代今文、古文经典和学派而做《今古学考》，则发前人所未发，为经学史中的今古文学之争提供了一个绝佳的解决方案，被俞樾推许为"不刊之作"。至于总结群经条例和治学方法者，如廖平《群经凡例》16 卷、李滋然《群经纲纪考》16 卷，也为学人治经指出了门径。

三　经学丛书文献

经学丛书文献，明、清诸艺文志多列入"群经类"，它是指在一个总书名之下，为了某一特定的用途，或针对特定的读者对象，或围绕一定的主题内容，将多种单独的经学著作汇编于一体的一种集群式专科性图书。丛书内的各书均可独立存在，除了拥有共同的丛书名之外，各书都有其独立的书名。

中国丛书的编纂，一般认为始自宋代。南宋嘉泰二年（1202 年），俞鼎孙、俞经编《儒学警悟》，将 6 人的 6 种著作汇为一书出版；1270 年，左圭辑成《百川学海》，收书 100 多种，两书被视为中国丛书之祖。清叶名沣《桥西杂记·丛书》："宋温陵曾慥，集《穆天子传》以下二百五十种为《类说》，是则后世丛书所由昉。"缪荃孙《校刻〈儒学警悟七集〉序》又言："唐以来有类书，宋以来有丛书，朱氏《绀珠》、曾氏《类说》，已汇数十种而刻之，然皆删节不全。至取各书之全者，并序跋不遗，前人以左圭《百川学海》为丛书之祖，顾《学海》刻于咸淳癸酉，先七十余年已有《儒学警悟》一书，俞鼎孙、俞经编，计七集四十卷。"至于明清，丛书的编纂颇为兴盛，数量多，卷帙大，门类齐全，

---

① 《续修四库全书总目提要》"经部"《升庵经说》提要。

校勘精良，它们对于古代文献的收集、保存和传播起了巨大的作用。

巴蜀的经学丛书文献，导源甚早，如南宋魏了翁之《九经要义》，对唐修《周易》《尚书》《诗经》《仪礼》《礼记》《周礼》《春秋》诸经"正义"以及宋修《论语》《孟子》"注疏"进行了整理和摘录，这是以宋代理学的观点来重新审视汉学，使经传注疏中所蕴含的义理资料得到进一步的阐发和突出。全书采掇谨严，别裁精审，精华毕撷，实为读注疏者之津梁，于学者最为有功。

明万历年间，焦竑又千方百计收集苏轼、苏辙两兄弟著述，得苏轼《东坡先生易传》9卷、《东坡先生书传》20卷，苏辙《颍滨先生诗集传》19卷、《颍滨先生春秋集解》12卷、《论语拾遗》1卷、《孟子解》1卷、《颍滨先生道德经解》2卷。焦氏将收集所得汇为《两苏经解》，并撰序给予二苏极高评价。万历二十五年（1597年），毕氏将书稿刊刻于世，人们始见二苏经学成就之原貌。后14年，顾氏又据其本再次翻刻，二苏的经学著作始大行于时，为学人所重。

至清，又有刘沅之《十三经恒解》、何志高之《西夏经义》、杨国桢之《十一经音训》、廖平之《四益馆经学丛书》。其中《四益馆经学丛书》所收廖平的经学著作包括：《何氏公羊解诂三十论》3卷、《春秋左传古义凡例》1卷、《今古学考》2卷、《六书旧义》1卷、《分撰两戴记章句凡例》1卷，这些著作正是廖平经学初变时期以礼制平分今古、沿今古学疏证《春秋》古义的成果。鉴于廖平学术后来越变越奇，越变越恢怪，《四益馆经学丛书》所收录的这5种著作，也是廖平经学成就中最为精华的部分。

以上种种，即为巴蜀石经、群经总义、经学丛书文献之大概。它们以自己的载体形式、著录内容，展现了此类巴蜀文献的起源、流变和盛衰，也为全面了解巴蜀的文献概貌和文化特征提供了必要史料源泉。

唐宋文献对巴蜀地区动物地理的
记录与认知述论

马　强

（西南大学历史文化学院、历史地理研究所）

　　四川盆地野生生物资源十分丰富，具有生物多样性地理分布特征。由于区域地理与生态环境的特点，大量古老的野生动植物得以保存。尽管由于人为原因与环境变迁，今日四川盆地生物资源的丰富程度与历史时期已不能同日而语，但仍然是中国最重要的生物基因库之一。唐宋时期文献中保留有对于四川盆地生物地理的丰富记载，不仅成为今天研究唐宋西南地区历史生态环境及其变迁的珍贵记录，而且反映了这一时期生物地理的认识水平。历史生物地理作为历史生态环境的有机组成，自然也是中国历史地理学不可或缺的重要组成部分。关于历史时期四川盆地的生物资源分布及其变迁，前哲时贤在其著作中对此已经有程度不同的论述，① 但从生物地理学史角度考察唐宋时期西部地区特别是西南地区的观察记录与地理认识的论著，目前尚未有刊布。限于唐宋史志文献中西北地区生物地理资料极为稀少，这里重点讨论西南地区。

一　对西南地区猿猴等灵长类动物的观察

　　历史时期西南地区是中国灵长类动物主要栖息地。猿、猴则是灵长目动物的主要代表物种。唐宋时期记述西南地区生物地理文献中的猿猴，从其外貌特征与

---

① 　参见何业恒的《中国珍稀兽类的历史变迁》、文焕然和何业恒的《中国珍稀动物历史变迁的初步研究》、蓝勇的《历史时期西南经济开发与生态变迁》、刘正刚的《明末清初西部虎患考述》等学术著作。

生活习性来看，主要是长臂猿、①金丝猴、猕猴类（玃、猱）三类。宋代人们已经对猿的分类与习性有较多的观察与了解，陆佃说："猿猴属长臂，善啸，便攀援，故其字从援省，而尔雅云，猱蝯善援，玃父善顾也。……今猿不复践土，好上茂木，渴则接臂而饮。类从曰独，一叫而猿散。"又说："猿今俗谓之独猿，盖猿性羣，性独特，猿鸣三，独鸣一，是以谓之独也。"②陆佃所说的"猿"明显指的是长臂猿，"独"则可能系其亚种。不仅指出了猿善林间攀援的生活习性，也明确指出了猿善以群处的活动特征。这是符合现代长臂猿生物学特点的。罗愿《尔雅翼》对长臂猿的行为特征有进一步的解说："猿，猿性仁，不贪食，多群行。雄者黑，雌者黄。雄者善啼，啼数声，则众蝯叫啸腾掷，如相和焉。其音沁入肝脾，韵含宫商，故巴峡谚曰：巴东三峡巫峡长，哀猿三声断人肠……其臂甚长。"③罗愿所强调的"雄者黑、雌者黄、雄者善啼"诸特点，正是西南长江三峡地区长臂猿的鲜明特点，已经比陆佃的解说更为准确。唐宋时期西南地区猿类的地理分布以长江三峡与云南最为集中。从《太平寰宇记》等文献看，唐宋时川北绵州（今绵阳）、川南戎州（今宜宾）山区均有猿类分布。绵州巴西县有猿门山，即以多猿而得名。乐史引《益州记》谓："猿门山在涪县之北二十五里，上多猿。其山二峰，坚如门，故曰猿山。"④无独有偶，绵州陇安县附子山也有猿门这一地名，"猿门自县北特起，去县二十里出，多猿儿，崄固如门，旧有猿门戍"。⑤至长江三峡森林密布，猿作为典型的森林动物数量颇多。南宋张元干曾数次往返荆、夔一带，对三峡猿类印象颇深，后来在题友人《深谷戏猿图》中这样写道："自荆州上峡江，深籞茂林间，猿猱甚多，常十百为群，反玩行旅，此余所见者。"⑥唐宋猿类另一分布区域乃云南高原，《太平御览》言：朱提县"与僰道接，多猿群聚，鸣啸于行人径次，声聒人耳"；⑦《太平寰宇记》也载协州朱提县螳螂山，"山多猿"；⑧由此可见，当时滇东北与四川交界地区，也是一个重要的猿群活动地区。

历史时期秦巴山地也是猿类活动的一个重点区域，《水经注》曾记载汉水上游今洋县一带"汉水又东径猴径滩，山多猴猿，好乘危缀饮，故滩受斯名焉"。⑨

---

① 文焕然、何业恒：《我国长臂猿的地理分布与变迁》，《地理知识》1980 年第 11 期。

② 陆佃：《埤雅》卷四《猿》。

③ 罗愿：《尔雅翼》卷二〇《猿》。

④ 乐史：《太平寰宇记》卷八三《剑南东道二·绵州·巴西县》。

⑤ 乐史：《太平寰宇记》卷八三《剑南东道二·绵州·陇安县》。

⑥ 张元干：《芦川归来集》卷九《深谷戏猿图》。

⑦ 李昉等：《太平御览》卷七九一《四夷部十二·朱提》。

⑧ 乐史：《太平寰宇记》卷七九《剑南西道八·戎州》。

⑨ 郦道元：《水经注》卷二七《沔水》。

唐末五代时，巴山中仍然生活着不少长臂猿。五代王仁裕仕宦汉中期间，曾收养过一只颇通人性的小猿，并命名为"野宾"，养大后放归山林。为此先后作有《放猿》《遇放猿再作》二诗，并留下一个感人的人与动物难舍难分的故事。《全唐诗》卷七三六小注说："王仁裕从事汉中，有献猿者，怜其慧黠，育之，名曰'野宾'。经年壮大，跳掷颇为患。系红绡于颈，题诗送之"。后来"仁裕罢职入蜀，行次汉江壖嶓冢庙前，见一巨猿舍群而前，于道畔古木间垂身下顾，红绡宛在。以'野宾'呼之，声声应。立马移时，不觉恻然。"人猿揖别时，都觉依依不舍。于是王仁裕写下了感人肺腑的《遇放猿再作》诗："嶓冢祠前汉水滨，饮猿连臂下嶙峋。渐来子细窥行客，认得依稀是野宾。月宿纵劳羁绁梦，松餐非复稻粱身。数声肠断和云叫，识是前时旧主人。"[1] 王仁裕在汉中养猿、放猿再与猿邂逅的故事，颇能说明唐宋间人对灵长目动物的爱怜情感，[2] 也说明唐末五代时，秦岭、巴山间仍然有猿群栖息。

　　唐宋时期巴蜀地区有大量猴类生存。范缜几度往返川陕蜀道，对利州（今四川广元）一带猴群印象很深，晚年作《东斋纪事》时回忆说："予尝于朝天岭见猴数百千连手而下，饮于嘉陵江。既饮，复相接而上，周匝而后已。最大者二，其一居前，其一居后，若部将领。然甚小，则母抱持而下。"[3] 描绘猴类在利州嘉陵江本连饮水情景真实生动，可见宋代蜀道沿线有大量猴类活动，现在这一情景已不复见，大巴山地区的猴类数量已经大大减少，在当代川陕交通线附近很难见其踪影。不过范缜的记载当为普通猴类。金丝猴在唐宋时期习称"狨"，今天已经是十分珍稀的灵长类动物，仅仅在陕境秦岭高海拔森林才有生存。从宋代生物学文献看，金丝猴这一珍贵猴种在西部分布较广，广泛活动于秦巴山地和四川三峡地区，而以四川地区分布最多。宋祁《狨赞》说金丝猴"状实，猿类，体被金毳皮，以藉焉。中国之贵。威、茂等州，南诏夷多有之。大小正类猿，惟有毛为异"。[4] 陆佃对这一动物的观察、分类皆有详细记载。但同时记录的还有当时对这类珍贵动物的猎杀。《埤雅》卷四说："狨盖猿狖之属，轻捷善缘木，大小类猿，长尾，尾作金色，今俗谓之金线狨者是也。生川峡深山中。人以药矢射杀之，取其尾为卧褥鞍被坐毯。狨甚爱其尾，中矢毒，即自啮断其尾以掷之，

---

① 《全唐诗》卷七三六注。
② 晚唐诗人许浑在三峡也曾有放猿回归山林之举，其《丁卯诗集》卷下有《放猿》诗记载此事："殷勤鲜金锁，昨夜雨凄凄。山浅忆巫峡，水寒思建溪。远寻红树宿，深向白云啼。好觅来时路，烟萝莫共迷"。
③ 范缜：《东斋记事》卷五。
④ 宋祁：《景文集》卷四七《益州方物略记》。

恶其为深患也。"北宋文同曾有答谢友人《谢夏文州寄金线猱》诗，[①] 其中有"天地生奇兽，朝廷宠近臣。覆鞍须用此，投网为何人"这样的诗句。从诗中看，文同获得的可能是一只金丝猴皮。虽然朋友的馈赠使诗人感激，但诗人对这一珍贵猴种的滥捕猎杀显然颇为遗憾。唐宋王朝舆服制度中的"猱座"即用金丝猴皮做成，并常常赐予大臣作为殊荣礼遇。[②] 南宋郑兴裔对其有详细解释："猱似大猴，生川中。其脊毛最长，色如黄金，取而缝之，数十片成一座，以籍衣不皱。价值钱百千，背用紫绮缘以簇四金鹍法锦。"[③] 这必然导致对金丝猴的大量捕杀，从而导致这一种属的急剧减少。

二 唐宋文献中的巴蜀牦牛

牦牛在古代文献中也称牦牛，唐宋时期在吐蕃、西夏、回纥地区有广泛分布，今天则主要生存于西藏及川西北高原地区，为藏民重要的载重工具。关于牦牛的生物学特征，罗愿《尔雅翼》有较为准确的外形观察和记录："牦，西南夷长牦牛也。似牛而四节，腹下及肘皆有赤毛。"《旧唐书·吐蕃传》记载吐蕃风俗物产时就提到青藏高原"多牦牛、猪、犬、羊、马"，[④] 还提到吐蕃有"宴异国宾客，必驱牦牛，令客自射牲以供馈"[⑤] 的风俗。唐朝天宝时还在陇右一带畜养牦牛，数量多达五百六十多头。[⑥] 在古代，牦尾常常作为皇帝旌旗的装饰物。《尔雅翼》载，牦牛尾"长尺余，而尾尤佳。其大如斗，天子之车左纛，以此尾为之。系之左骖马轭上。盖马在中曰服在外曰骖，骖即骣也。安最外左骖马头上以乱马目，不令相见也"；[⑦] 程大昌《演繁录》卷一〇《黄屋左纛》条也云："黄屋者，天子车，盖以黄为里也；左纛者，以牦牛尾为之，大如斗，在最后左骖马鬃上也"。江少虞《宋朝事实类苑》也说："牦牛出西域，尾长而胫短，中

---

① 文同：《丹渊集》卷一七。

② 宋人叶梦得曾对"猱座"作过考证，《石林燕语》卷八载："从官猱座，唐制。初不见本朝。太平兴国中始禁工商庶人许乘乌漆采鞍，不得用猱毛暖座。天禧中始诏两省五品宗室将军以上，许乘猱毛暖座，余悉禁。则太平兴国以前虽工商庶人皆得乘，天禧以前庶官亦皆得乘也"。李心传《旧闻证误》卷四也谓"故事：两制以上，方乘猱座，余不预也。大观中，童贯新得幸。以泰宁军承宣使副礼部尚书郑允中使辽国，遂俱乘猱座縣是为例"。南宋韩世忠抗金战功卓著，宋高宗就曾"赐世忠带笏猱座以宠之"。见熊克《中兴小记》卷一三，绍兴二年七月已巳条。

③ 郑兴裔：《郑忠肃奏议遗集》卷下《猱座》。

④ 《旧唐书》卷一九六上《吐蕃上》。

⑤ 《旧唐书》卷一九六上《吐蕃上》。

⑥ 《唐六典》卷七二《马》。

⑦ 罗愿：《尔雅翼》卷二一《牦》。

国以为缨",① 可见中原内地人对牦牛这一动物并不陌生。牦牛尾在唐代是上贡朝廷的"土贡",《新唐书·地理志》就载剑南西川悉州（今四川茂县西北、黑水县西南）"土贡牦牛尾、麝香、白蜜"；杜佑《通典》、李吉甫《元和郡县图志》、敦煌本《贞元十道录》残卷中也有大致相同的记载。② 宋初，悉州一带土贡中仍有"牦牛尾",③ 这说明从唐至宋川西北牦牛数量一直较为稳定，作为贡品且闻名全国。

三　唐宋文献中的巴蜀大熊猫

大熊猫古名有貅、貔貅、貊、貘、白豹等异名，在《山海经》《尔雅》、左思《蜀都赋》《华阳国志》等文献中均有记载，现属国家一级重点保护动物。历史上我国大熊猫有广泛的地理分布，但从唐宋起，文献所反映的其生存范围就基本上局限于西南地区，其他地区则很少有记录。现在则仅仅在四川、陕南、陇南山区有少量生存。唐宋时期对大熊猫的观察记录已经较多，白居易说："貘者，象鼻、犀目、牛尾、虎足，生南方山谷中。寝其皮辟瘟，图其形辟邪";④ 陆佃《埤雅》说："貘，兽似熊，象鼻、犀目、师首、豺髮，小头，庳脚黑白驳。能舐食铜铁及竹锐，髻骨实髓，皮辟温湿，以为坐毯卧褥，则消膜外之气";⑤ 罗愿《尔雅翼》对大熊猫有如下记载："貘，白豹，似熊小头，庳脚黑白驳，能舐食铜铁及竹。骨节强直，中实少髓。皮辟湿。寝其皮可以驱瘟疠。貘今出建宁郡，毛黑白，臆似熊而小，能舐蛇以舌舐铁，可顿进数十斤，溺能消铁为水。有误食针铁在腹者，服其溺则化";⑥ 又说："貘似熊而黄黑色，出蜀中，今蜀人云峨眉山、眉山多有之。其上浮屠所居，往往有悬金而炊者，惧铁器为所食。皮略如虎，其色深黑，能折醒……唐世多画貘作屏。白居易有赞序之。今黔、蜀中时有之。象鼻、犀目、牛尾、虎足。土人鼎釜，多为所食。颇为山居之患。亦捕以为药。其齿骨极坚，以刀斧椎锻铁，皆碎落，火不能烧。人得之诈为佛牙、佛骨，以诳俚俗"。⑦ 应该说从白居易到陆佃，对熊猫的描述虽非完全准确，加杂

① 江少虞：《宋朝事实类苑》卷六三《麝裂脐狨牦牛断尾》。
② 王仲荦：《〈贞元十道录〉剑南道残卷考释》，载王仲荦著、郑秀宜整理《敦煌石室地志残卷考释》，上海古籍出版社，1993。
③ 乐史：《太平寰宇记》卷八一《剑南西道十·悉州》。
④ 白居易：《白氏长庆集》卷三九《貘屏赞》。
⑤ 陆佃：《埤雅》卷四。
⑥ 罗愿：《尔雅翼》卷一八《貘》。
⑦ 罗愿：《尔雅翼》卷一八《貘》。

附会的成分，如说熊猫有"象鼻"就与事实不符，但也在一定程度上揭示了古代大熊猫的某些生物学特征。值得注意的是，唐宋学者在描绘大熊猫的同时，也总是记录了它的悲惨命运。由于当时人相信熊猫皮有御寒、辟瘟的保健作用，常被加工成坐垫，由此可知对熊猫的猎杀应该是经常性的，这方面，唐宋学者并没有表示出多少同情与谴责，相反，倒是常常津津乐道如何捕杀、食用等动物等，这也从一个侧面反映了唐宋时人生态保护意识尚较淡薄。

四 唐宋文献对巴蜀蛇类及其他有害生物的记载

巴蜀地区气候相对炎热潮湿，山地丛林草木茂密，自古以来就是蛇类等爬行动物的重要繁衍地，蛇在巴蜀地区种类多，分布广，也是重要的药材资源。大巴山地区是我国蛇类的一个重要亚区，从唐宋文献记载看，除了一般普通蛇类外，还分别有两头蛇、乌蛇、褰鼻蛇等目击记录。两头蛇是蛇类的遗传变异现象，在秦巴山区较为常见。元稹在流贬地通州（今四川达州）所写诗中就有"茅檐屋舍竹篱州，虎怕偏蹄蛇两头"的诗句，并自注说当地"两头蛇处处皆有之也"，[1]可知两头蛇在唐代通州十分常见。唐代商州《证类本草》卷二二言乌蛇"其类生商洛山"，其药用价值是"主诸风瘙、疹疥、皮肤不仁痹诸风用之"。唐宪宗时元稹奉使入蜀，在秦岭骆谷道中发现一种"褰鼻蟒"的毒蛇，其《巴蛇三首并序》有生动描绘："巴之蛇百类，其大蟒其毒。褰鼻蟒，人常不见，褰鼻常遭之，毒人则毛发皆竖起，饮溪涧，而泥沙尽沸。"其诗说："巴蛇千种毒，其最鼻褰蛇。掉翻红焰盘身蹩，白花喷人竖毛发。饮浪沸泥沙，欲学叔敖瘗，其如多似麻。"[2] 从元稹的序与诗看，"褰鼻蛇"体型颇巨，常常对人主动发起攻击，十分恐怖。当然这是诗人的描绘，难免有所夸张。但"褰鼻蛇"确是一种剧毒蛇。在唐人张鷟《朝野佥载》中，可以找到有关"褰鼻蟒"相应的记载："山南、五溪、黔中皆有毒蛇。乌而反鼻，蟠于草中，其牙倒勾，去人数步直来，疾如缴箭，螫人立死，中手即断手，中足即断足，不然则全身肿烂，百无一活，谓蝮蛇也。"[3] 元稹在骆谷所见的"褰鼻蟒"，可能是一种尖吻蝮蛇，古代多生存于秦巴山地，这与现代生物学家的分析是一致的。[4] 现在这一蛇类在四川盆地已经绝

---

① 元稹：《元氏长庆集》卷二一《酬乐天得微之诗知通州事因成四首》。

② 元稹：《元氏长庆集》卷四《巴蛇三首并序》。

③ 张鷟：《朝野佥载》卷五。

④ 生物学家赵尔宓先生认为，元稹在骆谷所见"褰鼻蛇"是在秦巴山区已经消失了的一种尖吻蝮蛇，有剧毒。见赵尔宓《古代对蛇的认识》，《动物学杂志》1980年第4期。

迹。"褰鼻蛇"古代也称白花蛇,① 关于其得名,据李时珍《本草纲目》解释说:"诸蛇鼻下,独此鼻向上,背有方胜花文,以此得名。"② 褰鼻蛇虽有剧毒,但或许其药用价值大,因此巴蜀山民冒险捕捉,庄绰《鸡肋编》卷下谓:"褰鼻蛇生南地及蜀郡诸山中,九月十日采捕之。"关于"褰鼻蛇"的地理分布及其药用价值,北宋唐慎微《政和证类本草》、南宋庄绰《鸡肋编》、明代缪希雍《神农本草经疏》、明代曹学佺《蜀中广记》、朱橚《普济方》、李时珍《本草纲目》等均有记载,至清代,文献则已不再提及。分析原因,当与明朝中后期至清初湖广填四川移民大潮中,百万移民涌入秦巴山区大规模地伐林开荒垦殖有关,从而导致这一蛇类很快在当地灭绝。从这个角度而言,唐宋学者对"褰鼻蛇"的有关记载,无疑成为十分宝贵的秦巴山地生物史重要资料。

此外,唐代学者在巴蜀地区特别留意对巴地一些有害生物的考察,白居易在忠州(今重庆忠县)曾对巴南地区的"蟆子"(细小蚊子)及其毒害做过观察记录,作有《蚊蟆》诗:"巴徼炎毒早,二月蚊蟆生。咂肤拂不去,遶耳薨薨声。斯物颇微细,中人初甚轻。如有肤受谮,久则疮痏成,痏成无奈何。"③ 元稹奉使东川,对巴蜀生物地理多有观察、题咏,《元氏长庆集》卷四除了上述对褰鼻蛇的记载外,还集中收录了有关巴地蛞蜂、蜘蛛、蚁子、蟆子、浮尘子、蛊等有毒动物的生物习性、毒伤疗法等诗与序,以诗歌的方式记载了巴地的生物现象,同样具有重要的科学史价值。如记蛞蜂"类而大,巢在褰鼻蛇穴下,故毒螫倍诸蜂。蛊中手足辄断落;及心、胸则圮裂。用它蜂中人之方疗之,不能愈。巴人往往持禁以制之,则差";④ 记巴地蜘蛛"大而毒,其甚者,身逾数寸,而踦长数倍。其身网罗,竹柏尽死;中人,疮痏溱湿且痛痒倍常,用雄黄苦酒涂所嘬,仍用鼠妇虫食其丝尽辄愈。疗不速,丝及心,而疗不及矣";⑤ 记蚁子(白蚁)对民居建筑的危害:"巴蚁众而善攻栋梁,往往木容完具而心节朽坏,屋居者不省其微,而祸成倾轧";⑥ 记载巴地蟆子(蚊)的生物特性:"蟆,蚊类也。其实黑而小,不碍纱縠,夜伏而昼飞。闻栢烟与麝香辄去。蚊蟆与浮尘,皆巴蛇鳞中之细虫耳。故啮人成疮,秋夏不愈,膏楸叶而傅之,则差";⑦ 记浮尘子:

① 北宋唐慎微《政和证类本草》卷二二就明确说"白花蛇……一名褰鼻蛇";明代朱橚《普济方》卷四二六《鱼虫部》也谓"白花蛇,一名褰鼻蛇"。
② 李时珍:《本草纲目》卷四三《白花蛇》。
③ 白居易:《白氏长庆集》卷四三四。
④ 元稹:《元氏长庆集》卷四《蛞蜂三首并序》。
⑤ 元稹:《元氏长庆集》卷四《蜘蛛三首并序》。
⑥ 元稹:《元氏长庆集》卷四《蚁子三首并序》。
⑦ 元稹:《元氏长庆集》卷四《蟆子三首并序》。

"浮尘，蟆类也。其实微不可见。与尘相浮而上下，人苦之，往往蒙絮衣自蔽，而浮尘辄能涵透及人肌肤，亦巢巴蚰鳞中，故攻之用前术"。① 上述皆属古代四川较为常见的微小有害生物，对人体与物体有不同程度的伤害。或许其微不足道，古代志书少有记录。元稹不厌其烦地详加记述，可见其对巴蜀生物的重视与兴趣。尽管元稹的某些解释如蟆子的生物宿主并不正确，但所记载仍然为后世留下了古代巴蜀地区生物地理的难得资料，为研究古代四川有害生物的地理分布及防治方法提供了重要依据。

五　对巴蜀地区犀、象的观察与记录

犀与象在先秦时曾在我国大江南北广泛分布。因两种动物习性相似，皆以亚热带丛林及沼泽地为栖息环境，故古代文献常将它们相提并论。两汉以后由于气候逐渐寒冷，加上人为猎杀，黄河流域亚洲象与犀逐渐稀少，生存地域不断南移，至唐宋时亚洲象主要退到秦岭以南、湘沅以西的西南山区，唐宋四川盆地曾经是犀与象重要活动区域。偶尔在长江以北出现，常常作为祥瑞奏报朝廷。由于亚洲象与犀习惯生活在远离人群的亚热带森林，一般与人类较为疏远，故观察机会相对较少。尽管如此，当时学者仍然留下了珍贵的观察记录。宋代对犀这一动物的种属、形态、习性等已经有了较多的观察和认识，王辟之《渑水燕谈录》言："犀之类不一，生邕、管之内及交趾者，角纹如麻，实燥少温润，来自船上。生大食者，文如茱萸，理润而泽，光采彻莹，甚类犬鼻，若傅以膏，甚有花纹而尤异者，曰通天犀。或如日星，或如云月，或如葩花，或如山水，或飞走，或龙鱼，或成神仙，或成宫殿。至有衣冠、眉目、杖履、毛羽、鳞角，完具若绘画，然为世所贵，其价不赀，莫知其所以然也。"②《渑水燕谈录》的记载可能包括了非洲犀、印度犀、苏门答腊犀等犀类种属，不过其注意力似乎过多偏重于对犀身花纹的描述。北宋末期学者陆佃精通博物之学，对犀的外形特征与生活习性有更为深入的观察，《埤雅》卷四指出："犀性绝躁，似豕一管三毛，有鸠处必有之。形似水牛，大腹、卑脚，脚有三蹄，黑色。三角，一在顶上，一在额上，一在鼻上。鼻上者即食角也，小而不椭。好食棘。亦有一角者，前足直常，倚木而息，木仆则不能起。"③ 南宋罗愿对犀的分类及习性有较具体的描述："犀，（出）南徼外，牛而似豕，一角在鼻，一角在顶，其形已详见《埤雅》。多生南

① 元稹：《元氏长庆集》卷四《浮尘子三首并序》。
② 王辟之：《渑水燕谈录》卷九。
③ 陆佃：《埤雅》卷四《犀》。

中。……今徼外所送，有山犀，有水犀。水犀之皮则有珠甲，山犀无之。今通天犀长且锐，皆脑上角，千岁者长且锐，有一白缕，直上彻端，名曰通天，或以为白理彻端，则能出气通天，故通天或曰赤理，盖水犀之角也。"① 兕一般认为是犀的雌性，唐宋时在西部许多地区都有生存，唐宋时期对这一动物记载也较多，蔡卞《毛诗名物解》卷一〇《兕》："兕似牛，重千斤，一角，青色，其皮坚厚，可以制铠。"罗愿在解读《尔雅》时就犀与兕的区分，对郭璞的解释提出不同看法，"《尔雅》曰：'兕似牛，犀似豕'。郭氏称犀似水牛而豕首，然则犀亦似牛，与兕同，但首如豕耳。兕青而犀黑，兕一角而犀二角，以此为异。然郭又云犀亦有一角者也。但古人多言兕，今人多言犀。北人多言兕，南人多言犀。为不同耳"。② 这表明，宋人对犀这一动物的观察要比晋代郭璞明确。而王辟之、罗愿等将犀划分为"山犀""水犀""通天犀"三类，表明宋代对犀这一动物的观察与分类比前代进了一步。据考古研究与学者考证证实，历史上活动于中国西南的犀牛大多属于印度犀（也有小部分属于爪洼犀），其特点是独角与善游泳。③ 宋人张世南在笔记中真实记录了云南、四川犀的栖息地与生物外形特征："犀出永昌山谷及益州……犀似牛，猪首，大腹，脚有三蹄，色黑，好食棘。其皮每孔生三毛，顶一角，或云两角，或云三角"，张世南还提到当时成都药市犀角供不应求，以至于有人假冒销售。④ 由于野生犀在我国现已完全灭绝，这些记录显得尤其珍贵。值得注意的是，唐宋有关犀象的记录往往与这两类动物的猎杀与象牙犀角的大量朝贡与销售相提并论，除了上引宋人张世南成都药市常有犀角销售外，樊绰《蛮书》还提及当时云南"犀出越赕、丽水，其人以陷穽取之，每杀之时天，雨震雷暴作"，⑤ 对死于猎杀非命的犀表达了深深的同情。猎杀应是导致唐宋犀、象两类亚热带大型动物迅速减少的重要原因。由于犀这一珍贵大型动物已经于 20 世纪 70 年代在我国最后绝迹，所以唐宋时期对于蜀地犀的记载是殊为珍贵的生物学历史资料。

中国大象属于亚洲象及其亚种范围。作为西南地区标志性的大型动物，大象在我国有着悠久的历史记录。《尔雅》曰："南方之美者，有梁山之犀、象焉。"一般认为这里的"梁山"就是今陕西南部汉中盆地汉水南岸的梁山，如此则大

① 罗愿：《尔雅翼》卷一八《犀》。
② 罗愿：《尔雅翼》卷一八《兕》。
③ 耿德铭、张兴水：《浦缥人文化及其考古学意义》，《考古与文物》1991 年第 1 期；蓝勇：《历史时期野生印度犀分布变迁研究》，见蓝勇著《古代交通生态与实地考察研究》，四川人民出版社，1999，第 500 ~ 506 页。
④ 张世南：《游宦纪闻》卷二。
⑤ 樊绰：《蛮书》卷七《物产第七》。

象在秦汉时活动北界远达秦岭南部的汉水一线。唐五代时嘉陵江上游的大巴山南麓仍偶尔有大象游弋。《太平广记》卷四四一《阆州莫徭》记载了这样一个故事:"阆州莫徭以樵采为事,常于江边刈芦。有大象奄至,卷之上背行百余里,深入泽中。泽中有老象卧而喘息,痛声甚苦。"下面记述的是阆州老农为老象拨出刺在足掌上之竹尖,大象感恩回赠象牙,后被胡商以四十万价格买去,最后进献朝廷为武则天所得的故事。《太平广记》记载的这个故事表明,至迟在唐朝前期,西南亚洲象曾经在北纬 33°地带活动,这也是唐宋时期我国亚洲象活动的最北界记录。由于它的气候指征意义,这一记载今天为历史地理学家所看重,常常被用来作为唐代气候温暖的重要气候材料。据学者研究,唐宋中国西南亚洲象的分布仍然较广,存在三个零星分布区,分别是川东南黔北地区、川西及嘉陵江上游的秦巴山地。①

宋人对群象与独象的生活习性及对人类危害程度均有比较明确的认识:"群象,行人不甚畏。尤畏孤象,盖孤象是象中之败群者,众所不容,无所发其怒,故尤可畏。"② 现代生物学证明,大象是有自己社会组织的灵长类动物,一般以家庭为活动群体,所以在西部森林中常常以象群出现。而个别独行者,往往是母象受到袭击离散或死亡而留下的孤象,这种孤象性格暴戾,攻击性强,常常对行人构成威胁,③ 因此罗愿的解释大致是符合科学的。唐宋时期学者对大象的记载并非集中于西南滇地一处,川、鄂、湘、桂、闽、粤、黔南方七地均有大象出没游弋的记录,这与今天我国亚洲象仅残存于滇地西双版纳一隅的情形完全不同,这从另一方面说明当时我国亚洲象分布地理范围相当广阔,并不存在像今天这样的生存危机。

唐宋学者笔下的巴蜀动物颇为丰富,除了上述几种外,还有长臂猿、水牛、林麝、鹿、藏羚羊等重要动物,也包括其他富有地方特色的飞禽走兽。宋祁在四川为官时,曾观察到藏羚羊的分布与生物特点,其《羚羊赞并序》云:羚羊"出北番及茂、威等州,形似畜牛之大,其角缭头上,重者八九十斤。黑质而白文,工以为带,胯可用乱犀。赞曰,羊质之大,角绕于首。以角之称,驱残猎手"。④ 宋祁所载,应该为分布于川西北青藏高原西南边缘的藏羚羊无疑,因藏羚羊大多分布于高原高寒山区,一般人很难看见,因此宋祁的记载是有关宋代藏

---

① 蓝勇:《历史时期西南经济开发与生态变迁》,云南教育出版社,1992,第 121 页。
② 罗愿:《尔雅翼》卷一八《象》。
③ 广西师范大学生物系编《动物学》第五章《灵长类动物》,广西师范大学出版社,1987。
④ 宋祁:《景文集》卷四七《羚羊赞并序》。对藏羚羊,唐宋书史地志大多记载的是剑州土贡、土产中的羚羊角,而缺乏对其生物学外形的描述,宋祁之《序》,当为亲见后所载,殊为珍贵。

羚羊在川西北生存活动的珍贵记录。藏羚羊这一动物在我国古代生物地理文献中甚少提及，宋祁的记载不仅较为准确，而且透露出早在宋代就有对这一珍贵动物猎杀行为的信息，史料价值殊为珍贵。

六　几点认识

唐宋时期是我国西南地区地理认知史上一个极为重要的时代，[①] 其中对巴蜀地区自然地理资源的认知方面可以说取得了丰硕的成就，对四川盆地自然地理资源特别是生物资源的考察之全面、记录之详细都远远超越了前代，不仅代表了唐宋生物学、地理学发展的时代水平，其留下的一大批历史文献，也成为今天研究西南历史环境变迁的重要一手资料。这对于我们今天认识西部地理环境的变迁、摸清西部地理资源都有着十分重要的学术意义和现实主义。

但是从另一方面看，宋人对包括巴蜀地区动物的记载并非严格意义上的生物学研究，大多来自名物训诂之类。《四库全书·毛诗名物解·提要》说："自王安石《新义》及《字说》行，而宋之士风一变。其为名物训诂之学者，仅（蔡）卞、与陆佃二家。"明人邓渼在为程大昌《演繁录》题序中也说："大学致知，必始格物，圣人之教。初学亦期其多识鸟兽草木之名也。麟、睢、驺、鹊、荇、苹、棠、朴，岂遽是道若，未明八者之为何物，八物之为何似，而曰吾能得《周南》《召南》之所以言，盖望而知其为罔也。是学也，先秦则《尔雅》，入汉则《繁露》，其后转而为《释名》《广雅》。正谬刊误。皆小学也。"[②] 这说明宋代的生物学知识大多数来源于对《诗经》《尔雅》等古代经典的名物训诂。同时也必须看到，唐宋学者在对西南地区的生物考察中，生态保护意识尚相当淡薄，对动物的兴趣甚至更多地放在其资源利用而非保护方面。尽管已经有不少记载提及了对动物的残害，也表达了一定的同情心理，但大多是受佛教戒杀生观念的影响，缺乏生态意义上的动物关怀。如对金丝猴，更多的兴趣总是津津乐道"狨座"的华美，陆佃《埤雅》提及"人以药矢射（金丝猴）之，取其尾为卧褥鞍"，[③] 并无谴责语气；宋祁曾作《獲赞并序》："出邛蜀间。与猴猱少异，但性不躁动，肌质丰腴，蜀人炮蒸以为美味。赞曰，獲与猴猱，同类异种。彼美丰肌，登俎见用"，[④] 所津津乐道的也是对獲肉鲜美的贪婪，丝毫没有对杀害野生

---

① 参见马强《唐宋时期中国西部地理认识研究》第二章第五节有关讨论，人民出版社，2009。

② 邓渼：《演繁露原序》，见程大昌《演繁露》卷首，文渊阁《四库全书》本。

③ 陆佃：《埤雅》卷四《猴》。

④ 宋祁：《景文集》卷四七。

动物的同情。罗愿在研究大象的生物属性方面很有成就，但也感兴趣于象肉的肥美可口："象，南方之美者，有梁山之犀象焉。象长鼻牙，南越之大兽，兽之最大者。形体特诡，或曰身有百兽肉，皆自有分段，唯鼻是其本肉。鼻肉为炙肥，脆小类猪而含滑。《吕氏春秋》曰，肉之美者，髦象之约。"① 唐宋巴蜀之地大多州县尚属荒蛮之地，乃中央王朝罪臣流贬之地，唐宋学者在巴蜀生物记述中常常借动物而渲染西南地域的荒蛮与恐惧，如元稹的《巴蛇三首》其三就把巴蜀地区描绘得相当恐怖："汉帝斩蛇剑，晋时烧上天。自兹繁巨蟒，往往寿千年。白昼遮长道，青溪蒸毒烟。"② 巴地多蛇是事实，但这样的描写显然过分夸张了。这实际是借写蛇表露一种地域歧视。尽管如此，唐宋时期对巴蜀地区动物地理的考察仍是我国中古时代地理学的重要收获，在丰富对西部地区地理、地情资源的认识以及研究生态环境的变迁方面具有重要意义。

---

① 罗愿：《尔雅翼》卷一八《象》。
② 元稹：《元氏长庆集》卷四《巴蛇三首》。

宋代巴蜀经学文献概览

汪 璐

（四川大学古籍整理研究所）

宋代是中国古代学术的繁荣期，学术文化高度发达。作为地域学术之一的宋代巴蜀学术文化，由于相对稳定的政治环境、繁荣发展的经济、发达的文教事业、移民入蜀的官宦与士人的推动，其学术文化表现出繁盛的局面，尤以经学、史学、文学为代表。以文献为载体的经学领域经过汉唐时期的发展与流传，至宋，蜀地经学著述达到顶峰。本文主要从文献数量、时段分布、地域分布、有学说未见著述者四方面，简要梳理宋代巴蜀经学文献的主要概况。

一 文献数量

宋代巴蜀经学文献数量繁多，嘉庆《四川通志·经籍志》著录就有258种。据笔者参考郑樵《通志》、晁公武《郡斋读书志》、尤袤《遂初堂书目》、陈振孙《直斋书录解题》、王应麟《玉海》、马端临《文献通考·经籍考》《宋史·艺文志》、朱睦㮮《授经图义例》《文渊阁书目》、王圻《续文献通考》、焦竑《国史经籍志》、曹学佺《蜀中广记·著作记》、黄虞稷《千顷堂书目》、朱彝尊《经义考》、嵇璜《续通志》、许肇鼎《宋代蜀人著作存佚录》、刘琳《现存宋人著述总录》等目录书以及各家文集、墓志铭等文献资料，共考得371种。其中易类105种、书类34种、诗类34种、礼类22种、春秋类69种、孝经类4种、五经总义类33种、四书类47种、乐类12种、小学类11种，如表1~表11所示。

表1　宋代巴蜀易类著述①

姓　名	字　号	籍　贯	著　作	备　注
陈抟	字图南	安岳	1《易龙图》1卷 2《正易心法》1卷	存
李畋	字渭卿	双流（华阳）	3《易义》无卷数	
李见	字英恪	富顺	4《易枢》10卷	
何维翰		成都	5《易义》无卷数	
邓至		双流	6《易义》无卷数	
范祖禹	字淳甫②	华阳	7《家人卦解义》1篇	存
傅耆	字伯成	遂宁	8《同人卦说》1篇	
张公裕	字益儒	江原	9《周易注解》无卷数	
代渊	字仲颜③	灌县	10《易论》20卷（《周易旨要》20卷） 11《经中体义》1篇	
陈皋	字希古	梓州三台	12《周易论》10卷（又作《易论》） 13《象岁功》1篇	
杨绘	字元素	绵竹	14《易索蕴》无卷数 15《八卦方位》1篇 16《论重卦》1篇 17《论坤兑不言方》1篇 18《释类》1篇	
鲜于侁	字子骏	阆中	19《周易圣断》7卷	
陈文佐		安岳	20《易义》无卷数 21《原易》1篇	
苏洵	字明允	眉山	22《易传》（未完而卒）	
苏轼	字子瞻	眉山	23《东坡易传》9卷（又名《苏轼易传》《毗陵易传》） 24《易论》1篇 25《易解》1篇	存 存 存

---

①　金生杨《宋代巴蜀易学研究》所作"宋代巴蜀易学人物、著述表"中有易学著述146部（不计单篇），此146部中包含了经部五经总义类、子部儒家类，子部术数类中的部分著述。本文所统计部分，不包含此类著述。另嘉庆《四川通志·经籍志》中著录有单篇文献，所以单篇著述亦在本文统计范围内。

②　又字梦得。

③　又字蕴之。

续表

姓　名	字　号	籍　贯	著　作	备　注
苏辙	字子由	眉山	26《易说》3篇	存
文同	字与可	盐亭	27《黄氏易图后题》1篇	
陈希亮	字公弼	青神	28《辨钩隐图》57篇（《钩易图辨》1卷、《辨刘牧易》1卷） 29《制器尚象论》12篇（1卷） 30《家人噬嗑二卦图》2篇	
龙昌期	字起之	仁寿	31《周易绝笔书》4卷 32《周易祥符注》10卷①（《周易注》10卷、《符祥注》10卷）	
吕陶	字符钧	成都	33《易论》3篇 34《发蒙论》1篇	存 存
郭长孺		成都	35《易解》10卷	
房审权		华阳	36《周易义海》100卷	残。李衡删定为《周易义海撮要》12卷
张简		大邑	37《周易义略》9卷 38《易问难》20卷	
文儒		绵州	39《周易注》无卷数	
冯正符	字信道	遂宁	40《易解》无卷数	
谢湜	字待正	金堂	41《易义》12卷	
史通	字子深	青神	42《乾坤别解》3卷 43《易蓍》无卷数	
谯定	字天授	涪陵	44《易传》无卷数	
李宏②		潼川府路	45《易解》30卷	按：合吕大临、李开为《三家易解》
冯时行	字当可	璧山	46《易论》3卷 47《缙云易解》6卷	
罗志冲		合川	48《易解》无卷数	
黄时敏		井研	49《易通》	

---

① 嘉庆《四川通志·经籍志》作《周易注》十卷。

② 许肇鼎作成都人。

续表

姓　名	字　号	籍　贯	著　作	备　注
张行成	字文饶	临邛	50《周易通变》40 卷 51《周易述衍》18 卷 《元包数总义》2 卷 《翼元》12 卷 52《进易书状》1 篇	
吕凝之	字默夫	成都	53《易书》40 卷	
张浚	字德远	绵竹	54《紫岩易传》10 卷	存
刘纬		遂宁	55《易义》无卷数	
刘伯熊	字东溪	简阳	56《东溪易传》无卷数	
李石	字知几	资中	57《方舟易学》2 卷	存
李开	字玄非	资中	58《易解》	按：合吕大临、李开为《易解》30 卷
李焘	字仁甫①	丹棱	59《易学》5 卷 60《大传杂说》1 卷（《易大传杂说》1 卷） 61《周易古经》8 篇	
员南圭	字德温	仁寿	62《易说》2 卷	
冯诚之	字明仲	绵阳	63《易英》10 卷	
张栻	字敬夫	绵竹	64《南轩易说》3 卷 65《系辞说》	存
刘光祖	字德修	简阳	66《续东溪易传》无卷数	
赵介肯或作赵全叔		简阳	67《易传》无卷数	
毛璞	字伯玉	泸县	68《易传》11 卷	
李舜臣	字子思	井研	69《易本传》33 卷 70《易解》2 卷（《愚谷易解》2 卷） 71《读易外编》	
焦巽之	字诚父	夹江	72《易原》无卷数	嘉庆《四川通志·经籍志》作邱

---

① 又字子真，号巽岩。

续表

姓 名	字 号	籍 贯	著 作	备 注
薛绂	字仲章	夹江	73《易则》10 卷	
员兴宗	字显道	仁寿	74《易策》1 篇	
度正	字周卿	合川	75《书〈易学启蒙〉后》1 篇 76《书晦庵〈易学启蒙〉后》1 篇	
杨泰之	字叔正	青神	77《大易要言》20 卷 78《易类》5 卷	
李心传	字微之	井研	79《丙子学易编》15 卷（今存 1 卷）	存
牟子才	字存叟	井研	80《四尚易编》无卷数	
虞刚简	字仲易①	仁寿	81《易说》无卷数	
柳申锡	字彦养	三台	82《三易图说》10 卷 83《先天太极图说》	
魏了翁	字华父	蒲江	84《周易要义》10 卷 85《易举隅》 86《周易集义》64 卷	 存 存
李杞		眉山	87《用易详解》16 卷	存
司马子巳	字叔源	宜宾	88《先后天图》无卷数	
赵震		简阳	89《卦图系述》5 卷	
薛缓		夹江	90《易解》10 卷	
高斯得	字不妄	蒲江	91《易肤说》无卷数	
税与权	字巽甫	巴郡	92《校正周易古经》12 卷 93《易学启蒙小传》1 卷	 存
文及翁	字时举	绵竹	94《易本义》（附录纂疏及本义启蒙翼传）	
阳枋	字正父②	巴川	95《存斋易说》无卷数	
阳岊	小阳先生	巴川	96《字溪易说》无卷数	
阳恪	号以斋	巴川	97《易说》	
家铉翁	号则堂	眉山	98《说易》	

---

① 又字子韶。
② 又字宗虁，初名昌期，号字溪，大阳先生。

续表

姓 名	字 号	籍 贯	著 作	备 注
常氏		临邛	99《易学图》	吴澄《吴文正集》卷五六《题跋·题常道士易学图》载其为眉山家铉翁外孙
陈友文		不详	100《大易集传精义》64卷	
蒲郎中		不详	101《易传》	
黄晞①	字景微		102《易义》10卷	
青城山人			103《揲蓍法》1卷	
王当	字子思	眉山	104《易传》	
赵善誉	字静之	潼川府	105《易说》2卷	存

表2 宋代巴蜀尚书类著述

姓 名	字 号	籍 贯	著 作	备 注
范 镇	字景仁	华阳	1《正书》无卷数	
杨 绘	字元素	绵竹	2《书九意》1卷	
苏 洵	字明允	眉山	3《洪范图论》1卷	存
苏 轼	字子瞻	眉山	4《东坡书传》13卷 5《书论》1篇	存 存
苏 辙	字子由	眉山	6《洪范解要》	存
范祖禹	字淳甫	华阳	7《说命讲义》3卷 8《无逸讲义》1卷	
邓 绾	字文约	双流（华阳）	9《洪范建极锡福论》1篇	
龙昌期	字起之	仁寿	10《尚书注》无卷数	
张庭坚	字才叔	广安	11《书义》无卷数	
李 焘	字仁甫	丹棱	12《尚书大传杂说》1卷 13《尚书百篇图》1卷	

---

① 陈振孙《直斋书录解题》卷一〇、曹学佺《蜀中广记》卷九四《著作记》俱云黄晞为蜀人。《宋史·黄晞传》云为建安人。

续表

姓　名	字　号	籍　贯	著　作	备　注
宋若水	字子渊	双流（华阳）	14《书小传》10 卷	
史　通	字子深	青神	15《书义》8 卷	
张　栻	字敬夫	绵竹	16《书说》无卷数 17《无逸解》1 卷	
张　震	字真父	广汉	18《尚书小传》无卷数	
虞刚简	字仲易	仁寿	19《书说》无卷数	
阳　枋	字正父	巴川	20《书说》1 卷	
郭长孺		成都	21《书解》无卷数	
高斯得	字不妄	蒲江	22《书解》	
张　浚	字德远	绵竹	23《书解》	按：合《诗解》《礼解》为 3 卷
谢　谔	字昌国	重庆	24《书解》20 卷 25《艮斋定斋二先生书说》30 卷	
李舜臣	字子思	井研	26《尚书小传》4 卷	
宋　蕴	字符发	彭山	27《尚书讲义》50 卷	
史孟传	字守道	丹棱	28《书略》10 卷	
许　奕	字咸子	简阳	29《尚书讲义》10 卷	
魏了翁	字华父	蒲江	30《尚书要义》17 卷、《序说》1 卷	存
成申之		眉山	31《四百家尚书集解》58 卷	
程　揆	字端卿	犍为	32《尚书外传》5 卷	
冯诚之	字明仲	绵阳	33《书传》20 卷	
范　雍	字伯纯	仁寿	34《尚书四代图》	

表 3　宋代巴蜀诗类著述

姓　名	字　号	籍　贯	著　作	备　注
范百禄	字子功	华阳	1《诗传补注》20 卷	
鲜于侁	字子骏	阆中	2《诗传》60 卷	
范祖禹	字淳甫	华阳	3《诗解》1 卷	
龙昌期	字起之	仁寿	4《诗注》无卷数	

续表

姓　名	字　号	籍　贯	著　作	备　注
郭友直	字伯龙	华阳	5 《毛诗统论》20 卷	
苏　辙	字子由	眉山	6 《诗解集传》20 卷	存
冯正符	字信道	遂宁	7 《诗解》无卷数	
杨　绘	字元素	绵竹	8 《诗旨》无卷数	
张　震	字真父	广汉	9 《诗解》无卷数	另有庆元时益宁人张震，字东父
蔺敏修		夹江	10 《诗解》无卷数	
李　焘	字仁甫	丹棱	11 《诗谱》3 卷	
谢　谔	字昌国	重庆	12 《诗解》20 卷	
冯诚之	字明仲	绵阳	13 《诗解》20 卷	
许　奕	字咸子	简阳	14 《毛诗说》3 卷	
史　通	字子深	青神	15 《诗义》无卷数	
杨泰之	字叔正	青神	16 《诗名物编》10 卷 17 《诗类》3 卷	
李心传	字微之	井研	18 《诵诗训》5 卷	
史孟传	字守道	丹棱	19 《诗略》10 卷	
魏了翁	字华父	蒲江	20 《毛诗要义》20 卷 21 《豳风考》1 卷 22 《钱氏诗集传序》1 篇	存 存
高斯得	字不妄	蒲江	23 《诗肤说》无卷数	
张公裕	字益孺	崇庆	24 《诗注解》	
苏　轼	字子瞻	眉山	25 《诗论》1 篇	存
刘孝孙		简阳	26 《毛诗正论》10 卷 （《正论》）	
焦巽之	字诚父	夹江	27 《诗总》	
王　万		蒲江	28 《诗说》	
文及翁	字时举	绵竹	29 《诗传》	
阳　枋	字正父	巴川	30 《诗辞》1 卷	
陆惟忠	字子厚	眉山	31 《诗论》	
虞刚简	字仲易	仁寿	32 《诗说》	
张　浚	字德远	绵竹	33 《诗解》	按：合《礼解》《书解》为 3 卷
吕　陶	字符钧	成都	34 《诗论》1 篇	

表 4　宋代巴蜀礼类著述

姓　名	字　号	籍　贯	著　作	备　注
许　奕	字咸子	简阳	1《周礼讲义》6 卷	
高　崇	字西叔	蒲江	2《周官解》12 卷	
李心传	字微之	井研	3《丁丑三礼辨》23 卷	
史孟传	字守道	丹棱	4《周礼略》10 卷	
魏了翁	字华父	蒲江	5《周礼要义》30 卷 6《周礼井田图说》1 卷 7《鹤山周礼折衷》2 卷 8《仪礼要义》50 卷 9《礼记要义》33 卷	存 存 存
高斯得	字不妄	蒲江	10《仪礼合抄》无卷数	
史　通	字子深	青神	11《礼记义》1 卷、《详说》4 卷	
游　桂	字符发	南充	12《礼记经学》12 卷	
张　方	字立义	资阳	13《夏时考异》1 卷	
范祖禹	字淳甫	华阳	14《范氏家祭仪》1 卷	
龙昌期	字起之	仁寿	15《礼论》无卷数	
樊　建		不详	16《古今服饰仪》1 卷	
李　埴	字季允	丹棱	17《公侯守宰士庶通礼》30 卷	
王立言	字叔子	眉山	18《周官说题》	
李舜臣	字子思	井研	19《礼经读》	
贾　浚		成都	20《历法九议》1 册	
苏　轼	字子瞻	眉山	21《礼论》1 篇	存
张　浚	字德远	绵竹	22《礼解》	按：合《诗解》《书解》为 3 卷

表 5　宋代巴蜀春秋类著述

姓　名	字　号	籍　贯	著　作	备　注
龙昌期	字起之	仁寿县	1《春秋正论》3 卷 2《春秋复道论》15 卷	
张公裕	字益孺	江原	3《春秋注解》无卷数	
宋　堂		双流（华阳）	4《春秋新意》	

续表

姓　名	字　号	籍　贯	著　作	备　注
杨绘	字元素	绵竹	5《春秋辨要》 6《释义》1 篇	《春秋辨要》合《书意》《诗旨》为10卷
黎錞	字希声	广安	7《春秋经解》12 卷	
杜谔	字季长	泸县	8《春秋会义》30 卷（26 卷）	存
冯正符	字信道	遂宁	9《春秋得法志例论》30 卷	
家安国	字复礼	眉山	10《春秋通义》24 卷	
家勤国		眉山	11《春秋新义》无卷数	
王乘		广安	12《春秋统解》3 卷	
何涉	字济川	南充	13《春秋本旨》4 卷	
苏辙	字子由	眉山	14《春秋集解》12 卷	存
冯山	字允南	安岳	15《春秋通解》12 卷	
王当	字子思	眉山	16《春秋列国诸臣传》51 卷 17《春秋释》12 卷	存
任伯雨	字德翁	眉山	18《春秋绎圣新传》12 卷	
税安礼		重庆	19《春秋列国图说》1 卷	
范冲	字符长	双流（华阳）	20《春秋左氏讲义》4 卷	
崔子方	字彦直①	涪陵	21《春秋本例》20 卷 22《春秋例要》1 卷 23《春秋经解》12 卷	存 存 存
张浚	字德远	绵竹	24《春秋解》6 卷	
李蘩	字清叔	崇庆	25《春秋至当集》无卷数 26《春秋机关》无卷数 27《春秋集解》无卷数	
李棠	字子思	不详	28《春秋时论》1 卷	
宇文虚中	字叔通	双流（华阳）	29《春秋纪咏》30 卷	
唐浔	字彦通	丹棱	30《春秋讲议》30 卷 31《三传辨》7 卷	
史孟传	字守道	丹棱	32《春秋统会》12 卷	
李焘	字仁甫	丹棱	33《春秋学》10 卷	

---

① 又字伯直。

续表

姓　名	字　号	籍　贯	著　作	备　注
李心传	字微之	井研	34《春秋考义》13 卷	
谢湜	字持正	金堂	35《春秋义》24 卷 36《春秋总义》3 卷	
谢畴	字符锡	三台	37《春秋古经》1 卷（12 篇）	
张震	字真父	广汉	38《春秋奥论》无卷数	另有庆元时益宁人张震，字东父
勾龙传	字明甫	夹江	39《春秋三传分国纪事本末》无卷数	
李石		资中	40《左氏君子例》1 卷、《诗如例》1 卷、《诗补遗》1 卷 41《左氏卦例》1 卷 42《左氏圣语例》1 卷	存 存 存
黄裳	字文叔	剑阁	43《春秋讲义》无卷数	
谢谔	字昌国	重庆	44《春秋左氏讲义》3 卷	
魏了翁	字华父	蒲江	45《春秋左传要义》31 卷	存
杨泰之	字叔正	青神	46《春秋列国事目》15 卷 47《公羊穀梁传类》5 卷	
程公说	字伯刚	宜宾	48《春秋分记》90 卷 49《左氏始终》36 卷 50《通例》20 卷 51《比事》10 卷	存
王梦应		铜梁	52《春秋集义》50 卷	
虞允文	字彬辅	仁寿	53《经筵春秋讲义》3 卷	
阳恪		巴川	54《春秋夏时考正》2 卷	
赵鹏飞	字企溟	绵阳	55《春秋经筌》16 卷	存
牟子才		井研	56《春秋轮辐》无卷数	
家铉翁	号则堂	眉山	57《春秋详说》30 卷《纲领》1 卷① 58《春秋叙例》1 卷	存

---

① 嘉庆《四川通志·经籍志》作《序例》1 卷。

续表

姓　名	字　号	籍　贯	著　作	备　注
程揆	字端卿	犍为	59《春秋外传》10 卷	
李尧俞	字然明	成都	60《春秋集议略论》2 卷 61《三传集义》30 卷	
勾龙庭实		夹江	62《春秋三传》	
毛璞	字伯玉	泸县	63《春秋疏解》	
王立言	字叔子	眉山	64《春秋折衷会解》	
文正伦	字济道①	绵阳	65《左氏纲领》4 卷	
黎良能		广安	66《左氏释疑》1 卷 67《谱学》1 卷	
黄敏		金堂	68《公羊》10 卷	
苏轼	字子瞻	眉山	69《春秋论》1 篇	存

表 6　宋代巴蜀孝经类著述

姓　名	字　号	籍　贯	著　作	备　注
龙昌期	字起之	仁寿	1《孝经注》无卷数	
勾中正	字坦然	成都	2《三体孝经》1 卷	
范祖禹	字淳甫	华阳	3《古文孝经说》1 卷	存
史绳祖	字庆长	眉山	4《孝经解》1 卷	

表 7　宋代巴蜀五经总义类著述

姓　名	字　号	籍　贯	著　作	备　注
杨绘	字元素	绵竹	1《群经索蕴》33 卷	
黄敏		金堂	2《九经余义》100 卷	
范祖禹	字淳甫	华阳	3《三经要语》无卷数	
王当	字子思	眉山	4《经旨》3 卷	
杨甲	字嗣清②	大足	5《六经图》6 卷	存
唐湜	字彦通	丹棱	6《四经彻旨》30 卷	
李舜臣	字子思	井研	7《群经义》7 卷	

---

① 号本心翁。
② 又字鼎卿。

续表

姓 名	字 号	籍 贯	著 作	备 注
刘光祖	字德修	简阳	8《诸经讲义》若干卷 9《山堂疑问》1 卷	
毛璞	字伯玉	泸县	10《六经解》无卷数	
李焘	字仁甫	丹棱	11《五经传授图》1 卷	
许奕	字咸子	简阳	12《九经直音》9 卷 13《九经正讹》1 卷 14《诸经正典》10 卷	
高定子	字瞻叔	蒲江	15《经说》5 卷 16《绍熙讲义》	
史尧辅	字充甫	丹棱	17《诸经讲义》50 卷	
吴之巽	字先之	中江	18《诸经讲义》5 卷	
程公许	字季与①	宜宾	19《金华讲义》无卷数	
牟子才		井研	20《经筵讲义》5 卷、《口义》2 卷	
牟巘	字献甫	井研	21《六经音考》无卷数（与牟应龙合著）	
阳枋	字正父	巴川	22《说经》残卷	存
宋若水		双流	23《经解》5 卷	
任希夷	字伯起②	眉山	24《经解》10 卷	
苏洵	字明允	眉山	25《六经论》1 卷	
苏辙	字子由	眉山	26《进论五首》	存
黄时敏		井研	27《六经释疑义》	
张商英	字天觉③	新津	28《三坟书》7 卷	
魏了翁	字华父	蒲江	29《九经要义》263 卷 30《九经要义类目》6 卷	残 存
李縢	字清叔	崇庆	31《经语提要》	
谢谔	字昌国	重庆	32《经解》43 卷	按：此即《诗解》20 卷、《书解》20 卷、《春秋左氏讲义》3 卷之总称
王庠	字彦周	荣县	33《经说》1 篇	

① 又字希颖。
② 号斯庵。
③ 号无尽居士。

表8　宋代巴蜀四书类著述

姓名	字号	籍贯	著作	备注
龙昌期	字起之	仁寿	1《论语注》无卷数	
范祖禹	字淳甫	华阳	2《中庸解》1卷 3《论语说》20卷 4《孟子节解》14卷	存
苏洵	字明允	眉山	5《评孟子》2卷	存
苏轼	字子瞻	眉山	6《论语解》10卷 7《中庸论》无卷数	存
苏辙	字子由	眉山	8《论语拾遗》1卷 9《孟子解》1卷	存 存
杜莘老	字起莘	青神	10《论语集解》10卷	
冯正符	字信道	遂宁	11《论语注》无卷数	
张简		大邑	12《点注孟子》14卷	
张浚	字德远	绵竹	13《中庸解》1卷 14《论语解》1卷	
蔺敏修		夹江	15《论语解》无卷数	
张栻	字敬夫	绵竹	16《癸巳论语解》10卷 17《癸巳孟子说》7卷 18《孟子详说》17卷	存 存
晏渊	字亚夫	涪陵	19《孟子注》无卷数	
谢谔	字昌国	重庆	20《论语解》20卷	
张演	字季长	崇庆	21《中庸辨择》无卷数	
李舜臣	字子思	井研	22《四书辨证》无卷数 23《家塾编次论语》5卷	
宋蕴	字符发	彭山	24《论语解义》20卷	
许奕	字咸子	简阳	25《论语讲义》2卷	
杨泰之	字叔正	青神	26《论语孟子类》7卷 27《论语解》30卷	
史通	字子深	青神	28《论语说》无卷数 29《孟子义》无卷数	
李惟正		蒲江	30《翼论孟》无卷数	
吴之巽	字先之	中江	31《中庸口义》3卷	

续表

姓 名	字 号	籍 贯	著 作	备 注
冯诚之	字明仲	绵阳	32《复庵读论语》10 卷	
魏天佑	字德先	蒲江	33《四书说》无卷数	
魏文翁	字嘉父	蒲江	34《中庸大学讲义》2 卷	
赵樊		广汉	35《论语说》1 卷	
吴昌裔	字季永	中江	36《四书讲义》无卷数	
谯仲午①		蒲江	37《孟子旨义》无卷数	
虞刚简	字仲易	仁寿	38《论语说》无卷数	
魏了翁	字华父	蒲江	39《论语要义》10 卷 40《孟子要义》14 卷	
赵介胄②		简阳	41《论语孟子讲义》无卷数	
阳枋	字正父	巴川	42《中庸说》1 卷	
毛璞	字伯玉	泸县	43《四书略解》	
孙绘	字子华	眉山	44《拙斋论孟说》	
张浚	字德远	绵竹	45《孟子句解》	
赵卯发	字汉卿	大足	46《集孟四箴》	
李兴宗	字谦斋	丰都	47《论孟俗解》	

表 9　宋代巴蜀乐类著述

姓 名	字 号	籍 贯	著 作	备 注
房庶		华阳	1《乐书补亡》3 卷	
房审权		华阳	2《大乐演义》3 卷	
魏汉津		不详	3《大晟乐书》无卷数	
郭友直	字伯龙	华阳	4《历代沿革乐书》13 卷	
范镇	字景仁	华阳	5《乐书》3 卷 6《乐论》8 篇 7《乐议》1 卷 8《元祐新定乐法》1 卷	
黄裳	字文叔	剑阁	9《乐记论》1 卷	存

---

① 或作谯仲甫。
② 或作赵全叔。

续表

姓 名	字 号	籍 贯	著 作	备 注
史通	字子深	青神	10《律吕气数》12卷	
王篯	字符直	眉山	11《太常乐纂》1卷 12《乐本书》20卷	

表10 宋代巴蜀小学类著述

姓 名	字 号	籍 贯	著 作	备 注
勾中正	字坦然	成都	1《雍熙广韵》100卷、《序例》1卷 2《有声无字韵》1卷 3《说文》20篇	
宇文绍奕	字裒臣	双流（华阳）	4《原隶》无卷数	
李焘	字仁甫	丹棱	5《说文解字五音韵谱》10卷	存
李从周	字肩吾①		6《字通》1卷	存
陈瑛	字伯英		7《篆书》无卷数	
范镇	字景仁	华阳	8《蒙求》2卷（《宋朝蒙求》、《宋蒙求》、《本朝蒙求》）	
王著	字知微	成都	9《韵篇》	
杨朴		资阳	10《礼部韵括遗》	
计灌园		不详	11《韵略》	

表11 宋代巴蜀经学文献统计

单位：种

类 别	嘉庆《四川通志·经籍志》	笔者新增②	合 计
易 类	63	42	105
书 类	23	11	34
诗 类	22	12	34
礼 类	17	5	22
春秋类	54	15	69
孝经类	4	0	4

---

① 又字子载。

② 嘉庆《四川通志·经籍志》中著录有单篇文献，笔者新增亦包括单篇文献。

类　　别	嘉庆《四川通志·经籍志》	笔者新增	合　　计
五经总义类	20	13	33
四书类	41	6	47
乐类	9	3	12
小学类	5	6	11
总　　计	258	113	371

由以上列表可以看出，宋代巴蜀著述人物达 161 人，经学文献总计 371 种。其中易类、春秋类、四书类数量最多，孝经类、乐类、小学类数量相对较少。现存有陈抟、范镇、苏洵、苏轼、苏辙、吕陶、杜谔、房审权、崔子方、王当、赵鹏飞、张浚、张栻、李石、李焘、杨甲、黄裳、赵善誉、李心传、魏了翁、李杞、程公说、税与权、阳枋、家铉翁、李从周 26 人的经学著述 61 种。

二　时段分布①

（一）由五代入宋

勾中正、陈抟、青城山人皆是由五代入宋时人，共有 7 种经学著述。勾中正所著有《三体孝经》1 卷，《雍熙广韵》100 卷、《序例》1 卷、《有声无字韵》1卷，《说文》20 篇；陈抟著有《易龙图》1 卷、《正易心法注》1 卷；青城山人著有《揲蓍法》1 卷。现存有陈抟的《正易心法注》1 卷。

（二）北宋

北宋时的经学人物有 66 人，经学著作 155 种。现存有范镇的《家人卦解义》1篇、《古文孝经说》1 卷、《中庸解》1 卷（或作《中庸论》），苏洵的《洪范图论》1 卷、《评孟子》2 卷，苏轼的《毗陵易传》《东坡书传》13 卷、《书论》1 篇、《诗论》1 篇、《礼论》1 篇、《春秋论》1 篇、《中庸论》无卷数、《易论》1 篇、《易解》1 篇，苏辙的《易说》3 篇、《洪范解要》《诗解集传》20 卷、《春秋集解》12 卷、《进论五首》《论语拾遗》1 卷、《孟子解》1 卷，吕陶的《易论》3篇、《发蒙论》1 篇，杜谔的《春秋会义》30 卷（26 卷），房审权的《周易义

---

① 主要按著者的大致生活时代划分。另大致时代不明的宋代经学著述有蒲郎中的《易传》和李兴宗的《论孟俗解》。

海》100卷（残），崔子方的《春秋本例》20卷、《春秋例要》1卷、《春秋经解》12卷，王当的《春秋列国诸臣传》51卷，等等，共29种，如表12所示。

表12　北宋经学人物

单位：人，种

大致时代	治经（有著述）者	人　数	经学著述
太宗	李畋、王著	2	2
真宗	李见、范雍、黄敏	3	4
仁宗	何维翰、邓至、邓绾、范镇、范祖禹、范百禄、傅耆、张公裕、代渊、陈皋、杨绘、鲜于侁、陈文佐、苏洵、苏轼、苏辙、文同、陈希亮、龙昌期、吕陶、谯定、张商英、黄晞、郭友直、黎錞、杜谔、家安国、家勤国、何涉、冯山、唐湮、李尧俞、房庶、魏汉津	34	97
神宗	郭长孺、房审权、张简、文儒、冯正符、谢湜、刘孝孙、陆惟忠、任伯雨、黎良能	10	20
哲宗	史通、张庭坚、宋堂、王乘、税安礼、范冲、崔子方、文正伦、王庠、王箴	10	20
徽宗	李宏、冯时行、罗志冲、黄时敏、王当、宇文虚中、勾龙庭实	7	12

（三）南宋

南宋时期巴蜀地区有经学人物89人，经学著述206种。现存南宋经学著作有赵鹏飞的《春秋经筌》16卷；张浚《紫岩易传》10卷；李石《方舟易学》2卷，《左氏君子例》1卷、《诗如例》1卷、《诗补遗》1卷，《左氏卦例》1卷，《左氏圣语例》1卷；李焘《说文解字五音韵谱》10卷；杨甲《六经图》6卷；张栻《南轩易说》3卷、《癸巳论语解》10卷、《癸巳孟子说》7卷；黄裳《乐记论》1卷；赵善誉《易说》2卷；李心传《丙子学易编》15卷（今存1卷）；魏了翁《周易要义》10卷，《周易集义》64卷，《尚书要义》17卷，《序说》1卷，《毛诗要义》20卷，《钱氏诗集传序》1篇，《鹤山周礼折衷》2卷，《仪礼要义》50卷，《礼记要义》33卷，《春秋左传要义》31卷，《九经要义》263卷（残），《九经要义类目》6卷；李杞《用易详解》16卷；程公说《春秋分记》90卷；税与权《易学启蒙小传》1卷；阳枋《说经》残卷；家铉翁《春秋详说》30卷《纲领》1卷；① 李从周《字通》1卷；共计30种，如表13所示。

---

① 嘉庆《四川通志·经籍志》作《序例》1卷。

表 13　南宋经学人物

单位：人，种

大致时代	治经（有著述）者	人　数	经学著述
高宗	赵鹏飞、张行成、吕凝之、张浚、刘纬、刘伯熊、李石、李开、李焘、员南圭、宋若水、张震、谢谔、程揆、蔺敏修、樊建、李棠、谢畴、勾龙传、虞允文、杜莘老、魏天佑、赵燨、宇文绍奕、杨朴	25	57
孝宗	杨甲、冯诚之、张栻、刘光祖、赵介胄、毛璞、任希夷、李舜臣、焦巽之、薛绂、员兴宗、度正、宋蕴、游桂、李埴、贾浚、黄裳、张演、计灌园、赵善誉	20	48
光宗	李惟正	1	1
宁宗	高定子、吴之巽、许奕、杨泰之、李心传、晏渊、牟子才、虞刚简、魏了翁、魏文翁、王万、李杞、司马子巳、李蘩、赵震、薛缓、史孟传、高崇、张方、王立言、程公说、程公许、王梦应、吴昌裔、谯仲午（谯仲甫）、孙绘	26	75
理宗	柳申锡、史绳祖、高斯得、税与权、文及翁、阳枋、阳岊、阳恪、家铉翁、常氏（家铉翁外孙）、陈友文、史尧辅、牟巘、成申之、赵卯发、李从周	16	28
度宗	牟应龙（与牟巘合著）	1	1

（四）由宋入元

生活于宋末元初时期的邛州王申子，所著经学著作有《大易缉说》10 卷（存）、《周礼正义》，《春秋类传》（存）；陈瑛著有《篆书》无卷数，吴澄曾为其作序。①

从整个宋代巴蜀经学文献的时段分布来看，宋代巴蜀经学文献主要集中在仁宗、神宗、哲宗、高宗、孝宗、宁宗时期，这与当时的政治环境、经济状况、文

① 曹学佺：《蜀中广记》卷九四《著作记四》。

化政策、学术风气等一系列因素不无关系。

三　地域分布①

北宋的地方行政区划，实行路、州（府、军、监）、县（监）三级建置。

咸平四年（1001 年），北宋政权将四川地区划分为益州路、梓州路、利州路、夔州路，总称"川峡四路"。路下仍置府、州、军、监。宋仁宗嘉祐四年（1059 年）改益州路为成都府路，宋徽宗重和元年（1118 年）改梓州路为潼川府路。北宋末年，四川地区共有 4 路、4 府、35 州、8 军、3 监、2 州辖监。南宋基本沿袭了北宋时期的建置，共有 4 路、10 府、29 州、8 军、2 监、180 县、4 州辖监。② 本节拟以成都府路、潼川府路、利州路、夔州路 4 路展现宋代巴蜀经学文献的具体地域分布情况。

（一）成都府路

成都府路经学著述者有 102 人，所著文献达 274 种，是宋代 4 路中最繁盛的区域。从其地域来看，主要分布在以下 10 县，其中眉山 41 种，双流（华阳）31 种，绵竹 27 种，蒲江 29 种，青神 21 种，仁寿 17 种，井研 18 种，丹棱 18 种，成都 15 种，简阳 15 种，"三苏"故乡——眉山的经学著述最繁荣，可谓当时的学术重镇。从其分类来看，成都府路中的易类文献有 69 种、书类 29 种、诗类 30 种、礼类 20 种、春秋类 41 种、孝经类 4 种、五经总义类 25 种、四书类 37 种、乐类 10 种、小学类 9 种，易类文献最为发达，仍保留了蜀地易学的传统，其次是春秋类和四书类文献。从其存佚和流传情况来看，成都府路的经学著作存者较多，现存的约有 48 种，且多数在当时及后世都有较大影响，如表 14 所示。

（二）潼川府路

潼川府路经学著述者有 41 人，著述有 68 种。各地域文献数量分布差别不大，种类上易类有 26 种、书类 2 种、诗类 2 种、礼类 2 种、春秋类 22 种、五经总义类 7 种、四书类 6 种、小学类 1 种。潼川府路中以易类和春秋类文献为主，

---

① 另有计灌园、樊建、李棠、黄晞、魏汉津、陈友文、青城山人、蒲郎中等地域不明的蜀人 8 人，著有 8 种。计灌园《韵略》、樊建《古今服饰仪》1 卷、李棠《春秋时论》1 卷、黄晞《易义》10 卷、魏汉津《大晟乐书》无卷数、陈友文《大易集传精义》64 卷、青城山人《揲蓍法》1 卷、蒲郎中《易传》。

② 参见罗兰秋主编《巴蜀历史与文化》，四川大学出版社，2003，第 28~32 页。

表 14　成都府路经学人物

单位：人，种

州　　县	著述人	人　　数	著述分类与数量	
成都	何维翰、吕陶、郭长孺、吕凝之、贾浚、李尧俞、勾中正、王著	8	易：5 书：1 诗：1 礼：1 春秋：2 孝经：1 小学：4	15
双流（华阳）	李畋、范祖禹、邓至、房审权、范镇、邓绾、宋若水、范百禄、郭友直、宋堂、范冲、宇文虚中、房庶、宇文绍奕	14	易：4 书：5 诗：3 礼：1 春秋：3 孝经：1 五经总义：2 四书：3 乐：7 小学：2	31
雒县（今广汉）	张震、赵燮	2	书：1 诗：1 春秋：1 四书：1	4
绵竹	杨绘、张浚、张栻、文及翁	4	易：9 书：4 诗：3 礼：1 春秋：3 五经总义：1 四书：6	27
绵阳	文儒、冯诚之、赵鹏飞、文正伦	4	易：2 书：1 诗：1 春秋：2 四书：1	7
简阳	刘伯熊、刘光祖、赵介胄、赵震、许奕、刘孝孙	6	易：4 书：1 诗：2 礼：1 五经总义：5 四书：2	15

续表

州　县	著述人	人　数	著述分类与数量	
眉山	苏洵、苏轼、苏辙、李杞、史绳祖、王当、成申之、陆惟忠、王立言、家安国、家勤国、任伯雨、家铉翁、任希夷、孙绘、王箴	16	易：8 书：5 诗：3 礼：2 春秋：10 孝经：1 五经总义：4 四书：6 乐：2	41
仁寿（今属眉山市）	龙昌期、员南圭、员兴宗、虞刚简、范雍、虞允文	6	易：5 书：3 诗：2 礼：1 春秋：3 孝经：1 四书：2	17
青神	陈希亮、史通、杨泰之、杜莘老、陈瑛	5	易：7 书：1 诗：3 礼：1 春秋：2 四书：5 乐：1 小学：1	21
丹棱	李焘、史孟传、李埴、唐湮、史尧辅	5	易：3 书：3 诗：2 礼：2 春秋：4 五经总义：3 小学：1	18
彭山	宋蕴、李从周	2	书：1 四书：1 小学：1	3

续表

州　　县	著述人	人　数	著述分类与数量	
夹江	焦巽之、薛绂、薛缓、蔺敏修、勾龙传、勾龙庭实	6	易：3 诗：2 春秋：2 四书：1	8
犍为	程揆	1	书：1 春秋：1	2
井研	黄时敏、李舜臣、李心传、牟子才、牟巘与牟应龙合著	6	易：6 书：1 诗：1 礼：2 春秋：2 五经总义：4 四书：2	18
临邛	张行成、常氏	2	易：4	4
蒲江	魏了翁、高斯得、高崇、高定子、李惟正、魏天佑、魏文翁、王万、谯仲午①	9	易：4 书：2 诗：5 礼：7 春秋：1 五经总义：4 四书：6	29
大邑	张简	1	易：2 四书：1	3
江原	张公裕	1	易：1 诗：1 春秋：1	3
新津	张商英	1	五经总义：1	1
崇庆②	李蘩、张演	2	春秋：3 五经总义：1 四书：1	5
灌县	代渊	1	易：2	2

---

① 或作谯仲甫。

② 北宋时，成都府路下蜀州治晋原（今四川崇州），绍兴十四年蜀州升为崇庆府。

现存有陈抟《正易心法注》1 卷；杜谔《春秋会义》30 卷（26 卷）；李石《方舟易学》2 卷，《左氏君子例》1 卷、《诗如例》1 卷、《诗补遗》1 卷、《左氏卦例》1 卷，《左氏圣语例》1 卷；杨甲《六经图》6 卷；赵善誉《易说》2 卷；程公说《春秋分记》90 卷；阳枋《说经》残卷；共计 10 种，如表 15 所示。

表 15　潼川府路经学人物

单位：人，种

州　县	著述人	人　数	著述分类与数量	
郪县（今三台）	陈皋、柳申锡、谢畴	3	易：4 春秋：1	5
中江	吴之巽、吴昌裔	2	五经总义：1 四书：2	3
盐亭	文同	1	易：1	1
南充	游桂、何涉	2	礼：1 春秋：1	2
合川	罗志冲、度正	2	易：3	3
巴川	阳枋、阳岊、阳恪	3	易：3 书：1 诗：1 春秋：1 五经总义：1 四书：1	8
铜梁	王梦应	1	春秋：1	1
遂宁	傅耆、冯正符、刘纬、	3	易：3 诗：1 春秋：1 四书：1	6
安岳	陈文佐、冯山、陈抟	3	易：4 春秋：1	5
大足	杨甲、赵卯发	2	五经总义：1 四书：1	2
盘石（今资中）	李石、李开	2	易：2 春秋：3	5
资阳	张方、杨朴	2	礼：1 小学：1	2
荣德（今荣县）	王庠	1	五经总义：1	1
宜宾	司马子巳、程公说、程公许	3	易：1 春秋：4 五经总义：1	6

续表

州　县	著述人	人　数	著述分类与数量	
泸县	毛璞、杜湾	2	易：1 春秋：2 五经总义：1 四书：1	5
广安	张庭坚、黎錞、王乘、黎良能	4	书：1 春秋：4	5
金堂	谢湜、黄敏	2	易：1 春秋：3 五经总义：1	5
富顺	李见	1	易：1	1
潼川府路	李宏①、赵善誉	2	易：2	2

（三）夔州路

夔州路治经者有 8 人，其所作经学著述总计有 17 种。其中易类 5 种、诗类 1 种、书类 2 种、春秋类 5 种、五经总义类 1 种、四书类 3 种。现存有崔子方《春秋本例》20 卷，《春秋例要》1 卷，《春秋经解》12 卷；税与权《易学启蒙小传》1 卷，共计 4 种，如表 16 所示。

表 16　夔州路经学人物

单位：人，种

州　县	著述人	人　数	著述分类与数量	
重庆	税与权、谢谔、税安礼	3	易：2 诗：1 书：2 春秋：2 五经总义：1 四书：1	9
涪陵	谯定、崔子方、晏渊	3	易：1 春秋：3 四书：1	5

---

① 为潼川府路转运判官，许肇鼎作成都人。

州　　县	著述人	人　　数	著述分类与数量	
璧山	冯时行	1	易：2	2
丰都	李兴宗	1	四书：1	1

（四）利州路

利州路治经者有鲜于侁和黄裳 2 人，其所作经学著述总计有 4 种。鲜于侁所著有《周易圣断》7 卷、《诗传》60 卷；黄裳著有《春秋讲义》无卷数、《乐记论》1 卷（存）。相对于其他 3 路，利州路可考的经学著述稀少，如表 17 所示。

表 17　利州路经学人物

单位：人，种

州　　县	著述人	人　　数	著述分类与数量	
阆　中	鲜于侁	1	易：1 诗：1	2
剑　阁	黄　裳	1	春秋：1 乐：1	2

通过以上 4 路经学著述的对比，成都府路、潼川府路、夔州路、利州路 4 路经学著述者和经学文献表现出了不平衡性，从数量上看，成都府路最繁盛，经学人物达 102 人，经学文献达 274 种。其次是潼川府路，经学人物有 41 人，经学文献有 68 种。夔州路经学人物有 8 人，经学文献有 17 种。利州路经学人物有 2 人，经学文献有 4 种。从其种类上看，4 路的易类和春秋类文献相对发达。从存佚情况来看，成都府路存者最多，达 48 种。

四　有学说未见著述者

异于汉唐的是宋代巴蜀可考的治经者大多数有其著述，盖由宋代稳定的政治环境、繁荣的经济、发达的造纸术与印刷术等一系列因素的推动而促成。宋代官私目录的发达，如官修的《崇文总目》《中兴馆阁书目》、晁公武《郡斋读书志》、陈振孙《直斋书录解题》、王应麟《玉海》等重要目录提要文献的著录，使现今对宋代巴蜀地区的文献著录及流传情况有了更清晰的认识。相比于有著述的经学人物（161 人），宋代可考的有学说未见著述的治经者相对较少（仅有 24 人），多以治《易》为主，如表 18 所示。

表18　有学说未见著述者

姓　名	字　号	大致时代	籍贯	学　说	出　　处
宋格		太宗时人	成都	易学	《茅亭客话》
任玠	字温如	太宗时人	成都	易学	《茅亭客话》
广凯		太宗时人	不详	易学	陈师道《后山谈丛》
郭希朴		太宗时人	成都	易学	费著《氏族谱》
籍桶者		仁宗时人	成都	易学	
蒲远犹		仁宗时人	成都	易学、《太玄》学	蒲远犹《自撰墓志》
费孝先		仁宗时人	成都	《易》轨革卦影之术	《东坡志林》
袁惟正		仁宗时人	阆中	易学	文同《道士袁惟正字行之序》
李甲		仁宗时人	双流	易学	佚名《孝廉阁记》
杨损之	字益之	仁宗时人	成都	易说	郭印《浣花四老堂记》、杨彦龄《杨公笔谈》
郭囊氏①		哲宗时人	南平	易学	《宋史》卷四五九《谯定传》
薛翁		哲宗时人	富顺	易学	《宋史》卷四五九《谯定传》
冯履		高宗时人	临邛	易学	《续编两朝纲目备要》
严庚		高宗时人	蓬州	乾坤说	朱熹《少师保信军节度使魏国公致仕赠太保张公行状》
张子觉		高宗时人	资阳	易学	李石《支兴道墓志铭》
龚齐褒		高宗时人	不详	易学	李石《龚汉卿墓志铭》
陈用庚		孝宗时人	巴岳	易学	度正《涪州教授陈孚由墓志铭》
宋若水	字子渊	孝宗时人	双流	易说	朱熹《运判宋公墓志铭》
唐季乙		宁宗时人	晋原	易说	魏了翁《绵州教授承奉郎致仕唐君（季乙）墓志铭》
杜可大		宁宗时人	不详	《皇极经世》学	宋濂《溟涬生赞》
蜀君子		不详	不详	易说	《易翼传》
杜耑		不详	不详	易说	《周易玩辞》

---

　　① 程迥《周易章句外编》作郭载。

姓 名	字 号	大致时代	籍 贯	学 说	出 处
蜀僧		不详	不详	易说	《厚斋易学》
王万	字万里	不详	蒲江	尤善《戴氏礼》	《宋元学案》卷八〇《鹤山学案》

综上所述，宋代巴蜀经学文献整体数量丰富，其中易类、春秋类、四书类文献尤为发达。时段分布上主要集中在北宋仁宗、神宗、哲宗，南宋高宗、孝宗、宁宗时期。地域分布上四府路表现出了不平衡性，以成都府路最繁盛，潼川府路次之，夔州路、利州路稀少。宋代巴蜀经学著述人物更是遍布各阶层，小到平民隐者，大到官绅。他们不专治一经，多兼治数经，且经史并重。在学术上重视家传、蜀地内部互动及与其他发达地区的互动，兼收他长，共同促进了宋代学术文化的发展。

虞集"别集序跋文"小论*

杜春雷

（四川大学古籍整理研究所）

别集始于汉代，别集序跋亦在其后不久出现。历经六朝唐宋的发展，元人的别集序跋文创作展现出超越前代的蓬勃生命力，不论在创作热情，还是在创作实绩上，都达到了一个新的高度。作为元代最有代表性的文人，虞集的别集序跋文创作既顺应历史发展潮流，反映出时代特色，又自成一体，独具一格，展现出特有的艺术创造力和魅力，成为元代文坛的一抹亮彩。①

一　虞集及其别集序跋文创作

虞集（1272～1348 年），字伯生，号邵庵，又号道园，四川仁寿人，宋丞相虞允文五世孙。幼随父汲寓居江西崇仁，学于吴澄。元成宗大德元年（1297年），授大都路儒学教授。后又历官国子助教、集贤修撰、翰林直学士兼国子祭酒、奎章阁侍书学士等职。诏修《经世大典》，为总裁官。元统元年（1333 年），谢病归乡。卒赠江西行省参知政事，仁寿郡公，谥文靖。今传诗文集《道园学古录》50 卷、《道园类稿》50 卷、《翰林珠玉》6 卷、《道园遗稿》6 卷、《虞伯生诗续编》3 卷等。虞集与杨载、范梈、揭傒斯并称元诗四大家，又与揭傒斯、柳贯、黄溍号为儒林四杰，是当之无愧的一代文宗，代表了元代诗文创作的最高水准。

* 基金项目：国家社会科学基金项目"元人诗序整理与研究"（项目编号：11BZW055）的阶段性成果。

① 本文所谓"别集序跋文"，取义较广，包含为篇幅不一、刊刻未定的个人诗卷、诗编、诗稿撰写的序跋文。

《全元文》收录虞集别集序跋文60余篇，其中，《题斗酒集》《李宗明诗跋》《跋胡刚简公奏稿》3篇实为吴澄所作。《张清夫诗集序》《刘彦行诗序》《傅与砺诗集序》《蒲室集原序》《近光集原序》《杨翮文序》《鹤斋诗序》《玉井樵唱集序》《书玄玄赘稿后》《题龚子敬诗后》《题泽民文后》《题楚奇诗后》12篇辑自虞集文集以外的其他文献，其余别集序跋文皆录自《道园类稿》和《道园学古录》。王颋《虞集全集》在《全元文》外，辑得《曹士开汉泉漫稿序》。①罗鹭辑有《题胡古愚纪行集》，又为《全元文》和《虞集全集》所无。② 本文在前述辑佚成果基础上，又辑得《题胡古愚诗集序》1篇。此文乃为胡助诗集所作，见于金华丛书本胡助《纯白斋类稿》卷前。胡助，字履信，一字古愚，号纯白道人，婺州（今属浙江）人。曾游京师，见重诸公，官至翰林编修。虞集此序称赞胡助之诗如昆山之玉、邓林之木，推许颇高。序末署"致和元年五月十日"，当为作时。

二　虞集别集序跋文中所见之文学思想

（一）平和雅正

虞集论文主张平和雅正，反对险怪艰涩，这在他的别集序跋文中有集中体现。其《旴江胡师远诗集序》："后世诗人，深于怨者多工，长于情者多美。善感慨者不能知所归，极放浪者不能有所返。是皆非得情性之正。惟嗜欲淡泊，思虑安静，最为近之。"③ 批评诗人过度感慨悲伤和放浪不羁，呼吁秉求情性之正，保持淡泊宁静的风格。虞集同时在《李景山诗集序》中指出，古代放臣逐子、斥妇囚奴创作的诗歌多形式工致、感情凄美，这是因为他们"达情于辞"，将遭际不幸的一腔感情全都揉进了诗词之中，此种境遇和创作情况属于一类变种，可遇而不可求。后世据此认为"和平之辞难美，忧愤之言易工"，不过是一种将特殊当平常的"感速激深"的错觉。

---

① 《虞集全集》改篇题为《曹文贞公汉泉漫稿序二首》，分"其一""其二"（《虞集全集》上册，天津古籍出版社，2007，第497页）。赵琦《元虞道园文集的刊本与篇目辑佚》言《虞集全集》也失收《曹士开汉泉漫稿序》（《古今论衡》2008年第18期，第60页）。此外，《虞集全集》还辑得《题叶氏四爱堂诗卷序》《鹤鸣余音叙》两篇序文，然皆非别集序。

② 参见罗鹭《虞集年谱》，凤凰出版社，2010，第259页。《题胡古愚纪行集》一文，见《四库全书》本顾瑛《草堂雅集》卷一三胡助《龙门行》诗后。

③ 本文所引虞集文，如无特别说明，皆据《全元文》第26册，凤凰出版社，2004，因征引较多，为避繁复，下文仅注明所出篇名，不再细出脚注。

对于故作奇怪、造语险涩的文风，虞集不遗余力地予以批判。特别是宋末元初的江西文坛，刘辰翁等人变宋代欧、以转雅正平畅为奇崛恢诡，风靡一时。虞集对此大加挞伐，其所谓"习俗之弊，其上者，尚以怪诡险涩、断绝起顿、挥霍闪避为能事，以窃取庄子、释氏绪余，造语至不可解为绝妙"（《刘应文文稿序》），"江乡之间，逢掖缙绅之士，以其抱负之非常幽远，而未见知，则折其奇杰之气，以为高深危险之语"（《刘桂隐存稿序》），"宋之将亡，士习卑陋，以时文相尚；病其陈腐，则以奇险相高。江西尤甚。识者病之"（《跋程文宪公遗墨诗集》），"庐陵有文士，宋之既亡，习尚奇变，益初独能不然，凡为诗文，春荣幽远，有昔者先正之遗音焉"（《翰林直学士曾君小轩集序》），都表现了对刘辰翁奇险文风深深的不满。与此针锋相对的，虞集盛赞元初江西另一位官员型文士程钜夫"以平易正大振文风，作士气，变险怪为青天白日之舒徐，易腐烂为名山大川之浩荡。今代古文之盛，实自公倡之"（《跋程文宪公遗墨诗集》），拈出"平易正大"以拨乱反正，有所树立。

虞集对平和雅正文风的追求和倡导，在其评价他人文学成就的话语中有详尽的描绘。他评价朱思本："慎所当言，而不鼓夸浮以为精神也。言当于是，不为诡异以骇观听也。事达其情，不托塞滞以为奇古也。情归乎正，不肆流荡以失本原也。若是者，其可少乎！"（《贞一稿序》）评价吴和叔："其音节平和，而不暴于气；其理致详，而不汩于时。喜而乐也，不至于放；哀而怒也，不至于伤。从容于日用酬酢之间，萧散于尘溘游埃之外。生乎承平之时，无前代子美之穷愁；安乎所遇之常，有近时放翁之优逸，其真能言者哉。"（《吴和叔诗序》）评价程钜夫云："有优游宽厚之风，无忧患愤怨之思。写实以见其德，不以矜扬为华；平易以尽其情，不以险绝为异。激昂清风，陶冶和气，蔼然仁义之言，所以成一时之盛者也。"（《跋程文宪公遗墨诗集》）这些娓娓道来的评人之语，蕴含其中的，是温柔敦厚、含蓄蕴藉的诗教，是"感慨而不悲，沉着而不怨"（《玉井樵唱集序》）的节制和自律，无疑都是虞集心之所向的自我独白。

高倡平和雅正的文风，一方面源于虞集"以理命气"的理性文学观，[1] 由此不难看出他受儒家文艺思想影响之深；另一方面也与当时承平日久、号为盛世的社会环境有密切联系。盛世之音安以乐，虞集认可的盛世之音，正是"辞平和而意深长者"（《李仲渊诗稿序》）。可以说，平和雅正的文风，在歌颂升平的馆阁文脉盛极一时的元代中期，是占统治地位的一种创作意识。元明善评价虞集文"无雷霆之震惊，无鬼神之灵变"，[2] 欧阳玄评价虞集文"如深山穷林，葱蒨郁

---

① 参见查洪德《虞集的学术渊源与文学主张》，《殷都学刊》1999 年第 4 期，第 47 页。

② 赵汸：《邵庵先生虞公行状》，《全元文》第 54 册，第 351 页。

蓊，莫测根柢，巨野大泽，汪洋淡泊，不为波涛"，①都认可了虞集对平和雅正文学主张的实践。号称一代文宗，具有超高影响力的虞集，通过大声倡导和带头实践，无疑对当时文坛平和雅正风气的形成，发挥了积极的推动作用。

（二）宗唐复古

元代诗歌承金宋之后，思去其弊，有以变之，于是在唐音宋调之间，"由宋返唐"（清人顾嗣立语），力倡复古。经过北方诗人王恽、卢挚、刘因，南方诗人戴表元、仇远、白珽等人的倡导和实践，②宗唐复古成为元代前期文坛的潮流和风气，在以虞集为首的元中期著名文士的推扬之后，逐渐衍变为元代诗歌"最显著的特点"。③

虞集宗唐复古的主张多表现在他的别集序跋文中。如《傅与砺诗集序》云："诗之为学，盛于汉、魏者，三曹七子，至于诸谢侪矣。唐人诸体之作，与代终始，而李、杜为正宗。"认为诗歌盛于汉魏，备于六朝，至唐代走向了大盛。李白、杜甫作为唐诗的杰出代表，是诗歌之正宗。在其他集序文中，虞集评价道："李太白浩荡之辞，盖伤乎大雅不作，而自放于无可奈何之表者矣。"（《盱江胡师远诗集序》）"杜子美之诗，或谓之诗史者，盖可以观时政而论治道也。"④突出了李杜二人诗歌对风雅正统诗风的继承，从现实关怀的角度高度评价了二人的诗作。

虞集的宗唐，承继元代前期纠宋之弊之后。一方面含有借助唐音，上攀风雅的意图。虞集对唐诗推崇备至，称它是"风雅之遗、骚些之变、汉魏以来乐府之盛"（《唐音序》）。正像戴良总结的那样："唐诗主性情，故于风雅为犹近；宋诗主议论，则其去风雅远矣。然能得夫风雅之正声，以一扫宋人之积弊，其惟我朝乎。"⑤唐诗与风雅为近，宗唐即意味着宗风雅，元人需由唐诗溯源而上，始得风雅之正声。另一方面，虞集同其他多数文士一样，都认为文学与政世通，诗歌可以观世。盛世唐朝，诗歌自然亦处盛世。元代疆域空前，时号升平，诗歌创作也应该向唐朝看齐。

---

① 欧阳玄：《雍虞公文集序》，《欧阳玄集》，魏崇武、刘建立点校，吉林文史出版社，2009，第229页。

② 王恽传递了宗唐的讯息，卢挚之诗被人称为"清新飘逸"、刘因诗风近唐，戴表元明确提出了"宗唐得古"，仇远说："近体吾主唐，古体吾主选"，白珽学杜甫。参见邓绍基主编《元代文学史》，人民文学出版社，1991，第367~368页。

③ 邓绍基主编《元代文学史》，第365页。

④ 虞集：《曹士开汉泉漫稿序》，《道园学古录》卷三三，《四部丛刊》影明景泰翻元小字本。

⑤ 戴良：《皇元风雅序》，《戴良集》，李军、施贤明点校，吉林文史出版社，2009，第325页。

可以看出，虞集的宗唐复古论与他倡导的平和雅正的文风是一脉相承的。其追求的上古汉唐诗道的主体内容实际上是涵煦和顺、温柔敦厚、得性情之正的盛世之音。

三 虞集别集序跋文的创作特色

（一）以山水为喻

虞集尝自谓"平生有山水之癖"（《跋刘长吾武功山志景诗后》），此言反映在其别集序跋文创作上，表现为在文中大量运用山水进行形容和比喻。

山的特点，或平衍，或峭拔，或雄浑，或清秀，或青绿，或光枯；水的特点，或窒塞，或通畅，或丰沛，或干涸，或清澈，或浑浊。二者的形态皆有多面性，且又有许多相通之处，故在具体使用时常组合在一处。很多情况下，山水合用已超越具体物象的表层含义，而具有指概文人优越生存创作环境的意义。"得山川（水）之胜"便是在这一含义下提出的文人修养论的著名术语。虞集在解析江西文学于斯独盛的原因时，也是据山奇水清、山壮水大，来解答江西文坛的成形和兴盛的。

虞集运用山水同时为喻的例子极少，较有代表性的有《饶敬仲诗序》：

> 夫山之行，重峰峻岭，奔腾起伏，势若龙马，亦或以广衍平大为胜。水之流，惊湍怒涛，吞天浴日，莫穷涯涘，而抑或以平川漫泽，纡余清泠以为美。不可执一而论也。

其以山水多面向的不同形态，分析艺术特色的多义性，呼吁更全面的审美观念。

相较于山水同喻，虞集别集序跋文更多地运用了单独以水为喻。这些运用水的参照拟喻，主要从水的属性和形态两方面入手。

水的属性方面。如《盱江胡师远诗集序》在赞美胡师远诗思之清后，从水"清"的属性出发，指出虽然"至清莫如水"，但除了"清"之外，水还必然有源头和用途这两大不可或缺的属性因素，并引《易》"山下出泉，蒙，君子以果行育德"，劝诫作者除却清之外，更要注重诗歌的本质和功用。

水的形态方面。如《李景山诗集序》批评世人"和平之辞难美，忧愤之言易工"是短视的观点，并引水以为喻。将水"安流无波，演迤万里"的形态比作和平之辞，突出其深长的特点；将水"风涛惊奔，泷石险壮"的形态比作忧愤之言，强调此乃偶然的极变状态。由此批判水之奇观必在惊险的错误认识，引导人们形成正确的"观水之术"。对应本体，即倡导平和雅正的文风，反对以奇险忧愤为工致的倾向。

同样以水的平静和惊怒等形态为喻的还有《易南甫诗序》。在这篇序文中，虞集承认两种形态虽然"所寓不相似"，但皆"各有可观"，理论趋向更显平允。并认为两种形态虽然互为矛盾，相差很大，但本质上是一样的——它们都是"水"，只不过各占水的一态而已。这个喻例是要说明文人君子可以凭借异才余兴，随所自寓，创作出众体皆妙的诗歌。

除了从水的属性和形态两方面来分析以水为喻，我们还可以就使用比喻想要达到目的的不同，对以水为喻加以区分。

一方面，以水为喻可以用来拟人。如《甘天民诗序》云：

> 岷山导江，合众小流，千源万派，其水盛矣。见束于三峡，出夷陵，而后得衍曼徐行，滔滔汩汩，至于海而后止。盖自夷陵而始得志焉。今夫才智之士，怀抱利器，郁郁不见于用。一日如水之出夷陵，岂无其时哉？

是将水比喻为人，将水的遭际比喻为人的遭际，强调天生之才必有用武之地。

另一方面，以水为喻还可以用来拟文。如《王绍文集序》云：

> 得其所为《韩信师李左车论》《送杨绍宗奉母之淮序》读之，如全蜀百源束乎三峡，放乎大江，以至于海，浩乎沛然，溃冒冲突，不可制御，而万斛之身行乎其间，乘壮盛，陵危险，周顾中节，一日千里，自西徂东，其无媿于两地之风者乎！黄鹄再举，至乎天池，予又将何以言之。

同样是以长江之水在巴蜀、三峡以致海洋等不同流段的状态为喻，来生动形象地表达读王绍《韩信师李左车论》《送杨绍宗奉母之淮序》两篇文章的内心感受。

总之，虞集运用（山）水为喻体，通过对其自身属性和变化形态的准确描绘，鲜活具象地阐明了对别集作者的评介和诗文观点的表达。作为一种特殊的书写方式，虞集的以山水为喻在元人别集序跋文写作中可谓独树一帜。

（二）鸣治世之盛

虞集的别集序跋文中，多有鸣颂元代之盛、感念君王之恩的相关表述，这俨然成为他序跋创作的一大特色。此种颂圣的内容，虽然有可能会被人批驳为大而无当，粉饰太平，甚至斥为阿谀之词，但客观上，它无疑在很大程度上反映了虞集对当时生存环境的某种感受和情感基调，理应引起我们的关注。

虞集的颂盛念君，与其本人的仕宦经历和文学主张有密切的联系。虞集大德初至大都，历官国子助教、集贤修撰、翰林直学士兼国子祭酒、奎章阁侍书学士等职。"回翔胄监容台之间，有识之士早以斯文之任归之"，"一时宗庙朝廷之典册，公卿大夫之碑版，咸出其手，粹然成一家言"。① 作为元代中期馆阁文坛的代表作家、一代文宗，虞集的影响力能与欧阳修相媲美，可谓"不减庐陵之在北宋"。② 身处馆阁禁林，他自然要创作符合自己身份的文章，给天下学文之人创造典范的盛世雅正文风。同时，虞集学于吴澄，以道自任，深受儒家伦理观念的影响，能够得到元帝的赏识和提拔，侧居清要，弘善至道，虞集自然以忠君爱国、颂盛救弊为己任。

虞集鸣治世之盛，表现在赞颂元朝疆域广大、人文鼎盛和君王贤明等几个方面。其云"国朝广大，旷古未有"（《刘桂隐存稿序》），"我国家奄有万方，三光五岳之气全，淳古醇厚之风立，异人间出，文物粲然，虽古昔何以加焉"（《国朝风雅序》），是推赞元朝地大物博，亘古未有。云"皇元近时作者迭起，庶几风雅之道无愧骚选"（《国朝风雅序》），"国家重熙累洽，天地之间，冲和清淑钟而为人，其灵秀者发为辞章音声，不可掩也"（《笙鹤清音序》），"今朝尚文治，圣学日新，彬彬然缙绅委佩者相望也"（《耿介应言稿序》），是赞颂元朝文治熙洽，文风兴盛。

虞集在颂扬元朝皇帝仁圣贤明方面，因人各异，推赞重点各不相同。于元世祖，关注其统一全国，开创元朝，敷倡文治，尊儒重教。如云"昔者，中州丧乱，学问道熄，民无暇于礼义，而文义之传亦微矣。世祖皇帝在藩邸，得异人以辅成大业，而经济之文焕然于建元之际。迨至元中，天下既定，军旅既息，法度已备，一时黎献布在中外，人文宣畅，近古莫及也。于是文学之士，彬彬而起"（《焦文靖公彝斋存稿序》），对忽必烈在立国之后施行文治给予高度评价。"世祖皇帝建元启祚"（《曹文贞公汉泉漫稿序》），着重突出忽必烈开创元朝的功绩。"世祖皇帝混一海宇，人文宣鬯，延礼巨儒，进讲帷幄。宗亲大臣，多受经义，而经天纬地之文，勘定祸乱之武，于是兼举而大备焉"（《崞山诗集序》），从文治和武功两方面肯定了忽必烈的成就。

---

① 欧阳玄：《雍虞公文集序》，《欧阳玄集》，魏崇武、刘建立点校，吉林文史出版社，2009，第 229 页。

② 纪昀等：《四库全书总目》，中华书局，1965，第 1440 页。

于元武宗，突出其绍继开拓之功。如云："昔在至元、大德之间，天下大定，天子方与民休息，中外晏然，可谓熙洽之至矣。武皇帝入纂大统，当富有之大业，圣明于赫，盛莫加焉。"（《翰林直学士曾君小轩集序》）于元仁宗，强调其开科举，重儒学。如云："仁皇帝之取士也，集尝闻诸近臣云：'上每曰："进士中，得一范仲淹，亦足副吾意。"'明圣之心，于戏远哉！"（《杨贤可诗序》）于元顺帝，称颂其升平日久，垂拱而治。如云："皇上在位之十又四年，祖宗之德已崇，朝廷之治已成，辅相之贤已得，水旱疾疠之害已销，征讨刑辟之用已错。吏治于上，民安于下。野无遗贤，国有善颂。熙熙然，皞皞然，垂衣裳于无为，禀中心于至正。皇建其极，敷福锡民，此千载一时也哉！"（《江闽奉使倡酬诗序》）

虞集曾在《近光集序》中明言："士君子生乎盛时，有文学才艺以结知于明主，词章洋溢于馆阁，议论敷扬于朝廷，所谓昭代伟人盛福全美者也。"描绘了作为一个"昭代伟人"所能拥有的最为"盛福全美"的生存状态：生活在一个重熙累洽的盛世王朝，以高超的文学艺术造诣获得贤明君主的赏识；词章华美为文臣典范，议论弘富成经国大业。这也许就是虞集作为一个儒家文臣梦寐以求的人生理想。他对治世之盛的描绘，相对于现实来看或许是溢量的，但作为一个有执着追求的儒者，一个已经圆满实现自身成就，履践了"大部分"理想的儒者，他"其余"的理想也值得尊重。

浅述明代巴蜀文学总集编纂[*]

霞绍晖　李文泽

（四川大学古籍整理研究所）

　　巴蜀地区钟灵毓秀，人才辈出，自古以来就是歌赋诗词的沃壤。在数千年的历史长河中，这里涌现出了无数文学精英。如传说禹娶涂山氏而有"候人兮猗"的"南音"，① 周公、召公取之"以为《周南》《召南》"。② 西周江阳（今泸州）人尹吉甫亦善作诗，《诗经》传其四篇。③ 自西汉文翁办学兴蜀以来，更是涌现了大量文学佳士，他们以其卓越的文学创作成就傲视中原。"文宗自古出巴蜀"，"汉赋四家"，司马相如、扬雄、王褒雄居其三。陈子昂、李太白首开大唐雄健浪漫诗风，五代后蜀《花间集》与北宋东坡词，开创宋词婉约、豪放二派。明代的杨慎，清代的费密、彭端淑、张问陶等，成为现代巴蜀甚至中国文学史上引以为荣的典范。"自古诗人例到蜀，好将新句贮行囊。"④ 汉晋唐宋以及明清，历代之迁客骚人，多以巴蜀为理想的避难乐土，而巴蜀的山水风物又丰富其情思艺藻，促成创作高峰的形成。

　　中国文学总集的编纂，最早可以追溯到先秦时期的《诗经》、汉代的《楚辞》一类，真正文集的编纂，则始于晋挚虞的《文章流别集》。总集的得名，最早见于梁阮孝绪的《七录》，其《七录序》文集录内篇分文集为四类，即楚辞

　　* 　项目基金：国家社科基金重大委托项目"《巴蜀全书》编纂"（项目号：10@ZH005）、四川
省重大委托项目（项目号：SC10Z001）阶段性成果之一。

　　① 　常璩：《华阳国志·巴志》、郦道元：《水经注·江水一》。
　　② 　《吕氏春秋·音初》
　　③ 　曹学佺：《蜀中广记》卷九一。
　　④ 　李调元：《童山集》诗集卷七《送朱子颖孝纯之蜀作宰》诗。

部、别集部、总集部、杂文部。①《七录》虽是私家目录，但其集部的分类，对后世影响很大。《隋书·艺文志》就直接继承了"总集"的名称，并深入讨论了总集编纂的缘由及作用。其文："总集者，以建安之后，辞赋转繁，众家之集，日以滋广，晋代挚虞，苦览者之劳倦，于是采摘孔翠，芟剪繁芜，自诗赋下，各为条贯，合而编之，谓为《流别》。是后文集总钞，作者继轨，属辞之士，以为覃奥，而取则焉。"② 严格说来，挚虞《文章流别集》是选集，与后来的总集稍有不同，然其结集的目的和作用，与后来总集大致相类。

巴蜀地域文学总集的编纂，兴起于唐末五代时期，这与巴蜀地区当时的经济文化事业的发展有着密切的联系。汉唐之际，巴蜀经济得到深入开发，特别是成都平原农业和商业获得巨大发展，成为我国最为富庶的地区之一，这就为文化发展奠定了坚实的基础。历代战乱，遍及中原，大量文人骚客，因战祸而避居巴蜀，或达官显贵，或江湖士人，他们对巴蜀文化发展有着各种影响，这使巴蜀文化呈多元化发展。巴蜀地区历来有重视文章之学的传统，如两蜀统治者喜好文学，他们重用文学侍臣，暇时赋诗著文。加之外来思想文化的影响，这里也就成为我国历史上文学创作的重要地区。而在此时，也产生了总集编纂，如刘赞编纂《蜀国文英》8 卷、③ 前蜀后主王衍编《烟花集》5 卷（集艳诗200 篇）、④ 赵崇祚编《花间集》10 卷、⑤ 无名氏所编《西蜀贤良文类》20 卷、⑥《青城山丈人观诗》2 卷等。⑦

所谓巴蜀文学总集，是指历代编纂的收载巴蜀地域作家文学著作的总集。从编纂者的身份看，一种是蜀人编蜀集，如宋璋《锦里玉堂编》、杨慎编《全蜀艺文志》之类；另一种是非蜀籍士人编蜀集，如赵崇祚编《花间集》。在讨论巴蜀文学总集的时候，我们一般不考虑编纂者的籍贯，只关注总集所收录的作品对象。从内容上看，有的总集汇集了历代巴蜀作家的作品，有的则仅仅是某一时代作家的集结；有的总集涵盖了巴蜀全地域作家的作品，有的则仅仅是某一小区域作家的作品，甚而小到某一家族、某一群体作家的作品。

综观巴蜀文学总集编纂史，其与巴蜀学术发展的兴衰更替相表里：它肇兴于

---

① 释道宣：《广弘明集》卷三。
② 《隋书·经籍志》，中华书局，1973，第1089 页。
③ 见《崇文总目》卷一一、《宋史》卷二〇九《艺文志八》、《蜀中广记》卷九七，今佚。
④ 陈振孙：《直斋书录解题》卷一五、《十国春秋》卷三七《后主本纪》，今佚。
⑤ 陈振孙：《直斋书录解题》卷二一。按，《花间集》收录唐末诸家词作凡18 家，其中巴蜀籍或占仕于蜀地的作家有14 人之多，只有4 人与蜀地无关。今存。
⑥ 《通志》卷七〇《艺文略》，今佚。
⑦ 《通志》卷七〇《艺文略》，今佚。

唐末五代，至宋代发展成熟，并对当时文学产生重大影响，元明时期则相对沉寂，清代又形成编纂高峰。这种变化，也与巴蜀地区文学创作的盛衰大体一致。本文拟就明代巴蜀文学总集的编纂进行考查，以便梳理巴蜀文学总集编纂的发展历史，这对研究巴蜀文化史，有着较为重要的学术意义。

明代所编巴蜀文学总集不多，只有屈指可数的 10 种，呈现出一种较为冷落的状态，这与明代巴蜀地域学术不振、滞后于别的地域的状况是相吻合的，这一时期是巴蜀学术的低谷。

（一）《全蜀艺文志》64 卷

明人编文学总集，我们首先要提及杨慎所编《全蜀艺文志》46 卷，① 它也是巴蜀文学总集中影响最大的一种。杨慎（1488～1559 年），蜀中新都（今成都市新都区）人，武宗、世宗两朝宰辅杨廷和之子，明武宗正德六年状元及第，授翰林院编修。后因"大礼议"跪于宫门哭谏，忤世宗，被充军云南永昌（今保山），此后一直在流放中度过，直至去世，都未能被赦还。

杨慎在流放生涯中曾数次返蜀，于嘉靖十八年（1539 年）第五次返蜀，四川巡抚刘大谟礼聘其与王元正、杨名重修《四川通志》，杨慎负责修《艺文志》。"始事以八月乙卯日，竣事以九月甲申，自角匜轸，廿八日以毕。"② 总共用时二十八天。刘大谟对杨名、王元正所撰部分不甚满意，于是又嘱按察司副使周复俊、佥事崔廷槐笔削重编，而对杨慎之《艺文志》未能易焉。《四川总志》刊于嘉靖二十四年，总 16 卷，又附《艺文志》于其后，单独成编，为 64 卷，别题为《全蜀艺文志》。其所编一效《新安文献志》例，"参之近志，复采诸家，择其菁华，褫其繁重，拾其遗逸，翦彼稂稗。……唐宋以下，遗文坠翰，骈出横陈，实繁有旷，乃博选而约载之，为卷尚盈七十。中间凡名宦游士篇咏，关于蜀者载之，若蜀人作仅一篇传者，非关于蜀，亦得载焉"。③ 其收录诗文1873 篇，有名氏的作家 631 人。其收录的范围以与蜀事、蜀人是否有关为标准，如果作者不是蜀人，而有关于蜀事的诗文，可以收录；作者为蜀人，作品传世甚少，有一篇非关于蜀的作品，亦可收录。所收诗文的范围以唐宋时人最多，明人作品收录甚少，全书仅有 90 余篇，去取甚为严格，包括其父杨廷和也仅收诗文3 篇，以示其不阿私好。

---

① 今存有嘉靖二十四年《四川总志》附《全蜀志文志》本、万历四十七年《四川总志》附《全蜀艺文志》本、四库全书钞本、清嘉庆二年成都刊读月草堂本、嘉庆二十二年张汝杰乐山刊本。

② 杨慎编《全蜀艺文志》，刘琳、王晓波点校，线装书局，2003，第 12 页。

③ 杨慎编《全蜀艺文志》，刘琳、王晓波点校，线装书局，2003，第 12 页。

《全蜀艺文志》书按诗文体裁编排，每类之下则按著者时代先后编次。前50卷门类基本沿袭《成都文类》体制，只在诗中添入"诗余"（词）一类，这与宋代末年词得以长足发展、蔚为大观的情形不无关系。后14卷包括世家、传、碑目、谱、跋、赤（尺）牍、行记、题名，其类目则为杨慎新添。在收文选目的问题上，也显示出杨慎的与众不同之处，将其与南宋袁说友等编的《成都文类》两相对照，袁氏是按照传统的文学标准选文，而杨慎则更看重诗文的史料价值，这表现在两大方面：一是其后14卷所增加的几大类目，都属于史料的内容，对于探究巴蜀社会、人物、经济、文化的发展历史，卓有帮助；二是所选诗文也注重选择反映蜀地的历史，而不一味强调其文学性，如选范成大《益州古寺名画记》，几乎是一篇账单式的记录，毫无文采可言，然而能覆盖蜀中寺院的古代名画目录，故能入编。①

《全蜀艺文志》的编纂得力于其父（杨廷和）的前期搜集，方能在短短二十八天内蒇事，故此书的编纂也是了结其父的夙愿，"择其菁华，裨其繁重"，"博选约载"，而使是书成为明代编纂巴蜀文学总集的典范之作。

《全蜀艺文志》具有重要的文献价值，它保留了明代之前的很多文学作品，有相当数量的文学作品就是依靠《全蜀艺文志》才得以保留下来的，据刘先生统计，这类文章有350余篇，占全书的1/5，可见该书保存巴蜀文献功劳甚巨。

（二）《补续全蜀艺文》56卷

继杨慎编辑《全蜀艺文志》之后，明杜应芳、胡承诏还编有《补续全蜀艺文》56卷。②

杜应芳，湖北黄冈人，万历三十五年进士，为礼部主事，出守河间，任四川督学副使，迁福建按察使，归乡，卒。胡承诏，湖北黄陂人，万历三十二年进士，为内江县令，有令誉。累迁四川督学，与杜应芳齐名，升四川布政使。③

是书称"补续"，其体例则基本沿袭了《全蜀艺文志》，按文体分卷，有一种文体数卷者，亦有一卷之中包罗数种文体者，其编排次序为：卷1~2：赋；卷3：风谣；卷4~18：诗；卷19：敕、谕、牒、诰；卷20：表、奏、疏；卷21：书；卷22：序；卷24~32：记；卷33：论、辩、解嘲；卷34：解、说、考；卷35：传；卷36：谱类；卷37：箴、铭、赞、跋；卷38：檄文、露布；卷39：

墓碑；卷 40：文；卷 41：杂著；卷 42～45：志余（诗话 4 卷，含诗余）；卷 46～51：志余（外纪 6 卷）；卷 52：志余逸编；卷 53：动植纪异谱；卷 54：器物谱；卷 55：岩字石刻谱；卷 56：行纪、题名，铃记附。

与《全蜀艺文志》相比较，该书增补收录了前书未收，及晚于杨慎的一些作家及著作。其收文标准主要收录蜀人作品，以及非蜀籍作家吟咏蜀中的作品。

（三）傅振商《蜀藻幽胜录》4 卷①

傅振商，字君雨，河南汝阳人，万历丁未年（万历三十五年，1607 年）进士，选为翰林庶吉士，散馆授江西道监察御史，迁右都御史，按察山西，未及行丁父忧。期满复职，赈济陕西灾荒，万历四十六年（1618 年）监陕西乡试，后官至南京兵部尚书。著有《杜诗分类》《古论元著》《缉玉录》《四家诗选》等，编有《蜀藻幽胜录》一书。

傅振商于《秦蜀幽胜录跋》卷末有跋语："予留滞秦川，三易岁叙，白云凝目，瓜代屡愆，愁绪难遣，聊作蠹鱼，搜寻旧简，秦蜀幽文，几无剩采，泛及渤石，并为洗濯。观者勿讶辐轩，故作幽闲，寂寞采掇，业劳人之郁谱，固黯告于二集间已，至文工拙之辨，须之别淄渑者，哀集者不敢覆育于五色也。己未孟冬。"（按："己未"为万历四十七年，"三易岁叙"云者，是在赈灾关中，典监陕西乡试前后，职闲无事，而得以编纂文集为事。而其书自谓"秦蜀幽胜"，所编次当为陕西、四川两地诗文集，而"蜀藻幽胜"，仅及巴蜀作家，不及陕西作家，似另有一编，然未及见，抑或未能成编。）

据傅氏之叙，其编集此书乃有感于杨慎所编《全蜀艺文志》，而苦于杨慎一书之脱遗，及"荒伦复以芜秽参入"，于是"披沙搜实，止存菁华"，再编此集，而欲备存"蜀之奇藻幽逸之概"。②

《蜀藻幽胜录》一集，选文时限上自汉，下迄于元明，③ 收知名蜀籍人士以及虽非蜀籍却仕宦于蜀的名人之文章 200 余篇，如三国时期诸葛亮，唐代王勃、卢照邻、韦皋、李德裕、裴度、李商隐、陆龟蒙，宋代赵抃、黄庭坚、陆游、王十朋，虽为非蜀籍文人，然而均曾仕宦于蜀地，其所撰关于蜀地的文学作品，也予以收录。按文体分卷，分为卷一部分：赋、策、诏、敕、表、书笺；卷二、卷三部分：序、记；卷四部分：檄、难、铭、赞、颂、箴、碑、论、杂著、诔、哀

---

① 有巴蜀书社 1985 年影印重庆图书馆藏明刻本。
② 傅振商：《蜀藻幽胜录》卷首《题蜀藻幽胜录》，巴蜀书社，1985 年影印本，第 1～4 页。
③ 按，有学人谓是书收文下限为元代，然而核查该书实际状况，其卷三载金臬《忠节祠记》，文末云"明嘉靖丙戌冬"，可证明收文下限应为明代。

辞、祭文、传、谱、跋、尺牍、行纪题名。中国古代散文各体具备，令人开卷一览，可以了解有关巴蜀地域的军政大事、风土民情、山川名胜、神话人物等风貌，正如编者所言"蜀之奇藻幽逸之概，大观具是"。

与其他总集略有不同的是，傅氏收录文章时往往附有跋语，短短数语，或论作家德行，或评文章风格，大多画龙点睛，精到典要，如卷一于唐朱桃椎《茅茨赋》下评："先生知足，离居盘桓，口无二价，日惟一飧，筑土为室，卷叶为冠，斲轮之妙，齐扁同观。朱君蝉蜕尘世，徜徉茅茨，居然仙矣，岂必更修冲举世高之功，而乃目以真人？易茅茨以仙观，是从仙外觅仙矣，何能识其羽化之妙也？故揭其隐焉。君雨。"卷二何朝隐《洞真观横翠阁记》末评："君雨评：翠色欲滴，令人有倚峰想。"卷三吴师孟《剑州重阳亭记》末评："君雨评：抒写清淑，末更洒旷。"卷四李商隐《剑州重阳亭铭》末评："义山不独诗尚精丽，而记铭亦楚楚秀绝，可谓有才人之致。"以上按语颇能体现上述特色。

（四）《蓉溪书屋集》4卷，续集5卷①

《蓉溪书屋集》4卷，续集5卷。明绵州金爵，字舜举，其父高良贵、子高皞三世通显，在城东三里芙蓉溪边筑有蓉溪书屋，时名人多有吟咏之作，正集明方豪（广东开化）辑，凡收78人，续集高第（绵州人）编，凡收71人。《四库全书总目》卷一九二有载。

（五）《三苏文范》18卷

至明代，仍然还有人在续编"三苏文集"，如《四库全书总目》卷一九二著录有署名明杨慎编《三苏文范》18卷。四库馆臣怀疑其真实性，谓"所取皆近于科举之文，亦不类慎之所为，殆与《翰苑琼琚》均出依托也"。②故被收入存目。该书今存有天启刊本、崇祯刊本。四川师范大学已故教授王文才先生《升庵著述录》认为："其书虽出依托，卷首一帙，搜罗明时所见苏文传本，选评本目，足资稽考，且有升庵父子评语二则，亦甚新奇。"③其书每卷均题"成都杨慎用修甫原选，公安袁宏道中郎父参阅"，吴郡姚可达刻。前四卷苏洵文41篇，卷五至卷十六苏轼文201篇，末2卷苏辙文23篇。每篇皆加圈点、眉批、段意、

---

① 又见《续文献通考》卷一九七，李调元：《童山集》文集卷九。
② 永瑢：《四库全书总目》卷一九二集部四五。
③ 王文才：《杨慎学谱》卷中《升庵著述录》，上海古籍出版社，1988，第385页。按：王氏所称杨慎评语系指杨慎所云"评三苏者，以奇崛评文安，以雄伟评文忠，以疏宕评文宣，而不知三贤之文，其致一也"一语。

夹注，文后有东莱、叠山、石斋、阳明、升庵、鹿门、卓吾、中郎、伯敬诸家总评。其应该是一种选评本总集。

（六）《三苏文粹》70 卷

未署编辑者名氏，前后亦无序跋。其收苏洵文 11 卷，苏轼文 32 卷，苏辙文 27 卷，都是议论性的文章。其体例一仿陈亮《欧阳文粹》，大概是科举考试的参考书。见《四库全书总目》卷一九二。

（七）《李太白诗选》5 卷、《杜少陵诗选》6 卷

此集为李白诗选、杜甫诗选的合集，未署编者姓氏。该书选入李白诗 160 多首，前有杨慎序文，对李白籍贯出生考辨很详尽。选入杜甫诗 240 多首，前后无序跋，却有很多刘辰翁和杨慎的诗评，对杜诗的选择比较随意，没有裁别。其首杨序末云："吾友禺山张子愈光尝谓余曰：'李杜齐名，杜公全集外节钞选本凡数十家，而李何独无之？'乃取公集中脍炙人口者一百六十余首，刻之明诗亭，属慎题词其端。"则可知编者为张含。张含，字愈光，永昌举人。与杨慎交好，病杜诗有选而太白诗无，故选太白诗为五卷，与少陵诗合编。《四库全书总目》卷一九二有载。

（八）《三贤集》3 卷

明杨名编。杨名，字实卿，遂宁人，嘉靖己丑进士，官翰林院编修。三贤指的是宋代周敦颐、王十朋和明代宋濂。周敦颐与王十朋二人曾在夔州（今重庆市奉节县）做官。宋濂被流放茂州途经夔州，染疾身亡。明夔州知府张俭于莲花峰下为三人立祠，名曰三贤祠；又属乡贤杨名编三人遗文，曰《三贤集》。该书所收，有世所共见的周敦颐《太极图》《通书》，而于宋濂《潜溪》二集，因文极繁富，而所采寥寥，故多有疏漏。其文见《四库全书总目》卷一九二。

（九）《秉忠定议集》2 卷

未署编辑者名氏。明嘉靖中，都御史宋沧任四川巡抚，时真州茂寇剧盗周天星、王打鱼等聚众三万余人，骄横害民，谙熟兵法的宋沧，很快平叛周天星等，受到明世宗的嘉奖，赐其玺书有"秉忠定议"一语。时同官于蜀者作为《凯歌》《露布》等篇，汇成一书，以纪其事。其书则用玺书"秉忠定议"名之。见《四库全书总目》卷一九二。

（十）《游峨集》1 卷

明殷绮编。殷绮生平事迹未详，然刊此书时，署雅州知州事。嘉靖九年庚寅（1530 年），四川巡按御史邱道隆偕官吏游览峨眉山，有诗唱和。二十一年壬寅（1542 年），巡按御史谢瑜与邱道隆一样，偕官再游峨眉山，也有诗歌唱和。绮遂合二人暨同游者诸唱和诗，编为一集，名为《游峨集》。其中大多都是宦场应酬之作，然记峨眉旧事，或有可采。见《四库全书总目》卷一九二。

（十一）《四川集》5 卷

明曹学佺辑。曹学佺，字能始，一字尊生，号雁泽，又号石仓居士、西峰居士，福建福州人。清兵入闽，自缢殉节。曹学佺藏书万卷，著书千卷。毕生好学，对文学、诗词、地理、天文、禅理、音律、诸子百家等都有研究，尤其工于诗词。所辑《石仓十二代诗选》中有《四川集》1 册 5 卷，选收川籍诗人诗作。《四库全书提要》云："是编所选历代之诗，上起古初，下迄于明，凡《古诗》十三卷、《唐诗》一百卷、《拾遗》十卷、《宋诗》一百七卷、《金元诗》五十卷、《明诗》分初集八十六卷、次集一百四十卷。"然其所见本只有 506 卷，而又《千顷堂书目》所载其《明诗》还有 3 集 100 卷、4 集 132 卷、5 集 52 卷、6 集 100 卷。故云："今皆未见，殆已散佚。"然二书皆未提及有《四川集》。唯清代昭梿《啸亭杂录》卷八云："今余家所藏则一千七百四十三卷较四库所收多至千余卷矣。"其又云："《南直集》八册、《浙集》八册、《闽集》八册、《社集》十册、《楚集》四册、《川集》一册、《江西集》一册、《陕西集》一册、《河南集》一册、《九集》后不分卷，以册代卷。"又清法式善《陶庐杂录》卷四云："川集一册五人。"则《四川集》大致可明。曹学佺善诗，对所选诗有所裁取，盖 1 人 1 卷，共计 5 卷。

纵览明代巴蜀文学总集编纂，大致有如下值得注意的特征。

首先，注重乡梓文学文献的搜集和编纂，尤其以诗歌为主。明代所编巴蜀文学总集本来就不多，据笔者统计，共计 11 种，单纯的诗歌总集就有 5 种，差不多占到一半。"属辞之士"取则之总集有 4 种，比例也很大。这跟巴蜀地区历代重视诗歌创作的文学风气密不可分。

其次，编纂者身份大都与巴蜀有关，其要么是巴蜀籍人，要么有游宦巴蜀地区的经历。如蜀人有杨慎（新都人）、高第（绵州人）、杨名（遂宁人），其余则皆游宦到蜀，如杜应芳（督学副使）、胡承诏（督学、布政使）、傅振商（秦川典学）、殷绮（雅州知州）、曹学佺（右参政、按察使）。他们对巴蜀文化尤其是巴蜀文学情有所钟，故在赋暇之余，手辑不辍。

再次，李、杜诗，三苏文，仍然是巴蜀"属辞之士"效仿的高标。李白、杜甫、苏东坡父子兄弟，不仅在巴蜀文学史上有着十分崇高的地位，在中国文学史乃至世界文学史上，都有一席之地。他们的诗文，自宋以后，一直有各种校注和研究。这不但是一个文学现象，还是一个学术现象。明代的巴蜀学者，自然重视，编集也就成为自然的事情。

整体上看，明代的学术多讲义理，对文献的重视程度自然不够高，因而总集编纂往往较为粗疏。巴蜀地区的总集编纂，呈现两个取向：一是承接宋元以来的总集编纂风气，为"属辞之士"提供"取则"的范例，如《三苏文范》《三苏文粹》《李太白诗选》《杜少陵诗选》等；二是针对某个目标，"网罗放佚"，汇聚作品，"删汰繁芜"，如《全蜀艺文志》《蜀藻幽胜录》等。前者大多因科举而为，后者则学术取向较为明显。和全国总集编纂情况一样，巴蜀文学总集在明代编纂情况大致式微，差可观者唯《全蜀艺文志》《补续全蜀艺文志》《蜀藻幽胜录》三种。至若《蓉溪书屋集》《三贤集》《游峨集》之类，不过诗歌唱和，属口舌之辞，不足为范。

佛教大藏经经版的管理

——兼谈大藏经的校对、刻板、刷印和流布*

龙达瑞

（美国西来大学宗教系）

中国自宋开宝年间（972~983 年）以来，朝廷和民间至少刊刻了十三部大藏经。大藏经既是佛教的经典，也是中华文化的瑰宝。尽管今天学界使用的大藏经多是日本学者高楠顺次郎和渡边海旭于 1922~1934 年编辑的《大正藏》，对早期刊刻的其他大藏经的研究有助于我们了解朝廷、佛教出家人和信徒刊刻大藏经的过程，这是一件耗费人力、物力、时间的事。因此，大藏经的刊刻多在国泰民安的情况下进行。

刊刻大藏经首先需要集资，广泛收集佛典，对搜集的佛经进行校勘，组织刻工、印刷、装订和发行。宫廷版的大藏经似乎不存在集资的问题，皇帝下令刊造大藏经，谁敢说"不"字？但细查下来，也并非完全如此。印一套大藏经，所需成本也不菲。万历年间，明神宗母亲李太后颁赐大藏经给天下寺院时，大概也因资金短缺，动员了宫中的太监和宫女出资印刷大藏经。保存在北京房山云居寺和广济寺中国佛教协会图书馆的《永乐北藏》保留了太监卢受和冯保捐资的题记。芝加哥大学图书馆和陕西洋县博物馆珍藏的《永乐北藏》中则有宫女捐资的题记。我曾写过一篇《永乐北藏》的捐资人的论文。皇帝和太后让太监和宫女出资，这样，信佛的太监和宫女也能沾光做功德。北京大学历史系党宝海先生曾著文，论及山西省隰县圣境寺保存的《永乐北藏》，据题记记载，僧人曾组织民间集资刻印《永乐北藏》。民间刻印大藏经，首先就会遇到资金的问题。此

---

* 原文为英文。2011 年 3 月，亚利桑那大学东亚系吴疆教授发起"汉文大藏经研究会议"，后选中拙文入选会议论文集，于 2015 年底由哥伦比亚大学出版社出版。

外，大藏经刻印竣工后，如何保管经版，如何防火、防潮、防虫、刷印和发行等问题都会接踵而来。

一般认为，刊刻大藏经是一个虔诚的宗教活动。比丘、比丘尼和在家居士都愿意投入。佛教徒视大藏经为"三宝"之一。他们对大藏经更是顶礼膜拜，因此刊刻大藏经是做功德和因缘殊胜的事。过去敦煌文献中就有不少为做功德而抄写的佛经。寺院也多组织活动保存佛经和经版，迄今不少地区仍有"晒经节"，即农历六月初六，出家人将寺院藏经楼的佛经取出来在6月强烈的阳光下晒，以驱杀咬坏佛经的蠹虫。

本文讨论大藏经版的管理问题，其中包括勘检、校对、刻经等，以及经版刊刻的后续管理。所用的资料是1419年刻成的《永乐南藏》、1440年刻成的《永乐北藏》、16～18世纪刊刻的《嘉兴藏》中的《刻藏缘起》，以及1735～1738年刊刻的《龙藏》。其中《永乐南藏》《永乐北藏》和《龙藏》是宫廷版，《嘉兴藏》则是民间刊刻的。

本文依据的资料主要是《永乐南藏》目录末的"请经条例"。① 此"请经条例"是南京礼部祠祭清吏司议定的，并勒石，以垂示久远。其条例为我们提供了当年出家人如何到南京报恩寺请印佛教大藏经的重要信息。另一则资料是《刻藏缘起》，② 由十多位士大夫和两位高僧为《嘉兴方册藏经》的筹划、集资和准备工作撰写的序言，提供了不少关于大藏经刊刻的前期准备工作的信息。另外，笔者还利用近年在陕西省洋县、重庆市图书馆、美国普林斯顿大学、芝加哥大学图书馆和中国各地图书馆和寺院做实地调查时发现的资料。

一 刊造大藏经

明成祖（1403～1424年在位）消灭了他的侄子建文帝（1399～1402年在

---

① 葛寅亮：《金陵梵刹志》，何孝荣点校，天津人民出版社，2007，第729～738页。

② 《刻藏缘起》刻于万历二十九年（1601年）。该书收集了十七位士大夫和两位高僧撰写的序文以及四篇关于刻藏规则，四川省图书馆藏，善本，家父龙晦教授于1998年代为复制。其书有十四篇序文后来收入宋奎光编辑的《径山志》。《径山志》缺四篇刻藏规则，即"检经会约""刻藏凡例""刻藏规则"和"刻场钱粮经费画一"。1919年扬州藏经院重刻了《刻藏缘起》一书，基本上是照万历二十九年的本子重刻。1932年四川省主席刘湘（1890？～1938年）捐资南京支那内学院重刻了《刻藏缘起》，增加了"径山刻藏年表"，以及释真可、德清和观衡撰写的文章，其中"径山刻藏年表"是其他本子里没有的。2005年日本仙台东北大学中嶋隆藏教授主编的《明万历嘉兴藏的出版与その影响：嘉兴藏研究资料二种》，该书收集了前面三种大同小异的《刻藏缘起》，还提供了一个和刻本，其中的内容与其他本子又有异同。2015年5月，笔者出席了浙江杭州径山禅寺举办的"径山藏国际学术会议"，提交的论文为"《刻藏缘起》、其多位作者与《径山方册大藏经》"。

位），登上了皇位。在此之前，其父朱元璋，即明太祖（1368～1398 年在位）登基五年后（1372 年）下令刊刻大藏经，是为《洪武南藏》，也称《初刻南藏》，刊刻大藏经不是一件容易的事，前后花费的时间大约三十年。《洪武南藏》大约是在建文三年（1401 年）刻成。经版贮存南京天禧寺。1408 年，僧人本性纵火烧毁了天禧寺，大藏经版也付之一炬。次年（1409 年），明成祖就准备重刻。成祖的目的很清楚，他自己夺了侄子的皇位，外人心知肚明，这是大不孝，为了表明他夺位的合法性，他遵循其父朱元璋崇佛，刊刻大藏经。于是召集名僧善启等校勘佛经，是为《永乐南藏》。《永乐南藏》大约是在天禧寺修葺后（1412 年）开始刊刻的，竣工大约在 1419 年。

《永乐南藏》和《永乐北藏》均为宫廷版。明成祖指令礼部僧录司领导《永乐南藏》的雕造工作。出任僧录司的官员有道衍（1335～1418 年，又名姚广孝）、道成、净戒、一如、思扩等。道衍曾为明成祖朱棣的谋臣，曾监修《永乐大典》；道成参与了三部官修大藏经；净戒参与了《洪武南藏》和《永乐南藏》的刻经；而一如和思扩则参加了《永乐南藏》和《永乐北藏》的刊刻，这在中国大藏经雕刻史上是绝无仅有的。①

明成祖最初发愿刊刻《永乐南藏》大概是在 1409 年，刊刻工作大概是在 1420 年完成的。此时，成祖已经迁都北京，因此又计划在北京刊刻一部大藏经，即《永乐北藏》。《金陵梵刹志》有这样一段记载：

> 永乐十七年（1419 年）三月初三宣僧录司右善世道成与一如等八人于西红门，钦奉圣旨："将藏经好生校勘明白，重要刊板，经面用湖水褐素绫。"当口题奏："合无用花绫？"奉圣旨："用八吉祥绫。"当又钦奉圣旨："每一面行数、字数合是多少？"当口题奏，"五行、六行的，皆用十七字。今合无只用十七字。"钦奉圣旨："写来看。钦此。"
>
> 三月初五日，道成等于西红门口题奏："庆寿寺旧藏经不全，闻彰德府有，合无差人去取来，与新经校正。"奉圣旨："着礼部差人去取。钦此。"
>
> 三月初七日，传旨："要写经样看，当将侍读学士沈□写五行十七字呈看。"初九日，道成等八人将写的五行十七字、六行十七字经板，于西华门进呈。奉圣旨："用五行十七字的。钦此。"
>
> 永乐十八年七月十八日，皇上问一如等人："经版着几时刊？"奏云：看工匠多少。又奉圣旨问："着两千五百一年，了得么？"不敢对。又奉圣旨："板经刊后，留在何处？"亦不敢对。奉圣旨"明日安一藏这里，安一

---

① 李富华、何梅：《汉文佛教大藏经研究》，宗教文化出版社，2003，第 409 页。

藏南京。"又奉圣旨："石上也刻一藏，大石洞藏着。向后木的坏了，有石的在。"①

从上面的对话可以看出，明成祖亲自为《永乐北藏》定了版式，每半页五行字，每行十七字。这样，《永乐北藏》比《洪武南藏》和《永乐南藏》大一些，《洪武南藏》和《永乐南藏》均为每半页六行，每行十七字。明成祖甚至指示"经面用湖水褐素绫"。道成等向成祖奏："庆寿寺旧藏经不全，闻彰德府有，合无差人去取来，与新经校正。"奉圣旨："着礼部差人去取。"又听说苏州承天寺有旧经一藏，成祖又派人去取。

为了校对大藏经，礼部调集了八十九名僧人，由一如庵和法进主二人做总调。先后共有一百二十名僧人和官员参加校对大藏经。据《金陵梵刹志》，永乐十七年（1419 年）六月十五日，明成祖听说僧人们准备七月初开始校对《般若经》《华严经》，考虑到天气太热，下旨："如今天道热，待七月半后。"校对工作于永乐十八年（1420 年）正月完成。一如庵、进法主奏告明成祖，藏经已经校对了七遍。此外，明成祖还要求僧人呈上抄写佛经字样，大约六十四位僧人参与抄写佛经工作。同年九月十二日，一如等题奏："藏经目录里面，前是经、律、论，后是各宗祖师文字。圣朝所编的《佛名经》与《名称歌曲》《神僧传》，目录内合无编写在经、律、论后，诸宗文字之前。"奉圣旨："安在后。只要有朕名时便了。"又奏："太祖高皇帝有御制《心经》序，圣朝（诣）［诸］咒亦各有序，合无于各经前都写上？"奉圣旨："太祖皇帝于佛法上多用心，都写上。"又奏："累朝如唐太宗、宋太宗等，经前多有序文，合无写上。"奉圣旨："都写上，钦此。"②

进入清朝（1644~1911 年），满族统治者深知文化的政治影响。他们进行了大规模的图书编纂，包括大藏经，以示正统。另外还编纂了满文、蒙文和藏文大藏经。

《清藏》，也称《乾隆藏》或《龙藏》，系雍正皇帝（1723~1735 年在位）敕令雕造的大藏经。其刊行的前期准备工作开始于雍正十一年（1733 年），次年，开始经文的校勘工作，地点在北京东安门外的贤良寺。雍正皇帝亲自撰写了多篇序文，并敕令建立了藏经馆，藏经馆由官员和僧人共一百三十三人构成。雍正皇帝任命了和硕庄亲王允禄、和硕和亲王弘昼担任。工布查等 3 人任"校阅官"；九龄等六十四人任"监造"；赫德等九人任"监督"；僧人方面，"总率"

---

① 葛寅亮：《金陵梵刹志》，何孝荣点校，天津人民出版社，2007，第 73~78 页。
② 葛寅亮：《金陵梵刹志》，何孝荣点校，天津人民出版社，2007，第 74~76 页。

由敕封无阂永觉禅师赐紫沙门传临济宗钦命贤良寺住持僧超圣等四人担任。僧人超鼎等三人为"带领分析语录"，僧源满等四人任"带领校阅藏经"，祖安等六人"分领校阅"，"校阅"有僧真干等三十八人。①

《清藏》的编目方法完全按照明《永乐北藏》，但有 32 部、316 卷典籍为《永乐北藏》所收，而刻印《清藏》时被删除，如《出三藏记集》《古今译经图记》《武周刊定众经目录》《一切经音义》《国清百录》等。雍正皇帝自以为佛学知识过人，"历代名僧所著义疏及机缘语录，各就其时所崇信者陆续入藏，未经明眼辨别淄渑，今亦不无删汰，俾归严净"。② 这样，32 部典籍被删除了。吕澂先生指出：

> 《此土著述》部分，随意取舍，以致经录割裂不全，（《出三藏记集》是重要之籍，不应删去，其余《历代三宝记》《译经图记》《武周刊定目录》也是有关文史参考需用的书，而一律淘汰，未免失当），音义成为空白（《北藏》仅有的《绍兴重雕大藏音》《一切经音义》《华严经音义》三种，全数删除），而台宗典要也多数残缺（如台宗三大部加了《法华玄义释忏》，却删去《摩诃止观辅行传弘决》，又《国清百录》为台宗历史文献汇编，亦从删），这样漫无标准的编纂，比以前各版藏经来，未免减色多了。③

乾隆皇帝推行的文字狱也没有放过佛教大藏经。《高宗实录》记载：

> 乾隆三十四年（1769）六月。钱谦益，本一有才无行之人。在前明时，身跻膴仕。及本朝定鼎之初，率先投顺，洊陟列卿。大节有亏，实不足齿于人类。乃既投顺本朝，仕跻卿列，仍以狂悖诋毁之词，刻入《初学》《有学》二集。④
> ……令该督抚等，将书板及刻本，悉力查缴，送京销毁。⑤

《宫中档案·朱批奏折》中有《江西巡抚海明奏为遵旨续缴江西钱谦益各书板片折》云：

---

① 杨健：《清王朝佛教事务管理》，社会科学文献出版社，2008，第 256 页。
② （雍正）《重刊藏经序》。
③ 吕澂：《清刻藏经》，《吕澂佛学论著选集》卷三，齐鲁书社，1991，第 1492 页。
④ 《清实录·高宗实录》，卷八三七，第 179 页。
⑤ 《清实录·高宗实录》，卷八三六，第 155 页。

又续经大学士尹继善等奏，钱谦益所著《楞严蒙抄》一种，请旨。知道了。钦此。

又经大学士尹继善等奏，钱谦益应毁各种诗文外，如有为他人文集诗稿作序者，止去其序，毋庸概行撤禁一折。奉旨，知道了。其经史及诸集内，所有钱谦益序文，语无悖谬者，俱不必撤毁。钦此。……乾隆三十五年闰五月二十四日。①

钱谦益（1582~1664年），万历三十八年（1610年）考中进士，授翰林编修。曾著《大佛顶首楞严经疏解蒙钞》等著作。由于钱谦益晚年的诗文中反映了他反清复明的志向，受到清王朝的忌恨，被列入二臣，其著作被禁毁，包括他批注的佛经著作。2009年笔者在重庆图书馆查阅《永乐北藏》时，在《永乐北藏》的目录中发现了一条题记，②再次证实钱谦益的著作被抽毁的事实。由于雍正和乾隆皇帝对大藏经编纂的任意删除和拆毁，与其他版本的大藏经比起来，《清藏》的学术价值有所减少。

二 大藏经的刊刻

（一）民间刊刻藏经：《嘉兴藏》

《嘉兴藏》是始刻于明万历年间，完成于清康熙年间的由民间僧俗信众共同募资刻印的一部大藏经。起因是到明中期，《永乐南藏》的经版已经使用了170多年，据说每年可以印刷20套。因印刷过多，损毁严重，印本模糊，不堪其读。而《永乐北藏》系宫廷版，深锁宫中，请印很难。万历七年（1579年），袁了凡（1533~1606年）与僧人幻余商讨改刻方册本，易印也易保存。冯梦祯（1548~1605年）记载了方册藏经刻经一事的发起。

---

① 《宫中档案·朱批奏折·文教类》第一册，转引自李富华、何梅《汉文佛教大藏经研究》，宗教文化出版社，第532~533页。

② 重庆图书馆珍藏的《永乐北藏》是一部明《永乐北藏》和《清藏》的混合本。第637函系《永乐北藏》目录三册和《大清三藏圣教目录》一册。钱谦益著《首楞严经疏解蒙钞》60卷，千字文序号为"色、贴、厥、嘉、猷、勉"六字，下面写有小字："此六个字系钱谦益著，前清奉旨抽毁。"钱系晚明人，其著作不可能进入《永乐北藏》，而收入了《嘉兴藏》，而《清藏》依《永乐北藏》和《嘉兴藏》为底本，最初收入了钱谦益的著作，后来乾隆皇帝大兴文字狱，《楞严蒙钞》经板被拆毁，共660块。

自板刻行，而流通浸广矣。宋元间，除京板外，如平江之碛砂，吴兴之某寺，越之某寺等，俱有藏板，不啻七八副。法道之盛，此其一端。迨国朝，仅有两京之板。而诸方之板尽废，北板稍精，而藏于禁中，请印甚难。今江南诸刹，所有皆景泰间勅赐物也。南板印造虽易而讹谬颇多，愈改愈甚，几不成读，然印造装潢，其价亦百金以上。以故山陬海隅，穷乡下邑，有终年不见藏经者，可叹也。时密藏开师，尚书五台陆公、与梦祯等，商及此事，不觉慨然陨泪。①

直到万历十二年（1584 年），刻方册大藏一事才提上日程。紫柏（1543 ~ 1602 年）、密藏道开（？ ~ 1593 年）和幻余开始制订计划化缘。万历十二年（1584 年）陆光祖撰《募刻大藏经序》，进行募款。同时组织定期点勘经本的《检经会约》，订出校经凡例，为藏经的开雕做好准备。万历十四年（1586 年），密藏道开、傅光宅（1547 ~ 1604 年）建议，"乃定以善信十人，岁各捐赀为唱缘。又一人则各劝三人为助缘"。② 实际执行并非易事，有的缘首拖欠，有的集来的银两成色低下。道开又提议在南北各再发展二十人做助缘："计得四十人为缘首，每人岁助百金，与刻工相终始。燕、赵、齐、鲁大约有二十人，江南如金坛之于、丹阳之贺、吴江、松江诸处拟求十人，外十人则求之徽州、蒲州二处。"③ "近计欲法，此求四十人，每人或自力或借他力岁出百金，每岁可得四千金，不十年足竟是事。而三吴及燕、晋、齐、鲁亦可觅四十人，岁有退失，即岁觅增补之，常令不减此数。"这样，缘首都由各地官绅中"信心坚久者"任之。他们除自己常年捐资施刻外，还动员本地区的乡绅、官吏及广大信男善女们踊跃施资助刻，并负责将每年收到的资金和施者姓名详细开单交与住持化城的昙生禅师，再由他汇集派人送至五台，或在南方置办所需货物。④

万历十四年（1586 年），真可与道开同入京师，为刻藏事业寻求皇室和高官的支持。他们晋谒了明神宗的母亲慈圣皇太后。两人曾多次出入京城奔走，"慈圣皇太后知有刻藏之举，欲发帑金命刻。尊者（紫柏）谓宜令率土沾恩"。⑤ 太后对刻藏一事，显然是支持的，紫柏却婉拒了太后，称刻大藏经是全民的事，应由嘱紫柏刻经时尽量收集其他藏经未入之典籍。

---

① 《刻藏缘起》，四川省图书馆特藏部，第 5 页上。
② 《密藏开禅师遗稿》卷上，《嘉兴藏》第 23 册，第 23 页。
③ 《密藏开禅师遗稿》卷上，《嘉兴藏》第 23 册，第 23 页。
④ 杨玉良：《故宫博物院藏〈嘉兴藏〉初探》，《故宫博物院院刊》1997 年第 3 期，第 13 ~ 23 页。
⑤ 《密藏开禅师遗稿》卷上，《嘉兴藏》第 23 册，第 24 页。

刻藏的组织者很早就制定了原则，用印经流通余资来续刻经版。万历三十七年（1609年），吴用先建议："兹令经房将续刻诸经直（值），汇成一编。请者务如其直（值），无致损额。掌出纳者积有余赀，分毫归之经房，另作刻本。"①到了清顺治四年（1647年），朱茂时和朱茂暻又重订《藏版经直画一目录》，称大藏"印装之工食滋增，纸值之涌腾倍蓰，加以往来双径人力之劳，舟船之费迥别襄时，……我辈檀护商于白法老人，议重酌订画一"。②

万历十五年（1587年），十位善信聚集在燕京"龙华道场"，商讨如何刻方册大藏经的事宜。十位善信共同盟誓，"唱举斯事"，制定了《检经会约》，其主要内容如下：

> 会期：正月、三月、五月、七月、九月、十一月，每月十八日。俱以十七日预至。不至者，一次罚银五钱；二次一两；三次以公议摈之。有大故者，须遣人送所校经赴会预白，免罚。
>
> 经卷收支：尽于十七日登记明白，十八日互相抽对。各所对经，及以疑难，共相质正。
>
> 经卷听分某部。其多寡听分若干卷，临期不完，每卷罚银一钱。
>
> 藏有南北宋元四刻，而北本差善，今主之。先以南北本并对，继以宋元本次第与北本对之。如无宋元本者则已。其南宋元本，有一字一句，乃至抬头行款。与北本舛异者，无论其孰是孰非，并以浮帖标记北本之额云：某字、南作某、宋作某、元作某；或某字下某字上，南宋元多某某几字，少某某几字，或某行某字，南宋元抬头闲空连续等。其各已见有疑讹处，当云某字疑某字，或某字当作某字，或某字疑误，或某某几字疑多，或某字下某字上，疑少某某几字，亦以浮帖标记。更具草本楷誊，以便抽对覆校，及防标帖脱落也。梵册不可潦草涂抹。
>
> 各所对经：互相抽对。每一卷差若干字，计所对，经若干卷科罚。每一字罚银一分，仍责覆对。
>
> 各所对经：互分覆校。有大疑难，会日共众裁夺。
>
> 各所领经：须当恭敬护惜。毋转借。毋轻慢。以致疏失。如遗一卷。罚银一两。仍责补完。
>
> 供会：毋论僧俗，惟发心者听。每次银二两，米二石。贫不能供者

---

① 《佛教大藏经》第一辑，第81册，第629页，台北佛教协会，1978。

② 《昭和法宝总目录》第2册，第300页。

无强。①

《嘉兴藏》载有许多牌记。杨玉良先生指出："牌记使我们得以了解校雠《嘉兴藏》的人员组成情况。现有牌记记下了来自全国六十多个地区的沙门高僧、居士和儒林名贤约一百五十余人，尤以万历时期的禅僧居多，也有不少是社会名流。有的不仅参加校雠，还有专门论著、疏解或为许多经卷作序、跋者。"例如：

> 瞿汝稷（1548～1610 年），刑部主事，出知辰州府，任职长芦盐运使，累官至太仆少卿。著有《指月录》。
> 王肯堂（1539～1613 年），万历十七年（1589）中进士，选为翰林院检讨，官至福建参政。与传教士利玛窦有往来。他精研医理，著有多种医书。撰有《成唯识论证义》。
> 钱谦益（1582～1664 年），著有《牧斋全集》和《首楞蒙钞》等，点勘过《涅盘经疏》，编校了《憨山大师梦游全集》并为之作序。
> 毛晋（1599～1659 年），著名藏书家，刻书家，参与《嘉兴藏》校对。

杨玉良先生对《嘉兴藏》的校刻做了很高的评价。②

《嘉兴藏》系民间组织刻造的大藏经之一。这部大藏经的名称是以浙江嘉兴地名命名的。然而，它的开刻并不在浙江嘉兴，而是在山西省五台山的妙德庵。开刻的时间是万历十七年（1589 年）。

万历十一年至十二年，道开走访江南"三吴两浙"之"天目、双径、栖霞诸大道场"。这些大寺院的高僧们都表示愿意提供刻藏之场所，所以当初道开和真可都没有在五台山刻藏之想。五台山交通不便。万历十三年至十四年，道开、法本随侍真可来到五台山，在文殊像前三次问卜刻经之地，结果"三探三得清凉"，这样就决定以五台山为开刻方册大藏之地。③ 章宏伟先生认为，三次问卜刻经之地，只是一个宗教仪式。但决定以五台山为开刻方册大藏之地，实际上还有借五台山的圣名为此次刻藏事业增添一分号召力的原因。④ 万历初年，高僧德清曾经挂锡于此，德清颇受万历之母慈圣太后尊重。慈圣太后也十分崇信佛，因

---

① 《刻藏缘起》，四川省图书馆特藏部，1601。
② 杨玉良：《故宫博物院藏〈嘉兴藏〉初探》，《故宫博物院院刊》1997 年第 3 期，第 13～23 页。
③ 李富华、何梅：《汉文佛教大藏经研究》，宗教文化出版社，2003，第 476～477 页。
④ 章宏伟：《十六—十九世纪中国出版研究》，上海人民出版社，2011，第 164 页。

此最终五台山被选为刻经场所。

万历十九年夏（1591年），五台山开刻的第一部经典是120卷本《华严经合论》，第一位施资人是"巡按山西监察御史、聊城傅光宅"。七十多位刻工参与其事。再加上书匠、校经人、制作经板的各种工人、运输及其他杂务人员、监工等。[1] 第二年（1592年），又刻了40卷本的《华严经》、80卷本的《华严经》《国清百录》《禅林宝训》等典籍。捐资者和募资人主要是万历十五年（1587年）燕京盟誓的"十善信"。他们除傅光宅外，还有陆光祖、瞿汝稷、唐文献、徐琰、于立玉等，以及由他们联络的一大批善男信女和诸方比丘。[2]

五台山气候过冷，刊刻不便。特别是冬天，刻工匠几乎半年内无法工作，加上多数刻工来自江南。印刷藏经的纸张，也从南方运来。然而，北方筹资甚难，"北方缘薄而费倍"，"江南善信颇发肯心，而北地则罕有应之者"。北方政局不稳，农民起义四起，而"秦晋燕赵尤为近辅"。自万历二十年至二十一年（1592~1593年），连同已刻未刻之版一并迁移到浙江径山，并依紫柏、冯梦帧意，以径山藏版刷印，而于嘉兴楞严发行。[3] 这时，五台山的刻经已经刻出了约1200卷。

《刻藏缘起》中有一篇"刻藏规则"，现抄录如下：

> 刻经惟用梨板，厚一寸以上，每块给价银三分。厚不及寸，并湿用干缩者，节多者，箱嵌补接者，即刻经其上。不准收用。
>
> 写字样：每字一千，例定纸笔工食纹银分。
>
> 刻字：每字一百，例定工食纹银分。
>
> 刻众中选诚实，及有身家者，一人为首。
>
> 刻众至，先将赞佛开经二偈刻样看，选合式者准留用。用者每刷印三付钤，一存般若堂，一付刻首，一付本匠，便查。如未经刻选偈样，未有钤记者，付经与刻。刻首罚银一两，经仍不准收用。
>
> 新刻经样：逐叶逐字看，选上好者，每一叶优给银二分。次好者一分，以昭劝意。中平者姑准收用，俟其后刻改图精进。其不合初刻偈样者，不准收用，仍罚赔板，及赔写样字。
>
> 刻经积有三十叶以上，方准送样看选，支给工食银两，不得烦琐。又刻过经若干，止给银若干。不得借支。每经完一部算结。如一部经，不及三十

---

① 李富华、何梅：《汉文佛教大藏经研究》，宗教文化出版社，2003，第481页。
② 李富华、何梅：《汉文佛教大藏经研究》，宗教文化出版社，2003，第478页。
③ 杨玉良：《故宫博物院藏〈嘉兴藏〉初探》，《故宫博物院院刊》1997年第3期，第16页。

叶者，随多寡算结。

心缝内经名，字数多寡不一，不算。

刻众各刻自姓名。于心缝下左边。刻本叶字数，于心缝下右边以便稽查。

刻众有争斗，及作非为者。刻首须预白，重则送官，轻则摈去。如容隐成非，致坏善事。刻首一併送官究治，决不姑惜。

板出边，每十块，工食银二分。①

这篇未署名的"刻藏规则"是一篇重要的文献，它向我们展示了万历年间民间刻藏的规则。为了保证刊刻大藏经的质量，有必要对刻字工匠进行有效的管理。对于刻工中的肇事者，进行必要的惩罚。吕澂先生指出："万历三十一年（1603 年）以前所刻，较为认真遵守。"② 这个时期刊刻的藏经的质量是比较好的。

（二）官刻《清藏》

校对工作接踵而来就是刊刻。刊刻的准备工作包括选择刻板、刻工管理等，这是大藏经刊刻质量的基本保证。《清藏》的刊刻工作充分体现了朝廷对刊刻大藏经的管控。

和硕庄亲王允禄和和硕和亲王弘昼与参与刻经的人士，包括刻工匠，进行了沟通，制订了刻藏计划，上奏乾隆皇帝：

> ……刊刻藏经一部，用长二尺四寸、宽九寸厚一寸一分的梨木板，约计七万三千一百余块。每块并脚价，约用银三钱二分。……钦遵臣随派内务府员外郎常保、李之纲，内副管领六十八岱通，并发给内库银共七千两，前赴出产梨木地方采买。迄今将及一年，仅得梨木板一万余块。……
>
> 再此项板片，若仍令内务府人员，于直隶山东出产梨木处所遍行寻觅，必致迟延时日。伏查，直隶山东约有二百四十余州县，请将此项板片交与直隶山东督抚，分给出产梨木各州县，照时价采买，不令刻扣民间，亦不使钱粮浮费。③

---

① 《刻藏缘起》，四川省图书馆特藏部，1601 年，第 84 上 ~ 85 下页。

② 吕澂：《明刻径山方册本藏经》，《吕澂佛学论著选集》卷三，第 1489 页。

③ 《宫中档案·朱批奏折·文教类》第一册，转引自李富华、何梅《汉文佛教大藏经研究》，宗教文化出版社，第 513 ~ 515 页。

半年后，采买板片的事宜又出现了新情况。因采买板片的事扰累了地方，四川道监察御史程胜修提出了异议，提议采用拼合板片的办法。乾隆皇帝听了觉得有理，准奏。两位亲王听取了刻匠的意见，并进行了实际考察，再次上奏乾隆皇帝：

> 据刻字匠禀称，经板长大，两面见刻，肿节、潮湿且不可用，何况辫合。若只顾目前，苟且塞责，恐日后易裂，不惟徒费钱粮，亦且难垂久远。臣等即查前明永乐年间库存经版，俱系整块，并无辫合。因年久朽坏，于康熙四十二年间（1703 年）重复修补。其中杂有凑合之板，今已全行脱落损坏，与刻字匠所禀难历久远情由，毫无虚假。

鉴于这种情况，乾隆皇帝同意了允禄等人的意见。当即下谕：一是以后凡"解到板片，除合式这，尚可留为刊刻书籍之用，着内务府亦行收存，不必发回"。二是"从前所定板片价值，每片三钱三分，其中或有不敷，可令地方官酌量增添，毋令稍有累民之处"。此后，内务府先后收到直隶和山东交来的三万七千四百多块。同时，"节裂、尺寸不敷、不堪应用板"一万六千余块，即照上述意查收的，不能使用的板片亦未退回"。①

为刻印《清藏》，内务府调集了上千人员，有参领、郎中、员外郎和正副监造等七人。负责写刻、刷印、折配、装潢的监造人员，大都是内务府抽调的笔帖式、柏唐阿等一般办事官员八十七人。各种匠役多达八百六十九人。其中刻字匠最多，计六百九十一人。其次是刷印匠七十一人，木匠九人，折配匠五十人，界画匠三十六人，合背匠十二人。刻字匠大都来自江南各地。②

刻印《清藏》的开支是惊人的，光采办经板就支付了白银二万五千二百九十多两，为雕造经板又支付了工银五万六千九百多两。仅此两项开支就高达八万二千多两白银。而当时刷印一部《清藏》的成本价是六百二十五两九钱六分，实际售价却为六百六十八两。内务府从中获取余银四十二两四分。

现在看来，允禄亲王的建议是正确的，否则，《清藏》的经板质量不过关，就无法保存到今天。③

---

① 《内务府·武英殿修书处》档，转引自杨玉良《清〈龙藏〉的刊刷情况拾遗》，《故宫博物院院刊》1989 年第 40 期，第 74 页。

② 杨玉良：《清〈龙藏〉的刊刷情况拾遗》，《故宫博物院院刊》1989 年第 40 期，第 74 页。

③ 《清藏》的经板最初保存在柏林寺，1988 年文物出版社用其经板重印了一次《清藏》。后来，经板运到了北京房山云居寺存放。现在存放在北京大兴县邦普制版印刷有限公司的库房里。

三 刷印和流通的管理

大藏经的经板刊刻完成后，人们也许会大大庆祝一番。然而，更多的工作还在后面。例如，经板需贮存在干燥、通风之处，保管员还应防火、防虫等。

永乐六年（1408 年），《洪武南藏》毁于南京天禧寺。次年（1409 年），明成祖准备重刻。此版开雕的确实年代，未见记载。但雕版地点所在地南京大报恩寺，是永乐十年（1412 年）在天禧寺旧址上动工重建的，天禧寺旧址修好后改名为报恩寺。《永乐南藏》大概是在永乐十七年（1419 年）完成的。刻板雕成后，一直贮存在报恩寺的禅殿。据清康熙五年（1666 年）陈开虞撰《重修修藏社藏经殿碑记》记载：报恩寺刊刻经板"至今犹厘然具备"。由此可知，《永乐南藏》至清初还在印行。咸丰六年（1856 年）洪杨之役，塔倒寺毁。①

《永乐南藏》每年大约能刷印二十部。因此经板磨损很严重，需要修补。补板有两次：一次是由南京礼部祠祭司葛寅亮主持的；另一次是由报恩寺僧松影组织的，松影在钱谦益和陈丹衷的赞助下，组织了修藏社，这次修补大藏经的经板工作长达十年之久。②

由于南京请《永乐南藏》比较容易，各地僧人纷纷来南京请经。参与印刷《永乐南藏》的经坊、经铺有很多，大多在南京城聚宝门内外。野沢佳美先生记录了十五家坊铺。③ 李际宁先生指出，如此多的经铺参与印经活动，说明《永乐南藏》的印刷装帧完全是一种商业经营活动。坊铺经营印刷，他们使用的印墨、纸张和装潢所用物料，一应经坊书铺供应。请经者，一方面向坊铺支给物料价和工价，另一方面向寺院缴纳板头钱。"板头钱"即外地来南京请经的和尚，可在印经铺住宿，每印一经，须付报恩寺板头钱二十两。该寺靠这副经板，每年可以得到几百两银子的收入。④

时间一长，弊端也出来了。寺院多收板头钱，经坊书铺多收印刷费用，而物料纸张则以次充好，这引起了请经者的不满。于是，万历三十三年（1605 年），南京礼部制定了"请经条例"。条例规定了请经的程序，报恩寺的职责，即负责保管经板；经坊的职责，即根据请经僧人的要求，到报恩寺借经板，使用不同的

---

① 李富华、何梅：《汉文佛教大藏经研究》，宗教文化出版社，2003，第 410 页。
② 李富华、何梅：《汉文佛教大藏经研究》，宗教文化出版社，2003，第 414～419 页。
③ 转引自李际宁《佛经版本》，江苏古籍出版社，2002，第 157 页。
④ 转引自李际宁《佛经版本》，江苏古籍出版社，2002，第 157～158 页。

纸张和印模来刷印藏经。礼部制定的这部"请经条例"旨在纠正经铺和寺院的弊端。

"请经条例"记载：

> 据湖广、四川等处僧本宗、乐闻、古宗等节次禀称经铺冒滥掯勒原由。……迩来本寺将书册废阁，各经铺俱不照行。查本宗经一藏，多索价至四十余两，纸绢仍滥恶不堪。乐闻经一藏，违限至两月。古宗经一藏，将纸充绢用。种种奸玩，弊无纪极。该寺见得有板头钱，亦竟坐视，不为禀理。远僧独非人情，造经独非交易，乃物价半值犹亏，明欺无告，易虐盘费，经年累竭，致使流落难归，漠不关情，心亦何忍？除将经铺徐珵酬、徐自强等各重责，追价给僧，管经僧正浃、自高亦各责治外，复拘集经铺，吊取纸绢，逐项估算，编定上、中、下等，等各三号，备细开明物价，仍限造经日期，来时领给号票，去时缴票，领给扎批，逐月经铺经匠具结查验。又照每印经一藏，有板头银十二两。藏内缺续藏四十一函，合扣银八两，刻补经板。刻匠恐有潦草偷工，亦给与号票缴查等因呈堂。奉批：悉照议行，以垂永久。①

礼部的这份"请经条例"制定了细则，纸张分上、中、下三种不同价格，明码实价。造经时限为三个月。请经僧先领号票，离开时缴号票。领号票时，"不许经铺前路截抢，② 听其径投禅堂。管经僧即将号薄一本，付与细查，随意择取经铺，看定纸绢，一同到司即给请经僧、管经僧、经铺（经匠与经蒲同票）各号票一纸，仍再给请经僧印信号簿一本，及经铺准造告示，于经殿门首领票后，公同到寺交银。不许私立合同，私自过付"。③

请经条约规定，"经样长一尺，阔三寸三分，各项物料俱用官尺。大概务照时价，从宽估算。④ 实时有贵贱，自可通同牵补，不得据一项偶贵，遂指求增价，以乱定规。经价虽定，纸绢高下，装印工拙，甚是不等。经铺经匠多以滥恶相充，弊难尽举。请经僧一一查估，有不值者，俱听禀究"。⑤

有请经僧只需造四经，即《大般若》《宝积》《华严》《涅槃》，共计八十四函，计八百四十三卷，每函价数，仍照条例中规定的纸、绢上、中、下等计算，加上板头钱一两八钱。又有印杂号者，多寡不等，板头查照前例算。

---

① 葛寅亮：《金陵梵刹志》，何孝荣点校，天津人民出版社，2007，第729页。
② 《昭和法宝总目录》第二册，第358页。"抢"字印为"枪"字。
③ 葛寅亮：《金陵梵刹志》，何孝荣点校，天津人民出版社，2007，第736页。
④ 《昭和法宝总目录》第二册，第358页。"估"字错印为"佑"字。
⑤ 葛寅亮：《金陵梵刹志》，何孝荣点校，天津人民出版社，2007，第737页。

有请经僧只需请"续藏"四十一函，条例规定："每板一块，该银三钱六分，每请一藏，扣板头银八两，刻板二十二块，如有板该刻二十五块，每块板旁俱载用某僧板头银刻，以备查验，刻限期十日。每遇造经领票日，管经僧即同刻匠赴司，共领给号票一纸，依限完，将经板刷印同票验销。每月初一，仍将收除银数开循环簿报查。……为度写刻潦草偷工，罚令重写重刻。每岁银八银，刻二十二块，共去银七两九钱二分。剩银八分，作买纸、烟煤、水、胶、刷印呈样、工食等用，续藏完日，仍将模糊板刻换，一并通完，板头银尽数赠僧。"①

"请经条例"还规定，板用梨木打光，八分厚，价银四分。每板两面，共六十行，计一千零二十字。刻用宋字样写工连纸，银三分。刻工连光板齐边，每块银三钱，刻深三分。

每印经一藏，管经僧可收板头银十二两。每年能刷印二十藏，共收银二百四十两。加上刷印"四部经"二十部，收银三十六两。这笔钱用来禅堂赡僧共七十六名。扣除八两刻经，每年值约银一百一十六两，该赡僧三十一名。②

条约末还记载了重修藏经房的情况。前殿三间，正殿五间，左、右贮经，廊庑四十二间，禅堂内新造请经房两层七间。重修藏经房始于万历三十四年（1606年）七月，大概竣工于当年十二月。禅堂内置号簿一扇，木柜一口。银到，即送官住处登簿，将银投柜。于月终日，会同官住开封，置买柴米赡僧。条约规定，堂主毋③得私用。④

禅堂的七间房供请经僧居住。其饭食，也由禅堂供给，每僧一日算银一分，条约规定堂主不得多索。礼部拨有请经僧饭钱，照日计算。自此以外，更无毫厘费用。如号簿不载，有需索分者，即系诓骗，许请经僧禀司重究。⑤

"请经条例"针对经铺舞弊的情况，做了规定，大藏经印刷完毕，请经僧和经铺须缴号票。"经完日，僧、铺人等，俱于逐款下，如绵白等项果合式，注'是'；不合式，注'不'字，送司销缴。注'不'字者，请经僧并将经一函及前样纸、样绢同票送验。果不合式，经铺重责枷号，仍计价追出，给还本僧。造经过三月外，经铺经匠计日责治。如纸、绢等不合式，管经僧不为具禀，一同究责。"⑥

---

① 葛寅亮:《金陵梵刹志》，何孝荣点校，天津人民出版社，2007，第738页。
② 葛寅亮:《金陵梵刹志》，何孝荣点校，天津人民出版社，2007，第738页。
③ 《昭和法宝总目录》第二册，第358页。"毋"字印为"母"字。
④ 葛寅亮:《金陵梵刹志》，何孝荣点校，天津人民出版社，2007，第738页。
⑤ 葛寅亮:《金陵梵刹志》，何孝荣点校，天津人民出版社，2007，第736～737页。
⑥ 葛寅亮:《金陵梵刹志》，何孝荣点校，天津人民出版社，2007，第736～737页。

四 《永乐北藏》的颁赐

《永乐北藏》从永乐十九年刻起，直至正统五年（1440 年），经过二十个年头才刻齐。后来万历年间又续刊刻了一部分典籍入藏，因此正藏有 636 函，千字文函号从"天"到"石"字，共 6361 卷。续藏 41 函，千字文函号从"巨"字到"史"字。

《永乐北藏》系宫廷藏，是以御赐的方式颁行的，并有《藏经护敕》。因此凡迎请《永乐北藏》的寺院，要修建藏经楼，同时立碑，刻《藏经护敕》，垂示永久。第一篇护敕是明英宗为南京灵谷寺颁赐的大藏经撰写的：

> 朕体天地保民之心，恭成皇曾祖考之志，刊印大藏经典，颁敕天下，用广流传。兹以一藏安置南京灵谷寺，永充供养。听所在僧官僧徒，看诵赞扬，上为国家祝厘，下与生民祈福。务须敬奉守护，不许纵容闲杂之人，私借观玩，轻慢亵渎，致有损坏遗失，敢有违者，必究治之。故谕。正统十年二月十五日。

不少寺院都有内容相同的石碑。[①] 例如，北京法源寺、广东韶关南华寺等。日本学者野沢佳美记录了明王朝向 139 所寺院赐过《永乐北藏》。地方志也记载过有些寺院曾两次迎请了《永乐北藏》，一次是正藏，大约正统十年（1440 年）左右；另一次是续藏，大约在万历十四年。

> 皇帝敕谕洋县智果寺住持及僧众人等
> 朕惟佛氏之教，具在经典。用以化导善类，觉悟群迷，于护国佑民，不为无助。兹者圣母慈圣宣文明肃皇太后，命工刊印续入藏经四十一函，并旧刻藏经六百三十七函，通行颁布本寺，尔等务须庄严持诵，尊奉珍藏，不许诸色人等，故行亵玩。致有遗失损坏。特赐护持，以垂永久，钦哉故谕。万历十四年九月　日（广运之宝）

明神宗还撰写了一篇《藏经护敕》：

> 皇帝敕谕，南海普陀山宝陀寺住持，及僧众人等。朕惟自古帝王，以儒

---

① 《北京图书馆藏中国历代石刻拓本汇编》，中州古籍出版社，1997。

道治天下，而儒术之外，复有释教，相翼并行。朕以冲昧，嗣承大统。迄今廿有七。祀天下和平，臣民安乐。仰思天眷，祖德洪庇，良繇大公，同善之因。况国初建置僧录司，职掌厥事。盖仁慈清净，其功德不殊，神道设教，于化诱为易。祖宗睿谟，意深远矣。佛氏藏经，旧刊六百三十七函。我圣母慈圣宣文明肃皇太后，续刊四十一函。朕既恭序其端。而又因通行印施，序其前后敕谕护持，所以锡孝类流慈恩也。兹者，朕嘉善道之可依，念传布之未广。爰命所司，印造全藏，六百七十八函，施舍在京，及天下名山寺院，永垂不朽。庶表朕敬天法祖之意，弘仁普济之诚，使海宇共享无为之福。先民有言，一念思善，和风庆云。一念不善，灾星厉气。夫善念，以有感而兴，无感而懈。是以皇极敷言，不厌谆恳。圣哲所贵，善与人同。古今相传，其揆一也。且善在一人，倘萃一家和气。若亿兆向善，岂不四海太和？此经颁布之处，本寺僧众人等，其务斋心礼诵，敬奉珍藏，不许亵玩，致有毁坏。特赐护敕，以垂永久。钦哉故谕。大明万历二十七年二月日。①

北京房山云居寺存有《永乐北藏》，每函中的多册经卷末尾有一块施经牌，牌内刻有五行题记：

钦差提督东厂官校办事总提督南海子司礼监管监事太监卢受，谨发虔诚，捐资印造法宝大藏。惟冀证般若之慈航，登菩提之觉岸。谨题。万历癸丑（1612 年）佛成道日记。②

北京广济寺中国佛教文化图书馆藏有两套《永乐北藏》，其中一套是太监冯保捐资刷印赠给北京护国寺的。施经牌有三行题记：

大明万历十年（1582 年）孟春吉日
钦差总督东厂官校办事司礼监掌监事
兼御用监印太监冯保发心印施

另外，芝加哥大学图书馆也珍藏了一套完整的《永乐北藏》，每一函的最后一册也有施经牌，其题记有七行：

---

① 《普陀洛迦新志》卷四。
② 李富华、何梅：《汉文佛教大藏经研究》，宗教文化出版社，2003，第 462 页。

奉佛信心弟子　内宫奏事牌子李秀女　谨发诚心，喜舍资财，印造佛大藏经流行于世，仗此功德良因，愿生西方极乐世界上上品，莲华化生，面见弥陀，亲蒙授记，普愿法界含灵同缘种智。　大明万历十二年四月（1584年）。①

陕西省洋县博物馆存有一套不全的《永乐北藏》，有一个牌记：

奉御前内奏事牌子信心弟子徐伸女谨发诚心，印造五大部经并诸品经咒施送终南山智果寺永远供养、看诵然颂

身心康泰，福寿延洪，其余不尽功德

法身有情同圆种智

万历十五年季春月　　　日施印

波兰亚盖隆大学图书馆藏有一部明神宗时刷印的《丹珠尔》，另有 68 卷《永乐北藏》。此为德国人尤金·庞德于 1881～1888 年在北京收集的。二战结束前一直保存在德国。随着二战盟军反攻，德国人将收藏的大量古籍善本和文物分散各地，庞德收集的《丹珠尔》及其《永乐北藏》转移到位于现为波兰城市瓦乌布日赫的克雄日城堡。② 后来这批书籍又转移到了波兰的亚盖隆大学。其《永乐北藏》每函末册有一条施经牌记：

护国万寿寺奉教掌坛弟子王忠　钦奉圣旨司礼监经厂印造　佛大藏经一藏　敬侍恭勤夫人郝氏谨发诚心伏愿皇帝万岁万岁万万岁　皇图永固　帝道遐昌　佛日增辉　法轮常转　护国万寿寺永远安供　大明万历岁次壬辰年（1592 年）六月吉日③

---

① 前几函末册题记的日期被一小纸条贴住，小纸条上有"大清乾隆三年三月十五日"的题记，估计也是受清代文字狱的影响。读书期间，承蒙芝加哥大学东亚图书馆周元馆长提供方便，谨此致谢。

② 二战后德国部分领土划归波兰。克雄日城堡（波兰语"Ksiaz Castle"）是其中一部分。战后波兰人对《丹珠尔》存放在亚盖隆大学一事采取保密态度，直到 2008 年才出版了初步调查报告。

③ 此牌记的照片系哈佛大学罗伯松教授所赐，谨致谢意。有关波兰亚盖隆大学图书馆藏《永乐北藏》情况，笔者拟去波兰亲自调查。此部大藏经系北京护国万寿寺藏，不知何时散出。6 册《大般若波罗蜜多经》，千字文"秋"字，出现在 2015 年 11 月 23 日东京第 2 届古典籍古美术拍卖会，末册的牌记与波兰亚盖隆大学图书馆藏本的题记相同。

查《明神宗实录》卷四记有郝氏，她应系官人之一。

看来，皇帝和太后也让亲近他们的太监、宫女和秀女捐资刷印《永乐北藏》。从时间来看，万历十年至十二年这段时间明朝的经济状况大体还不算差。

到了清初，《永乐北藏》的经板大概仍能使用。重庆图书馆珍藏的《永乐北藏》第一函第一册有记载：

大清康熙四十五年（1706 年）三月十八日重修。

从这条题记可以知道，到康熙年间，《永乐北藏》的经板还在使用。2013 年笔者去福建省福州市涌泉寺的藏经楼参访时，看到若干大木柜，里面装有《永乐北藏》，由于住持不在，僧人不敢擅自打开柜子让笔者借阅《永乐北藏》。但柜子上有题记：

大清康熙五十三年（1714 年）副都统王应虎送入寺。

重庆图书馆和福州涌泉寺的《永乐北藏》应该是清重修的《永乐北藏》。

重庆图书馆的藏本没有明成祖和明英宗的序言。前面在叙述和硕庄亲王给雍正皇帝的奏文时曾提到过康熙年间重修《永乐北藏》的事。修板后不久，经板又坏掉了。到了雍正年间，清世宗（雍正）命王公大臣汉蒙满族僧一百三十余人，广集经本，校勘编辑大藏经，于十三年（1735 年）开刻，至乾隆三年（1738 年）完成，是为《清藏》。这时，清王朝已经有了自己编刻的大藏经，不再需要明《永乐北藏》了，于是就有了下面的记载（乾隆三年十一月）：

初十日内大臣海望谨
奏，为请
旨事，据礼部来文内开本年九月二十六日
奏为请
旨事　臣等伏思藏经已刊刻，新板将次告竣，其旧藏经板七万有奇多模糊残缺不堪刷印，似无庸堆贮旧库应
请
旨交海望收领，此库内即可容放新刊经板凳因具
奉，奏
旨，知道了，钦此。相应知会内务府总管海望遵照派员赴库领取等因前
来　臣　随派员会仝武英殿监造书板官员前往查看，得此经板系大明正统年

间所刻，及今三百余年，木性已涡（？）糟烂者甚多，若推去两面字迹，只剩五六分，原又兼糟杇实不堪用，是以臣查得玻璃厂烧玻璃每年办买木柴十六万斤，每万斤连脚价需银二十一两，二年所买木柴及运价约七百余两。此旧经板七万余块，约合共重有三十六七万斤，依臣愚意若将此经板运至玻璃厂洁净堆放，烧炼玻璃，陆续焚化，可抵二年柴薪之用，如此旧经板得以洁净焚化，亦可省二年紫价，如蒙俞允　臣令玻璃厂官员将经板运至玻璃厂，其应零运价银一百余两，向造办处（去？）领是否可行？伏候谕旨，遵行为此谨

奏请
旨，本日交泰奏事太监王常贵等转
奏，奉
旨，知道了，钦此①

五　结语

刊刻大藏经是一件耗时、耗资巨大的工程，需要大量的财力、人力、物力。本文探讨了汉文大藏经的管理过程，包括收集大藏经、校对、刻板、印刷和流通。中国僧人为保存佛经文献做出了巨大努力，汉文大藏经在东亚文明史上产生了深远的影响。

多数大藏经的刊造得到了皇家的资助。而民间发起的刊刻大藏经活动，往往也需要地方乃至中央政府的鼎力支持。民间发起的刻经，首先面临的困难是集资，接踵而来的是校勘、校对、刷印、装订和流通等问题。另外，刻印竣工后，经板的保存，即如何防火、防潮、防虫、修补经板等问题也将提上日程。

---

① 此数据由中国故宫博物院图书馆翁连溪先生提供，谨致谢意。中国第一历史档案馆、香港中文大学文物馆合编《清宫内务府造办处档案总汇》，人民出版社，2005，第 8 册，第 259～260 页。

《廖平全集》整理与研究

舒大刚　杨世文　邱进之　郑　伟

（四川大学国际儒学研究院）

廖平是中国近代影响巨大的经学家之一，同时也是中国传统经学的最后一位大师，因而赢得了人们普遍的尊敬。他逝世后，民国政府自蒋介石、戴季陶、孙科以下，各界名流或亲赴吊唁，或敬致挽联，以表达对这位硕儒的哀悼之思、崇敬之情，章太炎先生还为廖平撰写了墓志铭。① 廖平一生以学术、教育自任，不仅勤于著述，成就斐然，而且桃李满天下，弟子遍蜀中，如黄镕、帅镇华、吴虞、蒙文通、李源澄、杜刚伯等知名经学家、思想家和史学家，皆出其门下。

廖平一生潜心学术，著述甚丰，达数百种，内容广泛，涉及经、史、子、集四部，范围极为广博。他的著作，在当时或随撰随刻，或曾编入《四益经学丛书》和《六译馆丛书》中，有的还没有及时刊刻，仅以手稿藏于公私图书馆。至于他著作的当代整理，除了 20 世纪末 21 世纪初出版的几种选本外，② 至今仍无全集问世。兹借国家社科基金重大委托项目、四川省重大文化工程《巴蜀全书》启动之机，发起对廖平著述的系统考察和全面收录，同时整理出版《廖平全集》（上海古籍出版社）。兹欲对这一工作做一汇报，请大家指正。

一　廖平生平与事业

廖平（1852～1932 年）名登廷，字旭陔，又字勖斋，继改名平，字季平。

---

① 章太炎：《清故龙安府学教授廖君墓志铭》，《制言》半月刊1935 年第 1 期。
② 李耀仙主编《廖平学术论著选集》（巴蜀书社，1989）、《廖平选集》（巴蜀书社，1998），刘梦溪主编《中国现代学术经典·廖平蒙文通卷》（蒙默选辑，河北教育出版社，1996），王凤兰主编《廖平医书合集》（天津科学技术出版社，2010），等等。

号四益，继改四译，晚年更号五译，又更号六译。初名其堂曰小世彩堂、双鲤堂，50 岁前后曰则柯轩，后乃更名四益馆、六译馆。

井研廖氏祖籍湖北麻城，其先祖于明洪武二年（1369 年）自鄂迁蜀，辗转流徙，始得占籍于井研县，定居青阳乡之盐井塆（今井研县东北研经镇）。此地既非平畴沃野，更无渔盐舟楫之利，廖家世以农耕负贩维生，在廖平出名之前，其门"四百年间无显者"。①

廖平出生于清咸丰二年（1852 年）二月初九，排行第四。七岁始入本县万寿宫乡塾就学，其后又就读于禹帝宫、舞凤山诸塾，直到十四五岁。其间尝从廖荣高学医。少年廖平资质平常，记性尤劣，颇以背诵为苦；于是诉于师，请许以不背。自后即"专从'思'字用功，不以记诵为事"。②

廖平一生命运的改变，与张之洞密切相关。张之洞（1837～1909 年），字孝达，号香涛，晚号抱冰，直隶南皮（今属河北）人，晚清洋务派代表人物之一。其治经汉宋兼宗，讲究实用，历任多省巡抚、总督，所到之处，重视发展近代工业，倡导经世致用之学，兴办多所工厂和学堂、书院，造就人才甚众，仕至军机大臣、体仁阁大学士。同治十二年（1873 年）六月，张之洞奉旨担任本年度科举考试四川分试副考官。十月，简放四川学政。翌年二月，廖平参加院试，试题为《子为大夫》，廖平以三句破题，有违八股文章法，为阅卷者黜落，张之洞于落卷中搜得其文，喜其破题不凡，遂拔置秀才第一。

当时蜀中教育流行的是制义、帖括，以至有人"毕生不见《史》《汉》"。③故学术不兴，人才衰敝。这种状况直至同治十三年至光绪二年（1874～1876 年）张之洞督学四川时，才发生改变。张之洞在成都创办尊经书院，亲撰《创建尊经书院记》，阐明建院宗旨，指示读书门径，④ 以"绍先哲""起蜀学""成人材"勉励蜀士，"要其终也，归于有用"，⑤ 故数月之间，蜀中"文风丕变，需然若决江河"。又撰著刊行《书目答问》《輶轩语》，提倡"纪（昀）、阮（元）两文达之学"，蜀中士人喜识治学门径，"人人有斐然著述之思"。⑥ 光绪二年（1876 年）正月，廖平赴成都应科试，张之洞主考，得其答卷，见其引用《说文

---

① 廖幼平：《廖季平年谱》，巴蜀书社，1985。下引此书者，不复出注。
② 廖平：《经学初程》，民国三年成都存古书局刊本，收入《六译馆丛书》。
③ 廖宗泽：《六译先生年谱》光绪元年乙亥条。
④ 尊经书院为今四川大学之前身，建于光绪元年（1875 年），由张之洞创办。张氏以纪文达（昀）、阮文达（元）之学为号召，为书院订章程、立制度，又从各府、县学抽调高材生百人肄业其中，并亲撰《輶轩语》及《书目答问》之书，宗旨纯备，开示详明，尊经诸生受益良多。
⑤ 张之洞：《创建尊经书院记》，《张之洞全集》第 12 册，河北人民出版社，1998。
⑥ 张祥龄：《翰林院庶吉士陈君墓志铭》，《六译先生年谱》光绪元年乙亥条引。

解字》作答，拔以优等，食廪饩，调尊经书院肄业。廖平刻苦事学，经业精进。当时，尊经书院同学有宋育仁（芸子）、张祥龄（子苾）、杨锐（叔峤）、范溶（玉宾）、岳嗣仪（凤吾）、岳林宗、颜印愚（印伯）、毛翰丰（霍西）、曾培（笃斋）、张森楷（式卿）、傅世洵、陈光明（朗轩）等，随后骆成骧、刘光第亦从锦江书院转来尊经书院肄业，可谓英才云集。廖平与张祥龄、杨锐、毛瀚丰、彭毓嵩（笺孙）五人尤为张之洞所器重，号"蜀中五少年"交谊也最深厚。

廖平在尊经书院首尾近十载，其学术思想不断发展。他先致力于训诂文字，醉心于考据之学，但泛滥诸经，无所专攻。光绪五年（1879 年），王闿运应四川总督丁宝桢多次函约，来掌尊经书院，始改变这一状况。王闿运（1833～1916年），字壬秋，自号湘绮楼主人，湖南湘潭人。其为学宗今文，明于礼制，以致用为鹄的，又善于辞章，蔚为一代辞宗。廖平常就王闿运请业，每至夜分。从学七载，深受王氏影响，从此厌弃破碎恒钉之学，治经专求大义。是年八月，应优贡试，主司以"辞达而已"命题，廖平得陪贡第一名。九月应乡试，中第二十四名举人。

光绪六年（1880 年）春，廖平赴京会试，不第。在京时曾以《易》例向张之洞请业。张之洞告诫廖平："风疾马良，去道愈远。"三年后廖平再赴北京会试，又没有中试。其时，张之洞已自内阁学士出为山西巡抚，廖平会试后，拜谒恩师于太原，张之洞仍以"风疾马良"之语诫之，并以小学相勖。此时廖平《谷穀春秋经传古义疏》即将完成，谈话间，廖平声言通一经较治一省为难，且说："倘使《穀梁》书成，不羡山西巡抚。"光绪十年（1884 年）秋，《穀梁春秋经传古义疏》11 卷完稿。接著《起起穀梁废疾》《释范》各 1 卷、《穀梁集解纠谬》2 卷相继完稿。是年，廖平欲改注《公羊》，于是综括大纲，成《公羊何氏解诂十论》，作为读《公羊注》的阶梯（后来又作《续十论》《再续十论》）。至是，廖平《春秋》今文学体系基本建立。

光绪十一年（1885 年）春，廖平以旧本《王制》有传、记、注之文，旧本淆乱失序，考订改写《王制定本》1 卷，以备作《王制义证》之用（此书后来收入《六译馆丛书》，名《王制订》）。又以偶钞《五经异义》，悟今文与古文之分全在礼制之不同，始定今古异同之论，形成其经学思想第一变的基础。

从尊经书院肄业之后，廖平辗转各地从事教育活动。光绪十二年（1886年），廖平主讲井研来凤书院。六月，撰成《今古学考》2 卷。[①] 此书是廖平经学初变完成的标志，在学界影响巨大。书中，廖平主张以礼制平分今古，上卷为

---

① 按：此书作于光绪十一年乙酉（1885 年）至光绪十二年丙戌（1886 年），光绪十二年由成都尊经书局刊行，为《四益馆经学丛书》之一，后收入《六译馆丛书》。

表，下卷为说。上卷列表二十，回溯今古文学源流，梳理今、古文学之界限和线索。下篇于《经话》中取其论今古学者 106 则，申论今学归本孔子、《王制》，古学归本周公、《周礼》之旨。此期，廖平又欲以《今古学考》所揭示经今古文之别为基础，区别于郑玄注暨唐人《正义》混合今古的做法，按今文、古文两大系统，新撰《十八经注疏》，构建"蜀学"体系，于是先著《十八经注疏凡例》。自谓："予创为今、古二派，以复西京之旧，欲集同人之力，统著《十八经注疏》，以成'蜀学'。"① 又约集尊经书院同人撰《王制义证》。欲以《王制》为经，取《戴记》九篇之外，诸如《公羊》《穀梁》《孟子》《荀子》《墨子》《韩非子》《司马法》《尚书大传》《春秋繁露》《韩诗外传》及纬候、今学各经旧注，以及两汉经学先师旧说，务使详备，足以统帅经学诸经。待此书做成之后，再做《周礼义》，以统古学。②

光绪十三年（1887 年）二月，廖平来到成都，任尊经书院襄校。这年著有《续今古学考》，此书实为《辟刘篇》的原稿。他认为周制全不可考，所有礼制概为孔子新制，《周礼》为伪托之作。光绪十四年，廖平著成《公羊补义》11卷，欲以《公羊》为主，兼采《穀梁》《左传》，合通三《传》，以成一家之言。是年，又成《知圣篇》1 卷，附《孔子作六艺考》1 卷、《辟刘篇》1 卷、《周礼删刘》1 卷。后来《周礼删刘》附入《辟刘篇》，易名《古学考》。《知圣篇》《辟刘篇》成为廖氏经学二变的代表作。

光绪十四年（1888 年）冬，廖平第三次赴京应礼部试。张之洞时任粤督，电召赴粤，欲使廖平协助编纂《左传疏》，以配清代"十三经义疏"。光绪十五年四月，廖平大挑二等，会试中第三十二名进士，房师张预，座主李鸿藻、昆冈、潘祖荫、廖寿恒。六月，由京赴张之洞召，前往广州。途经天津，与王闿运相见。七月，经苏州，与俞樾相见。俞氏极称《今古学考》为"不刊之书"，廖平却告诉他自己已改变前说，并及"三《传》合通"之事。俞氏颇不以为然，曰："俟书成再议。"③ 秋，至广州，宿广雅书局，以张之洞命纂《左传疏》，始专力治《左氏》。在广州欲刊《知圣篇》，或以发难为嫌而止。然其书却广为外间流传，东南士大夫因转相抄录，以为谈资，甚至视为枕中鸿宝。

在广州期间，廖平与康有为两度相会，并影响其学术归趋。康有为（1858～1927 年），字广厦，号长素，广东南海人，先前读过廖平《今古学考》，遂以廖平为知己。此番晤面，廖平又示以《知圣篇》《辟刘篇》，兹二稿立论乃一反前

---

① 廖平：《今古学考》卷下，光绪十二年成都尊经书局刊本，收入《六译馆丛书》。
② 廖平：《今古学考》卷下，光绪十二年成都尊经书局刊本，收入《六译馆丛书》。
③ 廖平：《经话》甲编，光绪二十三年成都尊经书局刊本，收入《六译馆丛书》。

说，以今文为孔学之真、古文乃刘歆篡乱之伪。其时康有为正据古文经《周礼》撰《教学通义》，以其太过惊世骇俗，一时难于理解，别后竟"驰书相诫，近万余言"，斥以"好名骛外，轻变前说"，力劝其将此二书一火焚之。为阐明新说用意，廖平遂回访康有为于广州安徽会馆，将自己的见解反复阐述，康有为乃幡然领悟，终于"两心相协，谈论移晷"，"见廖平所著书，乃尽弃其旧说"① 而学焉，于是改宗今文，弃《周礼》而治《公羊》，其后遂由《公羊》而发明"改制"之义。之后不久，康有为宗《知圣》《辟刘》二篇之意，撰《新学伪经考》《孔子改制考》二书，为其变法张本。梁启超说："康先生（有为）之治《公羊》、治今文也，其渊源颇出自井研（廖平），不可诬也。"② 委婉道出康氏之两《考》是对廖平以上二《篇》的吸收和发挥，而钱穆则认为："长素《伪经考》一书，亦非自创，而特剽窃之于川人廖平。"③

光绪十六年（1890 年）四月，廖平由广州赴京补应殿试，得二甲七十名，赐进士出身。朝考三等，钦点即用知县，以亲老求改教职，部铨龙安府教授。此后数十年，廖平一直在四川从事教育活动，先后担任龙安府教授、嘉定九峰书院山长、尊经书院襄校等，培养了大量的人才。与此同时，廖平也取得了丰硕的学术成果，除前面所举外，尚有《左氏古经说义疏》《群经凡例》《左氏长编》《杜氏左传释例辨证》《春秋左传杜氏集解辨证》《五十凡驳证》《五十凡补证》《尚书备解》《易生行谱》《经话》等书，发挥其今古之学。

光绪二十三年（1897 年），廖平致力于《易》。此时康有为"素王改制"之说风行一时，世人以为廖平为始作俑者。同年夏，廖平得当年尊经书院同学宋育仁书，传张之洞告诫之语。十月，廖平赴成都与宋育仁相见，宋育仁再传张之洞语，告诫："风疾马良，去道愈远；解铃系铃，唯在自悟。"命廖平改订经说条例，不可讲今古学及《王制》，停止攻驳《周礼》，甚至威胁"如不自改，必将用兵"。廖平为之忘餐寝者累月。④ 十一月，廖平与宋育仁书（即《与宋芸子论学书》）自辩，又上张之洞书（即《上南皮师相论学书》），情词较为谦抑，但仍坚持己见，不愿删改。是年宋育仁奉旨治四川商矿，兼任尊经书院山长，引廖平与吴之英为都讲。宋、吴等设"蜀学会"，并发刊《蜀学报》，廖平为主笔，宣传变法主张。次年"戊戌变法"失败，尊经书院同学杨锐、刘光第被杀，廖平弟子惧其遭受牵连，遂将其提倡"大统之学"的《地球新义（初稿）》付诸

① 梁启超：《清代学术概论》二十三，上海古籍出版社，1998。
② 梁启超：《论中国学术思想变迁之大势》第八章，上海古籍出版社，2001。
③ 钱穆：《中国近三百年学术史》第十四章，中华书局，1984。
④ 廖宗泽：《六译先生年谱》光绪二十三年丁酉条。

一炬。

此后，廖平的学说由"尊今抑古"转变为"大统小统"之学。光绪二十九年（1903年），绥定知府聘廖平兼任绥定府中学监督。由于廖平学术屡变，新论迭出，又兼曾以学说影响康有为，难免遭人忌恨，是年冬，四川提学使吴郁生以"离经叛道，行检不修"之罪参劾廖平，并革去其教职。之后一段时期，廖平又曾复掌教席，除尊经襄校、主讲、都讲外，曾先后主讲井研来凤书院、嘉定九峰书院、资州艺风书院、安岳凤山书院。至宣统元年（1909年）秋，时任提学使的赵启霖又以廖平"三《传》并为子夏所传"之说为"穿凿附会"，下令各学堂毋得延其讲学；次年，廖平即携眷归返乡里，杜门家居。

1911年，川汉铁路公司延聘廖平为《铁路月刊》主笔，廖平复居成都。同年秋，四川"保路运动"爆发。十月，"大汉四川军政府"成立，下设枢密院，以廖平任院长。四川军政府又设国学院，每月出版《国学杂志》一册，每周开展一次学术讲演。当时刘师培因随端方入川，端方被杀后，刘师培滞留四川。1912年，刘师培任四川国学馆馆长，聘廖平主讲经学；是时，廖氏持经今文说，刘氏则大讲古文经学，二人互相论难、切磋，亦互相补充和称赏；刘师培向廖平提供古文字学数据，同时又采纳廖平平分今文、古文的方法，完善自己古文经学壁垒。刘师培赞赏廖平"长于《春秋》，善说礼制""汉魏以来，未之有也！"同年八月，蒙文通入四川国学院就读，即从廖平、刘师培请问经学。

民国成立后，教育部废除学校经学学科，廖平作《中小学不读经私议》，提出不同意见，主张读经之效已见两汉，应当令小学读经。次年，廖平以四川代表身份，赴京参加教育部召集的全国读音统一会。旅京四川同乡于湖广会馆发起欢迎会，请廖平讲演，讲演内容为孔学关于"世界进化、退化"与"小康、大同"之宗旨。北京人士又发起伦理学会，请廖平定期讲演，并计划根据廖平之说编订伦理教科书，发行《伦理杂志》。孔子诞辰日，孔教会在山东曲阜召开第一次全国大会，廖平与会并讲演，认为孔经言退化，实为言进化之意，如倒景；文明、野蛮的标准，应当以伦常为主，不纯在物质。同年秋，转到上海，完成《孔经哲学发微》一书，付中华书局出版。此书为廖平经学第四变的代表作。

此后廖平在宣传尊孔读经的同时，又致力于医书的校勘整理，先后著医书数十种。并治诸子、术数及《山海经》《楚辞》，兼治佛、道。1914年，廖平出任四川国学专门学校校长，又先后兼任成都高等师范学堂、华西协合大学等校教授。1918年，门人黄镕推本廖平之说，成《尚书宏道篇》《中候宏道篇》，廖平五变之说至此完备。其说大体上于六经分天人、大小，归重于六经皆孔子所作，孔子作六经，必须造字。廖平自撰《五变记》，黄镕又为之作《五变记笺述》。

1919 年，廖平六十八岁。这年春在家中风，虽经治愈，仍遗偏瘫之疾，右肢上下拘挛，眠食动作，非人帮助不举，但思路依旧清晰，仍著述不辍，唯书写须恃左手。1921 年，廖平以六变说成，易号六译老人。将平生著作已刻者编为《六译馆丛书》，统由存古书局印行。1922 年，廖平辞去国学专门学校校长职务，四川省政府每月致送著述金一百银圆。1924 年秋，家人奉廖平返井研养疴。1932 年 5 月，廖氏赴成都洽商著述出版事宜，行至乐山而疾作，家人未及舁返井研，6 月便卒于乐山河呷坎旅次，时年八十一岁。

二　廖平学术及其变迁

廖平为学博大，且以善变称。自叙幼时笃好宋"五子书"及唐宋"八大家文"，其后亲炙于张之洞、王闿运两大家，始转而专攻经学。初入尊经书院，博览考据诸书，用功甚勤，不知不觉间乃嫌唐宋之文空泛无实，"聪明心思至此一变"。及王湘绮来长尊经，始"厌弃破碎，专事求大义。以视考据诸书，则又以为糟粕而无精华，枝叶而非根本；取《庄子》《管》《列》《墨》读之，则乃喜其义实。是心思聪明至此又一变矣"。① 自此以后，廖平孜孜矻矻，好古敏求，以探诸经大义。初治《榖梁》，后乃并及《公羊》《左氏》，及于《易》《书》《诗》《三礼》等，且旁及诸子百家之书，又及于医方、堪舆之学。

廖平之治学，既不囿于旧说，亦不拘守师说，更不故步自封。在学术特色的形成上，廖平受王闿运之影响甚深。王氏治经主今文学，廖平亦从今文入手，且终身治之；当年王氏专治《春秋》，认为"《春秋》拟《易》而作，圣人之极功，终身研之而不能尽"，② 廖平亦从《春秋》着手，一生以《春秋》研学著作最多；王闿运以礼制考三代制度，廖平以礼制区分今文、古文学。刘师培称廖平"明于《春秋》，善说礼制"。③ 此两大特点，几乎都导源于王闿运。不过，廖平并不亦步亦趋，唯老师之马首是瞻。廖平的特点在于思维明敏，时出新论，却从不蹈袭旧说；无论先儒前贤，或者近人师长，只要其说有未惬于心，廖平都勇于论难商榷，提出自己的见解。

---

① 廖平、吴之英：《经学初程》，民国三年成都存古书局刊本，收入《六译馆丛书》本。
② 王代功：《王湘绮先生闿运年谱》卷三，民国八年刻本。
③ 蒙文通：《井研廖季平师与近代今文学》，蒙默编《蒙文通文集》第三卷，巴蜀书社，1995。

廖平尝言：为学当精进不已，不可故步自封，当求"五年一小变，十年一大变，每变愈上，不可限量"，①"变不贵在枝叶，而贵在主宰"，"若三年不变，已属庸才，至十年不变，则更为弃材矣"。廖氏之学历经"六变"，各有年代。②

第一变：始于1883年癸未，以《王制》《周礼》平分今古，是为初变，光绪十二年（1886年）付梓之《今古学考》为此期之代表著作。廖平认为：今文经为孔子所创，古文经为周公所作；"今学博士之礼制出于《王制》，古文专用《周礼》，故定为今学主《王制》、孔子，古学主《周礼》、周公，然后二家所以异同之故，灿若列眉；千溪百壑，得所归宿"，③《王制》《周礼》可"同治中国"。从此今、古文之学遂得分明。

以礼制之别区分今古，堪称廖平对经学及经学史之一大贡献。古文学家俞樾亟称《今古学考》为"不刊之书"，近人蒙文通更誉之为有清一代学术史上"三大发明"之一（另两大"发明"为顾炎武之《音学五书》、阎若璩之《尚书古文疏证》），具有"划时代"的意义。

第二变：始于1888年戊子。这一时期，廖平变平分今古为尊今抑古，以《知圣篇》《辟刘篇》（《辟刘篇》后改名《古学考》刊行）为代表作。廖平"折群言而定一尊"，认为"古文家渊源，则皆出许（慎）、郑（玄）以后之伪撰，所有古文家师说，则全出刘歆以后据《周礼》《左氏》之推衍。又考西汉以前，言经学者皆主孔子，并无周公；六艺皆为新经，并非旧史。于是以尊今者作为《知圣篇》、辟古者作为《辟刘篇》"。故据《王制》以遍说群经，以今文为孔子之真学，且于《周礼》中删除与《王制》相反者若干条（旧有《周礼删刘》之作）。

第三变：始于1898年戊戌。泯灭今古之畛域，群经传记，统归一律，进而判分王、伯、皇、帝之学，变"今""古"而为"小""大"。廖平发现，"以《王制》遍说群经，于疆域止于五千里而已"，与《中庸》所谓"洋溢中国，施及蛮貊"、《礼运》所言"大同"等说颇有龃龉；乃"闭门沉思，至于八年之久"，乃悟"《周礼》为根基，《尚书》为行事"。于是定《周礼》为皇、帝之学，为大统，《王制》为王、伯之学，为小统。且曰：旧之平分今古及尊今抑古"大抵皆就中国一隅言""盖《王制》《周礼》，一林二虎，互斗不休，吾国二千年学术政治实受其害。合之两伤，甚于洪水猛兽"，今若"一内一外"，以《王

① 廖平：《经话》甲编，光绪二十三年成都尊经书局刊本，收入《六译馆丛书》。
② 关于廖平经学"六变"的起止时间，学术界有不同的看法，见黄开国：《廖平评传》第二章，百花洲文艺出版社，2010。此据廖平《四益馆经学四变记》、黄镕《五变记笺述》、柏毓东《六变记》诸书的传统说法。
③ 廖平：《四益馆经学四变记》，《六译馆丛书》本。本节以下所引，未另加说明者皆同此。

制》治内，主中国；以《周礼》治海外全球，主世界，则"一小一大，一内一外，相反相成，各得其所"矣。此期廖平代表作为《地球新义》《王制集说》《皇帝疆域图》等。

梁启超认为，此第三变乃因张之洞干预的结果，说廖平"晚年受张之洞贿逼"，故对平分今古之说"复著书自驳"；① 或者是廖平惧祸的支吾应付之辞："言今文为小统，古文为大统""则戊戌以后惧祸而支离之也"。② 梁说甚有影响，然而未必中肯。

对廖平尊今抑古诸说，张之洞的确深致不满。1897 年，张之洞曾令宋育仁传语廖平，重申"风疾马良"之诫。面对师友的责难，廖平虽因之"忘寝餐者累月"，然而并未改变自己的看法，其致宋育仁函，仍固执己见。其函略云：作《今古学考》、主于平分今、古，皆天时人事、时会使然，"非鄙人所能自主者也"；尊今抑古之说，刘逢禄（申受）、龚自珍（定庵）诸先达已申之于前，则己说"实因而非创"。"两汉旧学，坠绪消沉，鄙人不惜二十年精力扶而新之，且并群经而全新之，其事甚劳，用心尤苦，审诸情理，宜可哀矜"；而"风之见疾，马之见良，正以其识见精明耳"，"若门户有异，则学问之道，何能囿以一途？"同时又隐隐流露对恩师张之洞的不满："即使弟子学人，不绍箕裘，而匠门广大，何所不容！……况至人宏通，万不以此。反复推求，终不解开罪之所由。"③ 字里行间，全无悔过自责之心，更非改弦易辙之意。至于《地球新义》诸作，已经成书于戊戌政变之前，则"惧祸"云云，遂不知从何谈起。

第四变：始于光绪二十七年辛丑（1901 年），主题是"天学"与"人学"。1901 年，廖平始以《楚辞》解《诗》，次年又成《知圣续篇》，渐悟天人之学，乃廖氏经学四变之始。廖平以为，孔学之中，不仅有治中国、治世界的小统、大统之学，即"人学"，而且有治天地神鬼和未来世界的"天学"；《易》《诗》《书》《春秋》四经以天、人分，"人学为六合以内，天学为六合以外"；《春秋》言伯而包王，《尚书》言帝而包皇，一小统，一大统，为人学二经，《诗》《易》则天学之二经。廖平又称，先儒所谓"诡怪不经之书"，如《灵枢》《素问》《楚辞》《山海经》《列子》《庄子》《尸子》《穆天子传》等，以及道书、佛典之类，"自天人之学明"，皆能焕然得其解释。刊行于 1914 年的《孔经哲学发微》，是这一时期的代表著作。

---

① 梁启超：《清代学术概论》二十三，上海古籍出版社，1998。
② 梁启超：《论中国学术思想变迁之大势》第八章，上海古籍出版社，2001。
③ 廖平：《四益馆文集·论学三书·与宋芸子论学书》，《六译馆丛书》本。

第五变：始于 1918 年戊午，融"小大"于"天人"。廖平认为，六经皆孔子"革更野史，译从雅言"，由"古本之文"翻译而成。六经各有领域：《礼》《春秋》《尚书》讲六合以内事，为"人学"三经，《王制》《周礼》等为之传，而"各有皇、帝、王、伯四等"。《易》《诗》《乐》"遨游六合以外"，为"天学"三经，《灵枢》《素问》《山海经》《列子》《庄子》《楚辞》及古赋为之传。不仅此也，中国之六书文字，亦为孔子所创造。①

第六变：约始于 1919 年，在 1921 年完成。其特点可以用廖平自题楹联来概括："黄帝六相说《诗》《易》，雷公八篇配《春秋》。"即以《黄帝内经》之"五运""六气"说来发挥《诗》《易》的"天学"哲理，以《灵枢》《素问》中黄帝与其臣雷公等人相问答的内容及理致来阐释《春秋》的"人学"思想。廖平认为，"《内经》旧以为医书，不知其中有天学，详六合以外，有人学，详六合以内"。②

自六变学成，廖氏经学体系之孔经哲学便由"人"及"天"，兼摄"人""天"，广大悉备，无所不有，无施不宜；廖氏之思想便从经学、诸子，相容文学、医学、方技、宗教神学诸领域，驰骛乎诸学并包，勤思乎参天贰地。

三　廖平的著作

廖平著述甚丰，可惜大量的文献或未觅见，或已亡佚，或已残缺，有的今天只可考其存目。1921 年成都印行《六译馆丛书》，卷首《新订六译馆丛书目录》表明，该丛书收录廖氏著作 108 种。1942 年，四川省图书馆《图书集刊》发表廖平女儿廖幼平所编《六译先生未刻已刻各书目表》，著录"现有未刻者二十一种，已刻者九十七种"（《书目》序），其已刻书目从光绪三年到民国二十五年，全部按撰著和刊刻年代先后编排，其未刻书目实际列目 16 种，总计实有 113 种。

20 世纪 80 年代初，廖幼平辑《廖季平年谱》③ 亦附此目，内容无所增减；又附卞吉新编《现存廖季平著作目录》，系"据四川省图书馆及四川省社会科学院所收藏者"编成，共有 104 种（内含稿本 4 种），按小学类、论学类、孝经类、春秋类、礼类、尚书类、诗经类、乐经类、易经类、诸子类、医类、地理类、杂著类 13 类排列。

---

① 黄镕：《五变记笺述》卷上，《六译馆丛书》本。
② 黄镕：《五变记笺述》卷下，《六译馆丛书》本。
③ 廖幼平：《廖季平年谱》，巴蜀书社，1985。

近期，由于编纂和研究《廖平全集》的需要，郑伟博士博考各类书目和传记，撰《廖平著述考》，① 共考得廖平各类著述信息（含单篇文章和专著，包括已刊、未刊、已佚、草稿和拟撰未成者等）凡 722 种（篇），另有丛书汇编 13 种。其中，现存者 273 种（篇），亡佚者 10 种，残缺者 9 种，未见者 399 种，拟撰未成者 31 种。在现存的文献中，专著类（不含抄录者）共有 167 种，分为 14 大类：（1）群经类；（2）周易类；（3）尚书类；（4）诗经类；（5）三礼类；（6）乐经类；（7）春秋类；（8）孝经类；（9）论语类；（10）小学类；（11）子学类；（12）医书类；（13）术数类；（14）杂著类。其中著作部分目录（此处专著分类根据文献实际进行分合，与《廖平著述考》分类略有差异）如下。

（1）"群经类" 26 种：廖平以经学有微言大义，章句繁多，博而寡要，劳而少功，故治经以博览会通，提纲挈领，发幽阐微，归纳义例为特色。其群经之作贯穿经学六变，与廖氏经学思想嬗变（前四变）大体对应。第一变，以发明"平分今古"之说为核心，阐发群经义例，概论为学次第，撰有《经学初程》1 卷（与吴之英合撰）、《今古学考》2 卷、《群经凡例》1 卷；第二变，以"辟刘"和"知圣"为要，收录以经说琐语，并于"小大""皇帝"之说间或讨论，为经学第三变做了必要铺垫，撰有《知圣篇》1 卷、《古学考》1 卷、《尊经书院日课题目》1 卷、《经话甲编》2 卷、《经话乙编》1 卷；第三变，推扬小大统之说，发挥皇帝王伯之学，由中国而及全球，并就"尊今抑古"转为"古大今小"变化过程中的著述提要与短篇文稿进行辑存，对所著经学著作进行编目，撰有《地球新义》2 卷、《家学树坊》1 卷、《四益馆经学目录》1 卷；第四、第五变，推尊孔子，为孔正名，借群经之言，以赅"小大"之旨，发明"人天"之学，撰有《知圣续篇》1 卷、《皇帝大同学革弊兴利百目》1 卷、《群经大义》1 卷、《群经总义讲义》1 卷、《尊孔篇》1 卷附录 1 卷、《群经大义补题》1 卷、《孔经哲学发微》1 卷、《四译成书目》1 卷、《世界哲理笺释》1 卷（又名《世界哲理进化退化演说》，廖氏演说，乐山黄镕笺释）、《祆教折中目录》1 卷。第六变，总结廖平经学之学术源流与思想变迁，"今古""大小""人天"等，不一而足，撰有《六变记》（包括《四益馆经学四变记》1 卷、《五变记笺述》2 卷、《经学六变记》《六变记》）。

（2）"周易类" 6 种：廖平《易》学始于光绪六年（1880 年）《生行图谱》，该书尝呈张之洞审阅。此后经学六变，皆有易学之作，然多数已难寻见，恐或亡佚，现惟存六种。第二变时，廖氏易学重在推明《易》例，疏解"贞悔"之义，撰有《易生行谱例言》1 卷、《贞悔释例》1 卷、《易经新义疏证凡例》1 卷；第

① 郑伟：《廖平著述考》，四川大学出版社，2014。

三变时，旨在推明《易古本》之要旨，撰有《易经古本》1 卷；第四变时，就三易原旨流别、六十四卦卦名意义进行辨正，撰有《四益易说》1 卷、《易经经释》1 卷。

（3）"尚书类" 7 种：廖平《书》学发端于同治十年（1871 年）《禹贡验推释例》之作，"六变"之中，皆有撰述，而以第二变"尊今抑古"以后，撰著为多，现存七种。第一变，以发明《书》学义例为主，撰有《今文尚书要义凡例》1 卷，《今文尚书二十八篇序例》1 卷；第四变，以《尚书》为六合以内人学之大成，即《诗》、《易》天学之初步，以发明大统小统之说，撰有《书经大统凡例》1 卷，《书经周礼皇帝疆域图表》42 卷；第五变，发挥经义，推明皇帝王伯之说，撰有《尚书弘道编》1 卷、《书中候弘道编》1 卷、《尚书今文新义》1 卷。廖氏书学虽以言"小大""人天"为要，且多以后三变为主，然其早期之作，如《禹贡验推释例》《洪范释例》《尚书王鲁考》等，亦见其对"验小推大"方法之阐发与运用，据此可见其书学思想滥觞与治《书》路径。

（4）"诗经类" 5 种：廖平《诗》学肇始于光绪二十六年（1900 年）《三家诗辨正》、《齐诗微绎必读》之作，而诗学诸作则多成于廖氏经学第三变以后，现存 5 种。除《诗经经释》（作于 1930 年）外，《诗纬新解》1 卷、《诗纬搜遗》1 卷、《释风》1 卷（又名《诗学质疑》）、《孔子闲居》1 卷（此四种后又汇编为《四益诗说》），皆成于民国三年（1914 年），即第五变时期，为廖氏晚年之作，亦为其诗学之代表。廖氏治经，师今文家说，于《诗》则以《齐诗》为主。其捃摭群经纬候之辞，取其涉于《诗》三百篇者汇辑成篇，以发明《诗纬》之义，以破《诗》无义例之说，进而推"小大"之学，以至"人天"之境。

（5）"三礼类" 16 种：廖平《礼》学为其经学大宗，数量仅次于《春秋》类文献。廖平治《礼》，发端较早，同治十年（1871 年）即作《官礼验推》。在其"经学六变"前的"专求大义"时期，廖平于《穀梁春秋》用力尤深，其解经多据礼制言，发明三礼例、表甚多，可谓治《礼》之滥觞。廖平精研礼学，通贯六变，而主要集中于前三变之中。廖氏以"礼制"为经解钤键，以为治《春秋》之理论基础，亦为其"平分今古""尊今抑古""小大统"等学说之理论依据。故刘师培称其"善说礼制，其洞察汉师经例，魏晋以来，未之有也"。蒙文通则言："礼制以立言，此廖师根荄之所在。"现存文献 19 种，分布于三礼之中，其治礼次第，初以《仪礼》《礼记》为主，后及《周礼》。第一变，发明三礼经传诸例，认为今学《礼》以《王制》为主，六经皆素王所传，故诠解礼制、经义，大张《王制》之学，于分经、分传汇辑，附以先师旧注，撰有《礼经凡例》1 卷、《两戴记分撰凡例》1 卷、《王制学凡例》1 卷、《容经凡例》1 卷、《周官考征凡例》1 卷、《礼运礼器郊特牲订》（礼运三篇合解）3 卷、《王制订》1卷、《王制集说》1卷、《分撰两戴记章句》1卷。此后沿袭第二变"尊今抑古"思想，商榷古注，于第三变时成《周礼郑注商榷》1卷。第四变时，廖氏继续发扬"小大"之说，详述皇帝王伯之学，渐至"人天"之学，撰有《周礼新义凡例》1卷、《坊记新解》1卷、《大学中庸演义》1卷、《容经浅注》1卷、《周礼订本略注》2卷。第五变时，又将旧所批《礼记》付刊，取名《礼记识》。

（6）"乐经类"1种：廖氏《乐》学之作凡11种，多成于前三变，尤以第二变为多，或辑补经传，疏证经籍；或唯考源流，以纬证经；或发明新义，推求凡例，然其原著皆未及得见，唯得其《乐经凡例》1卷，为第一变时之作。廖氏以《乐经》虽亡，尚存其他经传之中，由记考经，可辑而出之，是书遂立经为主，以记附之，傍采诸经、子、史所载乐事而成。

（7）"春秋类"26种：廖平《春秋》学为其经学大宗，数量居其经学文献之首。三传博大，治之非易，故廖氏治《春秋》，特重礼制与发凡起例，因而为《凡例》、图表者甚众。其治三传，又以"内外"别之，《穀梁》以"内学""外学"言，《公羊》《左传》以"内编""外编"言。以本传为核心所撰之注疏者，归入"内学"或"内编"；围绕本传所作之基础研究者，归入"外学"或"外编"。廖氏治《春秋》，以《穀梁》为初阶，其发端于光绪六年（1880年）《穀梁先师遗说考》，次及《公羊》，后治《左传》与《春秋》总论，其《穀梁》学所奠定之基本范式（经学义理、治经原则、解经方法等）成为其《公羊》学、《左传》学等之凭依。故蒙文通称"《穀梁》释经最密，先生（廖平）用力于《穀梁》最深"，"后复移之以治《公羊》、《左氏》，皆迎刃自解"。廖平《穀梁》学、《公羊》学诸作大多成于经学前两变，而《左传》学及"三传"总论则多为第二变以后之作。现存"春秋类"著作26种，据廖平治《春秋》次第与成书时间先后，可分为：①《穀梁》学：〔内学〕《穀梁春秋经传古义凡例》1卷、《穀梁春秋经传古义疏》12卷；〔外学〕《释范》1卷、《起起穀梁废疾》1卷、《穀梁春秋经学外篇凡例》1卷。②《公羊》学：《何氏公羊春秋十论》1卷、《续十论》1卷、《再续十论》1卷（合为《何氏公羊解诂三十论》）、《公羊春秋补证凡例》1卷、《公羊春秋经传验推补证》11卷首1卷。③《左传》学：《春秋左传古义凡例五十则》1卷、《春秋左氏传汉义补证简明凡例二十则》1卷、《春秋古经左氏说后义补证凡例》1卷、《五十凡驳例》1卷、《左传杜氏五十凡驳例笺》1卷、《左氏春秋学外编凡例》1卷、《春秋左传杜氏集解辨正》2卷、《箴箴左氏膏肓》1卷、《左氏考证辨正》2卷、《左传经例长编》1卷（北图抄本）、《春秋左氏古经说疏证》12卷。④《春秋三传》总论：《春秋图表》2卷、《春秋孔子改制本旨三十问题》1卷、《素王制作宗旨三十题》1卷、《拟大统春秋条例》1 卷、《春秋三传折中》1 卷。

（8）"孝经学"三种：廖平《孝经》学诸作多载于《孝经丛书目录》，多数未及得见，或拟撰未遂，或已亡佚，现存 3 种：《孝经学》、《孝经学凡例》1 卷，《孝经丛书目录》1 卷。

（9）"论语类"一种：廖平《论语》学之作多成于经学前两变，其以《论语》为"素王"微言，其凡例大端，在发群经之隐秘，故以例求隐，稽考旧说，发隐抉微，于《论语》之义，多有辨正。现存 1 种，即作于第一变时的《论语汇解凡例》1 卷。

（10）"小学类"五种：廖平文字训诂之作现存四种。多成于经学六变以前，而民国间撰述者以尊孔尊经为基调，不似早期汉学著述。廖氏初习宋学，张之洞督学四川后，提倡"两文达"之学，廖平遂弃宋学而习汉学，自谓："入尊经后，始从事训诂文字之学，博览考据诸书，始觉唐宋人文不如训诂书字字有意。"其间，撰有《尔雅舍人注考》1 卷、《六书说》1 卷。进入经学第一变后，廖平将旧作《转注假借考》补为《六书旧义》1 卷，以班固之说为主，六书各分其类，以形、意、事、声为造字之法，转注、假借为用字之法。第四变之时，廖平推尊孔学，以为广大悉备，"人""天"并包，撰《文字源流考》1 卷，以为孔子翻经正名，特创六书雅言，未有六书之前，亦必有字母之时代，所谓孔氏古文，不能不由结绳而改进。古文其初发明，囿于邹鲁；今则东西南北，万里而遥，所有齐语、楚咻、方言、百家语、外国语，无不为其所吸收。六书必传之万世，统一全球。此说可谓孔经人学一统宇内之旁证。此期，另作有《隶释碑目表》1 卷。

（11）"子学类"四种：廖平之学，始于经学，而及子学，廖氏以诸子之学，皆出于孔门四科，为六艺支流，源皆本于六经。其所论及子学者十家：儒家、道家、释家、阴阳家、法家、名家、墨家、纵横家、杂家、兵家，其中以儒家类居多。现存 4 种，涉及道墨、阴阳者。四变之际，廖氏主"人天"之学，撰《庄子新解》1 卷、《庄子经说叙意》1 卷、《五行论》1 卷，以敷宏其说。大抵以庄学出于孔子，其尊孔宗经，诟此伪儒，传六经之天学，心同《诗》《易》。《庄子》一书屡言"大小""天人"之分，以天人、神人、至人为天学三等，以仁、义、礼、乐为人学四等。六合之内，圣人为尊；六合以外，为天人、至人。而"五行"全为五帝学，经传之《五帝德》本不指中国一隅而言，"天人"皆有五帝之说。六变之后，廖氏又以伍非百《墨辩解诂》作序，成《墨辩解故序》1 卷。

（12）"医书类"46 种：廖平自幼习医，舞勺之年，尝从廖荣高学医。至其晚年，于医学诸作用力尤深。现存 43 种，作于第四变后期至第五变初期，即 1912 年至 1918 年。初就《黄帝内经》中有关诊络、诊皮等问题，进行专题考释，并对日本丹波元坚所著医书进行删辑，撰有《释尺》2卷、《诊络篇》1卷、《诊络名词》1卷、《古经诊皮篇》2卷、《古经诊皮名词》1卷、《药治通义辑要》2卷。继而，对脉络诸说，诊皮之法，平议补证，撰有《脉学辑要评》3卷，《脉经考证》1卷、《杨氏太素诊络篇补证》3卷、《诊络篇病表》1卷、《黄帝太素人迎脉口诊补证》2卷（又名《人寸诊补证》）、《分方异宜篇》1卷、《黄帝内经太素诊皮篇补证》1卷、《营卫运行杨注补证》1卷。此后，专治《黄帝内经》所论经脉者，于杨上善之说有所辨正，间论伤寒诸症，撰有《伤寒讲义》1卷、《隋本黄帝内经明堂》1卷（附《摄生消息论》）、《平脉考总论》1卷、《内经平脉考》1卷、《灵素五解篇》1卷、《素问灵台秘典论篇新解》1卷、《杨氏太素三部诊法补证》1卷、《九候篇诊法补证》1卷、《十二经动脉表》1卷、《疟解补证》1卷、《真藏见考》1卷）。后又于《黄帝内经》论筋骨与论疑难者，以及"三部九候"诸说，详辨疏证，撰有《诊筋篇补证》1卷、《十二筋病表》1卷、《三部九候篇》1卷、《仲景三部九候诊法》1卷、《难经经释补证》2卷、《中西骨格辨正》1卷、《诊骨篇补正》1卷。最后，围绕"伤寒"，进行专题研究，力主古义，稽考诸说，平议优劣，间或订补，撰有《伤寒总论》1卷、《伤寒古本考》1卷、《伤寒平议》1卷、《瘟疫平议》1卷、《太素伤寒总论补证》1卷、《桂枝汤讲义》1卷、《巢氏病源补养倡导法》2卷、《热病说》1卷（又名《太素四时病补证》）、《伤寒杂病论古本》1卷、《伤寒古本订补》1卷。此外，又成医著目录3种，即《四译馆医学丛书目》1卷、《隋本灵枢目录》1卷、《素问杨氏太素本目录》1卷。

廖平现存医著虽多为第四变之作，且以研讨医学问题为主，然亦出现经、医会通之倾向。廖氏以《灵枢》《素问》分政治、医诊两大派，天道人事，异辙殊趋，厘定部居，剖析泾渭，庶政学收功于大统，医术不遁于虚玄。故廖氏治医，不惟以医论医，更是以医明经。为其经学第五变、第六变，借《灵枢》、《素问》，以"五运""六气"等说而发明"天学"之旨，打通"人天"之际，奠定其思想基础。而其后所撰《内经三才学说》（存目）、《灵素皇帝学分篇》（存目）、《灵素阴阳五行家治法考》（存目）等会通诸学之作，亦当为此会通思想之反映。

（13）"术数类"5种：廖平术数诸作现存5种，皆成于经学第四变之时。世传唐杨筠松撰《撼龙经》《疑龙经》《天玉经》《青囊奥语》《都天宝照经》等著，专论地理形势，或言山龙脉络、结穴之义；或以阴阳星辰，言相地之法。然诸书文字简略，术亦深奥，昔日术家多所不传，故廖氏撰《地学答问》1卷、《撼龙经传订本注》1卷，仿《王制》《周礼订本》，分经、传、说之例，掇其要语为纲，采其详说为目，审辨部居，判划门类，重订《撼龙》之书；并以经学、天文、律历为本，探源于汉晋以前诸书，为之钩玄而提要；推重蒋大鸿之说，力辨飞宫挨星之误，以辅弼分九星，并绘顺逆交会各图，以资证明，使杨氏绝学复明于世。虽蒋氏《地理辨证》一书，于杨氏诸作有所发明，然蒋书或囿于授受，或拘泥旧文，或惧于漏泄，故艰深隐僻，于是廖氏又撰《都天宝照经》1 卷、《地理辨证补证》3 卷（黄镕笺述），以穷经之精思，研古先旧法，博采传、纬、子、史诸说，勘明杨（筠松）、曾（文辿）立法之原。廖氏以术数诸书为经传之精华、天学之佐证，故廖氏之作虽究地学，其所征引，皆明孔道精微，亦足见地学肇端于圣经，推广为六合，扼要于天枢，会归于《周易》，弥纶上下。又有《命理支中藏干释例》1 卷，以明其说。

（14）"杂著类"16 种：此为廖平各时期艺文之作，主要包括游记、伦理、楚辞及文集汇编等。现存 15 种，据成书时间，其目如下：《游峨日记》1 卷，《国语义疏凡例》1 卷，《伦理约编》1 卷，附录 1 卷，《楚辞新解》1 卷，《楚辞讲义》1 卷，《离骚释例》1 卷，《高唐赋新释》1 卷，《游戏文》1 卷，《会试朱卷》1 卷，《四库西书提要》1 卷，《四益馆文集》1 卷，《四益馆杂著》1 卷，《六译馆杂著》1 卷，《四益馆外编》1 卷，《六译馆外编》1 卷。

另据晚清民国各种报刊，还搜集到廖平的《集外文》1 卷。

四 《廖平全集》的整理

廖平的著作，除部分未刊稿外，大部分随撰、随刻或随发表，除单行本外，还编有《四益馆经学丛书》（收 12 种）、《四益馆医学丛书》（收 24 种）、《则柯轩丛书》（分装 10 册），后来成都刊印《蛰云雷斋丛书》，上海刊《适园丛书》，都收有廖平著述。1921 年四川存古书局辑印《新订六译馆丛书》，收录廖平著作最多，达 108 种，虽说蔚为大观，但是仍然未全，如廖平研究《春秋》学的代表作《谷梁春秋经传古义疏》，就没有收录。至于其他手稿、单篇散文，更是散见各处，有的甚至逐渐亡佚，故需要重新加以编录和整理。

自 1932 年廖平逝世后，学界即渐次展开了对其学术文献的整理与研究。在思想研究方面，有的学者对廖平经学六变、经学思想、在中国经学史上之地位，以及其与康有为、张之洞等人之关系问题进行了深入的讨论，已经取得丰硕成果。相较而言，廖氏学术文献的整理，则显得较为薄弱，仅有李耀仙主编《廖平学术论著选集》、① 《廖平选集》，② 刘梦溪主编《中国现代学术经典·廖平蒙文通卷》③

---

① 李耀仙主编《廖平学术论著选集》，巴蜀书社，1989。
② 李耀仙：《廖平选集》，巴蜀书社，1998。
③ 刘梦溪主编《中国现代学术经典·廖平蒙文通卷》，蒙默选辑，河北教育出版社，1996。

和王凤兰主编《廖平医书合集》①等。由于是选编，这些选编和整理自然缺乏全面性、代表性和系统性。

从经学文献的整理来看，两部"选集"收录廖平的经学著作共计15种，主要围绕廖平经学"六变"，涉及礼学类、春秋类和论学类。它们的整理出版，为廖平经学思想的研究提供了第一手资料，给相关研究提供了较大便利。然而，廖平经学著作多达数百种，涉及《易》《书》《诗》《三礼》《乐》《春秋三传》《论语》《孟子》《孝经》《大学》《中庸》等经典领域，卷帙浩繁，亡佚较多，仍需进一步全面系统地搜集整理。

从医学文献的整理来看，《廖平医书合集》收录廖氏医学著作22种，但仍然有部分医书散在《合集》之外。

《廖平全集》即以《六译馆丛书》为主，广搜博采廖平已刻、未刻各类著述，还将散落各种杂志的单篇文章，收集起来编为《集外文》。所收各书施以新式标点，还附录各类研究资料，为学界提供齐全的廖平文献。

可惜由于年久失收，廖氏有的著作早已不存或不知散落于何处。我们根据现存廖平著作的实际情况，将所收录廖平著述归为9大类（加上"附录"共10类）：群经类（17种）、周易类（5种）、尚书类（6种）、诗经类（2种）、三礼类（11种）、春秋类（16种）、杂著类（14种）、医书类（25种）、术数类（4种）、附录（6种）。共收廖平专著101种（其分类和分卷较前诸家稍有不同，且《六译馆丛书》汇印时将数种书合为1种，或将多种单篇合为一书，故总数统计稍异）。"附录类"系廖平年谱、传记、学术、评论等信息。

此外，《六译馆丛书》所收《光绪会典》《三巴金石目录》《长短经是非篇》以及见于杂志的《四库西书提要》全系抄录旧文，别无诠解；成都玉清道院所刊《吕祖忠孝诰附考》虽署"廖平校证"，实非廖平之作。故不予收录。

编校的原则是要保持原貌，但是廖平为了阐发自己的思想，往往有意改经，我们在点校时一般不予回改，必要时在校记中指出。底本中的异体字、俗体字，一般不强求规范；但对于其前后使用不同而有碍理解者，根据其使用频率较高的一种酌情统一。引文与原书或通行本文字不同者，或显系删节，又不影响文意者，一般不出校，也不改动原文。如果引文确实有误，或与通行本形成较大反差者，酌情出校说明。

由于廖平著作数量很多，收藏比较分散，一些藏书机构又坐地起价，搜集资料的过程可谓一波三折，艰难之至。含辛之余，我们仍黾勉从事，尽量搜罗，并对这些著作进行全面系统地整理校点，力图为学界提供资料完备、校勘精良的廖

---

① 王凤兰主编《廖平医书合集》，天津科学技术出版社，2010。

平研究文献。

本书的校点工作，主要由杨世文、舒大刚、邱进之、郑伟承担，其中杨世文教授组织审稿用力尤多。刘明琴、邹艳、宋桂梅、仇利萍、张卉、吴龙灿、张玉秋、张梦雪、杨婷、薛会新等分担了部分资料搜集校对工作。金生杨、潘斌、田君承担了部分审读工作。蒙默、林庆彰、廖名春、蔡方鹿、黄开国、郭齐、尹波等先生对编纂工作给予了极大的关心与支持。

最后我们要特别致谢的是，上海古籍出版社原社长王兴康先生、原总编辑赵昌平先生，现社长高克勤先生、总编辑吕健先生，都对本书的出版给予了特别的关照；全国政协常委、国际儒学联合会常务副会长滕文生先生，四川省政协原副主席章玉钧先生，四川大学社科处处长姚乐野教授，都曾积极推动本书编纂与地方文化建设的结合。由于本稿的繁复性，奚彤云、杜东嫣等同志在编辑审查时，付出了比其他各书都多得多的精力。此情此义，真是感激莫名，谨在此一并致以衷心感谢！

本次整理尽量吸收学界已有整理和研究成果，谨致谢忱。由于我们的水平有限，其中可能有不少未尽人意之处，恳请识者不吝赐教。

"注意川康边事之整理，完成建设新西南之使命"[*]

——1940 年贺国光编纂《川康边政资料辑要》及其重要学术价值

王 川

（四川师范大学历史文化学院）

一 《川康边政资料辑要》及其编撰者贺国光（1885 ~1969 年）

《川康边政资料辑要》，边政设计委员会编撰，由于该书曾由重庆国民政府军事委员会委员长成都行辕出面组织，成都行辕主任贺国光（1885 ~ 1969）主持该书编撰，并撰写了序言，故一些资料亦将贺国光视为该书著者。

贺国光字元靖，出自湖北蒲圻（现赤壁市）大族贺氏之族，[①] 1885 年 11 月 30 日出生。早年曾肄业于上海广方言馆。清末朝廷废除科举，编练新军，各省纷纷建立新式军校，四川总督赵尔丰在成都开办"军事讲习所"，光绪三十四年（1908 年）由贺国光的堂兄、四川兵备道贺伦夔升格为"四川陆军速成学堂"。故贺国光随父光绪二十九年（1903 年）入川后便投奔堂兄，于光绪三十三年（1907 年）入读"军事讲习所"，与刘湘、杨森、唐式遵、潘文华为同学，这些学生于民国形成了势力，自成一派，号称"速成系"。贺国光 1913 年入学陆军大学，[②]"成绩斐然"，1916 年毕业。

* 本文系王川主持的国家社科基金重大项目"巴蜀全书"的子项目"民国时期《川康边政资料辑要》整理"（批准文号：BSQS2013Z06）的阶段性成果之一，2013 年 12 月立项。

① 贺觉非：《贺国光，蒋介石的定川大吏》，《湖北文史资料》2000 年第 1 辑（总第 62 辑），第 120 ~ 127 页。

② 1913 年，贺国光考入陆军大学第四期学习。陆军大学是中国近代唯一的最高级别的军事学府，广义上的陆军大学既包括 1906 年至 1923 年的保定军官学校，还包括 1927 年到 1949 年国民政府在南京的由广州黄埔军校搬迁而来的陆军大学。

辛亥革命爆发后，贺国光参加了武昌保卫战，后响应北伐战争并参与二次北伐、蒋桂战争、中原大战等，[①] 参赞戎机，多有建树。1934 年底，蒋介石为统筹川康滇黔等省对红军的"围剿"组建军事委员会委员长参谋团，贺国光就任"南昌行营四川剿匪军参谋团主任"。时川军实力派人物刘湘、杨森等人为贺国光同学，有同窗之谊，故蒋介石以贺国光出任入川参谋团主任，实为不二人选。刘湘当时面临对红军连战连败之困境，对这位老同学前来有所希冀，川中军政各界也恭敬欢迎贺国光临川。

1935 年 1 月，参谋团入川，在指导川军抵御红军的同时，亦对川军进行了整编。3 月，蒋介石飞抵重庆。10 月，在参谋团的基础上，成立了"军事委员会委员长重庆行营"，顾祝同任主任，贺国光任参谋长，杨永泰为秘书长，实际由贺、杨负责。在川军与中央军的关系问题上，杨永泰凡事必坚持原则，贺国光则从中小心周旋。故贺国光被指依仗川军自重，专事敷衍，颇为尴尬。"西安事变"爆发后，川军将领中又有不少人主张扣押和驱逐中央驻川人员。贺国光周旋于刘湘等同学之间，劝说良久，终未生事端。1937 年 6 月，贺国光任"川康军事整理委员会"委员。7 月晋升四川行营副主任并代理主任。在这个时候，报纸报道"贺国光所以在四川如此吃得开"，"公私生活都和川中一般军政要员合得来，因此中央与四川之间的很多重大问题，都由他解决"。[②]

1938 年刘湘病逝后，蒋介石曾意以贺国光任四川省主席，但川军各将领担心一旦中央掌握川政军权后，会严重影响他们的权力，故竭力反对。最终由刘湘系统的王瓒绪出任省主席。

1939 年春，"国民政府军事委员会"在成都设立"委员长行辕，并派贺国光为行辕主任"，简称"成都行辕"，贺国光升任主任。[③] 时王瓒绪亲蒋，引起了川军各将领不满，联名上书要求将王撤职。蒋介石借此机会于当年 9 月令王瓒绪领兵出川抗日，并在其出征期间亲自兼任四川省主席一职。旋以贺国光兼任省府秘书长，代理省主席职权，如 20 世纪 40 年代报纸所言，四川省政务"负实际责任的还是贺国光。贺国光以中枢要员的身份，屈居为省府秘书长"，[④] 主持全川政务直到次年底。贺国光主川后，川军诸将领对国府"川军国有化""政治中央

---

① 1926 年宁汉分裂后，贺国光因倾向于南京方面，部队被吞并。1927 年宁汉合流后，任军事委员会高级参谋，虽无兵权，但能力出色，处事精明干练，很快在国民政府中枢崭露头角，并得到蒋介石的赏识，并在 1929 年的蒋桂战争中出任蒋的参谋长，也是历次"围剿"红军作战的智囊。参阅贺觉非《贺国光，蒋介石的定川大吏》一文。

② 作者不详，《贺国光的婆婆妈妈气》，《国际新闻画报》1947 年第 76 期，第 4 页。

③ 参见西康省政府秘书处主办《西康省政府公报》1939 年第 3 期，康定，第 87～88 页。

④ 鱼：《治川难！难于上青天》，《文饭》1946 年第 28 期，第 10 页。

化"的政策仍很敏感和排斥，故给中央派员贺国光诸多不便。

1940 年 11 月 15 日，蒋介石辞去四川省主席一职，成都行辕主任张群兼四川省主席。当月，国民政府军事委员会调贺国光任宪兵司令，赴重庆特别市就任，后兼国民政府军事委员会办公厅主任等职。

1946 年 4 月，贺国光调任西昌行辕主任，旋即改任"川康滇边区边务设计委员会主任委员"。1949 年 9 月，贺国光就任西南军政副长官兼西昌警备司令，12 月 15 日接任国民政府西康省主席。① 在西昌期间，贺国光积极督理边务，筹备开发，"以奠西南国防重镇之初基"。② 1950 年 3 月，解放军部队攻入西昌之际，贺国光乘飞机前往海南，再转往台湾，后任"总统府国策顾问"。

1969 年 3 月 5 日贺国光病逝，终年 85 岁，葬于阳阴山第一公墓。③ 著有《八十自述》。

二　《川康边政资料辑要》之成书过程及其主要内容

时值抗日战争时期，重庆国民政府军事委员会为了抗战建国，加强了对川康边区的治理与开发，乃由委员长成都行辕组织力量，根据旧有资料，收集有关文献资料，调查川康边区各方面的情况，最终于民国二十九年（1940 年）整理编辑成《川康边政资料辑要》一套书，并在成都付梓成书。

所谓"川康边政"，指四川、西康（1939 年 1 月 1 日建省）二省的边地民族事务。当时，西康省由"雅属""康属""宁属"三部分组成。"雅属"④ 为今雅安地区；"康属"⑤ 指今甘孜州康巴藏族地区；"宁属"⑥ 为今西昌地区（这里在清及民初置宁远府，故名）。而川、康二地，均有地域广袤的民族地区，二省在

---

① 时任国民政府西康省主席的刘文辉已同共产党合作，并于 1949 年 12 月举兵起义反蒋，故国民政府改任贺国光任国民政府西康省主席。

② 对于贺国光的任职西昌，评论多认为是贺国光失信于蒋而被放逐的后果（笔者并未找到能支持此说法的材料）。而学界另一种说法是，时值抗战时期，西昌地扼川、康、藏三省区，如日寇继续西犯，重庆也难以坚守时，西昌便可作为国民政府抗战的最后据点，可以继续依靠英美的势力与敌周旋。而当时的西昌地处边远，经济落后，交通闭塞，建设西昌的担子十分重大而艰巨，在这样的情况下，蒋介石必选一位能力出众，又深得其信任的人员赴任，贺国光便是最好的人选了（注者认为，从当时的客观局势以及能看到的关于贺国光与蒋介石之间关系的资料上分析，此种说法更为可信）。

③ 关于此处所说的台湾"阳阴山第一公墓"，网络刊载误为"阳阴山"。

④ 包括雅安、荥经、芦山、天全、宝兴、汉源六县，以及金汤设治局。

⑤ 包括康定、九龙、雅江、道孚、丹巴、甘孜、德格、邓柯、石渠、白玉、瞻化、炉霍、理化、巴安、得荣、定乡、稻城、泸定、义敦十九县。

⑥ 包括西昌、越西、冕宁、会理、盐源、盐边、宁南、昭觉八县，以及宁东设治局。

国民政府迁都重庆之后，地位更加上升，以至于 1939 年 1 月西康正式建省。

在重庆任职尚未入蓉之际，贺国光即与川康军、政两界以外的其他人士有过诸多来往，如他 1937 年与西康宗教人士、藏传佛教上层"八阁呼图克图"商讨西康南部乡城一带的社情；① 1938 年与四川汉传佛教高僧韦舫的交往；② 等等。

1939 年西康建省后，贺国光曾在《新四川月刊》发表了多篇文章，论述川康二省对于抗战建国之重要。如 1940 年 1 月 1 日发表的《四川政治之回顾与前瞻》中所言：

> 四川地大物博，人口众多，在天时地利人和上，皆为天然复兴根据地。……御侮建国，都要以四川地方的开发与政治整理为基础。……在抗战建国期间，四川不仅做一根据地，更应该做一个模范省。③

又如《川康建设之一般问题：建设川康与复兴》：

> 四川为复兴民族根据地，总裁倡之，全国人士公认之。西康自建省后，而政治文化之地位，日益增高。其宝藏之开发，关系国防之重要，尤使二省之建省，有相需相成而并不可分割之势。故言复兴民族，均瞩目于川康二省。……古人能用巴蜀以图中原，吾人更不难用川康以驱倭寇。……土耳其以凭安哥拉以成复兴之业。今日吾国之川康，昔日土耳其之安哥拉也。④

再如《七七事变与民族信念》：

> 川康为复兴根据地，为抗战大后方，尤拟有建设方案以规其始，设有建设期成会以要其终。⑤

在贺国光看来，中国古代凭借巴蜀"以图中原"、世界近代土耳其凭借"以

---

① 贺国光：《公牍：函八阁呼图克图据函述乡城军》，《军政月刊》1937 年第 18 期，第 59～60 页。
② 《贺国光主任来书》，《海潮音》1938 年第 19 卷第 8 号，第 60 页。
③ 贺国光：《四川政治之回顾与前瞻》，《新四川》月刊 1940 年第 1 卷第 8 期，第 4～8 页。
④ 贺国光：《川康建设之一般问题：建设川康与复兴》，《新四川》月刊 1940 年第 1 卷第 10、11 期合刊，第 9～10 页。
⑤ 贺国光：《七七事变与民族信念》，《新四川》月刊 1941 年第 2 卷第 2、3 期合刊，第 9～12 页，第 11 页。

成复兴之业"，二者与当时川康二地的地位相类似。可以说，他充分认识到川康二省"宝藏之开发，关系国防之重要"；因此二省在抗战、复兴民族过程中具有重要地位。他的上述论述，固然与他作为联系中央、四川地方的独特身份与使命有关（故有"整理四川政治"等语），同时也是当时有识之士的共识，与当时国民革命军二十八军军长邓锡侯（1889～1964 年）所撰《建设新西康的新精神》、中央大学教授胡焕庸（1901～1998 年）所撰《川康两省在抗战期间应负的使命》等文的论述都类似。此外，这也是他组织收集有关文献资料，调查川康边区多方面的情况，最终整理编成《川康边政资料辑要》一书的主要原因。

《川康边政资料辑要》包括了川康二省的边地二十九个县①的基本情况，洋洋二百多万字，可称为当时抗战建国艰难时势下政府出面主编的大型文献汇编。全书包括总的《序言》《例言》及各县情况、地图等内容。

贺国光在 1940 年 4 月亲自为该书撰写了《序言》：

> 蜀中古称天府，幅员之广为各省冠。而西、北、南边区各县邑，尤多边民聚居，习俗锢蔽，知识蒙昧，矿产蕴而未辟，土地荒而未治，施政者亦以化外视之，积有年矣。
>
> 国光任参谋团主任时，即注意川康边事之整理，思有以易其俗，齐其政，墉通浚发，俾侪于中土。第以交通梗阻，情况隔阂，欲明了其实情，非先从调查入手不可。而调查之始，尤必赖有详确之图籍参稽互证，庶免冥行暗索之诮。爰烦边政设计委员会就川康两省边邑之志乘图书，公私记载，以及各种刊物，凡有关边事，信而可证者，罔不甄综搜采。都凡二十九县，详其区域，条其风俗，推表山川，胪列土官，宜名之曰某某县《资料辑要》，发交各部分研讨。曾一度设调查团赴宁属八邑考察，颇有创获。
>
> 二十八年（1939 年）春，奉命设行辕于成都……值此抗建并进之际，川康既拥有丰厚之资，则及时图维，尤不容有所徘徊矣。顾欲言开发，非具备相当人力财力不能进行。而规划初，仍必有资于图籍。前所辑资料一书，虽未足言详赡，但大体已具梗概，堪供讲求边区政治教育者及各地军政人员之探索寻绎。续往彼方视察者，得是书而览之，亦可获资借鉴。循是以往，由研究而进于实施，经营缔构，协力以赴，使边邑之发展得与内地相互提携，道一风同，民康物阜，完成建设新西南之使命，乘韦噚矢之功，兹编有焉。

---

① 分别是宁属八县，康属十九县中除邓柯、石渠、白玉、定乡、得荣、稻城、义敦以外的十二县以及雷波、马边、屏山、峨边、松潘、里番、汶川、茂县、懋功等县。

> 因饬详加校勘，正其伪误，补其阙略，复加绘各图，命工排印，刊既成
> 书，此以弁其端。

由此可知，该书策划于贺国光任参谋团主任之际，初稿成于边政设计委员会及其组织的宁属调查团，修订补充、完备刊印于贺国光任成都行辕主任之时。

编辑该书的"边政设计委员会"，则在《例言》中说：

> 奉命从事边政设计，其范围为川、康、甘、青等一带边地，是诸边地情
> 形，既与内地迥殊，亦复彼此互异，国人睽隔，素多懵然。……曾呈准以搜
> 集文献及实际考察为设计前之工作，对于搜集文献一层，经同人短期内旁求
> 之结果……其有关各种官文书，私家著述，及报章杂志等，虽比较为多，但
> 所得亦不过各一二十种而止……而边籍残缺特甚，亦可从知。……
>
> 有事涉两县，难于分别者，如越嶲与冕宁，盐源与盐边，会理与宁南，
> 西昌与昭觉，以夷请一项而论，其支派之分布，巢穴之联贯，多属横跨两
> 县，当时调查人员之记载，即并从两县而笼统举之，今悉以列于一县，而于
> 他一县本门之下，注明详见某县某门字样，以资识别而便检寻。

该书按照川康边区各县的县别，分三十门类，即疆域、沿革、山脉、河流、气候、建置、建设、种族、户口、官制、交通、民政、司法、行政、财政、教育、警团、储蓄、垦务、产业、物产、礼俗、生活情形、语文、宗教、名胜、古物、古迹、人物、大事记等，记述了各县的概况。

由于各县资料多寡不一，因此是书所录各县，多者达二十余门类，少者则十余门类，均归纳后逐一述之。各县资料既分别成篇又汇集在一起，各有特点。最早编成的《宁属各县概况资料辑要》即最完备的一组，其记述以"夷情"、荒地为主，收录的关于种族、"垦务"、产业、山脉、河流、交通诸门的资料，则特别详尽。因为抗战建国，百废待兴，边区荒地，自然是贺国光及"边政设计委员会"心目中开垦的目标，所以该书对于各县荒地调查甚详，热心"垦务"的倡导，而当时报刊还报道了贺国光倡议并参加在川康滇民族地区推进垦务的"华西垦务公司"等事。①

各县记述之末，各附有三百万至四百万分之一比例的大幅折页地图，开本约为 22.8 厘米 × 14.4 厘米。

---

① 《贺国光等筹组"华西垦务公司"》，四川地方银行经济调查室编《四川经济月刊》第 10 卷第 3 期，1938 年，第 30 页。

各县记载之中，不乏编纂者的报效国家、服务边疆的拳拳之心。如"教育"一门，对于各县教育的发展甚为关注。而贺国光也有多篇涉及川康教育的文章，如他在1940年发表的《如何推进康省的教育文化》一文就指出：

> 在九一八事变以前，全国教育界人士，多集视线于海疆而忽视了边疆，多着眼于交通区的装饰教育而轻蔑边僻区的开发教育。……但是，康省今日所处的地位，实与川省同一重要，同有橄赞抗战建国两重的重大使命。①

贺国光在文中指出了西康省"教育文化建设的重要性"，这是贺国光积极参与边疆建设的见证。

三 《川康边政资料辑要》之版本及其重要价值

该书由重庆国民政府军事委员会组织力量，贺国光出面张罗，收集有关文献资料，调查川康边区情况，于民国二十九年（1940年）最后整理编辑成书，在成都印刷，线装，共二十九种，成十六册。其中，有多个县合编为一册。

2005年8月，张羽新主编的《民国藏事史料汇编》由学苑出版社出版，该资料集收录官方文献、私家著述、社会调查、报刊资料等120余种，计6000余万字，共计30册，全文收录了该书（见第二十九、第三十册）。

2009年4月，中国社会科学院边疆史地研究中心研究员马大正主编的《民国边政史料汇编》由国家图书馆出版社出版，收录了民国时期边政方面的史料，包括蒙藏院及蒙藏委员会的相关史料，如《蒙藏委员会公报》及其职员录、王公名录、会议记录、决议案、行政统计、调查报告；此时期的重要期刊如《边政公论》《西陲宣化使公署月刊》等；当时的学者有关边事、边政、边疆地理人文的相关著述以及调查报告；涉及边疆各省份，每部按省份分类，共计三十册，其中亦全文收录了该书（见第二十六至第三十册）。

总而言之，该书总体规模达到了约200万字，是当时关于川康边区的规模最大、资料最全的文献整理与文献汇编，为当时川康边区的开发提供了重要的参考资料。结合当时抗战建国及资源短缺的时代背景，该书出版可谓难能可贵。

该书多采用民国时期的实地调查材料，所收资料详备，内容包括政治、经济、民族宗教、文化教育、地理物产、涉外事宜、风土人情等，不仅内容充实，

---

① 贺国光：《如何推进康省的教育文化》，《康导月刊》第2卷第10期，1940年6月，第7～8页。

确切真实，而且叙述通畅，条理分明，且注明来源出处，亦为当今研究西南边疆史地、川康边政、少数民族社会文化、区域史、中国近现代史等研究领域，提供了重要而丰富的学术资料，颇有史料参考价值。

四　《川康边政资料辑要》整理本之编纂说明

《川康边政资料辑要》具有重要价值。在相当长的时期中，该书只有1940年的成都线装本流传，册数较多，而印数又少，集全不易；且产生于物资匮乏的抗战年代，由于时代局限，该书存在印刷时见错漏、校对不够精详、记述或有失误等瑕疵。

后虽有2005年《民国藏事史料汇编》、2009年《民国边政史料汇编》的全文辑录，但均为全文照录，没有说明，也没有指出错漏。对于《民国藏事史料汇编》《民国边政史料汇编》等大部头工具书类文献汇编，能够出版已经是造福学界，嘉惠士林，遑论补注。基于此，值得在比对当时文献进行史料源泉追溯之后，对《川康边政资料辑要》进行一番"补注"式研究，并且得出一些规律性认识。2013年12月，本课题组得国家社科基金委托项目《巴蜀全书》的专门立项，开始进行"补注"的工作，以期待呈给学界一部精确校正、具备必要注释的《川康边政资料辑要》。

因此，此次整理本的工作，由"校点""补注"两部分组成。

第一，"校点"。

"校点"即古之"校勘"。根据《川康边政资料辑要》原稿，采证其他资料，如1935年出版的松理懋茂汶屯殖督办总务处长谢培筠所著《川西边事辑览》、1936年出版的松理懋茂汶屯殖督办邓锡侯所编《四川松理懋茂汶屯区屯政纪要》① 等史料，认真进行核对、查证、校勘、审订原著文意。在保存1940年版原稿原样的基础上，增加脚注，勘正讹夺，逐一校正。校勘辑补工作，每有疑难问题或当推翻旧说之处，虽可定案仍须加以阐明，皆未便夹叙入正文，别以助

---

① 谢培筠编《川西边事辑览》，新民印书局，1935；邓锡侯编《四川松理懋茂汶屯区屯政纪要》，商务印书馆，1936。两书在出版时间上具有相连续，资料来源则有关联性，因谢培筠为二十八军军长、松理懋茂汶屯殖督办公署督办邓锡侯的部属，并以总务处长名义代行督办近十年。《川西边事辑览》凡八编，含理番迤西林业记、松理茂懋产金区域调查记、松理茂懋汶药材调查记、理汶茂懋四县抚绥崇三屯电土之现状、松潘草地分类记、部落之状况、经营草地概论、视察松潘草地日记、屯区交通纪等，重在实地考察、资料收集基础上提出的经营策略与方法。《四川松理懋茂汶屯区屯政纪要》凡12章，含屯政机关、屯区概况、交通、军事、夷务、垦务、民政、财政、教育、农林牧畜、矿药、工商12目，侧重当时状况的汇总。

语剖析之。此系典籍整理的传统方法，兹不赘言。

第二，"补注"。

"补注"则兼具古籍整理、研究之双重性质，系参照传统史学的做法，结合陈垣先生"史源学"的考证路径，根据当时的报刊等史料，积极进行文献最初出处的辨析、考证，判断真伪等工作，并进行初步研究，产生某些研究成果，总结出某些规律性认识。

因此，本次整理，于考订《川康边政资料辑要》原书文义所当及者，积极搜订征验，博考精辨，甄采群言，斟酌厘正，以省览者考核之劳。大凡僻字晦义、成语典实，以及相关之人名地名、历史名词，皆征引群书，诠释疏通，给予注释，每一注释，凡几十字到几百字，长短不一，其篇幅根据内容而定。力争做到每一注释，达到理其分歧、勒为定说之程度，但必使注释皆明确可征，以待览者审核。

本书从 2013 年 12 月立项到最终定稿，其间审核辑得史料、慎重补缀，历时数年，但是整理者仍然认为尚存不足之处，有待精进，敬俟览者指正。

20世纪以来廖平学术文献整理与研究之回顾与展望[*]

郑　伟

（四川大学古籍整理研究所）

廖平为中国近代经学大师，是中国学术近代转型时期的关键人物，他著作宏富，遍及四部，被冯友兰称为经学时代的终结。自1932年廖平逝世后，学界展开了对他的研究，一大批学术文献与生平史料资料得以整理，对他的经学六变、学术思想、经学史地位及学术交游与传承等陆续进行了讨论，取得了较为丰硕的研究成果。从研究内容来看，学界研究重点在廖平经学六变的前四变、经学思想、价值、地位及与康有为的纠葛；从研究方法来看，以静态、共时研究为主，注重史、论结合。这些研究在文献整理的深度，研究的全面性、系统性、时代性、新方法、新观点等方面还存在一定程度的不足。因此，体系化、系统化的整体性研究必将成为未来研究的主要方向，"文献、体系、价值"则是整体性研究的三大视角，而注重文献整理与学术研究相结合；注重构建跨学科知识背景，储备多学科研究方法则是未来研究中应当重视的两大原则。

一　关于廖平学术文献与生平史料整理

在学术文献整理方面，以2010年为界，分为前后两个时期。前后以廖平文献选粹为主，代表作有李耀仙主编《廖平学术论著选集》（巴蜀书社，1989）、《廖平选集》（巴蜀书社，1998），刘梦溪主编《中国现代学术经典·廖平蒙文通

---

* 基金项目：本文系教育部人文社会科学研究青年基金项目："通经与致用：廖平对《春秋》学的会通与近代国家治理体系重构"（批准号：14YJCZH225）阶段性成果。

卷》（河北教育出版社，1996），王凤兰主编《廖平医书合集》（天津科学技术出版社，2010）等，收录廖平经学与医学文献共计37种，其中经学文献15种，主要涉及礼学类、春秋类和论学类；医学文献22种。这些著作的整理出版，对廖平经学思想的研究提供了第一手的资料，为相关研究的开展提供了极大的便利。然而，这些选集的代表性和系统性是有所不足的，廖平文献总量多达725种，现存有150余种，这些选编的文献数量还比较有限，未能全面反映廖平学术全貌。后期以廖平文献全面梳理和系统考察为主，代表作有《廖平全集》①、《廖平著述考》②、郑伟《近代经学家廖平著述汇览》（《历史档案》2014年1期）、刘思文《论廖平的文献学思想与实践》（《长江流域区域文化的交融与发展——第二届巴蜀·湖湘文化论坛论文集》，四川大学出版社，2014）等，尤其是前两部著作，系统地梳理了廖平所撰专著和单篇文章，对其类型、著录、存佚、序跋、内容、版本等进行了初步考察。此外，廖氏文献整理的单行本还有《春秋穀梁经传古义疏》，该书有两种整理本，一为郜积意校点本（中华书局，2012），二为郑伟校点本（四川大学，2014）。

在生平史料方面，学界撰著了大量文献，主要有章太炎《清故龙安府学教授廖君墓志铭》（《廖季平年谱》，巴蜀书社，1985）、侯塐《廖季平评传》（《大公报》1932年8月1日《文学副刊》）、佚名《六译先生追悼录》（成都云雪印字馆铅字排印本，1933）、蒙文通《廖季平先生传》（《经史抉原》，上海世纪出版集团，2009）、廖宗泽《廖季平年谱》（巴蜀书社，1985）、《六译先生行述》（《廖季平年谱》，巴蜀书社，1985）、向楚《廖平》（《文学集刊》1946年第2期）、胥端甫《经学家廖季平的生平》（《大陆杂志》1961年第23卷第6期）、夏敬观《廖平传》（《四川文献》1964年第19期）、汤志钧《廖平》（《戊戌变法人物传稿》上编，中华书局，1982）、李朝正《廖平》（《清代四川进士征略》，四川大学出版社，1986）、王森然《廖平先生评传》（《近代二十家评传》，北京书目文献出版社，1987）、钟肇鹏《廖平评传》（《四川思想家》，巴蜀书社，1988）、李伏伽《经学大师廖平》（《四川近现代文化人物》，四川人民出版社，1989）、刁抱石《廖平传》（《国史馆馆刊》1990年第8卷）、李朝正《坎坷困顿矢志不移——经学大师廖平治学历难述略（《文史杂志》1993年第6期）、蒙默《廖季平先生小传》（《中国现代学术经典·廖平蒙文通卷》，河北教育出版社，1996）、黄开国《一代经学大师廖平》（《文史杂志》1991年第3期）、《廖平评传》（百花洲文艺出版社，1993）、唐振常《师承与变法——谈廖平》（《识

---

① 舒大刚、杨世文主编《廖平全集》，上海古籍出版社，2015。

② 郑伟：《廖平著述考》，四川大学出版社，2014。

史集》，上海古籍出版社，1997)、舒大刚《经学畸人廖平》(《中国历代大儒》，吉林教育出版社，1997)、《经学大师廖平评传》(《宜宾学院学报》2010 年第 1 期)、雷定基《我见到的廖平先生》(《文史杂志》2009 年第 6 期)、骆凤文《六译先生年谱》(中央文献出版社，2007)、李长春《廖平的思想"坐标"》(《中国图书评论》2011 年第 5 期)、美国学者约瑟夫·列文森《廖平小传》(《儒教中国及其现代命运》，中国社会科学出版社，2000) 等，这些论著多为述论结合，从宏观的角度展现廖平的学思历程，其中不乏创见，为研究和评价廖平学术成就奠定了史料基础和学术积累。

二　学术研究方面

学界目前的研究主要集中在经学六变、学术思想、廖平与中国经学史、经学人物比较等四个方面。

(一) 关于经学六变的研究

关于廖平学术思想嬗变的研究，可分为总论和分论两类，共计论文 9 篇，涉及相关学术史著作 5 部。

在总论方面，主要探讨廖平经学六变的总体特点、嬗变逻辑、分期和变因，以向楚《廖季平学术思想之演变》(《社会科学研究》1983 年第 5 期)、黄开国《廖平经学六变时间略考》(《成都大学学报》1987 年第 1 期)、《驳廖平经学思想变化的贿逼说》(《四川师范大学学报》1987 年第 5 期)、《廖平经学六变的发展逻辑》(《四川大学学报》1992 年第 2 期)、林淑贞《廖平经学六变所建构的历史图像》(《中国学术季刊》第 18 期)、《廖平先生学术六变划分诸说比较》(《六译先生年谱》，中央文献出版社，2007)、吴龙灿《首尾一贯的孔经哲学体系建构——廖平经学早中晚三期分期新说》(《长江流域区域文化的交融与发展——第二届巴蜀·湖湘文化论坛论文集》，四川大学出版社，2014)、黄诗玉《近代国学大师廖平"学术六变"之成因》(《学术交流》2012 年第 8 期)、刘平中《廖平经学多变的社会文化成因》(《文史博览》2012 年第 8 期) 等为代表，而冯友兰《中国哲学史》(中华书局，1947)、陈其泰的《清代公羊学》(新华出版社，1997)、吴雁南《清代经学史通论》(云南大学出版社，2001)、李开《晚清学术简史》(南京大学出版社，2003)、姜广辉《中国经学思想史》(中国社会科学出版社，2010) 等学术史著作亦有专章专节论述。

在分论方面，主要集中在廖平经学的前四变，对第五变和第六变涉及很少，总计论文 18 篇，博士论文 1 篇。对经学六变前的博览考据和专求大义两个时期略有讨论。对博览考据时期的研究，针对廖平小学成就展开，以方远尧《谈井研廖平六书旧义》（《四川文献》1962 年第 1 期）、黄开国《廖平的小学研究和成就》（《西南师范大学学报》1991 年第 2 期）等为代表。专求大义时期，以吴仰湘《论廖平 1880 年并未转向今文经学——"庚辰以后，厌弃破碎，专事求大义"辨析》（《湖南大学学报》2009 年第 3 期）为代表。关于第一变的研究，围绕《今古学考》展开，对第一变的思想准备、体系重点、平分今古与《五经异义》的关系进行分析，以黄开国《廖平经学第一变的思想准备》（《重庆师院学报）》1985 年第 3 期）、《廖平的平分今古之论——清代学术的三大发明之一》（《南京大学学报》1992 年第 4 期）、《廖平平分今古的二个重点》（《甘肃社会科学》1993 年第 4 期）、路新生《廖平〈今古学考〉经学思想体系中的几个问题》（《孔孟学报》1998 年第 76 期），李学勤《〈今古学考〉与〈五经异义〉》（《失落的文明》，上海文艺出版社，1997）等为代表。关于第二变的研究，以《知圣篇》为中心展开，对《知圣篇》的思想内容和解释策略展开讨论，以黄开国《廖平〈知圣篇〉考辨》（《四川师范大学学报》1990 年第 6 期）、李长春《经典与历史：以〈知圣篇〉为中心对廖平经学的考察》（中山大学 2009 年博士学位论文）、《廖平〈知圣篇〉中的〈论语〉诠释》（《社会科学研究》2011 年第 3 期）、陈德述《廖平论孔子托古改制思想评述》（《西南师范大学学报》1986 年第 3 期）等为代表。关于第三变的研究，围绕经学变因、大统学说和《地球新义》展开，以舒大刚《廖季平经学第三变变因刍议》（《社会科学研究》1998 年第 4 期）、崔海亮《中西冲突背景下传统经学的困境——以廖平的〈地球新义〉为中心》（《西华大学学报》2011 年第 4 期）、刘继元《廖平〈地球新义〉成书研究》（《蜀学》第 9 辑，巴蜀书社，2015）、魏怡昱《孔子、经典与诸子——廖平大统学说的世界图像之建构》（《经学研究集刊·3》，2007）等为代表。关于第四变的研究，围绕"天人学"展开，对其所蕴含的哲学思想、特征和意义展开讨论，代表作有刘雨涛《廖季平"天人学"探原》（《社会科学研究》1984 年第 2 期）、邓万耕《廖季平经学第四变及其哲学思想》（《社会科学研究》1986 年第 1 期）、黄开国《廖平经学第四变及其评价》（《乐山师专学报》1992 年第 2 期）等为代表。

（二）廖平学术思想研究

关于廖平学术思想的研究，主要以经学思想研究为主，分为总论和专经两类。

在总论方面，共计论文 8 篇，序跋 1 篇，评传 6 种，专著 3 部，以丁钢《廖平治学观点的若干考察》（《社会科学研究》1984 年第 6 期）、钟肇鹏《廖季平哲学思想与经学的终结》（《社会科学研究》1983 年第 5 期）、黄开国《廖平经学述评》（《社会科学辑刊》1989 年第 4 期）、龙晦《廖平经学初探》（《西华大学学报）》2004 年第 6 期）、崔海亮《廖平经学思想初探》（《武汉大学学报》2010 年 1 期）、杨世文《尊孔·弘道·经世：廖平的经学建构》（《蜀学》第 7 辑，巴蜀书社，2012），张秀熟《对廖平先生学术思想的浅见》（《四川近现代文化人物》，四川人民出版社，1989）、李耀仙《廖平与近代经学》（四川人民出版社，1987）、陈德述《廖平学术思想研究》（四川省社会科学院出版社，1987）和陈文豪《廖平经学思想研究》（文津出版社，1995）等为代表，而梁启超《清代学术概论》和《论中国学术思想变迁大势》、陈其泰《清代公羊学》等学术史著作亦有零星评论。这些论著对廖平治学宗旨、治经方法、思维观念、哲学内涵、思想价值、学术贡献和局限展开论述，以廖平经学"六变"为纲，对其各个时期的思想进行线性的宏观概括和总结。

在专经方面，共计论文 24 篇，博士学位论文 1 篇，硕士论文 2 篇，专著 2 部，涉及相关专经学史、思想史等著作 8 部，研究范围主要集中在《春秋》学，《诗》学略有涉及，而《易》学、《书》学、《礼》学的研究则相当薄弱。对廖平《书》学的研究，刘起钎《尚书学史》第八章《清代后期今文学派的〈尚书〉研究》略有涉及。对其《诗》学的研究，以张远东《廖平的〈诗经〉研究》（《南京师范大学文学院学报》2009 年第 2 期）为代表，而陈国安《论清代诗经学之发展》（《江苏大学学报》2008 年第 4 期）、戴维《诗经研究史》（湖南教育出版社，2001）等亦简略论述。对廖平《礼》学的研究，则以赵沛《廖平的〈王制〉研究》（《四川大学学报》2006 年第 6 期）为代表。对廖平《春秋》学的研究，包括《春秋》学总论、左传学、公羊学和穀梁学四类，在《春秋》学总论方面，学界关于廖平对《春秋》经的认识、治经特点以及时代特征展开了深入的讨论，以赵沛《廖平以礼制治〈春秋〉略说》（《山东大学学报》2005 年第 5 期）、《廖平对〈春秋〉经的认识》（《管子学刊》2006 年第 2 期）、《廖平的兼治三传与晚清经学的时代特征》（《求索》2006 年第 9 期）、《廖平的兼治三传与〈三传折中〉》（《南开学报》2007 年第 1 期）、《廖平春秋学研究》（巴蜀书社，2008）、胡楚生《廖平〈春秋三传折中〉析评》（《经学研究集刊 3》，2007）、许子滨《廖平说〈春秋〉"筑王姬之馆于外"之意论》（《经学研究集刊 3》，2007 年）为代表，其中丁亚杰《晚清四川经学家的〈春秋〉研究》（《儒藏论坛》第 2 辑，四川大学出版社，2007）对四川七大《春秋》学家的生平及 72 种著作进行了梳理，研究对象集中在廖平和王闿运二人，其中廖平《春秋》学文献共计 18 种。在左传学方面，以赵沛《廖平对〈左传〉认识》（《福建论坛》2006 年第 7 期）、《廖平〈左传〉研究对杜预的批评》（《史学月刊》2006 年第 7

期)、《廖平的〈左传〉研究》(《管子学刊》2007 年第 3 期)、丁亚杰《制度与秩序:论廖平〈春秋左氏古经说疏证〉》(《经学研究集刊3》,2007)为代表,就廖平《左传》学的特点、学术渊源和时代特色展开讨论,而赵伯雄《春秋学史》(山东教育出版社,2004)、沈玉成《春秋左传学史稿》(江苏古籍出版社,1992)等著作亦有所涉及,其中赵沛《廖平春秋学研究》(巴蜀书社,2008)对廖平左《左传》学的相关文献,做了统计和说明。在公羊学方面,以丁亚杰《皮锡瑞、康有为、廖平公羊学解经方法》(《元培学报》1999 年第 6 期)、赵沛《廖平〈公羊〉学的特点》(《东岳论丛》2009 年第 11 期)、黄开国《廖平〈公羊三十论〉的〈春秋公羊〉学》(《西华大学学报》2012 年第 5 期)、《清末民初公羊学研究:皮锡瑞、廖平、康有为》(万卷楼图书出版社,2002)等为代表,对廖平《公羊》学的特点、方法展开讨论,而梁启超《中国近三百年学术史》(人民出版社,2008)、赵伯雄《春秋学史》(山东教育出版社,2004)、赵沛《廖平春秋学研究》(巴蜀书社,2008)等亦有所点评。其中,姜广辉《晚清公羊学案》(《光明日报》2008 年 8 月 18 日第 12 版)提出了晚清《公羊》学四期说,把廖平作为第四期的代表人物。在《穀梁》学方面,以文廷海《多路并进、超越前代:清代春秋穀梁学研究》(《求索》2007 年第 9 期)、赵沛《廖平的〈穀梁〉研究》(《河南师范大学学报》2010 年第 3 期)、郑伟《廖平"穀梁学"体系研究初探》(《古代文明》2013 年第 4 期),赵媛媛《廖平〈穀梁春秋经传古义疏〉研究》(北京师范大学 2010 年硕士学位论文)、郑伟《廖平"穀梁学"成就研究》(四川大学 2013 年博士学位论文)为代表,对廖平《穀梁》学的内容、体例、特征、成就与不足等进行了探究,而吴连堂《清代穀梁学》(复文图书出版社,1998)、文廷海《清代春秋穀梁学研究》(巴蜀书社,2006)、赵沛《廖平春秋学研究》(巴蜀书社,2008)、赵伯雄《春秋学史》(山东教育出版社,2004)、姜广辉《中国经学思想史》(中国社会科学出版社,2010)等亦有专章专节讨论。虽然学界对廖平《春秋》学研究较为丰富,但建立在文献整理基础上的系统研究尚不多见,仅有丁亚杰《晚清四川经学家的〈春秋〉研究》(《儒藏论坛》第 2 辑,四川大学出版社,2007)和赵沛《廖平春秋学研究》(巴蜀书社,2008)分别就廖平《春秋》学文献数量和《左传》学的相关文献及源流作了简要说明。

(三)廖平于中国经学史之地位研究

关于廖平在中国经学史的地位之研究,涉及汉代今古文学、宋明儒学、清代汉学、近代经学与近代学术转型四个方面,其中以近代经学为主,共计论文 17 篇,涉及经学史著作 1 部。

廖平与宋明儒学的关系，有李长春《廖平经学视野中的宋明儒学》（《集美大学学报》2014 年第 4 期）一文；廖平与汉代今古文学的关系，以蒙文通《井研廖师与汉代今古文学》（《经史抉原》，2006）、邸积意《汉代今、古学的礼制之分——以廖平〈今古学考〉为讨论中心》（《中央研究院历史语言研究所集刊》77 册）为代表；廖平与清代汉学之关系，以《廖季平先生与清代汉学》（《经史抉原》，2006）、陈其泰《廖平与晚清今文经学》（《清史研究》1996 年第 1 期）、马增强《廖平与晚清今文经学》（《华夏文化》2000 年第 2 期）为代表；廖平与近代经学，学界集中论述其与近代今文经学的关系、影响及其在近代经学的地位、价值，以李长春《孔子"述而不作"吗？——廖平对今文经学"制作"说的改造与发展》（《兰州大学学报》2011 年第 1 期）、《"素王"与"受命"——廖平对今文经学"受命"说的改造与发展》（《求是学刊》2011 年第 2 期）、王汎森《从经学向史学的过渡——廖平与蒙文通的例子》（《历史研究》2005 年第 2 期）、黄开国《廖平与经学的终结》（《哲学研究》1987 年第 10 期）、《从廖平的经学看经学在近代的转型》（《西华大学学报》2010 年第 2 期）、赵沛《也论廖平与传统经学在近代的终结》（《河南师范大学学报》2008 年第 6 期）等为代表，而朱维铮《中国经学史十讲》之《晚清的经今文学》（复旦大学出版社，2002）亦有所评论。廖平与近代学术转型的关系，以吴龙灿《廖平新经学转型及其意义——以中国哲学主体性建构为中心》（《宜宾学院学报》2013 年第 8 期）、崔海亮《廖平与早期"中国哲学"——以《孔经哲学发微》为中心》（《宜宾学院学报》2013 年第 7 期）、向珂《廖平与"通经致用"》（《现代哲学》2013 年第 4 期）、黄开国《廖平的古今中西观》（《四川大学学报》1990 年第 1 期）、杨世文《廖平与西学》（《地方文化研究辑刊》第 6 辑，巴蜀书社，2013）等为代表。

（四）廖平与学人比较研究

在经学人物比较研究方面，主要涉及廖平与张之洞、刘师培、康有为、马一浮、蒙文通、郭沫若和李源澄的对比讨论，其中以廖平与康有为的关系研究为多，共计论文 25 篇，硕士学位论文 1 篇，相关学术史著作 2 部。这些论著就廖平的经学传承、治学路向、思想关系、学术纠葛等问题展开深入的分析与讨论。

廖平与张之洞，以黄开国《廖平与张之洞》（《文史杂志》1988 年第 2 期）、胡竹东《志在立言的廖平与扬抑损益的张之洞》（《宜宾学院学报》2011 年第 7 期）、《穀梁学：古文经学向今文经学的研究转向——兼评张之洞经学思想对巴蜀学风之影响》（《求索》2013 年第 9 期）、吴龙灿《风云际会的晚清新经学转型——张之洞与廖平的师生交往及其学术史意义》(《武汉大学学报 2014 年第 6 期）等为代表；廖平与王闿运，以黄开国《王闿运与廖平经学》(《船山学报》1989 年第 2 期）、牛秋实《王闿运、廖平与吴虞：学术与学风的地缘性影响》(《宜宾学院学报》2013 年第 1 期）为代表；廖平与刘师培，以张凯《"今""古"之争：四川国学院时期的廖平与刘师培》(《四川大学学报》2009 年第 2 期）为代表；廖平与康有为，以李耀仙《廖季平的〈古学考〉和康有为的〈新学伪经考〉》(《社会科学研究》1983 年第 5 期）、徐光仁、黄明同《论廖平与康有为的治经》(《广东社会科学》1988 年第 3 期）、房德邻《康有为和廖平的一桩学术公案》(《近代史研究》1990 年第 4 期）、黄开国《廖康羊城之会与康经学思想的转变》(《社会科学研究》1986 年第 4 期）、《评康有为与廖平的思想纠葛》(《社会科学辑刊》1990 年第 5 期）、《〈孔子改制考〉与〈知圣篇〉之比较》(《孔子研究》1992 年第 3 期）、刘巍《〈教学通义〉与康有为的早期经学路向及其转向——兼及康氏与廖平的学术纠葛》(《历史研究》2005 年第 4 期）、曲洪波《略论章太炎对近代今文经学者的学术评论——以对康有为、廖平、皮锡瑞的评论为例》(《孔子研究》2009 年第 5 期）、刘芝庆《论康有为与廖平二人学术思想的关系——从〈广艺舟双楫〉谈起》(《中国历史学会史学集刊》2009 第 41 期）、崔泰勋《论康有为思想发展与廖平的关系：以康、廖两人相关的著作为例》等为代表，而钱穆《中国近三百年学术史》第十四章（商务印书馆，1997）、陈其泰的《清代公羊学》之《廖平与晚清今文学》（新华出版社，1997）、朱维铮《中国经学史十讲》（复旦大学出版社，2002）对廖平和康有为的学术公案皆有评论和梳理。廖平与马一浮，有何睿《廖平、马一浮思想体系中"六经""六艺"定位之异同论》(《宜宾学院学报》2014 年第 7 期）一文；廖平与蒙文通，以鹿蔡方鹿《廖平经学对蒙文通的影响及两人经常思想之差异》(《儒藏论坛》第 2 辑，四川大学出版社，2007）、《廖平与蒙文通——以经学为中心》(《经学研究集刊·3》，2007）、崔海亮《蒙文通对廖平"今古学"的继承和发展——以〈孔子和今文学〉为中心》(《宜宾学院学报》2010 年第 7 期）、刘耀《经术与诸子：廖平、蒙文通的经史传承与民国学术》(《四川师范大学学报》2012 年第 5 期）等为代表；廖平与郭沫若，则有税海模《郭沫若、廖平与今文经学》(《郭沫若学刊》1990 年第 2 期）、曾加荣《"时风"与"士风"影响下的廖平与郭沫若》(《郭沫若学刊》2009 年第 4 期）等；廖平与李源澄，有崔海亮《李源澄对廖平"今古学"的继承与发展——以〈经学通论〉为中心》(《宜宾学院学报》2011 年第 7 期）。

三　结语

纵观 20 世纪以来对廖平的研究，学界取得了较为丰硕的成果。从研究内容来看，学界研究集中在廖平经学六变、经学思想、价值、地位以及与康有为的纠葛，其中以廖平经学前四变为主，通过其经学嬗变和价值的分析，挖掘其在经学史、哲学史、思想史上的意义。从研究方法来看，以静态、共时研究为主，注重史、论结合。上述这些研究已揭示了一些事实，提出了一些看法，为进一步深入研究奠定了文献与学术基础。

这些研究的不足主要可归纳为以下几点。

第一，文献整理缺乏深度。学界对廖平文献的收集、整理可谓全面而细致，就现有成果而言，无论是《选集》，还是《全集》，均以"校点"为主，但"校点"仅仅是文献整理的初阶，要深入揭示廖平学术思想体系、内涵、价值、地位等，光靠"校点"还远远不够。虽然《廖平全集》或各类选集，在各著述前附有 300～500 字的"校点说明"以揭示主旨等，但受篇幅和研究基础所限，未能深入；而《续修四库全书总目提要》虽对廖氏著述撰有提要 59 种，但这仅占了其文献总量（725 种）的 8%，且这些提要就书论书，散于"四部"，不成系统，未能"知人论世"，甚至还有不少版本校勘方面的谬误。

第二，缺乏全面性。学界对廖平的学术研究侧重于经学史研究和史实考证，对专经文献（特别是《春秋》学研究以外为文献）、"子部"文献（126 种）、"集部"文献（63 种）缺乏关注和全面研究，如廖平的医学思想及其成就，更是乏人问津，仅有危玲《廖平先生与〈人寸诊补证〉》（《中医文献杂志》2015 年第 4 期）一篇论文。此外，对廖平治学历程中，"博览考据"、"专求大义"以及经学第五变、第六变等时期的学术研究，还相当薄弱，有的甚至成为盲区。这一现状难以揭示廖平由经及史、子，由中学及西学，以期融通中西的治学之路径及其重要意义。

第三，缺乏系统性。不少现有研究成果或流于泛泛而论，或偏重一端，缺乏建立在文献深入解读基础上，对廖平学术体系的系统性考察，无论是文献整理，还是思想研究，大多停留在孤立、静止研究的状态。由于缺乏整合性研究，因此，难以回答以下一系列问题：廖平学术渊源从何而来，经历了怎样的转化？其学术范式与学术思想的演变逻辑是什么？其专经学术与"经学六变"有怎样的关系？他的思想对清代学术、近代蜀学、近代社会产生了怎样的影响？

第四，缺乏时代性。学界对廖平的角色定位为"学者"，对他的研究只局限在经学史、哲学史、思想史、学术史等单一层面，缺乏以中华传统文化和近代民族危亡为背景的综合性解析，特别是在当今中华民族伟大复兴的大背景下，忽略了他"弘道""经世"的儒者情怀，缺乏对他积极入世的价值取向、经邦治国的用世理想、追求正义的批判意识、悲天悯人的救世情怀、以天下为己任的担当精神的分析与当代价值的解读。

第五，缺乏新方法。学界多采用"考据加分析"的研究方法，比较单一，缺少动态、历时、共时、历史主义、结构主义等多角度的分析。如《廖平著述考》，虽对廖氏学术文献进行了静态梳理与分类，但该书仅仅是资料汇编性质，且疏于廖平学术交游及其门弟子资料的搜罗，疏于考证，特别是缺乏对廖氏著述思想内容的解释与其价值的客观评价。

第六，缺乏新观点。廖平是近代充满争议的人物，总体而言，以贬斥者居多，主要有"附会虚妄论""四不像说""经学时代终结说"三类，而从正面肯定者较少，虽然蒙文通等学者有过积极的评价，但也仅限于廖平早期与中期学术，评价范围也仅是在经学中做是非论断，缺乏对其学术价值做更加系统和更加全面的评估。

王汎森曾说："（廖平经学）超越个别名物度数或一部一部经典，对各经之间相互关系作跨文本的综览与比较。"① 而零碎化、割裂式的研究弊端已经显现，这种研究无法完整、全面地理解廖平学术嬗变的内在理路与学术价值，并给予建立在此基础上的公允评价。廖平学术自成体系，其每一次学术演变既有主从之分，又相辅相成，贯穿整个经学六变之中，不能因为人为的分期而割裂之间的有机联系，他治学的方法和路径具有类推性和承接关系。因此，体系化、系统化的整体性研究必将成为未来研究的主要方向。而"文献、体系、价值"则成为整体性研究的三大视角。从文献来说，需要旁搜博采，完善丰富廖平研究史料。虽然，已出版了《廖平全集》《廖平著述考》《廖季平年谱》《六译先生年谱》等多种类型的文献资料，但这些文献并未囊括廖平学术的所有内涵与外延，其中，廖平著述尚有遗著遗文有待发掘，廖平学术交游文献、门弟子学术传承谱系等史料还需要系统分类与整理。从体系来说，研究方法需要系统化，研究目标着眼于体系化。即在文献分类研究（如专经文献、史学文献、子学文献等）的基础上，通过文献的共时描写和思想嬗变的历时研究，以此二维视域，来准确定位廖平的治学方法、内在体系与嬗变态势。从价值来说，应突出其时代意义与当代价值。必须在充分研究其思想体系、治学路向（由经及史、子，由中学及西学）与学术宗旨（会通中西、经世致用）的基础上，善意而同情地理解廖平言行与思想，

---

① 王汎森：《从经学向史学的过渡——廖平与蒙文通的例子》，《历史研究》2005 年第 2 期。

不持己见而又深入其中，破除现有研究结论之种种谬解，诸如廖平为经学时代的终结；廖平学术基点为公羊学；在廖平研究经学的目的，求是为末，致用为本等，力避某些研究"书读未终卷，便尔操觚"之弊，从而客观、科学地评价廖平学术思想在各专科学史上的价值，揭示其对经学史、清代学人、近代蜀学、近代学术转型以及地域文化之影响（如蜀学与湖湘学等），总结其"经世思想""文化整合"理念的价值与不足。既注重其学术思想的特殊性，又注重其所反映的近代思想学术之普遍性，为我们正确处理古今、新旧、中西关系，提供借鉴。同时，在研究中还应把握两大原则。第一，注重文献整理与学术研究相结合。注重文献学研究与经学史、学术史研究相结合，将资料性汇编、孤立式研究向系统性、整体性的专科式研究推进。第二，注重构建跨学科知识背景，储备多学科研究方法。廖平文献遍及四部，涉及经学、文学、史学、诸子学、医学、地理学等，要全面、系统解读廖平各类型著述及其价值，需要掌握各有关学科的研究范式，并做相对应的学科知识储备。注重对研究方法的整合与吸收，实现"集成式"创新。

◎ 巴蜀城寨

六十年来的巴蜀宋元城寨研究

蔡东洲　刘　菊

（西华师范大学历史文化学院）

巴蜀宋元城寨是 13 世纪宋蒙（元）战争期间双方在巴蜀地区修筑的军事堡垒。南宋创建城寨旨在聚众保民、屯兵聚粮，以持久抵御蒙（元）的军事攻掠，因而城寨一般选址在依山靠水的军事要塞之处，并将路、府、州、县等军政治所迁移其上。蒙（元）除占领和利用宋建城寨外还自己新建了不少城寨，意在防止宋军的反扑和割裂宋军的防御体系，同样也将军政治所迁移其内。因而，巴蜀地区至今留存着大量宋元城寨。这些城寨既是那个特殊时期历史的实物载体，又是当今保护利用的文化资源。随着巴蜀宋蒙（元）古城堡"申遗"工作的启动，这些城寨越来越受到巴蜀各界的关注。

在这样的背景下，回顾 20 世纪 50 年代以来的宋元巴蜀城寨研究，对于拓展和深化现存巴蜀宋元城寨的调查研究和保护利用颇具学术价值和实践意义。我们拟对 60 年来的宋元巴蜀城寨研究进行梳理和评述，其间浅漏之处尚请专家指正。

一　整体性研究

（一）从钓鱼城到巴蜀城寨

宋元巴蜀城寨的研究始于 20 世纪 50 年代，无论是大陆还是台湾地区都是从研究钓鱼城发端的。

在大陆，吕小园、艾小惠发表《钓鱼城卫国战争的民族英雄——余玠、王坚、张珏》，介绍钓鱼城地理位置及其守将余玠、王坚、张珏的英雄事迹。① 明星颖的《宋末钓鱼城的防御战》，分析钓鱼城的防御设施。② 张靖海的《钓鱼城抗元事迹简述》，梳理钓鱼城抗蒙（元）的过程。③ 1962 年，西南师范学院历史系组织实地考察钓鱼城，出版《钓鱼城史实考察》一书，叙述了钓鱼城的形势、地位、修建、防御及其陷落经过，并统计余玠所修城池 18 座。④

在台湾地区，姚从吾连续发表了四篇与钓鱼城相关的文章，即《宋余玠设防山城对蒙古入侵的打击》《宋蒙钓鱼城战役中熊耳夫人家世及王立与合州获得保全考》《元宪宗的大举征蜀与他在合州钓鱼城的战死》《余玠评传》，对宋蒙（元）争夺钓鱼城的经过、钓鱼城的历史地位、余玠主持四川防御、王立降元等进行了考述。⑤ 1977 年，陶晋生发表《南宋利用山水寨的防守战略》，以南宋朝臣利用山水寨从事边防的计划与实例，说明余玠修筑山城防御体系是受其影响的结果。⑥

"文化大革命"结束后，学术界在继续研究钓鱼城的基础上，开始把研究从钓鱼城转向整个南宋后期建立的城寨。唐唯目先生继续整理钓鱼城相关资料，编为《合川钓鱼城文史资料汇编》三本，包括史料汇编、宋明清诗文、论文资料，弥补了"文化大革命"中的资料空缺。⑦ 1983 年，唐唯目发表《钓鱼城志》，梳理钓鱼城抗蒙历史，考察城内遗存的祠庙、城垣、碑刻、古战场等遗址，记载与钓鱼城相关的人物和诗文。⑧ 秦立《钓鱼城诗选》专门收录历代描述钓鱼城的诗歌，并为其作注。⑨ 王利泽《钓鱼城楹联析赏》从文学角度专题分析钓鱼城现存楹联。⑩

将研究视野从钓鱼城转向巴蜀其他抗蒙（元）城寨，有两位学者和五次会

---

① 吕小园、艾小惠：《钓鱼城卫国战争的民族英雄——余玠、王坚、张珏》，《史学月刊》1955 年第 12 期。
② 明星颖：《宋末钓鱼城的防御战》，《八一》杂志 1957 年第 111 期。
③ 张靖海：《钓鱼城抗元事迹简述》，《历史教学》1955 年第 6 期。
④ 西南师范学院历史系编《钓鱼城史实考察》，四川人民出版社，1962。此书于 1980 年修订再版。
⑤ 《宋余玠设防山城对蒙古入侵的打击》，载《宋史研究集》第一辑，1958 年台湾出版；《宋蒙钓鱼城战役中熊耳夫人家世及王立与合州获得保全考》，载《宋史研究集》第二辑，1964 年台湾出版；《元宪宗的大举征蜀与他在合州钓鱼城的战死》，载《文史哲学报》第十四期，1965 年台湾出版；《余玠评传》，载《宋史研究集》第四辑，1969 年台湾出版。
⑥ 陶晋生：《南宋利用山水寨的防守战略》，《食货月刊》复刊，第 7 卷第 1、2 期。
⑦ 唐唯目：《合川钓鱼城文史资料汇编》，合川县图书馆，1979。
⑧ 唐唯目：《钓鱼城志》，重庆出版社，1983。
⑨ 秦立：《钓鱼城诗选》，四川人民出版社，1988。
⑩ 王利泽：《钓鱼城楹联析赏》，四川人民出版社，1989。

议最值得叙说。两位学者是胡昭曦先生和陈世松先生。他们在宋元战争和宋元巴蜀城寨研究方面都有不少论著。20 世纪 70 年代末 80 年代初，胡昭曦先生对巴蜀宋元城寨进行了实地调查，同时对巴蜀宋元战争的史料开展收集和整理，发表《反映南宋末年四川军民抗元斗争的几件历史文物》① 和《略论南宋末年四川军民抗击蒙古贵族的斗争》。② 前者对现存于钓鱼城、多功城、云顶山、天生城、瞿塘关等城寨的碑刻进行研究，后者统计巴蜀地区现存宋元山城 44 座，列举未知位置山城若干座，并分析现存山城的修筑优势。1986 年，胡昭曦先生将所有的调查成果整理出版《四川古史考察札记》，③ 增加天生城、三江碛、榕山城、盘石寨、云顶城、登高城、礼义城的调查研究成果。又与唐唯目先生一起出版《宋末四川战争史料选编》，④ 收录了正史、野史、方志、文集以及碑刻中关于宋蒙（元）战争的史料，附加以往学者调查钓鱼城、宜胜山城、青居城、神臂城、安乐山城、多功城、大良城、大获城、凌霄城、得汉城、虎头城、紫云城共 12 座山城的相关资料。在实地调查和文献收集的基础上，组织和指导青年学者对宋元战争及其城寨进行专题研究，出版了《宋蒙（元）关系研究》。最后在 20 世纪 90 年代初出版了十多年的调查研究成果《宋蒙（元）关系史》。⑤ 这部专著深入探究了宋蒙（元）几十年间的友好合作、互通往来、缓和对峙、战争冲突等关系，站在全局角度系统分析了宋末元初的历史。1996 年，又与蔡东洲一同出版《宋理宗·宋度宗》，分析两位皇帝在位 50 年间的内政外交。除了军事外还关注政治、经济、宗教、儒学等内容，从南宋上层统治者的角度来看南宋末期局势。⑥

与胡昭曦先生同时研究宋元战争及其城寨的陈世松先生，其《余玠传》⑦ 概述了余玠在四川修筑城寨 20 座，并以此为基础分析建城地势、防守思想、耕战结合的优势。陈世松先生还重点研究宋元时期的泸州，对"老泸州"神臂城着力尤多。其《老泸州城"刘整降元"石像考》考证神臂城的"孙孙打婆"石像

① 胡昭曦：《反映南宋末年四川军民抗元斗争的几件历史文物》，《四川大学学报》1981 年第 4 期。
② 胡昭曦：《略论南宋末年四川军民抗击蒙古贵族的斗争》，《宋史研究论文集》，上海古籍出版社，1982。
③ 胡昭曦：《四川古史考察札记》，重庆出版社，1986。
④ 胡昭曦、唐唯目撰《宋末四川战争史料选编》，四川人民出版社，1984。
⑤ 胡昭曦、邹重华：《宋蒙（元）关系研究》，四川人民出版社，1989。《宋蒙（元）关系史》，四川人民出版社，1992。
⑥ 胡昭曦、蔡东洲：《宋理宗·宋度宗》，吉林文史出版社，1996。
⑦ 陈世松：《余玠传》，重庆出版社，1982。

应为"刘整降元"。① 其《宋元之际的泸州》一书，以神臂城为中心，梳理神臂城修建始末、战事经过、刘整投降及影响等。② 还发表有《南宋四川历任制置使》《蜀皖流芳话丁黼》等论文。③ 以此为基础，全面研究巴蜀地区的宋蒙战争，出版了《蒙古定蜀史稿》，④ 其中第三章专题论述余玠治蜀及修筑的 20 座防御蒙古的城寨。后来胡昭曦先生与匡裕彻等合作完成了《宋元战争史》，⑤ 将视野扩展到整个南宋三大战区的战事。陈世松先生的其他论文，如《王坚"收复兴元"说质疑》《南宋余玠恢复四川经济的措施及其作用》也涉及一些宋元巴蜀城寨问题。⑥

五次会议即合川县（今重庆合川区）分别于 1981 年、1989 年、2015 年召开"钓鱼城历史学术讨论会""中国钓鱼城暨南宋后期历史国际学术讨论会""钓鱼城国际学术会议"，1988 年在金堂县举行"中国元研究会第四届年会暨宋元之际的四川学术讨论会"，2015 年在泸州市召开"宋元四川战争中的神臂城高峰学术交流会"。五次学术会议的与会代表不仅考察了合川钓鱼城、金堂云顶城和合江神臂城，还出现不少研究巴蜀宋元城寨的论文。从前三次会议的论文集《钓鱼城历史学术讨论会论文资料集》《石头城与宋元之际的四川学术研讨会述要》《钓鱼城与南宋后期历史——中国钓鱼城暨南宋后期历史国际学术讨论会文集》以及 2015 年新召开的神臂城、钓鱼城学术交流会来看，⑦ 涉及钓鱼城、云顶城、神臂城的实地调查，特别是钓鱼城近十年来的考古发掘；史实考辨以及余玠、王坚、张珏等事迹研究；山城防御体系的构建及意义；宋蒙（元）双方政治军事策略；置司重庆的重要性；路线选择及南宋军政经济等多方面的内容。

值得特别提及的，是台湾学者李天鸣的《宋元战史》。⑧ 此作共四册，是研究宋蒙（元）战争最详细的著作，其中对史料记载的城寨发生过的战事进行梳理，涵盖巴蜀地区大部分有文献记载的城寨。还分析各个阶段四川地区所筑城寨

① 陈世松：《老泸州城"刘整降元"石像考》，《四川文物》1984 年第 4 期。
② 陈世松：《宋元之际的泸州》，重庆出版社，1985。
③ 陈世松：《南宋四川历任制置使》，《西南师范大学学报》1982 年第 3 期。陈世松：《蜀皖流芳话丁黼》，《安徽史学》1985 年第 4 期。
④ 陈世松：《蒙古定蜀史稿》，四川省社会科学院出版社，1985。
⑤ 陈世松、匡裕彻：《宋元战争史》，四川省社会科学院出版社，1988。
⑥ 陈世松：《王坚"收复兴元"说质疑》，《西南大学学报》1980 年第 4 期。陈世松：《南宋余玠恢复四川经济的措施及其作用》，《社会科学研究》1981 年第 6 期。
⑦ 西南师范学院历史系、合川县历史学会编印《钓鱼城历史学术讨论会论文资料集》，1982。王潜：《石头城与宋元之际的四川学术研讨会述要》，《天府新论》1989 年第 1 期。钓鱼城博物馆筹备处编《钓鱼城与南宋后期历史——中国钓鱼城暨南宋后期历史国际学术讨论会文集》，1991。
⑧ 李天鸣：《宋元战史》，台北食货出版社，1988。

的特点、修筑原因、兵力情况等。

正是随着城寨研究的兴起，其他学者开始着力城寨研究。陈志学、杨荣新《四川宋末抗元山城遗址概述》，粗略研究了包括钓鱼城、大良城、神臂城在内的9座山城的历史及现状；① 马幸辛的《宋元战争中川东北山城遗址考》考察川东北的小宁城、得汉城、平梁城、礼义城、荣城5座山城。② 薛玉树的《宋元战争中四川的宋军山城及其现状》统计了巴蜀山城72座，涵盖宋末元初巴蜀地区出现的大多数城寨。③

（二）从历史学到多学科

21世纪以前的巴蜀宋元城寨研究基本上是从历史学的角度开展的，随后政治学、军事学、考古学、地理学、建筑学、城市学等学科逐渐加入，使宋元城寨研究呈现出多学科交叉研究的态势。

从历史学角度研究城寨的文章，所占比例仍然较大，但增添了新的内容，如王茂华关注南宋降将这一特殊群体，发表有《试论宋蒙（元）战争中的南宋降将》《宋蒙（元）战争中的降将考》《南宋降将与宋蒙（元）战争进程》。④ 四川降将集于蒙哥汗征蜀期间及南宋朝临安陷落前后，且降将一般驻守城寨要塞，率领全城军民投降，可以说是宋元巴蜀城寨研究新的一端。又如裴一璞研究地方武装、少数民族势力在宋蒙（元）战争中的作用，发表有《南宋重庆地方武力及其抗蒙（元）战争》《南宋乌江流域少数民族地方武力——以夔州路抗蒙（元）战争为视角的探讨》，也涉及一些城寨的争夺问题。⑤

从军事防御的角度研究巴蜀城寨的文章较多，一般将城寨防御作为整个两宋城池防御中的一环来考察。台湾学者黄宽重的《山城与水寨的防御功能——以南宋、高丽抗御蒙古的经验为例》，结合两淮的水寨和四川的山城两种抗蒙防御形式，指出巴蜀的山城在孟珙和余玠的推动下兴建，是民间自卫武力与政府合作的结果。⑥

---

① 陈志学、杨荣新：《四川宋末抗元山城遗址概述》，《文史杂志》1990年第1期。

② 马幸辛：《宋元战争中川东北山城遗址考》，《四川文物》1998年第3期。

③ 薛玉树：《宋元战争中四川的宋军山城及其现状》，《四川文物》1993年第1期。

④ 王茂华：《试论宋蒙（元）战争中的南宋降将》，硕士学位论文，上海师范学院，2004；《宋蒙（元）战争中的降将考》，《宋史研究论丛》，河北大学出版社，2005。《南宋降将与宋蒙（元）战争进程》，《赤峰学院学报》2007年第1期。

⑤ 裴一璞：《南宋重庆地方武力及其抗蒙（元）战争》，《长江文明》2012年第2期；《南宋乌江流域少数民族地方武力——以夔州路抗蒙（元）战争为视角的探讨》，《贵州文史丛刊》2013年第4期。

⑥ 黄宽重：《山城与水寨的防御功能——以南宋、高丽抗御蒙古的经验为例》，《南宋地方武力：地方军与民间自卫武力的探讨》，东大图书股份有限公司，2002。

马继业的《宋代城池防御探究》，其中第四部分指出山城防御体系修建于巴蜀城防奔溃背景下，经李鸣复、高稼、孟珙、彭大雅等的推动，最终由余玠建成。① 黄登峰的《宋代城池建设研究》从城池建设需要的城墙、内部防御设施和修筑的资金、材料等方面研究筑城的过程和城池建置。② 谢璇的《初探南宋后期以重庆为中心的山地城池防御体系》从山城修建的因地制宜、依山傍水等地理条件分析山城防御体系形成的网状防御系统，展现了具有山地特色的南宋军事建筑的魅力。③ 粟品孝的《南宋军事史》从宏观的角度考察整个南宋的军事体制与政策、军事战略、军事力量以及军事思想，在第六章军事战略技术中从政治和军事角度分析城寨存在的必要性，认为四川的山城防御与两淮的水寨防御是古代因势制宜组织防御的典范。④ 裴一璞细化夔州路下辖诸州的宋元军事争夺，有《宋蒙涪州战事述论》《宋蒙开州战事述论》《宋蒙忠州战事述论》《宋蒙（元）战争中的夔州》《宋蒙（元）战争中的万州》和《南宋夔州路抗蒙（元）战争研究》等论文，论及不少城寨及其战事。⑤

从历史地理学和考古学角度研究宋元巴蜀城寨逐渐兴起。裴洞毫的《宋代夔州路砦堡地理考》，主要从历史地理角度梳理宋代夔州路的寨堡，包括当地居民生产生活的组织单位和抗蒙特殊条件下修筑的防御型寨堡两类。⑥ 重要的是将一些以往不知所在的城寨根据史料及地方资料考证出来。赵尔阳的《宋蒙（元）战争时期四川军事地理初步研究》，从历史地理学角度研究巴蜀地形对山城的影响，详细研究天生城、虎头城、赤牛城等27座以往研究中不详细的城寨，并分析其时空分布情况。⑦ 重庆市文物考古所和重庆市文化遗产研究中心一起出版的《重庆文物考古十年》专列山城防御体系一节介绍白帝城、钓鱼城、老鼓楼衙署的考古发掘情况。⑧ 孙华则从考古学角度对四川宋元山城做类型学分析，《宋元四川山城的类型——兼谈川渝山城寨堡调研应注意的问题》一文中按照建置级

---

① 马继业：《宋代城池防御探究》，硕士学位论文，山东师范大学，2005。
② 黄登峰：《宋代城池建设研究》，博士学位论文，河北大学，2007。
③ 谢璇：《初探南宋后期以重庆为中心的山地城池防御体系》，《重庆建筑大学学报》2007 年第 2 期。
④ 粟品孝：《南宋军事史》，上海古籍出版社，2008。
⑤ 裴一璞：《宋蒙涪州战事述论》，《长江师范学院学报》2009 年第 3 期；《宋蒙开州战事述论》，《乐山师范学院学报》2009 年第 9 期；《宋蒙忠州战事述论》，《长江文明》2009 年第 1 期；《宋蒙（元）战争中的夔州》，《重庆交通大学学报》2009 年第 4 期；《宋蒙（元）战争中的万州》，《长江文明》2010 年第 2 期。《南宋夔州路抗蒙（元）战争研究》，硕士学位论文，重庆师范大学，2010。
⑥ 裴洞毫：《宋代夔州路砦堡地理考》，硕士学位论文，西南大学，2009。
⑦ 赵尔阳：《宋蒙（元）战争时期四川军事地理初步研究》，硕士学位论文，西南大学，2014。
⑧ 重庆市文物考古所、重庆市文化遗产研究中心：《重庆文物考古十年》，重庆出版社，2010。

别和地形地貌分成不同的类型，分别加以研究，很好地概括了巴蜀城寨的特征，并呼吁今后在调查时要注意记录信息、判定年代、遗址构成等方面加强意识。①

从建筑学角度研究宋元巴蜀城寨的成果正在增多。邓琳等的《南宋四川山地城市防御设施研究》从建筑学角度分析城寨防御四个特征及其影响。② 刘志勇等的《中国古代城镇安全防卫体系营建空间绩效探微：以宋代东京城和巴蜀地区城镇防卫体系空间绩效分析为例》引入城市学中的空间绩效概念分析北宋开封和南宋巴蜀山城防御体系的防御空间绩效，特别提出山城防御体系将单个的城寨联系起来，形成抵御蒙古入侵的层层防御，扩展了城池防御的空间绩效。③ 此外，一些巴蜀寨堡式民居的研究论文，如《四川盆地的寨堡式民居》《巴蜀地域民居局限性探析》《万州寨堡聚落特征探析》，虽然不是研究宋元巴蜀古城寨的建筑特点，但对我们还原当时城寨居民聚居特点具有启示意义。④

从地理学角度研究宋元巴蜀城寨有李中锋的《宋代政区地理研究及其信息系统处理》，此文将山城防御体系纳入政区地理的范畴，并运用地理信息系统为城寨建立数据库绘制电子地图，清晰展现山城防御的地理位置，进而有利于分析其存在的合理性。⑤

从文化遗产学角度研究宋元巴蜀城寨则有赵尔阳的《浅议南宋万州抗蒙战争及其历史遗产》，重点在于万州抗争留下的物质文化遗产和精神文化遗产。⑥

二　个案研究

学界对巴蜀宋元城寨进行整体性探讨的同时，还对一些历史地位重要、至今保存较好的城寨进行个案研究，论述各个城寨在宋元战争的作用及其现存状况。

（一）钓鱼城

钓鱼城位于重庆市合川区钓鱼山上，为宋末合州治所。因其争夺激烈、影响

---

① 孙华：《宋元四川山城的类型——兼谈川渝山城寨堡调研应注意的问题》，《西华师范大学学报》2015 年第 2 期。

② 邓琳、郭剑锋：《南宋四川山地城市防御设施研究》，《规划师》2004 年第 3 期。

③ 刘志勇、张兴国、李震：《中国古代城镇安全防卫体系营建空间绩效探微：以宋代东京城和巴蜀地区城镇防卫体系空间绩效分析为例》，第五届中国建筑史学国际研讨会会议论文，收录《营造》第五辑《第五届中国建筑史学国际研讨会会议论文集（上）》，2010。

④ 李忠：《四川盆地的寨堡式民居》，硕士学位论文，重庆大学，2004；肖晓丽、褚冬竹：《巴蜀地域民居局限性探析》，《新建筑》2005 年第 4 期；李力：《万州寨堡聚落性特征探析》，《重庆三峡学院学报》2013 年第 6 期。

⑤ 李中锋：《宋代政区地理研究及其信息系统处理》，硕士学位论文，四川大学，2003。

⑥ 赵尔阳：《浅议南宋万州抗蒙战争及其历史遗产》，《重庆三峡学院学报》2013 年第 6 期。

深远和现存较好，60 年来一直是巴蜀宋元城寨研究的重点。除前文所述召开了三次以钓鱼城为主题的学术研讨会外，研究这座山城本身和与之相关的论著不断问世，是研究最为充分的城寨。20 世纪 90 年代以来，学界对钓鱼城关注仍然在加强，并出现多学科研究的趋势。特别是进入 21 世纪以后，钓鱼城研究多学科、多角度现象更加突出，涵盖了钓鱼城的政治军事地位、防御布局、旅游文化价值、考古调查等方面内容。

王川平的《钓鱼城有关碑刻的初步研究》分析其中的《王坚记功碑》《钓鱼城功德祠》，从客观的角度看待王立降蒙之事。[①] 刘基灿的《钓鱼城碑刻初探》，研究钓鱼城不同年代碑刻的独特内涵。[②] 王利军、王中格从文学角度分析余玠的诗词，文章《余玠诗词楹联探究》中阐明余玠作为豪放派一员想要抵抗蒙军，保卫宋朝的壮志以及这种愿望得不到实现的苦闷。[③] 孙丰琛、唐斌的《重庆钓鱼城宋代诗歌析论》，运用"以诗证史"的研究方法，将钓鱼城宋代诗歌作为研究对象，为讨论钓鱼城其城、其人、其事等若干历史问题提供了新视角。[④]

2001 年王爵英的《合州·钓鱼城》是介绍钓鱼城和合州历史故事、风俗人物的通俗性读物。刘基灿《古钓鱼城》介绍钓鱼城历史传说、自然景观、摩崖题刻、诗词楹联等内容。[⑤] 钓鱼城管理局原主任刘道平研究钓鱼城成就颇多。2006 年出版《钓鱼城的历史与文化》一书，涵盖钓鱼城的抗争经过、现存的古战场遗址、自然风景名胜、摩崖题刻和碑刻资料、历史研究与著作、诗文楹联、保护与开发。2010 年，出版《刘道平钓鱼城研究文选》分析钓鱼城的战略地位、军事意义、历史地位、军事防御、历史人物评价等，确定钓鱼城抗元在中国历史以及世界历史发展中的重要作用。[⑥] 2011 年出版九辑《钓鱼城陈列展示文丛》，涵盖了钓鱼城历史、古战场遗址、合照县衙、石刻与雕塑、忠义祠和历代碑刻、摩崖题刻、名胜风格、今人捐赠书画等内容，是最丰富的反映钓鱼城的资料。[⑦] 还有出现了一组专题研究播州冉琎、冉璞兄弟的论文，《土家族抗元英雄冉琎、冉璞》《贵州历史上的建城大师冉琎、冉璞》《播州二冉与钓

---

① 王川平：《钓鱼城有关碑刻的初步研究》，《四川文物》1990 年第 1 期。

② 刘基灿：《钓鱼城碑刻初探》，《西南师范大学学报》1997 年第 4 期。

③ 王利军、王中格：《余玠诗词楹联探究》，《西南师范大学学报》1994 年第 4 期。

④ 孙丰琛、唐斌：《重庆钓鱼城宋代诗歌析论》，《大庆师范学院学报》2015 年 3 月。

⑤ 王爵英：《合州·钓鱼城》，四川人民出版社，2001。刘基灿《古钓鱼城》，天地出版社，2001。

⑥ 刘道平：《钓鱼城的历史与文化》，中央文献出版社，2006。《刘道平钓鱼城研究文选》，重庆出版社，2010。

⑦ 钟秀金主编《钓鱼城陈列展示文丛》，西南师范大学出版社，2011。

鱼城》，强调二冉为贵州少数民族有识之士，从古至今受到人民爱戴，策划山城防御体系功不可没。①

黄光荣在《蜀播军事城堡御敌屏障创举》一文中，指出播州土司家族首先建立山城作为军事防御，而杨文的"保蜀三策"更是推动了巴蜀山城大规模的修建，并形成体系。② 郭伟《宋蒙（元）钓鱼城之战与襄樊之战比较研究》将蒙哥时期的钓鱼城之战与忽必烈时期的襄樊之战比较，认为两者虽然性质一样，但其结果是一胜一败，其原因为战争策略不同和用人方面的差异。③ 葛业文《钓鱼城防御战的历史经验及启示》总结钓鱼城抵抗蒙古成功的经验在于有一支上下合心的部队，在敌强我弱的情况下组织有效防御而且能够利用地形主动出击。④ 王珍燕《蒙宋钓鱼城之战 36 年攻守之谜》从政治、经济、军事、文化方面深入探究钓鱼城抵抗胜利的原因，是总结性较强的文章。⑤

谢璇《钓鱼城山地城池构筑特征》重点说明钓鱼城以防为主的布局和依托山势的城池结构，反映出南宋山城的典型特征和宋代较高的建筑水平。⑥ 荀平等《南宋钓鱼城城池防御初探》从军事防御角度分析钓鱼城的独特的地理位置、筑城布局内容、多层综合防御体系、军民联合的综合性防御特点。⑦ 张亮《钓鱼城军事防御的再考量》研究钓鱼城从窝阔台到忽必烈时期不同的防御特点。另文《点防与面控：地缘关系视野下的钓鱼城防御》，指出以钓鱼城为重镇，和其他山城一起组成嘉陵江流域和西起嘉定东至夔门的前后两条防御线。⑧

郝明月《论古战场合川钓鱼城的古今价值及其发展对策》，从旅游学角度分析钓鱼城的价值，说明钓鱼城旅游发展的现状，进而提出后续发展的有效途径。⑨ 王珍燕《从钓鱼城守将看中国传统价值观》，从传统文化角度分析钓鱼城

---

① 李泽民、李泽君：《土家族抗元英雄冉琎、冉璞》，《贵州文史丛刊》1991 年第 2 期；李云飞：《贵州历史上的建城大师冉琎、冉璞》，《贵州文史丛刊》1991 年第 2 期；牟应杭：《播州二冉与钓鱼城》，《贵州文史天地》1998 年第 1 期。

② 黄光荣：《蜀播军事城堡御敌屏障创举》，刘作会主编《平播之役 400 年学术讨论会论文集》，贵州人民出版社，2002。

③ 郭伟：《宋蒙（元）钓鱼城之战与襄樊之战比较研究》，《重庆科技学院学报》2010 年第 9 期。

④ 葛业文：《钓鱼城防御战的历史经验及启示》，《军事历史》2012 年第 5 期。

⑤ 王珍燕：《蒙宋钓鱼城之战 36 年攻守之谜》，《河南科技大学学报》2014 年第 5 期。

⑥ 谢璇：《钓鱼城山地城池构筑特征》，《广州大学学报》2007 年第 3 期。

⑦ 荀平、孙刘涛、吴镝锋、王正刚：《南宋钓鱼城城池防御初探》，《后勤工程学院学报》2012 年第 3 期。

⑧ 张亮：《钓鱼城军事防御的再考量》，《三峡论坛》2014 年第 1 期；《点防与面控：地缘关系视野下的钓鱼城防御》，《长江文明》2014 年第 1 期。

⑨ 郝明月：《论古战场合川钓鱼城的古今价值及其发展对策》，《重庆与世界》2012 年第 9 期。

守将的民本主义思想和忠义主义价值观。①

特别值得一提的是，重庆市文物考古所近些年多次对钓鱼城进行发掘，发现高台建筑、南北一字城、指挥中心等宋代遗迹。整理出来的成果《合川钓鱼城古战场遗址》和《重庆合川钓鱼城南一字城遗址》清晰地展现了南宋时钓鱼城的战略防御设施。②

（二）重庆城

重庆城是宋末巴蜀的军政指挥中心。嘉熙四年（1240 年），四川制置副使彭大雅组织增筑重庆城，后余玠正式任职重庆又兴建一些拱卫重庆城的卫城，使宋朝这座巴蜀中枢城堡十分稳固。

在第二次钓鱼城学术讨论会上，黎邦正《试论重庆在南宋抗蒙斗争中的地位》和刘豫川《论置司重庆》论述重庆城在宋末元初的重要地位。吴庆洲《四塞天险重庆城——古重庆城的军事防御艺术》分析重庆城的防御布局，认为大都始于南宋。③ 孙善齐《三千年四筑重庆城》指出南宋修筑重庆城是重庆历史上第三次筑城，形成重庆重要的防守堡垒。④ 何智亚《"重庆城"溯源》，从城市规划学分析历代重庆建筑布局。⑤ 2012 年，余玠镇守重庆的衙署被发现，成为当年"中国十大考古"发现之一。重庆市文化遗产研究院将考古发掘的收获刊汇入《老鼓楼衙署遗址》一文，详细地介绍了遗址的发掘成果。⑥

（三）多功城

多功城，或称保孽城，位于重庆市江北区鸳鸯街道翠云山上。胡昭曦先生实地调查多功城现存情况，尚存东、西两座城门。门拱上皆有题刻，据识读多功城建于咸淳年间，清咸丰、道光年间有所修复。山上有翠云寺，民国以后用作小学校，今寺庙与学校均残破。由于经济开发，多功城内已无人居住。由于多功城史料记载较少，研究文章不多。陈石《独家揭秘重庆抗蒙堡垒群的指挥塔鲜为人知的钓鱼城姊妹城》和侯博等著《南宋四川山地滨江防卫型城池营建研究——以重庆多功城为例》，前者从历史学方面研究多功城的地位，后者从建筑学角度

---

① 王珍燕：《从钓鱼城守将看中国传统价值观》，《重庆交通大学学报》2013 年第 6 期。

② 重庆市文化遗产研究院：《合川钓鱼城古战场遗址》，《中国文物报》2010 年 2 月 5 日；《重庆合川钓鱼城南一字城遗址》，《中国文物报》2012 年 2 月 10 日。

③ 吴庆洲：《四塞天险重庆城——古重庆城的军事防御艺术》，《重庆建筑》2002 年第 2 期。

④ 孙善齐：《三千年四筑重庆城》，《中国三峡建设》2006 年第 4 期。

⑤ 何智亚：《"重庆城"溯源》，《城市地理》2011 年第 3 期。

⑥ 重庆市文化遗产研究院：《老鼓楼衙署遗址》，《中国文物报》2013 年 1 月 18 日。

探究多功城城防建设。①

（四）龙岩城

龙岩城，又名马脑城、龙崖城，位于重庆市南川区马咀乡马脑山上。修建于南宋宝祐四年（1256 年），并移南平军治于其上，祥兴元年（1278 年）被元军攻破。因龙岩城存有南宋时期的摩崖碑刻，颇受学术界关注。1996 年，张钦伟《南川抗元名城龙岩城》识读龙岩摩崖碑刻的内容，根据碑刻探讨龙岩城的具体修建时间及战事，但介绍过于简略。② 周晏《南宋抗蒙第一记功碑——龙岩摩崖》和唐冶泽《重庆南川龙岩城摩崖碑抗蒙史事考》两篇文章，对龙岩城进行了详细深入的研究。③ 前者除识读碑刻内容外还介绍抗蒙大背景和龙岩城的战事，尤其是在和其他山城碑刻的对比中凸显龙岩城摩崖碑的历史地位。后者从碑刻的字句中分析在兀良合台斡腹大理的大背景下龙岩城的两次筑城活动，指出攻打龙岩城的是纽璘，纠正兀良合台攻打龙岩城的错误。还从纽璘部将渡马湖江，攻马脑山之事，指出马湖江为川江而非宜宾的金沙江段。此外，还有《龙岩城从未被攻克过的城垒》《巴渝古战场南川龙崖城遗址》两篇介绍性的文章。④

（五）天赐城

天赐城位于重庆市巫山县大昌镇。创建于淳祐六年（1246 年），移大宁监治所迁入其上，未知何时失陷。重庆三峡学院腾新才教授关注天赐城遗址，发表有《南宋天赐城抗元遗址》，分析天赐城修筑的历史背景，并将现存的《大宁监创筑天赐城记》识读、辨别，并加以研究。后又发表《〈大宁监创筑天赐城记〉文献价值寻绎》，研究其文献价值。《当代巫山历史文化研究评述（上）》从军事角度分析南宋抗蒙（元）的重点天赐城，并指出其元明清仍具有军事作用。⑤

---

① 陈石：《独家揭秘重庆抗蒙堡垒群的指挥塔鲜为人知的钓鱼城姊妹城》，《环球人文地理》2013 年第 1 期；侯博等：《南宋四川山地滨江防卫型城池营建研究——以重庆多功城为例》，《后勤工程学院学报》2014 年第 1 期。

② 张钦伟：《南川抗元名城龙岩城》，《四川文物》1996 年第 4 期。

③ 周晏：《南宋抗蒙第一记功碑——龙岩摩崖》，《重庆交通大学学报》2007 年第 5 期；唐冶泽：《重庆南川龙岩城摩崖碑抗蒙史事考》，《四川文物》2010 年第 3 期。

④ 毛晓雯：《龙岩城从未被攻克过的城垒》，《重庆旅游》2012 年第 6 期；何方：《巴渝古战场南川龙崖城遗址》，《红岩春秋》2013 年第 1 期。

⑤ 腾新才、李林齐：《南宋天赐城抗元遗址》，《文史杂志》2002 年第 1 期；腾新才：《〈大宁监创筑天赐城记〉文献价值寻绎》，《重庆三峡学院学报》2010 年第 5 期；腾新才、杨用超：《当代巫山历史文化研究评述（上）》，《重庆三峡学院学报》2012 年第 2 期。

（六）白帝城

白帝城位于重庆市奉节县瞿塘峡口北。淳祐二年（1242 年）修建，移夔州治所于其上，直至祥兴元年（1278 年）才投降元军。进入 21 世纪以来，重庆考古所对白帝城投入了更多的关注，并对其进行考古发掘。黄豁、陈敏《白帝城宋城遗址大规模发掘》报道白帝城发掘的城墙、排水沟等成果，指出其作为夔州治的重要性。① 袁东山《白帝城遗址：瞿塘天险战略要地》，认为白帝城在历代皆俱独特军事战略地位。② 罗权《瞿塘关名称、位置及空间布局的演变——兼及历史时期瞿塘关的军事地理形势》，从历史地理角度梳理自战国到清瞿塘关的空间布局演变，包括南宋末期为抵御蒙古修复白帝城，实施锁江之法，有效阻挡蒙军进攻。③

（七）天生城、磐石城

万州历史上便有"大小石城"之称，但具体所指文献和现存都存在争议。任桂园在《胸忍大小石城考辨》一文中论证大石城所指为万州天生城，小石城为云阳磐石城。④

天生城，又名天城山、天子城，位于重庆市万州区天城乡。淳祐三年（1243 年）修建，移治万州治所于其上，景炎元年（1276 年）被元军杨文安部攻破。胡昭曦先生实地调查天生城保存的三座城门及配套生活设施，识读了城上的宋朝碑刻四处及元人碑刻一处，为研究者提供珍贵的资料。腾新才有三篇与之相关的论文，即《宋末万州天生城抗元保卫战》《〈天城石壁记〉的文献价值》⑤ 和《宋末万州天生城抗战的民族精神》⑥，论述了天生城的修建背景、修筑过程、抗蒙保卫战争及其影响。现存的《天城石壁记》为元军攻下天生城所作记功碑，详细记载攻打过程，具有相当强的史料价值，可弥补正史的不足。李力在《万州寨堡聚落防御功能特征探析》中对天生城在清代的修复和利用有所叙述。⑦ 鉴

---

① 黄豁、陈敏：《白帝城宋城遗址大规模发掘》，《瞭望新闻周刊》2002 年第 13 期。

② 袁东山：《白帝城遗址：瞿塘天险战略要地》，《中国三峡》2010 年第 5 期。

③ 罗权：《瞿塘关名称、位置及空间布局的演变——兼及历史时期瞿塘关的军事地理形势》，《中国历史地理论丛》2014 年第 4 辑。

④ 任桂园：《胸忍大小石城考辨》，《四川三峡学院院报》1998 年第 4 期。

⑤ 滕新才：《宋末万州天生城抗元保卫战》，《四川文物》1993 年第 1 期；《〈天城石壁记〉的文献价值》，《四川师范大学学报》2000 年第 3 期。

⑥ 重庆市历史地理专业委员会、重庆市万州区博物馆编《三峡（万州）移民文化暨重庆历史地理专业委员会第七届后会论文集》（内部），2014 年，第 145 页。

⑦ 重庆市历史地理专业委员会、重庆市万州区博物馆编《三峡（万州）移民文化暨重庆历史地理专业委员会第七届后会论文集》（内部），2014 年，第 619 页。

于天生城的历史文化价值和美学价值，田世政的《万州天生城旅游资源评价与开发规划》从旅游学的角度给天生城的开发做出了规划方案。①

磐石城，又称磨盘寨、石城堡，位于重庆市云阳县云阳镇长江北岸石城山顶。未知建于何时，但在德祐元年（1275 年）被元军攻破。历史文献中关于磐石城的记载很少，云阳县文管所工作者根据县志等资料写有两篇介绍磐石城的文章，即潘友茂《云阳磐石城初考》和张顺《川中八柱之磐石城——浅谈磐石城的军事地位与作用》，论述磐石城从唐到明清的历史，分析其在历代战争中的作用。②

（八）三台城、赤牛城

三台城，又称东堡寨，位于重庆市涪陵县李渡镇玉屏村东堡寨。蒲国树、陈世松先生《宋末涪州治所——三台寨考察》考察了三台寨的寨门、寨墙、炮台、题刻等遗迹，还根据题刻指出修筑此寨的为涪州守将阳立，而非杨兴。③

赤牛城，亦名牛头寨，位于重庆市梁平县金带镇牛头村的赤牛山上。修建于淳祐二年（1242 年），并移梁山军治于其内。宝祐五年（1257 年）和德祐元年（1275 年），蒙（元）军两次攻打这座山。裴洞毫在《宋代夔州路砦堡地理考》之第五节《梁平军砦堡时空演变考》中根据历史文献资料对清代关于这座山城的描述进行考辨，认为《大清一统志》中所载宋代赤牛城将修建时记作"淳祐三年"、将敌楼记作"四百三十座"是对《蜀中广记》"淳祐三年"和记作"敌楼百四十三座"的误抄。

（九）云顶城

云顶城，又名石城山，位于成都市金堂县淮口镇。修建于淳祐三年（1243年），曾移成都府及利州都统司于其上，宝祐六年（1258 年）年被蒙军攻占，后双方仍有争夺，到咸淳二年（1266 年）争夺才完全停止。

胡昭曦先生曾考察云顶城保存城门情况并识读门拱题刻。邹重华《金堂宋末云顶山城遗址再探》更为详细地介绍了云顶城城门、城墙以及水源情况，梳理了云顶城的几次重要战争以及云顶城所在怀安军的军政。④ 薛玉树《云顶山

---

① 田世政：《万州天生城旅游资源评价与开发规划》，《重庆建筑大学学报》2001 年第 4 期。

② 潘友茂：《云阳磐石城初考》，《四川文物》1993 年第 1 期；张顺：《川中八柱之磐石城——浅谈磐石城的军事地位与作用》，《才智》2012 年第 4 期。

③ 蒲国树、陈世松：《宋末涪州治所——三台寨考察》，《四川文物》1987 年第 3 期。

④ 邹重华：《金堂宋末云顶山城遗址再探》，《四川文物》1988 年第 5 期。

记》① 分十个部分对这座城寨的相关资料进行汇集，还附有北门瓮城门发掘资料，其《遗留在川西的唯一宋蒙战争遗址云顶城》② 则考察云顶城的城墙、城门、炮台、军营、池井，并介绍云顶城守将姚世安违抗余玠命令，告发余玠，间接导致余玠之死。新近马恒健《云顶城：名列"巴蜀八柱"的抗蒙城堡》亦叙述了云顶城的历史和现存遗迹。③ 2014 年四川古城堡研究中心对这座城寨进行过实地考察，但没有发现新的宋元遗存。

（十）苦竹隘

苦竹隘，又名苦竹寨、朱家寨，位于四川省广元市剑阁县剑门镇双族村小剑山上，南宋末曾移隆庆府于其上。苦竹隘建于端平三年（1236 年），是宋蒙战争之初蒙古突破蜀口、南宋防御内迁的产物。宝祐六年（1258 年）在蒙哥南侵时被迫投降。苦竹隘攻守十分惨烈，影响亦巨大，但是相关文章很少。何兴明《南宋抗元遗址——剑门苦竹寨》梳理了苦竹隘的历史，识读存于卷洞门上三块石刻。④ 马恒建《剑门苦竹寨》介绍苦竹寨的现存状况及人文社会环境。⑤ 2013年，四川古城堡研究中心试图对苦竹寨进行考研调查，但由于小剑山完全被草木覆盖，亦止步于卷洞门。

（十一）大获城

大获城位于四川省苍溪县王渡镇。南宋末期将阆州治所和金戎司兵力移治其上，包括利州治所在内的原置于利州的机构亦侨治于其上。大获城建成于淳祐四年（1244 年），宝祐六年（1258 年）守将杨大渊在蒙古大军的围攻下归降。

20 世纪 60 年代乡民在大获城发现两方"万州诸军奥鲁之印"。袁明森《四川苍溪出土的两方元"万州诸军奥鲁之印"》介绍这一发现的相关信息。⑥ 1986年，陈世松先生发表了《释元代万州诸军奥鲁之印》，对这两方印的作用、为何出现在大获城以及其价值做了详细的阐述，其中提及杨大渊驻守大获城的史事。⑦ 据胡昭曦先生调查，20 世纪 80 年代大获城还有东、南、西、北四门及山顶古刹。1989 年，王峻峰发表《大获城遗址》，叙述大获城现存状况仅剩南门，

---

① 薛玉树：《云顶山记》，四川省社会科学院出版社，1988。
② 薛玉树：《遗留在川西的唯一宋蒙战争遗址云顶城》，《成都大学学报》1990 年第 1 期。
③ 马恒健：《云顶城：名列"巴蜀八柱"的抗蒙城堡》，《龙门阵》2013 年第 1 期。
④ 何兴明：《南宋抗元遗址——剑门苦竹寨》，《四川文物》1985 年第 3 期。
⑤ 马恒建：《剑门苦竹寨》，《科学大观园》2011 年第 4 期。
⑥ 袁明森：《四川苍溪出土的两方元"万州诸军奥鲁之印"》，《文物》1975 年第 10 期。
⑦ 陈世松：《释元代万州诸军奥鲁之印》，《四川文物》1986 年第 3 期。

山顶"玄妙观"也在 1983 年被风吹倒。① 根据我们近期的两次实地调查，大获城已完全荒芜，仅存明朝道观基础和碑刻。

（十二）大良城

大良城，又称大梁城、莲花山，位于四川省广安市前锋区小井乡。南宋末移广安军于其上。建成于淳祐三年（1243 年），几经易手，最终在德祐元年（1275年）被蒙军攻占。胡昭曦先生在 80 年代对大良城进行考察，其《广安县宋末大良城遗址考察》梳理大良城在宋蒙（元）战争中的历史，实地考察大良城现存状况，识读遗存的碑刻。1987 年广安县大良村出土一些宋代的瓷器，李明高将其整理发表文章《广安县出土宋代窖藏瓷器》，并分析瓷器系南宋末期士绅避难大获城的日常使用器具。② 由于大良城保存状况较好，原为乡政府所在地，地方文史工作者一直有所关注。萧易《大良城：金戈铁马的历史回音》《渠江之畔：蒙军三夺大良城》和马恒建《蒙军铁骑勒马大良城》，以及邱秋的《金戈铁马走大良》都是发表在报刊上关于大良城的读物。③ 2013 年，四川古城堡研究中心对大良城进行系统的考古调查与研究，重新考察大良城遗址以及配套的生活设施，部分成果整理在《四川抗蒙战争遗产广安大良城考古》一文中，这是了解大良城保存现状的可靠材料。④

（十三）得汉城

得汉城，又名安辑寨，位于四川省巴中市通江县永安镇得汉村，宋末移洋州治所于其上。淳祐九年（1249 年）建成，景定五年（1264 年）陷落。由于得汉城在明朝正德年间和清嘉庆年间两次移通江县治于其内，又是红四方面入川的第一个总部，因而其位置尽管偏远，但还是受到文史工作者的重视。1997 年，岳钊林《通江得汉城宋元以来的战略地位》简略地叙述了得汉城的地理位置以及宋元以来的重要战事。⑤ 蒲江涛《得汉城：王者离去，风雨向谁诉？》侧重讲述了在得汉城内发生的红军故事。⑥ 2013 年和 2014 年，四川古城堡研究中心两次

---

① 王峻峰：《大获城遗址》，《四川文物》1989 年第 4 期。
② 李明高：《广安县出土宋代窖藏瓷器》，《四川文物》1989 年第 3 期。
③ 萧易：《大良城：金戈铁马的历史回音》，《汽车实用技术》2009 年第 3 期；《渠江之畔：蒙军三夺大良城》，《成都日报》2009 年 2 月 9 日；马恒建：《蒙军铁骑勒马大良城》，《龙门阵》2011 年第 5 期；邱秋：《金戈铁马走大良》，《广安日报》2013 年 7 月 7 日。
④ 符永利、蒋九菊：《四川抗蒙战争遗产广安大良城考古》，《大众考古》2014 年第 6 期。
⑤ 岳钊林：《通江得汉城宋元以来的战略地位》，《四川文物》1997 年第 4 期。
⑥ 蒲江涛：《得汉城：王者离去，风雨向谁诉？》，《中国西部》2014 年第 35 期。

组织对得汉城历代古迹和红军遗留的生产生活设施进行了全面的调查整理。

（十四） 礼义城

礼义城，一作礼仪城，位于今四川省达州市渠县汇西乡洪溪村。原是宋元战争时期南宋渠州治所，宝祐三年（1255 年）建成，德祐元年（1275 年）陷落，是蒙哥入蜀时仅有的几处未迫降或攻陷的城堡之一。

1983 年 3 月，胡昭曦先生对这座山城进行了实地考察，并撰写了《礼义城》《三教寺》和《宋练使胡将军碑》三文，理清了礼义城的历史由来和现存遗迹，对其遗迹的考述价值尤大，因为 2013 年夏天我们再次登临时发现经过 30 年的损毁，已无法看到三教寺碑，胡将军碑也鲜能识读了。2007 年，郭健《南宋抗元遗址——礼义城》梳理礼义城的修筑背景、地理位置及历史意义，但还未超出胡先生的考述。[①] 2008 年，又有何勇、赖启航的《达州礼义城旅游资源开发的 SWOT 分析及开发策略》的论文发表，从旅游资源开发的角度分析礼义城开发的优势、劣势、机遇、威胁。[②] 目前，四川省考古研究院正在对礼义城进行考古调查。

（十五） 平梁城、小宁城

平梁城，亦称平梁寨，位于四川省巴中市巴州区平梁镇。淳祐十一年（1251年）都统张实主持修建，移巴州治所于其上。以其地近巴中城区，颇受当地文史工作者的重视。蔡一星《历史文化名城巴州》中有《平梁城》一篇叙述这座山城的地理位置、得名之由、修建背景以及城内的三国、南宋和清朝的历史故事。[③] 2013 年，四川古城堡研究中心组织人员到平梁城考察，发现仅有一道城门和几段城墙残存着。城内原有清朝抗英将领张必禄墓，在"文革"中被挖掘，仅有两根桅杆尚存。

小宁城位于四川省平昌县江口镇杨柳村。修建于淳祐五年（1245 年），也是巴州治所的备移之处，宝祐六年（1258 年）蒙哥入蜀被破。论述小宁城的文章有两篇，马幸辛《平昌发现南宋小宁城遗址》和彭从凯《小宁城考述》，[④] 主要内容为小宁城修建背景、时间、地理条件、作用以及影响，后者较前者详细且加

---

① 郭健：《南宋抗元遗址——礼义城》，《四川文物》2007 年第 3 期。
② 何勇等：《达州礼义城旅游资源开发的 SWOT 分析及开发策略》，《攀枝花学院学报》2008 年第 1 期。
③ 蔡一星：《历史文化名城巴州》（内部资料），2001 年。
④ 马幸辛：《平昌发现南宋小宁城遗址》，《四川文物》1990 年第 3 期；彭从凯《小宁城考述》，《巴蜀史志》2013 年第 3 期。

入小宁城现存碑刻的识读内容。2013 年四川古城堡研究中心对这座城寨进行过实地考察，发现这是一座修建在通江河的左岸，保存较为完好的宋元城寨，三道城门（其中一道为清朝修建）、部分城墙和题刻至今存留。

（十六）青居城

青居城，又称淳祐故城，位于四川南充市高坪区青居镇青居山上。建于淳祐九年（1249 年），并移顺庆府治所于其上，于宝祐六年（1258 年）蒙哥入蜀时投降。

根据胡昭曦先生提供的资料，20 世纪 70 年代修建青居电站时开山取石，山顶被削平，仅存部分城墙。王积厚《南充青居山在宋蒙战争中的地位和作用》和龙鹰《南宋抗元遗址淳祐故城》，把青居城放在"抗蒙八柱"之中加以研究，论述其重要地位，后者还叙述了青居山大佛洞内各代题刻，但尚属浅表性的介绍。① 四川古城堡研究中心学者多次调查青居城，将现存的历代遗产一一梳理，成果罗列于符永利、罗洪彬《四川南充青居城遗址调查报告》中，并指出青居城被蒙占领后，作为指挥东川战场的基地，时常拦截宋军物资。②

（十七）运山城

运山城，又名燕山寨、云山，位于四川省南充市蓬安县河舒镇。修建于淳祐六年（1246 年），并移蓬州治所于其上，宝祐六年（1258 年）被蒙哥大军迫降。陈言昌《南宋运山古城遗址》中简单介绍了运山城的基本情况，梳理运山城的抗蒙历史。③ 2014 年，四川古城堡研究中心组织师生对运山城进行考古调查，发表文章《四川省蓬安县运山城遗址调查简报》④，详细调查运山城现存城墙、城门、碑刻、佛龛、水池等遗迹，并且根据东门现存碑刻和文献资料梳理运山城抗蒙史实以及后世利用运山城作为避乱场所的历史。

（十八）凌霄城、登高城

凌霄城位于四川省宜宾市兴文县同兴村。宝祐五年（1257 年）长宁知军易士英主持修建，并移长宁军治所于其上，祥兴元年（1278 年）才被攻破，是南

---

① 王积厚：《南充青居山在宋蒙战争中的地位和作用》，《四川文物》1990 年第 1 期；龙鹰、王积厚《南宋抗元遗址淳祐故城》，《四川文物》2003 年第 2 期。
② 符永利、罗洪彬：《四川南充青居城遗址调查报告》，《西华师范大学学报》2015 年第 2 期。
③ 陈言昌：《南宋运山古城遗址》，《四川文物》1989 年第 4 期。
④ 蒋晓春、雷晓龙：《四川省蓬安县运山城遗址调查简报》，《西华师范大学学报》2015 年第 2 期。

宋坚持到最后的少数城寨之一。明朝时此城又被都掌蛮占有，据之与明军对抗。因而，间有学者关注。丁天锡《宜宾地区境内的三座抗元山城遗址》对凌霄城、登高城和仙侣山三座城寨遗址进行了论述，特别提及凌霄城在防御蒙军"斡腹计划"中的重要作用。① 萧易《凌霄城——赢得了战争，输给了历史》介绍了凌霄城在抗蒙（元）中的功绩和现存遗迹。马恒建《凌霄城，南宋王朝最后的骨气》不仅涉及凌霄城在南宋抵御蒙军的历史，还包括明成化时期宜宾少数民族僰人聚居凌霄城拒绝向明王朝称臣的历史。②

登高城，又称东山，位于四川省宜宾市城区北登高山顶。咸淳三年（1267年）建成，并移叙州治所于其上，德祐元年（1275年）降元。胡昭曦先生对这座山城进行过考察，其《登高山城》对时存古城墙数段和城门等遗迹有着较为翔实的叙述。

（十九）三龟九顶城、紫云城

三龟九顶城由乐山凌云山境内的三龟、九顶、乌尤、东山四座山城组成，位于乐山市市中区篦子街乐山大佛景区内。建成于淳祐三年（1243年），并移嘉定府治于其上，德祐元年（1275年）投降，是抵抗川西蒙军南下的重要城寨。杨炳昆在《乐山在古代四川水运中的重要地位及当今对策》中提到三龟九顶城是建造在乐山水路中的重要抗蒙据点。③ 唐长寿《乐山宋代抗元山城三龟九顶城初探》介绍三龟九顶城的地理位置、发生的战事及现存状况。④ 岳燕霞、廖华西《乐山宋元古城堡遗址的历史与现状考察》，以三龟九顶城为例，从旅游学的角度呼吁社会对巴蜀古城堡进行研究、保护与开发。⑤

紫云城，又称子云城，位于四川省乐山市犍为县孝姑镇子云村三组子云山上。建于淳祐三年（1243年），德祐元年（1275年）投降元朝。胡昭曦先生在20世纪80年代考察了紫云城的位置、地势、配套生活设施及现存情况。当时前后寨门已毁，仅能辨别寨门位置。最近，四川古城堡研究中心指导学生对这座山城进行考古调查，还在整理调查报告。

---

① 丁天锡：《宜宾地区境内的三座抗元山城遗址》，《四川文物》1985年第2期。
② 萧易：《凌霄城——赢得了战争，输给了历史》，《时代教育》2009年第11期；马恒建《凌霄城，南宋王朝最后的骨气》，《龙门阵》2009年第12期。
③ 杨炳昆：《乐山在古代四川水运中的重要地位及当今对策》，《乐山师范学院学报》1989年第3期。
④ 唐长寿：《乐山宋代抗元山城三龟九顶城初探》，《四川文物》1999年第2期。
⑤ 岳燕霞、廖华西：《乐山宋元古城堡遗址的历史与现状考察》，《四川教育学院学报》2012年第12期。

（二十）神臂城

神臂城，又名铁泸城、老泸州，现存于四川省泸州市合江县焦滩乡老泸村。建成于淳祐三年（1243 年），移泸州治所于其上，并侨置潼川府治于其内。数次易手，到景炎二年（1277 年）被元军攻占。陈世松先生的《宋元之际的泸州》中详细论述了神臂城的修建、移治、争夺、投降及其影响，是研究神臂城最完整翔实的著作。合江县文管所工作者王庭福、罗萍《南宋神臂城遗址》记述了神臂城城门、城墙、造像等现存状况。① 2013 年，四川古城堡研究中心对神臂城进行过实地考察，符永利《泸州神臂城调查纪略》实为这次考察的成果体现，此文论述神臂城修筑的背景、经过以及五次争夺战，考察了城门、城墙、造像、题刻等遗存，分析了其选址的合理性和防御模式，提及神臂城内居民的宗教信仰，是以往调查文章中缺乏的一环。②

（二十一）榕山城、安乐山城

榕山，又名榕子山，位于四川省泸州合江县榕右乡。嘉熙三年（1239 年），修筑榕山城，移合江县治于其上。四年再筑安乐山，改移县治于其上。安乐山，又名笔架山、少岷山，位于四川省泸州合江县西。据胡昭曦先生了解，榕山城在20 世纪 80 年代还保存城墙二百来尺，城门两座。2015 年 5 月 1 日，四川古城堡研究中心对安乐山进行了实地踏戡，此山四周峭立，古木参天，赤水河蜿蜒其下，山顶云台寺亦在修复之中，只有城门石基和少量城墙残存了。

（二十二）虎头城

虎头城，又称猫猫寨、大城寨，位于四川省自贡市富顺县大城乡。咸淳元年（1265 年）迁富顺监治所于其上，最迟在德祐元年（1275 年）已被元军占领。胡昭曦先生曾考察虎头城地形地势、现存遗迹、田地水源情况。东、西、北三面环山，于低缓处修建城墙及城门，分为内外城。外城有东西两道城门，现存部分城墙和西城门。虎头高地尚存炮台遗址，但无法确知其修筑时代。

三　结语

回顾 60 年来的巴蜀宋元城寨研究，我们觉得虽然有过"文革"的中断，但

---

① 王庭福、罗萍：《南宋神臂城遗址》，《四川文物》1993 年第 1 期。
② 符永利：《泸州神臂城调查纪略》，《长江文化论丛》2013 年第 10 期。

成果仍然相当丰硕，相关论文近百篇，著作十余部。当然，有待进一步探讨的问题亦不少，连宋元巴蜀城寨的数量也没有调查清楚。这些问题既是过去研究之不足，又是未来研究之空间，我们将其归纳为五个方面。

第一，研究过度于集中于钓鱼城。钓鱼城坚守时间最长、保存遗迹最多、影响最深远，固然应该着力研究，但这很容易造成"以点概面"的学术偏向。根据四川古城堡研究中心的估计，单宋方在巴蜀修建的城寨就在百座以上，它们构成了山城防御体系，钓鱼城只是防御体系中最重要的一座。只有将众多山城联系起来系统调查研究，才能还原宋末元初四川防御体系的整体情况。

第二，研究过于关注宋军城寨而忽视蒙（元）城寨。宋朝利用巴蜀地形修建城寨抵御蒙（元），意在完善防御体系；蒙（元）在南宋降将的引导下也建筑城寨以抵御宋军，意在突破或分裂防御体系。对于后者，自元明以来便为史家所忽视，以致像虎啸城、蟠龙城这样重要的蒙（元）军攻宋基地无清楚记载，而当今亦无学者进行研究。

第三，对宋元巴蜀城寨的调查缺乏专有的体系。学者们的调查大都从自身经验出发，只是将所见之物付诸纸上。调查时大多关注城墙、城门等军事防御之物，忽略与之配套的生产生活设施、宗教精神场所、道路交通等问题。

第四，对南宋巴蜀山城防御体系的建立，学者们多归功于余玠个人，甚至归功于冉氏兄弟。事实上，巴蜀山城防御体系是朝廷谋臣与地方军政大员共同倡导和组织兴建起来的，在地方以孟珙、彭大雅、杨文、余玠、王坚、张珏等为代表，在朝廷以吴昌裔、牟子才、李鸣复等为代表，而他们建立山城的主张及其实践则是基于历史经验和客观现实的认识：一方面南宋在蜀口利用城堡取得了防御金军多次入蜀的成功经验，在一定程度上可以说巴蜀内地防蒙城寨的兴建就是当年蜀口防金城堡的移置；另一方面经过"丁亥之变""辛卯之变""蔡州之役""端平入洛"等事变，宋朝文臣武将对蒙军长于野战、短于攻城已有清醒的认识，利用巴蜀山地普遍建立城寨成为防御蒙古最有效的办法。

第五，宋元城寨的后续利用缺乏专题研究。宋元城寨不仅为后世提供了躲避动乱经验，还存留着直接的物质实体。从元朝末年到民国初期，被巴蜀民众为躲避祸乱多次修复利用。还创建了更多的新城寨，根据明清地方志的记载，这些城寨达数千个，根据第三次文物普查的结果至今亦存留数百个。修复和新建最多的时段是明朝中期"鄢兰之乱"、明末清初张献忠"屠蜀"、清朝嘉庆年间三省白莲教暴动和咸丰年间太平天国运动。如得汉城就是这样的典型山寨，宋末元初是南宋防守米仓道和进取汉中的要塞，明朝"鄢兰之乱"成为通江治所和林俊指挥的前线基地，清朝白莲教暴动再次成为通江治所，到 20 世纪 30 年代又是红四方面军入川的总部。

重庆龙多山寨遗址调查简报*

罗洪彬　蒋晓春

（西华师范大学历史文化学院）

　　第三次全国文物普查结果显示，重庆市合川区共有城寨遗址 51 处，[①] 龙多山寨正是其中较为重要的一处。龙多山的田野考古调查工作开展较早，早在 20 世纪 80 年代文物部门就曾对龙多山摩崖石刻进行过调查，[②] 但未将山寨遗址列为主要调查对象。近年的第三次全国文物普查，也仅对龙多山寨占地面积等基础性数据进行了测量，没有做全面系统的调查。截至目前，还未见到公开发表的关于龙多山寨调查与研究的学术论文。至于网络或报刊上零星散见的一些相关文章，多为游记之类，缺乏科学性与研究性，不足为论。因此对龙多山寨遗址进行全面的考古调查和深入的学术研究，仍显得非常必要。

　　2012 年 11 月、2014 年 4 月，西华师范大学历史文化学院、西华师范大学四川古城堡文化研究中心与重庆市合川区文管所合作，两次对龙多山寨遗址进行了全面调查，现将调查结果汇报如下。

一　地理位置与形势

　　龙多山，以其"委蛇如盘龙，故名"，[③] 地处潼南县东北檬子乡与合川区龙

---

　*　本文受国家社科基金"嘉陵江流域石窟寺研究"（11XKG003）和西华师范大学西部区域文化中心重点项目"嘉陵江流域道教石窟寺的调查与研究"（XBYJB201101）资助。
　　参加龙多山寨遗址调查的人员有西华师范大学历史文化学院蒋晓春、符永利、罗洪彬、曾俊、雷晓龙、郝龙、刘欢欢、于瑞琴，重庆市合川区文物管理所罗仕杰、王励、曹建军、熊小洪。摄影：蒋晓春、曾俊、罗洪彬。绘图：于瑞琴、刘欢欢。

① 见《重庆市不可移动文物名录》，内部资料。
② 参见西哥《龙多山唐宋佛教造像的调查》，重庆市博物馆：《巴渝文化》（1），重庆出版社，1989；以及董其祥《龙多山石刻文字小记》，重庆市文化局文物处、重庆市博物馆编《三江考古调查纪要》，1987 年，内部资料。
③ 乾隆《合州志》卷三。

凤镇、赤水乡交界处，紧邻四川武胜、蓬溪两县，距合川城区约 60 公里（见图 1）。此山为周围群山之最高，山顶海拔 624 米，绵亘深远，峰峦秀拔，四周多是 20 余米高的悬崖绝壁，是合川境内嘉陵江与涪江流域的分水岭。龙多山脉共有 6 条分支，[①] 并与青石山相连，是合川乃至重庆西北之屏障。

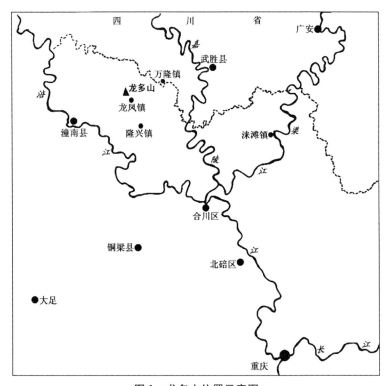

图 1　龙多山位置示意图

　　龙多山寨雄踞龙多山半山腰处，充分利用高耸的山势和迂曲的岩石，在仅有的几条入寨小路隘口处筑造寨门，便于控守。现存有四座寨门：东为永镇门，面朝合川龙凤场（今龙凤镇）；南为瑞映门，下接合川万寿场（今龙凤镇万寿场）；西为太平门，通行潼南檬梓坝（今潼南檬子乡）；北为迎恩门，直达合川二郎场（今二郎镇）。地势稍缓处如瑞映门附近，则环筑高约 5 米、厚约 2 米的寨墙以作防御。山寨四周靠近场镇，寨中所需也能得到较方便的补给。平时，周围居民可

---

① 民国《新修合川县志》曰："山旧有六足，以分支者六也。北西一支为来脉，正西一支、西南一支皆入蓬溪县……正东一支自山顶东下三里至古佛阁，又东八里至龙凤场……东北出五里至石牛嘴三景寺……东南出一支下山十里至万寿场，场为故赤水县遗址……"参见民国《新修合川县志》卷二，巴蜀书社，1992，第 69～70 页。

在家劳作；战时，又能就近及时入寨避祸。

龙多山寨是合川以北地区南下主要通道上的重要城寨。清代四川盐亭境内产盐，盐亭与合川之间有多条运盐小道，其中一条"由州城出发经过方溪、尖山（尖山镇）、永兴（隆兴镇永兴村）、女儿碑、万寿（龙凤镇万寿场）、龙凤（龙凤镇）、二郎（二郎镇）、接蓬溪"，① 再由蓬溪经射洪入盐亭，龙多山寨便处于这条重要的盐道之上。另外，龙多山寨以其特殊的地理位置，还控扼潼南县及遂宁、广安等地进入合川西北的诸条通道，是一座可攻可守的要塞。

二 寨门及寨墙遗迹

龙多山寨平面大致呈不规则多边形，东北方向较宽，西南方向较窄，占地约180万平方米。山寨现存东、南、西、北四座寨门和部分寨墙（见图2）。寨门均为石质三拱形制，寨墙以瑞映门附近保存最好。下面依次对各寨门及寨墙遗迹予以介绍。

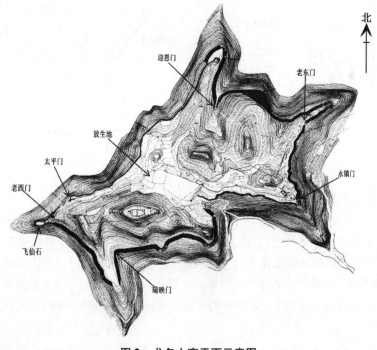

图2 龙多山寨平面示意图

---

① 易宇：《清代四川地区嘉陵江流域陆路交通研究》，硕士学位论文，西南大学，2011。

（一）东门：永镇门（见图3）

永镇门位于龙多山东岩古佛殿前①，面朝合川区龙凤镇，建于清嘉庆三年（1798年）。地理坐标为北纬30°15′43.15″，东经106°00′33.07″，方向东偏北43°，海拔561米。石质三拱寨门，可分内、中、外三道门拱，所用石材均为细密竖条纹条石，具有典型清代特征（见图3～图7）。其中内拱由11块条石构成，双层拱券，拱高2.12米，宽1.66米，进深1.48米；中拱由13块条石构成，拱高2.74米，宽1.88米，进深1.10米；外拱由11块条石建成，双层拱券，拱高3.00米，宽1.54米，进深1.26米。寨门外拱上方有题额，居中正书"永镇门"三字（见图8），题额左侧为纪年题刻：

嘉庆三年冬月 吉日 立。

右侧为人名留题：

赤城刘……。

图3　永镇门外立面

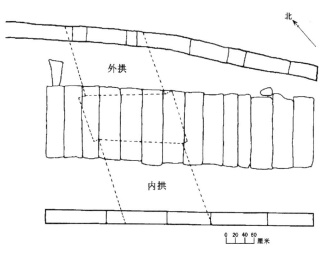

图4　永镇门平面图

---

① 据合川文管所工作人员称，龙多山东门原本不在此处，而在距此约300米外的东岩末端山脊处，清嘉庆时改建于此地。原处寨门已毁，现存寨墙一段，长约20米，高3～5米。

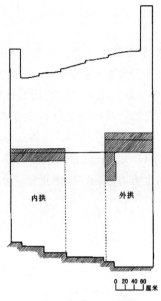

图5　永镇门剖面图

内拱　外拱

0 20 40 60 厘米

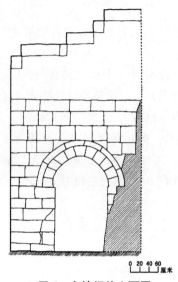

图6　永镇门外立面图

0 20 40 60 厘米

寨门内侧石壁有土地神一龛（见图9），龛内造像两尊，面部均残，均高0.4米，肩宽0.13米，男左女右，端坐于长方形台座上。内龛龛楣上有"永镇东城"四字，龛左侧有一题记，字迹剥蚀较严重，疑为此龛造像记，内容为：

涞思唐朔实敬献/道光甲午年新秋/
谷旦匠师曾先云。

永镇门依悬崖为屏障，雄控东岩，地势险要，悬崖之上间或筑有寨墙。寨门内仍为高约6米的峭壁，入寨门后必须直转90度沿左侧石阶小道而上，方可入寨。如此，即便

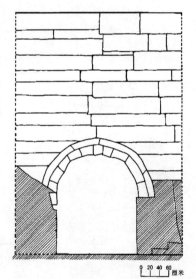

图7　永镇门内立面图

0 20 40 60 厘米

敌军攻入寨门，守军仍可控制石阶小道进行反击，在一定程度上可起到二次防御的作用。永镇门主体及左右寨墙保存较好，只有东岩绝壁上的部分寨墙由于山石崩落而损毁。

图 8　永镇门题额

图 9　永镇门内土地龛

　　永镇门外右侧岩石上有一碑刻，为《修龙多山寨东门碑记》（见图 10）。摩崖，正书。计 36 行，行约 13 字，现仅前 23 行可勉强识读，字径 3～6 厘米，其后皆磨灭不识。依其内容推断当刻于清嘉庆三年（1798 年）永镇门建成前后。①现参考合川文管所 20 世纪 80 年代考察资料，勘定全文如下：

　　　　丙辰春嘉庆□元年也自古国家/将兴不能无兵戈之□今我□□/圣天子国运方新闻秀邑被侵师出/而苗民自格忽教匪蜂起屡征而/愈见猖獗试思思忠□□古固有之/□修寨避□□可无乎所以东□/两道合□工□共募修寨□东□/门曰永镇乃万君松卿与邓□亮/李朝富胡胜生李万□雷文朝□/起□张有复李永年王世儒秦□/□福先唐□信□元信结伴主修/见涂险□动□维艰存有所化之/钱十数缗□修奇绝之路数十丈/□自□可登高矣第道阻且长非/众力难文华有唐与李等慷慨捐/□□□募化而众善乐从兵新□/□□不惟目前之□□王道□□/庄即其□之登眺谒佛者□□□/知底而如矢哉工将告竣诸序□/□□援笔直书以纪其事永□天下/积善之家有余庆者□。

----

　　① 20 世纪 80 年代合川文管所考察龙多山石刻时，曾录此碑文。然而对于碑刻年代的判断，却因为碑文中有"丙辰春嘉庆□元年也"一句而认为此碑刻于嘉庆元年。此说法或有待商榷，首先根据碑文内容分析，"丙辰春嘉庆□元年也"一句应该是借描述嘉庆元年苗民起义军侵入重庆西阳、秀山一带，以及白莲教起义爆发的历史事实，引出龙多山寨的修建缘由，不能说明此碑刻刻于嘉庆元年。再者，碑文末有"工将告竣诸序□/□□援笔直书以纪其事"一句，可知此碑刻当刻于龙多山寨或者至少是永镇门即将建成之时，而永镇门建于嘉庆三年冬月，所以笔者推断此碑刻年代当是嘉庆三年冬月前后。

其后内容多为人名，剥蚀漫灭，难以识读。

图10 《修龙多山寨东门碑记》

（二）南门：瑞映门（见图11）

瑞映门位于龙多山上清殿南侧山谷地带，面朝万寿场古赤水县遗址，重建于清咸丰三年（1853年），经纬度坐标为北纬30°15′36.67″，东经106°00′09.01″，方向南偏东50°，海拔581米。石质三拱寨门（图12至图15）。内拱由11块长条石构成，其中9块为"人"字纹条石，具有宋代寨墙石特征（见图16），另2块风化严重，难以识别，拱高2.46米，宽1.72米，进深1.56米；中拱由11块长条石构成，其中细密竖条纹条石6块，"人"字纹条石5块，拱高3.04米，宽2.02米，进深1.10米；外拱由11块长条石构成，其中细密竖条纹条石8块，"人"字纹条石3块，拱高3.18米，宽1.70米，进深1.44米。外拱顶部有题刻一通，内容为：

大清咸丰三年孟夏月吉日立。

图11 瑞映门内立面

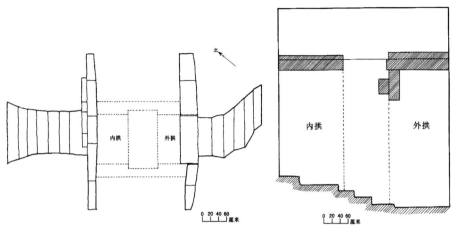

图 12　瑞映门平面图　　　　　　　　　　图 13　瑞映门剖面图

另外门拱上方门额正书"瑞映门"三字，剥蚀较为严重。

瑞映门周围南岩一带是龙多山寨墙遗迹分布最集中、保存相对完好的区域。此处地势较缓，险要程度略逊于其余三门，所以需要修筑大量寨墙以便控守。寨

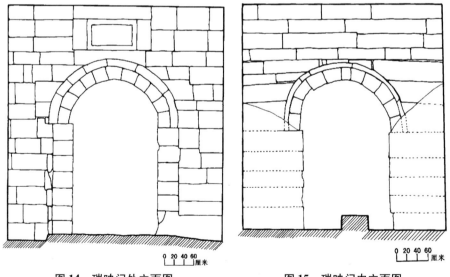

图 14　瑞映门外立面图　　　　　　　　　图 15　瑞映门内立面图

门居于山谷正中，通过寨墙与两侧崖壁相连（见图17），寨门左右寨墙共长约50米，高约5米，以长1.50米、宽0.35米、高0.45米的长条形寨墙石和0.50米见方的方形寨墙石为主，均保存较好（见图18）。寨门右侧山崖往外延伸约有

200 米，间或有寨墙分布，保存状况不一（见图 19、图 20）；另寨门右侧山脊的外侧，造像龛南 K1① 至真武殿一带的崖壁上，有寨墙遗迹长约 200 米，高约 5 米，保存较好（见图 21）。

图 16　瑞映门内拱"人"字纹拱券石

图 17　瑞映门外立面及左右寨墙局部

图 18　瑞映门左侧寨墙局部

图 19　南 K1 左侧寨墙局部一

图 20　南 K1 左侧寨墙局部二

图 21　瑞映门右侧山脊寨墙局部

① 本文所采用的造像龛及题刻编号，均为 2012 年 11 月西华师范大学历史文化学院与合川文管所联合考察时重新列编。造像龛与题刻均分为东岩上、东岩下、南岩、西岩、北岩、田湾六部分，各区分别编号。"K"表示造像龛，"T"表示题刻，"X"表示阴刻线图。此处南 K1 表示南岩第 1 号造像龛。

（三）西门：太平门（见图22）

太平门位于龙多山西侧，真武殿右下侧，面朝潼南檬子坝，建于清嘉庆三年（1798年），经纬度坐标北纬30°15′42.90″，东经106°00′03.24″，方向西偏北10°，海拔565米。寨门由整石开凿而成，左右均为悬崖峭壁，地势奇险，易守难攻，形制与其余三门相同，由内、中、外三道拱构成，所用石材均为细密竖条纹条石（图23至图26）。内拱由11块长条石构成，双层拱券，拱高2.12米，宽1.88米，进深1.72米；中拱由10块长条石构成，拱高3.74米，宽2.26米，进深1.32米；外拱由11块长条石构成，双层拱券，拱高3.52米，宽2.08米，进深1.60米。寨门内立面右侧寨墙石稍有塌陷，寨门外左侧岩石上有一题记，距地约4米，内容为：

嘉庆三年九月修□/太平门匠师李王。①

图22　太平门外立面

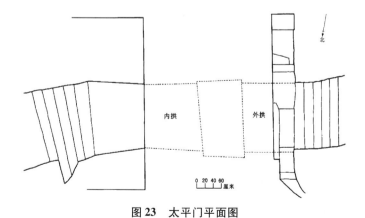

内拱　　外拱

北

0 20 40 60 厘米

图23　太平门平面图

---

① 整个题刻从上到下刻写，"李""王"二字左右并列。

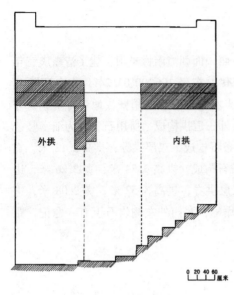

图 24　太平门剖面图

图 25　太平门外立面图

图 26　太平门内立面图

图 27　飞仙石对面老西门附近寨墙局部

　　太平门周围多依靠自然绝壁防守，寨墙遗迹较少，仅飞仙石对面有寨墙一段，长约10米，高约3米，总体保存较好（见图27）。①

---

① 据合川区文管所提供的调查材料，此处为原太平门所在地，人称"老西门"。清嘉庆三年移建于现在的位置后，原寨门损毁，然后才修建的这段寨墙。寨墙下有造像两龛，编号为西K15、西K16，开凿年代大约为清代中后期。

（四）北门：迎恩门（见图28）

迎恩门位于龙多山北侧山谷地带，面朝合川区二郎镇，旧时从龙凤场前往二郎场即需从此门进出。地理坐标为北纬30°15′54.25″，东经106°00′22.56″，方向南偏西60°，海拔580米。石质三拱寨门，寨门左壁依山而建，门洞在中拱部分有一定程度转折（图29至图32）。内拱由11块长条石构成，双层拱券，拱高2.08米，宽1.80米，进深1.44米；拱券外层装饰几何形纹，

图28 迎恩门外立面及左右寨墙局部

内层居中三块拱券石截面装饰缠枝花纹、麒麟瑞兽，雕刻精美（见图33）。中拱高2.52米，宽2.06米，进深1.10米，拱券石多有断裂；外拱由11块细密长条纹条石构成，双层拱券，拱高2.66米，宽1.72米，进深1.44米，拱券外层装饰几何形纹，内层居中一块拱券石截面装饰缠枝花纹。寨门门楣处，刻双凤朝阳图（见图34）。外拱上方门额正书"迎恩门"三字。

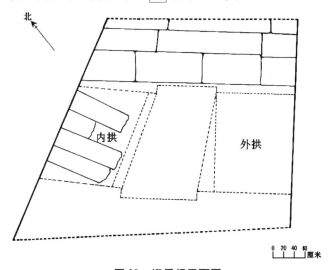

图29 迎恩门平面图

寨门通过寨墙与右侧山崖相连，寨墙长约20米，高约5米，厚2～3米；左侧山崖延至北岩千佛造像区域，长约200米，间或有寨墙遗迹分布，但因山石崩落，有不同程度损毁，仅北K6千佛龛造像石附近部分保存较好（见图35）。

迎恩门装饰华美，雕刻精细，是四座寨门中唯一有拱券装饰图案的寨门，但同时也是唯一没有纪年题记的寨门，当地人认为此门或为宋代遗迹。笔者认为此

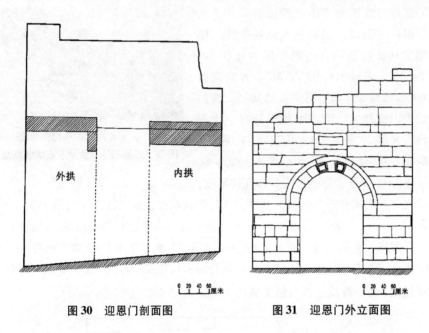

图30　迎恩门剖面图　　　　　　图31　迎恩门外立面图

说法尚可商榷。此门的形制与其余三座寨门相同，故修建的大致年代应相差不远。另外，寨门及寨墙所用石材多为长条形，凿痕为细密的竖条纹，也具有清代寨墙石的典型特征。所以迎恩门的修建年代大致也应是嘉庆至咸丰朝时期。

图32　迎恩门内立面图

图33　迎恩门内拱装饰图案

图 34　迎恩门门楣处双凤朝阳图　　　图 35　北崖千佛龛附近寨墙局部

三　寨内其他遗迹

龙多山寨内的其他遗迹，主要有摩崖造像、碑刻题记、古墓葬、古飞仙泉、古放生池以及寺观遗址等，主要集中在四座寨门附近及田湾区域。

（一）永镇门附近

永镇门所处的东岩是寨内摩崖石刻最集中的区域，此地由于岩石崩落可分为上、下两部分。东岩上有摩崖造像 22 龛，由南向北依次编号为东上 K1 至东上 K22，题材以三佛、释迦说法、千手观音、西方三圣等为主，主要为晚唐造像。由于自然风化和人为妆彩，造像大多原貌不存。除造像外，东岩上另有摩崖题刻 62 通，以宋代为主，题材有游人题咏、修学记、颂文等。其中较为重要的有编号东上 T30《张夫人梦佛记》、东上 T32《冯俟诗碑》、东上 T33《知县程公政事记碑》、东上 T38《龙多山录》、东上 T45《宁宗皇帝明德颂》、东上 T47《龙多唱和十咏》、东上 T53《赤水县修学记》等。

东岩下有摩崖造像 19 龛，题材有释迦说法、阿弥陀佛、观音、释迦多宝并坐等，时代以晚唐为主。值得一提的是，东下 T9、东下 T10 两龛造像，主尊头戴"人"字形尖顶风帽，具有藏传佛教造像的特点，应是受藏传佛教因素影响的元代造像。另有摩崖题刻 6 通，编号为东下 T1~T6。其中东下 T2 为《修龙多山寨东门碑记》，记述了清嘉庆三年修建龙多山寨永镇门的历史事实；东下 T3、T4 为宋代游人题记；东下 T6《分竹颂并序》刻于唐贞元六年（790 年），是龙多山寨内现存年代最早的题刻。

（二）瑞映门附近

瑞映门附近遗迹主要为摩崖造像和碑刻题记，共有造像 4 龛，碑刻题记 3

通。其中南 K1 为释迦多宝并坐龛，位于瑞映门右侧约 200 米的寨墙下，为晚唐造像。南 T1 位于瑞映门外拱顶部，为瑞映门维修题记。其余造像及碑刻随岩石崩落至南 K1 右侧山下，皆残损严重。

（三）太平门附近

太平门附近文物古迹丰富，可分为摩崖造像、题刻、古飞仙泉、古墓葬、佛塔等。寨门外右下侧约 15 米处为古飞仙泉遗迹，另寨门左右崖壁包括飞仙石区域共有唐宋摩崖造像 26 龛，题材以释迦多宝并坐、七佛、观音、释迦说法、天尊等为主。摩崖题刻 12 通，崖墓 2 座。值得一提的是，分布于西岩飞仙泉右侧的 3 方宋代祈雨刻石，即编号西 T1《牛仙尉祈雨碑》（1252 年）、西 T3《仙泉龙君亭记》（1228 年）、西 T4《乾道丁亥祈雨刻石》（1167 年）。这 3 方祈雨刻石，是研究当时龙多山地区历史自然地理的重要史料；西 T10 为《蒲居士碑》，刻于唐大和四年（830 年），题刻中追忆盛唐时期此地开龛造像之事，为龙多山摩崖造像年代的判定提供了间接材料。

（四）迎恩门附近

迎恩门附近遗存以摩崖造像为主，主要分布于迎恩门左侧延伸之崖壁或巨石上，共有造像 7 龛，题刻 1 通。其中北 K1、北 K2 为空龛，北 K3 – 北 K7 为晚唐造像；北 K6 千佛造像，由于岩石断裂而分为两部分。北 T1 为《众修官寨土地神像功德碑》，风化剥蚀严重。

（五）田湾

寨内的田湾区域有造像 16 龛，摩崖题刻 7 通，古墓葬 10 余座。造像题材有西方净土变、千佛、弥勒等，时代以晚唐为主。田 K1、田 K5、田 K6、田 K10 为西方净土变造像，惜风化严重。田 K2 千佛龛，开凿于唐咸通五年（864 年）。摩崖题刻以造像题记和妆修题记为主，田 T1 为《咸通五年造像题记》；田 T2 为《前蜀通正年间妆修题记》；田 T3 为《咸通六年弥勒造像记》。

除此之外，寨内还有唐武则天敕建的放生池，古代寺观遗址以及众多修建寺观的功德碑刻等遗存。

四　龙多山寨史事考

龙多山寨的历史，可以概括为宋元、明清及民国三个阶段。

（一）宋元时期

关于龙多山寨的始建年代，胡传淮先生认为始建于南宋末年，网络上也有一些文章持与此类似的观点。① 然而这些材料仅从文献出发，并未列出实证。经此次实地调查发现，瑞映门（南门）门拱上有"人"字纹寨墙石 17 块。这些寨墙石形制规整，打磨精细，"人"字纹细密清晰，符合宋代寨墙石的典型特征，应是宋代城寨遗物。宋代寨墙石的发现恰好可以证明早在宋代龙多山上已经建有城寨。另外，南宋末年，余玠采取播州冉氏兄弟的建议，逐步建立起以"防蒙八柱"为主的山城防御体系。当时余玠的指挥中枢在重庆，合川钓鱼城是重庆西北之屏障，而龙多山又是合川西北之屏障，控扼涪江，战略地位十分重要。在此设寨可做合川钓鱼城前哨，既可控守遂宁、广安、潼南等地进入合川西北的交通线，又可与广安大良城、南充青居城以及合川钓鱼城等重要城堡相互呼应、联络，在余玠山城防御体系中是较为重要的一个点。所以在龙多山设寨抗蒙很有必要，也符合余玠的防蒙战略思想。

宋蒙（元）战争之后，元朝统治者视巴蜀城寨为割据之根，元世祖至元十五年（1278）八月，元安西王相府上奏忽必烈："川蜀悉平，城邑山寨洞穴凡八十三，其渠州礼义城等处凡三十三所，宜以兵镇守，余悉撤毁"，忽必烈从之，巴蜀城寨因此被拆毁了不少。② 龙多山寨虽是一方要塞，但其重要性毕竟不及礼义等城，所以当时被拆毁的可能性很大。另外，元世祖至元二十年（1283 年），元朝政府"降合州为散郡，并录事司、赤水县入石照县"。③ 原置于龙多山麓的赤水县并入石照县后，龙多山寨赖以存在的人口和经济基础也应受到不小的影响。四川行省设立之后，巴蜀地区日趋稳定，龙多山寨等城寨的存在显得更加无足轻重。

（二）明清时期

如果说宋元是龙多山寨的初步创建阶段，在当时战争中所发挥的历史作用并不十分突出，那么明清则是龙多山寨发展兴盛阶段，城寨得以重新修建，多次战

---

① 胡传淮先生 2011 年考察龙多山后，写了《龙多山访古》一文，文中认为龙多山寨在南宋末年即存在，且是南宋军民在合川钓鱼城后方的又一个重要的防御堡垒，参见网络链接 http：//www. literature. org. cn/Article. aspx？id＝63494。此外，网络上的文章可参见以下网络链接：http：//f139963. blog. 163. com/blog/static/122689447200992811214421/及 http：//www. mafengwo. cn/i/3077707. html 等。

② 《元史》卷一〇。

③ 民国《新修合川县志》卷五。

斗的主战场亦选择于此,使其防匪保民的历史作用更显重要。

明末清初,巴蜀进入历史上最持久、最严重的战乱、匪乱时期。明崇祯十年(1637),清初名臣张鹏翮的祖父张应礼曾率乡军与明末农民起义军混天王等激战于龙多山,并取得了胜利。张鹏翮之父张烺所著《烬余录》载:

> (崇祯十年)陕贼过天星、李自成、混天王、蝎子块等贼,由七盘关入蜀,陷广元、昭化、剑阁等州县,官兵败贼于广元,贼乃分混、蝎二贼,趋潼川。十一月,陷射洪,进围遂宁。先是,府君闻贼将至,集族姓百余人,悉以赀财广募乡兵,修守备。事甫毕,而贼遂至。与同邑吕公,激励义勇,协力保固……
> ……总兵侯某即命府君追贼于安岳,又败之。斩获甚众,盗贼益穷蹙,乃折而北走……众皆欣然,愿进击贼于龙多山。贼以山险难驰,遂结阵以待,众军欲击之,府君曰:"贼前有山险,后无援兵,今一与战,则必拼死齐心,锋未可当,穷寇勿逼,正乃为此。俟其疲而击之可以。"遂自辰至申,度贼少懈,乃奋众进击,我军射死蝎子块,混天王亦为乱民所杀,斩馘千余人,余众悉降。①

据胡传淮先生的注解,此处"府君"即指张应礼,"总兵侯某"指明末四川总兵侯良柱,蝎子块与混天王皆战死于龙多山。需要说明的是,笔者查阅史料,发现《明史》的记载与此稍有出入:

> 崇祯十年,(李自成)犯泾阳、三原。蝎子块、过天星俱来会。传庭督变蛟连战七日,皆克,蝎子块降。自成与过天星奔秦州。入蜀,陷宁羌,破七盘关,陷广元,总兵官侯良柱战死。②
> (崇祯十年)十月,李自成、过天星、混天星等陷宁羌,分三道入寇。良柱急拒战于绵州,众寡不敌,阵亡。③

根据《明史》记载,蝎子块④在李自成入蜀之前已投降孙传庭,虽然后来再起,但他最后战死于崇祯十三年(1640年)的函谷激战中,而非崇祯十年的龙

① 张烺撰,胡传淮注:《烬余录注》,中国文史出版社,2010,第14~18页。
② 《明史》卷三〇九。
③ 《明史》卷二六九。
④ 蝎子块,原名拓养坤,明末陕西清涧人,号蝎子块。参见廖盖隆等主编《中国人名大词典·历史人物卷》,上海辞书出版社,1990。

多山之战。所以在龙多山被射死的应该另有其人。且侯良柱在李自成入蜀后，守卫绵州的时候已经战死，此处的"总兵侯某"也不应该是侯良柱。《烬余录》是张烺晚年所作，属于回忆录类型，所记事件多凭记忆而写，人物名称等细节或有小误，但张献忠与明末农民起义军激战于龙多山的历史事实应该是真实存在的。

清朝入主中原后，先打败了张献忠在成都建立的大西政权，后平定了吴三桂叛乱，巴蜀地区逐渐进入稳定安宁时期。但乾隆后期啯噜猖獗，嘉庆元年更是爆发了川、鄂、陕、豫、甘五省白莲教大起义，终结了巴蜀地区的安定局面。清嘉庆元年（1796年）九月，"达州徐天德倡逆，啸聚数百人揭竿祭旗，当事失于剿灭，贼党蔓延，放手杀人焚掠一空，合州戒严"。[①] 嘉庆二年（1797）十月，"明亮、德楞泰请广修民堡，以削贼势"。[②] 但嘉庆帝认为此议"以事势论，实为迂缓难行"，最后还申饬明亮、德楞泰等统兵大员，"惟当以杀贼擒渠为事"。[③]

嘉庆三年（1798年），白莲教起义军分股长驱深入佛门礀、丹溪码头、叶子溪、石岸溪、龙市镇、涞滩、白沙场，以及龙多山下的万寿场等地，"纵横百余里，烽火不绝"，[④] 所到之处，劫掠一空。是年，龚景瀚书《坚壁清野议》，奏请嘉庆帝"用坚壁清野之法，令百姓自相保聚……相与为守"。[⑤] 同年，四川总督勒保"以贼踪靡定，所至裹挟，乃书坚壁清野政策，令民依山险扎寨屯粮，团练乡勇自卫"。[⑥] 龙多山寨在这样的历史背景下终于重新兴建起来。

乾隆《合州志》载：

> 龙多山寨，州西百四十里，层岩叠嶂，矗出云霄。嘉庆教匪倡乱，乡人依山筑寨，得保无虞，故名保安寨。[⑦]

又《民国新修合川县志》载：

> 清嘉庆三年，教匪之乱滋扰川东北几徧，朝廷患其遂为流寇，采坚壁清野议，特诏川人得于险要处建寨堡自固，龙多山寨于是乎起。周可六里，所

---

① 民国《新修合川县志》卷五。
② 《清史稿》卷一六。
③ 中国社会科学院历史研究所清史室、资料室：《清中期五省白莲教起义资料》第三册，江苏人民出版社，1981，第71页。
④ 民国《新修合川县志》卷五。
⑤ 《清史稿》卷四七八。
⑥ 《清史稿》卷三四四。
⑦ 乾隆《合州志》卷四。

雉堞千数。门四，按东、南、西、北以永镇、瑞映、太平、迎恩名之。敌台亦四，为绥靖、保安、威远、安平之名①，方位如其门焉。②

龙多山寨建立之后，清朝政府军队与白莲教农民军在此展开了多次清剿与反清剿战斗，使城寨部分损毁。瑞映门外拱顶部有"大清咸丰三年孟夏月吉日立"题年，证明瑞映门在咸丰三年（1853年）曾经过补修。

咸丰十年（1860年），四川土寇大起，"数万为众，聚者不可胜数，用兵岁余未定"。③ 是年，因蓝大顺起义及土匪陈铁牛之乱，再次对龙多山寨进行修补。并且"以御州官札委副榜蔡永庆为寨首，蔡有济时才，不辞劳怨，守御遂固，匪迹为清"。④

（三）民国时期

民国时期的龙多山寨，主要是防御土匪、反对军阀割据的斗争堡垒，也是红色革命活动的重要基地。

1921年2月，土匪攻破乡贤秦国聘等聚族而居的九块田寨，劫掠男妇三十余人而去，勒索赎金四万金。秦国聘之孙秦鸿恩愤然之下，招募乡丁，购置枪械，立团防局于龙多山寨。"匪来辄击走之，匪不敢肆，暂避出境去，虽未必遂告宁靖，而得此一举，人民始少少有生气，终不至以槛鹿圈豕，听人宰割"。⑤

1927年冬和1928年秋，盘踞在合川龙多山的林钜卿等，在共产党员刘汉民和吴而笃等人的努力下，与蓬溪东乡民团首领蒋御光、蒋渭溪等，蓬南场匪首何致远，遂宁老池匪首冯玉成等联合组成了一支反军阀的队伍，与南充、武胜的川民除暴团配合作战。虽然这支联军在军阀队伍的压力下瓦解，但其所留下的影响，成为1932年蓬溪东乡民团暴动的张本。林钜卿也多次参与反对军阀的战斗。⑥

1929年3月，潼南县东乡茶店一带的教民队伍改旗易号为农民赤卫队。教

---

① 清代所建敌台早已损毁，所以此次考察时，并不能确定原敌台的准确位置。但敌台有瞭望之用，当建于地势较高、视野开阔的地方。结合龙多山地形推断，原绥靖敌台或在今永镇门左侧约300米，东岩末端山脊处附近；原保安敌台或在瑞映门右侧山脊，南K1附近；原威远敌台或在太平门左侧约200米，西K15、西K16附近；原安平敌台或在迎恩门左侧约200米，北K3～北K7所处山脊附近。

② 民国《新修合川县志》卷二。

③ 民国《新修合川县志》卷三四。

④ 民国《新修合川县志》卷二。

⑤ 民国《新修合川县志》卷二。

⑥ 中共遂宁市委党史工作委员会编《中国共产党遂宁市党委资料汇编1926～1949》，1989，第99页。

民头目周世力任队长，南川人江涛任党支部书记。① 二人率领赤卫队进驻合川龙多山，与国民党李家钰的"边防军"周旋。李家钰部将、驻扎在潼南县城的"边防军"团长朱秉衡得知赤卫队在龙多山的消息后，派遣二营营长庞泽率军攻打龙多山。在江涛和周世力的精心部署下，农民赤卫队在龙多山全歼了庞泽的"边防军"。庞泽全军覆没，使驻守在遂宁的李家钰大怒，他亲到潼南督战，再次进军龙多山。此时江涛、周世力等人已转移到合川三庙、龙凤一带作战，"边防军"扑了空，一怒之下纵火烧光了龙多山上古代所建的寺庙。②

20 世纪 40 年代，出生于合川龙多山双水井的秦耀，因吸毒而倾家荡产，于是聚众落草为寇，劫富济贫，并打起"延安游击队"的旗号，经常出没于龙多山、九块田、韩福寺、延安寺等地。1947 年，秦耀在中共地下党组织多次的反复教育下，取消"延安游击队"的旗号，并将队伍改编为中国共产党龙多山武工队，从此走上了革命道路。1948 年，秦耀、秦鼎带领龙多山武工队全体队员离开龙多山转移到金子乡，成为金子起义的主力军。8 月 22 日秦耀等人在中共川东临时委员会的指示下，参与了池伏起义，③ 他率领龙多山武工队近百名队员，转战合川周围数县，连战皆捷。后秦耀率部前往华蓥山，建立华蓥山游击队，任总指挥。1949 年 3 月，秦耀在重庆被捕，4 月 19 日壮烈牺牲。从 1947 年秦耀接受中共地下党的改编开始，龙多山武工队就与敌人周旋长达数年，直到解放。④

五 龙多山寨的价值

龙多山寨具有重要的历史研究价值。白莲教起义初期，起义军游击作战，来去迅速，往往使追击的清兵疲于奔命，处处被动。后来清政府实行"坚壁清野"政策，令民众结寨堡自守，这使战争的主动权逐渐转移到清政府手中。这些山寨的修建，可以说改变了整个白莲教战争的格局。清政府与白莲教起义军在龙多山寨的激烈争夺，正是整个白莲教战争的缩影。另外，龙多山寨还是护佑当地百姓

---

① 江涛原名汪兴武，又名汪兴奎，1898 年出生于南川县观音乡汪家大塝一个富豪家里，中共党员，曾领导南川农民军攻打县城的斗争，兵败后转移他乡。1928 年年底赴潼南搞军运工作，领导改编后的农民赤卫队转战潼南、合川一带。因作战骁勇，足智多谋，人称"江师爷"，后误中奸计被害。

② 共青团四川省委青运史研究室编《追求之歌——四川青年英烈》，四川人民出版社，1987，第 37～45 页。

③ 池伏起义，"池"指四川省岳池县，"伏"指岳池县伏龙乡，池伏起义指的就是 1948 年 8 月 22 日由秦耀等同志发动的岳池伏龙起义。

④ 参见政协合川市文史资料委员会编《合川文史资料》第十六辑。

的坚固堡垒，白莲教起义爆发时，此地便是附近场镇居民的避乱之所。咸丰十年，"滇匪入境，（入寨）避乱者以数万计。逆匪蓝大顺、陈铁牛从山腰经过，卒无惊，诚为一方之保障也"。① 民国时期，社会动荡，匪乱丛生，秦鸿恩在龙多山寨设团防局防备、反击土匪，也很大程度上护佑了当地百姓的生命财产安全。再到后来，龙多山寨既是赤卫队与国民党"边防军"激战的战场，又是武工队开展革命工作的基地，见证了当时历史的发展，具有重要的历史研究价值。

同时，龙多山寨具有重要的文化遗产价值。首先是独特的军事文化。龙多山寨因山为城，控扼涪江，借助山险，易守难攻。寨门或依山凿石而成，或完全由人工砌筑，部分城门具有明确的纪年题记，是同类实物研究的重要标准器。城墙防御上巧用自然绝壁，使之与人工寨墙相辅相成。作为四川山地城寨的典范，龙多山寨在宋元、明清、民国都发挥过重要的军事作用，其军事文化价值是不言而喻的。其次是悠久的宗教文化。早在西晋时期，即有广汉人冯盖罗在此修道，永嘉三年（309 年）举家飞升。② 唐武则天时，曾敕令山僧于龙多山修建放生池。天宝十四年（755 年），韦藏锋曾奉旨在此醮祭。经历代经营，唐宋时期的龙多山上寺观林立，佛道并兴，一时蔚为大观。至今仍遗留有众多的摩崖造像，年代跨度大、题材内容丰富、雕刻技艺高超，是合川地区年代较早，艺术水平较高的摩崖造像，在巴蜀佛教石窟艺术从北向南、从西向东的传播过程中，具有重要的地位。再次是艺术文化。仅以碑刻题记而言，内容丰富，延续时间长，书法风格各异，且整体保存较好，在重庆地区实属罕见，具有重要的艺术价值，当然也是研究重庆地区宗教、历史、地理、文学、书法等方面的重要材料。最后是墓葬文化。龙多山寨内现存崖墓 3 座，明清石室墓 10 余座，僧人舍利塔墓 7 座，这些墓葬不但形制规整，而且保存相对较好，具有重要的考古价值。

此外，龙多山寨还具有得天独厚的旅游开发价值。龙多山蜿蜒如龙，风景奇秀，拥有众多珍贵的自然遗产。唐职方郎中孙樵游览此山之后，欣然写下传诵千古的《龙多山录》，其后更引无数文人墨客来此游览观光并题咏留念。清雍正三年（1725 年），福泰将龙多山奇观撰为八景，曰：鹫台献瑞、飞仙流泉、怪石衔松、晴岚绕翠、黄龙吐雾、赤城旧迹、横江白练、群峰堆翠，并"各为之诗，又附山居绝句一首，并刊于飞仙石巉岩敌台上"。③ 除此之外，山寨内外还有飞仙石、猪仙石、天鹅蛋、七步弹琴、望乡台、龙洞、情人坡、巴蜀分界石等诸多自然奇观，无不引人入胜。最可贵的是，几乎每一处自然奇观都有一个历史传说

① 乾隆《合州志》卷四。
② 乾隆《合州志》卷一〇。
③ 民国《新修合川县志》卷五一。

或历史事件与之相匹配，达到了自然与人文的紧密结合，这就为龙多山寨的旅游规划与开发提供了得天独厚的条件。

龙多山是巴蜀佛道名山，风景奇秀，历史悠久，文化积淀深厚，每年慕名而来的香客游人络绎不绝，这为旅游开发提供了基础，但也为文物保护工作提出了更高的要求。虽然在 20 世纪 80 年代，龙多山摩崖石刻已被公布为合川县文物保护单位，但是由于一些原因，龙多山寨遗址以及寨内的一些其他遗迹如古墓葬等，尚未被核定为文物保护单位，这是不利于保护与利用工作的。此次调查之后，合川区文管所的专家们已经着手划定龙多山寨遗址的保护范围，并编制旅游规划方案，相信在不久的将来，龙多山寨遗址会受到更好的保护与利用。

广安大良城寨堡聚落浅析[*]

符永利　于瑞琴

（西华师范大学历史文化学院）

　　自古以来巴蜀地区硝烟弥漫，所谓"天下未乱蜀先乱，天下既治蜀后治"，[①]即道出了该地区易成割据，战事不断的事实。由此四川地区特有的一种以应对战争、防御为主的寨堡便在一些险固的军事要地上应运而生，它是宋元明清以至民国时期四川军民曾经居住过的遗址，是一种具有一定空间并延续一定时间的文化单位——聚落。这种寨堡聚落，由于营建于战争环境中，故在保证居住功能的同时更多地体现了防御性，广安大良城就属于此种类型的聚落。

　　大良城坐落在广安市前锋区小井乡大良村莲花山上。莲花山的东、南两面有华蓥山作为天然屏障，西、北两面有滔滔渠江流绕，背可倚连绵雄山，前可扼渠江水运，地理位置极佳。此外，莲花山山势奇峻，峰平坡陡，相对高度达100米，山顶却平坦、广阔，易守难攻，是修建寨堡的理想之地。正因为有这些地理上的优势，宋理宗淳祐三年（1243年），莲花山曾被选择修筑大良城，并迁广安军治所于此。[②]

　　大良城成为军事基地并发挥重要作用起源于宋蒙战争。宋淳祐元年（1241年），成都再次落入蒙军之手，四川局势异常严峻，余玠在此紧要关头得到宋理宗的赏识，被任命为四川宣谕使，[③]他采纳冉氏兄弟的建议，执行"守点不守线，联点而成线"的战略方针，在四川修建一批山城，大良城即被纳入其中。

---

　　* 本文受国家社科基金项目"嘉陵江流域石窟寺研究"（11XKG003）和西华师范大学西部区域文化中心重点项目"嘉陵江流域道教石窟寺的调查与研究"（XBYJB201101）资助。

　① 欧阳直：《蜀警录》，巴蜀书社，2002，第184页。
　② 《宋史》卷八九。
　③ 《宋史》卷四一六。

宋蒙双方对大良城的争夺战十分激烈，曾五易其手，最终归于元军。之后，清嘉庆年间（1796～1820 年）、咸丰五年（1855 年）和民国四年（1915 年）均在宋代大良城原址上进行多次培修，对内，在城寨内部增设水井、场镇等生活设施和窟龛、造像等宗教设施，对外，在大良城周围新修一些城寨，弥补了城寨过于稀疏而难以真正起到救济作用的缺憾，在基本保留宋代格局的同时，进一步完善了大良城生活体系和层级防御体系，在明末张献忠起义、清嘉庆白莲教暴动、民国军阀混战时期发挥了巨大作用，"民倚赖如长城焉"。① 经过多次培修，防御及生活体系逐步完善，大良城逐渐成为四川山城寨堡聚落的典范之作。

从现有各时期遗存观察，大良城具有独特的规划思想与组织原则，作为四川寨堡聚落的代表，具有研究上的典型性。但由于时代久远及自然和人为方面的破坏，大良城现有遗存多是清代或民国时期在宋大良城基础上重修后遗留下来的，仅有个别地方尚保留一些宋代特征，因此仅仅开展宋代大良城研究的条件尚不具备。本文即从现有大良城遗存的布局原则、防御体系、生活体系等方面探讨多次维修后的大良城寨堡聚落体系，并尽可能还原、研究宋代大良城防御及组织形式。

一　大良城寨堡聚落的布局原则

城邑是权力的象征，也是维护权力的必要工具，城邑这一特性决定其首要任务就是护城御敌。但大良城在抗击敌军以求自保的同时，还是军民赖以生存的自然家园，是一座亦兵亦农、自给自足的寨堡聚落。

考察大良城现有遗存的功能，可将其划分为防御体系和生活体系两个方面，且防御体系主要分布在靠近渠江的一面，生活体系则主要分布在靠近华蓥山的一面。如此布局，既可护城御敌、保障城内生活，又可控制附近水路交通，充分利用大良城的地理优势，为上下游地区安全保驾护航。

川渝地区陆路交通较为不便，水路运输就变得极为重要。大良城控制了渠江水运就可以拦截敌军粮草，也就相当于保证了下游钓鱼城和重庆城的安全。因此靠近渠江的北门和西门的防守就相当重要，这两处城门的设防也较为险峻。北门的城门两侧是悬崖峭壁，自然条件优越，而且有对面小良城友军的协助，更为易守难攻。西门则把天然口袋型谷地改造成瓮城，且有多座城门设立在西门附近，对西门的重视程度由此可见一斑。

相较于西门、北门的天然险峻，南门则为主动开山凿石增筑而成，以方便与

---

① 宣统《广安州新志》卷三九。

华蓥山的沟通。南门由内外两道城门组成，根据内南门附近的凿痕和地形地势看，内南门应是在原有崖壁上凿出缺口后建造的，城门两侧有城墙与峭壁相接。为加强对南门的保护力度，在距离内南门 20 多米处建有外南门，两道城门之间的通道也是从垂直的绝壁上挖凿而来，因此南门是最凶险，也是设计最巧妙的一处城门，不仅保证了大良城的安全，同时也加强了与外界的联系。

二 大良城寨堡聚落的层级防御体系

大良城作为军事性聚落，其修建目的及首要任务充分体现了防御思想，在这种思想指导下而设计的聚落组织体系也充分体现了防御性。这种防御性组织体系与秦晋地区堡寨聚落①有相似之处，大体可以分为物质防御与精神防御两个层面，但大良城与之相比又有其独特之处，它不仅有一套严密的城内防御体系，还与周边城寨组成一个大型聚落群，形成一套大范围的、各城寨之间互动性极强的防御体系。大良城的独特之处并不仅限于此，它同时还有卫星城寨的拱卫，这是四川地区大多数山城所不具备的特点。由此，大良城便形成"外层防御""中层防御"和"内部防御"三个层级组成的规划独特、层次分明、组织严密的防御体系。

（一）外层防御

大良城并非孤立地存在，周边设置有众多大大小小的城寨，组成一个星罗棋布、纵横交错的聚落群，各城寨紧密联系，互成犄角之势，大大提高了四川地区的安全性。

从大的地域范围来看，四川地区类似大良城的城寨不胜枚举，除云顶城、运山城、大获城、得汉城、白帝城、钓鱼城、青居城、苦竹寨等川中"八柱"② 之外，还有小宁城、平梁城、天生城、多功城、神臂城、赤牛城、重庆城等知名城寨，根据何平立先生的研究，四川这些城寨组成"前沿阵地带""主要防御地带"和"后方阵地带"三条防线。③ 不论如何描述这些城寨之间的关系，它们均占据交通要道，沿着敌军进攻的方向互相援助，层层抵御。大良城正是四川山城防御体系中一颗重要棋子，将渠江流域各城寨连成一个整体，既可为上游小宁城与礼义城提供后备力量，又可作为下游钓鱼城、多功城的先锋部队，渠江流域的

---

① 王珣：《传统堡寨聚落研究——兼以秦晋地区为例》，博士学位论文，天津大学，2004。
② 苏天爵：《元文类》卷四九，四部丛刊景元至正本。
③ 何平立：《略论南宋时期四川抗蒙山城防御体系》，《军事历史研究》1996 年第 1 期。

安全与整体作战能力的提高又为重庆城提供了安全保障。众多山城紧密配合，打乱了蒙军"取蜀灭宋"的军事部署，且在明末张献忠起义、清嘉庆白莲教暴动、民国军阀混战时期为四川民众提供了不少避难所。

宋军"守点不守线"的策略和层级防御体系取得了显著成效，这在客观上也促使蒙古军队不得不采取类似的方法反作用于宋军，虎啸城就是蒙军安插进山城体系中的一个铁钉般的"点"，其意图就是要打破这种层级防御体系。虎啸城建成于元世祖中统四年（1263年），位于大良城下游约21千米处，靠近渠江，距江仅有两千米左右，地势雄廓，"俯瞰渠江"，[①] 尽占地理优势。另外，华蓥的章广寨也是出于同样的战略目的由蒙军建造的。此二寨的修筑，就像利剑直扎入大良城为主的聚落群，昼夜拦截渠江流域大良城与钓鱼城之间的物资交流，以至于"宋以兵护粮至大良平者，苦战于此山下始得入。"[②] 虽然蒙军所建寨堡在明、清、民国时期已同大良城一样成为普通民众的庇护所，但各寨堡之间的争夺战不曾断绝，大良城外层防御体系的威胁始终存在，为之带来不少困扰，幸而有赖于大良城中层防御和内部防御体系，方避免了一处失利、处处失利局面的出现。

（二）中层防御

从小的地域范围来看，大良城四面筑有护卫的卫星城寨，如东面的大岩寨、曾家寨，南面的太平寨、石谷寨，西面的双鱼城和北面的小良城，这些卫星城寨以大良城为中心组成一个聚落群，构成大良城的中层防御体系。以小良城为例，其规模虽然不大，面积仅为大良城六分之一，但"去大良一里，一峰插天，石岩险峻"，[③] 靠近渠江牛背险滩，地理优势明显，它不仅构建有城门、城墙等基本防御设施，还具备耕地、水源等重要生活条件，既可独当一面又可及时为大良城传递渠江上的信息，与大良城遥相呼应、共同御敌，为拦截敌方物资和护送友军提供极大的便利。

值得一提的是，南宋时期中层防御体系仅有小良城一座卫星城寨，即当时虽已有这一体系，但难以起到更大的救济作用，清代增修其他五座卫星城寨，使中层防御体系更为完备。

（三）内部防御

内部防御是层级防御中最核心的一环，只有保证本城的安全才能在四川山城

---

① 宣统《广安州新志》卷六。
② 宣统《广安州新志》卷四。
③ 宣统《广安州新志》卷六。

防御体系中贡献力量。与其他地区山城一样，大良城内部防御也可分为物质防御与精神防御两个方面。

1. 物质防御体系

与平原地区的城寨相比，大良城舍弃了护城河、吊桥等常用设施，因地制宜，充分利用方山特有的地理优势，创建了独特的山城物质防御体系。这种体系不仅包括城墙、城门、瓮城等人工要素，而且将自然因素融入其中，使险崖、曲流为我所用，构成了人力与自然有机结合的防御要素。这些防御要素分布在大良城四周，将之环绕封锁起来，形成一个实体化边界，强化了大良城的内外空间，使之对内可保证一定的安全性，而对外则具有一定的防卫性。

（1）城墙。

《管子·乘马》："凡立国都，非于大山之下，必于广川之上，高毋近旱而水用足，下毋近水而沟防省，因天取材，就地利，故城郭不必中规矩，道路不必中准绳。"① 大良城就采用了这种筑城原则，没有刻意追求平原城市方正、规整的效果，而是采取依山就势、因地制宜的做法，利用莲花山险峻陡立、易守难攻的特点，将四周悬崖峭壁改造成天然城墙，形成坚固的外围线性防御圈，成为抵御外敌的主要屏障，也是大良城的防御主体。天然城墙的利用不仅缩减了城寨的造价，也缩短了筑城时间，有利于在战争紧要关头占据军事要地、掌握战争主动权。

除巧妙利用崖壁外，大良城也使用人力加工的石块来砌筑城墙。据调查，目前断续残存有数百米长的城墙，主要分布在东门和南门附近，小西门与长庚门之间以前也有城墙相连，现已不存。人工城墙一般多修建在城门左右两侧，与山体相连，或在山崖断接之处，以弥补天然城墙防御上的不足。城墙均由凿制规整的石块垒砌而成，规格大小不统一，根据凿痕可推断石块多为宋代和清代所制。

沿着陡峭崖壁修建的不规则人工城墙与高大笔直的天然城墙相结合，从山下望去如入云天，不仅在心理上可以威慑敌人，而且使威力颇大的抛石机在这里失去了用武之地，大大增强了大良城的外围防御性能。

（2）城门。

莲花山悬崖峭壁间有几条峡谷缓坡可与外界互通，在这些外围线性防御体系中较为薄弱的地方建立城门，就可以完全掌握进出寨门的主动权，并将敌人隔绝在山下。因此，防御的重点区域就在城门处。城门由石块垒砌而成，与崖壁色彩一致，容易与周围环境融为一体，美观且具有良好的隐蔽性。敌军站在城墙外的峡谷缓坡上仰望，只能看见葱郁的树林而见不到城门，但城门上的防守者可清楚

---

① 《管子》卷一，四部丛刊景宋本。

地观察到入侵者的行踪，在敌军尚未找到城门时就将其消灭，这也是有效防御的重要措施之一。

大良城原有城门12座，即东门、南门（内外两道）、西门、北门、小东门、小南门、小西门、小北门、长庚门、月亮门、寿星门，其中的小东门、小南门、月亮门及东门已被毁坏。城门多是在崖壁缺口处设立，点状防御与线性防御相结合，使大良城更加易守难攻，其中北门、西门、南门最能体现这一点。

北门位于大良城北侧偏西，城门右侧是悬崖峭壁，左侧修建一段城墙与山体相连。城门外是深沟巨壑，仅有一条石板铺砌的羊肠小道通往山下，站在城门上俯视，山下情形一览无余，居高临下，占尽军事优势。除优越的自然条件之外，北门还可与对面小良城形成南北夹击之势，是大良城最易守难攻、最具有防御性的一道城门。

西门所在是一个口袋形谷地，底部靠城，为悬崖，两侧亦为陡立的悬崖，分别有两个山梁向前方延伸，约1里处形成一个较低的山口，此处坡势较缓和，实为防守上的薄弱点。因此，西门附近的防御应是大良城的重点。规划者将西门建在口袋底部的悬崖上，于两侧山梁分别建有月亮门和太乙门，又于袋形口部的缓坡山口再建一道长庚门，如此一来正好形成一座巧妙的瓮城。众多城门按地形方位布置，前后呼应，左右配合，若敌军攻进长庚门，守军即可对敌形成"瓮中捉鳖"之势。这种借助地势的巧妙构思，变劣势为优势，大大增强了西门的防御能力。

南门是双城门结构，内外两道城门相距20多米，构成南门的瓮城体系。外南门右侧为悬崖，左侧为峭壁，两道城门之间是一条在垂直绝壁上挖凿出的狭窄梯道，一旦攻城敌军进入这样的瓮城之中便再无继续前进的可能。

三门海拔均为376米到415米，城门高3.38米到3.67米，宽1.76米到2.35米，进深2.62米到4.12米，城门顶上是否有其他建筑已无迹可寻，但建瞭望台等设施的条件是存在的，即使城门上没有类似设施，大良城优越的自然条件也能使守军掌控山下的情形。

2. 精神防御体系

大良城军民不单有高大的寨门和险峻的寨墙等物质防御手段，也在精神层面上寻找寄托，通过祭天、祭地、祭祖寻求神灵和祖先的庇护，这些宗教设施多建于明清时期，宋代是否已经存在尚不可明判。大良城众多宗教设施是战乱时期大良城军民强烈的求安心理在精神层面的物化反映，大致可分为三类。

（1）寺观。

此类宗教场所包括大良城北侧山下的尼姑庵、南门附近的南方寺、东门内新街西侧的祖师殿和小东门南侧的善堂等。

尼姑庵是大良城规模较大的一处宗教场所，有前殿、正殿、后殿三重殿宇，两进院坝，东西各有配殿，遵循了沿中轴线对称的布局形式。山门左次间保存有五通清代功德碑，碑文内容反映了尼姑庵曾多次妆修佛像的历史。此外，前殿门口的石狮、制作繁复的柱础石都给人一种庄严肃穆的感觉，表达了人们的敬畏之情和对该宗教场所的重视程度。尼姑庵的保存状况不甚乐观，但尚有一部分遗物、遗迹存留，而南方寺则破坏十分严重，过去曾建有高大的石桅杆、牌坊之类的建筑，但被陆续毁掉，现均不存。

宗教信仰的派别不同，传承便不同，其所供奉的崇拜对象便也会呈现不同的变化，而民间信仰对供奉对象更没有严格界定。大良城祖师殿应当是供奉道教尊神或佛教的禅宗祖师，但这里供奉了上求菩提、下度众生的菩萨像，所表达的思想也就变成了祈求菩萨拯救黎民于水火之中的愿望。善堂原指育婴堂、养老院等慈善机构，本无菩萨像，但因善堂是由黄勤菩萨庙改造而来，人们便保留了对黄勤菩萨的供奉，在做慈善的同时也将之作为宗教场所，通过虔诚祠祀以祈求黄勤菩萨保佑大良城风调雨顺。

这些宗教场所都透露着人们的自我慰藉和对安定生活的向往，是大良城精神防御体系中不可缺少的一部分。

（2）龛窟。

龛窟遗迹多分布在城门外，一座至多座不等，如东门附近的土地龛、菩萨庙龛、三圣造像龛，西门附近的观音庙龛、土地龛，小北门附近的观音龛等，时代亦以明清为主。这些龛窟的开凿给人们提供了一种心理安全感，坚固的城门加上神灵的保佑必定可以抵挡敌人的进攻，因此这些龛窟最能直接地表明人们的精神防御思想。

（3）私宅。

除了上述在专门的宗教场合对神佛进行祈祀，寻求保护以体现精神防御之外，大良城民众还在更小化的私人单位——家族或家庭中，体现出较强的精神防御性。这种传统一直保留下来，即使在今天亦能清楚地看到。如大良城内一个普遍现象，便是几乎每家正房的室内正壁上方均设有"天地君亲师"之位，专用于祈求"天、地、祖"的保护，寻求心灵的安宁。另外，正房门额上方多悬有面目狰狞、口吞宝剑、驱邪逐恶的"吞口"，这种建筑装饰更多的是具有避邪、护宅的作用。

总的来说，不论是庄重严肃的正式宗教，还是注重世俗、形色各异的民间信仰，都反映了人们在乱世寻求保护的迫切心理，他们将希望寄托在无所不能的神灵身上，体现的其实是精神防御的特征，这种虚幻背后的精神寄托无疑构成了大良城的精神防御系统。

三 大良城寨堡聚落的生活体系

虽然大良城是为了战争而修建，并在各时期的战争中发挥了巨大作用，但它兼具多种职能，不把战争作为唯一的主题。类似于张珏在钓鱼城"外以兵护耕，内教民垦田，积粟米，再期公私兼足"[1]的做法，大良城军民实行耕战结合，战时设险御敌、守境安民，平时耕种田地、聚粮养兵，除城门、城墙等防御性设施之外，城内生活设施齐全，包括水源与耕地、道路与场镇、院落、私塾、宗教场所等，完全可以满足除战斗、守卫、避难之外的农业生产与日常生活需要。

（一）水源与耕地

水是生命之源，是生活中必不可少的东西，民以食为天，耕地是生存的必备条件，水源与耕地是大良城这种寨堡聚落生活体系中最为重要的两项。陈寅恪先生在提及坞堡选择的条件时也曾说："凡聚众据险者，欲久支岁月，及给养能自足之故，必择险阻而又可以耕种，及有水源之地。其具备此二者之地，必为山顶平原及溪涧水源之地，此又自然之理也。"[2] 大良城就属于具备水源与耕地，同时又据险扼要的山顶平原。

山城大多取水不便，但大良城水资源特别丰富，水塘和水井随处可见，目前共有 11 个水塘和 12 口水井。[3] 处于东门和北门之间，始筑于宋、明清以至近现代又屡经修葺的山湾水塘，是现存面积最大的水塘，十余亩，大旱之年也不会干涸，是大良城农业用水和生活用水的主要来源。除水塘外，清代、民国时期曾增挖多口水井，一般靠近居民生活区域，或分布在田地附近，方便人们的日常生活饮水和农田灌溉。大良城山泉也很丰富，小北门和东门附近各有一股山泉，小北门的泉水每小时可以接 20 挑（相当于 1 吨水），东门的泉水可接 10 挑。充足的水源保证了大良城军民的生存需要，如今依然为大良城村民们在此安居乐业提供着必不可少的保障。

耕地在大良城生活体系中也占据着极为重要的地位。大良城耕地较多，土质肥沃，气候温暖湿润，又有丰富的水资源，在饮食方面完全可以自给自足，符合

---

① 《宋史》卷四五一。

② 陈寅恪：《桃花源记旁证》，《清华大学学报》（自然科学版）1936 年第 1 期。

③ 据前锋区旅游局所提供的资料显示，大良城内有水塘 10 个，其中最大的一处占地 26 亩，有水井 21 口；胡昭曦先生在《广安县宋末大良城遗址考察》（《四川文物》1985 年第 1 期）一文中提到有 19 口水井。本文此处所引数据，来自笔者 2013 年的实地调查。

军事家选择作为屯兵固守之地的要求，也完全达到普通民众选择作为安居乐业之地的标准。根据胡昭曦先生的实地考察，大良城内可耕地多达 600 多亩，农作物既有水稻等水田作物，也有红苕、玉米、大豆等旱地作物，此外还有不少蔬菜、水果满足人们日常所需。但大良城居民的可耕地数目绝不仅限于此，人们的活动范围并不局限在大良城内部，山下的土地也在人们开垦的范围之内，北门外至今仍有大片良田。

将粮食制作成食物当然离不开石碾槽和石磨等粮食加工工具，二者在大良城内多处可见。石碾槽由整石凿成，多被废弃而斜覆于路边，内有槽，与石碾子配合使用，用于碾磨粮食。石磨是常见的生产工具，满足了大良城居民的生活所需，非常具有实用性，同时又是重要的历史遗物，见证着农业社会的发展过程，具有一定的历史文化价值。

（二）道路与场镇

大良城主要道路有石板街和新街两条。石板街是城内目前所见最古老的街道，长 500 多米，连接西门和南门，另有一条支路通往小东门，整条街全部由青石板铺砌。街两侧商铺林立，被当地人又称为"石板场"，曾经是大良城的主要贸易区，新中国成立前还保留有四五十家商铺，但最终毁于战火，逐渐衰败。石板街沟通着西门与南门，全石板铺就，既方便了西、南方向的人流来往与物资运输，又大大改善了雨后出行的交通状况，而石板场的形成则为居民的日常生活提供了极大的便利。

新街是另一条主要街道，为与石板老街相区别而得名，位于东门内，由青砂石铺砌，[1] 临街建筑多木板铺面，粉墙青瓦，是富有川东民居特色的房屋。新街是大良城与城外其他寨堡连通的唯一一条大道，也是大良城居民主要的生活区域。民国时期库官胡继雨的庄园——胡库官院子、地方军阀郑启和的砖砌四合院等，均在这条街上。由于这里交通便利，位置相对安全，民国军阀割据时期制造枪械的兵工厂也选择设在此处。大良乡政府时期，学校、商铺、供销社、卫生站等也均在这条街上。直至现在，新街的重要性也没有衰减，大良小学、商铺、诊所等仍聚集在这里。

除了石板街和新街这两条主干道，大良城内还有若干条小道通往各个城门和各家各户，灵活设置的道路将大良城分割成几个部分，既便于管理，又方便城内沟通与信息传递。同时，道路与房屋穿插，形成丰富多变的景观与迷离莫测的气氛，给不熟悉大良城内部交通的入侵者增添一种心理压迫感，在一定程度上削弱

---

① 新街现已为水泥路面所取代，旧貌不存。

其攻击性。

（三）院落

大良城上原来的老建筑较多，除上文提及的尼姑庵、南方寺、土地庙、善堂、祖师殿等宗教设施外，还有佃户老宅、胡库官院子、铜元局、大操坝等。佃户老宅位于大良小学的左侧，三合院形式，穿斗木结构，正房为歇山顶，厢房为悬山顶，小青瓦屋面，竹编泥墙，中间为院坝，今天仍为佃户后人居住使用。胡库官院子位于今天的大良小学内，是民国时期任"库官"一职的胡继雨的住所，也是民国军阀割据时期制造枪械的兵工厂。铜元局由民国时期郑启和创办，位于南门附近，旁有一水塘，又叫铸钱局、制币厂，是专门铸造铜圆硬币的地方。新街附近，有一片平坦地带，被称作砖石梁子，据说当年这里有一砖砌四合院，是民国时期地方军阀郑启和在大良城居住的地点。郑启和曾在此操练军队，因而此地又被称为大操坝。

院落是大良城最基本的生活单元，除佃户老宅采用三合院穿斗木结构外，其他普遍采用传统的四合院式石砌住宅，外墙砌筑高厚而坚固，不开窗或在较高处开小窗，利用内院采光。空间设计上常采用照壁、隔断，对视线起遮蔽作用，这也是对内院私密空间的一种保护。

（四）私塾

私塾位于小东门西侧，早已不存，具体情况不详，私塾所在地现在被作为耕地使用，私塾的职责现由大良小学继续承担。私塾作为大良城聚落生活体系中教育生活的一部分，它的存在说明即使在战争时发的年代，教育仍然占据着重要位置，人们并没有为了生存而忘记提高生活质量。

（五）宗教设施

宗教设施不仅是精神防御的载体，同时也是人们日常宗教生活的见证。大良城的宗教设施不仅有尼姑庵、南方寺、祖师殿、善堂、土地龛、菩萨庙龛、三圣造像龛、观音庙龛等敬神场所，还包括家庭中对"天地君亲师"的祭祀和门额上驱鬼的吞口装饰等，此外还有西门湾里的和尚坟墓区，集中埋葬大良城寺庙里的和尚。这些宗教设施不仅在规模上有大小之分，在信仰类别上也有区别，但不论是哪种宗教派别，只要能满足人们的需要就会受到推崇，体现了大良城居民宗教生活的丰富性和中国民间信仰功利性、多神崇拜的特点。

四 结语

大良城在南宋名将余玠治蜀时期成为重要军事基地并发挥较大作用，是南宋为抗击蒙古而发动军民修筑山城浪潮中的产物，经过清朝和民国时期的多次培修，逐渐成为四川山城寨堡聚落的典范之作。在军事方面，它是整个四川山城防御体系的重要组成部分，是利用其得天独厚的地理条件，在险峻的方山之上修建的寨堡聚落，并与周边卫星城寨和其他大型城寨相呼应，共同构成了四川山城层级防御体系；在生活方面，大良城丰富的水源与肥沃的土地免除了居民的衣食之忧，场镇、道路等提高了他们的物质生活水平，教育和宗教设施丰富了他们的精神生活，在战争频发、民不聊生的岁月里，大良城不但满足了人们日常生活与社会生产的需求，还满足了其宗教生活、教育生活之需，为一方百姓构筑了一个避风港湾。总之，大良城既是军事上防御性极强、易守难攻的军事堡垒，也是生活上自给自足，物质与精神兼顾的自然家园，堪称四川寨堡聚落的典范。

现有大良城遗存所表现出来的布局原则、防御及生活体系等方面的特征大多也适用于宋代大良城：从布局原则看，川渝地区水路交通运输的重要性不曾改变，因此明朝、清朝、民国时期大良城所利用的防御和生活设施的布局也只能是在宋大良城基础上稍加变动，不会发生大的改变；从层级防御体系看，宋代小良城、大岩寨、钓鱼城、小宁城等城寨及各城寨城墙、城门营建后位置便是固定的，后世不大可能再变动，只能在原有基础上加以修补，因此大良城的层级防御体系在南宋时期就已形成；从生活体系看，耕地和水源作为一个城寨在战争时期长久存在下去的必备因素，是大良城被选为寨堡时就已具备的条件，场镇、道路是生活的一部分，是自发形成的、最常见的生活元素。因此，宋代的大良城至少是一个拥有层级防御体系、亦兵亦农、自给自足、防御与生活兼顾的避风港湾，在较长历史时期内抵御了外敌的侵袭，在一定程度上保护了一方百姓，发挥了重要的历史作用。

◎ 地方档案

地方文献整理向何处去
——基于清代地方档案整理现状的反思

吴佩林

（西华师范大学历史文化学院）

史学即史料学，地方档案乃重要的一手史料，其价值不容估量。时下，地方文献整理，方兴未艾，学界青睐，国家重视。"加强文献资料的整理研究"被确定为繁荣哲学社会科学的重要内容，相关的国家社会科学基金重大项目立项数也明显增加。而检视整理现状，成果虽呈"井喷"之态，整理方法也在不断改进，然整理方案仍多各自为政，缺乏共识，旧有且不可取的整理方案仍在不同的地方重复着。如何科学、规范地设计整理方案，如何迎接大数据时代的挑战，如何实现数据共享，特别是如何更好地避免重范过去的错误，是摆在我们面前亟待思考和解决的问题。

一 是保持原档风貌，还是另行分类？

基于档案学的"来源原则"，对档案的整理，存留档案"原件总量"和保持"档案排列原貌"是需首要考虑的。但是，时下各地地方档案整理，与此原则相去甚远，"边整理边破坏"的现象非常严重。甚至在一些地方，粘连成坨的档案被直接扔弃，或成为纸厂的原料。在分类上更是破坏了档案保存的原貌。举例言之：清代《巴县档案》，整理者打破了档案原有的"按房保存"的格局，根据今人的划分标准将档案按内政、司法两大类进行了人为的分割。其下内政类又分为职官、军事、政治、财政金融、文教、交通邮电及其他等，司法类又分地权、房屋、借贷、欺诈、家庭、妇女、继承、商贸、凶殴、盗窃、租佃、赌博等。直隶顺天府《宝坻档案》亦按职官制度、民警政务、宪政、法律词讼、镇压革命运动、军务、财政金融、农林商务、外交往来、传教、礼仪、文教卫生等进行分类整理。台湾《淡新档案》的整理也很典型。当年戴炎辉教授以清代地方行政与近代法律的概念按行政、民事、刑事三编分类整理，后来的学者已发现，"入行政编的很多案就是诉讼案件，如果将之归入民事编或刑事编也未尝不可。甚至，戴教授对于每一个'案'的归类，也存在着各种问题。例如，一个'案'在诉讼之初控诉者号称被掳禁，因此被归类为刑事编的'人身自由'，但随着诉讼的进行、案情的发展，反而让人觉得应该归入民事编的'钱债'"。① 庆幸的是，四川《南部档案》是为数不多按房归档整理的清代地方档案。

简言之，上述"不当"分类整理法不适用于初次整理，但在数字环境下，它可纳入后期深入整理阶段。这样既可以保持档案原貌，又可以发挥"分类"的固有价值，方便利用者。

二 是点校，还是影印？

过去的档案整理，点校者不少，如 20 世纪八九十年代四川省档案馆与四川大学历史系合作整理的《清代乾嘉道巴县档案选编》（2 册），四川省档案馆整理出版的《清代巴县档案汇编·乾隆卷》，四川省档案馆编辑的《四川保路运动档案选编》《四川教案与义和拳档案》，四川省民族研究所和四川省档案馆整理出版的《清代冕宁县彝族档案资料选编》，戴炎辉整理的《淡新档案选录行政编初集》（4 册），台湾大学图书馆编的《淡新档案》（36 册），等等。此外，《四川档案史料》《档案史料与研究》《四川档案》等期刊按主题刊布的一些档案资料亦多"点校"（见图1）。

图1 四川南部县同治九年
官代书戳记

客观而论，点校自有其优点，如同一页能容纳的可读文字更多；点校本比影印本价格更便宜等。但点校本也存在很多问题，最大者是，大量信息特别是图像一类的非文字信息常被人为遗弃，继而导致不少问题被研究者忽略，或者是抓住了某个问题却无法深入研究。例如，在清代诉讼中，要求两造使用状格纸。事实

---

① 吴密察：《清末台湾之"淡新档案"及其整理》，第二届地方档案与文献研究学术研讨会会议论文，四川南充，2014 年 11 月 28 日。

上，状格在不同时期、不同地区的长、宽、状格数多有变化，而这些正是研究清代诉讼文书、诉讼要求的重要资料。又如，档案中的图记（如幕友闲章、官代书戳记）含有研究清代地方行政的重要信息，但这些资料和信息很难通过点校的形式展示出来。此外，误识、误点现象更是普遍存在。例如，在一点校本中，点校者将"仍即补刊抱告，遵式另呈备案"中的"抱"点成了"报"字；[①] 又如在一篇利用清代《冕宁档案》讨论"特定身份人告呈资格"的论文，将最核心的材料"生监、老幼、妇女、残废之告状，无抱告不准"识读成了"生监者幼妇女残废之告状无抱告者，不准"，其中"老"字被识成了"者"字，后又多一"者"字，一字之误，谬以千里。诸如此类，档案的价值大打折扣。

当然，档案的大部分内容于利用者而言，影印件和点校本不会有太大差异。真正对利用者构成阅读困难的那极少一部分也恰恰是点校中最容易出错的部分。针对这种情况，采取原件影印并对这些极少数难以辨识的文字、图像、难解词句、制度附加考证说明不失为一种可行的做法。如此，既不会误导利用者，又可以为历史档案整理奠定深厚基础，充分体现档案整理的学术价值。

三　是黑白制作，还是原色翻印？

缩微技术从 20 世纪 70 年代开始广泛应用于档案管理，目前至少有台湾《淡新档案》，河北《宝坻档案》，四川《巴县档案》《会理州档案》《南部档案》《冕宁档案》等 批档案制作了缩微胶片。随着信息技术的发展，原来单一载体的胶片缩微模拟技术，已发展到胶片、光盘、网络等多种载体的数字混合技术。数字化做法是理想的档案存贮介质，对保护和抢救珍贵档案、开发和利用档案信息资源的价值都有极为重要的意义。

不过，出于技术与成本的考虑，过去的档案缩微胶片多以黑白形式呈现。这种制作方式不仅没有达到保存档案多色彩原貌的目的，而且阅读者根本无法对档案中大量的不同色彩重叠的印章戳记信息进行有效识读。诸如红契、红禀一类的档案缩微成黑白片后，几乎全是黑色的，内容极难识辨。不仅如此，工作人员在制作过程中，由于对档案保存的完整性意识不够、工作态度不认真、技术缺陷等因素，还不同程度地存在档案复制单件不完整、掉页、脱页的现象（见图 2）。

很显然，原色翻印更符合相关研究的需要，也可以确信，随着技术的更新，它必然是未来发展的趋势。

---

① 楚雄彝族文化研究所编《清代武定彝族那氏土司档案史料校编》，中央民族学院出版社，1993，第 176 页。

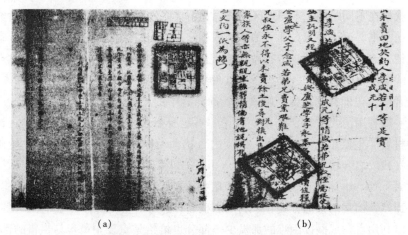

图2　黑白胶片存在的无法识读问题

四　是选编，还是全部出版？

现在已能看到大量的档案选编。"选"，有两种情况。其一，选"件"而非完整的"卷"。清代，文书处理完毕，均要立卷、归档，汇齐后粘连各件成卷，一案一卷，卷皮通常也要写明衙门名称、案由、立卷房名、立卷时间，内容完整而连贯，但现有的关于《巴县档案》的出版资料，皆从"卷"中剥离出来，以"件"为选取单位（见图3）。2008年国家清史编纂委员会出版的《巴蜀撷影——四川省档案馆藏清史图片集》，择取了《巴县档案》、《南部档案》、《冕

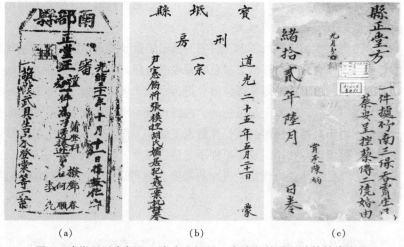

图3　清代四川南部县、直隶宝坻县、台湾新竹县三地的档案卷面

宁档案》、《会理档案》等档案馆的 500 幅原件，并彩色印制，但其选取的资料异常零散。这样的整理，其结果是阅读者很难看到一个完整的故事——这对于研究而言是非常不利的，难以复原一个完整的历史场景，当然也就难以得出符合历史实际的、可以确而信之的结论。

其二，选部分"卷"而非档案全部辑录，早先整理出版的《巴县档案》即是如此，最近出版的浙江《龙泉司法档案选编》虽然将一个卷宗选完，但其出版的内容并不是龙泉档案的全部。对于研究者而言，研究一时一地的法律与历史，仅仅依靠其中的"司法"档案是远远不够的。

对于体量很大的档案，出版、销售都会确有困难，可以考虑纸本出版与数字出版相结合，印制少量纸本，供图书馆收藏，同时单独销售数据库。

五　如何提供研究者所需的数据？

基于飞速更新的现代信息技术，提供系统、丰富、完整的数据库，建立能够资源共享的大数据、云平台是以后档案整理的重点和趋势。数据库的开发，至少有两项工作要做：一是发掘文献本身的特性或属性，并在此基础上建立起多维检索系统；二是确立"数字人文"的观念，这需要研究者、档案界、科技界（包括数据库运营商）互助合作，将数字档案运用到分析系统中，为人文研究提供服务。但是，迄今为止，能够提供州县档案目录检索的单位为数甚少，全文检索更是奢望，遑论"数字人文"的实现。

不仅如此，现有的清代官方档案与民间文献整理方式也无法实现不同数据的跨库检索。我国的清代档案整理主要依据的是中华人民共和国档案行业标准 DA/T8－94《明清档案著录细则》，20 世纪 90 年代前后《淡新档案》的整理主要借助《十二字段表》来处理。数以千万件计的民间文献在元数据（metadata）的确定上仁者见仁，各自封闭进行，完全没有一套可以通用的标准。如何实现数据库网络环境下档案内容的关联与融合，是今后的整理工作需要考虑的课题。

地方档案整理，受制于人力、财力、物力、科技发展水平以及整理者的观念和意识。基于以上的讨论，我们应以怎样的态度科学地、规范地整理地方档案，至少方案可以有更好的选择。除了本身不可克服的因素外，我们再也不应该一如既往地试错、不断地重复过去的错误了。总而言之，时下大多数档案仍"藏在深闺人未识"，未得开放。症结何在？是到了政府决策与管理部门认真反思、改进和解决问题的时候了。

南部档案宗教文献研究断想

王雪梅

（西华师范大学历史文化学院）

《清代南部县衙档案》（以下简称《南部档案》），是清代四川南部县的衙门档案，今存于四川省南充市档案馆内，包括当时的朝廷诏旨、官府札令、咨函等官方文书以及民间契约等私人文书。《南部档案》是近年为国内外学者所熟知的县域地方档案，学术界对南部档案的整理研究始于 20 世纪 90 年代。近二十年，海内外间有学者运用《南部档案》研究相关问题，如苏成捷《清代中国的卖妻契》、里赞《晚清州县诉讼中的审断问题》、杨兴梅《身体之争：近代中国反缠足的历程》、徐跃《清末四川庙产兴学及由此产生的僧俗纠纷》以及《清末四川庙产兴学进程中的砍伐庙树》、吴佩林《清末新政时期官制婚书之推行：以四川为例》、郑杰文《清代南部县衙档案所见川北民风民俗》、苟德仪《在"耳目"与"蠹贼"之间——从〈南部档案〉看清季南部县乡约的废除》、左平《清代州县书吏探析》、吴佩林《清代县域民事纠纷与法律秩序考察》、毛立平《"愚妇无知"：嘉道时期民事案件审理中的下层妇女》等论著，蔡东洲等《清代南部县衙档案研究》则是迄今第一部全面研究南部县衙档案的专著。就《南部档案》的整理而言，有蔡东洲等编著的《清代南部县衙档案目录》，"《清代南部县衙档案》整理与研究"已纳入 2011 年第二批国家社科基金重大招标项目。

综观"清代南部县衙档案"的整理研究，有几个特点：第一，已有研究成果主要集中在法史、社会史以及基层组织方面。第二，已有整理成果主要是档案目录编制，以及按照吏房、户房、礼房、兵房、刑房、工房、盐房七房进行的分房整理。第三，缺乏宗教（史）学以及宗教社会学的视角，缺失对南部档案中宗教文献的整理研究。清代南部县衙档案中有不少关于宗教信仰的内容，对于研究清代地方社会民众宗教信仰状况、政府对地方宗教事务的管理、各种社会力量与宗教团体间的冲突和妥协等都可提供不少的档案信息。

就目前学界的研究情况看，使用清代档案研究清代社会宗教信仰，比较有成就的是台湾学者庄吉发先生，他曾使用故宫档案以及他能见到的清代档案数据，对清代的民间秘密宗教以及台湾民间信仰做了较好的研究，为我们使用南部档案研究清代的宗教状况提供了有益的借鉴。大陆学者使用清代县衙档案研究清代宗教信仰的极少，大多利用民间宝卷来研究清代民间信仰以及秘密宗教。南部档案虽然现身于学术界也有近二十年了，但是就笔者的考察，几乎没有见到使用南部档案来研究清代宗教信仰的学术论文。有一篇《清代南部县衙档案中的佛教内容》，也是仅就文章作者所见 01 - 00001 - 01《邓架将祖业田舍入西坪寺契约》的档案文献做了描述介绍，并不是研究论文。所幸的是近年来我院有部分研究生的硕士论文涉及这方面的内容，如南部档案中的文昌信仰、清明会、寺僧庙产等研究。实际上，南部档案中涉及宗教文献的还不少，其中尤与佛教相关的为多。南部档案起于顺治十三年（1656 年），止于宣统三年（1911 年），历时 256 年，共 84010 件档案，其中涉及寺僧、庙产、佛事、僧会以及佛教与社会纠纷、司法的佛教文献起于顺治十三年（1656 年），止于宣统二年（1910 年），历时 255 年，约 5000 件，分散于各房之间，南部档案佛教文献延绵时间之长以及涉事之丰富是同类资料中比较突出的。对清代南部县衙档案佛教文献进行整理研究，自有其价值意义，至少其一方面为学界提供一批相对完整的清代县域佛教档案资料；另一方面也为研究清代佛教特别是乡村佛教演变脉络提供一个县域社会相对完整的"实态"模样。

其实，佛教自传入中土就存在于都市或乡村的流传发展，相对于都市佛教及其间产生的佛教义理、高僧大德以及与上层社会互动方面的研究而言，乡村社会的佛教样态、佛教与基层社会的互动研究非常不足。这样的情形，一方面是受传统研究过多重视精英社会的局限，另一方面则反映了乡村社会佛教文献资料的欠缺，历代文献多偏重于都市寺院、名山大寺及在其间活动僧尼的记载，而绝少有乡村佛教方面的记录。近几十年，随着碑刻、档案、出土文献的发掘与利用，乡村社会佛教生存发展的种种实态研究才有所推进。如矢吹庆辉利用敦煌文献研究被人遗忘的三阶教历史，冢本善隆利用大量的造像碑刻探究北朝"庶民佛教"的发展，侯旭东以 5~6 世纪北方造像记为中心考察了北方民众佛教，马德、王祥伟以敦煌石窟和敦煌文献资料考察了敦煌地区民众佛教，刘淑芬利用碑刻文献研究了 5~6 世纪华北的乡村佛教等，刘万枝、颜炮章则利用碑文资料研究了清代台湾佛教寺庙的建造动机以及社会功能等。这些研究不论是在材料的拓展与发掘上，还是理论的构建与发展上，都为我们提供了颇有价值的参考。总的来看，目前乡村社会佛教研究取得了一定成绩，我们对其历史演变、社会功能等有了更多的认知，但也存在诸多问题和空白：第一，从材料使用上看，主要集中在造像碑刻、方志和敦煌文献，对其他地方档案文献几乎没有涉及，而《南部档案》中的宗教文献恰是研究传统社会乡村佛教生活信仰真实样态的绝好资料。第二，从研究视角上看，已有的研究成果大多注重以社会政治、经济等外在因素来考察佛教的发展以及与社会的互动，较忽视寺僧、经典、教义、仪式等内部因素的影响。第三，从时段上看，主要集中在中古时代佛教与社会的研究，对于清代乡村社会的佛教几乎没有专门的论述。第四，从地域上看，既有研究多集中于北方，对西南的研究显得比较薄弱。

《南部档案》中的宗教文献的整理研究，似可弥补一部长时段乡村佛教研究的学术缺陷。乡村佛教既分布广袤，又有很强的地域性、分散性特征，一蹴而就的整体研究难以实现。以一系列以第一手资料为基础的、可反映地区差异性的个案进行研究，似是一条可行的途径。在此基础上，渐形成一个有关乡村社会佛教变迁的完整图像，也有望重塑中国乡村佛教功能的理论意义。南部县位于川中盆地北部，嘉陵江中游地带，远离中央和地方权力中枢，其乡村佛教势力的盛衰，以及与当地政治、经济、文化、民俗的互动如何，国家的在场如何体现等，都是亟待解决的问题。《南部档案》相对完整的呈现恰为深入研究这些问题提供了很好的参照。通过对清代南部县域乡村社会佛教进行长时段的微观研究，不仅可以丰富乡村佛教的历史内涵，而且对于重塑乡村佛教的功用具有一定的理论意义。佛教在中国近代的重建和发展，直至当今中国佛教发展的种种趋势，都和清代佛教，特别是晚清佛教的发展有千丝万缕的联系。清代乡村佛教与地方社会、官方的互动变化，似可为今天乃至未来中国乡村社会佛教及相关宗教管理提供某种借鉴。关于乡村佛教信仰、组织的地域调适。《南部档案》中有不少反映有清一代南部县寺庵、寺僧、庙产、僧会的演变及其与地方社会、官方的互动关系的资料，同时也有佛教信仰与乡土习俗的互动情况。如南部县有龙王祈雨、定光古佛祈晴等习俗；抄写《莲经》与果报信仰的关系等。深究这些信仰习俗为因应南部县的历史地理文化特质作了怎样的调适，当是一个很有意思的话题。关于寺僧、庵庙与乡村社会事务的介入。《南部档案》提供了一个从"长时段"考察清代乡村佛教在国家控制下，对宗教信仰、民风教化、文化教育、社会治安、公共事务等方面的具体介入，以及寺僧在其间的角色，以及与官、绅、民的相互关系等。关于权力博弈与乡村佛教势力的全面衰退问题。从特定的政教关系出发，研究乡村社会佛教变迁与清代中央政策的关系，探讨宗教在国家与乡村、中央与地方的博弈关系，并分析自然环境、社会生态等对乡村佛教结构与功能的影响；研究国家权力在引导和管理乡村佛教方面与地域势力之间的互动，并探讨国家是如何吸收和利用地域势力来实现对乡村社会佛教事务的管理，诸如此类的问题，

《南部档案》也提供了可资讨论的档案资料。

从笔者搜罗的巴蜀佛教碑刻资料和南部县衙档案中的相关佛教资料来看，清代县域及乡村佛教的发展似乎呈现这样的一些特点：①乡村佛教发展的"两面性"。乡村社会佛教在清代整体上呈衰退趋势，但佛教仍是影响乡村民众日常生活与价值观的主要势力；僧俗间既有舍田立寺、共修斋会、救济饥寒的慈心悲愿，更有因举荐僧会、纷争寺产，甚至砍树占地而对簿公堂的眦睚必报。②清代乡村佛教生存环境十分困窘。虽然明清以降，佛教的地位一直呈低落俗话态势，但其间反映的也并不仅仅是政教双方的关系，而是佛教与官方、民间社会三方，甚至是佛教与其他传统宗教、民间信仰、新兴宗教等多方的联动、紧张与冲突。在一个远离政治中心的县域，清代国家权力、民间社会力量与佛教势力，以及佛教与其他宗教信仰的冲突与妥协，似可以为中国传统社会佛教在乡村社会演变的来龙去脉以及中国乡村社会佛教信仰的特质提供某种程度的理解。③乡村佛教的实践和国家制度层面的表达不尽相同。如度牒、僧会遴选等问题暴露其与中央政策不一致的地方，反映出乡村社会佛教与当地的自然环境、社会生态、地方权力结构等因素的种种关系。

《南部档案》不仅涉及佛教资料多，其中也涉及了一些其他宗教的文献史料，如涉及基督教、天主教在内地的传播；在正统宗教与民间宗教方面，不仅有正统的佛道教信仰的记录，还有如吕祖信仰、文昌信仰、关羽信仰等民间信仰的内容；秘密宗教的活动情况也有一定的反映；此外还有地方政府对民间社会的宗教信仰管理以及宗教信仰与社会政治互动方面的内容。这些为研究清代地方社会宗教信仰本身发生的种种变化以及地方政府如何处理宗教社会问题提供了比较可靠的文献资料。大体言之，这些档案资料可以：①管窥清代地方社会对宗教的管理以及宗教政策。从南部档案中涉及宗教文献的情况看，有清一代，官方对宗教的管理十分细密，不论是僧俗间争地、砍树、霸市等小纠纷，还是诸如白莲教等"教匪""邪教""洋教"的大问题，一旦状告，地方政府都要严加过问。而管理宗教的组织机构除了官方或半官方的僧会、阴阳学（会）外，还有民间的斋长、吕祖会、文昌会等团体予以协助。②管窥清代民间信仰在地方县域的流布与影响。如《南部档案》宗教文献中有吕祖信仰、文昌信仰、关羽信仰等民间信仰，既有与全国相似的特点，也有浓厚的乡土色彩，在当地民间社会的传播情况、组织结构、社会功能、信仰特征，以及这些民间信仰与地方政府的关系、与佛道教的交涉等有比较多的呈现。③天主教与基督教在内地的传播情况，一方面是西方传教士的积极传教，另一方面则是民众对"洋教"的接受与排斥，以及官方对"洋教"传布的态度。《南部档案》里反映这些内容的资料不多，但也有一些，特别是文件信息的传递上，上下级的处理态度和结果，也可从一个侧面体现"洋教"在清代内地的传播与顿挫。④清廷律例严厉取缔民间秘密宗教,有清一代对民间秘密宗教的打击,可谓不遗余力。通过《南部档案》对白莲教等"教匪"活动情况的记载,可以看到秘密宗教在清代民间有着适宜的生存土壤,此外,也可考见秘密宗教与官方的张力、与其他宗教信仰的关联等。

以上是笔者在翻检《南部档案》中的宗教文献特别是佛教文献之后的一些思考。通过发掘档案资料的相关宗教文献,可以很清楚地看到清代佛教发展的困境与衰落;地方社会宗教信仰的多元性与复杂性;民间信仰与正统信仰之间、秘密宗教与民间信仰之间,并非有不可跨越的鸿沟,往往是一线之隔;宗教与官方、民间社会的三方联动、紧张与冲突,并不仅仅是政教双方的关系。当然,这些"断想",还需笔者未来不断深入研究这些资料本身以及和其他的档案资料进行联系与比对,方能从宗教社会史的角度,揭示乡村佛教(宗教)的角色与地位。

从南部档案看清代县志的编修与征集[*]

金生杨

（西华师范大学历史文化学院）

清代是我国封建社会地方志编修的全盛时期，学术界对清代的方志政策、方志编修的概况、方志学理论有较深入的认识，但对于基层县级政府在方志工作上有何作为，则罕有专门论述。然而在现存的 5701 种清代地方志中县志就有 4714 种，占总量的 82%，① 加之与县志相关的各项工作，以及县志内容的翔实丰富，都说明县志值得特别关注。《清代南部县衙档案》（以下简称《南部档案》）保存了有清一代四川省南部县的衙署档案，其中有不少档案涉及方志的问题。以此为基础，结合现存南部县的清代旧志等史料，梳理清代县级政府在方志方面的作为，对深入研究方志学、方志史及清代历史皆有重要意义。

一 一统志、国史与县志的编修与征集

清代无论是朝廷一统志、国史的修纂，还是各地通志、府志的编修，都直接关系到州县方志的修纂与征集。

（一）一统志与省、府、县志的编修与征集

继元明而后，清代在编修一统志上有了进一步的制度完善。清朝特别重视方志的编修，曾于康熙、雍正、乾隆、嘉庆、道光、宣统时，为编纂《大清一统

---

　* 本文系国家哲学社会科学重大项目"清代南部县衙档案整理与研究"（11&ZD093）阶段性成果。

　① 仓修良：《方志学通论》，齐鲁书社，1990，第 371~372 页。

志》，令全国各地纂修、上呈方志。其中府州县志由各级地方长官负责，汇辑而为直省通志；通志由各直省督抚主持，再汇为一统志。一统志的编纂不仅促进了县志的不断编修完善，而且对其刊刷流传起到了重要作用。

1. 康熙《大清一统志》与四川省、保宁府、南部县志的编修

早在清朝建立之初，一些地方官员出于编志传统、改善地方治理的需要，已自发编修本地方志。顺治十八年（1661年），河南巡抚贾汉复下令编纂《河南通志》，并令各府、州、县相继纂修志书，是为显例。康熙十一年（1672年），保和殿大学士卫周祚奏请"直省各督抚，聘集风儒名贤，接古续今"，纂辑通志，"总发翰林院，汇为《大清一统志》"①。康熙诏允其请，并将贾汉复主修的《河南通志》颁著天下为式。

清代四川通志的修纂也早于一统志起步。明代，四川曾四修通志，但"兵烬之后，仅有存者，类多阙文"。四川巡抚张德地力加修饬，其后经巡抚罗森"润色"及"藩臬诸臣"的"讨论之助"，复经总督蔡毓荣等的努力，最终于康熙十一年（1672年）完成《四川总志》36卷，时"爰俞阁臣请肇修一统志，诏下督抚诸臣修各省通志以进，而蜀志适以是时告成，故达于御也，于诸省最先"。②

李先复称："康熙九年（1670年），抚宪罗公（森）纂修总志，聘礼州县博洽之士。县父母焦公（澍）以先叔勉斋闻，辞病不就。意以修总志，则全省不乏人，而南邑县志未修，将来继总志而修县志，余始不敢辞。"③ 可见，《四川总志》之修并没有以先修各府州县志为前提，而是聘礼州县博洽之士参预其事，大体以明修《四川总志》为基础，修订润色而成，"以兵燹之后，文献无征，亦多所脱漏"，④ 而时人则预期"继总志而修县志"。康熙二十年（1681年）季秋，黄贞泰出知南部，问志于乡绅，知"邑志备极明确，奈劫灰变更，旧章久烬"，又苦于县事，未能实时修志，一直以为"歉心事"。二十二年（1683年）春，礼部奉旨檄催各省通志，限三月成书。二十三年（1684年），通江进士李钟峨手录《保宁府志》一册，乃据杜应芳、吴之皡所修万历四十七年（1619年）《四川总志》抄缀而成，并非纂修者。陈书《跋李钟峨太史所录保宁志序》："康熙甲子，在京师见万历己未督学杜公所修志于王纯嘏先生家，因得借观。……顾其体例正

---

① （清）哈尔哈齐等：《（康熙）天津卫志》卷首《奏疏》，来新夏、郭凤岐主编《天津通志（旧志点校卷）》，南开大学出版社，1999，第5页。

② （清）蔡毓荣：《（康熙）四川总志》卷首《四川总志序》，康熙十二年刻本。

③ （清）李先复：《（南部县志）原序》，（清）王瑞庆等，《（道光）南部县志》卷首，道光二十九年刻本。

④ （清）永瑢等：《四库全书总目》卷六八《四川通志提要》，中华书局，1965，第608页。

大，去古未远，犹存三太史遗意。爰摘录《潼川志》一册，以备他日参考。而……吾友雪原李君亦抄其《保序志》一帙，可谓有同心矣。"① 二十四年（1685 年）夏，清廷敕修《一统志》，诏天下各修府州县志，以备采择。其秋，黄贞泰"候秩京华"，以"奉宪檄纂修县志，事不容缓"，于是邀集邑绅雍居敬、李先复等新修《南部县志》，复因应召入京，未及书成。② 徐浩继任，设局于城南书院，"藉雍、李二手"，完成《南部县志》的修纂。③ 由于此志已佚，南部档案也未有具体记载，详情已不得而知。

由于一统志"历久未成"，雍正三年（1725 年），清廷"慎简重臣，敕率就功"。④ 雍正六年（1728 年）冬，清廷再次严谕各省重修通志，务期考据详明，采摭精当，并限期完成，上诸史馆，以备采择。雍正七年（1729 年），朝廷又下令各省、府、州、县志书六十年一修，著为功令。"皇上特命儒臣纂修《大清一统志》，诏天下各修省志，无阙无滥，以成一统无外之书"，于是四川巡抚宪德"凛遵谕旨，遴委贤员，以永宁道刘嵩龄总其事，布政司刘应鼎督其成，并延聘老成绅士、博雅工文者"，⑤ 负责具体编纂事宜。雍正十一年（1733 年），内阁一统志馆照会户部，要求详查直隶各省、府、州、县户口、田赋等事项，依据所附行事 14 条，逐条详查造册送馆。这显然是以调查表册的方式为修志服务，也就是说，各地可以在不必修志的情况下完成上级为修志而下达的要求。也就是在这一年冬十月，由四川总督黄廷桂、四川巡抚宪德等总裁而成《四川通志》47 卷、首 1 卷。此志仍"因前明总志之旧而衰益之"，⑥ 参与其事的虽有四川各地方官绅，但并未明确有南部县人，在南部档案中也未见相关资料。事实上，南部县在此时并未修成一部志书，但按修志的原则，南部县志是修纂通志的基础之一，显然，南部县是通过旧志及调查表册的方式完成了朝廷交代的任务。

---

① （清）陈书：《跋李钟峨太史所录保宁志序》，（清）李钟峨纂、（清）锡檀续纂《（道光）通江县志》卷九《艺文上》，清同治二年（1863）刻本；黎学锦等：《（道光）保宁府志》卷五六《艺文志一》，《中国地方志集成·四川府县志辑》第 56 册，巴蜀书社，1992，第 433~434 页。

② （清）黄贞泰：《（南部县志）原序》，（清）王瑞庆等，《（道光）南部县志》卷首，道光二十九年刻本。

③ （清）徐浩：《（南部县志）原序》，（清）王瑞庆等，《（道光）南部县志》卷首，道光二十九年刻本。

④ （清）顾琮：《江南通志序》，（清）伊继善等修《（乾隆）江南通志》卷首，影印文渊阁《四库全书》第 507 册，商务印书馆，1986，第 31 页。

⑤ （清）宪德：《四川通志序》，（清）黄廷桂等修《（雍正）四川通志》卷首，影印文渊阁《四库全书》第 559 册，商务印书馆，1986，第 16 页。

⑥ （清）陈若霖：《重修四川通志序》，（清）常明、（清）杨芳灿等，《（嘉庆）四川通志》卷首，巴蜀书社，1984，第 12 页。

乾隆即位后，继续进行康熙一统志的编修工作，至乾隆五年（1740 年），《大清一统志》修成，凡 356 卷。

2. 乾隆《钦定大清一统志》、嘉庆《重修大清一统志》与嘉庆《四川通志》的纂修

乾隆二十年（1755 年）至二十五年（1760 年），因平定准噶尔部、征服回疆，拓地两万余里，加之各省府厅州县分并改隶、职官增减移驻等，乾隆于二十九年（1764 年）敕令重修一统志。此次仍旧"诏取直省志乘以进"，① 各省府州县按要求亦应新修新进地志。至四十九年（1784 年），《钦定大清一统志》纂修告竣，凡 500 卷。其间，乾隆四十一年（1776 年），清廷底定大小金川，随后西南少数民族地区改土归流，无论是四川通志，还是四川相关府州县志皆需于此方面有所改订新修。然而，事实是，无论是四川通志，还是保宁府志、南部县志，于此期间均未有新修者。

嘉庆十六年（1811 年）正月，方略馆奏请补修乾隆《钦定大清一统志》，清廷于是下令再次重修一统志，交由国史馆纂办。经国史馆议奏，"所有通体沿革、裁改各事宜，其在京各衙门，令于三月内交全；在外各省，令于半年内交全。俟各衙门、各直省交全后，立限二年将全书纂校进呈，俟钦定后咨送武英殿刊刻"。② 同年，四川总督常明以《（雍正）四川通志》"迄今八十年未尝续修"，其中有"与今多不符合"及"阙而未备"者，在方积（有堂）的建言下，"奏请开局，以有堂在蜀最久，而撰文之志与予同也，一切委之，精择幕僚，博咨耆旧，分门别户，考古征今"。至嘉庆十九年（1814 年），"稿本粗就"，其后复经"删讹补遗、芟繁剔复"，③ 最终于嘉庆二十年（1815 年），编纂完成《（嘉庆）四川通志》204 卷、首 22 卷。其间，成都知府李尧栋（松云）"力主其事，先聚书数千卷，金石文复数百卷，延杨蓉裳（芳灿）户部、谭铁箫（光祜）司马，发凡起例，总其大纲，而又妙简寮属，广揽儒绅，俾之分司其目，铢积寸累，日计藏要"，"四阅寒暑"，④ 力加纂修。《（嘉庆）四川通志》"新修之时，檄取各县志稿，而各县之素未有志者，仓卒应命，或不免于卤莽灭裂"。⑤ 当时保

---

① （清）阿思哈：《乾隆续河南通志序》，《（乾隆）续河南通志》，乾隆三十二年刻本。

② 中国第一历史档案馆藏《国史馆档案》编纂类，第 1 号卷，《现在纂办各种书籍》。

③ （清）常明：《重修四川通志序》，（清）常明、（清）杨芳灿等：《（嘉庆）四川通志》卷首，巴蜀书社，1984，第 1 页。

④ （清）李銮宣：《重修四川通志序》，（清）常明、（清）杨芳灿等：《（嘉庆）四川通志》卷首，巴蜀书社，1984，第 14 页。

⑤ （清）李惺：《阆中县志序》，（清）徐继镛、（清）李惺等纂修《（咸丰）阆中县志》卷首，清咸丰元年刻本。

宁府并未有志，南部县虽有康熙旧志，但未能修成新志，难免有"仓卒应命"，而"不免于卤莽灭裂"者。

嘉庆重修的一统志迟至道光二十二年（1842 年）始告完成，书凡 560 卷，以叙事止于嘉庆二十五年（1820 年），故通称《嘉庆重修一统志》。《（嘉庆）四川通志》叙事则止于嘉庆二十年（1815 年），显然，四川最后上交备修一统志者除通志外，另有相应的清册，以补叙事之未完全者。

康熙修一统志，采取了逐级修纂汇总的方式。"夫修志之役必始于县，县志成乃上之府，府荟集之为府志。府志成，上之督抚，督抚荟集之为通志。通志归之礼部，然后辑为一统志。于是无所不该，山川、贡赋、土产、人物之类，无所不备。"① 不过，这一模式在随后的历史发展中却逐渐发生变化。"乾隆朝与嘉庆朝纂修《大清一统志》，已经不依赖于各地新修方志来提供资料，即《大清一统志》的纂修与全国各地的编纂方志活动，已经从组织机制上分离"。② 他们所依据的材料，以中央、地方各机构新编文献、档案以及已有方志为基础，加之编志机构（前者为方略馆，后者为国史馆）开列直接征集的相关事项，督促各地官员造册送交，作为补充新资料、新内容的主要来源。国史馆于道光五年（1825 年）九月拟定的《一统志凡例》就明确说："本书全凭各部院及外省文册甄载……咨取各部院及外省文册，必须现纂官自行检查应咨事宜，撰一草稿，将紧要之处分晰指示。"③ 因此，乾隆、嘉庆编修一统志，对编修各省府州县志的直接要求并不明显，反倒是六十年一修的规定及一统志的示范作用，起到了很好的促进作用。因此出现官修志书日益充积，而地方长官以开局修志为"斯文重任"，即便自己学识不够，也要罗致博学之士，为之纂辑，而自居主修之名。④ 梁启超便说："清之盛时，各省、府、州、县皆以修志相尚。"⑤ "文化稍高之区，或长吏及士绅有贤而好事者，未尝不以修志为务，旧志未湮，新志踵起。计今所存，恐不下二三千种也。"⑥

① （清）于成龙：《江南通志原序》，伊继善等修《（乾隆）江南通志》卷首，影印文渊阁《四库全书》第 507 册，商务印书馆，1986，第 7 页。
② 乔治忠：《中国史学史》，中国人民大学出版社，2011，第 269 页。
③ 中国第一历史档案馆藏《国史馆档案》编纂类，第 1 号卷，《一统志凡例》。
④ 张舜徽：《以地域为记载中心的方志》，中国地方史志协会、吉林省图书馆学会：《中国地方志总论》，吉林省图书馆，1981，第 102 页。
⑤ 梁启超：《清代学术概论》，朱维铮校注：《梁启超论清学史二种》，复旦大学出版社，1985，第 45 页。
⑥ 梁启超：《中国近三百年学术史》，朱维铮校注：《梁启超论清学史二种》，复旦大学出版社，1985，第 441 页。

3. 六十年一修志书的持续发酵与四川省、保宁府、南部县志的编修与征集

尽管清修一统志的工作告一段落，但六十年一修志书的规定及由此引发的修志风潮持续发酵，各地仍不断地新修志书，保宁府、南部县也受此影响。

光绪初年，四川总督丁宝桢札称"本省通志自嘉庆二十年重修，迄今已届六十年，现值邻氛渐靖，民气咸和，足征文献"，下令纂修通志。办理四川采访忠节总局奉督宪札，"通饬各属，遴选公正通达儒绅者士，周谘博采，毋滥毋遗，自前届修纂后，以及于今，将历任职官题名政绩、历科进士举贡文武生监、封荫荐辟、历年殉难殉节忠臣义士孝子节妇贞女，以及学额、营伍之增添，人物、艺文之可传者，各按体例，分类修辑申局，以备编纂"。于是"各属新志陆续申赍到局"。但南部县"新旧志俱未申覆"，于是办理四川采访忠节总局"因开局在迩，未便再行延缓"，于光绪七年（1881年）七月二十五日，再行严催南部县，"务将修志一事，赶紧举办，如已修辑成编，督率绅耆迅速刊刻刷印申送，以备编纂。或刊刻无赀，即将嘉庆二十年（1815年）以后迄光绪年间止，应志各事宜，分类蒐辑，按年编纂，缮成清册，妥为校对，连旧志一并申送，以资采择，无论实缺署事，及代理人员，均不得藉辞推诿，亦不得藉端加派，致扰闾阎"。① 南部知县张宗瀛为此于闰七月十八日移知县儒学，按照要求办理②。

府志的编修更受通志的影响。管辖南部县的"保宁之有府志，则有道光元年，其体制一如新通志［《（嘉庆）四川通志》］之式"。③ 道光元年（1821年）春，川北兵备道黎学锦"精延嗜古之儒"，开局修志，"广蒐旧典，博采耆闻，别类分门，发凡起例"。④ 他"力任其事"，不仅"聚书若干卷"，而且"延梅裳总其大纲，简儒绅精其分辑，仿全史以起例，取百家而为言"，⑤ 于本年修纂完成《（道光）保宁府志》。在府志的编纂过程中，作为属县的南部县，既有知县李文德"协理"，也有教谕张怀恂、训导杜应枚、癸酉科拔贡陈观林"采访"，还有县丞陈叙硕"督梓"，⑥ 不同程度地参

---

① 《清代南部县衙档案》，四川省南充市档案馆，档案号：Q1－8－429－2。

② 《清代南部县衙档案》，四川省南充市档案馆，档案号：Q1－8－429－1。

③ （清）李惺：《阆中县志序》，（清）徐继镛、（清）李惺等纂修《（咸丰）阆中县志》卷首，清咸丰元年刻本。

④ （清）黎学锦：《（道光）保宁府志》卷首《保宁府志序》，《中国地方志集成·四川府县志辑》第56册，巴蜀书社，1992，第6页。

⑤ （清）徐双桂：《保宁府志序》，（清）黎学锦等：《（道光）保宁府志》卷首，《中国地方志集成·四川府县志辑》第56册，巴蜀书社，1992，第8~9页。

⑥ （清）黎学锦等修《（道光）保宁府志》卷首《保宁府志修纂职名》，《中国地方志集成·四川府县志辑》第56册，巴蜀书社，1992，第16~17页。

与到编纂工作中去。

在省、府修志的影响下，南部县也在道光年间新修了县志，并在同治年间再行增订。"自有新通志，而郡县之修志者率以新通志为蓝本；自保宁有府志，而属县之修志者又兼以府志为蓝本"。[①]《（道光）南部县志》即经"网罗旧闻，取保郡新旧志书，参互考订"而成。[②] 道光二十六年（1846 年），王瑞庆出任南部县知县，于县中访求得旧抄本县志两册，但所记粗略，且多残缺，因询及县中耆老，皆谓向无修志之举。次年，遂请徐畅达、李咸若为总纂，立条规，定章程，开局编纂。二十八年（1848 年），功将成而王瑞庆患病回籍，李澍接任县事，踵其事而督修毕工，于二十九年（1849 年）刊刻流行于世。同治九年（1870 年），知县承绶以最近 20 余年史实缺载，再请李咸若以司总纂，并邀孝廉林澍、张承缨、谭勋、谢德全、拔贡宋泽清、张东垣，恩贡何情田等分司修纂，廪生姚观成校对，武举赵以诚督梓，历时 3 月，续补《南部县志》而增刻之，是为《重修南部县志》。

4. 清末续修一统志与南部县志的续订刊印

清朝末年，政事日非，清廷为应对新兴事宜，试图以修志来维系统治。宣统二年（1910 年），《民政部奏设立图志馆折》称：

> 奏为臣部设立图志馆，蒐罗图籍，以备续修一统新志，恭折仰祈圣鉴事。窃维国家富强之要图，不外军备、农商、财赋、交通诸大端，而方舆一职实为庶政之枢纽。……惟中外交通以来，天下形势为之一变，昔时所称完备之书，今日实鲜经世之用，不特矿产、铁道、航路、军线为从前志乘所未有，即疆界、政俗，亦因时而变迁。方今朝廷百度维新，若无详瞻典重之编，以纪其盛，则庶司百僚于因革损益茫无考索，行政阻碍，良非浅鲜。……伏查《大清一统志》成书已越二百余年，各省通志自乾隆以后半未续修，而嘉庆、道光一统志均未见颁行。近来私家著述，更尟善本。方舆所关，至为重大，亟应准今酌古，继轨重编，上以昭列圣疆理之隆规，下以资中外士庶之研究。……前经奏明，调取各衙门、行省图志，并颁发地理表式，饬令详细报告，各在案。兹谨设立图志馆，汇萃图书，并督率司员，悉心纂述，严定体例，分门编辑，并随时调取各衙门案卷，藉供参考，以为续

---

① （清）李惺：《阆中县志序》，（清）徐继镛、（清）李惺等纂修《（咸丰）阆中县志》卷首，清咸丰元年刻本。

② （清）李澍：《南部县志序》，（清）王瑞庆等：《（道光）南部县志》卷首，道光二十九年刻本。

修一统新志之预备。①

文中所称"前经奏明，调取各衙门、行省图志，并颁发地理表式，饬令详细报告"，说明续修一统志的准备工作早在此前已经着实地开展，故宣统二年（1910 年）四月之时，南部县知县侯昌镇面谕县绅修理旧志，印刷多部。五月，南部县奉到经四川总督赵尔巽、布政使司王人文、川北道吴佐、保宁府逐级"知照"而下发的这份民政部奏折，② 无疑进一步促使南部县在修饬方志上下功夫。

同年五月三十日，南部县举人汪麟洲等人便因志板残阙，续编、刷印需费，禀请筹措经费：

> 窃维志乘流传，足资激劝；板张残阙，急待补修。南邑世传原有旧志，自献逆毁烬，简篇所在，湮没无存。逮国朝康熙九年，得雍、李二先达纂修，历道光己酉，复蒙李主续订，一时纪盛扬徽，灿大备。凡城乡士绅，家靡不有志，以资观感。同治九年，续加增修，距今又数十年，遗编散失，访之旧家，鲜有存者。上月恩主面谕修理刷印多部，散存绅者，诚惧年移时异，灭没无征，垂念至为深远。但刻下请同学师检阅旧板，选可印者，仅得八十三张，其余三百余张，残阙朽滥，概不适用，是惟另刊新板，乃可刷印。且自同治迄今数十年来，邑中忠义节孝，又当补入，统计采访编纂，及刊刻刷印等费，不下六七百串，决非妥筹巨款，不能开工葳事，是以举等恳恩作主，或在三费余款提拔，或在别项公款拨用，或出印簿募捐，筹定的款，方便开办。事关邑乘重件，理合禀呈监督大人台前施行。③

知县侯昌镇同意请求，"准出印簿，募捐以光志乘"。此禀历述康熙时雍居敬、李先复纂修，道光二十九年（1849 年）知县李澍主持新修，同治九年（1870 年）知县承绶主持续修《南部县志》的历史，唯雍、李修志时在康熙二十四年（1685 年），康熙九年（1670 年）并未修志。另外，该禀对两部《南部县舆图说》、一部《南部县乡土志》的历史则未予记述，是为不备。

从禀文来看，当时旧志不仅"遗编散失"，"鲜有存者"，而且除保存在县衙

---

① 《民政部奏设立图志馆折》，《吉林官报》宣统二年（1910）第 6 期；《清代南部县衙档案》，四川省南充市档案馆，档案号：Q1-21-821-1。参：《宣统政纪》卷三一，宣统二年三月丁丑，《清实录》第 60 册，中华书局，1987，第 553 页。

② 《清代南部县衙档案》，四川省南充市档案馆，档案号：Q1-21-860-4。

③ 《清代南部县衙档案》，四川省南充市档案馆，档案号：Q1-21-821-2。

的旧印版除 83 张外，其余 300 余张 "残阙朽滥，概不适用"，可以想见其保存情况堪忧。汪麟洲等人意图借此机会筹措经费，补全板片，续修志书，并重新刷印，尽管无果而终，但一统志编修对地方志书的修纂与传播的巨大推动作用仍彰显无遗。

（二）国史与县志的编修与征集

光绪年间清廷编纂《大清会典》，一再向全国州县催修、上交志书，南部县接到的是查明古昔陵寝、先贤祠墓札饬，未提到上交志书。

光绪十七年（1891 年）二月，办理四川采访忠节总局奉国史馆咨取方志，札饬南部县申解县志。十月，四川采访忠节总局再次飞札严催南部县，"迅将该县志书赶紧刷印二部，装锭齐全，备文解送来局，以凭汇齐，详请咨送。此等奉文饬取要件，万不能因该县一处，停而不解"。① 光绪十八年（1892 年）二月，四川采访忠节总局以 "各厅州县志书系奉国史馆咨取之件，立候汇解，岂能久延，久经本局飞催，已及年余，未据该县申解"，于是 "将延不申覆、置身事外之地方官存记，详请记过"，并 "专札严催"，要求 "迅即会学督绅，将新旧各志书，以及地图刷印二部，克期申解来局，立等咨送"。②

三月初一日，南部知县联武禀称："遵查卑县幅员虽属辽阔，但地处偏野，民亦极贫，自嘉庆年间以后，并未续修新志，所有从前旧志，已历多年，板片遗失，朽烂不全，是以前任（知）县（黄崑）叠奉饬取，均因款项难筹，无从修整刷印。曾经前署县黄令崑申覆在案。今卑职到任仅止两月余，先则清厘交代，继又接考武童，公事纷繁，正拟督绅设法筹款，雇匠补刊修整刷申。兹奉前因，当即饬传城绅到署，谕令赶紧修理。旋据该绅等佥称刊补板片，不特费年，所出抑且有需时日"，于是在 "城乡觅旧存县志二部，恳请申解"。③ 此说显然虚实参半，嘉庆以后无修之举是虚，而板片或佚或烂是实，说明县志的流传与保存状况堪忧。至于地方事务繁剧，长官更代，经费难筹等，则反映出了续修、新印志书之不易。三月三十日，四川采访忠节总局收讫旧志后，仍批复道："查申解志书二部，如禀汇详咨送。至该县声称志书板片遗失朽烂，亟应会学督绅修纂齐全，以备随时咨取考核，仍将开局日期具报查考缴。"④ 一方面要补齐板片，另一方面还应续修志书，并报告具体情况。

---

① 《清代南部县衙档案》，四川省南充市档案馆，档案号：Q1 - 11 - 426 - 1。
② 《清代南部县衙档案》，四川省南充市档案馆，档案号：Q1 - 11 - 426 - 2。
③ 《清代南部县衙档案》，四川省南充市档案馆，档案号：Q1 - 11 - 425 - 1。
④ 《清代南部县衙档案》，四川省南充市档案馆，档案号：Q1 - 11 - 425 - 4。

光绪二十一年（1895 年），国史馆因地理志"现届续修，飞查各直省及府厅州县原存志书及续修新志无足以成信史，希冀一律札取，从速咨解。至于全省总图及各府厅州县分图如有绘存之本，亦望一并咨送，俾可征信，即须按季次第进呈，立候纂辑，务望随到随解，幸勿刻延"。四川总督鹿传霖奉此，札饬各地遵办，"速将原存旧志舆图及续修地理新志汇成一（轶）［帙］，各呈二部，迅速申送来院，以凭咨送"。① 二十七日，南部知县袁用宾回禀总督称："查前署县黄令崑任内奉文饬取，因卑县地瘠民贫，无款可筹，自嘉庆以后，并未续修新志，从前旧志，已历多年，板片朽烂不全，无从修整刷印，曾经黄令于光绪十七年三月内，具文申覆。嗣十八年复奉札催取，又经前署县联令武督绅设法补刊整刷，因有需时日，饬令绅等在于成乡觅得旧存县志二部，装订成帙，具文申解采访总局宪察收，各在案。兹奉前因，理合将前任县补刊整刷县志二部，仍装订成帙，备具文批，专差申解。"② 由此可知，光绪二十二年（1896 年）袁用宾主持重刻《南部县舆图说》正与国史馆的修纂要求有关，而其刊刻之成则是因仍前任知县联武承命申呈旧志并力加刊刷的结果。

需要说明的是，嘉庆《重修大清一统志》完成于道光二十二年（1842 年），而道光八年（1828 年）道光帝下诏重修《大清一统志》，以完成嘉庆帝未了心愿；道光十一年（1831 年），又命儒臣续辑一统志，并征收天下舆图。当时主持重修一统志者正是国史馆。尽管一统志的重修已经不依赖于各地新修方志来提供资料，上述又是国史馆因续地理志而征集方志，但很显然，这仍与重修一统志有莫大关系。

二 加强治理与县志的编修与征集

地方志对于治理地方有重要的参考价值，因此在清代，无论是中央还是地方，对地方志都十分重视，在强化治理时往往编修、征集方志，以做参考。

（一）地方治理与《南部县舆图说》的编纂

康熙年间，清廷曾派遣西方传教士到全国各地用西法测绘地图，编纂舆图成为清代地方志的重要内容。乾隆四十七年（1782 年），清廷便完成了《钦定皇舆西域图志》48 卷。

乾隆初年，陈宏谋任职地方，以舆图为了解地方、熟悉地方事务、革弊兴

---

① 《清代南部县衙档案》，四川省南充市档案馆，档案号：Q1 - 12 - 870 - 2。

② 《清代南部县衙档案》，四川省南充市档案馆，档案号：Q1 - 12 - 870 - 1。

利、提高治理水平的手段。他每到一地任职，首先就是命令各属编纂饬取舆图、事宜册，以了解地方事务。通过舆图、事宜册，明了一邑之山川、道里、场市、物产、民生利弊等，遇灾荒、盗贼匪类，也可按图查勘，措置得宜。在晓谕地方呈送图册时，陈宏谋还对图册的格式作了规定，规定图的比例、画法、内容、图标、颜色、纸质、名称等，册式的内容更汇为 30 余条，① 如表 1 所示。

表 1 陈宏谋《培远堂文檄》舆图事册篇目一览表

卷 次	篇 目
卷一二江西巡抚任	《饬画舆图谕（乾隆六年十一月）》
	《谕各属登覆地方事宜（乾隆六年十一月）》
	《道员分巡事宜檄（乾隆七年八月）》
卷一四江西巡抚任	《再询地方事宜谕（乾隆七年七月）》
卷一七陕西巡抚任	《咨询地方利弊谕（乾隆九年三月）》
	《饬画舆图谕（乾隆九年三月）》
	《通饬留心图册檄（乾隆九年八月）》
卷二一七陕西巡抚再任	《兴除事宜示（乾隆十三年九月）》
卷三一四福建巡抚任	《查取村庄舆图檄（乾隆十九年正月）》
	《咨询民情土俗三十条谕（乾隆十九年正月）》
卷三一六陕西巡抚三任、甘肃巡抚任	《饬取甘肃图册以资治理檄（乾隆二十）》
卷三一七湖南巡抚任	《饬取州县舆图檄（乾隆二十年十月）》
卷四一江苏巡抚任	《饬取图册檄（乾隆二十三年四月）》
	《查取西省营伍地方图册檄（乾隆二十三年四月）》
卷四二两广总督任	《查取东省营伍地方图册檄》
卷四四江苏巡抚任	《绘送村庄地图谕（乾隆二十三年十月）》

资料来源：广西省乡贤遗著编印委员会：《陈榕门先生遗书》，民国 33 年（1944 年）铅印本。

陈宏谋这些治理地方的手段与方法得到了南部县地方官吏的认可与切实执行。南部县知县袁用宾就称："国初陈文恭公任封疆时，饬州县各绘舆图一册，备载境内之道里远近，幅员宽狭，村庄疏密，山林川泽之形势，城郭原隰之规模，俾留心民事者，随时寓目，视四境之内如一室，萃万民之众如一身，足迹虽有未经，精神自无不贯，治一邑而一邑靖，治天下而天下平，直不啻身之使臂，

① 侯俊云：《试论陈宏谋胥吏管理之实践》，《兰州学刊》2005 年第 4 期，第 291～293 页。

臂之使指矣。"① 光绪二十九年（1903 年）四川提刑按察使冯氏也称"各属投递"的"舆图事宜册"是"仿陈文恭州县图说为之，得以知险易，察利病"。②

咸丰元年（1851 年），朱凤枟接任南部县知县后，"巡历乡村，按籍而稽"，筹议保甲，"选集邑士"，以"县属十乡八十场，分为东南西北四路，县城居中，以乡归场，先清四至，绘图贴说，眉目了解。然后选总保、保长以综其大洞，设甲长、牌长以分其职任，给予牌册，官民各存其一"，③ 最终编纂完成《南部县舆图说》一书。全书包括卷首朱凤枟序、《作吏要言二则》、卫元燮序、承绶序各 1 篇，《公议团练章程》6 则，《访举十乡五总保正》《南部县各场集期里分》，以及《南部县舆地图考》，主体是以 87 幅图文的方式，分别对各乡场集绘图及说明。

事实上，出于地方治理而绘制舆图还远有所承，具有历史的继承性。朱氏之法除取鉴于"周鉴台公《金汤十二筹》，逐设分方之法为之"外，又得"熙宁就村振济、张咏照保粜米，徐宁孙逐镇放散，朱文公（熹）分都支给"之遗意，复参佐"前明吕司寇（新吾）之《乡兵救命书》，金文毅之《友助事宜》，周敬修制府之《守望约》《团练条规》《小条规》，许信臣阁学之《乡守辑要》"，认为其"陈说利弊，最为深切，乡间绅董，不难实力仿行，即檀默斋（萃）大令所谓'不仰于官而贼不能扰'者是也"，④ 企图由分方而保甲，由保甲而团练，以达到强化治安，稳定地方的效果。

编纂《县舆图说》的社会治理功能，在于"随时寓目，遇事考证，境内情形，了如指掌"，"似此身任地方，其精神直周贯于四境，遇有审事拘人，缉凶捕盗，或查荒赈，或兴水利，或清保甲，或办团防，因地制宜，均易措置，一举而数善备，洵牧令之最为切要者"。⑤

光绪二十二年（1896 年），袁用宾以其"篇残简断，旧板荡焉无存，且今昔有变迁之局，市镇有兴废之殊，爰命手民，重加刊绘，阙者补之，残者续之，讹者更正之"，⑥ 续刻《南部县舆图说》而传之。

（二）地方治理与绘制舆图、编造清册

光绪二十八年（1902 年）十月，川东道道员贺伦夔将其到任后札饬各属整

---

① （清）袁用宾：《续刻南部舆图考序》，《（光绪）南部县舆图说》卷首，光绪二十二年刻本。
② 《清代南部县衙档案》，四川省南充市档案馆，档案号：Q1－16－93－3。
③ （清）朱凤枟：《〈南部县舆图说〉序》，《（同治）南部县舆图说》卷首，同治八年刻本。
④ （清）朱凤枟：《〈南部县舆图说〉序》，《（同治）南部县舆图说》卷首，同治八年刻本。
⑤ （清）袁用宾：《附刊绘舆图说》，《（光绪）南部县舆图说》卷首，光绪二十二年刻本。
⑥ （清）袁用宾：《续刻南部舆图考序》，《（光绪）南部县舆图说》卷首，光绪二十二年刻本。

顿紧要数端及札发图例，饬令各州县照绘详确舆图，以为保护防勤张本事，上禀四川总督岑春煊。岑春煊接到禀文后，有感于地方治理之难，以为"该道贤者，又有权责，惟望不惮繁碎，时时亟檄诰，诚川东吏治军谟，庶几日起有功"，要求"布政司转移遵照，并将该道赍到图式及饬绘地图札文，由司照录照绘，移知各道，转饬所属一体遵照测绘，呈院备查"。① 南部县知县张景旭接到札文，以"卑县因躅赈办团，迭次亲历各乡，幅员业经早悉，奉文后即选派通测量之人，驰诣各处，查照图式，分别测绘"，② 并于光绪二十九年（1903 年）正月十二日，申赍南部县舆图 1 张致总督岑春煊。

同年七月，提刑按察使冯煦称："本司到官以来，各属投递红批及舆图事宜册各一分，此仿陈文恭州县图说为之，得以知险易，察利病，本司方幸广所未喻，为问俗采风之助，乃一经批览，图则蒙混不清，册则挂漏非一，只同具文，初无实用，为此专札饬查。札到该员立即遵照后开各条详细登复，毋再草率疏脱，名存实亡。该员等既任知府、知州、知县之官，即当周知一府、一州、一县之事，任而不知，是谓不明，知而不举，是谓不忠，该员等必不出此也。"③ 其所开者凡 12 条，内容如下：

一、本境舆图志书各备一分，解司以备参考。地图须计里开方，将四至八到及山川、道路、村堡与夫防营、教堂之类，详细载入图，所不容或表或说，宁详册略，宁实毋虚，不得用工房旧式，潦草塞责，无志书者听。

二、所属熟田若干？荒田若干？每年额征钱粮若干？津贴及新旧捐输各若干？税契及杂税各若干？

三、所属有应修水利、应开矿产、应运土货、应兴工艺若干事？

四、所属有义仓几所？仓存积谷若干石？曾否发出平粜？现在各粮价若干？

五、所属小堂、蒙学堂几所？章程若何？

六、所属有教堂若干所？其堂为华式、洋式？教士为何国人？抑有华教士否？入教人数有可计者否？

七、承缉、接缉命盗案各若干起？有无京控未结案件？每一告期约收呈词若干张？

八、狱中有监犯若干名？此外另有押所现押若干人？分别开单注明案由及收禁收押年月。

---

① 《清代南部县衙档案》，四川省南充市档案馆，档案号：Q1-16-93-8。
② 《清代南部县衙档案》，四川省南充市档案馆，档案号：Q1-16-93-2。
③ 《清代南部县衙档案》，四川省南充市档案馆，档案号：Q1-16-93-3。

九、所属绅士耆老中有品学兼优或质地敦朴，为一乡所推服，足以集思广益者，有孝子悌弟、节妇贞女，足以厉世磨钝者，即此名闻。

十、所属有巡警兵否？各乡团练、保甲有无成效？

十一、书差奉文裁汰，该属现存书差各若干？其奉公守法者几人？营私玩法者几人？即造册申报，其册外散书白役，一律革除。

十二、所属有著名讼师赌棍地痞及帽顶大爷之为民害者，密以名闻，随时查掣惩办，乡俗恶习有亟须禁革者否？

以上 12 项，以陈宏谋饬令所属编纂饬取舆图、事宜册之法为之，完全可以与地方志的各门类相对应，纳入舆地图、舆地志、食货志、学校志、武备志、人物志等类别中。

南部县知县张景旭于光绪二十九年八月十三日复禀道："卑县幅员宽广，去岁到任之时，即亲历一周，访查利弊，已知梗概。旋奉督部堂岑通饬测量绘图，即选派精于算学之人，赴乡绘就申赍。其钱粮税课，内外监禁人犯，概有册籍可考。水利、学堂、蒙学、教堂、教民、命盗、团保，均经卑职逐一创办整顿，先后禀陈有案以外，绅耆之可以集思广益者，访得二人，并以名闻。他如孝子悌弟、节妇贞女，如有访闻，举报莫不陆续表扬。书差舞弊，犯□□事，从严惩治。其讼师赌棍，尚无著名之人，著名帽顶，县有一人，逐一注明，开具折册，恭呈宪览。伏思世风日坏，整理诸端，是守土者专责，如能遇事认真，尚可挽颓风于万一。卑职于所陈各事，系属实在，均可覆按，万不敢以欺饰之词，上渎钧鉴。"① 计申赍开方舆图一纸、清单一、清册三本。可知当时南部县对上级要求的各项事宜皆经过逐一调查落实，然后才据实上呈，并非常清楚其强化治理、整顿风俗之目的。至于其所申清册，则据按察使所开诸条逐一禀明。其第一条称："南部县志重修多年，现在刊板已坏，合县舆图、志书所载，亦不详细。去岁办赈时至各乡周知大概，旋奉上宪饬绘，即选派精于测量之人，驰诣各乡绘就，谨再图呈。"②

由此可以看出，此次四川总督岑春煊借川东道贺伦夔禀呈治理地方事宜而饬令各属测绘舆图，进而上呈方志及各有关事项，实出于地方治理、应对教匪等社会棘手问题。除上呈旧志、舆图外，新测绘舆图及上报事项皆关乎方志内容，几可视为续修志书之具体事项，完全可以补入新修方志相应各门类之中。提刑按察使冯煦称"仿陈文恭州县图说为之"，即指各府州县上报内容依据的

---

① 《清代南部县衙档案》，四川省南充市档案馆，档案号：Q1-16-93-6。

② 《清代南部县衙档案》，四川省南充市档案馆，档案号：Q1-16-93-1。

是陈宏谋任职地方时命令各属编纂饬取舆图、事宜册的处理方式，更近乎志书之修纂。尽管此次只针对当下事务而设，并未要求新修地方志，但这样的调查上报，为以后的方志修纂打下了基础，充实了资料，可以省却不少采访的工作。

（三）军事交通与县志的征集、调查表的填报

清朝末年，新式交通成为西方列强侵渔中国的重要工具。光绪三十三年（1907 年）冬，陆军部以"各直省及西北路安设驿台等站，均为军务而设，现当筹备军用国道，所有原设驿站，关系至要，惟各省处所属各站，或逐渐增设，或随时改并，今昔情形，间有不同，亟宜切实调查，详细编订"，要求"各督抚将军大臣将国界、省界、府厅州县及乡村镇界，并台站界、土司界内驿站所经之处分析造表，绘图咨报"。① 嗣后，陆军部又因"湖南巡抚将全省驿铺详绘总分各图及水陆各道员弁夫马经费，分列各表，并附设裁始末等说，造送到部"，而"核其图表甚为详备，各省处均可照式办理"，于是转发其图表式，并咨行各督，"饬属妥速照办，统限于半年内汇齐，粘订成册，咨送本部，以凭考核筹办"。四川按察使司江毓昌以光绪三十四年（1908 年）奉准陆军部咨后各属绘具图表不合法，而另由统计员绘具总图并总分各表，但据此次以湖南办法照式造送，如"仍令各属绘造，势必仍前不能合用，司署案籍不全，无从考镜，必须调取各属志书、舆图，方能有所取则"，于是要求所属"详细绘具舆图一纸，务将水道原委流域、塘铺经过里数、上下程站接替员弁夫马经费等项，逐一填具表册，检同志书壹部，克日申赍来司，以凭汇办"②。这无疑又在陆军部调查要求的基础上，增加了上呈志书一项。宣统二年（1910 年）二月十九日，南部县知县侯昌镇在接到保宁府札后，批示"该房遵照绘图造册，并备志书一部申送"。③ 三月七日，侯昌镇向总督赵尔巽申文，其中便申赍舆图一张、清册一本、志书一部，并一一禀明本县水道原委流域、塘铺经过里数、上下程站接替、夫马经费等情况。④

宣统元年（1909 年），陆军部下设的军咨处根据《会典》记载，"直省坊衢之政，各由地方有司掌之，禁侵占，时修理其工要，而费钜者，并准动帑修造，报部核销"，尽管"国家重视路政，自昔已然"，但时移势易，"近今环球各国讲

---

① 《清代南部县衙档案》，四川省南充市档案馆，档案号：Q1 -21 -58。
② 《清代南部县衙档案》，四川省南充市档案馆，档案号：Q1 -21 -58。
③ 《清代南部县衙档案》，四川省南充市档案馆，档案号：Q1 -21 -58。
④ 《清代南部县衙档案》，四川省南充市档案馆，档案号：Q1 -21 -60。

求军备者，尤以路事与军事有密切之关系"，于是进一步筹办军事交通，但考虑到"建筑军用道路，需款浩繁，何者宜急，何者宜缓，何者宜仍其旧，何者宜加变通，调查不厌其精详，考求务底于细密"，于是先咨请各总督，"将所属各府、厅、州、县志以及旧有舆图调取全份，汇送本处"，以备考核。然而，"诚恐从前图籍所载道路、桥梁、山林、川泽，以及江海险要，揆诸现势，今昔不无异同"，因此除了"饬取所属各府厅州县志及旧有舆图，汇送本处，藉资参考外，所有山川道路，水陆里程，与夫车辆船舶，举凡关于输运等事，业经本处订就调查表三纸，相应咨请贵督，按照各表式样，刊印多张，分发各府厅州县，并饬由督练公所选派军官分往各地方，会同调查，详为纪载，期于明年五月以前汇送本，以凭规画"。① 于是随咨下发《调查章程》《水道调查一览表》《驿站道里调查表》《水道驿站里程一览表》等。各省督署部堂承准军咨处咨文，檄令各地督练公所依准咨事理，刷印调查表，转发各府厅州县遵办，并由公所派军官分往各属会同调查，按照表内所列有关输运事项，逐一详查明确，详晰填表具报，复由公所复核汇订成册，依限详请咨送。四川督练公所参谋处还拟定《调查暂行简章》，下发各属。②

宣统二年（1910 年）二月，四川督练公所参谋处委派六十六标炮兵三营督队官何光昭、营中队排长姚锦章赴南部县会同详晰调查，③ 选派人员包括了会同各属调查军官、直接调查驿站军官、直接调查水道军官三类，携带器具则有图板、图囊、米达尺、两脚器、小罗针、日记簿、驿站表、测图纸、水筒、饭盒、水道表、水道驿站表、各府直隶厅州图、照相机及附片等，④ 可见装备完备，测量精细。二十三日，南部县知县侯昌镇因"调查委员姚业已到县"，便"即委绅分路调查，以凭填注式样"，要求"札到，该绅立即遵照来城，听候委员指示调查方法，并研究应需调查各项事宜"，且以"事实军政，定限甚严"，要求"该绅限于本月二十五日到县，风雨不改。至该绅调查期内，每日支旅费钱五百文，按日发给，自下乡调查之日起，查毕回县止"，此外还开列"调查辅助员应支夫马清单"，"总共应领夫马各十日钱叁拾千"，以辅助调查。⑤ 三月，四川督练公

① 《清代南部县衙档案》，四川省南充市档案馆，档案号：Q21‐95‐1；公牍《督宪通饬各属按照军咨处咨送调查表认真调查札文》，《四川官报》1910 年第 4 期，第 4 册第 2 页。参考《札饬派员清查军事输运路程（广东）》，林忠佳、张添喜等编《〈申报〉广东资料选辑 7（1907.7～1910.3）》，广东省档案馆《申报》广东资料选辑编辑组，1995，第 345～346 页。
② 《清代南部县衙档案》，四川省南充市档案馆，档案号：Q1‐21‐57‐4；《清代南部县衙档案》，四川省南充市档案馆，档案号：Q1‐21‐57‐2。
③ 《清代南部县衙档案》，四川省南充市档案馆，档案号：Q1‐21‐59‐3。
④ 《清代南部县衙档案》，四川省南充市档案馆，档案号：Q1‐21‐57‐2‐8。
⑤ 《清代南部县衙档案》，四川省南充市档案馆，档案号：Q1‐21‐59。

所参谋处在"请调取各府厅县志书一册，以资印证而备采择，纵难尽期确寔，要可得其端倪，于军事不无裨补"，[①] 蒙总督批示后，通饬各府厅州县申送书志一部，限文到十日赍送。

综合来看，陆军部面临军事国防的现代化，要求改革传统的路政，筹备军事交通。为此，他们一方面征集传统志书，作为规划考核的参考资料，另一方面考虑到旧志书跟不上新时代，又制定章程，设计调查表，由各省委员会同调查，逐一详晰绘图、填表上报。从形式上看，可以说，这是对前期因编纂一统志而征集志书、调查资料的进一步完善。

三 因中央、地方机构职责所系而编纂、征集县志

地方县志之编修与征集还有些是因为中央、地方某些机构职责所系而出现的。为了很好地履行职责，有关机构往往要求地方编修方志，或者上呈旧志，以备稽核。据南部档案的材料，这种情况主要集中在晚清时期。

影响最大的是，由于清末废科举，兴学堂，由学部颁令进行的乡土志教材的编修。光绪五年（1879 年），吴大澂撰山西《保德州乡土志》，成为清代最早出现的乡土志。光绪二十七年（1901 年），清廷议废科举，立学部，兴学堂，翌年颁布《钦定学堂章程》，"史学""舆地"成为小学阶段必修的两门课程，学部通令各地编修乡土志作为小学堂的教材。光绪二十九年（1903 年），学部颁发《奏定初等小学堂章程》，规定开设历史、地理课程，其历史"尤当先讲乡土历史"，"令人敬师叹慕，增长志气者，为之解说，以动其希贤慕善之心"，其地理"尤当先讲乡土有关系之地理，以养成其爱乡土之心"。[②] 光绪三十一年（1905年），学部颁发《乡土志例目》，作为编纂乡土史地教材的指导方案，详细规定乡土志书的内容及体例。光绪三十二年（1906 年），南部县县学廪生王道履遵照学部颁发程式，编纂了《南部县乡土志》。全志分历史、地理、物产三个部分，卷首有王道履叙，明确是志为初等小学教材而编，以此培养振发学生爱乡爱国之精神，叙末有编志体例，明确纂次谨遵《例目》，唯其以"城内""区内"加分别，较其他县乡土志为简切。

由保甲而警务也是清末的重大变革，其间为筹办巡警，四川通省巡警道曾下令上呈志书。光绪二十九年（1903 年）四月，四川将原有的保甲局裁撤改设，

---

① 《清代南部县衙档案》，四川省南充市档案馆，档案号：Q1-21-860-1；《清代南部县衙档案》，四川省南充市档案馆，档案号：Q1-21-860-3。

② 朱有瓛主编《中国近代学制史料》第二辑上册，华东师范大学出版社，1987，第178页。

成立警察总局，专管成都市区警务，负责保安、正俗、卫生，即侦捕盗匪，对付反抗清廷行为，端正风俗，以及公共卫生、人民生计等。光绪三十一年（1905年），警察总局改名四川通省警察总局，负责管理全川警务，兼管成都市区警务。光绪三十三年（1907年）六月，改设四川通省巡警道，主持四川警务公所，管理全川警务，兼管成都市区警务。宣统二年（1910年）十月，四川通省巡警道周善培总办札饬南部县称："本道现就警务公所设立图书室，蒐集新旧书报，以充学识。各府厅州县志书，尤为筹办巡警必应考究之书，合行札饬。为此札仰该县即便遵照该□，如刊有志书，速即捡出一部，申送来道，以备考查。"① 显然，这是出于四川通省巡警道就警务公所设立图书室而蒐集方志，目的是为筹办巡警做参考。

光绪三十二年（1906年）十二月七日，民政部"会同军机大臣奏定官制章程折内设立疆理专司，管理户部划归之疆理事项"，而"疆理司之职掌以图、志两项为最要"。由于"各直省地势或有变迁，区域不无分合，必须有新绘之图、新修之志，方足以资参考"，民政部于是札饬各地征集方志，"应请将最新出版之省、府、州、县图志咨送本部，嗣后如有增析裁并之处，并希随时咨报，以便查核"。② 此乃出于中央机构职责所系而征集地方图、志。

四川咨议局职责以议事为先，而议事以了解民风民俗为先。宣统元年（1909年）十一月，为查考应兴应革事，四川咨议局移文南部县，征集方志。其移文称："本局应办事件，以议决本省应兴应革事件为第一。惟查川省幅员辽阔，民情风俗习惯多不相同，若不先事查考，议事难期妥协。所有各属志书，亟须检阅，以资考证。除分移外，相应备文移请，为此合移贵县，希将志书及新编乡土志等书，各检送一分，俾供参考，实为公便，须至移者。"③ 从此次征集来看，包括本地的各种志书，甚至是最近为中小学堂教学而新编的乡土志教材。此乃出于地方机构职责所系者。

清代的有关政策还直接影响到民国。清朝末年，在宣扬打倒满清、废除科举的同时，宋育仁等提出学习张之洞在湖北废除科举教学后创办存古学堂类似新学的主张。宣统二年（1910年），原陕甘总督杨遇春后人将位于成都外南门街故第献出，作为存古学堂校址。后来为了扩大这所学府，从各方面培养人才，设立近代学科教学，遂将四川军政府枢密院的原址扩大为学堂校址，并于民国元年

---

① 《清代南部县衙档案》，四川省南充市档案馆，档案号：Q1-21-705。

② 《清代南部县衙档案》，四川省南充市档案馆，档案号：Q1-18-465。

③ 《清代南部县衙档案》，四川省南充市档案馆，档案号：Q1-20-911。

（1912 年）将其更名为"四川国学院"。① 四川内务司因四川国学院有"应办事宜，若审定乡土志、续修通志之属，均为专责"而征集方志，② 更揭示了民国初年对地方志的重视。1916 年以后，宋育仁任四川国学院院长，创办《国学月刊》，兼四川通志局总纂，负责编纂《四川通志》。

四　结语

从清代南部县衙档案及现存南部县旧志等史料来看，清代县志的编修、征集与纂修国史、一统志，以及整顿地方、加强治理等有着密切的关系。

清代方志的编修一般持续很长的时间，往往经过了多人接续不断的努力。这一方面是上级始终持续催促地方志的编修与征集，三部一统志的修纂用时皆久，而光绪十七年至二十二年因国史馆修史而持续征集南部县志，也足见一斑；另一方面地方政务繁剧，修志人力、物力难以筹措，地方长官负责方志的编修与上呈，使这一工作得到了可靠的保障，地方长官负责制起到了很大的作用。此外，出于了解民生民情、强化地方治理的需要，很多务实能干的地方官吏都特别看重方志的编修与征集，即使不修方志，在调查上报相关清册、图表上也能实事求是，详尽具体，成为以后修志可资查证利用的档案史料。

清代方志的编修十分强调统一的范式。为统一规范，上级衙门甚至札发样书、条例，或逐条调查事项、调查图式、调查表，开列调查章程，甚至派员分往各地会同调查，用心至细，调查至密。不过，"编修方志既有一定公式，各地所修志书，就免不了千篇一律，面目如一。这使得许多修志人员，不是从本地实际情况出发拟定篇目，不在本地区应写内容上下功夫，而是在名目上做文章"。③ 这样的弊端，我们单从《南部县乡土志》即可见一斑。从正面来讲，统一的规范，不仅将社会治理急需的事项登载无遗，而且确保了事项的完善性、可靠性，避免了地方敷衍塞责，草草了事。

地方志有资治、教化、存史三大功能。明代杨宗气为《（嘉靖）山西通志》作序称："治天下以史为鉴，治郡国以志为鉴。"方志的修纂与征集，既有备国史采择，备考稽、治理的功能，也是考核官吏政绩的重要方面。清廷善于保存资料，教化百姓，随时征集相关数据，忠节采访局等部门不断征集、保存相关史

---

① 杨正苞：《四川国学院述略》，《西华大学学报》（哲学社会科学版）2009 年第 1 期。

② 《清代南部县衙档案》，四川省南充市档案馆，档案号：Q1-21-860。按：此件档案并不完整，仅有首页，故其时间不详。但四川国学院成立于民国元年（1912 年），则说明此民国档案混入了清代南部县衙档案之中。

③ 仓修良：《方志学通论》，齐鲁书社，1990，第 377 页。

料，为修地方志服务。也就是说，方志的修纂，有着严密完整的档案基础与依据，是一个长效的工作，而六十年一修通志的制度，更确保了方志的持续有效修纂。

为了应对时局的变化，清末进行了一系列机构、制度改革，而这些改革的背后都有一系列新的问题需要解决。为此，清廷大量借助传统方志，通过它们来重新梳理相关的历史与现状，然后做出相应的对策。如为应对地方治理、履行职责、发展军事交通，适应变革，而重新调查、征集方志等。为弥补传统方志的不足，清代各级政府又通过新的调查图表、事务清册，实时地完善相关事项，在无意中推动了地方志编纂形式与内容的转变，并最终催生了新式方志的产生。调查图表、事务清册注重时效性，方志重视稳定性，两相结合，互为补充，互为促进，保证了各级政府对地方情况的认知。

当然，地方上志书修纂的拖延敷衍，方志征集的久拖不至，以及各时、各部门重复征集方志等，也反映出清代方志编修与征集有很多的弊病，值得我们重新反思与改进。

从清代南部档案管窥巴蜀农村文化建设 *

杨小平

（西华师范大学文学院）

一　从清代南部档案看农村的文化与教育

新农村的文化建设离不开文化与教育，教育的水平决定国民素质，新农村建设，没有高素质的村民，是难以实现的。但是乡村往往教育落后，是教育容易遗忘的角落。自古以来，锦上添花多，雪中送炭少。城乡差距逐步扩大，仅仅靠文化下乡是难以实现城乡协调发展的。清代南部档案反映，清代南部县对文化教育尤其重视，科举考试严格无比。

（一）坎坷的半日学堂

翻阅《南部档案》之后，我们发现，《南部档案》有半日学堂方面的详细记载。如18目录521卷题为《为新定半月学堂章程事》。这个题目中的半月学堂明显有误，可能是把日字笔误成为月字。

1. 半日学堂的特色

半日学堂就是学生上课时间大约为半天的学校，与全日制学校不一样，半日学堂就是专门解决贫寒子弟学习问题的学校。南部县衙举办的半日学堂，并不是南部一地独有的，而是按照清代国家政策执行的结果。1905年，清政府学部成立后不久，马上就通令全国，要求各地设立半日学堂，学堂招收的对象是贫寒子弟，学堂不能收取学费，学生的年龄也不加限制。半日学堂以一年为度，没有今天常说的暑假，七日一休息，大雪、大雨以及端午、中秋、春节三节都要停课。

---

* 本文系2011年国家社科基金重大项目"清代南部县衙档案整理与研究"（编号：11&ZD093）阶段性成果。

每日分上下两班，午前为上班，午后为下班，后来增加晚上的夜班，类似于今天的夜校，每堂上课时间都控制为三个小时。人数多寡视校地大小，先不限定名额。

根据《南部档案》的记载，半日学堂确实是专收贫寒子弟，并且不收任何学费的。南部档案记载的半日学堂简章"宗旨"中就已经明确申明："半日学堂专以教育贫家子弟"。但是，半日学堂并不是对学生的年龄也不加限制，也就是说半日学堂招收的学生并不是任何岁数都可以的，而是有年龄限制的。这点倒有点像中国以前的高考限制考生年龄。

因为《南部档案》记载的简章中清清楚楚地写明，半日学堂招收对象的年龄是十六岁以下，七岁以上，超过这个年龄段，就不能进入半日学堂。这也是南部县的半日学堂不同于其他地方的特色。由此可见，国家政策具体到县乡，并不会严格执行，而是根据实际情况加以调整。

历朝历代，读书求学看来是公平公正的事情，其实求学的成本和生活的压力却让读书求学成了少数社会群体的特权。直到今天，仍然有不少学生因为家庭贫寒放弃学业，走上打工之路。尤其是读书无用论、史上最难就业季不断出现，硕士、本科生的就业率反而不如职高的就业率，让贫寒子弟更不愿读书学习。对于这点，我们应该有清醒的认识，不能够以偏概全，不能够简单地用就业数字来进行比较，还要考虑就业质量。有人指出，总体上来说，读书读得越多，相应的经济收入还是越高，上升的空间也更大。

2. 创办的艰辛经历

既然半日学堂不收学费，那么南部百姓就会踊跃地将子弟送来读书了吗？

事实并不像我们想象的那样简单，半日学堂并未受到普通百姓的欢迎，半日学堂的创办遭遇到很多困难。

当然，半日学堂的经费、师资、教材、场地等一系列问题，都不容易。南部县衙选择首先在城内创办，经费、师资、场地等相对容易解决。

光绪三十三年（1907 年）四月，经过近半年时间的精心谋划和筹备，半日学堂的准备工作终于基本就绪。经多方筹措，许多热心公益的富绅积极捐款捐物，学堂的教学经费基本上是有保障的；师资均为优秀教师，是从师范传习所考定选派的；教学场地是本县供奉火神的庙宇，环境也是相当幽静的。

为使县城周边的民众尽快知晓，并让贫寒子弟积极报名参加学习，劝学所拟定了招生简章，以南部县衙官方名义制发的《南部县半日学堂简章》广泛张贴于县城的大街小巷。

免费招生，对于南部县因为家庭经济贫困而求学无门的未成年人，应当是一个天大的好消息。但根据南部档案的记载，南部县衙的招生简章贴出三十多天后，人们似乎对此并不领情，报名的人寥寥无几。

显然，半日学堂遭到冷遇这一情况，让人始料未及，匪夷所思。其他相关事宜，简章都写得清清楚楚明明白白。尤为关键的是，这半日学堂是专门面向平民百姓，免费入学的，人们为何不踊跃报名呢？南部县地处川北，交通、信息都不发达，民众对新事物的接受，显然还需要引导和说服。由此可见，规定和政策的执行，并不是像我们想象的那样简单。

为了让民众能够更清楚地知晓官方开办半日学堂的目的，打消个别人的糊涂观念，南部县衙贴出了南部县知县章庆仪的一则纯白话文的《示谕》，在展望本县教育方面发展前景的同时，章庆仪又介绍了即将开办的半日学堂的性质、特点、学习的内容、形式，并苦口婆心地告诉大家，如何妥善安排好谋生与读书的时间以及识字明理的诸多好处：

> 本县为你们办半日学堂，是专为你们贫苦百姓的儿子设的。每天分成两半天，每半天教一班学生。或是上半天来上学，或是下半天来上学，均听你们的便，故叫半日学堂。就是在做小买卖，或下力的年轻子弟，都可每天匀半天功夫来上学，并不耽误你们的生活。这半天功课只有几门，一认字讲字，二写字，三学算盘，四学体操，五讲三纲五常的道理。字认多了，还要教联字联句，学写账写信的事。只要你们肯听教，不过一两年，就认得多少字，又会写，又会算，又讲得字义，又懂得道理，一辈子都有用处，岂不甚好？

这应该是比较早的白话文了，比五四运动的白话文要早得多。这些话语平和的语气、浅显的常理，充满了县衙重教兴学的良苦用心。

南部县的告示还用简单易懂的白话文告诉老百姓办学的地点和报名的办法：

> 现已在西门火神庙内设起半日学堂，你们如有愿送子弟上学者，不要分文学钱，只须请一铺保，就准入堂。本县已定有简明章程，委派师范生，择期八月开堂。你们快快先到劝学所报名。①

告示提到的铺保就是以店铺名义为他人出具证明所做的保证，南部县衙的一片热心，终于打动了思想保守的南部县民。当这篇告示张贴后的第二天，县城居民适龄者前往劝学所报名的人络绎不绝。开学那天，火神庙里满满当当地坐了近

---

① 南部档案 18－521。

三百名学童。为满足越来越多的贫寒子弟求学的欲望，劝学所又在桓侯庙和县城西门、北门增设半日学堂，分为午前、午后、夜课三班教学，并逐步在本县繁盛之乡推而广之。

（二）严格无比的科举

科举是一项官员考试选拔制度，是通过考试选拔官吏，由于采用分科取士的办法，所以叫作科举。科举客观、公平、公正，为贫寒人士打开了一扇通往上层社会的大门，为统治阶层笼络天下英才提供了绝佳的平台，所以，贞观年间，唐太宗李世民看到新科进士们从端门列队而出时，非常高兴地说："天下英雄尽入我吾彀中矣！"

那么，科举制度是唐太宗李世民发明的吗？历史告诉我们，科举不是唐太宗李世民发明的，而是隋代开始出现的。中国古代科举制度最早起源于隋代。有人将科举的发明权归功于隋文帝杨坚，很多人错误地将科举说成隋文帝首创，这是不符合历史真实的。科举是隋炀帝杨广在大业元年首创的，即公元605年科举制度正式建立的。

隋炀帝杨广创设的科举制，客观上避免了官员选拔的任人唯亲和权力干扰，保证了官员选拔的公开、公正、公平。科举为老百姓提供了公平竞争的机会，隋炀帝开创的科举和下令开凿的大运河一样影响巨大，造福后世。

现代的高考考试非常严格，那么清代南部县科举考试又如何呢？根据南部档案的相关记载，清代南部县科举考试与现代高考相比，严格无比，并不逊色，甚至在某些方面有过之而无不及。

1. 考试过程的严格

南部县参与科举考试主要是县试，是所有科举考试的第一站。也会涉及府试等更高一级的科举考试。

同治二年（1863年），保宁府宋知府下发通知，要求南部县立马申报文武考生名单，相当于今天的高考报名。又因为四川省战乱，广元、通江、南江等地不太平，通知南部县本年的恩科以及正科乡试推迟考试，甲子年正科乡试推迟到丁卯科举办。①

要参加乡试以上的考试，读书人必须通过由南部县知县主持的县试和由保宁府知府主持的府试，才能够分别取得生员和秀才的身份。南部档案里生员分为文生和武生，允许文武生员举人交叉考试，武生可以改考文举，文生也可以改考武科。这点倒有点像现在的文理分科，理科可以改学文科，文科也可以改学理科。

_____

① 南部档案6-527。

但实际上交叉考试者寥寥无几。南部档案中有武生转文生的，也有文生转武生的，但毕竟是极少数。

取得了生员和秀才身份才有资格参加更高一级的科举考试。南部县县试由南部县知县主持，礼房负责报名，填写父母等三代履历，或者出具同考五人保证书，或者出具本县廪生的保结，证明自己不属于倡优、隶皂之子孙，以及没有冒籍、匿丧、顶替、假捏姓名等情况，然后方准应考。

考生入场携带考篮，内装笔墨食物。为防止夹带，要进行严格的搜检，甚至要解开头发、脱衣等，连鞋袜、文具也要检查，不许携带片纸只字进入考场。为防止夹带，考生必须穿拆缝衣服，单层鞋袜，禁止携带木柜木盒、双层板凳、装棉被褥，砚台不许过厚，连糕饼饽饽都要切开。点名入场后，考场即封门，禁止出入。

县试一般共考五场，每日一场，黎明前点名入场，即日交卷。第一场为正场，考试《四书》中的文两篇，五言六韵的诗一首，题目、诗、文的写法都有一定格式和字数限制。考试期间，四周派军队分段驻守巡逻。县试第一名叫县案首，可以直接录取入学。

清代南部县的县试多在二月举行。县试、府试、乡试等都是有录取名额限制的，各地按照分配的定额录取，数量并不相同，类似于今天高考的分省录取。录取比例差不多是在十人或十几人中取一名，大约为十分之一，远远低于现在的高考录取率，由此可见当时考生的竞争也十分残酷。

由于县试是科举考试的第一步，至关重要，容易产生作弊现象。有人说，自有科举以来，作弊手段就不断升级。俗话说，道高一尺，魔高一丈。南部县县试并不亚于今天的高考，考生进入考场时需要搜身，避免夹带，考试时单独隔离，根本没有机会偷看其他考生的。清代南部县也逐渐采用试卷弥封、誊录试卷的方法，这样考官无法辨认应考者的字迹，从而避免舞弊。

即使过了县试，也不是万事大吉，可以高枕无忧了，还有检验考生的岁考。什么是岁考呢？岁考是检验生员学业的考试，由中央派出的各省学政主持，县学的所有附生、增生、廪生都必须参加。光绪十三年（1887年）一月二十一日，南部县李知县通知儒学准备今年的岁考。二十四日，南部县李知县将试题及名额加盖印章，下发给儒学。① 这类似于今天高考试卷的运输和下发。但是今天高考试卷往往需要武装押运，跋山涉水，容易泄题。一旦泄题，势必影响全国。这才逐渐有了各省分省实行高考单独命题，减少泄题风险。而南部县和儒学同城，不存在长途跋涉，极大地减少了考试泄题的风险。

---

① 南部档案 9－865。

经过岁考，三月十一日，南部县儒学向李知县报告录取情况。两天后的十三日，南部县李知县就派差役通知岁考录取新生宋荣清等，一齐到县学习。从准备开始考试到录取结束，时间为一个多月，效率比较高。

我们在《南部档案》中还看到了观风。什么是观风呢？原来是学政按临南部县后，往往首先拟出经解、策、论、诗、赋等题目，令生员和童生选作。这些活动旨在考察南部县的文化风俗，所以叫作观风。光绪十一年（1885 年）十二月二十七日，保宁府府衙就通知南部县开考前举行观风，要求南部县儒学发来题目，限一月内密封送提督学院，逾限一概不收。①

考试完毕，还要提取参考的考生年貌。什么是年貌呢？年貌就是年龄容貌。

据《南部档案》第 1 目录第 10 卷的记载，雍正七年（1729 年）八月二十三日，阆中县叶知县以护理保宁府事的身份通知南部县上报考生的年貌情况证明。护理保宁府事就是说阆中县知县代行保宁府知府职权。

因为本年两科乡试，文举已经结束，所有武生以及改入武场文生的年貌册结应即提取，要求南部县立即催促儒学，照例取其各生供结四套，并加具印章进行申报，如果临期始行投考者，就一定不加收录。并限定三日完成。

八月二十三日保宁府签署发文，实际上根据档案的记载，保宁府的发文时间是八月二十九日，说明公文的签发和实际往往存在差异，不然就会误判。这是反复阅读《南部档案》，通过前后陈述和相关记录，才能够看到的。

那么，南部县怎样执行上级的通知呢？收到上级的通知后，九月初一日，实际上是九月初三，南部县杜知县签发，给南部县儒学教谕刘复、训导韩敬，九月六日儒学教谕刘复、训导韩敬向南部县申送年貌籍册清册，称儒学随即将奉取科举武生，遵照往例，逐一造年貌、籍贯清册，一面差催取结申送，今据雍居武等十七名投递亲供各结前来，相应照例粘连一样五套，备文转送外，至武生谢万钟、张翼翔、杨君培等十四人并未具结到学，都说经济困难，难以参加考试，无凭出结申送。②

由此可见，年貌清册包括年龄、相貌、籍贯，必须本人填写，亲笔签字，并层次加盖印章，来证明考生的身份。这一点，现代高考也继承下来。

考试录取环节也是十分严格的。录取程序十分严格。为防止考官徇情，试卷全部密封，而且还有誊录，看不到任何考生的姓名和记号。阅卷的考官也并非一人，而是多人，必须几人都圈好，方能通过。录取的新生还须填写亲供，书年龄、籍贯、三代以及身高相貌特点，由儒学出具印结。

---

① 南部档案 9 – 231。
② 南部档案 1 – 10。

科举不仅考试过程十分严格，平时对考生的管理也十分严格，从而有效地避免考生替考等舞弊行为。雍正六年（1728年）三月十七日武生邓衿前来报告称因父亲邓国栩病故丁忧，已经27个月服满。三月十九日儒学教谕刘复、训导宋瑜向南部县代知县申报，三月二十一日盐亭县吕知县代理南部县事、典史王钺申报保宁府吴知府，报告武生邓钤丁忧，没有短丧违法的情况。并附加本生亲供、里邻结状，同学廪增附生员互结、儒学出具印结，粘连一样三套。①

由此可见，清代南部县对生员的管理十分严格，需要各种手续，需要相应的材料，走完相应程序，因此在科举时冒名顶替的难度就可想而知。现代高考采用指纹查验也是为了让替考再也无法实现。

2. 违法乱纪的严惩

清代南部县对县试舞弊的处分特别严厉。一旦违法乱纪，就会有十分严厉的惩罚。

如有冒考、顶替者，查出究办，互保的五名考生还须互相监督，如有容隐包庇，五人连坐。不法的文生、武生一旦被控告，就会受到惩罚。文生、武生犯法，其情节轻者惩戒，重者斥革。

清代南部县严禁考官收受贿赂，严禁作弊，违禁者严处。甚至可能被问斩，使用包括死刑在内的刑罚严罚作弊者。

除了前面讲到的考试保密严格外，南部县对县试中的闹考、罢考和替考等行为的管理也十分严格，不准闹考、罢考、替考，处罚严厉。光绪十三年（1887年）三月二十七日和四月二十三日，保宁府府衙通知南部县，要求严禁闹考和罢考。四月三日，南部县县衙通知儒学，严禁闹考。二十九日，南部县向保宁府报告，详细说明了严禁闹考的告示日期和张贴处所等。五月七日，南部县再次贴出告示，强调严禁闹考。八日，南部县派人让五显庙住持道士等暂行搬出，为考试腾出地方，并严禁闹考、替考行为。

通过这些，我们可以看到，南部县在组织县试中，对闹考、罢考和替考实行的零容忍，反复强调，十分严格。

当然，除了违法乱纪有严厉的惩罚外，学习不认真，学习成绩不好，也会有惩罚，县试后检验生员的岁考将生员的考试成绩评定为六等，根据成绩对生员的身份进行黜陟，如将增生、附生补为廪生，廪生降为增生、附生等。对成绩考列第五等、第六等者，还有青衣和发社两种惩罚。着蓝衫本为生员身份的象征，"青衣"处分就是让被惩生员改着青衫，所以叫"青衣"，电视剧《王保长新篇》中就经常出现青衣的说法。"发社"就是由县学降入社学，最严重的处分是

---

① 南部档案1-8。

革黜为民。

3. 疑似案件的审慎

光绪六年（1880年）七月、九月陈怀仁先后恳保释其子陈元龙，声称陈元龙外出卖笔墨，并非泸州棚场掉银的陈世玉。陈元龙实未在考场内，属于误被收押。自己年迈无子，请求县衙允许保释。南部县刘知县批示，因涉嫌科举不准保释。

从中看出清代南部县在科举考试方面的谨慎，当科举考试中出现案件后，涉及嫌疑犯的处理十分严格，也说明地方保释制度十分严格。

十月十二日，南部县禀高学宪，称泸州撞棚案内匪徒陈世玉即陈元龙，请牒知泸州，派差前来交解归案。

也就是说，南部县认定陈元龙就是泸州科举案中的陈世玉，并没有遵循普通案件中的疑罪从无的原则。

十二月五日，陈怀仁再请保释，说陈元龙从来没有陈世玉之名，自己年老家贫，三代单传，陈元龙于隆冬在押抱病，需要医治。请求保释养病，保证随传随到，绝不逃逸。南部县仍不准保释。

光绪七年（1881年）二月十三日，四川学宪下令南部县拿办泸州撞棚调包案犯陈元龙、陈三和尚。二十四日，南部县衙才终于同意保释陈元龙。二十五日李仕林具连环保释在押人犯陈元龙。①

我们从南部档案中，可以看到清代南部县在涉及科举案件时万分审慎，值得我们今天加以借鉴。

二 从清代南部档案看农村文化中的祭祀民俗

巴蜀新农村，每逢过年过节，或者伟人圣贤的诞辰等重要日子，都会举行规模较大的祭祀，让神灵和圣贤保佑安康，祈福求祥，但也掺杂着一些迷信糟粕等。

祭祀在古代，与战争一样重要，因为它们是国家的两件最重要的大事。三国时期的蜀汉后主刘禅被嘲笑为扶不起的阿斗，作为反面典型来教育后世。实际上，历史并非如此，刘禅智量过人，高度信任诸葛亮以及后来的姜维，支持他们进行北伐，在位四十三年，是三国时期在位时间最长的皇帝。即使是亡国之后，也能够以乐不思蜀的表达，消除司马氏的猜疑，而和平躲过杀身之祸，为自己和家人赢得平安，为蜀地带来和平，避免大规模的战争和动乱。刘禅的智量也表现

---

① 南部档案 8－490。

在将作为重要权力的祭祀权一直牢牢掌握在自己手中。他说，军政大事由诸葛亮处理，祭祀由他自己掌控。诸葛亮逝世后，刘禅下令禁止吊孝和立庙祭祀，正是其聪明之处。历史记载，也只有谯周有先见之明，提前去吊孝。[①] 而后世的武侯祠取代汉昭烈庙，喧宾夺主，也印证了刘禅的预判，直到今天，大家到成都，都往往只知道武侯祠，而不知道汉昭烈庙。

（一）兴旺的关帝祭祀

关帝就是关羽。关羽死后受到民间推崇，一直是历来民间祭祀的对象，被儒释道三家尊崇，被尊称为"关公"；又经历代朝廷褒封，被奉为"关圣帝君"，尊崇为"武圣"，与"文圣"孔子齐名；最后还被封为"盖天古佛"，佛教称其为"伽蓝菩萨"，道教称他为"关圣帝君"。

关帝祭祀成为南部县重要的祭祀内容。南部档案中保留了不少祭祀方面的记载。照理说，关羽与南部县并无多大瓜葛，一生也并未涉足南部县，但是南部县人对其忠义、勇猛崇拜至极，到处兴建关帝庙宇，进行祭祀，祈祷关帝能够带给自己好运。武生、商人等更是如此。

如此尊崇关帝，这应该和南部县所处的地方有关。南部县古代属于巴国，自古以来，巴出将，蜀出相。巴人从来英勇善战，巴国地段涌现了不少英雄、将军。

清代南部县的关帝祭祀时间是在每年的五月十三日。另外，每年春、秋两季的第二个月的上戊日，南部县也要举行关帝祭祀。

关帝祭祀在南部县的兴旺除了与关羽自身的忠勇有关，与清王朝的大力推崇也有极大的关系。咸丰三年（1853 年），关羽祭祀由原来的群祀正式升为中祀。南部县官吏也会亲到关帝庙祭祀，举行隆重盛典。

清代时关羽的地位则是一路上升，乾隆六十年（1795 年）其已被加封为"忠义神武灵佑关圣大帝"，道光八年，关羽封号增至十四字，称为"忠义神武灵佑仁勇威显关圣大帝"。同治、光绪时期，对关羽的崇拜也更加张扬。光绪五年（1879 年），关羽的封号已经达到二十六字的顶点，全称为"忠义神武灵佑仁勇威显护国保民精诚绥靖翊赞宣德关圣大帝"，因为太长，简称为"关圣大帝"和"关帝"。在此风气下，南部县自然也会加大关帝祭祀，关帝祭祀也无比兴旺。

我们也应该看到，总的来说关羽被尊为武圣也不是一帆风顺，有时被褒，有时被贬，明朝时关羽就是先被贬后被褒，总之这完全取决于武圣关羽对于当时的

---

① 《三国志·蜀书·后主传》。

统治气氛有无利用价值。

其实对于关羽的争议，早在魏晋时期就已经有了，如《三国志》裴注就引《蜀记》和《魏氏春秋》两书，记载关羽贪图美色，性急地向曹操多次禀告想要娶敌方吕布将领秦宜禄的妻子，结果引起曹操的兴趣，被曹操捷足先登，自己留用了，关羽并没有得到想要得到的美人。① 当然这是否就一定是事实，还需要研究，但这毕竟说明有人贬低关羽，看不起关羽的为人。

虽然关帝祭祀兴旺，但并不意味可以随便滥唱关帝戏文。根据《南部档案》第 8 目录第 658 卷的记载，光绪八年（1882 年）六月二十四日，四川总督衙门就通知南部县县衙，说明关帝虽然加封号，入中祀，但是严禁演唱关帝戏文。虽有政府禁止法令，但是时间一久，各乡镇市场多有演唱关帝戏文。四川总督衙门下发通知的目的，就是要求南部县严禁滥唱关帝之戏，张贴告示，严查违禁的演唱，不得懈怠。七月初二，南部县衙就贴出四川总督衙门六月下发的告示，严禁密查滥唱关帝之戏。②

（二）礼貌的三陈祭祀

关帝并非南部县人，但因其忠义和国家推崇受到南部县民众的崇拜。而三陈是南部鼎鼎有名的人物，在整个南充市的历史上也是响当当的名人，却没有相应的纪念地方，说明南部县并没有认识到三陈潜在的历史文化旅游价值，没有加以利用，实在十分可惜，完全可以加以研究开发。当然，也可能是南部名人太多，顾不过来。

那么三陈究竟是哪三陈呢？大家都学过宋代大文豪欧阳修的《卖油翁记》，其中的主角之一就是三陈之一的陈尧谘。《卖油翁记》："陈康肃公尧谘善射，当世无双。"三陈除了陈尧谘外，还有陈尧佐、陈尧叟，他们都是陈省华之子。如果加上其父，就是四陈了。

三陈都是南部县大桥镇人。北宋初年，三陈相继考中进士，陈尧叟、陈尧谘考中状元，陈尧叟、陈尧佐均官至宰相。南部县大桥镇小学将三陈事迹绘成壁画对学生进行教育，十分独特。虽然壁画中有的文字存在一些表述不严谨的地方，但是毕竟把三陈的主要事迹形象地向小学生进行了实实在在的教育，有利于学生发奋图强，学习先贤。清代出现三陈祭祀，也就十分正常了。

道光《南部县志》及南部《陈氏族谱》等记载，陈尧叟墓在南部县碧龙乡岑子乡，陈尧佐墓在南部县太华乡天马山，陈尧谘墓在南部县丘垭乡亭封观，陈

---

① 《三国志·蜀书·关羽传》裴注。
② 南部档案 8 - 658。

省华墓在南部县积庆寺。明代嘉靖的《保宁府志》却说陈尧叟、陈尧佐的墓地都在南部县三龙里，陈尧谘墓在其他地方。清道光《保宁府志》又说陈尧叟、陈尧佐、陈尧谘墓都在南部县北八十里。但是南部县向北只有四十里，向北八十里就进入阆中市范围内了。由此可见，地方志的记载并不是完全可靠的，部分记载仅仅是根据传说写出的，我们在研究利用时必须加以注意，避免以讹传讹。

南部县属境内，有宋代名臣陈尧叟、陈尧谘坟墓，分别在崇教乡岑子山和永丰乡里峰观，陈省华的墓碑在大桥镇。陈家父子都是著名的名人，当地人常常加以祭祀，勤加防护。[①]

根据蔡东洲教授所写的《宋代陈氏研究》等论著，陈省华、冯夫人及三陈等坟墓实际上在河南省新郑市北三十里，俗名"三宰坟"。当然这个俗称是错误的，因为三陈中只有两位曾经担任过宰相。尽管三陈未葬在家乡南部县，但是并不影响南部县人对他们的景仰，代代祭祀，这也是真实可信的。

《南部档案》保留与三陈有关的档案3卷47件，其中直接与三陈有关的档案有2卷11件。

从同治十三年（1874年）开始，在保宁府的多次催办下，南部县在光绪元年（1875年）三月申报保宁府，说明境内有宋先贤陈尧叟、陈尧谘坟墓各一所，而且都勤加防护，并无坍塌损坏。[②]

根据《南部档案》和相关数据的记载，尽管南部县可能没有陈尧谘、陈尧佐等三陈的坟墓，但是南部县仍然按期祭祀三陈，扫除三陈坟墓都有专人负责，十分礼貌。如保护陈尧佐墓的责任者就是醴峰乡僧人贞林等和陈氏后裔陈元亭等，让陈氏后裔在坟地附近栽种竹子和树木，每年由醴峰乡僧人负责清除杂草。还规定了三陈陵墓附近前、后、左、右，不准妄自开挖和播种，不允许擅自放养牛马，不准砍伐柴草，甚至不准在墓碑上磨刀。如果有毁坏坟地的，就会拘留严惩。南部县每年都要向上级报告境内三陈坟墓及其祭祀的情况，并称勤加巡视和防护修葺。

根据蔡东洲教授的研究论文，陈尧谘墓位于南部县大坪镇天马村与丘垭乡金星村交界的谢家山的山梁上，面向醴峰观。现存光绪十六年（1890年）的南部县保护晓谕碑和清代族人立的墓碑和土堆墓冢。

（三）虔诚的月食祭祀

我们在《南部档案》可以看到日食、月食祭祀，当时叫作日食救护、月食

---

① 南部档案 10-161。
② 南部档案 7-104。

救护。

光绪十三年（1887 年）五月九日，保宁府通知南部县，准确说明了十二月十七日己亥的月食时间。广西等六省能够看到这次月食的全过程，要求南部县援例将月食时刻分秒上报。

由此可见，清代光绪时期已经能够准确预报月食，科学技术并不落后。但是地方政府和民众仍然长期把月食叫作天狗吃月亮，让人觉得不可思议。

二十五日，南部县县衙通知儒学，要求儒学将月食时刻先期具题绘图，准确记录月食经历时间长短，以及月食中的初亏、食既、食甚、月入等准确时间。十一月九日，南部县县衙派出差役，票传阴阳僧道携带鼓乐吹手赴县，齐集县城，一起祭祀月食，十分虔诚。①

由此可见南部县祭祀的虔诚。俗话说，心诚则灵。其实，创造历史还是要靠勤奋工作，神灵仅仅是心灵寄托，是一种心理安慰。因为世上本来就没有什么神仙、神灵，没有什么救世主，只有脚踏实地、实干才能兴邦，国家才能强盛。不过，中国人还是宁可信其有，不可信其无，而且中国人多数不分信仰，并不只信一个神灵，而是见神就拜，不管真假，虔诚供拜，希望自己的虔诚能够打动上天。

三 从清代南部档案看农村文化中的民间纠纷处理

巴蜀新农村，村民之间往往存在一些民间纠纷，多数纠纷可以在相互理解中得到解决，但也有不少纠纷不断升级，甚至酿发命案，造成人间悲剧，让人痛定思痛，更加渴望新农村文化建设的落实，避免因缺乏文化而导致的低俗文化盛行。

清代《南部档案》反映了清代南部县民风淳朴，照理说不应该有多少诉讼案件，却存在大量的诉讼案件，这反映出民间纠纷处理的艰辛。

（一）清代南部县的民风淳朴与健讼

南部县的民风历来淳朴，《南部档案》中也常常看到很多有关淳朴的民众的记载，他们并不愿意轻易将民事纠纷告到南部县。我们现在到南部县调查研究，走到碑院镇的禹迹山，向当地村民询问前往禹迹山的道路，村民就十分热情地告诉我们通过禹迹山的快捷方式。我们来到禹迹山，看到四川这尊最高的立佛，长期埋藏在深山，很少为外界知道，觉得十分可惜，也感叹南部旅游，宝贝众多，不仅仅有西南最大的水库升钟湖，也不仅仅有国内最大的万亩荷花，还有数不清

---

① 南部档案 9 - 867。

的名胜古迹。

《南部档案》第1目录第14卷记录了这样一个案件。这件档案是工房档案，涉及伙卖耕牛，由南部县典史王钺据南部县杜正堂批呈上，根据其记载，案件缘由和经过如下：

雍正八年（1730年）四月，南部县马会乡三甲纳户张翼轸，将租业田地，于雍正三年（1725年）佃与刘琼耕种纳租。

这份土地到了雍正五年（1727年），就被自己的侄儿张琳、张璞两人霸占。于是控三太爷有案，凭合族立有分约为据。[①] 刘琼母死妻亡，负债他乡，刘明无依。张翼屏等人贪图并唆使刘明，向衙门差役行贿，锁牛牵牛，将耕牛卖人。张璞扯烂张翼轸衣袍，并对其拳打脚踢，百般羞辱，有邻居张正玉、王瑜等人可以作为见证。张翼轸禀告到南部县，请求南部县严格审查，临春失犁，还给原牛。

事情发生后，南部县收到，批复：即令衙役核查禀报。不久，张经世等人出具和状，相当于庭外和解，称张翼轸、张翼藩等人都属于亲族，通过宗族公议，令张琳、张璞给胞叔翼轸赔礼道歉。刘明因衙役杜弘礼催要盐税，赶牛交税，现将原牛归还原主张翼轸。生员张翼藩也证实和状为真。刘明则进一步道出了事情的真实情况。耕牛只是暂时当给了杨启秀，获银二两一钱，白布一对，并未实卖。

南部县当堂面讯，与上述一样，刘明还牛，张翼轸收领牛状。[②] 案件到此结束，并未进入宣判程序。我们可以看到南部县的民风淳朴，也可以看到所谓的健讼。

本来，南部县的族长、保甲、团练、乡约等都有调解纠纷之职，但他们在一些纠纷的解决上往往相互推诿，互相扯皮。相互推诿，导致问题得不到及时而有效的解决，老百姓自然会跑到县官处告状，这些纠纷，特别是确有冤抑之事在当地得不到有效的解决时，普通百姓必然走向权威性更大的官府，以寻求救济。

同治年间，发生在南部县安仁乡的一起抱子承嗣的纠纷。杜蒲氏丈夫死亡，因为没有子女，抱养杜俸羽之子杜闰娃为嗣，凭族立有约据。恶霸杜子阳恶人先告状，诬告杜蒲氏到南部县衙门。

南部县知县认为恶霸杜子阳所告的内容显有不实不尽，让自投家族理处。结

---

① 三太爷是谁呢？我们在想，南部县有知县，有县丞，之后还有典史，这份档案也是典史上报的，这个三太爷应该就是指典史，因为典史排在知县和县丞之后。但是据蔡东洲教授等《清代南部县衙档案研究》一书，典史被称为四老爷，让人奇怪。仔细思考，这两种称呼的不一样，应该是南部县未设主簿造成的，有了主簿，典史就排名第四，称为四老爷就十分正常。没有主簿，典史就排名第三，当然就是三太爷了。

② 南部档案1-14。

果就自然可想而知了，对于恶霸、流氓，一般的家族、保甲等并不会有太大的作用。回到家后，家族就难以发挥作用，无法成功调解，恶霸杜子阳将杜蒲氏田地霸占，并强行将杜蒲氏的住房拆毁。无奈之下，杜蒲氏只好再次告到南部县衙门，请求南部县唤究。

（二）烦人的缠讼

在南部档案中，为了述说对方的不是，呈递给南部县知县的状子也常常并不会讲出事实真相，往往夸大事实，甚至歪曲事实，将"无育"说成"身怀有孕"。南部县知县也会保持警惕之心，批示中常常质疑所告之事情是否属实，要求原告、被告和人证等亲自来案备质。有的百姓，为了达到自己的目的，不断禀告，县官最初不受理，但是往往最后没有方法，只得受理，避免这些百姓越级告状，到时更加被动。

雍正十年（1732年）八月二十七日，南部县安仁乡三甲年纪六十岁的冯连佑，可能由于不懂文书，请代书王足代写禀告状，禀告说，自家拴于荒田湾的一匹骟马，二十五日被素不相识的雍容无故拉走。马被拉走，影响到自家孩子参加二十八日的科举考试，请求南部县知县严查处理。

很快，两天后的二十九日，雍容就递上诉状讲述了事情缘由。原来雍容是南部县儒学武生，因冯连佑之子冯帝金于雍正八年（1730年）内请雍容教习弓马共一月，冯帝金答应日后重谢。不料，他自入学之后，并未实行诺言。冯帝金在去春举行谢师宴表示感谢，但是被请的雍容当时出外未归，冯帝金仅仅送猪腿一条，银五钱，雍容的父亲见谢仪甚轻，并未收下。

冯帝金在雍容外出时请客，让人感到十分奇怪。自举办没有老师雍容参加的谢师宴以后，冯帝金就再也不提感谢的事情了。雍容呈禀在原汪儒学、刘师等处，因雍容赴京，未能够结案。雍容今夏归来，与冯帝金多次商量无果，所以才将冯家的马匹拉回。冯帝金藏避，却叫父亲捏词控告。

南部县也根据相关情由，将本案判决如下：既然学习了，就应该交学费，谢礼应该相宜，但雍容也不应拉马，导致双方争斗，拟送儒学查处。

雍正十年（1732年）八月二十七日，南部县乡约冯连佑禀告，武生雍容拉走的马匹已经还给冯家。

根据其禀告，我们知道冯连佑担任的是乡约，属于小吏之一。而雍容属于武生，属于参加武举考试通过的生员，与文生相对。双方都是知书达理之人，都是有一定地位的人，却为一点小事缠讼。

雍容与冯帝金是否是师徒的问题，儒学衙门决定暂将原案留学，这个留学不是到海外留学，而是留在儒学衙门的简称，意思是等待办理。这种情况，在手写文献中很多，一定要仔细阅读，反复推敲，才能够读懂，不然就会导致误解，错误地说《南部档案》中涉及留学领域。

儒学决定等冯帝金参加武举归来，双方到齐，讯明虚实，另行查处。不久，儒学查武举考试已经结束，落第武生，都已经回家，迄今仍未到案，明显十分傲慢，于是随即派差役传拘原告和被告到案，进行审讯。

儒学先生问雍容：你告冯帝金逆徒背师骗钱，不给束仪，儒学先生问的束仪就是束修，就是学费。请问冯帝金是什么时候拜你为师，有什么依据，从实供来。

雍容供说：我于雍正八年（1730 年）七月内，常带领李咸庆、罗廷臣来学习，先后到李咸庆家和冯帝金家，轮流教习，共有一月，他们各送盘费，冯帝金、李咸庆都是好字号入学的，李咸庆回来曾谢过，门生冯帝金回来，不但一毛不拔，且目无师长，硬势不理，望先生详察。雍容说的硬势不理，现在南部方言还说，意思就是高矮不管，横竖不理睬。

儒学教谕冷阳和、训导韩敬问冯帝金：你说雍容自居师位，自己并不是其徒，是真还是假呢？据实供来。

冯帝金供说：原是文生，改学武，于雍正八年（1730 年）七月内，同李咸庆等本来要往铁奇勋处学习弓马，因为在路上遇到姚子伟，姚子伟说雍相公在何家教习弓箭，不如我们到那里学习，我原是访友，并不曾拜他为师。

儒学教谕冷阳和、训导韩敬又问：你虽不曾拜他为师，也是你去找他，并不是他来求你。何况射箭之场，并非谈文之地，何来访友之有。即使是友，也是你受益之友，并不是普通的朋友，何必强辞分辨呢？

冯帝金哑口无言，无法回答。

儒学教谕冷阳和、训导韩敬又问李咸庆：你们在雍容处学弓马，还是拜他为师，与他为友。

李咸庆回答说：共拜他为师，没有求他教我们弓箭是实。

教谕冷阳和、训导韩敬问：你入学谢过他么？

答：曾送他盘费四钱，后又以麦子两石谢他。

教谕冷阳和、训导韩敬又问姚子伟：你引冯帝金等到雍容处学弓箭，还是怎样议，可有什么凭据，或立有纸约否？

姚子伟供说：没有纸约，原是口上说，望他留心指点，倘得入学，自然重谢，不敢忘恩。

教谕冷阳和、训导韩敬上报调查和处理意见：原告和被告以及各人证所言一样，李咸庆、冯帝金一同习射，供拜雍容为师，雍容教冯帝金弓箭是实，加上包盘费、谢麦子等，充分说明冯帝金确实学射于雍容，冯帝金过河拆桥，将雍容置之高阁，不但不感谢，硬势不理，导致雍容激动生气拉走冯家马匹。冯帝金出银一两给雍容作谢，雍容拉马，虽然事出有因，但因此引发诉讼，也有过错，雍容罚银三钱，充作洒扫文庙的公费，以示薄惩。冯帝金系武学新生，尚未经过岁考，理应在学肄业。结果，儒学审断后，冯帝金又跑来面禀，宁愿请求革除，也不愿出谢师的席仪钱，似宜另加扑责，以端士习。因为该案属于南部县让儒学批查事件，儒学无权擅自判案，于是将处理意见申报南部县知县，请求定夺。

十二月初十日，南部县知县张廷玺正式批示：冯帝金学射，虽未拜师，然进阶之台，是由雍容指点，冯帝金忘情背义，有乖名教。令出席仪八钱，来酬谢雍容的指点之功，而雍容的文庙洒扫之费，从宽免追。倘若帝金仍旧横豪不遵，据实呈详，定拟究治。

结果，一年后雍容并未收到银两，于是雍正十一年（1733 年）十月再次禀告，要求南部县让冯帝金交纳八钱的谢师钱。

南部县批示：以八钱之谢仪学射，悭吝不出，殊觉无耻，为此竟具控，复行诉催，亦觉可笑，着凭邻友议处。①

由此可见，执行难并不是现在才有，老赖也并不是什么新鲜事情。

《南部档案》中的绝大多数诉讼案件，很多时候双方都会有所损失，无法达到自己的诉讼目标。即使是表面达到了诉讼目标的，也会得不偿失。因为诉讼需要付出显性成本、隐性成本，诉讼的结果往往导致两败俱伤，还不如双方心平气和地进行谈判，因为和气生财。

现代社会中，新闻报道中经常报道农村村民为了两三元，赌气吵架、打架，甚至酿发命案。这就属于典型的因小失大，正是应了那句古话，小不忍则乱大谋。

---

① 南部档案 1 - 6。

钱穆的汉代经学研究

——以《刘向歆父子年谱》为考察中心

陈　勇

（上海大学历史系）

龙显昭师是我国当代知名历史学家，他著述宏富，治学广博，涉及秦汉史、魏晋南北朝史、道教史、佛教史、经学史、巴蜀史等众多领域，取得了不少具有开创意义的学术成果。记得在大学四年级时，我选修了龙师的"两汉经学"课，先生分导论、经学的形成、经今文与经古文之争、周易、尚书、诗经、三礼、春秋三传八章讲授，讲了整整一个学期。龙师在"导论"中不仅讲述了治经史的方法（读白文，熟本经；详传注，通训诂；判今古，别真伪；识途径，慎选择；涉通学，究专门），还从学术史的层面对近现代学者研究经学史的情况做了细致的梳理，其中就谈到了钱穆的成名作《刘向歆父子年谱》。这也是我第一次听到现代学者治两汉经学史的名作。今年是龙显昭师八十华诞，谨撰"钱穆与《刘向歆父子年谱》"一文，以记这段师生因缘而为先生寿。

一　《刘向歆父子年谱》的写作背景和学术贡献

《刘向歆父子年谱》（以下简称《年谱》）是钱穆的成名之作，这是一篇解决晚清道、咸以来经学上今古文之争，破今古门户的力作，1930 年 6 月发表在顾颉刚主编的《燕京学报》第 7 期上。①

---

① 《刘向歆父子年谱》完稿于 1929 年"岁前一日"，该文《自序》先于正文发表，1930 年 3 月刊在南京中国史学会所编《史学杂志》第 2 卷第 1 期上。

1929 年顾颉刚与钱穆在苏州初识时，顾氏称自己北上燕大任教并兼任《燕京学报》的编辑工作，希望他能为学报撰稿。钱穆却中山大学聘后，去信向顾氏解释，此时顾颉刚任《燕京学报》编辑委员会主任，学报第七、第八两期由他主编，故回信催钱穆为学报撰稿，钱穆于是写成《年谱》一文寄给了顾颉刚。

《年谱》原名《刘向刘歆王莽年谱》，发表时由顾颉刚改为今名，这是钱穆轰动学术界的成名之作，也是中国现代学术史上的不朽名作，它主要是针对康有为《新学伪经考》而作的。

20 世纪二三十年代，支配当时中国学术界的是康有为的今文家说。康有为在《新学伪经考》中力主古文经为刘歆伪造，把晚清今文家说发挥到极致。其后崔适著《史记探源》《春秋复始》《五经释要》等书，进一步发挥康说，崔适的弟子钱玄同在《重印〈新学伪经考〉序》中又加以附议补充，以申师说。从此，刘歆媚莽助篡、伪造群经的观点风靡学术界，统治了近代的经学研究。"五四"以后的疑古史学多受康有为今文家说的影响，顾颉刚就是受到《新学伪经考》的影响才由信古文转向信今文的，他在广州中山大学讲经学时即主康说。①

1913 年钱穆在无锡荡口鸿模学校任教时，读夏曾佑《中国历史教科书》，已接触经学上今古文之争。1922 年任后宅泰伯市立图书馆长时，因到杭州购书，得康有为《新学伪经考》石印本一册。读后"而心疑"，"深疾其牴牾"。这是他治两汉经学今古文问题之始。其后，随着学力的加深，他对两汉经今古文之争有了更深入的认识，对晚清今文家言，特别是对康有为的刘歆伪经说深不以为然。当顾颉刚向他约稿时，他决定把自己对这一问题的认识见诸文字，于是写成《年谱》一文，对康有为《新学伪经考》一书的主要观点进行了全面批驳。

钱穆仿王国维《太史公行年考》的体例，以年谱的著作形式具体排列了刘向、刘歆父子生卒、任事年月及新莽朝政，用具体史事揭橥《新学伪经考》不可通者有 28 处，凡康文曲解史实、抹杀证据之处，均一一"著其事实"。他驳斥康文的 28 条理由概括起来主要包括如下几方面的内容。

其一，刘歆无遍造群经之时间。

刘向卒于汉成帝绥和元年（公元前 8 年），刘歆复领校五经在绥和二年，争立古文经博士在汉哀帝建平元年（公元前 6 年），距刘向之死不到两年，距刘歆领校五经不过数月。刘歆伪造群经是在刘向未死前还是在刘向卒后？如果说刘歆遍伪群经在刘向生前，其父为何不知？如果说在其父死后两年，刘歆领校五经才几个月，要在如此短的时间遍造群经，于时间上说不通。

---

① 参见陈勇《和而不同：民国学术史上的钱穆与顾颉刚》，《暨南学报》2013 年第 4 期。又参见陈勇《疑古与考信——钱穆评古史辨派的古史理论》，《学术月刊》2000 年第 5 期。

其二，与刘歆同时或前后时代的人并未留下刘歆作伪的记载。

首先，与刘歆同在天禄阁校书的人无一人说刘歆造伪。与刘歆同在天禄阁校书的人有尹咸父子、班游、苏竟和稍后的扬雄。尹咸父子，歆从其受学，与歆父刘向先已同受校书之命，名位皆出刘歆之上，没有说刘歆伪造群经。班游校书，亦与刘向同时，汉廷赐以秘书之副，也没有说刘歆造伪。苏竟与刘歆同时校书，至东汉尚在，为人正派，"无一言及歆伪"，且深为推敬。扬雄校书天禄阁，即当年刘歆校书处。如果说刘歆"于诸经史恣意妄窜"，扬雄为何看不出伪迹？其次，东汉诸儒，未疑及刘歆造伪。东汉时校书东观的班固、崔骃、张衡、蔡邕，未疑作伪。桓谭、杜林与刘歆同时，"皆通博洽闻之士"，下逮东汉，显名朝廷，"于歆之遍伪诸经绝不一言"，这又是什么道理？再次，深抑古文诸经的师丹、公孙禄、范升，皆与刘歆同时，他们反对古文经的理由是"非先帝所立"，攻击刘歆"颠倒五经""改乱旧章"，并不认为这些经书为刘氏所伪。最后，被认为最有可能与刘歆共谋伪造是当时被王莽征召入朝的"通逸经、古记、小学诸生数千人"，此数千人者遍于国中四方，"何无一人泄其诈"？自此不到二十年，光武中兴汉室，此数千人生活在东汉之初，为什么没有一人言及刘歆作伪？

其三，关于刘歆媚莽助篡伪造《周官》之说。

钱穆认为，刘歆在争立古文经时，王莽已去职，绝无篡汉之象，何来伪造经书以助莽篡汉？说刘歆伪造群经献媚王莽，主要是指《周官》。康有为称刘歆伪经，首于《周礼》，以佐莽篡。然《周官》乃晚出之书，方争立诸经时，《周官》不在其内。媚莽助篡，符命为首。而符命源自灾异，善言灾异者，皆今文学家，如京房、翼奉、谷永、李寻之徒。又，周公居摄称王，本诸《尚书》，亦为今文家说。刘歆既不造符命，也不言灾异，又不说今文《尚书》，何益于篡位改制。《周官》乃是王莽得志后据以改制立政，不可以说是刘歆媚莽改造《周官》助篡。王莽据《周官》改制的内容，如井田、分州及爵位等级等早见于以前之古籍。井田见于《孟子》，分州见于《尚书》，爵位之等详于《王制》《公羊》。其他如郊祀天地，改易钱币之类，莽朝改制，元成哀平以下，多已有言之者，此皆有所本，刘歆何必再伪造此书"以启天下之疑"。再者，说刘歆伪造《周官》献媚王莽，照理说王莽代汉后，应尊古文，抑今文，事实上，王莽当政后，今古兼采，当朝六经祭酒，讲学大夫多出于今文诸儒，这又如何理解？

其四，关于刘歆伪造《左传》诸经。

说刘歆在伪造《周礼》以前，已先伪造了《左传》《毛诗》《古文尚书》《逸礼》诸经。说刘歆伪造《周官》乃是为了媚莽助篡，那么他伪造《左传》诸经的目的又是什么？钱穆认为，《左传》传授远在刘歆之前，歆父刘向及其他诸儒，奏记述造，"引《左氏》者多矣"。西汉的眭孟、路温舒、张敞、翟方进、梅福、尹咸、何武、王舜、龚胜、杜邺、张竦、扬雄等人皆引过《左传》，像严彭祖、翼奉、京房、谷永那样的今文学大家也兼治《左传》。西汉师丹、公孙禄，东汉范升，谏立《左传》诸经尤力，"并不为今古分家，又不言古文出歆伪"。① 甚至师丹在上汉哀帝的奏文中还引用《左传》僖公九年"天威不违颜咫尺"之语。② 钱穆据《华阳国志》卷一〇引《春秋穀梁传叙》云："成帝时，议立三传，博士巴郡胥君安，独驳《左传》不祖圣人。"认为反对者仅谓"'《左传》不祖圣人'，未谓古无其书，由歆伪撰也。"③

钱穆在《年谱》中还引用汉书《张敞传》《儒林传》等材料具体论证了《春秋左氏传》在西汉修习流传的情况。《汉书·张敞传》云敞上封事曰："臣闻公子季友有功于鲁，大夫赵衰有功于晋，大夫田完有功于齐，皆畴其官邑，延及子孙。终后田氏篡齐，赵氏分晋，季氏颛鲁。故仲尼作《春秋》，迹盛衰，讥世卿最甚。"《张敞传》又云："敞本治《春秋》，以经术自辅。"钱氏引《汉书·儒林传》解释道：

> 汉兴，北平侯张苍，及梁太傅贾谊，京兆尹张敞，皆修《春秋左氏传》。季友、赵衰、田完受封事，《公》、《穀》皆不著，敞治《春秋》，及见《左氏》审矣。敞又名能识古文字，《左氏》多古字，与其学合。讥世卿乃《公羊》义，敞引为说，当时通学本不分今古也。④

张敞借用季友、赵衰、田完受封事，劝汉宣帝应抑制霍氏的势力，否则不免会再现"世卿"之祸。接着钱穆引用《儒林传》说张苍、贾谊、张敞三人"皆修《春秋左氏传》"。然后说季友、赵衰、田完受封事的记载仅见于《左传》，不见于《公羊》《穀梁》。张敞用此三人的事迹劝说宣帝，说明他读过《左传》，《儒林传》说张敞"修《春秋左氏传》"是正确的。张敞上封事在宣帝地节三年（公元前 67 年），此时刘向年十二，刘歆尚未出生，刘歆何以能假造他尚未出生时张敞就读过的《春秋左氏传》？且在张敞之前，汉初的张苍、文帝时的贾谊就

---

① 钱穆：《刘向歆父子年谱·自序》，《两汉经学今古文平议》，商务印书馆，2001，第 5 页。

② 《汉书》卷八六《师丹传》云："上少在国，见成帝委政外家，王氏僭盛，常内邑邑。即位，多欲有所匡正。封拜丁、傅，夺王氏权。丹自以师傅居三公位，得信于上，上书言：'古者谅闇不言，听于冢宰，三年无改于父之道。……臣闻天威不违颜咫尺，愿陛下深思先帝所以建立陛下之意，且克己躬行以观群下之从化。'"钱穆解释道："'天威'语见《左》僖九年传，丹后虽抑刘歆建立《左氏》之议，然亦曾治其书，故引用及之。"钱穆：《刘向歆父子年谱》，《两汉经学今古文平议》，商务印书馆，2001，第 74 页。

③ 钱穆：《刘向歆父子年谱》，《两汉经学今古文平议》，商务印书馆，2001，第 81 ~ 82 页。

④ 钱穆：《刘向歆父子年谱》，《两汉经学今古文平议》，商务印书馆，2001，第 14 页。

研修过此书，此二人比刘歆出生要早 100 多年，刘歆又如何假造出他们修习过的《春秋左氏传》？①

钱穆又举翟方进修习《左传》的例子：

> 按《翟方进传》：淳于长阴事发，下狱，方进奏劾红阳侯王立，并及其党友，奏中有云："昔季孙行父有言曰：'见有善于君者，爱之若孝子之养父母也；见不善者，诛之若鹰鹯之逐鸟爵也。'师古曰：'事见《左氏传》。'《补注》周寿昌曰：'案西汉文中无引《左氏》者，独方进奏中引此数句，缘方进好为《左氏》学。《韦贤传》中始见刘歆等引《左氏传》，此尚在前也。'今按：路温舒、张敞等引《左氏》尤在前，而方进之传《左氏》，则有明证矣。必如康说，《汉书》全成歆手，则此亦歆所伪造以欺后世耶？"

可见，在汉哀帝建平元年（公元前 6 年）刘歆请立《左氏春秋》于学官之前，西汉公卿、学者在奏议中直接或间接引用《左传》中的文句或史事不乏其例，说明在此之前《左传》早已在民间和学者中间流布传习，根本无须等到刘歆居中秘时再来伪造。

康有为认为《左传》是刘歆媚莽助篡伪造的，一个重要的理由就是隐公元年《左传》云："元年春，王周正月，不书即位，摄也。"② 康氏《新学伪经考》据此认为："莽文居摄名义亦由歆。即此一言（《春秋》：隐公不言即位，摄也），歆之伪作《左氏春秋》书法，以证成莽篡，彰彰明矣。"③ 钱穆反驳道："按：《礼记·文王世子》：'周公摄政践阼而治'，《说苑·尊贤》：'周公摄天子位七年'。居摄之名，何必始于歆？歆请立《左氏》，尚在哀帝建平元年，岂预知十年后莽有居摄之局而先伪经文以为之地？"④ 显然，康氏之说无据。

王莽代汉之际，硕学通儒都颂德勤勉，校书者也非刘歆一人，即便是有人伪造经书，也不必说伪经者必是刘歆。所以钱穆认为，既不存在刘歆在短短数月间伪造群经能欺骗其父，并能一手掩尽天下耳目之理，也无伪造群经媚莽助篡之说，这些纯属康有为出于"托古改制"的政治目的而有意编造出来的。他在《年谱·自序》中说："余读康氏书，深疾其牴牾，欲为疏通证明，因先编《刘向歆父子年谱》，著其事实。实事既列，虚说自消。元、成、哀、平、新莽之

① 参见廖伯源《谈〈刘向歆父子年谱〉》，台北市立图书馆：《钱穆先生纪念馆馆刊》1997 年第 5 期。
② 杨伯峻：《春秋左传注》第一册，中华书局，1981，第 9 页。
③ 康有为：《新学伪经考》，姜义华、张荣华编校，中国人民大学出版社，2010，第 142 页。
④ 钱穆：《刘向歆父子年谱》，《两汉经学今古文平议》，商务印书馆，2001，第 125 页。

际，学术风尚之趋变，政治法度之因革，其迹可以观。凡近世经生纷纷为今古文分家，又伸今文，抑古文，甚斥歆、莽，遍疑史实，皆可以返。循是而上溯之晚周先秦，知今古分家之不实，十四博士之无根，六籍之不尽传于孔门而多残于秦火，庶乎可以脱经学之樊笼，发古人之真态矣。"①

《年谱》在学术上的具体贡献主要体现在如下几个方面。

其一，通过严密的考证批驳康有为《新学伪经考》中许多明显带有误导倾向的武断之说，澄清了不少古籍文献中所载内容的真伪问题。关于此点，前已叙说，这里再举几例。

康有为认为"五帝"中原本无少暭，后为刘歆所窜入。《逸周书·尝麦解》云："昔天之初，诞作二后，乃设建典，命赤帝分正二卿，命蚩尤于宇，少暭以临四方。"又云："乃命少暭清司马鸟师以正五帝之官，故名曰'质'。"康有为据此断言："蚩尤为古之诸侯，而少暭与蚩尤为二卿，同受帝命，则少暭亦古之诸侯，与蚩尤同。非五帝，更非黄帝之子甚明。刘歆欲臆造三皇，变乱五帝之说，以与今文家为难，因跻黄帝于三皇，而以少暭补之。其造《世经》，以太暭帝、炎帝、黄帝、少暭帝、颛顼、帝喾、唐帝、虞帝为次，隐喻三皇、五帝之说。又惧其说异于前人，不足取信，于是窜入《左传》《国语》之中。"② 顾颉刚也沿用康氏之说，称："康先生告诉我们，在今文家的历史里，五帝只是黄帝、颛顼、帝喾、尧、舜，没有少昊。在古文家的历史里，颛顼之上添出了一个少昊，又把伏羲、神农一起收入，使得这个系统里有八个人，可以分作三皇五帝，来证实古文家的伪经《周礼》里的三皇五帝。这个假设，虽由我们看来还有不尽然的地方，但已足以制《世经》和《月令》的死命了。"③

钱穆引用《汉书·魏相传》中材料对康有为的观点进行了批驳。《汉书·魏相传》载魏相奏折云："东方之神太昊，乘'震'执规司春；南方之神炎帝，乘'离'执衡司夏。西方之神少昊，乘'兑'执矩司秋；北方之神颛顼，乘'坎'执权司冬；中央之神黄帝，乘'坤'、'艮'执绳司下土。兹五帝所司，各有时也。"④ 钱穆引用此段材料指出"魏相此奏，明引少暭五帝"。魏相于宣帝神爵三年（公元前 59 年）已卒，后来的刘歆不可能篡改此奏文，⑤ 可见将少暭列入五帝之中的做法并非始自刘歆。钱穆在后来所写的《评顾颉刚〈五德终始说下的

---

① 钱穆：《刘向歆父子年谱·自序》，《两汉经学今古文平议》，商务印书馆，2001，第 7 页。

② 康有为：《新学伪经考》，姜义华、张荣华编校，中国人民大学出版社，2010，第 35～36 页。

③ 顾颉刚：《中国上古史研究课第二学期讲义序目》（1930 年 6 月），《古史辨》第 5 册，上海古籍出版社，1982，第 254～255 页。

④ 《汉书》卷七四《魏相传》。

⑤ 钱穆：《刘向歆父子年谱》，《两汉经学今古文平议》，商务印书馆，2001，第 19～20 页。

政治和历史〉》一文中续有阐发，认为《世经》所说的五行相生、汉为火德、汉为尧后在刘歆之前早有人提出，比如五行相生至少在《淮南子》《春秋繁露》已经出现，汉为火德在刘歆之前有甘忠可、谷永等人论及，汉为尧后之说至少可上溯到昭帝时眭孟，故云："五行相生说自《吕览》、《淮南》五方色帝而来，本有少昊，并非刘歆在后横添"；"以汉为尧后，为火德，及主五行相生三说互推，知少昊加入古史系统决不俟刘歆始，刘歆只把当时已有的传说和意见加以写定（或可说加以利用）。"①

康有为认为今文据古说皆言"四岳"，而"五岳"一说乃刘歆所伪。他说"考《尔雅·训诂》，以释《毛诗》《周官》为主。《释山》则有'五岳'与《周官》合，与《尧典》《王制》异。《王制》：'五岳视三公'，后人校改之名也。""盖歆既遍伪群经，又欲以训诂证之而作《尔雅》，心思巧密，城垒坚严，此所以欺百代者欤！然自此经学遂变为训诂一派，破碎支离，则歆作俑也。"②但钱穆指出，《汉书·郊祀志》记载宣帝神爵元年（公元前 61 年）三月"制诏太常，令祀官以礼为岁事，自是五岳四渎皆有常礼。东岳泰山于博，中岳泰室于嵩高，南岳潜山于潜，西岳华山于华阴，北岳常山于上曲阳"，"然据《郊祀志》，五岳明见宣帝前，时《周礼》、《毛诗》皆未出，歆尚未生，必如康说，非《汉书》亦出歆伪，不足自圆。"③

康有为认为天子、诸侯娶妻之制，有今文经的"天子一娶十二女"之说和古文经的"三夫人、九嫔、二十七世妇、八十一御妻"之说的对立，前者乃是古制，而后者乃刘歆为媚莽而伪，并编入《周官》之中。钱穆从三方面予以反驳：其一，莽女为后在平帝原始三年（公元 3 年），但元始元年时朝廷曾置"外史""闾师"二官，此二官名皆见于《周官》，何以知此时《周官》未成？其二，廖平的《今古学考》为两戴记分今古，以《昏义》为今学，《昏义》中"三夫人、九嫔、二十七世妇、八十一御妻"的说法乃是从《王制》中的"三公、九卿、二十七大夫、八十一元士"附会而来，不是刘歆窜入。其三，历史上和现实中绝不可能有三公、九卿、二十七大夫、八十一元士之命妇，尽居天子六宫，为之内官之理？致使出现外有旷夫，内有怨妇的局面。④ 至王莽聘杜陵史氏女，备和人三、嫔人九、美人二十七、御人八十一，已在更始元年（公元 23 年），是年莽、歆皆死，何以能再作伪经？

---

① 顾颉刚等：《古史辨》第 5 册，上海古籍出版社，1982，第 629～630 页。

② 康有为：《新学伪经考》，姜义华、张荣华编校，中国人民大学出版社，2010，第 88 页。

③ 钱穆：《刘向歆父子年谱》，《两汉经学今古文平议》，商务印书馆，2001，第 15 页。

④ 钱穆：《刘向歆父子年谱》，《两汉经学今古文平议》，商务印书馆，2001，第 95～96 页。

其二，平实考察新莽代汉及其改制的历史事实，指出新莽创制立法，皆远有端绪，可以追溯到武、昭、宣、元、成时期，是西汉中后期学术风气、政治理念自然演进的结果。

汉初治尚恭俭，主无为之政，武帝始从事礼乐，以兴太平，而不免于奢侈。王吉、贡禹乃以恭俭说礼乐。宣帝时王吉上疏，以为"安上治民，莫善于礼，非空言也。王者未制礼之时，引先王礼宜于今者用之"。① 元帝初即位，贡禹上奏："古者宫室有制……至高祖、孝文、孝景皇帝，循古节俭，宫女不过十余，厩马百余匹。……后世争为奢侈，转转益甚，臣下亦相仿效……今大夫僭诸侯，诸侯僭天子，天子过天道，其日久矣。承衰救乱，矫复古化，在于陛下。"② 元帝据此下诏令太仆减食谷马，水衡减食肉兽，省宜春下苑以与贫民。钱穆认为"王、贡之徒乃以恭俭说礼乐。王吉不见用于宣帝，而元帝则尊信禹，遂开晚汉儒生复古一派。"③ 武帝、宣帝用儒生，颇重文学，事粉饰。"元、成以下，乃言礼制，追古昔。此为汉儒学风一大变。莽、歆亦自王、贡来。"④

钱穆认为，王莽改制诸政实渊源于汉武帝。王莽禁止买卖田宅、奴婢，武帝时今文大师董仲舒言限民名田，亦主去奴婢，"莽政远师其意也"。五均、六管之政，"大体武帝时已先行"。⑤ 汉武时意在增国库，而抑兼并、裁末业，则贾谊、晁错、董仲舒皆以言之。"新莽之政，亦主抑兼并、裁末业，渊源晁、董。"⑥ 在这里，钱穆敏锐地注意到当时学风与新莽政治之关系，故云："莽朝一切新政莫非其时学风群议所向，莽亦顺此潮流，故为一时所推戴耳。"⑦

昭帝元凤三年（公元前78年），泰山有大石自立，上林苑枯柳复生，眭孟推《春秋》之意，以为"当有从匹夫为天子者"，"先师董仲舒有言，虽有继体守文之君，不害圣人之受命。汉家尧后，有传国之运。汉帝宜谁差天下，求索贤人，禅以帝位，而退自封百里，如殷、周二王后，以承顺天命"。⑧ 钱穆指出"眭孟言汉为尧后，不述所本，以事属当时共信，无烦引据也。其论禅让，据《公羊》，犹明白。后莽自引为虞帝裔，以篡汉拟唐、虞，此已远启

---

① 《汉书》卷七二《王吉传》。
② 《汉书》卷七二《贡禹传》。
③ 钱穆：《刘向歆父子年谱》，《两汉经学今古文平议》，商务印书馆，2001，第28页。
④ 钱穆：《刘向歆父子年谱》，《两汉经学今古文平议》，商务印书馆，2001，第29页。
⑤ 参见钱穆《刘向歆父子年谱》，《两汉经学今古文平议》，商务印书馆，2001，第133~135页。
⑥ 钱穆：《刘向歆父子年谱》，《两汉经学今古文平议》，商务印书馆，2001，第137页。
⑦ 钱穆：《刘向歆父子年谱》，《两汉经学今古文平议》，商务印书馆，2001，第94页。
⑧ 《汉书》卷七五《眭弘传》。

其先矣。"① 宣帝神爵二年（公元前60年）又有盖宽饶因上书言禅让事而下吏自到北阙下，钱穆评论道："自元凤三年，眭弘以论禅让诛，至是不二十年，当时学者敢于依古以违时政如是。又深信阴阳之运，五德转移，本不抱后世帝王万世一姓之见。莽之代汉，硕学通儒多颂功德劝进，虽云觊宠竞媚，亦一时学风趋向，不独一刘歆。歆何为不惮劳，必遍伪群经，篡今文圣统，乃得助莽为逆耶？"②

至于改官名以应古，自汉成帝时已有先例。绥和元年（公元前8年）四月，成帝改"御史大夫"为"大司空"。钱穆以为此"亦薄秦制、追古礼之一征，为莽、歆新政先声。"③ 同年十二月成帝又用何武、翟方进之议"罢刺史，更置州牧"。④ 钱穆认为"何武、翟方进皆治古文，通《左氏》。其学风盖承王、韦而启莽、歆。改易官名以慕古昔，亦新政先声也。"⑤ 哀帝元寿二年（公元前1年）五月，正三公官分职，钱穆评论道："三公官名，发于何武，废于朱博，至是又复之。汉廷好古如此，不俟新朝矣。"⑥

据此钱穆认为，无论是政治还是学术，从汉武帝到王莽，从董仲舒到刘歆，只是一线的演进和生长，绝非像晚清今文学家所说其间必有一番盛大的伪造和突异的解释。所以他主张用自然的演变说取代刘歆造伪说，力主用历史演进的原则和传说的流变来加以解释，而不必用今文学说把大规模的作伪及急剧的改换归罪于刘歆一人。故云："新莽政制，自有来历，不待刘歆之遍伪群经。"⑦

钱穆在《年谱》中力攻今文经学之非，当时就有人批评他"似未能离开古文家之立足点而批评康氏"。⑧ 钱穆在后来的回忆中也说《年谱》发表后，时人"都疑余主古文家言"。⑨ 实际上，钱穆此文并没有站到古文经学的立场上来申古抑今，他的目的就是要破除晚清以来学术界的今古门户之见。事实上，"清儒治学，始终未脱一门户之见。其先则争朱、王，其后则争汉、宋。其于汉人，先则争郑玄、王肃，次复争西汉、东汉，而今、古文之分疆，乃由

---

① 钱穆：《刘向歆父子年谱》，《两汉经学今古文平议》，商务印书馆，2001，第11页。
② 钱穆：《刘向歆父子年谱》，《两汉经学今古文平议》，商务印书馆，2001，第18页。
③ 钱穆：《刘向歆父子年谱》，《两汉经学今古文平议》，商务印书馆，2001，第61页。
④ 《汉书》卷八六《何武传》。
⑤ 钱穆：《刘向歆父子年谱》，《两汉经学今古文平议》，商务印书馆，2001，第63页。
⑥ 钱穆：《刘向歆父子年谱》，《两汉经学今古文平议》，商务印书馆，2001，第89页。
⑦ 钱穆：《刘向歆父子年谱》，《两汉经学今古文平议》，商务印书馆，2001，第135页。
⑧ 青松（刘节）：《评〈刘向歆父子年谱〉》，《古史辨》（五），第250页。
⑨ 钱穆：《八十忆双亲·师友杂忆》，生活·读书·新知三联书店，1998，第160页。

此而起"。① 在钱穆看来,今文、古文都是清儒主观构造的门户,与历史真相并不相符。他说:

> 晚清经师,有主今文者,亦有主古文者。主张今文经师之所说,既多不可信。而主张古文诸经师,其说亦同样不可信,且更见其为疲软而无力。此何故?盖今文古文之分,本出晚清今文学者门户之偏见,彼辈主张今文,遂为今文诸经建立门户,而排斥古文诸经于此门户之外。而主张古文诸经者,亦即以今文学家之门户为门户,而不过入主出奴之意见之相异而已。②

显然,钱穆撰《年谱》的目的就是要"撤藩篱而破壁垒",破除学术界今古门户的成见。为了达到这一目的,他采用的方法很简单,以史治经,所用的材料仅仅是一部《汉书》。因为他认为经学上的问题,同时即是史学上的问题,他"全据历史记载,就于史学立场,而为经学显真是"。台湾学者何佑森说:"《向歆年谱》解决了近代学术史上的一大疑案,而这部书根据的仅仅只是一部《汉书》。很多非有新资料不能著书立说的人,一定认为这是一件不可思议的事。一部《汉书》,人人可读,未必人人会读。一部古书,人人能读,未必人人愿读。……现代一般治经学的,通常不讲史学;治史学的人,通常不讲经学。钱先生认为,经学上的问题,亦即史学上的问题。《向歆年谱》依据《汉书》谈《周官》、《左传》,他所持的就是这个观点。"③

二 《刘向歆父子年谱》的影响

晚清以来,今文学派垄断学坛,刘歆伪造群经,几成定论。相信康、崔今文家说的顾颉刚当年就言道:"说是社会上不知道吧,《新学伪经考》已刻了七次版子,《考信录》也有五种版子,《史记探源》也有两种版子,其铅印的一种已三版,这种书实在是很普及的了;《伪经考》且因焚禁三次之故而使人更注意了。说是他们的学说不足信吧,却也没有人起来作大规模的

① 钱穆:《两汉经学今古文平议·自序》,商务印书馆,2001,第3~4页。
② 钱穆:《两汉经学今古文平议·自序》,商务印书馆,2001,第5~6页。
③ 何佑森:《钱宾四先生的学术》,原载《中华文化复兴月刊》1974年第7卷第7期,今收入《清代学术思潮——何佑森先生学术论文集》(下),台湾大学出版中心,2009,第471~472页。

反攻。"① 甚至发出了"我辈得有论敌"之叹。② 钱穆《年谱》的刊出，打破了今文学派的垄断，在学术界立即引起巨大轰动。青松（刘节）在评论这篇文章时称它是"一篇杰作"，文中所列康有为《新学伪经考》不可通者二十八处"皆甚允当"，"是学术界上大快事"。③ 孙次舟亦撰文称"刘歆并无遍窜群籍之事，此自钱宾四先生刊布其《刘向歆父子年谱》，已大白于世。钱先生以史事证明刘歆无遍窜群籍之必要，无遍窜群籍之时间，颇足关康有为辈之口，使之无词以自解。"④ 钱穆在晚年的回忆中也自道，北平各大学原本开有经学史和经学通论一类的课程，皆主康有为今文家言，此文出，各校经学课皆在秋后停开。⑤ 钱氏的自道也许不尽符合事实，因为《年谱》刊出后相信刘歆伪经说的仍大有人在，《年谱》在当时的影响之大却是一个不争的事实。

《年谱》刊出后，之所以在当时的学术界获得如此广泛的注意和重视，是因为民国以来，学术界深受康有为《新学伪经考》的影响，在当时的学者头脑中几乎都存在古文经是否为刘歆伪造、《周礼》《左传》等古籍是否是伪书的疑问。自《年谱》发表后，人们开始从《新学伪经考》的笼罩解脱了出来，使原来相信晚清今文家言的不少学者自此改变了态度。以胡适为例。胡适原本是相信今文家言的，他写《中国哲学史大纲》时，因相信《左传》为刘歆伪造，"避不敢引"。⑥ 然而在读到《年谱》后，改变了先前的看法，逐渐从今文家言中摆脱了出来。胡适在1930年10月28日的日记中写道：

> 昨今两日读钱穆（宾四）先生的《刘向歆父子年谱》（《燕京学报》七）及顾颉刚的《五德终始说下的政治和历史》（《清华学报》六·一）。
>
> 钱谱为一大著作，见解与体例都好。他不信《新学伪经考》，立二十八事不可通以驳之。

---

① 顾颉刚：《中国上古史研究课第二学期讲义序目》（1930年6月），《古史辨》第5册，上海古籍出版社，1982，第256页。

② 顾颉刚：《致钱玄同》，《顾颉刚书信集》卷1，中华书局，2011，第564页。

③ 青松（刘节）：《评〈刘向歆父子年谱〉》，《古史辨》第5册，上海古籍出版社，1982，第249~250页。

④ 孙次舟：《左传国语原非一书证》，《责善》半月刊1940年第1卷第4期，第3页。

⑤ 钱穆：《八十忆双亲·师友杂忆》，生活·读书·新知三联书店，1998，第160页。

⑥ 钱穆早年读胡适《中国哲学史大纲》时，就敏锐地注意到胡著在讨论春秋各家思想的时代背景时，只用《诗经》，不敢用《左传》。在北大任教时，他曾当面问胡适原因何在？胡适的回答是，"君之《刘向歆父子年谱》未出，一时误于今文家言，遂不敢信用《左传》，此是当时之失。"见《八十忆双亲·师友杂忆》，生活·读书·新知三联书店，1998，第165~166页。

顾说一部分作于曾见《钱谱》之后，而墨守康有为、崔适之说，殊不可晓。①

胡氏之言在他的学生邓广铭的回忆中也得到了印证。1931 年春，邓广铭在北京大学旁听胡适讲授中国哲学史，讲到西汉经生们的今文、古文两派之争时，胡氏特意提到了钱穆《年谱》一文，"说它是使当时学术界颇受震动的一篇文章，他本人和一些朋友，原也都是站在今文派一边的人，读了这篇《年谱》之后，大都改变了态度"。②

在《年谱》一文的影响下，胡适也主动加入当时学界有关今古文问题的讨论中来。1931 年 4 月 21 日，胡适致信钱穆：

我以为廖季平的《今古学考》的态度还可算是平允，但康有为的《伪经考》便走上了偏激的成见一路。崔觯甫（适）的《史记探源》更偏激了。现在应该回到廖平的原来主张，看看他"创为今古学之分以复西京之旧"是否可以成立。不先决此大问题，便是日日讨论枝叶而忘却本根了。③

其实，胡适在此之前，即在 3 月 31 日的日记中也表达了类似的意见："廖平之《今古学考》（1886）实'创为今古二派'，但他的主张实甚平允……康有为的《新学伪经考》（1891）始走极端，实不能自圆其说，故不能说《史记》也经刘歆改窜了。"④ 钱穆对胡适加入讨论颇感兴奋，他在 4 月 24 日的回信中说："先生高兴加入今古文问题的讨论，尤所盼望。"随后在信中陈述了自己的见解：

窃谓西京学术真相，当从六国先秦源头上窥。晚清今文家承苏州惠氏家法之说而来，后又屡变，实未得汉人之真。即以廖氏《今古学考》论，其书貌为谨严，实亦诞奇，与六译馆他书相差不远。彼论今古学源于孔子，初年、晚年学说不同。穆详究孔子一生，及其门弟子先后辈行，知其说全无根据。又以《王制》、《周礼》判分古今，其实西汉经学中心，其先为董氏公

---

① 胡适著，曹伯言整理《胡适日记全编》第 5 册，安徽教育出版社，2001，第 834 页。
② 邓广铭：《邓广铭学述》，浙江人民出版社，2000，第 17 页。
③ 胡适：《论秦时及周官书》，《古史辨》第 5 册，上海古籍出版社，1982，第 637 页。
④ 胡适著，曹伯言整理《胡适日记全编》第 6 册，安徽教育出版社，2001，第 105 页。

羊，其后争点亦以左氏为烈。廖氏以礼制一端，划今古鸿沟，早已是拔赵帜而立汉帜，非古人之真。①

胡适突破康有为、崔适"尊今抑古"之说后，回到廖平"平分古今"的立场上来，主要借用了钱穆《年谱》中的观点。在钱穆看来，廖平以礼制的不同划分今古二派，实非得古人之争。言外之意，胡适赞同廖说，实际上仍未从今文家说的牢笼中摆脱出来。在胡适那里的所谓"本根"之说，在钱穆这里早已得到了解决，他是先摆脱了"平分古今"的束缚，故对"尊今抑古"之见就有了势如破竹的胜算。② 钱穆最终是否说服胡适放弃廖平"平分古今"的主张，囿于材料，不敢妄断，但在胡氏日渐脱离今文家言、相信古文经绝非刘歆作伪的问题上，钱穆的作用是显而易见的。③

再以杨向奎为例。杨向奎曾是古史辨派的成员，受顾颉刚的影响，"喜今文家言"，但读到《年谱》后看法大变，对康有为粗枝大叶的学风多有不满，认为所谓刘歆遍伪《左传》《周礼》之说，不过是又一次的"托古改制"，于是花大量时间考证《左传》《周礼》不伪，在古史研究上与乃师分道扬镳，与顾门另一弟子童书业"同室操戈矣"。④

总之，"二十世纪初期中国的古代史学处处弥漫着今文学家的古史观，以康有为《新学伪经考》和《孔子改制考》两部书的基本概念为骨干，相信汉代古文经典是刘歆伪造的，不足采信"，钱穆《年谱》即是"针对这股学风而发"。⑤《年谱》以史实破经学，开辟了以史治经的新路径，对近代经学史的研究，具有划时代的贡献，深得学术界的好评。林语堂认为《年谱》"最大的贡献摧陷廓清道咸以来常州派的今文家，鞭辟入里，使刘歆伪造《左传》《毛诗》、古文《尚

---

① 钱穆：《致胡适书》，《钱宾四先生全集》第 53 册《素书楼余沈》，第 187 页。
② 参见刘巍《〈刘向歆父子年谱〉的学术背景与初始反响》，《历史研究》2001 年第 3 期。
③ 参见陈勇《试论钱穆与胡适的交谊及其学术论争》，《史学史研究》2011 年第 3 期。《钱玄同日记》1931 年 6 月 14 日条载："午后回孔德，晤建功及颉刚。颉刚说，颇有意于再兴末次之今古文论战，刘节必加入，适之将成敌党。"（北京大学出版社，2014，第 806 页）在刘歆伪经这一问题上，胡适原本是支持学生顾颉刚的，但读到《年谱》后看法大变，转过来支持钱穆。可见，在胡适治学转变的过程中，《年谱》的确起了十分重要的作用，这也是胡氏如此欣赏《年谱》的原因所在。
④ 参见杨向奎《论"古史辨派"》，《中华学术论文集》，中华书局，1981。又参见杨向奎《论〈左传〉之性质及其与〈国语〉之关系》《〈周礼〉的内容分析及其成书时代》，《绎史斋学术文集》，上海人民出版社，1983，第 174～214、228～276 页。
⑤ 参见杜正胜《钱穆与二十世纪中国古代史学》，收入氏著《新史学之路》，台北三民书局，2004，第 216～217 页。

书》、《逸礼》诸经之说，不攻自破。"① 余英时指出"清末康有为的《新学伪经考》支配了学术界一二十年之久，章炳麟、刘师培虽与之抗衡，却连自己的门下也不能完全说服。所以钱玄同以章、刘弟子的身份而改拜崔适为师。顾颉刚也是先信古文经学而后从今文一派。钱先生《刘向歆父子年谱》出，此一争论才告结束。"② 何祐森称："《刘向歆父子年谱》一书，不但结束了清代的今古文之争，平息了经学家的门户之见，同时也洗清了刘歆伪造经书的不白之冤。自从《向歆年谱》问世以后，近四十年来，凡是讲经学的，都能兼通今古，治今文经的兼采古文，治古文经的兼治今文，读书人已不再固执今古文经孰是孰非的观念，已不复存在古文家如章太炎，今文经学家如康有为之间的鸿沟。自刘歆伪经的问题解决以后，读书人对两千年相传的古文经书，以及经书中的一切记载，开始有了坚定不移的信心。"③ 台湾学者马先醒在 1971 年撰文更是盛赞《年谱》，认为这是民初 60 年来秦汉史研究最有影响力的一篇论文，"六十年来论文中影响之大，无有过之者，允推独步矣。"④

三　《刘向歆父子年谱》的不足和有待解决之问题

《年谱》的考证及其对康有为的批评也并非无懈可击。《年谱》刊出后不久，青松（刘节）在《大公报·文学副刊》上发表了一篇评论文章，对钱文的观点提出了几点批评意见，其中一条重要的商榷意见就是关于《左传》《周官》的成书年代问题。青松认为，康有为、崔适一辈今文学家"虽膠执今文，语多僻远，而对于《周官》及《左氏传》之疑则确有见地"。《年谱》"于刘歆未伪造经之证据颇多，而对于《周官》及《左氏传》之著作时代无具体意见，吾人认为其抨击崔、康仍未能中其要害也。"⑤

应当说青松的批评是有一定道理的。关于《左传》，钱穆找出了当时确有人引用了《左传》的史实或文句，但也只能表明该书是一部先秦旧籍，并没有完全解决《左氏》究竟传不传经这一关键性问题。至于《左传》与《国语》，究

---

① 林语堂：《谈钱穆先生之经学》，《华冈学报》1974 年 7 月第 8 期，第 16 页。
② 余英时：《一生为故国招魂——敬悼钱宾四师》，《钱穆与中国文化》，上海远东出版社，1994，第 24 页。
③ 何祐森：《钱宾四先生的学术》，《清代学术思潮——何祐森先生学术论文集》（下），台湾大学出版中心，2009，第 471 页。
④ 马先醒：《近六十年来国人对秦汉史的研究》，台北《史学汇刊》1971 年第 4 期。
⑤ 青松（刘节）：《评〈刘向歆父子年谱〉》，《古史辨》第 5 册，上海古籍出版社，1982，第 250、251 页。

竟是一书，还是二书，钱氏在批驳康有为《左传》是刘歆从《国语》里割裂出来的观点时给出了一个笼统性意见，称"《左氏》《国语》明为二书，歆之引传解经，亦获睹中秘《左氏春秋》，见其事实详备，可以发明孔子《春秋》之简略，胜于《公》《谷》虚言，故乃分年比时，用相证切。"① 由于未加具体论证，钱氏自己也不免信心不足，故又言"《左氏》《国语》为一为二？此皆非一言可决"。②

宣帝初即位，路温舒上"宜尚德缓刑"奏，称"齐有无知之祸，而桓公以兴；晋有骊姬之难，而文公用霸"，又引古人之言"山薮藏疾，川泽纳污，瑾瑜匿恶，国君含垢"。③ 钱穆认为前者"均本《左氏》"，后者"乃《左氏》载晋大夫伯宗辞。是温舒曾治《左氏》也。"④ 其实，"齐有无知之祸"的史实不独《左传》记载，《谷梁传》亦记此事："齐公孙无知弑襄公，公子纠、公子小白不能存，出亡。齐人杀无知，而迎公子纠于鲁。公子小白不让公子纠，先入，又杀之于鲁。"⑤ 同样，"晋有骊姬之难"一事，《公羊传·僖公十年》"晋里克弑其君卓子及其大夫荀息"条下所附之传文及《谷梁传·僖公十年》"晋杀其大夫里克"条下所附之传文均有涉及，故不得谓之"均本左氏"。至于说"山薮藏疾"四句话是出自《左传》（事实上，颜师古的注也是这样认为的），那必须以《左传》与《国语》是两部书为前提的，否则认同康有为观点的学人也可怀疑路温舒所引用的会不会是尚未被析分的古本《国语》中的文句呢？

又如，钱穆认为公羊大师严彭祖"应兼通《左氏》"，理由是："《隋书·经籍志》有《春秋左氏图》十卷，汉太子太傅严彭祖撰，新、旧《唐志》皆有严彭祖《春秋图》七卷，即《隋志》所称"。⑥ 然《汉书·艺文志》中未有严彭祖著作的记载，《汉书·儒林传》中关于严彭祖的叙述也未提及其有这一著作，故而《隋志》所提及的《春秋左氏图》的作者也有可能不是严彭祖，而是后人的伪托。况且《隋志》与新、旧《唐志》所记的书名与卷数也不相同。难怪钱穆

① 钱穆：《刘向歆父子年谱》，《两汉经学今古文平议》，商务印书馆，2001，第77页。
② 钱穆：《刘向歆父子年谱·自序》，《两汉经学今古文平议》，商务印书馆，2001，第5页。孙次舟认为钱穆《年谱》一文在刘歆未造伪经上证据颇多，但对于《左传》与《国语》之问题尚未作详密之诠解，故撰《左传国语原非一书证》一文，认为刘歆既无改古本《国语》之事，而现行《国语》与《左传》，其成书之体例既不相同，两书言事，亦多歧异，即或所记之事相同，而字句亦颇有异，细加研核，两书之本非一体，灼然明甚。认为康有为、钱玄同等人《左传》出于《国语》之说，皆无可信之价值。该文1940年在《责善》半月刊上第1卷第4、6、7期上刊出，对钱穆《年谱》论述不详处做了重要补充。
③ 《汉书》卷五一《路温舒传》。
④ 钱穆：《刘向歆父子年谱》，《两汉经学今古文平议》，商务印书馆，2001，第12页。
⑤ 《春秋谷梁传注疏·庄公九年》卷五，北京大学出版社，2000，第87页。
⑥ 钱穆：《刘向歆父子年谱》，《两汉经学今古文平议》，商务印书馆，2001，第24、25页。

自己也不得不承认，"惜两书皆不传，无堪深论矣"。①

关于《周官》，钱穆虽提到出于"战国晚世"，也未展开具体论证。因此，确定《左传》《周官》等古典文献的成书年代，的确是深入讨论经学今古文问题的一个必要条件。诚如钱穆在《两汉经学今古文平议·自序》中所言："清儒主张今文经学者，群斥古文诸经为伪书，尤要者则为《周官》与《左传》。《左传》远有渊源，其书大部分应属春秋时代之真实史料，此无可疑者。惟《周官》之为晚出伪书，则远自汉、宋，已多疑辨。然其书果起何代，果与所谓古文经学者具何关系，此终不可以不论。"② 为了回答青松等人的质疑，在《年谱》发表的一年后，钱穆又写下了《周官著作时代考》一长文，从《周官》一书所载有关祀典、刑法和田制等内容所反映出的时代特征来确定它的成书年代，力证何休"《周官》乃六国阴谋之书"之说较近情理。该文发表后在学术界也引起了极大反响。坚信《周礼》为刘歆伪造的钱玄同，读了《时代考》后信心也不免发生动摇，③ 而早年深受《新学伪经考》影响的顾颉刚，④ 到晚年研究《周礼》也改变了态度，断定此书是战国时代的作品。⑤ 当然，这已越出了本文讨论的范围，兹不赘述。

钱穆在《年谱》及后来所写的《中国近三百年学术史》中对晚清今文学家和康有为的"新考据"及其思想的批评也存在片面之处。康有为在《新学伪经考》中称古文经尽出刘歆伪造，目的在于"媚莽助篡"，钱穆从学术求真的层面上对其说绳之以学理，称《新学伪经考》"不可通者有二十八端"，从事实的层面讲，这些证据非常确凿，康有为的说法的确非常牵强、武断，难以令人信服。⑥ 即便是康的学生梁启超，对之也有"往往不惜抹杀证据或曲解证据，以犯

---

① 钱穆：《刘向歆父子年谱》，《两汉经学今古文平议》，商务印书馆，2001，第25页。

② 钱穆：《两汉经学今古文平议·自序》，商务印书馆，2001，第25页。

③ 参见钱玄同《重论经今古文学问题》，《古史辨》第5册，上海古籍出版社，1982。

④ 顾颉刚的古史观深受康有为今文家说的影响，他说读了《新学伪经考》，"知道它的论辩的基础完全建立于历史的证据上"，读《孔子改制考》上古事茫昧无稽、夏殷以前文献不足征，认为"此说极惬心餍理"，"是一部绝好的学术史"（顾颉刚等：《古史辨》第1册自序，上海古籍出版社，1982，第26页）。参见陈勇《疑古与考信——钱穆评古史辨派的古史理论》，《学术月刊》2000年第5期。

⑤ 参见顾颉刚《周公制礼的传说和〈周官〉一书的出现》，《文史》第6辑，中华书局，1979。又见《顾颉刚全集》卷11，中华书局，2011。

⑥ 钱穆在《中国近三百年学术史》中对康有为的新考据有这样一段评论："康、廖之治经，皆先立一见，然后揽扰群书以就我，不啻六经皆我注脚矣，此可谓之考证学中之陆、王。而考证遂陷绝境，不得不坠地而尽矣。"贺麟在1945年完成的《五十年的哲学》一书中评康说时引用了钱氏的观点，称康有为"平时著书立说，大都本'六经注我'的精神，摭拾经文以发挥他自己主观的意见，他的《新学伪经考》一书，论者称其为'考证学中之陆、王'（自注：钱穆《中国近三百年学术史》），洵属切当。"

科学家之大忌，此其所短也"① 的批评。不过，仅从学术层面上去批评康说，并不全面。因为准确来说，康有为是一政治改革家，并非单纯的学问家或思想家，其书是在借经学谈政治，目的在于为维新变法鸣锣开道，其价值主要在政治而非学术一边。② 因此，评价康有为的思想，不能脱离当时的时代背景。③ 钱穆在这些方面似乎甚少注意，时人对钱氏评价康说就有"特见其表面，未见其精神"④ 的批评。由此看来，钱穆对康有为"新考据"及其思想的批评似乎也缺乏一种"同情之理解"。

---

① 梁启超：《清代学术概论》，朱维铮校注《梁启超论清学史二种》，复旦大学出版社，1985，第 64 页。

② 青松（刘节）在《评〈刘向歆父子年谱〉》中称："康氏之提倡今文攻击古文，并非其价值所在。而其价值在于因复古得解放，欧洲文艺复兴之功绩如是，晚清今文学运动之功绩亦如是。……世界事往往有成绩超出预定目的以上者，哥伦布因环游地球而发现新大陆为然，康有为因攻击古文经典而得思想解放亦然。善治史学者自能知之。"顾颉刚等：《古史辨》第 5 册，上海古籍出版社，1982，第 251 页。

③ 参见陈勇《"不知宋学，则无以评汉宋之是非"——钱穆与清代学术史研究》，《史学理论研究》2003 年第 1 期。

④ 赵丰田：《读钱著康有为学术述评》，《大公报·史地周刊》1937 年 1 月 29 日。

蒙文通的治史方法简析

文廷海

（西华师范大学历史文化学院）

蒙文通（1894～1968 年），原名尔达，字文通，四川盐亭人。清末民初，在四川成都国学院师从廖平、刘师培两位经学大师研习今古文经学；后游学江南，在南京支那内学院向欧阳竟无研习佛学，并向国学大师章太炎问学，学殖深厚。从 20 世纪 20 年代起先后担任成都大学、中央大学、河南大学、北京大学、四川大学等高校教授，从事历史学教学与研究。在先秦史、宋史、民族史、古代学术思想史、道教史、中国史学史等众多领域都有研究成果。其著述收录在《蒙文通文集》，共六集，分别为《古学甄微》《古族甄微》《经学抉原》《古地甄微》《古史甄微》《道书辑校十种》，收录近百篇（部）著作，共 230 多万字，范围广博，论述精深。学术界已有不少学者对蒙文通的学术成果及其治学方法进行研究，角度各异，认识亦不同，① 今依据蒙文通的相关论述，对其治史方法再作简要梳理。

---

① 史学史研究，有何晓涛：《蒙文通与中国史学史》，《四川师范大学学报》2004 年第 3 期。宋史研究，有胡昭曦：《蒙文通与宋史研究》，《四川大学学报》2004 年第 6 期。宗教研究，有李远国：《论蒙文通在道家研究领域中的贡献》，《文史杂志》2002 年第 2～3 期；牛哲、万翔：《蒙文通之道家、道教观评析》，《哲学研究》2008 年第 2 期；李晓宇：《蒙文通佛学研究中的经学问题》，《宗教学研究》2006 年第 4 期。经学问题，有蔡方鹿：《蒙文通经学思想探析》，《中国哲学史》2005 年第 1 期；蔡方鹿：《蒙文通的今古文经学观》，《齐鲁学刊》2006 年第 3 期；张凯：《平议汉学：蒙文通重构近代"今文学"系谱的尝试》，《中国哲学史》2012 年第 4 期。学术理路研究，有王汎森：《从经学向史学的过渡——廖平与蒙文通的例子》，《历史研究》2005 年第 2 期；罗志田：《事不孤起，必有其邻：蒙文通与思想史的社会视角》，《四川大学学报》2005 年第 4 期。

一 "以读子之法读史"：史料与思维（想）结合的哲学方法

我国史学传统源远流长，周代建立了较完善的史官制度，"君举必书"，依据礼制记言记行，如《周书》《晋乘》《楚梼杌》《鲁春秋》及"宋之春秋、燕之春秋"之类，这些"百国春秋"多具原始大事记的性质（"诸侯之策"）。周平王东迁，"礼乐征伐自诸侯出"，礼坏乐崩，邪言暴行有作，戎夷扰攘，"南夷与北狄交，中国不绝若线"，① 齐桓、晋文"尊王攘夷"而继霸，历史需要重新书写与解释。春秋末年，孔子重编《春秋》，"其事则齐桓、晋文，其文则史，孔子曰：'其义则丘窃取之矣'"。② 可见，历史不仅仅是一种按礼制（《左传》"五十凡"）书写的规范记录，《春秋》不仅有史实记录（史事、史文），而且带有孔子个人的取向（史义），这使历史著作呈现出"孔子家语"的特色，即表达一定思想的诸子学特色，其中的"史义"就是"微言大义"。司马迁继孔子作《史记》，协调六经异传，整齐百家杂语，通过本纪、世家、表、书、列传、《太史公自序》与"太史公曰"等形式"究天人之际，通古今之变，成一家之言"，使《史记》"是非颇缪于圣人，论大道则先黄老而后六经，序游侠则退处士而进奸雄，述货殖则崇势利而羞贱贫"，③ 在班固看来，《史记》具有独特的历史观。因此，唐代史学家刘知几把"才、学、识"作为"史才三长"，其中的"史识"就是"好是正直，善恶必书，使骄主贼臣，所以知惧，此则为虎傅翼，善无可加，所向无敌者矣"。④ 褒贬善恶就是儒家的伦理哲学。清代史学家章学诚强调"史意"在史学研究中极为重要，他说："载笔之士，有志《春秋》之业，固将惟义之求，其事与文，所以藉为存义之资也。……作史贵知其意，非同于掌故，仅求事、文之末也。……此则史氏之宗旨也，苟足取其义而明其志，而事次文篇，未尝分居立言之功也。"⑤ 又言"譬之人身，事者其骨，文者其肤，义者其精神也。"⑥ "史意"就是史书的"宗旨"或"精神"，治史要"取其义而明其志"，这是首要任务。

---

① 《公羊传·僖公四年》夏"楚屈完来盟于师，盟于召陵"传。
② 《孟子·离娄下》。
③ 《汉书》卷六三，《司马迁传》。
④ 《旧唐书》卷一〇二，《刘子玄传》。
⑤ 章学诚著，叶瑛校注：《文史通义校注》卷二《内篇二·言公上》，中华书局，1985，第171~172页。
⑥ 章学诚著，叶瑛校注《文史通义校注》卷六《外篇一·方志立三书议》，第574页。

蒙文通对此颇有体会。他在研读宋代吕祖谦编年体史书《大事记》，该书附录古人议论，于秦灭六国附《汉书·地理志》；于诸子取《庄子·天下篇》、司马谈《论六家要旨》；于六国亡引《六国论》；于秦始皇令男子书年引《中论·民数篇》；其他如引贾谊文，司马迁《太史公自序》、刘向《战国策叙录》等，这些材料中如《庄子》《中论》《战国策》等属于诸子著作，蒙先生认为吕祖谦"意在以读子之法读史，寄兴至深"，① 表明其中包含深刻的思想意蕴。中国古代传统文献分经、史、子、集四部，史部文献主要记载史实，子部文献大多阐明思想，所以晚清民国以来，按照西方现代的学科体系进行图书分类，子部被归入哲学学科。所以蒙文通主张"懂哲学讲历史要好些，即以读子之法读史，这样才能抓得住历史的生命，不然就是一堆故事"。② 显然与上述章学诚"作史贵知其意，非同于掌故，仅求事、文之末"唱为同调，读史书不是读历史故事，而且要寻求历史的"生命"或"精神"。史书的生命或精神是什么？蒙先生指出："读史，史书上讲的尽是故事，切不可当作小说读，要从中读出问题来，读出个道理来，读出一个当时的社会来。否则，便不如读小说。"③ 读史书要关注"问题""道理""社会（特征）"。

历史的"问题""道理""社会（特征）"不是直接从史料的文字表面粗疏地看出来，需要熟读深思："读基础书要慢点读，仔细读。不仅是读过，而且要熟。更不在多，多是余事。只熟也还无用，而是要思。但思并不是乱出异解，不是穿凿附会，只是能看出问题。"④ 任何历史的"问题"和"思想"都需要从"史料"这个实际出发，所以蒙文通提出了重要的治史方法："以虚带实，也是做学问的方法。史料是实，思维是虚。有实无虚，便是死蛇。"⑤ 就是治史通过"思维"把史料激活，就是在人们常见熟知的史料中看出内在的"问题"，得出创造性的思想成果："读书贵能钻进去，并不在于读罕见的书，要能在常见书中读出别人读不出来的问题。"⑥ 蒙文通的论著中就有很多依据常见的史料提出与别人不同的观点，略举数例。

《公羊》学有"张三世"之说，也就是"三科九旨"之一："于所传闻之世，见治起于衰乱之中，故内其国而外诸夏。于所闻之世，见治升平，内诸夏而外夷狄。至所见之世，著治太平，夷狄进至于爵，天下远近大小若一。"当代学

① 蒙默编《蒙文通学记（增补本）》，生活·读书·新知三联书店，2006，第46页。
② 蒙默编《蒙文通学记（增补本）》，生活·读书·新知三联书店，2006，第51页。
③ 蒙默编《蒙文通学记（增补本）》，生活·读书·新知三联书店，2006，第2页。
④ 蒙默编《蒙文通学记（增补本）》，生活·读书·新知三联书店，2006，第2页。
⑤ 蒙默编《蒙文通学记（增补本）》，生活·读书·新知三联书店，2006，第1～2页。
⑥ 蒙默编《蒙文通学记（增补本）》，生活·读书·新知三联书店，2006，第2页。

者陈其泰认为这是描述历史变易进化的哲学道理"在民族关系上的体现"。① 蒙文通则有不同认识:

> 盖三世固史义也，《春秋》为鲁史，隐、桓之世，郑、宋、陈、蔡、齐、卫诸国盟会战伐，其休戚动于鲁关；至北之晋、南之楚、西之秦，见《左传》《秦记》(《史记》)者灭人之国已多，《春秋》悉不之记，以于鲁国无所影响，则内鲁而外诸夏可也。齐、晋相继作霸，合诸夏以抗夷狄，则诸夏与鲁皆为内而夷狄为外者势也。吴以夷狄而有忧中国之心，黄池之会实为主盟，则《春秋》虽欲不进夷狄不可得也。是三世异辞即源鲁人国际关系之扩大。②

蒙先生从鲁国的"国际关系"立论，显然与"历史变易进化""民族关系"的认识不同。

古代有"封禅制"，据董仲舒《春秋繁露》解释说："天之无常予，无常夺，故封泰山之上，禅梁父之下，易姓而王，德如尧、舜者七十二人；王者，天之所予也，其所伐者，天之所夺也。"③《风俗通义》则重点强调"禅让"："三皇禅于绎绎，明已成功而去，有德者居之，绎绎者无所指斥也。五帝禅于亭亭，亭亭名山，其身禅于圣人。三王禅于梁父者，信父者子，言父子相信与也。"④ 可见，"封禅"之制"封言受命，禅言去让"，强调易姓而王，让贤德者而居。蒙文通认识到司马迁作《史记》，"本纪始五帝，世家始吴太伯，列传始伯夷、叔齐，岂无闻于儒家之微意哉!"⑤ 其中包含了儒家的"禅让"思想，显然是一种与众不同的见解。

据《通典》记载，唐天宝、开元之间，诛求"名目万端，府藏虽（富）[丰]，闾阎困矣"，⑥ 蒙文通认为唐的剥削最繁重，多为后人所忽略；宋朝的社会生产远较汉、唐发达，但王朝却常常处在贫穷状态，主要是冗兵、冗官、岁币赏赐，开支太大。⑦ 通过对唐宋经济政策的比较，他得出"唐本不如后世估计那样富，是统治者'聚敛万端'而'闾阎大困'的富；宋也不如后世所估计那样

---

① 陈其泰：《清代公羊学》，东方出版社，1997，第44页。

② 蒙文通：《治经杂语》，《经学抉原》，上海人民出版社，2006，第271页。

③ 董仲舒：《春秋繁露·尧舜不擅移汤武不专杀》。

④ 应劭：《风俗通义》第二《正失·封泰山禅梁父》按语。

⑤ 蒙文通：《儒家政治思想之发展》，《经学抉原》，上海人民出版社，2006，第165页。

⑥ 杜佑：《通典》卷六《食货六·赋税下》。

⑦ 蒙默编《蒙文通学记（增补本）》，生活·读书·新知三联书店，2006，第27页。

贫，而是统治者浪费太多以致国库空虚而贫",① 这一认识是对前人结论的突破。

清代顾栋高《春秋大事表》通过列举材料看出很多历史现象，蒙文通指出其不足就是"没能把问题点透，缺乏系统"，他撰写《周秦少数民族研究》以该书为基础，"增添了一些后起之说"。蒙先生之所以较前人有所进步和提高，在于他掌握了"以读子之法读史"的哲学方法，将"史料"与"思维（想）"相结合，他总结说："几十年来，无论讲课、写文章，都把历史当作哲学在讲，都试图通过讲述历史说明一些理论性问题。"② 可见，运用哲学方法才能将历史的本质性看透，建构历史的系统性，这样才能加深和提高对历史的认识。现代新儒家唐君毅对蒙文通推崇说："你每篇文章背后总觉另外还有一个道理"，这显然是符合蒙先生的治学方法实际的。③

二 "观水有术，必观其澜"：考察历史的大势和变化

中国历史悠久，社会形态嬗变，王朝兴替频繁，盛衰治乱循环，分裂统一交替，如何掌握历史的发展特点和演变规律？司马迁《史记》依据十二本纪"通古今之变"，司马光"专取关国家兴衰，系生民之休戚，善可为法，恶可为戒者"编撰成《资治通鉴》，可见两位史学家关注的是国家的兴与衰、生民的休与戚的变化。蒙文通从孟子"观水有术，必观其澜"得到启发，浩浩长江，波涛万里，要把握住几个大转折处，就能把长江说个大概，他认为观察历史亦然，须从波澜壮阔处着眼："读史也须能把握历史的变化处，才能把历史发展说个大概。"④

那么，历史的"变化"怎样才能看出来呢？蒙先生提出一个重要的方法，就是"看历史，应从先后不同的现象看其变化"。⑤ 他以春秋时言私家财富以"车马数"表示，而战国则以"粟、田"表示这一变化说明，"这反映了社会的变化"。⑥ 关于明代资本主义萌芽，学者所举明代经济现象常是明以前早已存在的现象，这不能说明历史的发展变化，只能说明代的历史没有发展。明代嘉靖时期官营手工业中停止征调工人（匠班制）而用雇佣，此外还颁布诏令规定民间雇佣月值，这些史料说明雇佣已是较广泛的社会现象，这就是社会经济关系的一

---

① 蒙默编《蒙文通学记（增补本）》，生活·读书·新知三联书店，2006，第16~17页。
② 蒙默编《蒙文通学记（增补本）》，生活·读书·新知三联书店，2006，第5页。
③ 蒙默编《蒙文通学记（增补本）》，生活·读书·新知三联书店，2006，第5页。
④ 蒙默编《蒙文通学记（增补本）》，生活·读书·新知三联书店，2006，第1页。
⑤ 蒙默编《蒙文通学记（增补本）》，生活·读书·新知三联书店，2006，第17页。
⑥ 蒙默编《蒙文通学记（增补本）》，生活·读书·新知三联书店，2006，第12页。

个变化。另外，还可从商税来考察宋至明清资本主义萌芽的变化。商税变化有二：一是过境税。宋代商税务多在县镇，看不出城市的市场税与过境税的区分。自明宣德以后，始立钞关，重在关市的过境税，到清雍正大量征收商品流转的百货厘金（统捐），表明"从明宣德到雍正的变化是雇佣在这时也开始盛行，法律上已确定雇佣的地位，显然是资本主义萌芽。"二是商品内容。从《文献通考》和《宋史·食货志》等文献看，明以前征税的对象非常琐细，收税地区重在坊场县镇。明以后渐次免除这些琐细物品的税，真正的商品在广大地区流通，商业城市才逐渐形成，"这才看出资本主义萌芽是明显的了。"① 所以，蒙先生认为"中国历史上的社会经济问题，只宜拉通来讲，才易看出变化，分在每段来讲，就不易比较了。"②

学术思想史也有类似特点。清代阮元说："学术盛衰，当于百年前后论升降焉。"③ 蒙文通观察学术盛衰的视野更为长远，他有一著名的论断："中国学术，建安、正始而还，天宝、大历而还，正德、嘉靖而还，并晚周为四大变局，皆力摧旧说，别启新途。"④ 他将中国古代学术的发展演变分为晚周、魏晋、唐中期、明中期四个阶段，最符合"观水观澜"的史学方法。论周代学术发展演变："是西周之初，文学为盛，而史即寓乎文。若孟、墨之引《泰誓》，孔子之引《夏书》，皆属韵文。墨征《大雅》，亦云《周书》。此皆史之初多寄于《诗》，《国语》兴则史离《诗》而独立也。《左》《国》所述，名理实繁，此哲学之初寄乎史，家语作，哲学又离史学而独尊。此周代学术转变之阶段也。"⑤ 论魏晋正始学术之变："至东汉末，海内大乱，群雄并起，割据州郡者，多以成霸王之业自期，游谈之士，也多以成王霸之业为说，由是学者多以儒法并论，而治诸子之学的风气也因以兴起。……至稽康、阮籍竹林七贤而后，清谈之风也发生了变化，阮籍提出'礼非为我设'，则连儒家的名教都要抛弃了。稽康又'每非汤、武而薄周、孔'，他说：'少加孤露，不涉经学，纵逸来久，情意傲散，简与礼相背，嫩与慢相成，又读《老》《庄》，重增其放。'于是清谈之士，变而成为放荡狂诞之徒了。"⑥ 论唐代大历学术之新："在魏晋变古而后，其流风所及，下迄李唐。到了孔、贾义疏和官修五史，经史之学，遂又到另一定型。自天宝、大历而后，

---

① 蒙默编《蒙文通学记（增补本）》，生活·读书·新知三联书店，2006，第22~23页。
② 蒙默编《蒙文通学记（增补本）》，生活·读书·新知三联书店，2006，第17页。
③ 阮元：《〈十驾斋养新余录序〉》，钱大昕：《十驾斋养新余录》卷首。
④ 蒙文通：《评学史散篇》，《蒙文通文集》第三卷。
⑤ 蒙文通：《评学史散篇》，蒙文通：《中国史学史》附录，上海人民出版社，2006。
⑥ 蒙文通：《中国历代农产量的扩大和赋役制度及学术思想的演变》，《蒙文通文集》第五卷《古史甄微》，巴蜀书社，1999，第359~361页。

在学术思想上发生了显著的变化。由于文学上的变化——'古文'的兴起，来得比较猛烈，提得比较响亮，韩、柳散文，又大为后世所传习。"① 关于明代中期王阳明心学的产生："明代中叶正德、嘉靖以来，学术界就已逐步发生变化，产生了一个反对宋人传统的新风气，提出文必秦汉，诗必盛唐，不读唐以后书的口号，从文学首先发动，漫衍到经学、理学等各个学术领域。王阳明正是在这一风气下起而反对朱学的，李贽也是从这一风气接下来。"② 此与明末清初顾炎武论明代学术演变"盖自弘治、正德之际，天下士厌常喜新，风气之变已有所自来。而文成（王守仁）以绝世之资倡其新说（心学），鼓动海内。嘉靖以后，从王氏而诛朱子（熹）者始接踵于人间"③ 之说颇为合辙。

那么历代政治、经济、学术等为何会发生演变？其一，蒙文通认为"任何思想总是时代的产物，是根据各时代的问题而提出的。"④ 如宋代孙明复讲《春秋》大一统，"盖针对唐末五代之藩镇割据而发"，故其说得以不胫而走；胡安国《春秋传》大攘夷，则"就南宋形势言之，故其书终宋之时代三传行世"。⑤ 可见时代问题不同，会对学术主题产生影响。正如当代学者所言："至于不同特征的学术思潮或知识形态在学术史的交替，则可以看作相关的学问或知识在应对时代产生的问题时，哪一种更有吸引力的结果。时代给学问提出的问题是有变化的，相应的学术自然也是变化的。"⑥ 其二，既要看到时代精神，"也要看到其学脉渊源"。⑦ 蒙先生指出，论学术不能根据王朝来谈。唐初五经正义，完全发挥汉晋注家的解释，守前人之言，至唐中叶大历时期的"异儒"，反对唐初以来的传统学术，对经学解释有自己的理解。新的一派讲义理之说，经过五代到宋仁宗时新学全盛，唐的这个异儒之学开了宋学的先河，因此，蒙文通提出了一个重要的见解："可见文化的更迭不是与王朝断然截分的"，⑧ 就是说考察学术变化必须要注重学脉渊源的梳理。如疑经是宋人的普遍学风，如孙复、刘敞、欧阳修、王安石、郑樵、叶适，以及程颢、朱熹、洪迈、吴棫、王柏等学者均是这方面的代表，这一变化"盖自中唐思想解放而下，自然要发展到这一步"。⑨

① 蒙文通：《中国历代农产量的扩大和赋役制度及学术思想的演变》，《蒙文通文集》第五卷《古史甄微》，巴蜀书社，1999，第365页。
② 蒙默编《蒙文通学记（增补本）》，生活·读书·新知三联书店，2006，第28页。
③ 顾炎武：《日知录》卷一八《朱子晚年定论》）。
④ 蒙默编《蒙文通学记（增补本）》，生活·读书·新知三联书店，2006，第7页。
⑤ 蒙默编《蒙文通学记（增补本）》，生活·读书·新知三联书店，2006，第7页。
⑥ 陈少明：《考据与思想需完美结合》，《中国社会科学报》2015年9月8日。
⑦ 蒙默编《蒙文通学记（增补本）》，生活·读书·新知三联书店，2006，第28页。
⑧ 蒙默编《蒙文通学记（增补本）》，生活·读书·新知三联书店，2006，第51页。
⑨ 蒙默编《蒙文通学记（增补本）》，生活·读书·新知三联书店，2006，第44页。

三 "事不孤起，必有其邻"：强调历史的整体性

蒙文通在考察唐代学术时注意到："然既曰唐学，似不必侧重于文，事不孤起，必有其邻，有天宝、大历以来之新经学、新文学、新哲学，而后有此新文学（古文）。由新文学之流派可见，惟论新文派以及其思想，而外一般新学术不将免于隘。唐之新经学、新史学，其理论皆可于古文家之持说求之，是固一贯而不可分离者。"① 可见，文化的变化不是孤立的，常常不局限于某一领域，因此"必须从经、史、文学各个方面来考察，而且常常还同经济基础的变化相联系的"。具体来说，唐前文学盛行汉赋，《三都》《两京》排比对仗，而唐后的赋则是《秋声》《赤壁》之类，实为散文。经学上更明显表现为汉学、宋学，哲学上则产生了理学。其他政治上由三省分权到北门学士的强化皇权，经济上由租庸调制到两税法也有较大变化。② 蒙文通贯彻学术思想的变化与经济基础相联系这一学术理念的最有代表性的论著是《中国历代农产量的扩大和赋役制度及学术思想的演变》，考察了战国两汉、两晋六朝、唐宋金元、明清的农产量、租赋、租庸调、两税法、一条鞭法和地丁银的变化，从而引起了前文所说中国古代学术重要转变中的正始学术、大历学术、嘉靖学术。为此他着重指出：历史研究者"对于这类足以引起巨大变化的新生因素的发生和发展，是应当给予特别的注意的。否则便不能观察出历史事件的相互联系的关系。这一科学法则，在研究实践中却常常为人们所忽视"。③ 蒙先生将历史事件之间的相互联系，强调历史的整体性作为历史研究的重要法则。

关于历史之间的相互联系和整体性，蒙文通提示要注意两个方面的问题。

第一，通史与断代史相比，具有"全面"和"系统"性。他认为"搞断代史不搞通史不易准确把握一代的特点"。④ 如 20 世纪的学者讨论明代资本主义萌芽，所举例证常常是明以前早已存在者，不仅有见于唐宋者，甚至有见于汉代者。这些材料不符合明代的经济社会特点，属于"时代误置"。通史虽然具有"全面"和"系统"性，但通史和断代史又必须结合起来，因为历史是分块的、断代的。在经济、文化、制度、民族关系各个方面，应分若干项目，每个项目都应理清它存在的整个历史时期中的发展变化。"重要的项目都写了，就可说是全

---

① 蒙文通：《评〈学史散篇〉》，《川大史学·蒙文通卷》，四川大学出版社，2006，第 564 页。
② 蒙默编《蒙文通学记（增补本）》，生活·读书·新知三联书店，2006，第 29 页。
③ 蒙文通：《中国历代农产量的扩大和赋役制度及学术思想的演变》，《四川大学学报》1957 年第 2 期。
④ 蒙默编《蒙文通学记（增补本）》，生活·读书·新知三联书店，2006，第 15 页。

面了；在它发生变化的时期都交代清楚了，就可说是系统了。"① 蒙先生研究历史时在文献的选择上也十分在意通史与断代史的关系，如讲唐史以《通典》最善，讲宋史以《文献通考》最善，因为它们都是通史，从知汉、晋，以知唐、宋，通观这两本著作，"才能看清历史脉络，故必须搞通史"，但也应该先把汉晋唐宋每一段下深入的功夫研究，"只有先将一段深入了，再通观才能有所比较"，② 所以断代史是通史的基础。

第二，通史与专门史相比更具有"总体"性。蒙文通注意到虽然专门史最易反映事务发展的阶段性，可从此进而探讨社会发展的规律性，如土地制度史、商业史、文学史等，从一个部门研究，比较容易掌握，但"从一个阶段全面考虑就要困难得多"。③ 他还批评有些历史著作常常把政治、经济、民族、文化分开来讲，从纵的关系看，可能还能讲出点道理，但"各部分之间的横向关系如互不照应就会失去历史的总体感"。④

从上面的分析看，蒙文通在历史研究中特别注意历史的纵横联系，当代学者对这一特点也是充分肯定的："任何事物，都不可以孤立地看，而必须联系到社会、政治、文化等各个层面来观察，用他（蒙文通）的话说是'事不孤起，必有其邻'。'观水有术，必观其澜'是纵向的大势变化，'事不孤起，必有其邻'，则是横向的关照全局。"⑤

四 "上层建筑发生变化"：发现制度与文化两条线索

马克思主义历史唯物主义哲学有一个重要的理论就是"经济基础决定上层建筑"，蒙文通虽然跨越晚清、民国、新中国三个时段，对马克思主义历史唯物主义这一哲学理论很熟悉，他说："上层建筑发生变化，就是经济基础已经起了变化，这是一个苗头，如探矿发现矿苗。制度、文化两条线索要搞清楚。"⑥ 按照马克思主义历史唯物主义，上层建筑由观念上层建筑和政治上层建筑两部分组成，其中制度属于政治上层建筑，文化是属于观念上层建筑，因此，蒙先生强调关注上层建筑发生变化要搞清楚"制度与文化"这两条线索，显然抓住了马克

---

① 蒙默编《蒙文通学记（增补本）》，生活·读书·新知三联书店，2006，第23~24页。
② 蒙默编《蒙文通学记（增补本）》，生活·读书·新知三联书店，2006，第5页。
③ 蒙默编《蒙文通学记（增补本）》，生活·读书·新知三联书店，2006，第26页。
④ 蒙默编《蒙文通学记（增补本）》，生活·读书·新知三联书店，2006，第41~42页。
⑤ 王汎森：《从经学向史学的过渡——廖平、蒙文通的例子》，《近代中国的史学与史家》，复旦大学出版社，2010，第95页。
⑥ 蒙默编《蒙文通学记（增补本）》，生活·读书·新知三联书店，2006，第50页。

思主义哲学的精髓。

第一，对于制度的关注。这是蒙文通论述的重要内容：其一，论历史文献。蒙文通曾从章太炎问学，章先生教以熟读《通典》《通志》《文献通考》，三通是通史，蒙先生由此领悟到："史，必须于制度上求其通，知其一脉相承者何在？先明其制度，则知其通矣。"他推及其他文献，如王应麟《汉艺文志考证》即通两汉诸史，以证其通；黄宗羲《明夷待访录》于历史制度脉络相承，分明如画。从三通、《汉艺文志考证》到《明夷待访录》，"此即所谓通史之学，故不专制度，不足以为通史。今日之治史者，必须先以制度入手也"。①其二，论学派。宋代浙东史学集北宋史学之大成，其中以吕祖谦为中心，据史料载："东莱（吕祖谦）以中原文献之传，倡明道学于婺，丽泽之益近沾远被。龙川居既同郡，又东莱之从表弟，虽其所志在事功，不能挈而使之同，反复摩切之，其论议或至夜分，要不为不至也。止斋留心于古人经制、三代治法，虽出于常州（薛季宣）者为多。至于宋之文献相承，所以垂世而立国者，亦东莱塞警为言之，而学始大备。"②考察吕祖谦学术渊源，向上可追溯到王安石，王安石创建新学，言变法而礼制之学以兴，方慤、陈祥道、陆佃、马希孟是新学派说礼四家，龚原师从王安石，其学经邹浩、陈瓘下传吕本中，吕本中下传林之奇，最后传到吕祖谦，可见"东莱实又渊源于荆公（王安石），非常明确，而制度遂成为浙东史学之中心"③。这一学派中的重要代表，如明代宋濂所撰写"郊社、宗庙、山川百神之祀典，朝享、宴庆、礼乐、律历、衣冠之制，四夷朝贡赏赉之仪，及勋臣名卿焯德耀功之文，承上旨意，论次纪述，咸可传于后也"。④黄宗羲《明夷待访录》的置相、学校、取士、建都、方镇、田制、兵制等篇章，都是讨论制度的名篇。其三，论经济制度。农业方面，周代有"贾田"，唐代均田制下商人也授田，"这说明相当长时期的商人多数是不脱离农业生产的"；⑤屯田是政府用地主租佃方式剥削农民，这一方法从曹魏到北朝、隋、唐都是行之有效的，但到宋代屯田无利可图，"这是农业普遍发展，而国家屯田不能竞争，与农民（自耕农）相比了"。⑥赋役方面，周代以下的关市之赋是过往行人都收税，不纯是商品税；隋代入市每人收税一

---

① 蒙默编《蒙文通学记（增补本）》，生活·读书·新知三联书店，2006，第53页。
② 宋濂：《跋东莱止斋与龙川尺牍后》，罗月霞主编《宋濂全集》，浙江古籍出版社，1999，第1899页。
③ 蒙默编《蒙文通学记（增补本）》，生活·读书·新知三联书店，2006，第53页。
④ 焦竑：《玉堂丛语》卷3。
⑤ 蒙默编《蒙文通学记（增补本）》，生活·读书·新知三联书店，2006，第15页。
⑥ 蒙默编《蒙文通学记（增补本）》，生活·读书·新知三联书店，2006，第16页。

钱；宋代坊场河渡和行路都征税；但到清代的关卡，就纯是商品过税，① 说明从周代到清代从税物、税人向单纯税物发展变化。封建前期的劳动力是征调，到唐代部分是和雇，宋代是和雇与厢军并行，"这是前后的变化"在役制上的体现。② 除了上面的成果之外，蒙文通关于制度的研究，还有《先秦职官因革考》研究先秦职官的损益变化，《对殷周社会研究提供的材料和问题》对西周田制的乡遂异制、彻助并行、都鄙制度的梳理，《〈司马法〉所载田制、军制为夏、殷制度说》的制度时代性的探讨，以及《秦之社会》对秦国的租税制度、官爵制度和形制等进行了研究，这是都是利用"制度线索"研究历史变迁的重要体现。

第二，蒙文通还重视"文化"问题的关注和研究。"学术思想"是文化中重要部分。对于学术的研讨，蒙文通最先开始于经学领域。他写过《经学导言》《经学抉原》《周秦民族与思想》《孔子与今文学》等经学研究名著。在这些成果中，蒙文通治学方法的特点及其变化体现在四个方面：其一，以家法条例求之。其论今、古学而上溯至齐、鲁、晋学；又由今、古流变而观其混用今、古之郑学（郑玄）及反郑之王学（王肃），并下至南学、北学。显然继承了其师廖平主张的"今古两学之重心在礼制，其要在《王制》与《周官》，以《周官》考古文家说而皆符，以《王制》考今文家说亦大体不异"之说而有所发展修订。③ 其二，以诸子与经说交相阐发以明礼制之微言大义。儒家思想与诸子思想相互斗争和融合，《公羊》学"讥世卿"则是取法家之说以补儒家之不足；由《中庸》《乐记》《易系辞》至《大学》，是儒家内圣之学"已融道家而取其英华"；从《王制》到《礼运》，是儒家外王之法"已融法家、墨家而取其英华"。④ 其三，将文化的差异与"地理—种族"相联系。"地理"的影响则倾向于把历史现象空间化、地域化，关注不同地区之间的差异及互动。蒙文通依据各种史料将中国上古分为"海岱—泰族""河洛—黄族""江淮—炎族"三系文明，认为三系之史不同，三方之学、之文亦不同，其中纵横、法家乃三晋北方之学；道家如老庄，辞赋家如屈原、宋玉是南人，则辞赋、道家本南方之学；六经儒墨之流，则是东方邹鲁之学。⑤ 其四，分析学术要重视其学风、内容、本质。蒙文通认为，分别今古文经学不在名词，"要视其学

① 蒙默编《蒙文通学记（增补本）》，生活·读书·新知三联书店，2006，第15页。
② 蒙默编《蒙文通学记（增补本）》，生活·读书·新知三联书店，2006，第16页。
③ 蒙文通：《井研廖师与汉代今古文学》，《经学抉原》，上海人民出版社，2006，第108页。
④ 蒙文通：《周秦民族与思想》，《经学抉原》，上海人民出版社，2006，第146页。
⑤ 蒙文通：《古史甄微》，《蒙文通文集》第五卷，巴蜀书社，1999，第14页。

风、内容、本质"。① 他强调讲论学术思想，既要看到其时代精神，也要看到其学脉渊源，"可先论述当时的变化和风气"。② 不正视今文经学家的政治、哲学思想，而只抓住阴阳五行等表面现象，是抓不住今文学的实质的，今文学的精神实质就是"革命"。蒙文通《儒家政治思想之发展》《孔子与今文学》具体条析"井田、学校、明堂、封禅、巡狩、选举"古代史迹与今文经学的理想设计之间存在井田制度和当时的豪强兼并的矛盾，辟雍选贤和当时的任子为郎相矛盾，封禅禅让和当时家天下传子相矛盾，大射选诸侯和当时恩泽封侯相矛盾，明堂议政和当时的专制独裁相矛盾，"认识到今文经学的理想是一个万民一律平等的思想"，是孔子为素王的"一王大法"。③

五 "中外进行比较"：中外历史的正反启发

蒙文通于晚清四川国学院接受了传统文化的教育，此外也涉猎了西洋历史，据他自述："读书时学过些西洋史，知道点罗马、希腊、印度的古代文明，知道他们在地理、民族、文化上都不相同。"所以，后来他撰写《古史甄微》时，从这里受到启发，结合我国古史传说，爬梳中国古代民族可以江汉、河洛、海岱分为三系的看法。由此一问题，蒙文通得出一个重要的认识："中外进行比较，是研究历史的一个重要方法。"这种比较应该从何入手？蒙文通在阅读汉译外国社会、经济各家名著时，"常从正面、反面受到启发"，④ 也就是说从正反两方面比较中外历史。

第一，从正面的启发。20世纪前期，美国史学家鲁滨孙及其学生们形成了号称"新史学"的"鲁滨孙学派"，他的学生之一巴恩斯撰写《新史学与社会科学》，主张历史学从其他社会科学，如地理学、心理学、人类学、社会学、科学史等学科中吸取方法，这对历史研究有重要意义。该书由中国学者董之学翻译，并于1933年出版（将巴恩斯译作"班兹"），蒙文通阅读之后，认为该书比单纯以考据方法治史的著作"高明"，写得不错。从"地理"角度来讨论历史，他指出："海东学者言：'印度以天产极丰，可不劳而获，故有印度之文化发生。欧洲土地跷薄，非勤劳无所得食，故自然科学不兴于东方，不成于智力卓绝之印度人，惟欧洲人独能创之。'则地理关于文化之重要如此。苟推此以究中国上古之

---

① 汤志钧：《蒙文通先生与〈辞海〉》，蒙默编《蒙文通学记（增补本）》，生活·读书·新知三联书店，2006，第134页。
② 蒙默编《蒙文通学记（增补本）》，生活·读书·新知三联书店，2006，第28页。
③ 蒙文通：《孔子与今文学》，《经学抉原》，上海人民出版社，2006，第251页。
④ 蒙默编《蒙文通学记（增补本）》，生活·读书·新知三联书店，2006，第2页。

文化，亦正相同。"① 虽言"海东学者"（日本）所论，从巴恩斯的《新史学与社会科学》的第二章"地理与历史撰述、历史解释的关系"来看，蒙文通是借鉴了巴恩斯的学术方法。中国古史三系之中，泰族的特色是富于研究思考，留意天文、地理、物类，俨然是东方之希腊；黄族则是一个强武而优于政治组织之民族，俨然是东方之罗马；炎族是崇幽灵、信鬼神之民族，很像印度，② 体现了中外文化的相似性。

第二，从反面比较来看中外古史差异。蒙文通观察到，中国地广人众，而能长期统一，是因为有一个共同的传统文化；欧洲较中国小，人口比中国少，反而长期是个分裂局面，是因为没有一个共同的传统文化，③ 比较了以"传统文化"为依托的"文化认同"对于中国和欧洲"统一与分裂"的不同影响。印度是佛教的发源地，东汉末佛教传入中国，印度佛教与中国思想结合后，导致魏晋佛学与印度佛教不同。唐代玄奘西游印度求法，迎取的真经与中国文化条件不相适应而致不流行，反而是天台、华严、禅宗等宗派得到世人的崇信，其中的原因就在于"中国化"的程度。④ 蒙文通还对中国历史上中央王朝对少数民族政策与西方帝国主义的殖民政策进行比较，认为二者大不同："殖民主义一是移殖，二是掠夺；而在中国中央王朝常常是禁止汉人进入民族地区垦殖，禁止从民族地区带出金银。"⑤ 可见，进行中外历史比较，是认识中国历史特性的重要方法。

总之，蒙文通师从刘师培、廖平、欧阳竟无，问学于章太炎、陈寅恪、刘咸炘等诸学界前辈，掌握了这些学者的治史路数，而且通过自己的治学实践，"进一步摸索出自己的方法"。⑥ 他自述治学历程，是由"经学"而"史学"，由此摸索出治史的方法："治经、治史，方法、目的都不同，但也有部分人始终不免以清人治经之法治史，就是以考据治史，所以不免于支离破碎，全无贯通之识，这远不如以治诸子之法治史。……治史应专治一二时段，但通史终不可忽。每一代有些问题还是要从通史中才能求得解决，以免滞固不通。总的来说，学问是循环往复的事。哲学和文学都不可忽，这对理解历史是大有帮助的。……社会经济是治史的首要工作。"⑦ 蒙文通治史"以治诸子之法治史"，用哲学方法求史料的思想意义；"观史如观澜"，审历史大势以求通变；"事不

---

① 蒙文通：《古史甄微》，《蒙文通文集》第五卷，巴蜀书社，1999，第69页。
② 蒙文通：《古史甄微》，《蒙文通文集》第五卷，巴蜀书社，1999，第64~67页。
③ 蒙默编《蒙文通学记（增补本）》，生活·读书·新知三联书店，2006，第2页。
④ 蒙默编《蒙文通学记（增补本）》，生活·读书·新知三联书店，2006，第7页。
⑤ 蒙默编《蒙文通学记（增补本）》，生活·读书·新知三联书店，2006，第27页。
⑥ 蒙默编《蒙文通学记（增补本）》，生活·读书·新知三联书店，2006，第44页。
⑦ 蒙默编《蒙文通学记（增补本）》，生活·读书·新知三联书店，2006，第34页。

孤起，必有其邻"，强调历史整体性关联，也注重断代史、专门史与通史的深入互动；从"制度与文化"的因革来探索历史的变化之迹，以期对社会经济领域诸多新现象进行重构解释；通过中外历史的差异比较，以求达到"融会贯通"。①

---

① 蒙默编《蒙文通学记（增补本）》，目录前附录"1913 年刘师培跋蒙文通答卷"评语，生活·读书·新知三联书店，2006。

伍非百的一生

尤建辉　金生杨

（西华师范大学区域文化研究中心）

伍非百（1890～1965 年），原名程骥，四川蓬安人，"蓬安三杰"之一（其余二杰为语言学家张煦、数学家魏时珍）。1890 年 1 月 23 日（清光绪十六年正月初三），伍非百出生于四川省南充市蓬安县利溪镇桥亭子村。幼时家道中落，但聪颖过人，曾就读于私塾，博览四书五经、诸子文集。13 岁时参加科举考试，中秀才，被乡邻誉为神童。1905 年，清廷欲以"科学救国"，遂明令"废科举，兴学堂"，后欲进学堂读书，但因家庭经济无力支持，而前往合川实业学校学习实业技艺。在合川学习期间，伍非百增广见闻，受到了新思想熏陶。出于对帝国主义侵略和清王朝腐败的不满，渐萌反清御侮之志，参加学潮，"纵谈革命"，"诋毁校规以为快，卒乃自请黜名"。① 随后经朋友介绍，于 1910 年加入孙中山领导的中国同盟会，从此奔走四方，积极投身革命。

1912 年中华民国成立后，伍非百出任四川省议会第一届议员。会上，他与国民党议员一起，为选举议长，与胡景伊所把持的共和党展开激烈斗争，并与吴玉章等 7 人负责创制省宪的起草工作。1913 年，袁世凯利用临时大总统职位倒行逆施，专制独裁，孙中山发动讨袁二次革命。伍非百出任四川讨袁总司令秘书长一职。1916 年 3 月，革命党人石青阳等在川东起义，并建立中华革命党四川司令部，伍非百出任石部秘书长一职。1917 年，孙中山发动护法运动，任命石青阳为川北招讨使，后改任为四川靖国军第三师，伍非百再次担任石部秘书长。护法运动失败后，伍非百被列入逮捕名单。为此他潜赴上海，试图与革命党人通

---

① 伍非百：《纪念张石亲先生》，唐唯目编《张森楷史学遗著辑略》，西南师范大学出版社，1998，第 16 页。

声气，但由于党人四散，失去联系，不得不从上海返回四川。1918 年，为响应孙中山反对皖系军阀的革命号召，伍非百拟与吴季蟠、王俊初、饶树仁等人在西南筹组国民社，但未能实现。因感慨军阀连年混战，国事日非，伍非百回到利溪乡青衣山下老家，埋头读书，专力治学，欲以文化救国。当时，伍非百生活窘困，仅靠在合川实业学校所学技艺育蚕种、桑苗出售维持生计，因无钱买书，常往返数十里去藏书之家借书抄阅。

1926 年，伍非百被时任成都大学（四川大学前身）校长的张澜聘为教授，讲授先秦诸子课程。1928 年，应国立中央大学（南京大学前身）之邀，伍非百出任特约教授。1929 年 11 月，他以同盟会会员资历出任南京国民政府考试院院部秘书。1932 年 11 月，受聘为考试院院部参事，至 1942 年 6 月升任考试院考选委员会委员。自此事务减少，伍非百便潜心学术，从事先秦名、墨诸学的研究。在南京期间，伍非百一度往苏州拜访章太炎先生，探讨诸子之学；与四川廖季平、山东栾调甫、湖北张纯一等墨学名家书信往来，研讨经史及墨辩中的"旁行""牒字"等问题。1932 年，完成《中国古名家言》初稿约 30 万言。1933年，伍非百出任四川省立南充嘉陵高中校长，因管理有序、纪律严明、学风甚笃而享誉川北。

1937 年，伍非百与谭戒甫、张纯一等在江苏无锡国学专科学校发起成立研讨孔墨学说的"孔墨学术讲习会"。抗日战争爆发后，南京国民政府西迁，因目睹政府"官贪吏横，民生多艰"，[①] 伍非百不愿留在重庆，于 1938 年年底弃职返乡，移居南充县城下河街。1943 年，伍非百租赁南充教会小学，出资创办西山书院，邀请海内名流李源澄、丰子恺、蒙文通、徐澄宇、汤炳正等学者共同研讨讲习，后迁赛云台，分"精修、博习两班"讲习；教学"以学生自学为主，并与听讲、教师辅导相结合，多采问难论辩式，注意启发思维，培养学生自学的能力"。[②] 在此期间，伍非百还前往成都，执教四川大学、华西大学、四川国学院。

1945 年抗战胜利后，蒋介石倒行逆施，撕毁国共两党协定，发动内战。伍非百不甘为"民贼"所用，留南充幽居治学，对所著《中国古名家言》作进一步修订。1949 年，他自费刊印百余部，分赠各大专院校及海内名家郭沫若、侯外庐、贺麟、朱光潜、蒙文通等人，广泛地征求意见。同年，为振兴川北文化，伍非百集资创办私立川北文学院，出任院长，并将西山书院与私立川北文学院合并。伍非百不满于渗入校内的恶霸和市侩，以其资历与名望，有效

① 蓬安县志编纂委员会编《蓬安县志》，四川辞书出版社，1994，第 742 页。
② 余正松主编《西华师范大学校史（1946～2006）》，四川大学出版社，2006，第 6 页。

地掩护和支持了共产党员、共青团员等人士的进步活动，川北文学院被时人视为"进步学校"。

1949 年，新中国成立后，胡耀邦主持川北行署工作，伍非百以"绅耆"名义，被中央人民政府委员会第八次会议委任为川北人民行政公署委员，并兼任川北行署委员兼川北大学（由南充私立川北文学院、私立川北大学合并而成，今西华师范大学前身）校务委员会副主任委员。1952 年冬，行署撤销，成立四川省人民政府，伍非百由南充调至成都，先后任四川省人民政府委员、省图书馆长、省人大代表、省政协委员及中国国民党革命委员会四川委员会常务委员等职。1957 年，他因内江视察时说"农民还是吃的大米背娃娃"，被错划为右派，而调任四川省文史研究馆研究员，但并未曾就职，只是从 1958 年 5 月起，其生活补助由四川省文史研究馆发放。1960 年取消右派之称。1965 年 3 月，因脑溢血逝世于成都，享年 75 岁。

1976 年粉碎四人帮后，拨乱反正，落实政策，伍非百在政治上的不幸遭遇，得到平反改正。其《中国古名家言》在几经曲折后，于 1983 年由中国社会科学出版社重新出版，于 2009 年四川大学出版社再版。伍非百毕其一生精力写作的学术巨著，得以广泛流传于后世。

伍非百为人性格直爽。汤炳正曾在《整理古名家言的哲学家伍非百》中评价说："先生禀性豁达，平易近人。但对庸鄙市侩之流，则又严峻不少宽假。"①

伍非百敢于仗义执言。1924 年，川北驻军师长何光烈（原属熊克武部，当时已经叛离革命，堕落成为割据一方的地方军阀）召开辖区各县代表会议，打算在会上强行通过勒索人民的"佃当捐"。伍非百以蓬安县代表身份出席，不畏权势，支持学商各界代表要求，仗义执言，痛斥何光烈说："当此国难之际，或英雄，或奸贼，或流芳百世，或遗臭万年，何去何从，由你选择!"② 会议逼迫何光烈取消"佃当捐"提案，并立约声明：今后捐税，均应经自治筹备会议通过，方能征收。

伍非百对贫苦百姓一向同情，见到老百姓生活痛苦，曾向政府上书直陈其事。他在南京任教时，凡流离南京的蓬安人都给予接济。他的妻子常说："他的薪水有三分之二用于'疏'（仗义疏财）和'书'（买书）。"③ 1949 年，伍非百创办私立川北文学院，专门设立奖学金以资助贫困学生。

---

① 政协四川省文史资料研究委员会、四川省文史馆编《四川近现代文化人物》，四川人民出版社，1989，第 139 页。

② 蓬安县志编纂委员会编《蓬安县志》，四川辞书出版社，1994，第 742 ~ 743 页。

③ 蓬安县志编纂委员会编《蓬安县志》，四川辞书出版社，1994，第 743 页。

伍非百"朴实好学，治学严谨"。① 李源澄《伍非百先生〈中国古名家言〉序》称其"喜治辩术，尝以革命走四方，及避难邑之山寺，与友朋辩难，莫能相胜"；治《墨经》时，"长日苦思，每至彻夜不寐。其后与石青阳等起兵军中辄携以自随，或下马即属稿"。② 汤炳正《伍非百先生传与附记》也称："先生对先秦名家之研讨，毕其生而不息。从 1914 年至 1965 年，前后凡 50 载。直至死后，还留下不断修改中的《中国古名家言》三种不同的稿本。"③

伍非百以治名家言著名于世，又以墨学为出发点，一鸣惊人。1912 年年初，伍非百完成《墨经说章句》，1917 年修改为《墨子辩经解》，1921 年改定为《墨辩解故》，1922 年由北京中国大学晨光社出版。1924 年收回版权继续修改，1926 年改定《墨辩解故》，别出校勘文字为《墨辩校勘记》。此外，1922 年出版《〈墨辩〉新诂》，1932 年出版《墨学丛著序》。此后，伍非百扩大研究范围，至 1932 年，先后写成《大小取章句》《尹文子略注》《公孙龙子发微》《荀子正名解》《齐物论新义》《形名杂篇》，与《墨辩解故》合为一书，总称《中国古名家言》。经数次修改，1948 年基本定稿，并于 1949 年 9月由四川南充益新书局石印出版。1984 年，台北洪氏出版社则以《先秦名学七书》之名出版。

伍非百《公孙龙子发微》全稿大半被采录于 1937 年出版的陈柱《公孙龙子集解》之中。梁启超《中国近三百年学术史》讨论"清代学者整理旧学之总成绩"时，称赞伍非百《墨辩解诂》"从哲学科学上树一新观察点，将全部《墨经》为系统的组织，吾虽未细读其书，然颇信其为斯学之大创作也"。

1935 年，伍非百出于"御用文人"的身份，编纂《清代对大小金川及西康青海用兵纪要》《咸同时期平定川乱方略》两书，以史为鉴，为当世之治提供参考。但国民党腐朽已极，成为扶不起的阿斗。新中国成立后，他又校注元杨维桢《东维子文集校注》《铁崖古乐府校注》，惜至今封存于家，仍未面世。

除了专著外，伍非百还陆陆续续在各种刊物上发表诗文数十篇（首），除墨、名之作外，如《中国考铨制度之创始时期》《两汉之"科举"与"学校"》《唐代文成、金城两公主下嫁吐蕃史迹》《诗界革命家李白作品的批评》等作皆颇有深度，影响广泛。

---

① 王元德，伍非百的爱人，民革干部。王元德：《回忆非百先生生平》，中国人民政治协商会议四川省蓬安县委员会文史资料工作委员会编《蓬安文史资料选辑》第一辑，1991，第 66~68 页。

② 伍非百：《中国古名家言》，南充益新书局，1949，第 1 页。

③ 汤炳正：《剑南忆旧：汤炳正自述》，山西人民出版社，2001，第 132 页。

李耀仙自写简传

李耀仙遗著　肖永贵整理

（西华师范大学区域文化研究中心）

　　我在 1920 年出生于四川省现属泸州市管辖的合江县，四岁时入学，读的私塾，经历了七年的时间后，才开始受新式教育。在县里念初中的时候，作文还只会做文言文，但也从学校图书馆的万有文库中读到一些近人所著有关先秦思想的书，如胡适的《中国哲学史大纲》上卷，就是在那时读的。高中是上重庆新开办的南开中学（当时叫南渝中学），从那时起，开始改用语体文写作，起初写来，有点文不文来白不白，好在得到一位教国文课老师——孟志孙先生的诱导，逐渐才有语体的味。在这所学校里接触新的东西就比较多了，但感兴趣的只在梁漱溟的《东西文化及其哲学》和冯友兰的《中国哲学史》一类研究中国文化与哲学的书。

　　在南开中学，我只读了两年，赶上抗日战争初期教育部举行高等学校入学考试第一次统考的机会，便以同等学力考上昆明西南联合大学。前两年读的历史系，喜欢上钱穆先生的中国通史和陈寅恪先生魏晋南北朝史、隋唐史的课；后二年转哲学系，跟冯友兰先生学中国哲学史，也爱上了汤用彤先生佛教史的课。毕业论文是请冯先生指导，题目是《二程哲学之比较研究》，他给我的评语是"有偏宕处，有独到处。"这个评语是冯先生借用梁启超对梁漱溟《东西文化及其哲学》一书的评语，自己今天想来有点惭愧，觉得无论"偏宕"或"独到"，以当时的学术水平来看，都嫌不足的。

　　还在大学三年级刚念完的时候，经朋友介绍，开始认识牟宗三先生。他当时在大理民族文化书院任教，已把《逻辑典范》写完，着手写《认识之原理》，我是从昆明专程去拜望他的。我惊叹他能把中、西、印三方面的哲学思想都能融会到他的哲学体系里面去，他说："中印哲学思想的会通，是受到熊十力先生的教益;而能做到三融会的,国内还有唐君毅。"我由他的引见,专程去北碚参见熊十力先生,读到他的《新唯识论》,和在重庆认识唐君毅先生,读到他的《中西哲学思想之比较研究集》。

大学毕业,我到成都齐鲁大学国学研究所住了一年,第二学期还在光华大学作兼任讲师,讲哲学概论和逻辑学。当时齐鲁大学国研所是钱穆先生主持,我在那里才认真读了他的《刘向歆父子年谱》《中国近三百年学术史》有关经学方面的书。到光华兼课,是由牟先生推荐的。

因父病重,我回泸县中学教书。不久,父亲病逝,时常奔走泸合之间。1946年秋,我才到重庆南开中学教书,同时在瓷器口省教育学院、北碚乡村建设学院兼点课。在这漫长的时间里,我只写了《孟子性善学说的阐述》正续两篇,在《哲学评论》上发表。1949年,我转到北碚勉仁文学院任教,才完全脱离中学教书的生活。勉仁当时是梁漱溟先生作董事长兼院长。我在勉仁,既是梁先生所办学校里的教师,也是梁先生的学生,时常听他讲新著《中国文化要义》一书内的各个专题。就在那年下学期,开始担任中国哲学史一课,准备好好写一部中国哲学史的讲义,每写成一章,都先请吴宓先生校阅,再付油印,先秦部分还未写完,便因解放而停止下来了。

我到解放那年,虽还未及而立之年,但在我一生中,可告一个段落。因我在整个40年代中,确在逐渐形成一种看法,就是倾向儒家哲学,尤其是陆(九渊)王(守仁)一派。如我在作《二程哲学之比较研究》时,更多赞赏的是明道,不是伊川,怕冯先生说我"偏"就"偏"在这个地方;研究先秦哲学,先从孟子性善说开端,也由这种看法所致。寻其原因,有主客观两个方面:客观方面,我所接触的师友,都是新儒家学派的开创人物;主观方面,则是我认为中国文化与哲学要和西方文化与哲学分庭抗礼,主要的还当从儒家文化与哲学里面去寻找,19世纪末20世纪初那些主张"用夏变夷"或"中体西用"的朝野人士,都是一些死守训诂章句、葬身纲常名教、头脑僵化、缺乏应变能力的人,是不足以谈儒家精神的。

我在新中国成立后认真地学习了马克思列宁主义、毛泽东思想,为了肃清思想上的封建主义遗毒,把从前学的想的中国哲学的东西,都当成一盆污水通通倒掉,或者干脆忘掉。从此时起,开始转教政治课,后改历史课,但不沾哲学史的边。不过时间久了,也得从报刊上看到一些讨论中国哲学史的文章。那时"左"倾思想占上风,日丹诺夫给苏联哲学史所下界说的偏激论调直接干预中国哲学界;还有哲学史的研究和现实政治的结合太密切了,成了政治的婢女,一个人说了话,大家都一边倒,连主甲说的人都须立即改成主非甲说,或者把哲学史当成影射史学的阵地,可随便哲学史上的某个人物、某种见解来影射今人、今事;这样来对待哲学史，也就使哲学史的研究太没意思了，不如袖手旁观，甚至有时可以随之摇旗呐喊几句。中国哲学界的这种沉寂现象经历了相当长的时间，是人所共知的。

四人帮倒台了，中国哲学界开始显露出春天的景象，我也回到自己原来从事的中国哲学史的教学与科研岗位。由于我在历史系任职，也就把哲学史作为思想史来进行工作。我这回回到原来的工作，也得进行一次反思：能够像解放前那样仅凭自己臆说来解说祖国的哲学史吗？不行，那得遵循哲学上几条坚定不移的基本原则；能够像新中国成立后那些年那样仅凭几句教条来解说祖国的哲学史吗？不行，如果没有事实依据，没有析繁订误，没有研几探微，不唯缺乏说服别人的力量，而且损害了自己研究工作的信心。路子只有一条，即依靠自己对马克思主义观点、方法的理解和运用，来重新探讨祖国哲学史上的各个问题。

大约是在 1978 年底，我才正式展开这个工作。首先对孔子这个历史人物进行了重新评价，写出了《孔学三论》。接着编写了先秦思想史的讲义，对《易传》问题做过一些探索（未成定稿），对子思、孟轲五行说做了一个考辨，并对名辩问题做了系列的研究（成文五篇）。随后开始接触经学问题，应出版社的要求，写了一本《廖平与近代经学》的小册子。近几年我又编成了一本隋唐佛学讲义，并着手于宋明理学讲义的编写（已成稿近半）。我想在打通思想史的基础上，写一部儒家哲学史，并挤出时间，对中国传统文化与现代化的问题进行认真的研究。我在这不到九年的时间，还患了近一年的病，进了四次医院（都由胆结石作祟，胆囊已割，胆管结石仍在），耽延了我的研究进程。

下面我想就我近几年来已经进行研究的和准备进行研究的几个问题，略表自己的见解：一是孔子的重新评价问题，二是经学一门学问应如何看待的问题，三是对儒家哲学的批判继承问题。此外，还顺便谈谈我对中国传统文化与现代化的看法。

四人帮对孔子进行无端的攻击，那是政治问题，不是学术问题，不要再追究了。孔子是一个历史人物，要按历史主义的原则来对待，不能只看到优点，没看到缺点，把他当作崇拜的圣人，如在封建社会的人那样；亦不能只看到缺点，没看到优点，把他当待审的罪犯，如在五四运动时候的人那样。孔子是春秋时代的人，所以他的思想有时代性、阶级性的一面，缺点往往从此中出，而前人却偏偏利用他这一方面来维护其封建专制统治；但他是中国人，他的思想体现有民族性、文化共同性的一面，这方面的精神财富是很可贵的，还有待继续发掘。

目前对孔子的研究是有一些进展，但还有一些不甚正确的看法值得商榷：有的硬要肯定孔子是一个有神论者（有相当一部分哲学史的教材都持这一看法）；有的硬要说孔子学说的中心思想是一个"礼"字（蔡尚思教授就坚持这一看法）；有的把孔子思想中的"中庸"这个范畴讲成只有折中，没有择善，"中和"这个范畴讲成只有和谐，没有竞争；恐皆非孔子原意。孔子是中国历史上的一位著名的思想家、政治家和教育家，这在当今国内外相当多的人都这样共认的，是可以肯定的。孔子对后世影响之大，不在他的政治成就，而在他的学术成就和教育成就。首先是他的学术成就，但如没有相继的教育成就，他的学术思想就无人继承和发挥。他的学术思想上的巨大成就，还在于他是中国历史上第一个对传统文化进行反思的人。后来儒家相传的六经，就是他进行反思所出的一个成果。当时保存下来的典籍很多，他为什么只挑选这六种？又把这六种作为教材的选编和解释，他有没有一定的原则？都是值得研究的。有人说，孔子整理古籍是本着一种人本主义的精神。此说大体无误，原则似不止此。但既然有此，硬说他是个有神论者，岂不是废话？用现代的话来说，孔子是一名有观点、有方法的释义学大师，为后来的经学家所望尘莫及的（朱子算是一个，比起他来，成就就小得多了）。孔子对传统文化的反思，还有一个重大的成果，就是他的"修己"之学，用现代的话来说，即讲求的自我人格的视线的学问。"修己"之学的内容有些什么呢？我用八个字来概括，即"立礼、为仁、希圣、知天"。这里面有他的伦理学、政治学，也有他的天道观。"立礼"，是伦理学的内容，"为仁"，是伦理学兼政治学的内容，"希圣"在孔子来说，还是从政治学来讲的。这些都可以从他讲的三"修己"（即"修己以敬""修己以安人""修己以安百姓"）得到证明。但"修己"之学还有一个"知天"。"知天"即"知天命"，属于天道观。孔子的"知天命"（我曾分析他的"天命"论有"畏天命""承天命"两说。）后面有一种"天人合一"的思想，确切地说，是一种天道与人道相合的思想。他的天道观是有生机的，有秩序的，和谐的，前进不已的。孔子讲的"中庸"，还属于伦理学的内容，即在"立礼""为仁"阶段应如何对待一些具体事情的规范。但"中庸"的"中"，不是处于中间状态的"中"，而是求得最为适当的"中"。至于"中和"，则是"知天"的境界，孔子本未曾说，是后儒发挥的。在孔子的天道观中，没有竞争，却有进取，不徒是安于宁静的和谐而已。如把这些问题弄清楚了，前说时贤所持看法的不正确处也都明白了。

现代的青年同志一提及"经学"二字，不是鄙之若草芥，就是恨之如寇仇，其实是大可不必的。问题在我们如何看那些所谓的"经"，而不是它们本身都是毒品。中国历史上有那一些书，少则说五部（《易》《书》《诗》《礼》《春秋》），多则说九部（《易》《书》《诗》《周礼》《仪礼》《礼记》《左传》《公羊》《穀梁》），十三部（上九部外，加《孝经》《论语》《尔雅》《孟子》），秦汉以来的人称它们为《经》，其中前五部是现在保存下来记载中国古代文化最早的书，后几部或者是它们中的别本（《周礼》）、解说本（《礼记》《左传》《公羊》《穀梁》），或者是早期儒家代表著作（《孝经》《论语》《孟子》），或者是专门解释它们中的语辞、术语的书（《尔雅》）。为了对它们进行研究而开设的一门学问，就是"经学"。这是研究中国古代文化应读的书籍和必备的专门知识，有什么可鄙、可恨的必要。问题在过去封建社会的人，把他们奉为圣人之书，作为自己言行必遵的准则，那就错了。还有过去经学家治经的态度和方法也有问题，他们只会笺注，甚至后人搞的笺注不能违背前人的笺注，而有所谓"疏不破注"，那就越来越限制人的思想了。不知有好多儒生，把毕生精力都耗费在对它们的训诂、章句之下，实在太可惜了！朱熹、王夫之的注、传，突破一部分旧框框，能把时代的要求和个人的见解反映进去，算是上乘的；不过他们还没有完全废除旧的形式，尤其是前者，逐章逐节为之作解，显得十分零碎；许多无意义的章节亦强为注，实在浪费笔墨。我倒赞赏陆九渊的"六经注我，我注六经"这两句话，不为章节所拘，只由体会着墨，说经既有新义，更能发挥自己的自由思想。可是乾嘉学者都把他们排斥在经学之外，又走回头路，而且走得愈远，窒息了中国人的聪明才智。我们今天研究经学，必须改变前人对经的看法，改变前人治经的态度和方式，根据新的立场、观点，按照新的诠释理论和方法，来研究这门学问，对传统文化的精神作的深入发掘和传统文化的重新评价，是很有用处的。

现在该对儒家哲学讲几句话了。儒家哲学起源于对传统文化的反思，这一哲学思想是由孔子开始创立的。如说孔子是中国哲学史上第一个哲学家，亦不妨说，中国哲学发端于对其社会历史文化的反思，它和希腊哲学发端于对宇宙起源的探索，是不一样的。不过孔子在追索到社会国家的起源时，已开始有一种天人合一的思想。孔子以后，《易传》、《中庸》和孟子把这种思想发展成本体论，而《中庸》和孟子在人道如何合于天道这一方面的理论发挥得更多。荀子也是接着对社会历史文化的反思这条路子来的，可是他的天道观却得出与前者相反的天人相分的看法，是儒家哲学中的别派。这就是早起儒家哲学思想发生、发展的概况。

两汉经学是不是儒家哲学的一部分？照美籍华人学者杜维明教授的儒家哲学发展三个阶段说（即先秦儒家哲学、宋明理学和"五四"以后的新儒家学派），它是没有份的。我认为汉易学中的宇宙发生图式说，董仲舒的天人感应论，不失为自然哲学；至于公羊家的大一统说、三世说、纲常说等伦理、政治、社会哲学，都可以从儒家经典里找到根据，这些对后来的政治、经济、学术思想的影响很大。因而它在儒家哲学中应占一席的地位。

宋明理学可说是对儒家哲学的一次反思。理学家一方面从残唐五代长期纷乱中吸取教训，认为有倡导儒家纲常名教的必要；另一方面又对佛教的否定人生、蔑视人伦感到不满，而惊叹其本体论的精致和深湛，认为儒家哲学应从它那里吸取养料。就在两种感受的会合下，建立起他们的哲学体系来。从周敦颐的哲学思想中，还不清楚这两点共同的感受，而在张载和二程的哲学思想中，就体现得很清楚了。明道首先体贴到了"天理"二字。在程朱哲学中把三纲五常升到"天理"的高度，并提出"存天理，去人欲"的主张，对中国后期封建社会君主专制统治起到了很大的维护作用。陆、王亦讲天理、人欲之分，但他们的天理在人心中，多一点人的主观能动作用。明代中叶以后出现了资本主义萌芽，随着这个王朝因其自身的腐朽反动，就被满族人灭掉了。因此，在明清之际学者的思想中，产生了浓厚的民主思想和民族兴亡感。这个时期的王夫之，可算是宋明理学的总结性人物，从他的哲学思想中，也可以看出他对宋明理学的反思。他吸取了宋明两代唯物论者张载、罗钦顺、王延相等人主气的理论，主张"气上见理""理在事中"，批判了程朱哲学唯理论的空疏；也吸取了南宋事功派陈亮、叶适等人"天理人欲不分"的理论，主张"人欲即天理"，纠正了理学、心学两派人"存天理，去人欲"的偏枯；他还改造了佛教唯识宗的唯心主义的"所不离能"说，主张唯物主义的"能必副所"说，填补了儒家哲学向来短缺的认识论。在他的哲学思想中，有许多健康的东西可以继承和发挥。

　　新儒家学派（或者简称新儒学），是指"五四"以后才兴起和发展的儒家哲学。新儒学之名是贺麟先生在20世纪30年代提起来的，但新儒学的倡导者应当是梁漱溟先生，因他是五四运动提出"打倒孔家店"时就是表扬儒家的哲学和文化与之相抗衡而著称于世的。在20世纪30年代末，冯友兰先生所著《新理学》问世，《新理学》就是要建立新理学，不言而喻，当属新儒学的一派别。早在20世纪30年代初，熊十力先生著有《新唯识论》，此书与其说是新唯识学，不如说是新心学、新陆王学；因为熊先生的哲学思想是由批判佛教的唯识宗而复归于陆王学派的。上说这些先生都是新儒学的第一代。在他们的哲学思想中，贯穿了中国的孔、孟、程、朱、陆、王，印度佛教的空、有两宗，和西方古代的柏拉图、近代的康德、黑格尔，现代的柏格森、新实在论等人物与学派的哲学思想，可说是吸取了印度、西方哲学的长处来充实和发展儒家哲学，把它向前推进一步。至于对新儒家学派如何评价，目前国内的哲学界不时有书籍和文章的刊出，意见很不一致。我想他们至少应该承认两点：（1）这个学派的出现，不能说它的矛头就是直对马克思主义哲学；（2）这个学派所做的工作，对我们今天进一步发展辩证唯物主义与历史唯物主义哲学，是可资借鉴的。

　　最后谈谈中国传统文化与现代化的问题。目前我对这个问题只有一些不成熟的看法，虽曾作过两次报告，却没有进行认真研究。我的想法是：（1）中国传统文化是有它的优点和特点；（2）中国传统文化是一个开放型的文化（当让，有时也出现封闭状态）。由于前者，我们可以继承、发挥其优点、特点，来为社会主义工业化服务，把中国的社会主义建设成为具有中国特色的社会主义。由于后者，我可以断定：它和科学、民主、社会主义是可以相融合的。

以上就是我自述这一生 67 年所走过的人生历程，我把我过去所做的和现在所想的都做了简括的叙述，可供世人对我的了解和评价。

李耀仙

1987 年 8 月书于南充师范学院双梅书屋

李耀仙生平概述

李耀仙自述　肖永贵整理

（西华师范大学区域文化研究中心）

李公光龙，字耀仙，四川合江人，生于1920年6月，4岁入私塾，12岁毕业于合江木业小学读书。从1931年起，先后就读于合江初中、重庆求精高中、重庆南渝高中。1938年考入西南联合大学历史系（后转哲学系）。1942年任齐鲁大学历史研究所研究助理。先后在成都光华大学、四川教育学院、北碚勉仁文学院诸校任讲师。1949年擢升为副教授。1952年赴川北南充任教四川师范学院政治课研组、政史系、历史系诸课程。1983年充任硕士生导师，1986年晋升为教授。

耀仙公自幼聪颖好学，喜读《三国演义》《水浒传》《西游记》等古典名著。稍长后，课余即研读《唐宋八大家古文钞》《纲鉴》《资治通鉴》《万有文库》等书籍。中学阶段，接受严格正规教育，为而后其学业奠定坚实基础。西南联大又先后师从钱穆、冯友兰一代名流；齐鲁大学历史研究所时，学识渊博，诲人不倦，耀仙如鱼得水，学海遨游，汲事业成功之渊源。北碚勉仁文学院期间，受院长梁漱溟先生、教授熊十力先生颇多指教，受益匪浅，是为出入教育学界之引导。

耀仙以教为业，治学严谨，功力深厚，且勤于笔耕，著述甚丰，即便动乱年代，身居陋室，环境艰难，仍不忘钻研学问。耀仙学术论文以哲学、历史、文学为主。例如，先秦诸子研究，多有论文，享誉国内报刊；佛道两教派研究，潜心著论，曾赴国际学术会上交流；古代经学研究达较高水准，收集整理经学大师廖平文稿，汇成专著，填补我国学术界之空白；文学上著有《梅堂诗词选存》，古为今用，风格豪放潇洒；《耀仙文集》文如其人，有似行云流水。

耀仙从教60余年，教书育才，为人师表，深受学生之尊敬爱戴，其桃李满天下，遍及海内外，教育界、学术界、政界、商界不乏有成就者。

耀仙尽管事业有成，然则平生坎坷曲折，犹国运之兴衰也。汝五岁丧母，少得母爱；大学求读，恰逢家道中落，其父病逝，不得已勤工俭学为继学业；新中国成立后，历经政治风暴，多当对象冲击，尤"文革"为甚之：遭批斗，住牛棚，遭下放，年近半百竟去黔北农场劳作，备尝艰辛。

十年浩劫，时光白逝，改革开放，大地回春，晚年奋疾，再抖精神。带学士硕士，写专著论文，搞学术交流，攻科研课题。其成绩斐然，各方赞誉，众皆推之为省劳模也。

耀仙不仅教书有方，且善处家事，堪称典范，其仁义为怀，心宽似海。继母喻氏，视若亲生，奉养送终，众口称赞；爱妻仁淑，同为高知，相依廿载，比翼双飞，英年早逝，是为遗憾，再未言娶，忠贞不渝；其子充生，早年病疾终不治，侍养卅年，难能可贵；其女平如，顺其自然发展，自学成才，亦可慰藉；兄弟有七，手足情深，长年相济，无私无怨，互敬互爱，传为佳话；侄平政、琼如，领养十余载，悉心抚育，呵护有加，学业、家业、事业，处处操心；其余侄辈，亦多有教诲，不时资助。概观耀仙平生：博闻强识，学贯中西，通晓文史，精于哲学，献身教育事业；严己宽人，竭忠尽孝，品高德重，淡泊名利，树立后代楷模。

呜呼！斯人随仙去，何须耀祖宗。

2001 年 2 月 12 日

提携后学，为人谦诚；笔耕不辍，昌明学术

——体悟龙显昭先生崇高的人品、师品与学品

刘长江

（四川文理学院、四川革命老区发展研究中心）

2015 年 6 月，我接到四川省历史学会、西华师范大学历史文化学院、四川省哲学社会科学重点研究基地区域文化研究中心的邀请函，说是 2015 年 9 月 26 日将在母校西华师范大学举办"巴蜀历史文化暨龙显昭先生八十华诞学术研讨会"。手中拿着邀请函，我眼前浮现出在母校本科学习期间，龙先生给我们主讲秦汉史的精彩情景，正是他精湛的教学艺术、严谨的治学态度和广博的学识深深地折服了我，并使我终身受益。毕业后，我被分配到四川文理学院从事教学、科研工作，而我与龙先生的"学缘"似乎也就因此了结。幸运的是毕业 13 年后我再次得到龙先生在科研方面的亲自指导。那是 2000 年 6 月，龙先生邀请我参与其主持的国家课题"中国封建社会政治体制运作研究"的研究工作。其时龙先生已经以精于治秦汉史、宗教史和巴蜀史而蜚声学术界。对于一名研究中国古代政治制度史的青年学者来说，能成为他的课题组成员，使我受宠若惊。龙先生在百忙之中仍不忘提携鼓励后学晚辈的学者气度，给了我极大的激励，令我十分感佩。在跟随龙先生做课题期间，先生强调从事史学研究的人，首先要做一个真正的人，要有良知和史德，要有社会责任。在此课题中，龙先生明确地提出了"法政体制"即司法与行政合一的概念，认为"它是我国封建政治制度的一个特殊现象和重要组成部分"。借此契机的启迪，笔者开始着力对封建政治制度中这"一个特殊现象和重要组成部分"展开初步的研究，先后撰写了相关文章 15 篇，揭示了封建时代司法行政合一的本质。其后，笔者于 2009 年申报了国家社科基金西部项目"中国封建司法行政体制运作研究"（项目批准号：09XZS002），开始对中国封建社会政治体制中的重要组成部分——中国封建司法行政体制运作进

行系统研究。在课题研究过程中，笔者曾多次登门请教先生，先生每次都耐心细致地予以指导。他指出，研究封建法政体制一定要了解政治学、法学等相关学科知识，紧紧围绕刑部、大理寺、御史台等司法机构之间的权力配置问题，结合典型案例展开研究，凸显封建时代司法与行政合一的特点。在龙先生的耳提面命下，课题的最终成果《中国封建司法行政体制运作研究》一书，在 2014 年 9 月由中国社会科学出版社出版，其核心观点实际上是深受龙先生当年所提出的"法政体制"的概念的影响。拙著通过对不同历史时期的典型案例进行深入剖析，描述封建司法行政体制的运作实态，并探讨其利弊得失，希望为当代的法制建设提供有益的参考与借鉴。可以说，龙先生之于我，有提携、知遇之恩。

据笔者所知，作为秦汉史、宗教史、巴蜀史的研究专家，龙先生并没有要求学生像自己那样专攻秦汉史、宗教史或巴蜀史。在先生的门下，多元化学术理路的探寻蔚然成风。作为大学教师，龙先生在中国现代高等教育领域做出了重要贡献，是一位杰出的教育工作者。在几十年的教学生涯中，先生培养了众多中生代及新生代史学工作者。中国著名的道教研究专家王家佑先生曾评价龙先生在教书育人方面的贡献时说道："普学术於寰宇，通三教之定慧，为开示之真师。"

龙先生还是一位优秀的学术组织者，曾担任四川师范学院副院长、中国秦汉史学会理事、四川省史学会副会长、南充市史学会会长、民间文化研究中心顾问。他还参与了许多项目的组织、协调与具体实施工作。

作为一名学者，龙先生通贯古今，博学而多识，将秦汉史、宗教史和巴蜀史等学术领域的研究工作作为一种事业，至耄耋之年仍然笔耕不辍，屡有佳作问世，十分令人钦敬。所取得的学术成果，深受同行及海外专家的好评。主要代表作有：专著：《巴蜀佛教碑文集成》《巴蜀道教碑文集成》《三国文化历史走向》；论文：《论曹魏道教与西晋政局》《汉代道教的形成及其特点》《论汉晋时期的岭南开发》《中国古代宗教管理体源流初探》《无际禅师与楚山绍琦史迹考索》《中国古代宗教管理体制源流初探》《从传世碑刻看入川的客家人》《汉昌及巴州建置年代考》《陈寿史学刍论》《夏禹文化与四川的禹庙》《孔子"富教"思想与汉晋地方行政管理模式》《论秦的主流文化与非主流文化》《汉代易学与汉政盛衰》《汉代西域的族属及其与周秦"西戎"之关系》《汉代儒学复兴论》《西晋末年荆湘地区流民起义的一些问题》《巴蜀佛教的传播、发展及其动因试析》《巴蜀弥勒文化考论》《乐山历史文化与佛教之勃兴》《试论古代史上的民俗研究》等。

由于十分钦佩先生的人品、师品与学品，为了学习先生的治学路数和领悟先生的大智慧，笔者曾对先生早年间的论著一一拜读。其后，只要先生每有新作问世，笔者总是第一时间找来，并对之进行细细品读。从先生论著的字里行间，笔者深切地感受到：先生一直都在坚守自己笃信的思想学术。在接到西华师范大学的邀请函之后，笔者再次将龙先生的论著进行了仔细、全面的阅读。如今笔者已步入中年，由于知识积累的增加和社会阅历的加深，笔者从先生的论著中又收获了新的感悟。

笔者的总体感受是：先生史学功底深厚，史识卓越，在治学路径、史料梳理、下笔行文上独树一帜。先生的各项具体研究，既重视理论意义，也重视现实意义；先生在对史料的广泛收集和细致辨析基础上，善于将所讨论的问题置于长时段的具体历史进程中，从史实之间的相互联系、互动中，辩证地分析问题，从而揭示其发展变化的特点和规律；在研究过程中，先生常常以敏锐的感悟力和判断力提出一些富有新意、具有前瞻性和引领性的结论；在运用史料论证的过程中，先生坚持有一分材料说一分话的原则，不发空论，考述严谨，言必有据，从而使论著中的论点与结论显得扎实可信；更为关键的是，先生的著述无论是在内容上还是在立意上都渗透着人文关怀的理念。在这里，笔者特举几例加以说明，以证所言非虚：在《孔子"富教"思想与汉晋地方行政管理模式》一文中，先生对前人少有言及的孔子"富教"思想进行讨论，希望能对治思想史和制度史有意义。这一论题，对今天我们建设物质文明和精神文明也是富有启发性的；在《巴蜀佛教的传播、发展及其动因试析》一文中，阐述了佛教在中国各朝代的巴蜀地区的发展情况，认为汉晋南北朝是巴蜀佛教的传入传播期，唐宋是其发展繁荣期，元明清则走向衰微而时有起落，指出了巴蜀佛教经历了曲折发展的过程，其间的升沉演变自有诸多复杂的因素。这些开创性的结论加深了学界对巴蜀史的一些根本问题的认知，有利于推进巴蜀地域文化的进一步研究；在《汉代易学与汉政盛衰》一文中，先生以敏锐的学术眼光提出了"汉易与汉政消长之同步性"的观点。这是过去治汉史者都未曾注意到的问题，无疑推动了秦汉史研究的深入。

下面笔者重点谈谈阅读龙先生为巴蜀佛道研究所留下的两本足以传世的专书——《巴蜀道教碑文集成》与《巴蜀佛教碑文集成》之后的一些感想。

巴蜀地区是我国道教发祥地之一，巴蜀道教在中国道教史上具有重要地位，开展巴蜀道教历史文化研究具有重要的意义，无疑会推动整体的道教历史文化和传统文化的深入研究。龙先生邀集黄海德、蔡东洲、杨超诸学人，另辟蹊径，积极开发地方文献资源，充分利用地方碑石文字材料，搜辑自汉至清之道教碑文457通，博采精校，编成《巴蜀道教碑文集成》一书。该书为区域道教文化研究提供了新的有用文献资料，可补文献之不足；开拓了道教文化研究的新领域。在抢救地方文献方面，龙先生主编的这部书可以说是功德无量。

历史上的巴蜀地区是北方丝绸之路与南方丝绸之路的交汇地，是西南最富庶的地区，是佛教传法的重要通道，它在中国佛教传播发展史上是一个重要板块。在这里，大德高僧辈出，名山宝刹秀甲天下，石窟石刻名闻遐迩。然而有关这一地区佛教历史的研究成果却与其所处的地位很不相称，基础研究薄弱，散布在巴蜀各地的佛教碑文，本为极珍贵的佛史资料，尚未获得充分利用。鉴于此，龙先生邀集蔡东洲、杨超、杏中林等学人，不遗余力，经多方搜讨，编成《巴蜀佛教碑文集成》一书。该书共纂集一千一百余通碑石，文字数百万字，所搜集的碑石的时间跨度，上起东晋，下迄清末，少数民国碑，亦量予采录。该书与典籍文献结合，为研究巴蜀地区的佛教历史，提供了最基本的文献和实物资料。碑易毁，文易亡，龙先生在抢救有关反映巴蜀佛教历史的真实记录的碑石方面做出了巨大的贡献。

总之，龙先生作为一个平和仁爱、博学多识的长者，其人品、师品与学品俱优。先生的学术贡献，我把它总结为：提携后学，为人谦诚；教书育人，桃李满园；笔耕不辍，昌明学术。作为中生代和新生代学人，我们不仅要体悟龙先生崇高的人品、师品与学品，而且在平时的科研和教学过程中要自觉地践行先生的治学精神和理路。以上就是笔者与龙先生交往过程中以及在全面仔细阅读龙先生的论著后，所形成的关于龙先生的人品、师品与学品的真实想法。最后，笔者就借用中国著名考古学家、道教文化研究专家王家佑先生在 1997 年《巴蜀道教碑文集成·序言》中评价龙先生的一段话作为这篇文字的结尾："兄讳显明，……于佛学、敦煌学、文字、音韵、训诂，靡不赅通。弟名显昭，精通文史，学问博洽。蜀中二龙，诚不愧中华英杰，龙之传人。"此评价可谓不易之论。

图书在版编目（CIP）数据

区域文化研究. 第二、三辑／蔡东洲, 金生杨主编
. -- 北京：社会科学文献出版社，2017.12
ISBN 978 - 7 - 5097 - 9598 - 9

Ⅰ.①区… Ⅱ.①蔡… ②金… Ⅲ.①区域文化 -中
国 -文集 Ⅳ.①G127 - 53

中国版本图书馆 CIP 数据核字（2016）第 196613 号

区域文化研究（第二、三辑）

主　　编／蔡东洲　金生杨

出 版 人／谢寿光
项目统筹／王玉敏
责任编辑／王玉敏　张文静　白　雪

出　　版／社会科学文献出版社·独立编辑工作室（010）59367153
　　　　　地址：北京市北三环中路甲 29 号院华龙大厦　邮编：100029
　　　　　网址：www. ssap. com. cn
发　　行／市场营销中心（010）59367081　59367018
印　　装／北京季蜂印刷有限公司

规　　格／开 本：787mm × 1092mm　1/16
　　　　　印 张：37.75　字 数：716 千字
版　　次／2017 年 12 月第 1 版　2017 年 12 月第 1 次印刷
书　　号／ISBN 978 - 7 - 5097 - 9598 - 9
定　　价／188.00 元

本书如有印装质量问题，请与读者服务中心（010 - 59367028）联系